SCRIPTORVM CLASSICORVM

BIBLIOTHECA OXONIENSIS

OXONII

E TYPOGRAPHEO CLARENDONIANO

EVRIPIDIS

FABVLAE

EDIDIT

J. DIGGLE

COLLEGII REGINALIS APVD CANTABRIGIENSIS SOCIVS

TOMVS I

INSVNT

CYCLOPS, ALCESTIS, MEDEA, HERACLIDAE,
HIPPOLYTVS, ANDROMACHA, HECVBA

OXONII

E TYPOGRAPHEO CLARENDONIANO

OXFORD

UNIVERSITY PRESS

Great Clarendon Street, Oxford OX2 6DP
Oxford University Press is a department of the University of Oxford.
It furthers the University's objective of excellence in research, scholarship,
and education by publishing worldwide in

Oxford New York

Auckland Cape Town Dar es Salaam Hong Kong Karachi
Kuala Lumpur Madrid Melbourne Mexico City Nairobi
New Delhi Shanghai Taipei Toronto

With offices in

Argentina Austria Brazil Chile Czech Republic France Greece
Guatemala Hungary Italy Japan Poland Portugal Singapore
South Korea Switzerland Thailand Turkey Ukraine Vietnam

Oxford is a registered trade mark of Oxford University Press
in the UK and in certain other countries

Published in the United States
by Oxford University Press Inc., New York

British Library Cataloguing in Publication Data

Euripides fabulae.–(Scriptorum classicorum
bibliotheca Oxoniensis).–Oxford classical texts)
Tomus I
1. Title   II. Diggle, James   III. Series
822'.01   PA3973.A2

ISBN 978-0-19-814594-3

13 15 14

Printed in Great Britain on acid-free paper by
CPI Antony Rowe, Chippenham, Wiltshire

PRAEFATIO

QVATTVOR Euripidis tragoedias Alcestin Medeam Hippolytum Andromacham litteris maiusculis impressas in lucem edidit Florentiae circa annum 1494 Ianus Lascaris. quae princeps uerius dicitur editio apud Aldum Manutium Venetiis anno 1503 comparuit. hanc editionem procurauisse uulgo credebatur Marcus Musurus: nunc falsae opinionis reos nos profiteri debemus.[1] continet haec omnes excepta Electra tragoedias (Electram edidit Romae 1546 Petrus Victorius), textum aliquantulum editoris ingenio sanatum praebens. successit editionum series non multum ab Aldina discrepantium, scilicet Heruagiana (Basileae 1537, altera emendatior 1544, tertia 1551), Brubachiana (Francoforti plus semel circa 1555–1560), Stibliniana (Basil. 1562), cui accesserunt Iohannis Brodaei adnotationes. harum editor nemo acumen et sollertiam adaequauit Gulielmi Canter (Antwerpiae 1571), qui primus in melicis responsiones agnoscere conatus est.[2] nihil deinde noui adfert editio typis excusa Hieronymi Commelini (Heidelbergae 1597), nisi quod uersus numero marginali ante hanc nulla designauerat. nonnihil lucramur ex Henrici Stephani Annotationibus in Soph. et Eur. (Basil. 1568), paullum ex Aemilii Porti Breuibus Notis in omnes Eur. Tragoedias (Heidelb. 1599). hoc fere tempore Iosephus Iustus Scaliger correctiones interdum praeclaras marginibus Heruagianae alterius et Canteri editionis adscripsit, quarum haud paucae aliis olim imputatae tandem aliquando iusto auctori restitutae sunt.[3] denique sartagine

[1] uide M. Sicherl, 'Die Editio Princeps Aldina des Euripides und ihre Vorlagen', RhM 118 (1975) 205–25. Musuri nomen Aldinae coniecturis in tomo secundo (iam anno 1981 edito) indidisse me paenitet.

[2] Canteri acuminis si documentum quaeris uide Cycl. 290, Hcld. 21, 372, Med. 228, El. 920, Ion 1580.

[3] uide C. Collard, 'J. J. Scaliger's Euripidean Marginalia', CQ n.s. 24 (1974) 242–9. optime Scaliger correxit Cycl. 188, 641, Med. 1218, Hec. 882, Su. 221, Herc. 340.

obseruatiuncularum congesta Euripidem paullo emenda-
tiorem nostratibus primus ostendit Iosua Barnes (Canta-
brigiae 1694). mox nouis conquisitis codicibus emendatiorem
exhibuit triadem Hecubam Phoenissas Orestem Iohannes
King (Cantab. 1726).

nouum incipit ordinem Samuelis Musgrave (Oxonii 1778),
qui ad textum et emendandum et interpretandum plurima
attulit, cum naturali sagacitate et nouis collatis codicibus
fretus tum complurium qui breui antecesserant praestantium
uirorum adnotationibus locupletatus. multa nempe dederant
Iohannes Pierson (Verisimilia, Lugduni Batauorum 1752),
Iohannes I. Reiske (Animadu. in Eur. et Arist., Lipsiae
1754),[4] Beniaminus Heath (Notae siue Lectiones..., Oxon.
1762), Thomas Tyrwhitt (Emendationes in Eur., in appen-
dice ad ipsius Musgrauii Exercitationes in Eur., Lips. 1762,
subiecta; post obitum prodierunt etiam Coniecturae in
Aesch. Eur. et Arist., Oxon. 1822).[5] egregie etiam in Supplici-
bus (Londinii 1763, denuo 1775) et utraque Iphigenia (Lond.
1771, denuo 1783) uersatus erat Ieremias Markland, in
Phoenissis (Franequerae 1755) et Hippolyto (Lugd. Bat.
1768) Ludouicus C. Valckenaer, uir in hoc quoque laud-
andus, quod Euripidem interpolatorum fucis non leuiter
inquinatum esse primus intellexit. minus in lucro deputamus
quod Alcestin Herculem Ionem edidit Gilbertus Wakefield
(Lond. 1794), Ricardus F. P. Brunck Medeam Hippolytum
Andromacham Bacchas triadem (Argentorati 1779–82).
tandem editionem Barnesianam adnotationibus Musgrauii
Reiskii aliorum adauctam prouulgauit Christianus D. Beck
(Lips. 1778–88).

accedit uir cui εὐστοχίας et ἀγχινοίας palma deferri solet
Ricardus Porson, Hecubae (Lond. 1797, iterum 1802) Orestis
(1798) Phoenissarum (1799) Medeae (1801) editor, quibus
Aduersaria postuma (Cantab. 1812) superaddenda sunt.

---

[4] cuius ingeniosa felicitas admirationem saepe mouet: uide exempli causa
Cycl. 326, 349, 546, Hcld. 765, Hi. 514, IT 1042.

[5] praeclare emendauit Hcld. 385, 973.

quas hic de trimetro leges promulgauerit uel pueri discunt, felicissimas huius emendationes nemo non admiratur.[6] quo magis dolendum est quod, cum tot ac tanta praestare potuisset, tam pauca re uera praestitit. Porsoni uestigia presserunt uiri quattuor ut ingenio ita uix meritis inferiores, inter quos principem tenet locum Petrus Elmsley, qui in Heraclidis (Oxon. 1813, denuo 1828) Medea (Oxon. 1818, denuo 1828) Bacchis (Oxon. 1821) quantum ex accuratissima grammaticae cognitione profici posset edocuit nec Porsoni exemplo seductus illustrandi et interpretandi labore supersedit. bene meritus est Iacobus H. Monk in Hippolyto (Cantab. 1811) Alcesti (1816) Iphigenia et Aulidense (1840) et Taurica (1845), in unum tandem coaceruatis uolumen (Cantab. 1857). horum aequalis nonnulla et interdum egregia contulit Petrus P. Dobree in altero Aduersariorum uolumine annis octo post obitum edito (Cantab. 1833). quartum nomino Carolum I. Blomfield, cuius coniecturarum plurima pars in ephemerisin indaganda est.[7] ut domestica commendatione defungar laudo etiam Carolum Badham, qui in Iphigenia Taurica Helena (Lond. 1851) Ione (Lond. 1853, denuo 1861) acutum se criticum et strenuum praebuit. nec par est tacere de Georgio Burges, cuius Troadum editionem (Cantab. 1807) quamuis peruersitatis plenam non impune negleges.

ad exteros rediimus. praeclarae elucent quaedam[8] e multis inferioris notae coniecturis quas uulgauit Fridericus C. W. Iacobs in Animaduersionibus in Eur. Trag. (Gothae 1790), quibus accesserunt Curae secundae in Eur. Trag. (Lips. 1796); et prospere nonnumquam euenit Iohanni Lenting in Obseruationibus criticis in Eur. (Noua Acta Lit. Soc. Rheno-Traiect. n.s. 1, 1820, 1–120) nec non in Andromachae editione (Zutphaniae 1829). uarias lectiones adnotationesque

[6] uide Med. 1015, Su. 532, Herc. 311, Ion 1115, 1426.

[7] indicem praebet H. R. Luard, Journal of Classical and Sacred Philology 4 (1858) 196–200.

[8] uide imprimis Andr. 859, Herc. 1413.

consarcinatas editioni suae subiecit Augustus H. Matthiae (Lips. 1813–36). per annos plus quadraginta maiorem fabularum partem (finem fecit Orestes 1841) Lipsiae edidit et enarrauit uir cum doctrinae tum ingenii feracissimus Godofredus Hermann.[9] in Troasin Electra Iphigenia Taurica (Lipsiae 1812–13) bene rem gessit Augustus Seidler,[10] cuius etiam librum De Versibus dochmiacis (Lips. 1811–12) laude honoratum uolo. in Electram utilem utpote pro suo tempore commentarium conscripsit Petrus Camper (Lugd. Bat. 1831). hinc illinc aliquid bonae frugi suppeditant deinceps Ludouicus Dindorf (Lips. 1825), Fridericus H. Bothe (Lips. 1825–6), Iohannes F. Boissonade (Parisiis 1825–6), Theobaldus Fix (Paris. 1844), Iohannes A. Hartung (Lips. 1848–53), Gulielmus Dindorf (Oxon. 1832–40 et in Poetarum scaenicorum editione inde ab 1830 saepius iterata), qui amplissimam etiam scholiorum collectionem confecit (Oxon. 1863), quod saltem ad scholia Byzantina attinet nondum obsoletam. his longe praestat editio Adolphi Kirchhoff (Berolini 1855, altera 1867–8), qui, id quod in Medea Berolini 1852 edita praestare inceperat, primus ad codices recentiores eliminandos Lachmanni μεθόδωι obsecutus quamuis iusto seuerius animum attendit.[11] multa feliciter emendauit Augustus Nauck (Lips. 1854, iterum 1857, tert. 1871),[12] cuius Euripideische Studien (Petropoli 1859–62) adhuc quae euoluantur digna sunt.

nonnulla obiter emendauerunt Carolus G. Cobet in Nouis Lectionibus (Lugd. Bat. 1858) et Variis Lectionibus (ed. alt. Lips. 1873) et eiusdem popularis Henricus de Herwerden, cuius commentariola longius sit si enumerare coner. Supplices edidit in Analectis Euripideis (Berol. 1875) Vdalricus de

---

[9] coniecturas aliquot quas inueni manu ipsius Hermann scriptas nec publici iuris factas memoraui ad Alc. 122, 347, 436, 717, 963: uide ICS 6.1 (1981) 98 n. 2.

[10] pulcherrime emendauit El. 1209.

[11] praeclaram emendationem Hcld. 163 silere nolo.

[12] imprimis Hec. 824, Ion 691.

Wilamowitz–Moellendorff, postea Herculem (ibid. 1889, denuo 1895) cum commentariis in quibus non modo ipsam fabulam sed etiam textus Euripidei traditionem immensa eruditione enucleauit. etiam Hippolytum (Berol. 1891) et Ionem (ibid. 1926) commentariis instruxit, fabulas aliquot in linguam suam (paene dixeram Wagneri) uertit,[13] postremo de canticorum metris disputauit (Griechische Verskunst, Berol. 1921). nec praeterire debemus scholia uetera ab Eduardo Schwartz in unum congesta (Berol. 1887–91).

uerum exeunte saeculo in effrenatum emendandi κακόηθες eruptum est. hoc uitium, quo non erat immunis Herwerden, intimis alebant medullis Fridericus Gulielmus Schmidt[14] et Fridericus H. M. Blaydes:[15] quam si quis nimis tetricam me exprompsisse opinionem arbitrabitur, cum nonnullas horum coniecturas me laude donauisse reperiat, sescentas uelim sciat me obliuioni tradidisse. longe etiam plura quam par erat periclitatus est Nicolaus Wecklein, sed illiberalitati obnoxius fiam nisi hunc uirum ingenua laude commemorabo. opus enim a Rudolpho Prinz incohatum dum continuabat (Lips. 1878–1902) codicum lectiones de nouo collatorum plenius ac diligentius quam antea quisquam renuntiauit, appendicem coniecturarum omnium quae sibi notae erant compegit. idem in singulas fabulas exiles sed utiles commentarios scripsit, copiosis disputationibus de textu emendando disseruit.[16] his fere temporibus commentarium in omnes fabulas adhuc habilissimum scripsit Fridericus A. Paley (Lond. 1857–60, iterum 1872–80), tutus sane in minus arduis ductor, in fabulas septem uir multo μουσικώτερος Henricus Weil (Paris. 1868, iterum 1879, tert. 1905).

saeculo nostro quid profectum est? editionis quam omnes

---

[13] Hi. Su. Herc. (Berol. 1899), Cycl. Alc. Med. Tr. (1906), Ba. (1923). hic illic adnotatiunculas ad textum pertinentes subiecit.

[14] Kritische Studien zu den griechischen Dramatikern ii (Berol. 1886).

[15] potissimum in Aduersariis criticis in Eur. (Halis Saxonum 1901).

[16] uide imprimis JClPh Supplb. 7 (1873–5) 307–448; SBA München 1895, 479–543; 1896, 449–538; 1897, 445–96; 1898 ii, 385–440; 1899 ii, 297–342; 1921, Abh. 5.

cottidiana manu uersamus auctor est Gilbertus Murray
(Oxon., tom. i 1902; ii 1904, iterum 1908, tert. 1913; iii 1909,
iterum 1913), qui sobrio plerumque usus iudicio quidquid sibi
utile esse uidebatur a prioribus accepit, interdum de suo
nonnulla attulit.[17] sed codicum notitiam nunc ab hoc nunc
ab illo plurimam partem decerpsit et est ubi multo ampliorem
praesertim in triade desideres, uerborum autem recensioni
non satis acutam uel accuratam considerationem nauauit.
uerum enimuero laudem suam huic editioni non denegabis
modo pensites editiones, nondum sane absolutas, Budaeam[18]
quae uocantur et Teubnerianam:[19] quarum illa, siue cum
editorum iudicio siue cum pusilla codicum notitia res est,
studiosioribus parum satisfacit, haec dum maiora adfectat
spem saepius fefellit quam impleuit.

proximis his annis singulas fabulas commentariis illus-
trauerunt plurimi, quorum potissimos tantum memorabo.
Cyclopem edidit R. A. Seaford (Oxon. 1984), Alcestin
A. M. Dale (Oxon. 1954), Medeam D. L. Page (Oxon.
1938), Heraclidas A. C. Pearson (Cantab. 1909), Hippo-
lytum W. S. Barrett (Oxon. 1964), Andromacham P. T.
Stevens (Oxon. 1971), Supplices C. Collard (Groningae
1975), Electram J. D. Denniston (Oxon. 1939), Herculem
G. W. Bond (Oxon. 1981), Iphigeniam Tauricam M. Plat-
nauer (Oxon. 1939), Ionem A. S. Owen (Oxon. 1939),
Helenam A. M. Dale (Oxon. 1967) et R. Kannicht (Heidelb.
1969), Bacchas E. R. Dodds (Oxon. 1944, denuo 1960).
agmen claudit qui tragoediam edidit nullam sed quo post

---

[17] Murray adiuuerunt cum alii tum A. W. Verrall et A. E. Housman,
quorum ille quamquam editoris iudicium prauo consilio identidem corrupit
felicissimarum auctor est emendationum duarum (Hec. 1162, Tr. 463), hic
duarum uix minus felicium (IT 483, 952) quas non apud Murray emissas
e defuncti libris expiscatus est M. Platnauer.

[18] Parisiis prodiit inde ab anno 1923 editoribus L. Méridier, L. Par-
mentier, H. Grégoire, F. Chapouthier.

[19] Lipsiae prodiit editoribus K. Alt (Hel. 1964), W. Biehl (Tr. 1970, Or.
1975, Ion 1979, Cycl. 1983), A. Garzya (Hcld. 1972, Andr. 1978, Alc. 1980),
S. G. Daitz (Hec. 1973), D. Sansone (IT 1981), E. C. Kopff (Ba. 1982).

Porsonum nemo mentem magis subtilem et elegantem tragicis admouit Iohannes Jackson Marginalium scaenicorum auctor (Oxon. 1955).[20]

de editoribus criticisque hactenus: nunc ad codices transeundum est.

undeuiginti Euripidis fabulae quae ad aetatem Byzantinam defluxerunt, si ad codices respicis, tres in classes distribuendae sunt:

(i) nouem fabulae, scilicet Cyclops Heraclidae Supplices Electra Hercules Iphigenia Taurica Ion Helena Iphigenia Aulidensis, de codice unico L eiusque apographo P pendent. has fabulas, scholiorum expertes, desumpsit L ab exemplari quod partem syllogae fabularum Euripidearum secundum litteram initialem titulorum dispositarum conseruabat.

(ii) decem aliunde deriuatae sunt. habent omnes uel saltem habebant scholia. harum septem adeo paucis in codicibus seruantur: scilicet Alcestis Medea Hippolytus Andromacha Troades Bacchae Rhesus.

(iii) trias autem quae uocatur Byzantina, Hecuba Phoenissae Orestes, in codicibus seruatur plus ducentis.

ipsorum codicum descriptionem historiam affinitates nolo supra modum uenditare, ne praefatiuncula in libellum excrescat. et adeo superuacaneum erat, cum talia qua par est doctrinae copia alii iam explanauerint. uidelicet de singulis codicibus disceptauerunt A. Turyn[21] et G. Zuntz;[22] traditionem praecise enarrauit W. S. Barrett;[23] qui editores quos codices primi adierint praeceperunt V. Di Benedetto[24] et

---

[20] uide imprimis Alc. 527, Hcld. 223, IT 288, 861. par opus impari successu absoluit H. D. Broadhead, Tragica (Christopoli Nouae Zelandiae 1968).

[21] The Byzantine Manuscript Tradition of the Tragedies of Euripides (Urbanae 1957).

[22] An Inquiry into the Transmission of the Plays of Euripides (Cantab. 1965).

[23] Euripides: Hippolytos (Oxon. 1964) 45–90.

[24] La Tradizione manoscritta Euripidea (Patauii 1965) 9–22.

K. Matthiessen.[25] compendium igitur operae et uerborum faciam si hoc tantum exponam, quas ipse rationes in codicibus adhibendis consecutus sim.

in Cyclope et Heraclidis habemus codicem unicum L eiusque apographum P. de his et de codicis L correctore Demetrio Triclinio satis iam dixi in tomi secundi praefatione.[26]

in Alcesti praesto adsunt BODVLP, quibus accedit in ultima fabula Q. O et B de communi fonte deriuatos, D a B descriptum esse alibi docui:[27] quare O constanter renuntiaui, D praetermisi. qua necessitudine L et P connexi sint cum in Alcesti tum in Medea Hippolyto Andromacha dicam sub Hippolyti nomine.

in Andromacha adsunt eidem BODVLP, quibus accedunt MA. eadem inter BOD subest necessitudo quam in Alcesti praedicaui: quare D tunc tantum adhibui ubi deficit B. accedunt nonnumquam H (palimpsestus Hierosolymitanus), U (fragmenta a uiro docto Louaniensi in Palaestina anno MCMLIII comparata, nunc autem deperdita),[28] W (chartae tres e codice scholia in Homerum continente desumptae, quibus exhibentur uu. Andromachae 1–102, Rhesi 856–84).

in Medea adhibui HBOCDEFAVLP. de OCDEF (et de recentioribus Hn et Nv) alibi plenius disputaui.[29] nempe ab uno fonte originem ducunt OC, ab uno pariter DE, nisi quod fere post u. 982 D a B deriuatus est. paucis in locis unus uel alter horum ueritatem seruat qua carent ceteri. F (qui argumentum et uu. 1–42 tantum habet) proxime ad E accedit. Hn et Nv uersicolorem textum habent, nullam bonae

[25] Studien zur Textüberlieferung der Hekabe des Euripides (Heidelb. 1974) 19–33.

[26] de Triclinianis in Heraclidis emendationibus disputaui in Sileno 10 (1984) 191–6.

[27] JHS 104 (1984). O circa annum 1175 scriptum esse monuit N. G. Wilson, Scrittura e Civiltà 7 (1983) 161–76.

[28] uide J. Mossay, Ant. Class. 41 (1972) 500–18, A. Wouters, ibid. 42 (1973) 516–18.

[29] CQ n.s. 33 (1983) 339–357.

notae lectionem praebentes nisi quam in antiquioribus iam
repperimus; aut si ullam, mera coniectura excogitatam.
quare hos duos ab apparatu critico exulare iussi.

de Hippolyti codicibus paene nihil habeo quod dicam noui,
cum de KMBOAVHCDELP plenissime disputauerit Barrett.
eosdem quos ille adhibui; sed quod P renuntiare noluit,
equidem aliter uolui. sane in Hippolyto, sicut in Alcesti
Medea Andromacha, P ab L deriuatus est, ita tamen ut inter
hos alter intercesserit codex, qui postquam ab L descriptus
est plurimas ab alienis fontibus lectiones adsumpsit, quales
nunc prae se fert P: quae uero hae sint operae pretium est
cognoscere. contuli insuper codices recentiores quinque
(PvHnOxNNv) quos Barrett consulto neglexit: quam
neglegentiam uitio non uertes si quae de his alibi disputaui
perleges.[30]

quinam in Hecuba potissimum adeundi sint codices firmis-
simis comprobauit documentis K. Matthiessen in libro quem
iam supra indicaui.[31] hunc librum dum laudo uel minimam
partem gratiarum testor quas auctori debeo: qui munificentia
et humanitate mirum quanta collationes a se confectas meum
in usum commodauit. quod igitur in Hecuba codicum amplius
quinquaginta notitiam exhibere mihi contigit, id non meo sed
Matthiessen mei merito imputandum est. unum tantum
codicem meo Marte contuli, scilicet Cantabrigiensem illum
Z.

alia quidem habemus adminicula, quorum nonnulla nuper
innotuerunt: uidelicet gnomologia tria, Vatopedianum
(gV)[32] Barberinianum (gB)[33] Escorialense (gE),[34] et papyros
fere quadraginta. ex hoc numero papyros undecim adhuc
ineditas cum me communicauit P. J. Parsons, siue a se ipso

---

[30] CQ n.s. 33 (1983) 34–43.
[31] uide adn. 25. de codice K, quo tempore scriptus sit, uide eundem
Matthiessen, Scriptorium 36 (1982) 255–8.
[32] edidit G. A. Longman, CQ n.s. 9 (1959) 129–41.
[33] edidit K. Matthiessen, Hermes 93 (1965) 148–58.
[34] edidit idem, ibid. 94 (1966) 398–410.

siue a D. Hughes transcriptas, quibus plurimas grates ago. has ut in apparatu critico renuntiarem concessum est beneuolentia Societatis Londiniensis ad Aegyptum explorandam destinatae.

Hecubae codicibus exceptis codices omnes ipse contuli, imaginibus plerumque phototypicis usus partim publici iuris iam factis (HMBLP)[35] partim quas ab aliis precario mutuatus sum saepius quas mea causa exprimendas procuraui. Q autem nec non, postquam ex imaginibus contuli, BODL meis oculis inspexi. in Cyclope et Heraclidis eandem fere normam in codicis L lectiones renuntiando obseruaui quam in tomi secundi praefatione pp. vi et viii–ix exposui. in ceteris fabulis id mihi proposui ut nullas codicum lectiones neglegerem nisi manifestos singuli codicis errores uel quisquilias orthographicas (uide tom. ii pp. viii–ix) uel uulgatissimos in scribendo lapsus, quales sunt ἀλ(λ)άc(c)ω, δυc(c)εβήc, Ἐριν(ν)ύc, λεύc(c)ω, λῆμ(μ)α, cπλά(γ)χνον, cφάλ(λ)ω.

cum de complurium locorum difficultatibus iam alibi disputauerim, disputationum indicem subiungere non abs re erit: 'Marginalia Euripidea', PCPS n.s. 15 (1969) 30–59, 'Notes on the Cyclops of Euripides', CQ n.s. 21 (1971) 42–50, 'Euripides, Cyclops 511–18 (and other passages)', Maia 24 (1972) 345–8, 'Notes on the Heraclidae of Euripides', CQ n.s. 22 (1972) 241–5, 'Euripides, Heraclidae 147–50', CQ n.s. 27 (1977) 236, 'On the Alcestis and Andromache of Euripides', Illinois Class. Stud. (ICS) 6.1 (1981) 82–101, 'Further Notes on the Heraclidae of Euripides', PCPS n.s. 28 (1982) 57–63, 'Notes on the Hecuba of Euripides', GRBS 23 (1982) 315–23, 'On the Manuscripts and Text of Euripides, Medea', CQ n.s. 33 (1983) 339–57, ibid. 34 (1984) 50–65. locos etiam nescioquot tetigi in 'On the Helen of Euripides' apud 'Dionysiaca: Nine Studies in Greek Poetry... presented to Sir Denys Page' (Cantab. 1978) 159–77, et in commentariolo meo 'Studies on the Text of Euripides' (Oxon. 1981).

[35] M (Flor. 1935), B (Paris. et Flor. 1938), L (Flor. 1920), P (Flor. 1939–46) publici iuris fecit J. A. Spranger, H (Berol. 1970) S. G. Daitz, qui scholia in H separatim edidit (Heidelb. 1979).

uaria ope mihi subuenerunt uiri docti complures. in Cyclope subsidiatus est R. A. Seaford, in Heraclidis J. M. Wilkins. de nonnullis in H lectionibus certiorem me fecit S. G. Daitz, de testimoniis quae Phoenissarum scholiis insunt D. J. Mastronarde. in Medea de papyri Berolinensis lectionibus antequam publicarentur beneuole admonuit H. Maehler. coniecturas aliquot communicauit C. W. Willink, nonnullas etiam de schedis τοῦ μακαρίτου D. L. Page ut depromerem contigit. K. Matthiessen, ne beneuolentiae suae quam de Hecubae codicibus iam demonstrauerat finem faceret, quaestiones de gBgE resoluit et imagines codicum CHnNv in Medea commodauit. imagines codicum EF benigne commodauit Institutum Parisinum ad codicum traditionem inuestigandam destinatum, item auctore J. Schwartz imagines papyri illius Argentoratensis Institutum papyrologicum quod est in Vniuersitate Argentoratensi. quo ceteras imagines compararem et codices Parisinos et Florentinos inuiserem impensae liberalissimae compotem me fecit Consortium Wolfsonianum. totum librum quo est acumine perlegit R. D. Dawe et sano me consilio abundanter adiuuit. postremo plagularum examinandarum opus ultro susceperunt et nauiter persoluerunt N. Hopkinson et F. J. Williams. quibus omnibus et debitum meum et sinceras gratias testari uolo.

Dabam Cantabrigiae   J. D.
mense Decembri MCMLXXXIII

SIGLA

(codicem A exempli causa adhibui)

A^c	A post correctionem incertum qua manu factam
A^{1c}	A post correctionem a prima manu factam
A^2	codicis A manus secunda (siue in textu siue supra lineam)
A^s	in A supra scriptum a prima manu
A^{uv}	A ut uidetur
$A^?$	A non certo legitur
(A)	A a lectione memorata pusillum discrepat
[A]	A non legibilis uel deest
⟨A⟩	lectio in A non legibilis ex indicio nescioquo colligi potest
A^m	A in margine
A^r	codicis A rubricator
A^{gl}	glossema in A
$A^{\gamma\rho}$	uaria lectio in A cum nota $\gamma\rho(\dot{\alpha}\phi\epsilon\tau\alpha\iota)$ uel sim.
Tr	Demetrius Triclinius codicis L emendator
Σ	scholiasta, scholia
Σ^a	lectio quam disertim testatur scholiasta codicis A
$^l\Sigma^a$	lemma scholiastae codicis A
$^i\Sigma^a$	lectio quam in textu inuenisse scholiastam codicis A ex eius interpretatione colligitur
$^{\gamma\rho}\Sigma^a$	uaria lectio in Σ^a cum nota $\gamma\rho(\dot{\alpha}\phi\epsilon\tau\alpha\iota)$ uel sim.
~	lectio cum ceteris codicibus consentit contra lectionem uel coniecturam modo memoratam
*	littera erasa uel obliterata

ΚΥΚΛΩΨ

ΥΠΟΘΕCΙC ΚΥΚΛΩΠΟC

'Οδυccεὺc ἀναχθεὶc ἐξ 'Ιλίου εἰc Cικελίαν ἀπερρίφη, ἔνθα
ὁ Πολύφημοc· εὑρὼν δὲ δουλεύονταc ἐκεῖ τοὺc Cατύρουc οἶνον
δοὺc ἄρναc ἤμελλε λαμβάνειν καὶ γάλα παρ' αὐτῶν. ἐπιφανεὶc
δ' ὁ Πολύφημοc ζητεῖ τὴν αἰτίαν τῆc τῶν ἰδίων ἐκφορήcεωc. ὁ
5 Cιληνὸc δὲ τὸν ξένον λῃcτεύοντα καταλαβεῖν φηcιν...
τὰ τοῦ δράματοc πρόcωπα· Cιληνόc, χορὸc Cατύρων, 'Οδυc-
cεύc, Κύκλωψ.

personarum indicem add. Tr¹: om. L

fabula incertum quo tempore acta

codex unicus
L	Laurentianus plut. 32.2	saec. xiv in.
Tr¹	prior Triclinii emendatio	
Tr²	altera uel tertia Triclinii emendatio	

apographa codicis L
P	Palatinus gr. 287 (uu. 1–243, 352–709)	xiv in.
apogr. Par.	Parisinus gr. 2887	xv ex.
	uel Parisinus gr. 2817	xvi in.
apogr. Flor.	Laurentianus 31.1	xv

ΚΥΚΛΩΨ

CIΛΗΝΟC

Ὦ Βρόμιε, διὰ σὲ μυρίους ἔχω πόνους
νῦν χὥτ' ἐν ἥβηι τοὐμὸν εὐσθένει δέμας·
πρῶτον μὲν ἡνίκ' ἐμμανὴς Ἥρας ὕπο
Νύμφας ὀρείας ἐκλιπὼν ὤιχου τροφούς·
ἔπειτά γ' ἀμφὶ γηγενῆ μάχην δορὸς   5
ἐνδέξιος σῶι ποδὶ παρασπιστὴς βεβὼς
Ἐγκέλαδον ἰτέαν ἐς μέσην θενὼν δορὶ
ἔκτεινα—φέρ' ἴδω, τοῦτ' ἰδὼν ὄναρ λέγω;
οὐ μὰ Δί', ἐπεὶ καὶ σκῦλ' ἔδειξα Βακχίωι.
καὶ νῦν ἐκείνων μείζον' ἐξαντλῶ πόνον.   10
ἐπεὶ γὰρ Ἥρα σοι γένος Τυρσηνικὸν
ληιστῶν ἐπῶρσεν, ὡς ὁδηθείης μακράν,
⟨ἐγὼ⟩ πυθόμενος σὺν τέκνοισι ναυστολῶ
σέθεν κατὰ ζήτησιν. ἐν πρύμνηι δ' ἄκραι
αὐτὸς λαβὼν ηὔθυνον ἀμφῆρες δόρυ,   15
παῖδες δ' ⟨ἐπ'⟩ ἐρετμοῖς ἥμενοι γλαυκὴν ἅλα
ῥοθίοισι λευκαίνοντες ἐζήτουν σ', ἄναξ.
ἤδη δὲ Μαλέας πλησίον πεπλευκότας
ἀπηλιώτης ἄνεμος ἐμπνεύσας δορὶ
ἐξέβαλεν ἡμᾶς τήνδ' ἐς Αἰτναίαν πέτραν,   20
ἵν' οἱ μονῶπες ποντίου παῖδες θεοῦ
Κύκλωπες οἰκοῦσ' ἄντρ' ἔρημ' ἀνδροκτόνοι.
τούτων ἑνὸς ληφθέντες ἐσμὲν ἐν δόμοις
δοῦλοι· καλοῦσι δ' αὐτὸν ὧι λατρεύομεν
Πολύφημον· ἀντὶ δ' εὐίων βακχευμάτων   25
ποίμνας Κύκλωπος ἀνοσίου ποιμαίνομεν.

Inscriptio εὐ- κ- Tr[1]: om. L   1[n] cιληνός add. Tr[1]: om. L   2 ηὐ-
θένει L. Dindorf   5 δ' Heath   6 βεβὼς Kassel (Maia 25 [1973]
100): γεγὼς L: cf. Ph. 1073-4   13 ⟨ἐγὼ⟩ Tr[2], ⟨εὐθὺς⟩ Diggle
15 λαβών] βεβὼς Diggle   ηὔθυνον Heath: εὐθ- L   16 δ' add. Tr[1]:
om. L   ⟨ἐπ'⟩ Seidler

ΕΥΡΙΠΙΔΟΥ

παῖδες μὲν οὖν μοι κλειτύων ἐν ἐσχάτοις
νέμουσι μῆλα νέα νέοι πεφυκότες,
ἐγὼ δὲ πληροῦν πίστρα καὶ σαίρειν στέγας
μένων τέταγμαι τάσδε, τῶιδε δυσσεβεῖ   30
Κύκλωπι δείπνων ἀνοσίων διάκονος.
καὶ νῦν, τὰ προσταχθέντ᾽, ἀναγκαίως ἔχει
σαίρειν σιδηρᾶι τῆιδέ μ᾽ ἁρπάγηι δόμους,
ὡς τόν τ᾽ ἀπόντα δεσπότην Κύκλωπ᾽ ἐμὸν
καθαροῖσιν ἄντροις μῆλά τ᾽ ἐσδεχώμεθα.   35
ἤδη δὲ παῖδας προσνέμοντας εἰσορῶ
ποίμνας. τί ταῦτα; μῶν κρότος σικινίδων
ὁμοῖος ὑμῖν νῦν τε χὦτε Βακχίωι
κῶμος συνασπίζοντες Ἀλθαίας δόμους
προσῆιτ᾽ ἀοιδαῖς βαρβίτων σαυλούμενοι;   40

ΧΟΡΟΣ

παῖ γενναίων μὲν πατέρων   [στρ.
γενναίων δ᾽ ἐκ τοκάδων,
πᾶι δή μοι νίσηι σκοπέλους;
οὐ τᾶιδ᾽ ὑπήνεμος αὔ-
ρα καὶ ποιηρὰ βοτάνα,   45
δινᾶέν θ᾽ ὕδωρ ποταμῶν
ἐν πίστραις κεῖται πέλας ἄν-
τρων, οὗ σοι βλαχαὶ τεκέων;

ψύττ᾽· οὐ τᾶιδ᾽, οὔ;   [μεσωιδ.
οὐ τᾶιδε νεμῆι κλειτὺν δροσεράν;   50
ὠή, ῥίψω πέτρον τάχα σου·

27 κλειτύων Wackernagel: κλιτ- L   32 ἔχει Tr¹ uel Tr² (et P): -οι
Lᵘᵛ (et Pˢ)   37 σικιννίδων Barnes   39 κῶμος Diggle: κῶμοι L:
κώμοις Dobree, Bothe, -ωι Porson   41ⁿ χορὸς σατύρων L   41 παῖ
Dindorf: πᾶ δή μοι L   42 δ᾽ L. Dindorf: τ᾽ L   μὲν...τε in
anaphora non testatur Denniston, GP 374–6   44 αὐλὰ Musgrave
47 πίστροις Boissonade   48 οὐ Casaubon: οὔ Tr¹: ** L   50 νεμῆι
Matthiae: νέμη L   κλειτὺν Wackernagel: κλιτ- L

4

ΚΥΚΛΩΨ

ὕπαγ' ὦ ὕπαγ' ὦ κεράϲτα
⟨πρὸϲ⟩ μηλοβότα ϲταϲιωρὸν
Κύκλωποϲ ἀγροβάτα.

ϲπαργῶνταϲ μαϲτοὺϲ χάλαϲον·   [ἀντ.
δέξαι θηλὰϲ πορίϲαϲ'   56
οὓϲ λείπειϲ ἀρνῶν θαλάμοιϲ.
ποθοῦϲί ϲ' ἀμερόκοι-
τοι βλαχαὶ ϲμικρῶν τεκέων.
εἰϲ αὐλὰν πότ' †ἀμφιβαίνειϲ†   60
ποιηροὺϲ λιποῦϲα νομοὺϲ
Αἰτναίων εἴϲω ϲκοπελῶν;

οὐ τάδε Βρόμιοϲ, οὐ τάδε χοροὶ   [ἐπωιδ.
Βάκχαι τε θυρϲοφόροι,
οὐ τυμπάνων ἀλαλαγμοί,   65
οὐκ οἴνου χλωραὶ ϲταγόνεϲ   67
κρήναιϲ παρ' ὑδροχύτοιϲ·   66
οὐδ' ἐν Νύϲαι μετὰ Νυμ-   68
φᾶν ἴακχον ἴακχον ὠι-
δὰν μέλπω πρὸϲ τὰν Ἀφροδί-   70
ταν, ἂν θηρεύων πετόμαν
Βάκχαιϲ ϲὺν λευκόποϲιν.
†ὦ φίλοϲ ὦ φίλε Βακχεῖε
ποῖ οἰοπολεῖϲ
ξανθὰν χαίταν ϲείειϲ;†   75

52 ὕπαγ' ὦ ὕπαγ' ὦ apogr. Par.: ὑπάγω ὑπάγω L   53 ⟨πρὸϲ⟩ Weck-
lein   ϲταϲιωρὲ post Stephanum Wilamowitz   54 ἀγροβάτα Tr²:
-βότα L   56 θηλὰϲ πορίϲαϲ' Broadhead: θηλαῖϲι ϲπορὰϲ L   57 οὓϲ
Diggle: ἇϲ L: cf. 224, 234, 256   63 τάδε...τάδε Aldina: τᾶδε...τᾶδε L
τάδε alterum del. Headlam, sed cf. Hyps. 1.ii.9   66 post 67 trai.
Hermann   68 Νύϲαι Musgrave: νύϲϲα ⟨L⟩P   69 Ἴακχον Ἴακχον
ὠιδᾶι Kassel (ὠιδαῖϲ Seaford)   70 πρὸϲ del. Wecklein   73-4 βακχεῖε
Tr²: aut -εῖε aut -ῖε L   [ὦ φίλοϲ] ὦ φίλε Βάκχιε, ποῖ ⟨δ'⟩ Paley, ὦ
φίλοϲ [ὦ φίλε Βακχεῖε], ποῖ ⟨δ'⟩ Diggle (ad δέ uide Denniston, GP 174)
ποῦ Wecklein   οἰοπολῶν Nauck   75 ⟨ποῦ⟩ ξανθὰν Conradt   ϲείων
Tr²

5

ἐγὼ δ' ὁ còc πρόπολος
Κύκλωπι θητεύω
τῶι μονοδέρκται δοῦλος ἀλαίνων
cὺν τᾶιδε τράγου χλαίναι μελέαι   80
câc χωρὶc φιλίαc.

Ϲι.   cιγήcατ', ὦ τέκν', ἄντρα δ' èc πετρηρεφῆ
      ποίμναc ἀθροῖcαι προcπόλουc κελεύcατε.
Χο.   χωρεῖτ'· ἀτὰρ δὴ τίνα, πάτερ, cπουδὴν ἔχειc;
Ϲι.   ὁρῶ πρὸc ἀκταῖc ναὸc Ἑλλάδοc cκάφοc   85
      κώπηc τ' ἄνακταc cὺν cτρατηλάτηι τινὶ
      cτείχονταc èc τόδ' ἄντρον· ἀμφὶ δ' αὐχέcιν
      τεύχη φέρονται κενά, βορᾶc κεχρημένοι,
      κρωccoύc θ' ὑδρηλούc. ὦ ταλαίπωροι ξένοι·
      τίνεc ποτ' εἰcίν; οὐκ ἴcαcι δεcπότην   90
      Πολύφημον οἷόc ἐcτιν ἄξενόν τε γῆν
      τήνδ' ἐμβεβῶτεc καὶ Κυκλωπίαν γνάθον
      τὴν ἀνδροβρῶτα δυcτυχῶc ἀφιγμένοι.
      ἀλλ' ἥcυχοι γίγνεcθ', ἵν' ἐκπυθώμεθα
      πόθεν πάρειcι Ϲικελὸν Αἰτναῖον πάγον.   95

ΟΔΥϹϹΕΥϹ
      ξένοι, φράcαιτ' ἂν νᾶμα ποτάμιον πόθεν
      δίψηc ἄκοc λάβοιμεν εἴ τέ τιc θέλει
      βορὰν ὁδῆcαι ναυτίλοιc κεχρημένοιc;
      ⟨ἔα·⟩
      τί χρῆμα; Βρομίου πόλιν ἔοιγμεν ἐcβαλεῖν·
      Ϲατύρων πρὸc ἄντροιc τόνδ' ὅμιλον εἰcορῶ.   100
      χαίρειν προcεῖπα πρῶτα τὸν γεραίτατον.
Ϲι.   χαῖρ', ὦ ξέν', ὅcτιc δ' εἶ φράcον πάτραν τε cήν.
Οδ.   Ἴθακοc Ὀδυccεύc, γῆc Κεφαλλήνων ἄναξ.

77 Κύκλωπι θητεύω Fritzsche: θ- κ- L: ad numeros cf. Alc. 401 ~ 413,
Su. 781 ~ 789, IT 400 ~ 415, Or. 1447   86 ἄνακταc Tr²: -τα L
91 τε γῆν Jacobs: cτέγην L   93 τὴν apogr. Par., Bothe: τήνδ' L
ἀνδροβρῶτα P²: -βῶτα L   u. interrogationis nota dist. F. J. Williams
99 ⟨ἔα⟩ Wecklein   101 προcεῖπον Fix

6

Cι. οἶδ' ἄνδρα, κρόταλον δριμύ, Cιcύφου γένοc.
Οδ. ἐκεῖνοc αὐτόc εἰμι· λοιδόρει δὲ μή.   105
Cι. πόθεν Cικελίαν τήνδε ναυcτολῶν πάρει;
Οδ. ἐξ Ἰλίου γε κἀπὸ Τρωϊκῶν πόνων.
Cι. πῶc; πορθμὸν οὐκ ᾔδηcθα πατρώιαc χθονόc;
Οδ. ἀνέμων θύελλαι δεῦρό μ' ἥρπαcαν βίαι.
Cι. παπαῖ· τὸν αὐτὸν δαίμον' ἐξαντλεῖc ἐμοί.   110
Οδ. ἦ καὶ cὺ δεῦρο πρὸc βίαν ἀπεcτάληc;
Cι. ληιcτὰc διώκων οἳ Βρόμιον ἀνήρπαcαν.
Οδ. τίc δ' ἥδε χώρα καὶ τίνεc ναίουcί νιν;
Cι. Αἰτναῖοc ὄχθοc Cικελίαc ὑπέρτατοc.
Οδ. τείχη δὲ ποῦ 'cτι καὶ πόλεωc πυργώματα;   115
Cι. οὐκ ἔcτ'· ἔρημοι πρῶνεc ἀνθρώπων, ξένε.
Οδ. τίνεc δ' ἔχουcι γαῖαν; ἦ θηρῶν γένοc;
Cι. Κύκλωπεc, ἄντρ' ἔχοντεc, οὐ cτέγαc δόμων.
Οδ. τίνοc κλύοντεc; ἢ δεδήμευται κράτοc;
Cι. μονάδεc· ἀκούει δ' οὐδὲν οὐδεὶc οὐδενόc.   120
Οδ. cπείρουcι δ'—ἢ τῶι ζῶcι;—Δήμητροc cτάχυν;
Cι. γάλακτι καὶ τυροῖcι καὶ μήλων βορᾶι.
Οδ. Βρομίου δὲ πῶμ' ἔχουcιν, ἀμπέλου ῥοάc;
Cι. ἥκιcτα· τοιγὰρ ἄχορον οἰκοῦcι χθόνα.
Οδ. φιλόξενοι δὲ χὤcιοι περὶ ξένουc;   125
Cι. γλυκύτατά φαcι τὰ κρέα τοὺc ξένουc φορεῖν.
Οδ. τί φήιc; βορᾶι χαίρουcιν ἀνθρωποκτόνωι;
Cι. οὐδεὶc μολὼν δεῦρ' ὅcτιc οὐ κατεcφάγη.
Οδ. αὐτὸc δὲ Κύκλωψ ποῦ 'cτιν; ἦ δόμων ἔcω;
Cι. φροῦδοc, πρὸc Αἴτνηι θῆραc ἰχνεύων κυcίν.   130
Οδ. οἶcθ' οὖν ὃ δρᾶcον, ὡc ἀπαίρωμεν χθονόc;
Cι. οὐκ οἶδ', Ὀδυccεῦ· πᾶν δέ cοι δρώιημεν ἄν.

104 u. dist. Kirchhoff   γόνον Σ S. Ai. 190   105 αὐτόc L. Dindorf:
οὗτοc L   107 τε Hermann: uide Denniston, GP 133   108 ᾔδηcθα
Matthiae: ᾔδειcθα L   112 διώκων ⟨γ'⟩ Wecklein   116 ἔcτ' Schenk:
εἴc' L   117 ἢ Kirchhoff: ἦ L   120 μονάδεc V. Schmidt (Maia 27
[1975] 291): νομάδεc L   123 πῶμ' Tr¹: πόμ' L   ῥοάc Reiske: ῥοαῖc L
129 ἢ Kirchhoff: ἦ L   130 Αἴτνην Reiske   131 δρᾶcον Canter:
δράcειc L   ἀπάρωμεν Wecklein

Οδ. ὄδηϲον ἡμῖν ϲῖτον, οὗ ϲπανίζομεν.
Ϲι. οὐκ ἔϲτιν, ὥϲπερ εἶπον, ἄλλο πλὴν κρέαϲ.
Οδ. ἀλλ' ἡδὺ λιμοῦ καὶ τόδε ϲχετήριον.   135
Ϲι. καὶ τυροὸ ὀπίαϲ ἔϲτι καὶ βοὸϲ γάλα.
Οδ. ἐκφέρετε· φῶϲ γὰρ ἐμπολήμαϲιν πρέπει.
Ϲι. ϲὺ δ' ἀντιδώϲειϲ, εἰπέ μοι, χρυϲὸν πόϲον;
Οδ. οὐ χρυϲὸν ἀλλὰ πῶμα Διονύϲου φέρω.
Ϲι. ὦ φίλτατ' εἰπών, οὗ ϲπανίζομεν πάλαι.   140
Οδ. καὶ μὴν Μάρων μοι πῶμ' ἔδωκε, παῖϲ θεοῦ.
Ϲι. ὃν ἐξέθρεψα ταῖϲδ' ἐγώ ποτ' ἀγκάλαιϲ;
Οδ. ὁ Βακχίου παῖϲ, ὡϲ ϲαφέϲτερον μάθηιϲ.
Ϲι. ἐν ϲέλμαϲιν νεώϲ ἐϲτιν ἢ φέρειϲ ϲύ νιν;
Οδ. ὅδ' ἀϲκὸϲ ὃϲ κεύθει νιν, ὡϲ ὁρᾶιϲ, γέρον.   145
Ϲι. οὗτοϲ μὲν οὐδ' ἂν τὴν γνάθον πλήϲειέ μου.
⟨Οδ.   ⟩
⟨Ϲι.   ⟩
Οδ. ναί· δὶϲ τόϲον πῶμ' ὅϲον ἂν ἐξ ἀϲκοῦ ῥυῆι.
Ϲι. καλήν γε κρήνην εἶπαϲ ἡδεῖάν τ' ἐμοί.
Οδ. βούληι ϲε γεύϲω πρῶτον ἄκρατον μέθυ;
Ϲι. δίκαιον· ἦ γὰρ γεῦμα τὴν ὠνὴν καλεῖ.   150
Οδ. καὶ μὴν ἐφέλκω καὶ ποτῆρ' ἀϲκοῦ μέτα.
Ϲι. φέρ' ἐγκάναξον, ὡϲ ἀναμνηϲθῶ πιών.
Οδ. ἰδού. Ϲι. παπαιάξ, ὡϲ καλὴν ὀϲμὴν ἔχει.
Οδ. εἶδεϲ γὰρ αὐτήν; Ϲι. οὐ μὰ Δί', ἀλλ' ὀϲφραίνομαι.
Οδ. γεῦϲαί νυν, ὡϲ ἂν μὴ λόγωι 'παινῆιϲ μόνον.   155
Ϲι. βαβαί· χορεῦϲαι παρακαλεῖ μ' ὁ Βάκχιοϲ.
       ἆ ἆ ἆ.
Οδ. μῶν τὸν λάρυγγα διεκάναξέ ϲου καλῶϲ;
Ϲι. ὥϲτ' εἰϲ ἄκρουϲ γε τοὺϲ ὄνυχαϲ ἀφίκετο.
Οδ. πρὸϲ τῶιδε μέντοι καὶ νόμιϲμα δώϲομεν.   160
Ϲι. χάλα τὸν ἀϲκὸν μόνον· ἔα τὸ χρυϲίον.

---

136 βοόϲ] Διὸϲ Athen. 658 C   139 πῶμα Tr[1]: πόμα L   144 ϲέλ-
μαϲιν Aldina: -ϲι L   145 ἀϲκόϲ Radermacher: ἀ- L   146 post h.u.
lac. indic. Nauck, Kirchhoff   148 τ' Reiske: γ' L   152 ἐγκάναξον
Valckenaer, Pierson: ἐκπάταξον L

ΚΥΚΛΩΨ

Οδ.   ἐκφέρετέ νυν τυρεύματ᾽ ἢ μήλων τόκον.

Cι.   δράcω τάδ᾽, ὀλίγον φροντίcαc γε δεcποτῶν.
     ὡc ἐκπιών γ᾽ ἂν κύλικα μαινοίμην μίαν,
     πάντων Κυκλώπων ἀντιδοὺc βοcκήματα   165
     ῥίψαc τ᾽ ἐc ἅλμην Λευκάδοc πέτραc ἄπο
     ἅπαξ μεθυcθεὶc καταβαλών τε τὰc ὀφρῦc.
     ὡc ὅc γε πίνων μὴ γέγηθε μαίνεται·
     ἵν᾽ ἔcτι τουτί τ᾽ ὀρθὸν ἐξανιcτάναι
     μαcτοῦ τε δραγμὸc καὶ †παρεcκευαcμένου†   170
     ψαῦcαι χεροῖν λειμῶνοc ὀρχηcτύc θ᾽ ἅμα
     κακῶν τε λῆcτιc. εἶτ᾽ ἐγὼ ⟨οὐ⟩ κυνήcομαι
     τοιόνδε πῶμα, τὴν Κύκλωποc ἀμαθίαν
     κλαίειν κελεύων καὶ τὸν ὀφθαλμὸν μέcον;

Χο.   ἄκου᾽, Ὀδυccεῦ· διαλαλήcωμέν τί cοι.   175

Οδ.   καὶ μὴν φίλοι γε προcφέρεcθε πρὸc φίλον.

Χο.   ἐλάβετε Τροίαν τὴν Ἑλένην τε χειρίαν;

Οδ.   καὶ πάντα γ᾽ οἶκον Πριαμιδῶν ἐπέρcαμεν.

Χο.   οὔκουν, ἐπειδὴ τὴν νεᾶνιν εἵλετε,
     ἅπαντες αὐτὴν διεκροτήcατ᾽ ἐν μέρει,   180
     ἐπεί γε πολλοῖc ἥδεται γαμουμένη,
     τὴν προδότιν, ἣ τοὺc θυλάκουc τοὺc ποικίλουc
     περὶ τοῖν cκελοῖν ἰδοῦcα καὶ τὸν χρύcεον
     κλωιὸν φοροῦντα περὶ μέcον τὸν αὐχένα
     ἐξεπτοήθη, Μενέλεων ἀνθρώπιον   185
     λῶιcτον λιποῦcα; μηδαμοῦ γένοc ποτὲ
     φῦναι γυναικῶν ὤφελ᾽, εἰ μὴ ᾽μοὶ μόνωι.

Cι.   ἰδού· τάδ᾽ ὑμῖν ποιμνίων βοcκήματα,
     ἄναξ Ὀδυccεῦ, μηκάδων ἀρνῶν τροφαί,

164 ἐκπιών Kirchhoff: -πιεῖν L, quo seruato μαιοίμην F. W. Schmidt
166 ῥίψαc Kirchhoff: ῥίψαι L   169 τ᾽ ὀρθὸν Seidler: τοὐρθὸν L
171 ὀρχηcτύc Canter: -cτύοc L   172 ⟨οὐ⟩ Matthiae (et fort. apogr.
Par.)   ⟨οὐ⟩κ ὠνήcομαι Tyrwhitt   175[n] Χο. Tyrwhitt: om. L
177[n] et 179[n] Χο. Tyrwhitt: cι. L   181 ἥδεται P² pot. qu. P: ἥδετε L
184 κλωιὸν Dindorf: κλοιὸν L   187 ᾽μοὶ Bothe: μοι L   188[n] Cι.
apogr. Par., Tyrwhitt: om. L   188 ποιμνίων Scaliger: ποιμένων L

πηκτοῦ γάλακτός τ' οὐ σπάνια τυρεύματα.   190
φέρεσθε· χωρεῖθ' ὡς τάχιστ' ἄντρων ἄπο,
βότρυος ἐμοὶ πῶμ' ἀντιδόντες εὐίου.
οἴμοι· Κύκλωψ ὅδ' ἔρχεται· τί δράσομεν;
Οδ.   ἀπολώλαμέν τἄρ', ὦ γέρον· ποῖ χρὴ φυγεῖν;
Ci.   ἔσω πέτρας τῆσδ', οὗπερ ἂν λάθοιτέ γε.   195
Οδ.   δεινὸν τόδ' εἶπας, ἀρκύων μολεῖν ἔσω.
Ci.   οὐ δεινόν· εἰσὶ καταφυγαὶ πολλαὶ πέτρας.
Οδ.   οὐ δῆτ'· ἐπεί τἂν μεγάλα γ' ἡ Τροία στένοι,
εἰ φευξόμεσθ' ἕν' ἄνδρα, μυρίον δ' ὄχλον
Φρυγῶν ὑπέστην πολλάκις σὺν ἀσπίδι.   200
ἀλλ', εἰ θανεῖν δεῖ, κατθανούμεθ' εὐγενῶς
ἢ ζῶντες αἶνον τὸν πάρος συσσώσομεν.

ΚΥΚΛΩΨ

ἄνεχε πάρεχε· τί τάδε; τίς ἡ ῥαιθυμία;
τί βακχιάζετ'; οὐχὶ Διόνυσος τάδε,
οὐ κρόταλα χαλκοῦ τυμπάνων τ' ἀράγματα.   205
πῶς μοι κατ' ἄντρα νεόγονα βλαστήματα;
ἦ πρός τε μαστοῖς εἰσι χὐπὸ μητέρων
πλευρὰς τρέχουσι, σχοινίνοις τ' ἐν τεύχεσιν
πλήρωμα τυρῶν ἐστιν ἐξημελγμένον;
τί φάτε, τί λέγετε; τάχα τις ὑμῶν τῶι ξύλωι   210
δάκρυα μεθήσει. βλέπετ' ἄνω καὶ μὴ κάτω.
Χο.   ἰδού· πρὸς αὐτὸν τὸν Δί' ἀνακεκύφαμεν
καὶ τἄστρα καὶ τὸν Ὠρίωνα δέρκομαι.
Κυ.   ἄριστόν ἐστιν εὖ παρεσκευασμένον;
Χο.   πάρεστιν· ὁ φάρυγξ εὐτρεπὴς ἔστω μόνον.   215
Κυ.   ἦ καὶ γάλακτός εἰσι κρατῆρες πλέωι;

193 Sileno contin. L. Dindorf: Ulixi trib. L   194 τἄρ' Hartung:
γὰρ L   198 στένοι P[2]: -ει L   202 συσσώσομεν Schenk: εὖ σώσομεν L
πάροιθε σώσομεν Hartung   203[n] Κυ. Tyrwhitt: ci. L   204 οὐχὶ
Διόνυσος Musgrave: οὐ διώνυσος L (διόν- P)   207 ἢ Hermann: ἦ L
τε L. Dindorf: γε L   212[n], 215[n], 217[n], 219[n] Χο. Tyrwhitt:
ci. L   213 τά τ'ἄστρα Choerob. in Theod. i. 272 (~ anecd. Par. iv. 194)
216 ἦ Tr[1]: ἢ L

ΚΥΚΛΩΨ

Χο. ὥcτ' ἐκπιεῖν γέ c', ἢν θέληιc, ὅλον πίθον.
Κυ. μήλειον ἢ βόειον ἢ μεμειγμένον;
Χο. ὃν ἂν θέληιc cύ· μὴ 'μὲ καταπίηιc μόνον.
Κυ. ἥκιcτ'· ἐπεί μ' ἂν ἐν μέcηι τῆι γαcτέρι   220
πηδῶντεc ἀπολέcαιτ' ἂν ὑπὸ τῶν cχημάτων.
ἔα· τίν' ὄχλον τόνδ' ὁρῶ πρὸc αὐλίοιc;
ληιcταί τινεc κατέcχον ἢ κλῶπεc χθόνα;
ὁρῶ γέ τοι τούcδ' ἄρναc ἐξ ἄντρων ἐμῶν
cτρεπταῖc λύγοιcι cῶμα cυμπεπλεγμένουc   225
τεύχη τε τυρῶν cυμμιγῆ γέροντά τε
πληγαῖc μέτωπον φαλακρὸν ἐξωιδηκότα.
Cι. ὤμοι, πυρέccω cυγκεκομμένοc τάλαc.
Κυ. ὑπὸ τοῦ; τίc ἐc còν κρᾶτ' ἐπύκτευcεν, γέρον;
Cι. ὑπὸ τῶνδε, Κύκλωψ, ὅτι τὰ c' οὐκ εἴων φέρειν.   230
Κυ. οὐκ ἦιcαν ὄντα θεόν με καὶ θεῶν ἄπο;
Cι. ἔλεγον ἐγὼ τάδ'· οἱ δ' ἐφόρουν τὰ χρήματα,
καὶ τόν γε τυρὸν οὐκ ἐῶντοc ἤcθιον
τούc τ' ἄρναc ἐξεφοροῦντο· δήcαντεc δὲ cὲ
κλωιῶι τριπήχει, κατὰ τὸν ὀφθαλμὸν μέcον   235
τὰ cπλάγχν' ἔφαcκον ἐξαμήcεcθαι βίαι,
μάcτιγί τ' εὖ τὸ νῶτον ἀπολέψειν cέθεν,
κἄπειτα cυνδήcαντεc ἐc θἀδώλια
τῆc ναὸc ἐμβαλόντεc ἀποδώcειν τινὶ
πέτρουc μοχλεύειν, ἢ 'c μυλῶνα καταβαλεῖν.   240
Κυ. ἄληθεc; οὔκουν κοπίδαc ὡc τάχιcτ' ἰὼν
θήξειc μαχαίραc καὶ μέγαν φάκελον ξύλων
ἐπιθεὶc ἀνάψειc; ὡc cφαγέντεc αὐτίκα
πλήcουcι νηδὺν τὴν ἐμὴν ἀπ' ἄνθρακοc

219 ὧν Kaibel   'μὲ Matthiae: με L   220 μ' Seidler: γ' L
227 μέτωπον Tyrwhitt: πρόcωπον L: cf. Ar. Equ. 631 (πρόcωπ' pro μέτωπ'
Crates ap. Athen. 367 A), Xen. Cyn. 4. 8   233 τῶν...τυρῶν Mark-
land   ἐῶντοc P²: ἐόντοc L   234 ἐξεφροῦντο Musgrave   cὲ Nauck:
cε L   235 κατὰ Canter: κᾶτα L: cf. El. 910, Rh. 421, fr. 410. 3
236 ἐξαμήcεcθαι Duport: -cacθαι L   237 ἀπολέψειν Ruhnken:
ἀποθλίψειν L   238 θἀδώλια Seidler: τὰδ- L   239 ναὸc Blaydes:
νηὸc L   240 ἢ 'c μυλῶνα Ruhnken: ἢ πυλῶνα L   243 ὡc apogr. Par.: ὢ L

11

    θερμὴν διδόντες δαῖτα τῶι κρεανόμωι,   245
    τὰ δ' ἐκ λέβητος ἐφθὰ καὶ τετηκότα.
    ὡς ἔκπλεώς γε δαιτός εἰμ' ὀρεσκόου·
    ἅλις λεόντων ἐςτί μοι θοινωμένωι
    ἐλάφων τε, χρόνιος δ' εἰμ' ἀπ' ἀνθρώπων βορᾶς.
Ϲι. τὰ καινά γ' ἐκ τῶν ἠθάδων, ὦ δέςποτα,   250
    ἥδίον' ἐςτίν. οὐ γὰρ οὖν νεωςτί γε
    ἄλλοι πρὸς ἄντρα ςοὐςαφίκοντο ξένοι.
Οδ. Κύκλωψ, ἄκουςον ἐν μέρει καὶ τῶν ξένων.
    ἡμεῖς βορᾶς χρήιζοντες ἐμπολὴν λαβεῖν
    ςῶν ἆςςον ἄντρων ἤλθομεν νεὼς ἄπο.   255
    τοὺς δ' ἄρνας ἡμῖν οὗτος ἀντ' οἴνου ςκύφου
    ἀπημπόλα τε κἀδίδου πιεῖν λαβὼν
    ἑκὼν ἑκοῦςι, κοὐδὲν ἦν τούτων βίαι.
    ἀλλ' οὗτος ὑγιὲς οὐδὲν ὦν φηςιν λέγει,
    ἐπεὶ κατελήφθη ςοῦ λάθραι πωλῶν τὰ ςά.   260
Ϲι. ἐγώ; κακῶς γ' ἄρ' ἐξόλοι'.   Οδ. εἰ ψεύδομαι.
Ϲι. μὰ τὸν Ποςειδῶ τὸν τεκόντα ς', ὦ Κύκλωψ,
    μὰ τὸν μέγαν Τρίτωνα καὶ τὸν Νηρέα,
    μὰ τὴν Καλυψὼ τάς τε Νηρέως κόρας,
    μὰ θαἰερὰ κύματ' ἰχθύων τε πᾶν γένος,   265
    ἀπώμος', ὦ κάλλιςτον ὦ Κυκλώπιον,
    ὦ δεςποτίςκε, μὴ τὰ ς' ἐξοδᾶν ἐγὼ
    ξένοιςι χρήματ'. ἢ κακῶς οὗτοι κακοὶ
    οἱ παῖδες ἀπόλοινθ', οὓς μάλιςτ' ἐγὼ φιλῶ.
Χο. αὐτὸς ἔχ'. ἔγωγε τοῖς ξένοις τὰ χρήματα   270
    περνάντα ς' εἶδον· εἰ δ' ἐγὼ ψευδῆ λέγω,
    ἀπόλοιθ' ὁ πατήρ μου· τοὺς ξένους δὲ μὴ ἀδίκει.

245 διδόντες Heath: ἔδοντος L (fort. *δοντος L, ἐ- L¹ᶜ uel Tr¹)
247 εἰμ' ὀρεςκόου Stephanus: ἱμεροςκόου L   251 ἥδίον' Tr¹: ἥδιον L
οὖν Reiske: αὖ L   252 ςοὐςαφίκοντο Murray: τὰ ς' ἀφίκοντο L: cf. 288,
561   258 τούτων Barnes: -τω L   260 γ' ἐλήφθη Heath, sed cf. 304
261 γ' ἄρ' Kirchhoff: γὰρ L: nisi mauis γ' ἄρ' (uide Lowe, Glotta 51
[1973] 34–64)   265 θαἰερὰ Franke: θ' ἱερὰ L: ad rhythmum uide 334
(θαἱρὰ scribere nolim)

ΚΥΚΛΩΨ

Κυ.   ψεύδεσθ᾽· ἔγωγε τῶιδε τοῦ Ῥαδαμάνθυος
      μᾶλλον πέποιθα καὶ δικαιότερον λέγω.
      θέλω δ᾽ ἐρέσθαι· πόθεν ἐπλεύσατ᾽, ὦ ξένοι;   275
      ποδαποί; τίς ὑμᾶς ἐξεπαίδευσεν πόλις;
Οδ.   Ἰθακήσιοι μὲν τὸ γένος, Ἰλίου δ᾽ ἄπο,
      πέρσαντες ἄστυ, πνεύμασιν θαλασσίοις
      σὴν γαῖαν ἐξωσθέντες ἥκομεν, Κύκλωψ.
Κυ.   ἦ τῆς κακίστης οἳ μετήλθεθ᾽ ἁρπαγὰς   280
      Ἑλένης Σκαμάνδρου γείτον᾽ Ἰλίου πόλιν;
Οδ.   οὗτοι, πόνον τὸν δεινὸν ἐξηντληκότες.
Κυ.   αἰσχρὸν στράτευμά γ᾽, οἵτινες μιᾶς χάριν
      γυναικὸς ἐξεπλεύσατ᾽ ἐς γαῖαν Φρυγῶν.
Οδ.   θεοῦ τὸ πρᾶγμα· μηδέν᾽ αἰτιῶ βροτῶν.   285
      ἡμεῖς δέ σ᾽, ὦ θεοῦ ποντίου γενναῖε παῖ,
      ἱκετεύομέν τε καὶ λέγομεν ἐλευθέρως·
      μὴ τλῆις πρὸς ἄντρα σοὐσαφιγμένους φίλους
      κτανεῖν βοράν τε δυσσεβῆ θέσθαι γνάθοις·
      οἳ τὸν σόν, ὦναξ, πατέρ᾽ ἔχειν ναῶν ἕδρας   290
      ἐρρυσάμεσθα γῆς ἐν Ἑλλάδος μυχοῖς·
      ἱερᾶς τ᾽ ἄθραυστος Ταινάρου μένει λιμὴν
      Μαλέας τ᾽ ἄκρας κευθμῶνες ἥ τε Σουνίου
      δίας Ἀθάνας σῶς ὑπάργυρος πέτρα
      Γεραίστιοί τε καταφυγαί· τά θ᾽ Ἑλλάδος   295
      †δύσφρον᾽ ὀνείδη† Φρυξὶν οὐκ ἐδώκαμεν.
      ὧν καὶ σὺ κοινοῖ· γῆς γὰρ Ἑλλάδος μυχοὺς
      οἰκεῖς ὑπ᾽ Αἴτνηι, τῆι πυριστάκτωι πέτραι.
      νόμος δὲ θνητοῖς, εἰ λόγους ἀποστρέφηι,
      ἱκέτας δέχεσθαι ποντίους ἐφθαρμένους   300

273 τῶιδε Canter: τοῦδε L   274 μᾶλλον Kirchhoff: πολλὰ L
288 σοὐσαφιγμένους Radermacher: σοὺς ἀφιγμένους L: cf. 252   290 ναῶν
Canter: νεῶν L   291 ἐρρυσάμεσθα Matthiae: εἰρυς- L   292 ἱερᾶς
Kassel: ἱερεύς L: ἱερός apogr. Par.   ἄθραυστος Tr¹: ἄθαυστος L
293 ἄκρας Seaford: ἄκροι L   ἥ apogr. Par.: οἳ L   295 post
h.u. lac. indic. Hermann   296 δύσφορά γ᾽ apogr. Par. (-φρονά γ᾽ Tr²)
δύσφορον ὄνειδος per parenthesin Diggle   297 κοινοῖ Seidler: κοινοῦ L
298 Αἴτνης Hermann   299 νόμος Musgrave: νόμοις L   εἰ Reiske:
εἰς L

13

ξένιά τε δοῦναι καὶ πέπλους ἐπαρκέσαι,
οὐκ ἀμφὶ βουπόροισι πηχθέντας μέλη
ὀβελοῖσι νηδὺν καὶ γνάθον πλῆσαι σέθεν.
ἅλις δὲ Πριάμου γαῖ' ἐχήρωσ' Ἑλλάδα
πολλῶν νεκρῶν πιοῦσα δοριπετῆ φόνον   305
ἀλόχους τ' ἀνάνδρους γραῦς τ' ἄπαιδας ὤλεσεν
πολιούς τε πατέρας. εἰ δὲ τοὺς λελειμμένους
σὺ συμπυρώσας δαῖτ' ἀναλώσεις πικράν,
ποῖ τρέψεταί τις; ἀλλ' ἐμοὶ πιθοῦ, Κύκλωψ·
πάρες τὸ μάργον σῆς γνάθου, τὸ δ' εὐσεβὲς   310
τῆς δυσσεβείας ἀνθελοῦ· πολλοῖσι γὰρ
κέρδη πονηρὰ ζημίαν ἠμείψατο.

Cι.   παραινέσαι σοι βούλομαι· τῶν γὰρ κρεῶν
μηδὲν λίπηις τοῦδ'· ἢν δὲ τὴν γλῶσσαν δάκηις,
κομψὸς γενήσηι καὶ λαλίστατος, Κύκλωψ.   315

Κυ.   ὁ πλοῦτος, ἀνθρωπίσκε, τοῖς σοφοῖς θεός,
τὰ δ' ἄλλα κόμποι καὶ λόγων εὐμορφία.
ἄκρας δ' ἐναλίας αἷς καθίδρυται πατὴρ
χαίρειν κελεύω· τί τάδε προυστήσω λόγωι;
Ζηνὸς δ' ἐγὼ κεραυνὸν οὐ φρίσσω, ξένε,   320
οὐδ' οἶδ' ὅτι Ζεύς ἐστ' ἐμοῦ κρείσσων θεός.
οὔ μοι μέλει τὸ λοιπόν· ὡς δ' οὔ μοι μέλει
ἄκουσον· ὅταν ἄνωθεν ὄμβρον ἐκχέηι,
ἐν τῆιδε πέτραι στέγν' ἔχων σκηνώματα,
ἢ μόσχον ὀπτὸν ἤ τι θήρειον δάκος   325
δαινύμενος, εὖ τέγγων τε γαστέρ' ὑπτίαν,
ἐπεκπιὼν γάλακτος ἀμφορέα, πέπλον
κρούω, Διὸς βρονταῖσιν εἰς ἔριν κτυπῶν.
ὅταν δὲ βορέας χιόνα Θρήικιος χέηι,
δοραῖσι θηρῶν σῶμα περιβαλὼν ἐμὸν   330

---

301 πέπλους Blaydes: -οις L   305 δοριπετῆ Nauck: δορυπ- L
314 δὲ Lenting: τε L   316 τοῖς Tr²: τοῖ L   317 εὐμορφία Nauck:
-ίαι L   318 αἷς Paley: ἇς L   324 στεγάν' Blaydes   ἔχων Reiske:
ἔχω L, quo seruato καὶ μόσχον 325 Boissonade   326 εὖ τέγγων τε
Reiske: ἐν στέγοντι L   327 πέδον Musgrave   330 περιβαλὼν Tr¹:
-λαβὼν L

καὶ πῦρ ἀναίθων, χιόνος οὐδέν μοι μέλει.
ἡ γῆ δ' ἀνάγκηι, κἂν θέληι κἂν μὴ θέληι,
τίκτουσα ποίαν τἀμὰ πιαίνει βοτά.
ἀγὼ οὔτινι θύω πλὴν ἐμοί, θεοῖσι δ' οὔ,
καὶ τῆι μεγίστηι, γαστρὶ τῆιδε, δαιμόνων.   335
ὡς τοὐμπιεῖν γε καὶ φαγεῖν τοὐφ' ἡμέραν,
Ζεὺς οὗτος ἀνθρώποισι τοῖσι σώφροσιν,
λυπεῖν δὲ μηδὲν αὑτόν. οἳ δὲ τοὺς νόμους
ἔθεντο ποικίλλοντες ἀνθρώπων βίον,
κλαίειν ἄνωγα· τὴν ⟨δ'⟩ ἐμὴν ψυχὴν ἐγὼ   340
οὐ παύσομαι δρῶν εὖ, κατεσθίων γε σέ.
ξένια δὲ λήψηι τοιάδ', ὡς ἄμεμπτος ὦ,
πῦρ καὶ πατρῶιον τόνδε χαλκόν, ὃς ζέσας
σὴν σάρκα διαφόρητον ἀμφέξει καλῶς.
ἀλλ' ἕρπετ' εἴσω, τοῦ κατ' αὔλιον θεοῦ   345
ἵν' ἀμφὶ βωμὸν στάντες εὐωχῆτέ με.

Οδ.   αἰαῖ, πόνους μὲν Τρωϊκοὺς ὑπεξέδυν
θαλασσίους τε, νῦν δ' ἐς ἀνδρὸς ἀνοσίου
ὠμὴν κατέσχον ἀλίμενόν τε καρδίαν.
ὦ Παλλάς, ὦ δέσποινα Διογενὲς θεά,   350
νῦν νῦν ἄρηξον· κρείσσονας γὰρ Ἰλίου
πόνους ἀφῖγμαι κἀπὶ κινδύνου βάθρα.
σύ τ', ὦ φαεννὰς ἀστέρων οἰκῶν ἕδρας
Ζεῦ ξένι', ὅρα τάδ'· εἰ γὰρ αὐτὰ μὴ βλέπεις,
ἄλλως νομίζηι, Ζεῦ, τὸ μηδὲν ὢν θεός.   355

333 φύουσα Athenag. leg. 25. 2 (~ Plut. mor. 435 B)   334 οὔτι
Hermann: cf. 265, Men. Asp. 219   336 τοὐμπιεῖν Reiske: τοῦ πιεῖν L
κἀμφαγεῖν Reiske   338 λυπεῖν Tr²: λιπεῖν L   340 ⟨δ'⟩ Barnes
341 γε Hermann: τέ L   σέ Fix: σε L   342 δὲ Fix: τε L   ἄμεμπτος
Aldina: ἄμεπτος L   343 χαλκόν Jackson: λέβητά γ' L   344 διαφόρη-
τον Scaliger: δυσφόρητον L: δυσφόρητος Seaford   345 τοῦ...θεοῦ
Blaydes: τῶ...θεῶ L   346 βωμὸν Stephanus: κῶμον L   349 ὠμὴν
Reiske: γνώμην L   352 βάθη Musgrave   353 φαεννὰς Kassel:
-ῶν L   354 ζεῦ Tr¹: ζεῦς Lᵘᵛ

Χο.   Εὐρείας φάρυγος, ὦ Κύκλωψ,   [στρ.
      ἀναστόμου τὸ χεῖλος· ὡς ἕτοιμά σοι
      ἐφθὰ καὶ ὀπτὰ καὶ ἀνθρακιᾶς ἄπο ⟨θερμὰ⟩
      χναύειν βρύκειν
      κρεοκοπεῖν μέλη ξένων
      δασυμάλλωι ἐν αἰγίδι κλινομένωι.   360

      μὴ 'μοὶ μὴ προσδίδου·   [μεσωιδ.
      μόνος μόνωι γέμιζε πορθμίδος σκάφος.
      χαιρέτω μὲν αὖλις ἅδε,
      χαιρέτω δὲ θυμάτων
      ἀποβώμιος †ἂν ἔχει θυσίαν†   365
      Κύκλωψ Αἰτναῖος ξενικῶν
      κρεῶν κεχαρμένος βορᾶι.

      †νηλὴς ὦ τλᾶμον ὅστις δωμάτων†   [ἀντ.
      ἐφεστίους ἱκτῆρας ἐκθύει δόμων,   371
      ἐφθά τε δαινύμενος μυσαροῖσί τ' ὀδοῦσιν   373
      κόπτων βρύκων   372
      θέρμ' ἀπ' ἀνθράκων κρέα   374
      ⟨   ⟩.

Οδ.   ὦ Ζεῦ, τί λέξω, δείν' ἰδὼν ἄντρων ἔσω   375
      κοὐ πιστά, μύθοις εἰκότ' οὐδ' ἔργοις βροτῶν;

356 φάρυγος Hermann: -γγος L   357 ἀναστομοῦ Wilamowitz
358 ἄπο ⟨θερμὰ⟩ χναύειν praeeunte Musgrave (ἄπο χν-) Hermann: ἀπο-
χναύειν L   βρύκειν Casaubon: βρύχ- L   359 κρεοκοπεῖν apogr. Par., L.
Dindorf: κρεω- L   360 κλινομένωι Reiske: καινόμενα L (-ό- Tr¹,
-ού- Lᵘᵛ)   361 'μοὶ Conradt: μοι L   362 γέμιζε Wecklein: κόμιζε L
363 ἅδε Dindorf: ἤδε L   365 ἂν ἀνάγει Jackson (CQ 35 [1941] 37)
θυσία Hartung   370 aut δωμάτων delendum (Murray) aut 371 ξένους
pro δόμων scribendum (Kirchhoff)   371 ἐφεστίους Bothe: ἐφεστίους
ξενικοὺς L   373 ante 372 trai. Hermann   μυσαροῖσί τ' Kirchhoff:
-οῖσιν L (fort. -οῖσ** L, -οῖσιν Lᶜ)   372 βρύκων Casaubon: βρύχ- L
374 θέρμ' Hermann: ἀνθρώπων θέρμ' L   post h.u. ⟨δασυμάλλωι ἐν αἰγίδι
κλινόμενος⟩ Haupt   376 μύθοις ⟨δ'⟩ Dawe

ΚΥΚΛΩΨ

Χο.   τί δ' ἔςτ', Ὀδυccεῦ; μῶν τεθοίναται cέθεν
      φίλουc ἑταίρουc ἀνοcιώτατοc Κύκλωψ;
Ὀδ.   διccούc γ' ἀθρήcαc κἀπιβαcτάcαc χεροῖν,
      οἳ cαρκὸc εἶχον εὐτραφέcτατον πάχοc.   380
Χο.   πῶc, ὦ ταλαίπωρ', ἦτε πάcχοντεc τάδε;
Ὀδ.   ἐπεὶ πετραίαν τήνδ' ἐcήλθομεν †χθόνα†,
      ἀνέκαυcε μὲν πῦρ πρῶτον, ὑψηλῆc δρυὸc
      κορμοὺc πλατείαc ἐcχάραc βαλὼν ἔπι,
      τριccῶν ἀμαξῶν ὡc ἀγώγιμον βάροc,   385
      καὶ χάλκεον λέβητ' ἐπέζεcεν πυρί.   392
      ἔπειτα φύλλων ἐλατίνων χαμαιπετῆ   386
      ἔcτρωcεν εὐνὴν πληcίον πυρὸc φλογί.
      κρατῆρα δ' ἐξέπληcεν ὡc δεκάμφορον,
      μόcχουc ἀμέλξαc, λευκὸν ἐcχέαc γάλα,
      cκύφοc τε κιccοῦ παρέθετ' εἰc εὖροc τριῶν   390
      πήχεων, βάθοc δὲ τεccάρων ἐφαίνετο,   391
      ὀβελούc τ', ἄκρουc μὲν ἐγκεκαυμένουc πυρί,   393
      ξεcτοὺc δὲ δρεπάνωι τἄλλα, παλιούρου κλάδων,
      †Αἰτναῖά τε cφαγεῖα πελέκεων γνάθοιc†.   395
      ὡc δ' ἦν ἕτοιμα πάντα τῶι θεοcτυγεῖ
      Ἅιδου μαγείρωι, φῶτε cυμμάρψαc δύο
      ἔcφαζ' ἑταίρων τῶν ἐμῶν, ῥυθμῶι θ' ἑνὶ
      τὸν μὲν λέβητοc ἐc κύτοc χαλκήλατον
      ⟨   ⟩
      τὸν δ' αὖ, τένοντοc ἁρπάcαc ἄκρου ποδόc,   400
      παίων πρὸc ὀξὺν cτόνυχα πετραίου λίθου

377 τεθοίναται Reiske: γε θοινᾶται L   379 cταθμήcαc Pierson
380 εὐτραφέcτατον Scaliger: ἐντρεφ- L: εὐτρεφ- P²   381 ἦcτε Nauck
382 cτέγην Musgrave   392 huc trai. Paley (post 395 Hartung)
387 ἔcτρωcεν Pierson: ἔcτηcεν L   389 ἐγχέαc Herwerden
390 cκύφον Blaydes   392 uide post 385   394 τἄλλα Scaliger: γ'
ἀλλὰ L   κλάδων Scaliger: -δω L et Athen. 650 A: -δουc Kirchhoff
395 ante h.u. lac. indic. Boissonade, post h.u. Fix   u. delere malit
Diggle   397 Ἅιδου Stephanus: δίδου L   δύο apogr. Par.,
Matthiae: δύω L   398 θ' ἑνὶ Wilamowitz: τινί L
399 κύτοc Aldina: cκύτοc L   post h.u. lac. indic. Diggle   401 cτό-
νυχα Scaliger: γ' ὄνυχα L

17

ἐγκέφαλον ἐξέρρανε· καὶ †καθαρπάσας†
λάβρωι μαχαίραι σάρκας ἐξώπτα πυρί,
τὰ δ' ἐc λέβητ' ἐφῆκεν ἕψεcθαι μέλη.
ἐγὼ δ' ὁ τλήμων δάκρυ' ἀπ' ὀφθαλμῶν χέων   405
ἐχριμπτόμην Κύκλωπι κἀδιακόνουν·
ἄλλοι δ' ὅπωc ὄρνιθεc ἐν μυχοῖc πέτραc
πτήξαντεc εἶχον, αἷμα δ' οὐκ ἐνῆν χροΐ.
ἐπεὶ δ' ἑταίρων τῶν ἐμῶν πληcθεὶc βορᾶc
ἀνέπεcε, φάρυγοc αἰθέρ' ἐξανεὶc βαρύν,   410
ἐcῆλθέ μοί τι θεῖον· ἐμπλήcαc cκύφοc
Μάρωνοc αὐτῶι τοῦδε προcφέρω πιεῖν,
λέγων τάδ'· Ὦ τοῦ ποντίου θεοῦ Κύκλωψ,
cκέψαι τόδ' οἷον Ἑλλὰc ἀμπέλων ἄπο
θεῖον κομίζει πῶμα, Διονύcου γάνοc.   415
ὁ δ' ἔκπλεωc ὢν τῆc ἀναιcχύντου βορᾶc
ἐδέξατ' ἔcπαcέν ⟨τ'⟩ ἄμυcτιν ἑλκύcαc
κἀπήινεc' ἄραc χεῖρα· Φίλτατε ξένων,
καλὸν τὸ πῶμα δαιτὶ πρὸc καλῆι δίδωc.
ἡcθέντα δ' αὐτὸν ὡc ἐπηιcθόμην ἐγώ,   420
ἄλλην ἔδωκα κύλικα, γιγνώcκων ὅτι
τρώcει νιν οἶνοc καὶ δίκην δώcει τάχα.
καὶ δὴ πρὸc ὠιδὰc εἷρπ'· ἐγὼ δ' ἐπεγχέων
ἄλλην ἐπ' ἄλληι cπλάγχν' ἐθέρμαινον ποτῶι.
ἄιδει δὲ παρὰ κλαίουcι cυνναύταιc ἐμοῖc   425
ἄμουc', ἐπηχεῖ δ' ἄντρον. ἐξελθὼν δ' ἐγὼ
cιγῆι cὲ cῶcαι κἄμ', ἐὰν βούληι, θέλω.
ἀλλ' εἴπατ' εἴτε χρήιζετ' εἴτ' οὐ χρήιζετε

---

402 διαρπάcαc uel διαρταμὼν Paley   404 τὰ δ' Heath: τάδ' L
406 κἀδιακόνουν Dindorf: καὶ διηκ- L   407 ἄλλοι Kirchhoff: ἄλλοι L
410 φάρυγοc Scaliger: -γγοc L et Athen. 23 E   ἐξανεὶc Porson: ἐξιεὶc
L: ἐξανεὶc Athen.   411 cκύφον Blaydes   412 αὐτῶι τοῦδε
L. Dindorf: αὐτοῦ τῶδε L   413 ὦ παῖ Aldina, sed cf. IT 1230, Ion
1619   417 ⟨τ'⟩ Barnes   419 καλῆ Tr²: -ὸν L: -ῆ Lˢ uel Tr¹
422 οἶνοc post Herwerden (ὦινοc) Murray: οἲ- L   425 cυνναύταιc
Aldina: cὺν ν- L   426 ἐπηχεῖ Barnes: ἐπήχει L

φεύγειν ἄμεικτον ἄνδρα καὶ τὰ Βακχίου
ναίειν μέλαθρα Ναϊδων νυμφῶν μέτα.　　　　　430
ὁ μὲν γὰρ ἔνδον còc πατὴρ τάδ' ἤινεcεν·
ἀλλ' ἀcθενὴc γὰρ κἀποκερδαίνων ποτοῦ
ὥcπερ πρòc ἰξῶι τῆι κύλικι λελημμένοc
πτέρυγαc ἀλύει· cὺ δέ (νεανίαc γὰρ εἶ)
cώθητι μετ' ἐμοῦ καὶ τὸν ἀρχαῖον φίλον　　435
Διόνυcον ἀνάλαβ', οὐ Κύκλωπι προcφερῆ.

Χο.　ὦ φίλτατ', εἰ γὰρ τήνδ' ἴδοιμεν ἡμέραν
Κύκλωποc ἐκφυγόντεc ἀνόcιον κάρα.
ὡc διὰ μακροῦ γε †τὸν cίφωνα τὸν φίλον
χηρεύομεν τόνδ' οὐκ ἔχομεν καταφαγεῖν.†　440

Οδ.　ἄκουε δή νυν ἣν ἔχω τιμωρίαν
θηρòc πανούργου cῆc τε δουλείαc φυγήν.

Χο.　λέγ', ὡc 'Αcιάδοc οὐκ ἂν ἥδιον ψόφον
κιθάραc κλύοιμεν ἢ Κύκλωπ' ὀλωλότα.

Οδ.　ἐπὶ κῶμον ἕρπειν πρòc καcιγνήτουc θέλει　445
Κύκλωπαc ἡcθεὶc τῶιδε Βακχίου ποτῶι.

Χο.　ξυνῆκ'· ἔρημον ξυλλαβὼν δρυμοῖcί νιν
cφάξαι μενοινᾶιc ἢ πετρῶν ὦcαι κάτα.

Οδ.　οὐδὲν τοιοῦτον· δόλιοc ἡ προθυμία.

Χο.　πῶc δαί; cοφόν τοί c' ὄντ' ἀκούομεν πάλαι.　450

Οδ.　κώμου μὲν αὐτὸν τοῦδ' ἀπαλλάξαι, λέγων
ὡc οὐ Κύκλωψι πῶμα χρὴ δοῦναι τόδε,
μόνον δ' ἔχοντα βίοτον ἡδέωc ἄγειν.
ὅταν δ' ὑπνώccηι Βακχίου νικώμενοc,
ἀκρεμὼν ἐλαίαc ἔcτιν ἐν δόμοιcί τιc,　　455
ὃν φαcγάνωι τῶιδ' ἐξαποξύναc ἄκρον

429 ἄμεικτον Murray: ἄμικτον L　　430 Ναϊδων Casaubon: δαναΐδων L
436 ἀνάλαβ' οὐ apogr. Par.: ἀναλαβοῦ L　　439–40 τòν φίλον χηρεύομεν
(uel -ομαι) / cίφωνα τόνδε Diggle (de seqq. despero)　　440 οὐκ Tr¹:
ἐκ L　　καταφυγεῖν apogr. Par., καταφυγήν Hermann　445 ἐπίκωμοc
Wecklein　　447 δρυμοῖcί Tyrwhitt: ῥυθμοῖcί L　　448 κάτα apogr.
Par., Nauck: κάτω L　　449 ἡ προθυμία Musgrave: ἡ 'πιθυμία L
453 βίοτον Tr¹: βίοντον L　　454 ὑπνώccηι Hermann: -ώcη L: -ωθῆι
(-ωcθῆι) Dobree　　456 ἐξαποξύναc Tr¹: ἀποξ- L, quo seruato
φαcγάνωι ⟨'γὼ⟩ Murray

ἐς πῦρ καθήσω· κᾆθ' ὅταν κεκαυμένον
ἴδω νιν, ἄρας θερμὸν ἐς μέςην βαλῶ
Κύκλωπος ὄψιν ὄμμα τ' ἐκτήξω πυρί.
ναυπηγίαν δ' ὡςεί τις ἁρμόζων ἀνὴρ   460
διπλοῖν χαλινοῖν τρύπανον κωπηλατεῖ,
οὕτω κυκλώςω δαλὸν ἐν φαεςφόρωι
Κύκλωπος ὄψει καὶ ςυναναλῶ κόρας.

Χο.   ἰοὺ ἰού·
       γέγηθα μαινόμεςθα τοῖς εὑρήμαςιν.   465

Οδ.   κἄπειτα καὶ ςὲ καὶ φίλους γέροντά τε
       νεὼς μελαίνης κοῖλον ἐμβήςας ςκάφος
       διπλαῖςι κώπαις τῆςδ' ἀποςτελῶ χθονός.

Χο.   ἔςτ' οὖν ὅπως ἂν ὡςπερεὶ ςπονδῆς θεοῦ
       κἀγὼ λαβοίμην τοῦ τυφλοῦντος ὄμματα   470
       δαλοῦ; πόνου γὰρ τοῦδε κοινωνεῖν θέλω.

Οδ.   δεῖ γοῦν· μέγας γὰρ δαλός, οὗ ξυλληπτέον.

Χο.   ὡς κἂν ἁμαξῶν ἑκατὸν ἀραίμην βάρος,
       εἰ τοῦ Κύκλωπος τοῦ κακῶς ὀλουμένου
       ὀφθαλμὸν ὥςπερ ςφηκιὰν ἐκθύψομεν.   475

Οδ.   ςιγᾶτέ νυν· δόλον γὰρ ἐξεπίςταςαι·
       χὤταν κελεύω, τοῖςιν ἀρχιτέκτοςιν
       πείθεςθ'. ἐγὼ γὰρ ἄνδρας ἀπολιπὼν φίλους
       τοὺς ἔνδον ὄντας οὐ μόνος ςωθήςομαι.
       [καίτοι φύγοιμ' ἂν κἀκβέβηκ' ἄντρου μυχῶν·   480
       ἀλλ' οὐ δίκαιον ἀπολιπόντ' ἐμοὺς φίλους
       ξὺν οἷςπερ ἦλθον δεῦρο ςωθῆναι μόνον.]

Χο.   ἄγε, τίς πρῶτος, τίς δ' ἐπὶ πρώτωι
       ταχθεὶς δαλοῦ κώπην ὀχμάςαι

458-9 βαλῶ...ὄμμα τ' Pierson: βαλὼν...ὄμματ' L   462 κυκλήςω
Musgrave   464 ἰοῦ ἰοῦ Hermann   468 ἀποςτελῶ Tr¹⁸ pot. qu. Tr²⁸:
-ςτέλλω L   469 ὡςπερεὶ Reiske: ὥςπερ ἐκ L   471 πόνου Nauck:
φόνου L   472 οὗ Reiske: ὃν L   473 ἀραίμην Matthiae: ἀροίμην L
475 ἐκθύψομεν Hertlein: ἐκθρύψ- L   480-2 del. nescioquis (Phil.
Anz. 4 [1872] 332), denuo Conradt   481 ἐμοὺς apogr. Par.: ἐμοῦ L
484 δαλοῦ Stephanus: -ῶ L   ὀχμάςαι Musgrave: -ςας L

ΚΥΚΛΩΨ

Κύκλωπος ἔcω βλεφάρων ὤcαc   485
λαμπρὰν ὄψιν διακναίcει;
[ᾠδὴ ἔνδοθεν.]
cίγα cίγα. καὶ δὴ μεθύων
ἄχαριν κέλαδον μουcιζόμενοc
cκαιὸc ἀπωιδὸc καὶ κλαυcόμενοc   490
χωρεῖ πετρίνων ἔξω μελάθρων.
φέρε νιν κώμοιc παιδεύcωμεν
τὸν ἀπαίδευτον·
πάντωc μέλλει τυφλὸc εἶναι.

μάκαρ ὅcτιc εὐιάζει   [cτρ. α
βοτρύων φίλαιcι πηγαῖc   496
ἐπὶ κῶμον ἐκπεταcθεὶc
φίλον ἄνδρ' ὑπαγκαλίζων,
ἐπὶ δεμνίοιc τε †ξανθὸν†
χλιδανᾶc ἔχων ἑταίραc   500
μυρόχριcτοc λιπαρὸν βό-
cτρυχον, αὐδᾶι δέ· Θύραν τίc οἴξει μοι;

Κυ. παπαπαῖ· πλέωc μὲν οἴνου,   [cτρ. β
γάνυμαι ⟨δὲ⟩ δαιτὸc ἥβαι,
cκάφοc ὁλκὰc ὣc γεμιcθεὶc   505
ποτὶ cέλμα γαcτρὸc ἄκραc.
ὑπάγει μ' ὁ φόρτοc εὔφρων
ἐπὶ κῶμον ἦροc ὥραιc
ἐπὶ Κύκλωπαc ἀδελφούc.
φέρε μοι, ξεῖνε, φέρ', ἀcκὸν ἔνδοc μοι.   510

487 hanc παρεπιγραφήν in textu habet L   490 κατακλαυcόμενοc Her-
mann, τάχα κλ- Fix   491 χωρεῖ Tr²: χωρεῖ γε L   492 νυν Diggle
495 μάκαρ Hermann: μακάριοc L   497 ἐπίκωμοc Wilamowitz
500 χλιδανᾶc Diggle: -ῆc L   501 λιπαρὸν Scaliger: -ὸc L, quo seruato
μυρόχριcτον Musgrave   502 τίc Aldina: τιc L   503 παπαπαῖ Her-
mann: πα πα πᾶ L   504 ⟨δὲ⟩ Tr²   ἥβαι post Lobeck (-ηι) Diggle:
-ηc L   507 φόρτοc Seymour: χόρτοc L   508 ἐπίκωμον Wecklein
510 ξεῖνε φέρ' Tr²: φέρε ξέν' ⟨L⟩P

21

ΕΥΡΙΠΙΔΟΥ

Χο.   καλὸν ὄμμασιν δεδορκὼς   [στρ. γ
      καλὸς ἐκπερᾶι μελάθρων.
      ⟨   ⟩ φιλεῖ τίς ἡμᾶς;
      λύχνα δ' †ἀμμένει δαΐα σὸν
      χρόα χὼς† τέρεινα νύμφα   515
      δροσερῶν ἔσωθεν ἄντρων.
      στεφάνων δ' οὐ μία χροιὰ
      περὶ σὸν κρᾶτα τάχ' ἐξομιλήσει.

Οδ.   Κύκλωψ, ἄκουσον· ὡς ἐγὼ τοῦ Βακχίου
      τούτου τρίβων εἴμ', ὃν πιεῖν ἔδωκά σοι.   520
Κυ.   ὁ Βάκχιος δὲ τίς; θεὸς νομίζεται;
Οδ.   μέγιστος ἀνθρώποισιν ἐς τέρψιν βίου.
Κυ.   ἐρυγγάνω γοῦν αὐτὸν ἡδέως ἐγώ.
Οδ.   τοιόσδ' ὁ δαίμων· οὐδένα βλάπτει βροτῶν.
Κυ.   θεὸς δ' ἐν ἀσκῶι πῶς γέγηθ' οἴκους ἔχων;   525
Οδ.   ὅπου τιθῆι τις, ἐνθάδ' ἐστὶν εὐπετής.
Κυ.   οὐ τοὺς θεοὺς χρὴ σῶμ' ἔχειν ἐν δέρμασιν.
Οδ.   τί δ', εἴ σε τέρπει γ'; ἢ τὸ δέρμα σοι πικρόν;
Κυ.   μισῶ τὸν ἀσκόν· τὸ δὲ ποτὸν φιλῶ τόδε.
Οδ.   μένων νυν αὐτοῦ πῖνε κεὐθύμει, Κύκλωψ.   530
Κυ.   οὐ χρή μ' ἀδελφοῖς τοῦδε προσδοῦναι ποτοῦ;
Οδ.   ἔχων γὰρ αὐτὸς τιμιώτερος φανῆι.
Κυ.   διδοὺς δὲ τοῖς φίλοισι χρησιμώτερος.
Οδ.   πυγμὰς ὁ κῶμος λοίδορόν τ' ἔριν φιλεῖ.
Κυ.   μεθύω μέν, ἔμπας δ' οὔτις ἂν ψαύσειέ μου.   535
Οδ.   ὦ τᾶν, πεπωκότ' ἐν δόμοισι χρὴ μένειν.
Κυ.   ἠλίθιος ὅστις μὴ πιὼν κῶμον φιλεῖ.

512 καλὸς Scaliger: -ὸν L   ἐκπερᾶις Heath, ἐκπέρα Scaliger
513 τις Aldina   514–15 desperati (uide Maia 24 [1972] 345–7, JHS
97 [1977] 138–9)   ἀμμένει Tr¹ uel Tr² et P: ἀμμέν** L (-ον teste Prinz;
fort. pot. -ει)   517 χροιὰ Barnes: χρόα L   520 οὖ Lenting   πιεῖν
apogr. Par.: πιὼν L   521 u. dist. Nauck: ad rhythmum cf. Med. 701
525 οἴκους Canter: οἴνους L   526 τιθῆι Porson: τιθεῖ L   527 οὔτοι
Herwerden   δῶμ' Pierson   534 πληγὰς...θ' ὕβριν φέρει Athen.
36 D   535 μεθύω μέν Reiske: μεθύωμεν L

ΚΥΚΛΩΨ

Οδ.	ὃς δ' ἂν μεθυϲθείϲ γ' ἐν δόμοιϲ μείνηι ϲοφόϲ.
Κυ.	τί δρῶμεν, ὦ Ϲιληνέ; ϲοὶ μένειν δοκεῖ;
Ϲι.	δοκεῖ· τί γὰρ δεῖ ϲυμποτῶν ἄλλων, Κύκλωψ; 540
Οδ.	καὶ μὴν λαχνῶδέϲ γ' οὐδαϲ ἀνθηρᾶϲ χλόηϲ.
Ϲι.	καὶ πρόϲ γε θάλποϲ ἡλίου πίνειν καλόν.
	κλίθητί νύν μοι πλευρὰ θεὶϲ ἐπὶ χθονόϲ.
Κυ.	ἰδού.
	τί δῆτα τὸν κρατῆρ' ὄπιϲθ' ἐμοῦ τίθηϲ; 545
Ϲι.	ὡϲ μὴ παριών τιϲ καταβάληι. Κυ. πίνειν μὲν οὖν
	κλέπτων ϲὺ βούληι· κάτθεϲ αὐτὸν ἐϲ μέϲον.
	ϲὺ δ', ὦ ξέν', εἰπὲ τοὔνομ' ὅτι ϲε χρὴ καλεῖν.
Οδ.	Οὖτιν· χάριν δὲ τίνα λαβών ϲ' ἐπαινέϲω;
Κυ.	πάντων ϲ' ἑταίρων ὕϲτερον θοινάϲομαι. 550
Ϲι.	καλόν γε τὸ γέραϲ τῶι ξένωι δίδωϲ, Κύκλωψ.
Κυ.	οὗτοϲ, τί δρᾶιϲ; τὸν οἶνον ἐκπίνειϲ λάθραι;
Ϲι.	οὔκ, ἀλλ' ἔμ' οὗτοϲ ἔκυϲεν ὅτι καλὸν βλέπω.
Κυ.	κλαύϲηι, φιλῶν τὸν οἶνον οὐ φιλοῦντα ϲέ.
Ϲι.	οὐ μὰ Δί', ἐπεί μού φηϲ' ἐρᾶν ὄντοϲ καλοῦ. 555
Κυ.	ἔγχει, πλέων δὲ τὸν ϲκύφον δίδου μόνον.
Ϲι.	πῶϲ οὖν κέκραται; φέρε διαϲκεψώμεθα.
Κυ.	ἀπολεῖϲ· δὸϲ οὕτωϲ. Ϲι. οὐ μὰ Δί', οὐ πρὶν ἄν γέ ϲε
	ϲτέφανον ἴδω λαβόντα γεύϲωμαί τ' ἔτι.
Κυ.	οἰνοχόοϲ ἄδικοϲ. Ϲι. ⟨οὐ⟩ μὰ Δί', ἀλλ' οἶνοϲ
	γλυκύϲ. 560
	ἀπομακτέον δέ ϲούϲτὶν ὡϲ λήψηι πιεῖν.

541ⁿ Οδ. Mancini: κυ. L   541 γ' οὐδαϲ Porson: τοὐδαϲ L   ἀνθηρᾶι
χλόηι Kirchhoff   544 ἰδού add. Tr¹: om. L   545 ὄπιϲθ' ἐμοῦ
Diggle: -θέ μου L   τίθηϲ Tr²: τιθεῖϲ L   546 παριών Reiske: παρών L
καταβάληι P²: -λάβη L   550 ὕϲτατον Hermann   551ⁿ Ϲι. Lenting:
ὀδ. L   553ⁿ ϲι. L¹ᶜ uel Tr¹: ὀδ. L   554 ϲέ Diggle: ϲε L   555 οὐ
Diggle: ναὶ L   φηϲ' Florens Christianus: φὴϲ L   558 οὐ (prius)
Wecklein: ναὶ L: ceterum οὐ μὰ Δία πρὶν Blaydes, Kaibel, νὴ Δί' οὐ πρὶν
Diggle   559 τέ τι Nauck   560 οἰνοχόοϲ Canter (ὠιν-): ὦ οἰν- L
⟨οὐ⟩ Hermann: rasura in L: ⟨ναὶ⟩ Aldina   οἶνοϲ Canter (ὦιν-):
ὦνοϲ L: hoc seruato scribendum ὠινοχόοϲ   561 ἀπομακτέον Cobet:
-μυκτέον L   ϲούϲτὶν ὡϲ Wilamowitz: ϲοι ὡϲ L: ϲοί γ' ὅπωϲ Tr¹

23

Κυ. ἰδού, καθαρὸν τὸ χεῖλος αἱ τρίχες τέ μου.

Cι. θές νυν τὸν ἀγκῶν' εὐρύθμως κᾆτ' ἔκπιε,
ὥσπερ μ' ὁρᾷς πίνοντα χὥσπερ οὐκ ἐμέ.

Κυ. ἆ ἆ, τί δράσεις; Cι. ἡδέως ἡμύστιca.   565

Κυ. λάβ', ὦ ξέν', αὐτὸς οἰνοχόος τέ μοι γενοῦ.

Οδ. γιγνώσκεται γοῦν ἄμπελος τἠμῆι χερί.

Κυ. φέρ' ἔγχεόν νυν. Οδ. ἐγχέω, cῖγα μόνον.

Κυ. χαλεπὸν τόδ' εἶπας, ὅςτις ἂν πίνηι πολύν.

Οδ. ἰδού, λαβὼν ἔκπιθι καὶ μηδὲν λίπηις·   570
cυνεκθανεῖν δὲ cπῶντα χρὴ τῶι πώματι.

Κυ. παπαῖ, coφόν γε τὸ ξύλον τῆc ἀμπέλου.

Οδ. κἂν μὲν cπάcηιc γε δαιτὶ πρὸς πολλῆι πολύν,
τέγξαc ἄδιψον νηδύν, εἰc ὕπνον βαλεῖ,
ἢν δ' ἐλλίπηιc τι, ξηρανεῖ c' ὁ Βάκχιος.   575

Κυ. ἰοὺ ἰού·
ὡc ἐξένευcα μόγιc· ἄκρατος ἡ χάρις.
ὁ δ' οὐρανός μοι cυμμεμειγμένος δοκεῖ
τῆι γῆι φέρεcθαι, τοῦ Διός τε τὸν θρόνον
λεύccω τὸ πᾶν τε δαιμόνων ἀγνὸν cέβας.   580
οὐκ ἂν φιλήcαιμ'; αἱ Χάριτες πειρῶcί με.
ἅλιc· Γανυμήδη τόνδ' ἔχων ἀναπαύcομαι
κάλλιον ἢ τὰς Χάριτας. ἥδομαι δέ πως
τοῖc παιδικοῖcι μᾶλλον ἢ τοῖc θήλεcιν.

Cι. ἐγὼ γὰρ ὁ Διόc εἰμι Γανυμήδης, Κύκλωψ;   585

Κυ. ναὶ μὰ Δί', ὃν ἁρπάζω γ' ἐγὼ 'κ τῆc Δαρδάνου.

Cι. ἀπόλωλα, παῖδεc· cχέτλια πείcομαι κακά.

Κυ. μέμφηι τὸν ἐραστὴν κἀντρυφᾷc πεπωκότι;

564 οὐκ ἐμέ] οὐκέτι Nauck   566 λάβ' ὦ...τέ μοι Dobree: λαβών...
γέ μου L   569 πίηι Fix   571 cπῶντα Casaubon: cιγῶντα L
573 cπάcηιc Dobree: -cη L   574 βαλεῖ Musgrave: -εῖc L   575 ἐλ-
λίπηιc Herwerden: ἐκλ- L   576 ἰοῦ ἰοῦ Hermann   577 μόλιc Nauck
581 interrogationis notam add. Wilamowitz   582 post ἄλιc dist.
Wecklein   Γανυμήδη Elmsley: -δην L   583 κάλλιον ἢ Spengel:
κάλλιcτα νὴ L   586 τῆc Hermann: τοῦ L: cf. Hcld. 140, Ion 1297
588 κἀντρυφᾷc Casaubon: -αῖc L   πεπωκότι Scaliger: -ότα L

Cι.   οἴμοι· πικρότατον οἶνον ὄψομαι τάχα.

Οδ.   ἄγε δή, Διονύσου παῖδες, εὐγενῆ τέκνα,   590
      ἔνδον μὲν ἀνήρ· τῶι δ' ὕπνωι παρειμένος
      τάχ' ἐξ ἀναιδοῦς φάρυγος ὠθήσει κρέα.
      δαλὸς δ' ἔσωθεν αὐλίων †ὠθεῖ† καπνὸν
      παρευτρέπισται, κοὐδὲν ἄλλο πλὴν πυροῦν
      Κύκλωπος ὄψιν· ἀλλ' ὅπως ἀνὴρ ἔσηι.   595
Χο.   πέτρας τὸ λῆμα κἀδάμαντος ἔξομεν.
      χώρει δ' ἐς οἴκους πρίν τι τὸν πατέρα παθεῖν
      ἀπάλαμνον· ὥς σοι τἀνθάδ' ἐστὶν εὐτρεπῆ.
Οδ.   Ἥφαιστ', ἄναξ Αἰτναῖε, γείτονος κακοῦ
      λαμπρὸν πυρώσας ὄμμ' ἀπαλλάχθηθ' ἅπαξ,   600
      σύ τ', ὦ μελαίνης Νυκτὸς ἐκπαίδευμ', Ὕπνε,
      ἄκρατος ἐλθὲ θηρὶ τῶι θεοστυγεῖ,
      καὶ μὴ 'πὶ καλλίστοισι Τρωϊκοῖς πόνοις
      αὐτόν τε ναύτας τ' ἀπολέσητ' Ὀδυσσέα
      ὑπ' ἀνδρὸς ὧι θεῶν οὐδὲν ἢ βροτῶν μέλει.   605
      ἢ τὴν τύχην μὲν δαίμον' ἡγεῖσθαι χρεών,
      τὰ δαιμόνων δὲ τῆς τύχης ἐλάσσονα.

Χο.   λήψεται τὸν τράχηλον
      ἐντόνως ὁ καρκίνος
      τοῦ ξενοδαιτυμόνος· πυρὶ γὰρ τάχα   610
      φωσφόρους ὀλεῖ κόρας.
      ἤδη δαλὸς ἠνθρακωμένος
      κρύπτεται ἐς σποδιάν, δρυὸς ἄσπετον   615
      ἔρνος. ἀλλ' ἴτω Μάρων, πρασσέτω,
      μαινομένου 'ξελέτω βλέφαρον

589ⁿ Cι. apogr. Par.: om. L   590ⁿ ὀδ. Tr¹: [L]   590 διονύσου P:
διων- L   591 ἀνήρ Matthiae: ἀν- L   τῆιδ' Blaydes   592 φάρυγος
Barnes: -γγος L   593 καπνὸν ⟨πνέων⟩ uel ⟨πνέων⟩ κ- (del. ὠθεῖ)
Diggle, καπνούμενος Murray   594 κοὐδὲν Kirchhoff: δ' οὐδὲν L
598 ἀπάλαμνον Canter: ἀπαλλαγμὸν L   604 ναύτας Tr²: ναῦς ⟨L⟩P
αὐτοῖσι ναύταις Pierson, sed uide ICS 6.1 (1981) 92   610 ξενοδαιτυμόνος
Hermann: ξένων δαιτυμόνος L   617 μαινομένου 'ξελέτω Hermann:
μαινόμενος ἐξελέτω L

25

Κύκλωπος, ὡς πίηι κακῶς.
κἀγὼ τὸν φιλοκιccοφόρον Βρόμιον   620
ποθεινὸν εἰcιδεῖν θέλω,
Κύκλωπος λιπὼν ἐρημίαν·
ἆρ' ἐc τοcόνδ' ἀφίξομαι;

Οδ.   cιγᾶτε πρὸς θεῶν, θῆρες, ἡcυχάζετε,
cυνθέντεc ἄρθρα cτόματος· οὐδὲ πνεῖν ἐῶ,   625
οὐ cκαρδαμύccειν οὐδὲ χρέμπτεcθαί τινα,
ὡc μὴ 'ξεγερθῆι τὸ κακόν, ἔcτ' ἂν ὄμματος
ὄψιc Κύκλωπος ἐξαμιλληθῆι πυρί.

Χο.   cιγῶμεν ἐγκάψαντες αἰθέρα γνάθοιc.

Οδ.   ἄγε νυν ὅπωc ἅψεcθε τοῦ δαλοῦ χεροῖν   630
ἔcω μολόντεc· διάπυρος δ' ἐcτὶν καλῶc.

Χο.   οὔκουν cὺ τάξειc οὔcτιναc πρώτους χρεὼν
καυτὸν μοχλὸν λαβόνταc ἐκκαίειν τὸ φῶc
Κύκλωπος, ὡc ἂν τῆς τύχης κοινώμεθα;

Χο.ᵃ   ἡμεῖc μέν ἐcμεν μακροτέρω πρὸ τῶν θυρῶν   635
ἐcτῶτες ὠθεῖν ἐc τὸν ὀφθαλμὸν τὸ πῦρ.

Χο.ᵝ   ἡμεῖc δὲ χωλοί γ' ἀρτίωc γεγενήμεθα.

Χο.ᵃ   ταὐτὸν πεπόνθατ' ἆρ' ἐμοί· τοὺc γὰρ πόδας
ἐcτῶτες ἐcπάcθημεν οὐκ οἶδ' ἐξ ὅτου.

Οδ.   ἐcτῶτες ἐcπάcθητε;   Χο.ᵃ καὶ τά γ' ὄμματα   640
μέcτ' ἐcτὶν ἡμῖν κόνεος ἢ τέφραc ποθέν.

626 χρέμπτεcθαί Tr²: χρίμπτ- L   633 καυτὸν post Scaliger (καυcτὸν)
Hermann: καὶ τὸν L   ἐκκαίειν Aldina: -κάειν L   635–41 hos
uu. duobus tantum choreutis distribuendos esse censeo (sunt qui tribus
uel quattuor distribuant): uidelicet ab eodem choreuta pronuntiatos esse
uu. 635–6 et 638–9 e uocabulo ἐcτῶτες repetito, uu. 637 et 640b–641 e
particulis καί...γε colligas   635ⁿ Χο.ᵃ] χο. L: Ἡμιχ. Brodaeus
635 μακροτέρω Matthiae: -ότεροι L: -οτέραν Cobet, -ότερον Musgrave
637ⁿ Χο.ᵝ] ἡμιχ. L   637 χωλοί Tr²: χολοί ⟨L⟩P
638ⁿ Χο.ᵃ] ὀδ. L: Ἡμιχ. Musgrave   638 ἆρ' Tr²: ἄρ' L   ante τοὺc
notam χο. habet L, del. Barnes   640ⁿ Χο.ᵃ] χο. Tr¹ et fort. L
641 μέcτ' ἐcτὶν Scaliger: μέτεcτιν L   ἡμῖν Barnes: ἡμῶν L   κόνεοc
Musgrave: -εωc L

Οδ.   ἄνδρες πονηροὶ κοὐδὲν οἶδε σύμμαχοι.

Χο.   ὁτιὴ τὸ νῶτον τὴν ῥάχιν τ' οἰκτίρομεν
     καὶ τοὺς ὀδόντας ἐκβαλεῖν οὐ βούλομαι
     τυπτόμενος, αὕτη γίγνεται πονηρία;   645
     ἀλλ' οἶδ' ἐπωιδὴν 'Ορφέως ἀγαθὴν πάνυ,
     ὥστ' αὐτόματον τὸν δαλὸν ἐς τὸ κρανίον
     στείχονθ' ὑφάπτειν τὸν μονῶπα παῖδα γῆς.

Οδ.   πάλαι μὲν ἤιδη σ' ὄντα τοιοῦτον φύσει,
     νῦν δ' οἶδ' ἄμεινον. τοῖσι δ' οἰκείοις φίλοις   650
     χρῆσθαί μ' ἀνάγκη. χειρὶ δ' εἰ μηδὲν σθένεις,
     ἀλλ' οὖν ἐπεγκέλευέ γ', ὡς εὐψυχίαν
     φίλων κελευσμοῖς τοῖσι σοῖς κτησώμεθα.

Χο.   δράσω τάδ'· ἐν τῶι Καρὶ κινδυνεύσομεν.
     κελευσμάτων δ' ἕκατι τυφέσθω Κύκλωψ.   655

     ἰὼ ἰώ· γενναιότατ' ὠ-
       θεῖτε σπεύδετ', ἐκκαίετε τὰν ὀφρὺν
     θηρὸς τοῦ ξενοδαίτα.
     τύφετ' ὦ, καίετ' ὦ
     τὸν Αἴτνας μηλονόμον.   660
     τόρνευ' ἕλκε, μή σ' ἐξοδυνηθεὶς
     δράσηι τι μάταιον.

Κυ.   ὤμοι, κατηνθρακώμεθ' ὀφθαλμοῦ σέλας.

Χο.   καλὸς γ' ὁ παιάν· μέλπε μοι τόνδ' αὖ, Κύκλωψ.

Κυ.   ὤμοι μάλ', ὡς ὑβρίσμεθ', ὡς ὀλώλαμεν.   665
     ἀλλ' οὔτι μὴ φύγητε τῆσδ' ἔξω πέτρας
     χαίροντες, οὐδὲν ὄντες· ἐν πύλαισι γὰρ
     σταθεὶς φάραγγος τῆσδ' ἐναρμόσω χέρας.

---

647 ὥστ' Blaydes: ὡς L: uide Studies 8   649 ἤιδη Heath: ἤδειν L
650 οἰκείοις P²: οἰκίοις L   653 κελευμοῖς P   654 κινδυνευτέον Σ Pl.
Lach. 187 B   655 κελευμάτων ed. Heruag.   656–7 numeri incerti
sunt   ἰὼ ἰώ· / ὠθεῖτε γενναιότατα, / σπεύδετ', ἐκκαίετ' ὀφρὺν Diggle (τὰν
iam del. Hermann)   τὰν Hermann: τὴν L   659 τύφετ' ὦ, καίετ' ὦ
Musgrave: τυφέτω καιέτω L   660 Αἴτνας Victorius: ἔτνας L
661 numeri incerti sunt   μὴ 'ξοδυνη-/θεὶς apogr. Par., Groeppel
664 αὖ Markland: ὦ L   668 τῆσδ' Nauck: τάσδ' L: ταῖσδ' Kirchhoff

Χο. τί χρῆμ' αὐτεῖς, ὦ Κύκλωψ; Κυ. ἀπωλόμην.

Χο. αἰσχρός γε φαίνηι. Κυ. κἀπὶ τοῖσδέ γ' ἄθλιος. 670

Χο. μεθύων κατέπεσες ἐς μέσους τοὺς ἄνθρακας;

Κυ. Οὖτίς μ' ἀπώλεσ'. Χο. οὐκ ἄρ' οὐδείς ⟨c'⟩ ἠδίκει.

Κυ. Οὖτίς με τυφλοῖ βλέφαρον. Χο. οὐκ ἄρ' εἶ τυφλός.

Κυ. †ὦς δὴ cύ†. Χο. καὶ πῶς c' οὖτις ἂν θείη τυφλόν;

Κυ. cκώπτεις. ὁ δ' Οὖτις πού 'cτιν; Χο. οὐδαμοῦ,

        Κύκλωψ. 675

Κυ. ὁ ξένος ἵν' ὀρθῶς ἐκμάθηις μ' ἀπώλεσεν,
     ὁ μιαρός, ὅc μοι δοὺς τὸ πῶμα κατέκλυσεν.

Χο. δεινὸς γὰρ οἶνος καὶ παλαίεσθαι βαρύς.

Κυ. πρὸς θεῶν, πεφεύγας' ἢ μένουc' ἔcω δόμων;

Χο. οὗτοι σιωπῆι τὴν πέτραν ἐπήλυγα 680
     λαβόντες ἑστήκασι. Κυ. ποτέρας τῆς χερός;

Χο. ἐν δεξιᾶι σου. Κυ. ποῦ; Χο. πρὸς αὐτῆι τῆι
        πέτραι.

     ἔχεις; Κυ. κακόν γε πρὸς κακῶι· τὸ κρανίον
     παίσας κατέαγα. Χο. καί σε διαφεύγουσί γε.

Κυ. οὐ τῆιδέ πηι, τῆιδ' εἶπας; Χο. οὔ· ταύτηι λέγω. 685

Κυ. πῆι γάρ; Χο. περιάγου κεῖσε, πρὸς τἀριστερά.

Κυ. οἴμοι γελώμαι· κερτομεῖτέ μ' ἐν κακοῖς.

Χο. ἀλλ' οὐκέτ', ἀλλὰ πρόσθεν οὗτός ἐστι σοῦ.

Κυ. ὦ παγκάκιστε, ποῦ ποτ' εἶ; Οδ. τηλοῦ σέθεν
     φυλακαῖσι φρουρῶ σῶμ' 'Οδυσσέως τόδε. 690

Κυ. πῶς εἶπας; ὄνομα μεταβαλὼν καινὸν λέγεις.

Οδ. ὅπερ μ' ὁ φύσας ὠνόμαζ' 'Οδυσσέα.
     δώσειν δ' ἔμελλες ἀνοσίου δαιτὸς δίκας·
     καλῶς γὰρ ἂν Τροίαν γε διεπυρώσαμεν
     εἰ μή c' ἑταίρων φόνον ἐτιμωρησάμην. 695

672 ἀπώλεσ' Matthiae: -εσεν L   ⟨c'⟩ Battierius   674 c' οὖτις
Canter: cύ· τίς c' L   u. del. Dindorf   677 κατέκλυσεν Canter:
κατέκαυσε L   678ⁿ Χο. Reiske: om. L   678 οἶνος Camper (ὦιν-):
οἶνος L   679ⁿ Κυ. Reiske: om. L   685 τῆιδέ πηι Blaydes: τῆδ' ἐπεὶ L
686 περιάγου κεῖσε Nauck: περιάγουσί σε L   688 σοῦ Diggle: σου L
690 σῶμ' Canter: δῶμ' L   692 μ' Nauck: γ' L: μ' post φύσας apogr.
Par., sed uide El. 264, Ion 324, 671   694 καλῶς Dobree: κακῶς L:
ἄλλως Cobet   διεπυρώσαμεν Fix: -σάμην L

28

Κυ.   αἰαῖ· παλαιὸς χρηςμὸς ἐκπεραίνεται·
    τυφλὴν γὰρ ὄψιν ἐκ ςέθεν ςχήςειν μ' ἔφη
    Τροίας ἀφορμηθέντος. ἀλλὰ καὶ ςέ τοι
    δίκας ὑφέξειν ἀντὶ τῶνδ' ἐθέςπιςεν,
    πολὺν θαλάςςηι χρόνον ἐναιωρούμενον.   700

Οδ.   κλαίειν ς' ἄνωγα· καὶ δέδραχ' ὅπερ λέγω.
    ἐγὼ δ' ἐπ' ἀκτὰς εἶμι καὶ νεὼς ςκάφος
    ἥςω 'πὶ πόντον Cικελὸν ἔς τ' ἐμὴν πάτραν.

Κυ.   οὐ δῆτ', ἐπεί ςε τῆςδ' ἀπορρήξας πέτρας
    αὐτοῖςι ςυνναύταιςι ςυντρίψω βαλών.   705
    ἄνω δ' ἐπ' ὄχθον εἶμι, καίπερ ὢν τυφλός,
    δι' ἀμφιτρῆτος τῆςδε προςβαίνων ποδί.

Χο.   ἡμεῖς δὲ ςυνναῦταί γε τοῦδ' Ὀδυςςέως
    ὄντες τὸ λοιπὸν Βακχίωι δουλεύςομεν.

701 λέγεις Paley   703 ἔς τ'] εἰς Schumacher   704 ςε Tr¹: γε L
705 ςυνναύταιςι Barnes: ςὺν ν- L   707 ποδί] πέτρας Kirchhoff
post h.u. lac. indicare paene malit Diggle

ΑΛΚΗΣΤΙΣ

CODICES

B	Parisinus gr. 2713	saec. xi
O	Laurentianus 31. 10	c. 1175
V	Vaticanus gr. 909	c. 1250–80
L	Laurentianus 32. 2	xiv in.
P	Palatinus gr. 287	xiv in.
Q	Harleianus 5743 (uu. 1029–1163)	xv ex. uel xvi in.

raro memorantur

Va	Palatinus gr. 98 (cod. V apographum)	xiv
Hn	Hauniensis 417 (cod. Va apographum)	c. 1475

memoratur etiam in scholiis

D	Laurentianus 31. 15 (cod. B apographum)	xiv

PAPYRI

$\varPi^1$	P. Oxy. 2457 [Pack² 454]: argumentum (b)[1]	ii p.C.
$\varPi^2$	P. Oxy. inv. 36 4B.99/G(1–4) (ined.): uu. 771–9	ii–iii p.C.

GNOMOLOGIA

gV	Vatopedianus 36	xii
gB	Vaticanus Barberini gr. 4	c. 1300
gE	Escorialensis gr. X. 1. 13	xiv in.

[1] denuo ed. Luppe, Philologus 126 (1982) 10–16.

ΑΛΚΗCΤΙC

(a)

ΥΠΟΘΕCΙC ΑΛΚΗCΤΙΔΟC ⟨ΔΙΚΑΙΑΡΧΟΥ⟩

'Απόλλων ἠιτήσατο παρὰ τῶν Μοιρῶν ὅπως "Αδμητος τελ-
ευτᾶν μέλλων παράσχηι τὸν ὑπὲρ ἑαυτοῦ ἑκόντα τεθνηξόμενον,
ἵνα ἴσον τῶι προτέρωι χρόνον ζήσηι. καὶ δὴ "Αλκηςτις, ἡ γυνὴ
τοῦ 'Αδμήτου, ἐπέδωκεν ἑαυτήν, οὐδετέρου τῶν γονέων ἐθελ-
ήσαντος ὑπὲρ τοῦ παιδὸς ἀποθανεῖν. μετ' οὐ πολὺ δὲ ταύτης τῆς 5
cυμφορᾶς γενομένης 'Ηρακλῆς παραγενόμενος καὶ μαθὼν παρά
τινος θεράποντος τὰ περὶ τὴν "Αλκηςτιν ἐπορεύθη ἐπὶ τὸν τάφον
καὶ Θάνατον ἀποστῆναι ποιήσας ἐсθῆτι καλύπτει τὴν γυναῖκα, τὸν
δὲ "Αδμητον ἠξίου λαβόντα τηρεῖν. εἰληφέναι γὰρ αὐτὴν πάλης
ἆθλον ἔλεγεν. μὴ βουλομένου δὲ ἐκείνου ἀποκαλύψας ἔδειξεν ἣν 10
ἐπένθει.

1–11 habent BOVPTr et Σ Plat. symp. 179 B (p. 57 Greene); consentit
Σ Plat. fere cum V (discrepantias tantum indicaui). huius argumenti
seruatur, ut uid., forma amplior in (b)
Inscriptio ὑπόθεcιc ἀλκήcτιδοc δικαιάρχου Tr: ὑπ- ἀλ- BOVP: ἡ περὶ τῆc
ἀλκήcτιδοc ὑπόθεcιc τοιαύτη τίc ἐcτιν Σ Plat.   de Dicaearcho uide
Haslam, GRBS 16 (1975) 152   1 ἄδμητος PTr: ὁ ἄδ- BOV   2 τὸν
BOV: τινὰ τὸν PTr: τινὰ (om. τὸν) exspectes, sed cf. Muson. (pp. 74–5 Hense)
ap. Stob. 4. 22a. 20 εἰ παράσχοι τὸν ἀνθ' ἑαυτοῦ τεθνηξόμενον   ἑαυτοῦ
BOV: αὐτοῦ PTr   ἑκόντα BOV: om. PTr   τεθνηξόμενον VPTr:
ἀποθανεῖν BO   3 χρόνον OV: -νω BPTr   δὴ BOV: om. PTr
4 τοῦ ἀδμήτου BOV: om. PTr   οὐδετέρου (B)OV: μηδ- (P)Tr
4–5 ἐθελήσαντος PTr: θελ- BOV   5–6 ταύτης τῆς cυμφορᾶς BOV: τῆς c-
ταύτης PTr   6 ἡρακλῆς παραγενόμενος BOPTr et Σ Plat.: om. V, qui
post "Αλκηςτιν (7) habet ἐντυχὼν ὁ ἡρακλῆς   8 θάνατον V: τὸν θ-
BOPTr   ἀποστῆναι VPTr: -cτῆcαι BO   9 τηρεῖν PTr: αὐτὴν τηρεῖν
BOV   εἰληφέναι γὰρ BOV: καὶ εἰλ- Tr: εἰλ- P   10 ἀποκαλύψας PTr:
om. BOV   10–11 ἣν ἐπένθει VPTr et (Bᶜ): ἣν ἐπέλθηι fere BO et Σ
Plat.

ΕΥΡΙΠΙΔΟΥ

⟨ΑΡΙCΤΟΦΑΝΟΥC ΓΡΑΜΜΑΤΙΚΟΥ ΥΠΟΘΕCΙC⟩

"Αλκηστις, ἡ Πελίου θυγάτηρ, ὑπομείνασα ὑπὲρ τοῦ ἰδίου
ἀνδρὸς τελευτῆσαι, 'Ηρακλέους ἐπιδημήσαντος ἐν τῆι Θετταλίαι
διασώιζεται, βιασαμένου τοὺς χθονίους θεοὺς καὶ ἀφελομένου τὴν
15 γυναῖκα. παρ' οὐδετέρωι κεῖται ἡ μυθοποιία. τὸ δρᾶμα ἐποιήθη
ιζ. ἐδιδάχθη ἐπὶ Γλαυκίνου ἄρχοντος ὀλυμπιάδι ⟨π̅ε̅ ἔτει β⟩.
πρῶτος ἦν Cοφοκλῆς, δεύτερος Εὐριπίδης Κρήσσαις, 'Αλκμέωνι
τῶι διὰ Ψωφῖδος, Τηλέφωι, 'Αλκήστιδι, ⟨τρίτος...⟩. τὸ
δὲ δρᾶμα κωμικωτέραν ἔχει τὴν καταστροφήν. ἡ μὲν σκηνὴ
20 τοῦ δράματος ὑπόκειται ἐν Φεραῖς, μιᾶι πόλει τῆς Θετταλίας·
ὁ δὲ χορὸς συνέστηκεν ἔκ τινων πρεσβυτῶν ἐντοπίων, οἳ καὶ
παραγίνονται συμπαθήσοντες τῆι τῆς 'Αλκήστιδος συμφορᾶι.
προλογίζει δὲ 'Απόλλων. †εἰσιδ' ἐχορηγοί†.

τὸ δὲ δρᾶμά ἐστι σατυρικώτερον, ὅτι εἰς χαρὰν καὶ ἡδονὴν
25 καταστρέφει παρὰ τὸ τραγικόν. ἐκβάλλεται ὡς ἀνοίκεια τῆς
τραγικῆς ποιήσεως ὅ τε 'Ορέστης καὶ ἡ "Αλκηστις, ὡς ἐκ
συμφορᾶς μὲν ἀρχόμενα, εἰς εὐδαιμονίαν ⟨δὲ⟩ καὶ χαρὰν λήξαντα,
⟨ἅ⟩ ἐστι μᾶλλον κωμωιδίας ἐχόμενα.

12–33 habet V: 12–15 (γυναῖκα), 19–23 (ἡ μὲν...'Απόλλων), 29–31 ΒΟ:
fere 12–13 (uide ad loc.), 29–33 P: 29–31 Tr: 12–15 (μυθοποιία) Σ Plat.
Inscriptionem add. Wuestemann: om. codd. et Σ Plat.   12–13
ἄλκηστις πελίου θυγάτηρ ὑπομείνασα τὸν ὑπὲρ τοῦ ἰδίου ἀνδρὸς θάνατον ἐσώθη
ἐπιξενωθεῖσα τῷ ἀδμήτῳ (ceteris usque ad 29 omissis) P   13 ἡρακλέους
V: ἡρ- δὲ ΒΟ   θεσσαλίαι Ο   16 ὀλυμπιάδι Nauck: τὸ λ V: ὀλυμπιάδος
Dindorf   16 ⟨π̅ε̅ ἔτει β⟩ Dindorf   17 πρῶτος...δεύτερος Dindorf:
πρῶτον...δεύτερον V   17 'Αλκμέωνι Wecklein (cl. anecd. Ox. ii. 337.
4): ἀλκμαίονι V: 'Αλκμαίωνι Dindorf   18 τῶι διὰ Ψωφῖδος Dindorf: τῶ
διαψωφίλω V   ⟨τρίτος...⟩ Kirchhoff   19 καταστροφήν Vˢ: κατα-
σκευήν V   μὲν ΒΟ: om. V   21 ὁ δὲ χορος συνέστηκεν ΒΟ: συνέστηκε δὲ
ὁ χ- V   22 τῆι τῆς 'Αλκήστιδος συμφορᾶι Wecklein: τῆς ἀλ- συμφορᾶς V:
ταῖς ἀλ- συμφοραῖς ΒΟ: τῆι ἀλ- συμφορᾶι Nauck   23 δὲ ἀπόλλων ΒΟ: ὁ
ἥλιος V   ἐχορήγει et choregi nomen latere uidit Dindorf, qui haec
uerba post indicem poetarum (18) trai., cl. arg. A. Ag.   25 τὸ τραγικόν.
ἐκβάλλεται Leo: τοῖς τραγικοῖς ἐκ- V   ἀνοίκεια Va: ἀνοικείας V
27 ⟨δὲ⟩ Matthiae   28 ⟨ἅ⟩ Hermann

34

ΑΛΚΗCΤΙC

τὰ τοῦ δράματος πρόςωπα· Ἀπόλλων, Θάνατος, χορός, θερά-
παινα, Ἄλκηςτις, Ἄδμητος, Εὔμηλος, Ἡρακλῆς, Φέρης, 30
θεράπων.

ἐξιὼν ἐκ τοῦ οἴκου τοῦ Ἀδμήτου προλογίζει ὁ Ἀπόλλων
ῥητορικῶς.

(b)

```
[           litt. c. xvi        ]ιολ[.].[
                                κα]τέλυcεν πα[ρά
                                cυ]μφορὰν οπ[
                                ].χης αὐτ[
                            δεδ]ακρυμέν[                    5
                              ἔ]μαθεν παρ[ά
                            παρ]αγενόμεν[ος
                                ]ν τὸν Θάν[ατον
                                ]εκρακαι[
                                ].νε...[                    10
                            τὴ]ν Ἄλκηςτι[ν
```

29-31 ἀπ- θά- χο- θε- (θεράπαινα ἀλκήςτιδος Tr: θεράπων BOV) ἀλ- ἀδ-
εὔ- ἡρ- φέ- (VTr: φέ- ἡρ- BO) θε- (Tr: om. BOV) BOVTr: ἀπ- ἡρ- παῖς
ἀλκήςτιδος εὔμηλος χάρων φέ- τροφός θεράπων ἀλ- χο- ἀδ- P   Εὔμηλος]
παῖς Ἀλκήςτιδος Murray   32 τοῦ alterum om. P
   (b) = Π¹   1]ιοκ....(.) [Luppe   2 init. leg. et suppl. Luppe
πα[ρὰ τῶι Ἀδμήτωι Luppe   6-8 (ἐπεὶ)...ἔ]μαθεν παρ[ά τινος τὰ πε-/ρὶ
τὴν Ἄλκηςτιν, παρ]αγενόμεν[ος ἐπὶ τὸν / τάφον αὐτῆς ἐποίηςε]ν τὸν Θάν[ατον
ἀποςτῆναι Luppe: cf. (a) 6-8   9 ν]εκρὰ Turner   καιτ[Luppe
10]λα....[Luppe

35

ΕΥΡΙΠΙΔΟΥ

```
                          c]υγκαλυ[
                       ].λαβόντ[α
                        ].πάλης ἆθ[λον
                        ].ου χάριν τ.[                    15
                       ]ϵͅκκαλυψᾳ[c
[.....]..[..]..[          ]
```

12 c]υγκαλύ[πτει Turner   13 ἠξίο]υ Turner   14 εἰληφέν]αι
Turner (nimis confidenter)   12–14 ἐcθῆτι c]υγκαλύ[ψαc αὐτὴν / τὸν
"Αδμητον ἠξίωc]ϵͅ λαβόντ[α τηρεῖν. / εἰληφέναι γὰρ αὐτὴ]υͅ πάλης ἆθ[λον ἔφηcεν
Luppe: cf. (a) 8–10   15]ιͅου Turner,]υͅου Luppe   ἐκεί]υου uel
βουλομέ]υͅου Diggle: cf. (a) 10   16–17 [c ἔδειξεν / ἦν ἐπ]ένθ[ει]
Luppe: cf. (a) 10–11

fabula anno 438 a.C. acta

36

ΑΛΚΗCΤΙC

ΑΠΟΛΛΩΝ

Ὦ δώματ' Ἀδμήτει', ἐν οἷc ἔτλην ἐγὼ
θῆccαν τράπεζαν αἰνέcαι θεόc περ ὤν.
Ζεὺc γὰρ κατακτὰc παῖδα τὸν ἐμὸν αἴτιοc
Ἀcκληπιόν, cτέρνοιcιν ἐμβαλὼν φλόγα·
οὗ δὴ χολωθεὶc τέκτοναc Δίου πυρὸc   5
κτείνω Κύκλωπαc· καί με θητεύειν πατὴρ
θνητῶι παρ' ἀνδρὶ τῶνδ' ἄποιν' ἠνάγκαcεν.
ἐλθὼν δὲ γαῖαν τήνδ' ἐβουφόρβουν ξένωι
καὶ τόνδ' ἔcωιζον οἶκον ἐc τόδ' ἡμέραc.
ὁcίου γὰρ ἀνδρὸc ὅcιοc ὢν ἐτύγχανον   10
παιδὸc Φέρητοc, ὃν θανεῖν ἐρρυcάμην,
Μοίραc δολώcαc· ἤινεcαν δέ μοι θεαὶ
Ἄδμητον Ἅιδην τὸν παραυτίκ' ἐκφυγεῖν,
ἄλλον διαλλάξαντα τοῖc κάτω νεκρόν.
πάνταc δ' ἐλέγξαc καὶ διεξελθὼν φίλουc,   15
[πατέρα γεραιάν θ' ἥ cφ' ἔτικτε μητέρα,]
οὐχ ηὗρε πλὴν γυναικὸc ὅcτιc ἤθελεν
θανὼν πρὸ κείνου μηκέτ' εἰcορᾶν φάοc·
ἣν νῦν κατ' οἴκουc ἐν χεροῖν βαcτάζεται
ψυχορραγοῦcαν· τῆιδε γάρ cφ' ἐν ἡμέραι   20
θανεῖν πέπρωται καὶ μεταcτῆναι βίου.
ἐγὼ δέ, μὴ μίαcμά μ' ἐν δόμοιc κίχηι,
λείπω μελάθρων τῶνδε φιλτάτην cτέγην.

Inscriptio εὐριπίδου ἄλκηcτιc TrP[r]: om. BOVL   1[n] om. B   8 δ' ἐc
αἶαν Athenag. leg. 21   ξένων Athenag.   9 ἐc τόδ' BO et V[2]: εἰc τόδ'
LP: ἐcτὶ δ' V   11 ἐρρυcάμην LP: ἐρυ- BOV   12 θεαὶ δέ μοι BO
16 del. Dindorf   πατέρα τε (καὶ πατέρα Nauck) γραῖαν θ' Monk
17–18 ὅcτιc (ἥτιc)...κείνου om. BO (add. B[4], man. Iani Lascaris)
17 ὅcτιc Reiske: ἥτιc VLP et B[4]   18 θανὼν Reiske: θανεῖν VLP et
B[4]   19–20 ἦν...ψυχορραγοῦcαν Usener cl. 201: ἤ...-οῦcα codd.
23 λίπω V (~ Σ[v])   τῶνδε φιλτάτην Σ[n] Hi. 1437: τήνδε φιλτάτην LP:
τῶνδε φιλτάτων BOV et Σ[b] Hi.

ἤδη δὲ τόνδε Θάνατον εἰσορῶ πέλας,
ἱερέα θανόντων, ὅς νιν εἰς Ἅιδου δόμους   25
μέλλει κατάξειν· συμμέτρως δ' ἀφίκετο,
φρουρῶν τόδ' ἦμαρ ὧι θανεῖν αὐτὴν χρεών.

ΘΑΝΑΤΟC
ἆ ἆ·
τί cὺ πρὸς μελάθροις; τί cὺ τῆιδε πολεῖς,
Φοῖβ'; ἀδικεῖς αὖ τιμὰς ἐνέρων   30
ἀφοριζόμενος καὶ καταπαύων;
οὐκ ἤρκεσέ coι μόρον Ἀδμήτου
διακωλῦσαι, Μοίρας δολίωι
cφήλαντι τέχνηι; νῦν δ' ἐπὶ τῆιδ' αὖ
χέρα τοξήρη φρουρεῖς ὁπλίσας,   35
ἦ τόδ' ὑπέστη, πόcιν ἐκλύcαc'
αὐτὴ προθανεῖν Πελίου παῖc;

Απ. θάρcει· δίκην τοι καὶ λόγους κεδνοὺς ἔχω.
Θα. τί δῆτα τόξων ἔργον, εἰ δίκην ἔχεις;
Απ. cύνηθες αἰεὶ ταῦτα βαcτάζειν ἐμοί.   40
Θα. καὶ τοῖcδέ γ' οἴκοιc ἐκδίκως προcωφελεῖν.
Απ. φίλου γὰρ ἀνδρὸς cυμφοραῖc βαρύνομαι.
Θα. καὶ νοcφιεῖc με τοῦδε δευτέρου νεκροῦ;
Απ. ἀλλ' οὐδ' ἐκεῖνον πρὸς βίαν c' ἀφειλόμην.
Θα. πῶc οὖν ὑπὲρ γῆc ἔcτι κοὐ κάτω χθονός;   45
Απ. δάμαρτ' ἀμείψας, ἣν cὺ νῦν ἥκεις μέτα.
Θα. κἀπάξομαί γε νερτέραν ὑπὸ χθόνα.
Απ. λαβὼν ἴθ'· οὐ γὰρ οἶδ' ἂν εἰ πείcαιμί cε.
Θα. κτείνειν γ' ὃν ἂν χρῆι; τοῦτο γὰρ τετάγμεθα.

25 ἱερέα B⁸L⁸: ἱερῆ BOVLP   26 cύμμετρος (quod coni. Nauck) e P
falso referunt   28ⁿ χάρων Pʳ (item fere ad uu. seqq., sed ad 39 et 72
θάνατος)   29 cὺ (prius)] coι V   31 om. P, del. Nauck
34 cφήλαντα Monk: uide Studies 44   37 αὐτὴ BO: αὐτὴν VLP
38 τοι BOV et gBgE: τε LP   40 αἰεὶ L: ἀεὶ BOVP   41 ἐκδίκωc LP:
ἐνδ- BOV   43 νεκροῦ δευτέρου BO   44 βίαν BOVLᵘᵛ et Lᶜ?: βία P
45 κάτω χθονός VL: κατὰ χθ- P: χθ- κάτω BO   46 μέτα BOL: μετά
VP   47 νερτέραν P et Lᶜ: -ρων BOV⟨L?⟩   48 πείcοιμί V   49 γ'
V: om. BOLP   χρῆι Schaefer: χρὴ codd. et Σᵇᵛ

Απ. οὔκ, ἀλλὰ τοῖς μέλλουςι θάνατον ἀμβαλεῖν.   50
Θα. ἔχω λόγον δὴ καὶ προθυμίαν ςέθεν.
Απ. ἔςτ' οὖν ὅπως Ἄλκηςτις ἐς γῆρας μόλοι;
Θα. οὐκ ἔςτι· τιμαῖς κἀμὲ τέρπεςθαι δόκει.
Απ. οὔτοι πλέον γ' ἂν ἢ μίαν ψυχὴν λάβοις.
Θα. νέων φθινόντων μεῖζον ἄρνυμαι γέρας.   55
Απ. κἂν γραῦς ὄληται, πλουςίως ταφήςεται.
Θα. πρὸς τῶν ἐχόντων, Φοῖβε, τὸν νόμον τίθης.
Απ. πῶς εἶπας; ἀλλ' ἦ καὶ ςοφὸς λέληθας ὤν;
Θα. ὠνοῖντ' ἂν οἷς πάρεστι γηραιοὶ θανεῖν.
Απ. οὔκουν δοκεῖ ςοι τήνδε μοι δοῦναι χάριν;   60
Θα. οὐ δῆτ'· ἐπίςταςαι δὲ τοὺς ἐμοὺς τρόπους.
Απ. ἐχθρούς γε θνητοῖς καὶ θεοῖς ςτυγουμένους.
Θα. οὐκ ἂν δύναιο πάντ' ἔχειν ἃ μή ςε δεῖ.
Απ. ἦ μὴν ςὺ πείςηι καίπερ ὠμὸς ὢν ἄγαν·
     τοῖος Φέρητος εἶςι πρὸς δόμους ἀνὴρ   65
     Εὐρυςθέως πέμψαντος ἵππειον μετὰ
     ὄχημα Θρήικης ἐκ τόπων δυςχειμέρων,
     ὃς δὴ ξενωθεὶς τοῖςδ' ἐν Ἀδμήτου δόμοις
     βίαι γυναῖκα τήνδε ς' ἐξαιρήςεται.
     κοὔθ' ἡ παρ' ἡμῶν ςοι γενήςεται χάρις   70
     δράςεις θ' ὁμοίως ταῦτ' ἀπεχθήςηι τ' ἐμοί.
Θα. πόλλ' ἂν ςὺ λέξας οὐδὲν ἂν πλέον λάβοις·
     ἡ δ' οὖν γυνὴ κάτειςιν εἰς Ἅιδου δόμους.
     ςτείχω δ' ἐπ' αὐτήν, ὡς κατάρξωμαι ξίφει·
     ἱερὸς γὰρ οὖτος τῶν κατὰ χθονὸς θεῶν   75
     ὅτου τόδ' ἔγχος κρατὸς ἁγνίςηι τρίχα.

50 ἀμβαλεῖν Bursian: ἐμβ- codd. et Σ^bv   51 δὴ ΒΟV: γε LP
52 ἐς LP: εἰς ΒΟV   53 δοκεῖ V   55 γέρας ΒΟV et Σ^bv: κλέος LP
58 ἦ P et L^c: ἦ ΒΟVL   λέληθας VL et ^γρΣ^b: ἐλήλυθας P: πέφυκας ΒΟ
et V^γρ   59 ὠνοῖντ' L et ^iΣ^bv: ὤνοιντ' ΒΟP: ὄνοιντ' V et ^iiΣ^v: ὄναιντ'
Tr   οἷς LP et Σ^v: οὓς ΒΟV   γηραιοὶ Hermann: -οὺς codd. et Σ^v et
^iΣ^bv   60 δοκεῖ VLP: δοκῶ ΒΟ   64 πείςηι F. W. Schmidt: παύςη(ι)
codd.   66 μετὰ Va: μέτα codd.   71 τ'] δ' Ο   74 κατάρξωμαι Ρ
et ^iΣ^bv et Macrob. 5. 19. 4: -ξομαι ΒΟVL et ^iΣ^v et Σ^v   75 τῶι...θεῶι
Macrob. (~ ^iΣ^bv)   76 ὅτωι Macrob. (~ ^iΣ^bv)   ἁγνίςη(ι) ΒΟV et
Macrob.: -ςει LP

ΧΟΡΟΣ

τί ποθ' ἡcυχία πρόcθεν μελάθρων;
τί cεcίγηται δόμοc 'Αδμήτου;
— ἀλλ' οὐδὲ φίλων πέλαc ⟨ἔcτ'⟩ οὐδείc,
ὅcτιc ἂν εἴποι πότερον φθιμένην   80
χρὴ βαcίλειαν πενθεῖν ἢ ζῶc'
ἔτι φῶc λεύccει Πελίου τόδε παῖc
"Αλκηcτιc, ἐμοὶ πᾶcί τ' ἀρίcτη
δόξαcα γυνὴ
πόcιν εἰc αὑτῆc γεγενῆcθαι.   85

— κλύει τιc ἢ cτεναγμὸν ἢ   [cτρ. α
χειρῶν κτύπον κατὰ cτέγαc
ἢ γόον ὡc πεπραγμένων;
— οὐ μὰν οὐδέ τιc ἀμφιπόλων
cτατίζεται ἀμφὶ πύλαc.   90
εἰ γὰρ μετακοίμιοc ἄταc,
ὦ Παιάν, φανείηc.

— οὔ τᾶν φθιμέναc γ' ἐcιώπων.
— †οὐ γὰρ δὴ φροῦδόc γ' ἐξ οἴκων νέκυc ἤδη.†

77ⁿ χορόc LP: ἡμιχόριον BV: utrumque O: cf. Σᵇᵛ διαιρεῖται (sc. ὁ χορόc)
εἰc δύο ἡμιχόρια   77-111 orationis diuisio nonnullis in locis incerta est:
hemichorii notam habent codd. ad 79, 86, 89, 91 (om. P), 93, 94, 95, 96,
98, 103 ante οὐδὲ (om. LP), 105, 106 (χορ. L), 107 (V et B³: om. BOLP),
108 (χορ. LP, et ἡμιχ. ante alterum ἔθιγεc P), 109 (BO: χορ. LP: om. V);
uide etiam ad 112 et 136   77 πρόcθεν Blomfield: πρόcθε codd.
79 orationis diuisionem propter hiatum accepi   ⟨ἔcτ'⟩ Monk: paroe-
miacus uix hic stare potest   80 εἴποι BOVL: ἐννέποι P: ἐνέποι Tr
81 χρὴ βαcίλειαν πενθεῖν Blomfield: β- π- χ- codd.: β- χ- π- Tr
82 λεύccει Πελίου τόδε Bothe: τ- λ- π- codd.   τόδε del. Aldina
85 αὑτῆc Wagner: αὐ- codd. et Σᵛ   87 χειρῶν Nauck: χερῶν BOVP:
χερὸc L   88 γόον L: γόων BOVP   89 num recte oratio hic diuidatur
dubitari potest   90 cτατίζεται Hermann: -ζετ' codd.   91 μετακοίμιοc
Zacher: -κύμιοc codd. et Σᵇᵛ: cf. A. Cho. 1076   92 ὦ Matthiae: ἰὼ
codd.   93-7 num hi uu. in responsionem cum 105-11 redigendi sint
incertum est   93 οὔ τᾶν Matthiae: οὔτ' ἂν codd.   φθιμένηc Monk
94 νέκυc ἤδη BOVL: ἤδη νέκυc P: νέκυc Tr: del. Elmsley   οὐ δὴ
φροῦδοc νέκυc ἐξ οἴκων Seidler

— πόθεν; οὐκ αὐχῶ. τί σε θαρσύνει;   95
— πῶς ἂν ἔρημον τάφον Ἄδμητος
κεδνῆς ἂν ἔπραξε γυναικός;

— πυλῶν πάροιθε δ' οὐχ ὁρῶ   [ἀντ. α
πηγαῖον ὡς νομίζεται
χέρνιβ' ἐπὶ φθιτῶν πύλαις.   100
— χαίτα τ' οὔτις ἐπὶ προθύροις
τομαῖος, †ἃ δὴ νεκύων
πένθει πίτνει, οὐδὲ νεολαία†
δουπεῖ χεὶρ γυναικῶν.

— καὶ μὴν τόδε κύριον ἦμαρ   105
— †τί τόδ' αὐδᾶις;†
— ὧι χρή cφε μολεῖν κατὰ γαίας.
— ἔθιγες ψυχᾶς, ἔθιγες δὲ φρενῶν.
— χρὴ τῶν ἀγαθῶν διακναιομένων
πενθεῖν ὅστις   110
χρηστὸς ἀπ' ἀρχῆς νενόμισται.

ἀλλ' οὐδὲ ναυκληρίαν   [cτρ. β
ἔcθ' ὅποι τις αἴαc
cτείλαc, ἢ Λυκίαν

95 οὐκ αὐχῶ VLP et Bᶜ et Σᵇᵛ: οὖν καυχῶ BO   τί V et Tr: τίс
BOLᵘᵛP   96–7 lac. unius monometri ante πῶс indic. Kirchhoff, ante
τάφον Earle, ante κεδνῆς Hartung   ⟨μετά θ' ἡcυχίαc⟩ κεδνῆς
Oldfather cl. Σᵇᵛ (ἔρημον...μεθ' ἡcυχίαc Σᵇ, ἔρημον...καὶ ἥcυχον Σᵛ)
98 πάροιθεν (om. δ') P   100 φθιτῶν LP: φθιμένων BOV
101 orationis diuisionem indic. Hartung: uide ad 89   χαίτα BOLP: -τη
V: accus. fort. ¹Σ⁽¹⁾ᵇᵛ (τετμημένος τὴν τρίχα), nom. ¹Σ⁽²⁾ᵇᵛ   τ' BOLP:
om. V: δ' Blaydes   103 πένθει BOV: πένθεcι LP   πίτνει Elmsley:
πιτνεῖ codd.: πρέπει Blaydes (quo accepto δ pro ἃ Diggle)   οὐδὲ codd.
et fort. uoluit Σᵇᵛ: οὐ Aldina   νεολαία VP et Tr: -αῖα BOL
105–11 uide ad 93–7   106–7 hoc ordine BOV: inuerso LP   106 τί
τόδ' αὐδάceιc; Hermann   107 χρῆν P   108 ψυχῆς Monk
112ⁿ nullam notam LP: χο. BOV   114 ἢ om. BO   Λυκίαν Monk:
-ίαс codd. et Σᵛ

εἴτ' ἐπὶ τὰς ἀνύδρους   115
†'Αμμωνιάδας ἕδρας†,
δυστάνου παραλύσαι
ψυχάν· μόρος γὰρ ἀπότομος
πλάθει. θεῶν δ' ἐπ' ἐσχάραν
οὐκέτ' ἔχω τίνα μηλοθύταν πορευθῶ.   120

μόνα δ' ἄν, εἰ φῶς τόδ' ἦν   [ἀντ. β
ὄμμασιν δεδορκὼς
Φοίβου παῖς, προλιποῦς'
ἦλθ' ἂν ἕδρας σκοτίους   125
"Αιδα τε πύλας·
δμαθέντας γὰρ ἀνίστη,
πρὶν αὐτὸν εἷλε διόβολον
πλῆκτρον πυρὸς κεραυνίου.
νῦν δὲ βίου τίν' ἔτ' ἐλπίδα προσδέχωμαι;   130

[πάντα γὰρ ἤδη †τετέλεσται βασιλεῦσιν†,
πάντων δὲ θεῶν ἐπὶ βωμοῖς
αἱμόρραντοι θυσίαι πλήρεις,
οὐδ' ἔστι κακῶν ἄκος οὐδέν.]   135

115–16 et 125–6 lectio incerta est   εἴτ' ἐφ' ἕδρας ἀνύδρους /'Αμμ-
uel εἴτ' ἐπὶ τὰς ἀνύδρους /'Αμμ- (del. ἕδρας) Nauck   'Αμμωνίδας
Musgrave, "Αμμωνος Monk   117 παραλύσαι V et ¹Σᵛ et Β²: -λύσαι
BOLP   118 ψυχάν LP: -ήν Vˢ et ¹Σᵛ et Β³ˢ: -ῆς V: -ὰς ⟨Β⟩: -ᾶς O et
Β³: et accus. et gen. Σᵇᵛ   μόρος OVL: μέρος P: μόνος B   ἀπότομος
Blomfield: ἀπό∗∗μος L: ἄπομος BOP et Tr: ἄπότμος V   119 ἐσχάραν
Reiske: -ραις codd.   120 οὐκέτ' ἔχω Hartung: οὐκ ἔχω ἐπὶ ('πὶ L)
codd., quibus seruatis ἔτ' pro ἐπ'   119 Bursian: οὐκ ἔχω ἔτι Weil
122 μόνα Diggle: μόνος codd.: μόνον Hermann   124 προλιπὼν BO
125 ἦλθ' ἂν Monk: ἦλθεν codd. (ἦλθ' Lᵘᵛ, ~ Tr)   σκοτίας V
126 ἄδα LP: ἀίδα BOV   128 διάβολον BO   129 πλῆκτρον BOV:
πλᾶκτρον P et Tr: [L]   130 βίου τίν' ἔτ' Hartung: τίν' ἔτι βίου V: τίν'
ἐπὶ βίου BO: τίνα βίου LP   131 προσδέχωμαι Musgrave et fort. L
(-δέχ∗μαι): -δέχομαι BOVP et L¹ᶜ   132–5 del. Wheeler   135 οὐδ'
LP: ἀλλ' οὐδ' BOV

42

ΑΛΚΗCΤΙC

— ἀλλ᾽ ἥδ᾽ ὀπαδῶν ἐκ δόμων τις ἔρχεται
δακρυρροοῦςα· τίνα τύχην ἀκούςομαι;
πενθεῖν μέν, εἴ τι δεςπόταιςι τυγχάνει,
cυγγνωςτόν· εἰ δ᾽ ἔτ᾽ ἐςτὶν ἔμψυχος γυνὴ
εἴτ᾽ οὖν ὄλωλεν εἰδέναι βουλοίμεθ᾽ ἄν.   140

ΘΕΡΑΠΑΙΝΑ
       καὶ ζῶςαν εἰπεῖν καὶ θανοῦςαν ἔςτι coι.
Χο. καὶ πῶς ἂν αὐτὸς κατθάνοι τε καὶ βλέποι;
Θε. ἤδη προνωπής ἐςτι καὶ ψυχορραγεῖ.   143
Χο. ἐλπὶς μὲν οὐκέτ᾽ ἐςτὶ cώιζεςθαι βίον;   146
Θε. πεπρωμένη γὰρ ἡμέρα βιάζεται.
Χο. οὔκουν ἐπ᾽ αὐτῆι πράςςεται τὰ πρόςφορα;
Θε. κόςμος γ᾽ ἕτοιμος, ὧι cφε cυνθάψει πόςις.   149
Χο. ὦ τλῆμον, οἵας οἷος ὢν ἁμαρτάνεις.   144
Θε. οὔπω τόδ᾽ οἶδε δεςπότης, πρὶν ἂν πάθηι.   145
Χο. ἴςτω νυν εὐκλεής γε κατθανουμένη   150
       γυνή τ᾽ ἀρίςτη τῶν ὑφ᾽ ἡλίωι μακρῶι.

Θε. πῶς δ᾽ οὐκ ἀρίςτη; τίς δ᾽ ἐναντιώςεται;
       τί χρὴ λέγεςθαι τὴν ὑπερβεβλημένην
       γυναῖκα; πῶς δ᾽ ἂν μᾶλλον ἐνδείξαιτό τις
       πόςιν προτιμῶς᾽ ἢ θέλους᾽ ὑπερθανεῖν;   155
       καὶ ταῦτα μὲν δὴ πᾶς᾽ ἐπίςταται πόλις·
       ἃ δ᾽ ἐν δόμοις ἔδραςε θαυμάςηι κλύων.
       ἐπεὶ γὰρ ἤιςθεθ᾽ ἡμέραν τὴν κυρίαν

136ⁿ nullam notam OLP: paragr. B: χο. V: cf. Σᵇ ὅλος λέγει ὁ χορὸς
ταῦτα   136 ἤδ᾽ VLP: εἴ᾽ ⟨B⟩O (ἵν᾽ Bᵃ?D)   ὀπαδὸς L (∼ Tr)
140 om. O (χο. εἴτ᾽ οὖν ὄλωλε add. O¹ᶜ)   βουλοίμεθ᾽ ἄν BL: -μεθα VP
141 om. V   θανεῖν ἔξεςτί coι BO   142 αὐτὸς Aldina: αὐ- codd.
βλέποι BOL et P²: -πει V: -π∗ P   146–9 ante 144 trai. Lueders
146 cώιζεςθαι BOV: cώcαςθαι LP   148 αὐτῆ(ι) BOV: αὐτοῖc LP:
utrumque ¹Σᵇ   πράccετε BO   145 πάθη P: πάθοι BOVL
150 νυν V²: νῦν codd.   151ⁿ nullam notam BOV: paragr. L: θε. P
151 μακρῶν V   152ⁿ θε. BOV: paragr. L: τροφ. P   153 λέγεςθαι
Broadhead: γενέςθαι codd., quo seruato τὸ μὴ οὐ (τὸ μὴ Dawe) pro τί χρὴ
Lenting   τήνδ᾽ Reiske   157 θαυμάςεις L (∼ Tr)

ἤκουσαν, ὕδασι ποταμίοις λευκὸν χρόα
ἐλούσατ', ἐκ δ' ἑλοῦσα κεδρίνων δόμων   160
ἐσθῆτα κόσμον τ' εὐπρεπῶς ἠσκήσατο,
καὶ στᾶσα πρόσθεν Ἑστίας κατηύξατο·
Δέσποιν', ἐγὼ γὰρ ἔρχομαι κατὰ χθονός,
πανύστατόν σε προσπίτνους' αἰτήσομαι
τέκν' ὀρφανεῦσαι τἀμά· καὶ τῶι μὲν φίλην   165
σύζευξον ἄλοχον, τῆι δὲ γενναῖον πόσιν·
μηδ' ὥσπερ αὐτῶν ἡ τεκοῦσ' ἀπόλλυμαι
θανεῖν ἀώρους παῖδας, ἀλλ' εὐδαίμονας
ἐν γῆι πατρώιαι τερπνὸν ἐκπλῆσαι βίον.

πάντας δὲ βωμούς, οἳ κατ' Ἀδμήτου δόμους,   170
προσῆλθε κἀξέστεψε καὶ προσηύξατο,
πτόρθων ἀποσχίζουσα μυρσίνης φόβην,
ἄκλαυτος ἀστένακτος, οὐδὲ τοὐπιὸν
κακὸν μεθίστη χρωτὸς εὐειδῆ φύσιν.

κἄπειτα θάλαμον ἐσπεσοῦσα καὶ λέχος   175
ἐνταῦθα δὴ 'δάκρυσε καὶ λέγει τάδε·
Ὦ λέκτρον, ἔνθα παρθένει' ἔλυσ' ἐγὼ
κορεύματ' ἐκ τοῦδ' ἀνδρός, οὗ θνήισκω πάρος,
χαῖρ'· οὐ γὰρ ἐχθαίρω σ'· ἀπώλεσας δέ με
μόνον· προδοῦναι γάρ σ' ὀκνοῦσα καὶ πόσιν   180
θνήισκω. σὲ δ' ἄλλη τις γυνὴ κεκτήσεται,
σώφρων μὲν οὐκ ἂν μᾶλλον, εὐτυχὴς δ' ἴσως.
κυνεῖ δὲ προσπίτνουσα, πᾶν δὲ δέμνιον
ὀφθαλμοτέγκτωι δεύεται πλημμυρίδι.
ἐπεὶ δὲ πολλῶν δακρύων εἶχεν κόρον,   185

163 γὰρ VLP: μὲν BO   164 προσπίτνους' BO: -πιτνοῦς' VLP et B³
167 ἀπόλλυμαι BOV: -υται LP   172 om. O   μυρσίνης BV et Σᵇ:
μυρσινῶν LP   173 ἄκλαυτος OL: -αυστος BVP et gE   176 'δάκρυσε
Heath: δά- codd.   178 πάρος Wilamowitz: πέρι codd.: cf. Hcld. 536
179 δέ με BOV et Lᶜ et gV: δὲ LP   180 μόνον Markland: μόνην codd.
182 οὐκ ἂν codd. et Ar. Equ. 1252 et Σ Ar.: οὐχὶ Suda iii. 129. 29 et 594.
26 Adler   183 κυνεῖ BOV: κύνει LP   προσπίτνουσα Elmsley:
-πιτνοῦσα fere VLP (-τν- Tr, -πν- L): -πίπτουσα BO   184 ὀφθαλμο-
τέγκτω(ι) OP et B³Lᶜ? et gB: -τέκτω(ι) BVL   δεύεται BOV et gB:
δεύετο P: aut -αι in -ο aut -ο in -αι mut. Lᶜ

44

cτείχει προνωπὴс ἐκπεcοῦcα δεμνίων,
καὶ πολλὰ θαλάμων ἐξιοῦc᾽ ἐπεcτράφη
κἄρριψεν αὑτὴν αὖθιc ἐc κοίτην πάλιν.
παῖδεc δὲ πέπλων μητρὸc ἐξηρτημένοι
ἔκλαιον· ἡ δὲ λαμβάνουc᾽ ἐc ἀγκάλαc   190
ἠcπάζετ᾽ ἄλλοτ᾽ ἄλλον ὡc θανουμένη.
πάντεc δ᾽ ἔκλαιον οἰκέται κατὰ cτέγαc
δέcποιναν οἰκτίροντεc· ἡ δὲ δεξιὰν
προύτειν᾽ ἑκάcτωι κοὔτιc ἦν οὕτω κακὸc
ὃν οὐ προcεῖπε καὶ προcερρήθη πάλιν.   195
τοιαῦτ᾽ ἐν οἴκοιc ἐcτὶν Ἀδμήτου κακά.
καὶ κατθανών τἂν ὤιχετ᾽, ἐκφυγὼν δ᾽ ἔχει
τοcοῦτον ἄλγοc, οὔποθ᾽ οὗ λελήcεται.

Χο. ἦ που cτενάζει τοιcίδ᾽ Ἄδμητοc κακοῖc,
ἐcθλῆc γυναικὸc εἰ cτερηθῆναί cφε χρή;   200

Θε. κλαίει γ᾽ ἄκοιτιν ἐν χεροῖν φίλην ἔχων
καὶ μὴ προδοῦναι λίccεται, τἀμήχανα
ζητῶν· φθίνει γὰρ καὶ μαραίνεται νόcωι.
παρειμένη δέ, χειρὸc ἄθλιον βάροc,
ὅμωc δέ, καίπερ cμικρόν, ἐμπνέουc᾽ ἔτι,   205
βλέψαι πρὸc αὐγὰc βούλεται τὰc ἡλίου
[ὡc οὔποτ᾽ αὖθιc ἀλλὰ νῦν πανύcτατον
ἀκτῖνα κύκλον θ᾽ ἡλίου προcόψεται].
ἀλλ᾽ εἶμι καὶ cὴν ἀγγελῶ παρουcίαν·
οὐ γάρ τι πάντεc εὖ φρονοῦcι κοιράνοιc,   210
ὥcτ᾽ ἐν κακοῖcιν εὐμενεῖc παρεcτάναι·
cὺ δ᾽ εἶ παλαιὸc δεcπόταιc ἐμοῖc φίλοc.

187 θαλάμων Nauck: θάλαμον codd.   188 αὑτὴν Lᶜ: αὐ- BOV⟨L⟩P
ἐc L (nisi Lᶦᶜ in ras.): εἰc BOVP   190 λαβοῦc᾽ BO   ἐc ἀγκάλαc BV:
ἐπ᾽ ἀγκάλαc O: ἐν ἀγκάλαιc LP   197 τἂν Monk: τ᾽ ἂν BOVL: om. P
ὤιχετ᾽ F. W. Schmidt: ὤλετ᾽ fere codd. (ὤιλ- O, ὤλετ᾽ ἂν P): cf. 905
δ᾽] τ᾽ P   198 οὔποθ᾽ οὗ Nauck: οὔποτ᾽ οὐ BOL: οὗ ποτ᾽ οὐ V et (B²)Lᶜ:
οὔποτε Pᵘᵛ (ὅὔποτε Pᶜ ᵘᵛ)   λήcεται L   199 τοιcίδ᾽ BOV: τοῖcιν LP
κακόc BO (∼ B³)   200 εἰ LP: ἦι BO: ἦc V et B²   cφε] γε V
204 post h. u. lac. indic. Elmsley   205 dist. F. D. Allen
207–8 (= Hec. 411–12) del. Valckenaer; tantum 208 Lachmann   208 θ᾽
om. BO   211 παρεcτάναι BOV et Lᶜ et gVgE: παριcτάναι ⟨L⟩P

Χο.

—ἰὼ Ζεῦ, τίς ἂν πᾶι πόρος κακῶν   [στρ.
γένοιτο καὶ λύσις τύχας
ἃ πάρεστι κοιράνοις;
— ⟨αἰαῖ⟩·
†ἔξεισί τις† ἢ τέμω τρίχα   215
καὶ μέλανα στολμὸν πέπλων
ἀμφιβαλώμεθ' ἤδη;
— δεινὰ μέν, φίλοι, δεινά γ', ἀλλ' ὅμως
θεοῖσιν εὐξόμεσθα·
θεῶν γὰρ δύναμις μεγίστα.   220
— ὦναξ Παιάν,
ἔξευρε μηχανάν τιν' Ἀδμήτωι κακῶν.
— πόριζε δὴ πόριζε· καὶ πάρος γὰρ
†τοῦδ' ἐφεῦρες† καὶ νῦν
λυτήριος ἐκ θανάτου γενοῦ,
φόνιον δ' ἀπόπαυσον Ἅιδαν.   225

— παπαῖ ⟨   ⟩   [ἀντ.
ὦ παῖ Φέρητος, οἷ' ἔπρα-
ξας δάμαρτος σᾶς στερείς.
— αἰαῖ·
ἄξια καὶ σφαγᾶς τάδε

213–43 choro trib. BOVP, 218–25 famulae cetera choro L; orationis
diuisiones indic. Hermann   213 πᾶι BO: πῶς πᾶ V: πως *** L: πως
παῖ* P: cf. Σᵇ τίς ... ἢ πῶς ἢ ποῦ;   215 ⟨αἰαῖ⟩ Wilamowitz   εἰσί
τις; Wilamowitz   ἢ Zuntz   τέμω Hermann: τεμῶ codd.
218 δεινά ... δεινά Diggle: δῆλα ... δῆλά codd.   γ'] δ' V
219 εὐξόμεσθα Hadley: εὐχώμεσθα B et Tr: εὐχώμεθα fere OV (ἐχ- V):
εὐχόμεθα ⟨L⟩P   ceterum εὐχώμεσθα· θεῶν / γὰρ et 231–2 ἔν / ⟨γ'⟩
ἅματι Musgrave   220 δύναμις V: ἁ δ- BOLP   μεγίστα (B)OV: -τη
LP   221 μηχανάν τιν' LP: -ήν τιν' BO: -ὴν ἥντιν' V   ἀδμήτω VLP:
-του BO   225 δ' BOV: τ' LP   Ἅιδαν Heath: ἀίδαν codd.
226 παπαῖ ⟨ ⟩ / ὦ Dindorf: παπαῖ ὦ fere BOV: παῖ παῖ φεῦ φεῦ ἰὼ ἰώ
LP: παπαῖ φεῦ παπαῖ φεῦ ἰὼ ἰώ. / ὦ Gaisford   227 σᾶς BOV: σῆς P:
τῆς σῆς L   στερείς Monk: στερηθείς codd.   228 αἲ αἲ fere LP: αἲ αἲ
αἲ αἲ fere BOV

καὶ πλέον ἢ βρόχωι δέραν
οὐρανίωι πελάccαι.
— τὰν γὰρ οὐ φίλαν ἀλλὰ φιλτάταν   230
γυναῖκα κατθανοῦcαν
ἐν ἄματι τῶιδ' ἐπόψηι.
— ἰδοὺ ἰδού·
ἥδ' ἐκ δόμων δὴ καὶ πόcιc πορεύεται.
— βόαcον ὦ cτέναξον ὦ Φεραία
χθὼν τὰν ἀρίcταν   235
γυναῖκα μαραινομέναν νόcωι
κατὰ γᾶc χθόνιον παρ' Ἅιδαν.

οὔποτε φήcω γάμον εὐφραίνειν
πλέον ἢ λυπεῖν, τοῖc τε πάροιθεν
τεκμαιρόμενοc καὶ τάcδε τύχαc   240
λεύccων βαcιλέωc, ὅcτιc ἀρίcτηc
ἀπλακὼν ἀλόχου τῆcδ' ἀβίωτον
τὸν ἔπειτα χρόνον βιοτεύcει.

ΑΛΚΗСΤΙС
Ἅλιε καὶ φάοc ἀμέραc   [cτρ. α
οὐράνιαί τε δῖ-   245
ναι νεφέλαc δρομαίου.

ΑΔΜΗΤΟС
ὁρᾶι cε κἀμέ, δύο κακῶc πεπραγόταc,
οὐδὲν θεοὺc δράcανταc ἀνθ' ὅτου θανῆι.

229 καί VLP et gB: om. BO   πλέον BOV et gB: πλεῖον LP   δέραν
Monk: -ην codd. et gB   πελάccαι Erfurdt: -άcαι codd. et gB
230 φιλτάταν BOV: -την LP   231–2 uide ad 219   232 ἄματι fere
BO: ἤμ- VL(P)   τῶ(ι)δ' ἐπόψει BOV: τῶδε γ' ὄψει LP   233 ἰδοὺ
ἰδού BOV: om. LP   234 βόαcον ὦ cτέναξον BO(V): cτ- ὦ β- L(P)
235 numeri suspicionem mouent   ἀρίcταν BOL: -τα VP   237 γᾶc
V: γᾶν BOLP   ἄδαν LP: ἀίδαν BOV   239 πάροιθεν Lᶜ:
-θε BOV⟨L²⟩P   ~241 βαcιλέωc BOV et Tr: καὶ β- LP   242 ἀπλα-
κὼν Wakefield: ἀμπλ- codd. et gE   244 ἀμέραc BOV: ἠμ- LP et gB
245 οὐράνιοί Earle (~ gB)

ΕΥΡΙΠΙΔΟΥ

Αλ. γαῖά τε καὶ μελάθρων στέγαι   [ἀντ. α
     νυμφίδιοί τε κοῖ-
     ται πατρίας Ἰωλκοῦ.

Αδ. ἔπαιρε σαυτήν, ὦ τάλαινα, μὴ προδῶις·   250
     λίccου δὲ τοὺc κρατοῦνταc οἰκτῖραι θεούc.

Αλ. ὁρῶ δίκωπον ὁρῶ cκάφοc ἐν   [cτρ. β
     λίμναι· νεκύων δὲ πορθμεὺc
     ἔχων χέρ' ἐπὶ κοντῶι Χάρων
     μ' ἤδη καλεῖ· Τί μέλλειc;   255
     ἐπείγου· cὺ κατείργειc. τάδε τοί με
     cπερχόμενοc ταχύνει.

Αδ. οἴμοι· πικράν γε τήνδε μοι ναυκληρίαν
     ἔλεξαc. ὦ δύcδαιμον, οἷα πάcχομεν.

Αλ. ἄγει μ' ἄγει τιc, ἄγει μέ τιc (οὐχ   [ἀντ. β
     ὁρᾶιc;) νεκύων ἐc αὐλάν,   260
     ὑπ' ὀφρύcι κυαναυγέcι
     βλέπων πτερωτὸc Ἅιδαc.
     τί ῥέξειc; ἄφεc. οἵαν ὁδὸν ἁ δει-
     λαιοτάτα προβαίνω.

Αδ. οἰκτρὰν φίλοιcιν, ἐκ δὲ τῶν μάλιcτ' ἐμοὶ
     καὶ παιcίν, οἷc δὴ πένθοc ἐν κοινῶι τόδε.   265

Αλ. μέθετε μέθετέ μ' ἤδη·   [ἐπωιδ.
     κλίνατ', οὐ cθένω ποcίν.
     πληcίον Ἅιδαc, cκοτία

249 νυμφίδιοί BOV: -ιαί LP   πατρίαc Aldina: -ώ(ι)αc codd.
Ἰωλκοῦ BVL: -κοῦc OP   254 χέρ' Aldina: χεῖρ' codd. et gB
256 τάδε τοί με B(O)V: τάδ' ἕτοιμα LP et (gB)   259 ἄγει μ' ἄγει τίc
ἄγει με τίc fere BO et gB: ἄγει μ' ἄγει τίc V: ἄγει ἄγει μέ τιc ⟨L⟩P: ἄγει μ'
ἄγει μέ τιc Tr   260 ἐc P²: εἰc BOVL et Pᶜ   262 ἄδαc P: ἄδηc L:
ἀίδαc BOV et gB   263 τί ῥέξειc LP: μέθεc με τί ῥέξειc (πράξειc V)
BOV et gB   δειλαιοτάτα V⟨L⟩P et gB: δειλοτάτα BO: δειλαία Tr
266 μέθετε μέθετέ μ' LP: μέθετέ με μέθετέ μ' BOV   267 κλίνατ' BOV:
κλίνατέ μ' LP   ποcίν Hermann: ποcὶ OL: πόcι BVP et Σᵇ   268 ἄδαc
LP: ἀίδαc BOV

48

δ' ἐπ' ὄccοιcι νὺξ ἐφέρπει.
τέκνα τέκν', οὐκέτι δὴ   270
οὐκέτι μάτηρ cφῶιν ἔcτιν.
χαίροντες, ὦ τέκνα, τόδε φάος ὁρῶιτον.

Αδ. οἴμοι· τόδ' ἔπος λυπρὸν ἀκούειν
καὶ παντὸς ἐμοὶ θανάτου μεῖζον.
μὴ πρός ⟨cε⟩ θεῶν τλῆις με προδοῦναι,   275
μὴ πρὸς παίδων οὓς ὀρφανιεῖς,
ἀλλ' ἄνα, τόλμα.
coῦ γὰρ φθιμένης οὐκέτ' ἂν εἴην,
ἐν coὶ δ' ἐcμὲν καὶ ζῆν καὶ μή·
cὴν γὰρ φιλίαν cεβόμεcθα.

Αλ. "Αδμηθ', ὁρᾶις γὰρ τἀμὰ πράγμαθ' ὡς ἔχει,   280
λέξαι θέλω cοι πρὶν θανεῖν ἃ βούλομαι.
ἐγώ cε πρεcβεύουcα κἀντὶ τῆc ἐμῆc
ψυχῆc καταcτήcαcα φῶc τόδ' εἰcορᾶν
θνήιcκω, παρόν μοι μὴ θανεῖν, ὑπὲρ cέθεν,
ἀλλ' ἄνδρα τε cχεῖν Θεccαλῶν ὃν ἤθελον   285
καὶ δῶμα ναίειν ὄλβιον τυραννίδι.
οὐκ ἠθέληcα ζῆν ἀποcπαcθεῖcα coῦ
cὺν παιcὶν ὀρφανοῖcιν, οὐδ' ἐφειcάμην
ἥβηc, ἔχουc' ἐν οἷc ἐτερπόμην ἐγώ.
καίτοι c' ὁ φύcας χἠ τεκοῦcα προύδοcαν,   290
καλῶc μὲν αὐτοῖc κατθανεῖν ἧκον βίου,
καλῶc δὲ cῶcαι παῖδα κεὐκλεῶc θανεῖν.
μόνος γὰρ αὐτοῖc ἦcθα, κοὔτιc ἐλπὶc ἦν

269 ὄccοιcι P: ὄccοιcιν L: ὄccοιc BOV et gB   270 hiatus suspicionem
mouet   271 οὐκέτι fere BOV: οὐκέτι δὴ LP   272 φῶc L   ὁρῶιτην
Elmsley: uide Page ad Med. 1073, Fraenkel ad A. Ag. 1207   273 οἴμοι
BOVL et gE: ὤμοι P et Lᶜ   ἀκούειν Monk (uel ἀκοῦcαι):
ἀκούω codd. et gE   275 ⟨cε⟩ Porson   με τλῆ(ι)c BO
276 μὴ...ὀρφανιεῖc om. LP   ἄνα τόλμα Tr: ἀνατόλμα codd.
283 ψυχῆc om. BO, qui post εἰcορᾶν add. φίλον   285 θεccαλῶν BO et
Σᵇ: -ὸν VLP   287 coυ L   289 ἔχουc' ἐν οἷc ἐτερπόμην ἐγώ BO:
ἔχουcα δῶρ' ἐν οἷc ἐτερπόμην fere VLP (δῶρον ἐν L; ἐτερπόμην ἐγώ V, ∼ V²)

49

ΕΥΡΙΠΙΔΟΥ

σοῦ κατθανόντος ἄλλα φιτύειν τέκνα.
κἀγώ τ' ἂν ἔζων καὶ σὺ τὸν λοιπὸν χρόνον,   295
κοὐκ ἂν μονωθεὶς σῆς δάμαρτος ἔστενες
καὶ παῖδας ὠρφάνευες. ἀλλὰ ταῦτα μὲν
θεῶν τις ἐξέπραξεν ὥσθ' οὕτως ἔχειν.
εἶέν· σύ νύν μοι τῶνδ' ἀπόμνησαι χάριν·
αἰτήσομαι γάρ σ' ἀξίαν μὲν οὔποτε   300
(ψυχῆς γὰρ οὐδέν ἐστι τιμιώτερον),
δίκαια δ', ὡς φήσεις σύ· τούσδε γὰρ φιλεῖς
οὐχ ἧσσον ἢ 'γὼ παῖδας, εἴπερ εὖ φρονεῖς.
τούτους ἀνάσχου δεσπότας ἐμῶν δόμων
καὶ μὴ 'πιγήμηις τοῖσδε μητρυιὰν τέκνοις,   305
ἥτις κακίων οὖσ' ἐμοῦ γυνὴ φθόνωι
τοῖς σοῖσι κἀμοῖς παισὶ χεῖρα προσβαλεῖ.
μὴ δῆτα δράσηις ταῦτά γ', αἰτοῦμαί σ' ἐγώ·
ἐχθρὰ γὰρ ἡ 'πιοῦσα μητρυιὰ τέκνοις
τοῖς πρόσθ', ἐχίδνης οὐδὲν ἠπιωτέρα.   310
καὶ παῖς μὲν ἄρσην πατέρ' ἔχει πύργον μέγαν
[ὃν καὶ προσεῖπε καὶ προσερρήθη πάλιν]·
σὺ δ', ὦ τέκνον μοι, πῶς κορευθήσηι καλῶς;
ποίας τυχοῦσα συζύγου τῶι σῶι πατρί;
μή σοί τιν' αἰσχρὰν προσβαλοῦσα κληδόνα   315
ἥβης ἐν ἀκμῆι σοὺς διαφθείρηι γάμους.
οὐ γάρ σε μήτηρ οὔτε νυμφεύσει ποτὲ
οὔτ' ἐν τόκοισι σοῖσι θαρσυνεῖ, τέκνον,
παροῦσ', ἵν' οὐδὲν μητρὸς εὐμενέστερον.
δεῖ γὰρ θανεῖν με· καὶ τόδ' οὐκ ἐς αὔριον   320
οὐδ' ἐς τρίτην μοι †μηνὸς† ἔρχεται κακόν,

294 φιτύειν V et Β^yp et gB: φυτ- BOLP et Σ^b   295 κἄγωγ' Et. Ma.
413. 9   ἔζων V et L^s: ἔζην BOLP et Et. Ma.   298 ἐξέπραξεν LP et
V²: εἰσέπραξεν BO: ἔπραξεν V   299 νύν μοι Dindorf: νῦν μοι V et gE:
μοι νῦν BO: δή μοι L: δ' ἡμῖν P   304 ἐμῶν BOV: τῶν ἐμῶν LP
307 παισὶ om. BO   310 ἐχίδνης codd. et gV: ἐ- δ' V^s et gB: ἐ- γὰρ gE
312 del. Pierson: uide 195   318 σοῖσι θαρσυνεῖ τέκνον LP: τοῖσι σοῖσι
θαρσυνεῖ fere BOV (θαρσύνει B, θρασύνει O)   319 οὐδὲ L   320 ἐς L:
εἰς BOVP   321–2 om. L (~ L^1c)   321 ἐς L^1cP: εἰς BOV   τρίτον
μοι φέγγος Herwerden

ἀλλ' αὐτίκ' ἐν τοῖς οὐκέτ' οὖσι λέξομαι.
χαίροντες εὐφραίνοισθε· καὶ coὶ μέν, πόσι,
γυναῖκ' ἀρίστην ἔςτι κομπάσαι λαβεῖν,
ὑμῖν δέ, παῖδες, μητρὸς ἐκπεφυκέναι.   325

Χο. θάρςει· πρὸ τούτου γὰρ λέγειν οὐχ ἅζομαι·
     δράςει τάδ', εἴπερ μὴ φρενῶν ἁμαρτάνει.

Αδ. ἔςται τάδ', ἔςται, μὴ τρέςηις· ἐπεί c' ἐγὼ
     καὶ ζῶςαν εἶχον καὶ θανοῦς' ἐμὴ γυνὴ
     μόνη κεκλήςηι, κοὔτις ἀντὶ coῦ ποτε   330
     τόνδ' ἄνδρα νύμφη Θεςςαλὶς προςφθέγξεται.
     οὐκ ἔςτιν οὕτως οὔτε πατρὸς εὐγενοῦς
     οὔτ' εἶδος ἄλλως ἐκπρεπεςτάτη γυνή.
     ἅλις δὲ παίδων· τῶνδ' ὄνηςιν εὔχομαι
     θεοῖς γενέςθαι· coῦ γὰρ οὐκ ὠνήμεθα.   335
     οἴςω δὲ πένθος οὐκ ἐτήςιον τὸ còν
     ἀλλ' ἔςτ' ἂν αἰὼν οὑμὸς ἀντέχηι, γύναι,
     ςτυγῶν μὲν ἥ μ' ἔτικτεν, ἐχθαίρων δ' ἐμὸν
     πατέρα· λόγωι γὰρ ἦςαν οὐκ ἔργωι φίλοι.
     cὺ δ' ἀντιδοῦςα τῆς ἐμῆς τὰ φίλτατα   340
     ψυχῆς ἔςωςας. ἀρά μοι ςτένειν πάρα
     τοιᾶςδ' ἁμαρτάνοντι ςυζύγου ςέθεν;
     παύςω δὲ κώμους ςυμποτῶν θ' ὁμιλίας
     ςτεφάνους τε μοῦςάν θ' ἣ κατεῖχ' ἐμοὺς δόμους.
     οὐ γάρ ποτ' οὔτ' ἂν βαρβίτου θίγοιμ' ἔτι   345
     οὔτ' ἂν φρέν' ἐξάραιμι πρὸς Λίβυν λακεῖν
     αὐλόν· cὺ γάρ μου τέρψιν ἐξείλου βίου.
     ςοφῆι δὲ χειρὶ τεκτόνων δέμας τὸ còν
     εἰκαςθὲν ἐν λέκτροιςιν ἐκταθήςεται,
     ὧι προςπεςοῦμαι καὶ περιπτύςςων χέρας   350

322 οὐκέτ' L¹ᶜP: μηκέτ' BOV   326 οὐχ ἅζομαι BOV et Σᵇ: οὐ
χάζομαι LP et Bᶜ et ¹Σᵇ   327 εἴπερ...ἁμαρτάνει BOV et gBgE:
ἤνπερ...ἁμαρτάνη LP   329 ἐμὴ VLP: ἐμοῦ BO   333 ἐκπρεπεςτάτη
L et P¹ᶜ: εὐπρ- BOVP?   335 ἐλέςθαι Maas cl. A. Ag. 350   344 θ' om.
BO   κατεῖχεν V   346 ἐξάραιμι Wakefield: ἐξάροιμι LP (cf. Cycl.
473): ἐξαίροιμι BOV et ¹Σᵇ: aoristum ut uid. ¹Σᵇ   347 μοι Hermann,
Earle   βίου om. BO (~ gE)   348 δέμας τὸ còν VLP et gE: τὸ còν
δ- BO

ΕΥΡΙΠΙΔΟΥ

ὄνομα καλῶν còν τὴν φίλην ἐν ἀγκάλαις
δόξω γυναῖκα καίπερ οὐκ ἔχων ἔχειν·
ψυχρὰν μέν, οἶμαι, τέρψιν, ἀλλ᾽ ὅμως βάρος
ψυχῆς ἀπαντλοίην ἄν. ἐν δ᾽ ὀνείρασιν
φοιτῶσά μ᾽ εὐφραίνοις ἄν· ἡδὺ γὰρ φίλους   355
κἂν νυκτὶ λεύσσειν, ὅντιν᾽ ἂν παρῇ χρόνον.
εἰ δ᾽ Ὀρφέως μοι γλῶσσα καὶ μέλος παρῆν,
ὥστ᾽ ἢ κόρην Δήμητρος ἢ κείνης πόσιν
ὕμνοισι κηλήσαντά σ᾽ ἐξ Ἅιδου λαβεῖν,
κατῆλθον ἄν, καί μ᾽ οὔθ᾽ ὁ Πλούτωνος κύων   360
οὔθ᾽ οὑπὶ κώπῃ ψυχοπομπὸς ἂν Χάρων
ἔσχ᾽ ἄν, πρὶν ἐς φῶς còν καταστῆσαι βίον.
ἀλλ᾽ οὖν ἐκεῖσε προσδόκα μ᾽, ὅταν θάνω,
καὶ δῶμ᾽ ἑτοίμαζ᾽, ὡς συνοικήσουσά μοι.
ἐν ταῖσιν αὐταῖς γάρ μ᾽ ἐπισκήψω κέδροις   365
σοὶ τούσδε θεῖναι πλευρά τ᾽ ἐκτεῖναι πέλας
πλευροῖσι τοῖς σοῖς· μηδὲ γὰρ θανών ποτε
σοῦ χωρὶς εἴην τῆς μόνης πιστῆς ἐμοί.

Χο.   καὶ μὴν ἐγώ σοι πένθος ὡς φίλος φίλῳ
λυπρὸν συνοίσω τῆσδε· καὶ γὰρ ἀξία.   370
Αλ.   ὦ παῖδες, αὐτοὶ δὴ τάδ᾽ εἰσηκούσατε
πατρὸς λέγοντος μὴ γαμεῖν ἄλλην ποτὲ
γυναῖκ᾽ ἐφ᾽ ὑμῖν μηδ᾽ ἀτιμάσειν ἐμέ.
Αδ.   καὶ νῦν γέ φημι καὶ τελευτήσω τάδε.
Αλ.   ἐπὶ τοῖσδε παῖδας χειρὸς ἐξ ἐμῆς δέχου.   375
Αδ.   δέχομαι, φίλον γε δῶρον ἐκ φίλης χερός.
Αλ.   σù νυν γενοῦ τοῖσδ᾽ ἀντ᾽ ἐμοῦ μήτηρ τέκνοις.
Αδ.   πολλή μ᾽ ἀνάγκη, σοῦ γ᾽ ἀπεστερημένοις.
Αλ.   ὦ τέκν᾽, ὅτε ζῆν χρῆν μ᾽, ἀπέρχομαι κάτω.

353 μέν] μὲν οὖν gV; om. gE   οἶμαι] οἶδα Elmsley
(~ gVgE)   355 φίλους V et gE: φίλοις BOLP: φίλῳ gV: φίλος Musgrave
357 γλῶσσα BOV et gBgE: γλῶττα LP   μέλη gE (~ gB)   358 ὥστ᾽
ἢ Reiske: ὡς τὴν codd.   362 ἔσχ᾽ ἄν Lenting (uel ἔσχεν): ἔσχον codd.
364 συνοικήσασά BO   368 μόνης πιστῆς ἐμοί VLP et gE: ἐμοὶ π- μ- BO
371 αὐτοῦ Matthiae   δὴ om. BO   372 ποτὲ LP: τινὰ BOV et Σᵇ
ad 375   376 om. LP (~ Lᶜ)   377 νυν Monk: νῦν codd.   378 μ᾽
Monk: γ᾽ codd.   379 χρῆν μ᾽ O: χρή μ᾽ BV: μ᾽ ἐχρῆν L(P)

52

Αδ.	οἴμοι, τί δράcω δῆτα coῦ μονούμενος;	380
Αλ.	χρόνος μαλάξει c'· οὐδέν ἐcθ' ὁ κατθανών.	
Αδ.	ἄγου με cὺν coί, πρὸς θεῶν, ἄγου κάτω.	
Αλ.	ἀρκοῦμεν ἡμεῖc οἱ προθνῄcκοντεc cέθεν.	
Αδ.	ὦ δαῖμον, οἵαc cυζύγου μ' ἀποcτερεῖc.	
Αλ.	καὶ μὴν cκοτεινὸν ὄμμα μου βαρύνεται.	385
Αδ.	ἀπωλόμην ἄρ', εἴ με δὴ λείψειc, γύναι.	
Αλ.	ὡc οὐκέτ' οὖcαν οὐδὲν ἂν λέγοιc ἐμέ.	
Αδ.	ὄρθου πρόcωπον, μὴ λίπῃc παῖδαc cέθεν.	
Αλ.	οὐ δῆθ' ἑκοῦcά γ'· ἀλλὰ χαίρετ', ὦ τέκνα.	
Αδ.	βλέψον πρὸς αὐτούc, βλέψον. Αλ. οὐδέν εἰμ' ἔτι.	390
Αδ.	τί δρᾷc; προλείπειc; Αλ. χαῖρ'. Αδ. ἀπωλόμην	
	τάλαc.	
Χο.	βέβηκεν, οὐκέτ' ἔcτιν 'Αδμήτου γυνή.	

ΠΑΙC

	ἰώ μοι τύχαc. μαῖα δὴ κάτω	[cτρ.
	βέβακεν, οὐκέτ' ἔcτιν, ὦ	
	πάτερ, ὑφ' ἁλίωι,	395
	προλιποῦcα δ' ἐμὸν βίον ὠρφάνιcεν τλάμων.	
	†ἴδε γὰρ ἴδε βλέφαρον καὶ†	
	παρατόνουc χέραc.	
	ὑπάκουcον ἄκουcον, ὦ μᾶτερ, ἀντιάζω.	400
	ἐγώ c' ἐγώ, μᾶτερ,	
	†καλοῦμαι ὁ còc ποτὶ coῖcι πίτ-	
	νων† cτόμαcιν νεοccόc.	

386 ἄρ' BOLP: ἂν V   δὴ om. L   389 χαίρετ' ὦ BOV: χαιρέτω
LP   391 προλείπειc L: προλείπειc με BOVP   393[n] et 406[n] Παῖc
Murray: εὔμηλος codd.   393 ἰώ μοι VP: ἰώ μοί μοι L: ἰώ μοι δὴ BO
δὴ BOVP: δὲ L   395 ἁλίω LP: ἠλ- BOV   396–7 ἐμὸν Monk: ἀμὸν
codd. (ἁ- O?)   ὠρφάνιcεν Monk: -ιcε codd.   398 numeri incerti
sunt   399 χέραc BOV: χεῖραc LP   401 ἐγώ c' ἐγώ μᾶτερ P et Tr:
ἐγώ cε γὰρ μᾶτερ L: c' ἐγὼ μᾶτερ ἐγὼ BV: c' ἐγὼ μᾶτερ O   402 ὁ LP:
c' ὁ BOV   πίτνων BO: πιτνῶν VLP   402–3 et 414–15 numeri incerti
sunt   ⟨μᾶτερ⟩, ὁ còc ποτὶ coῖcι πίτνων καλοῦ-/μαι Willink; si dactylos
in 402 restituere mauis ⟨‹–∪› καλοῦμαι...πίτ-⟩, scripseris in 415 οἶκος ὄλωλε,
μᾶτερ

ΕΥΡΙΠΙΔΟΥ

Αδ.   τὴν οὐ κλύουcαν οὐδ' ὁρῶcαν· ὥcτ' ἐγὼ
        καὶ cφὼ βαρείαι cυμφορᾶι πεπλήγμεθα.   405

Πα.   νέος ἐγώ, πάτερ, λείπομαι φίλας   [ἀντ.
        μονόcτολός τε ματρός· ὦ
        cχέτλια δὴ παθὼν
        ἐγὼ ἔργ', ἃ cὺ cύγκαcί μοι cυνέτλαc κούρα.   410
        ⟨
           ⟩ ὦ πάτερ,
        ἀνόνατ' ἀνόνατ' ἐνύμφευcαc οὐδὲ γήρωc
        ἔβαc τέλοc cὺν τᾶιδ'·
        ἔφθιτο γὰρ πάροc· οἰχομέναc δὲ cοῦ,
        μᾶτερ, ὄλωλεν οἶκοc.   415

Χο.   Ἄδμητ', ἀνάγκη τάcδε cυμφορὰc φέρειν·
        οὐ γάρ τι πρῶτοc οὐδὲ λοίcθιοc βροτῶν
        γυναικὸc ἐcθλῆc ἤμπλακεc· γίγνωcκε δὲ
        ὡc πᾶcιν ἡμῖν κατθανεῖν ὀφείλεται.

Αδ.   ἐπίcταμαί τοι, κοὐκ ἄφνω κακὸν τόδε   420
        προcέπτατ'· εἰδὼc δ' αὖτ' ἐτειρόμην πάλαι.
        ἀλλ', ἐκφορὰν γὰρ τοῦδε θήcομαι νεκροῦ,
        πάρεcτε καὶ μένοντεc ἀντηχήcατε
        παιᾶνα τῶι κάτωθεν ἄcπονδον θεῶι.
        πᾶcιν δὲ Θεccαλοῖcιν ὦν ἐγὼ κρατῶ   425
        πένθουc γυναικὸc τῆcδε κοινοῦcθαι λέγω
        κουρᾶι ξυρήκει καὶ μελαμπέπλωι cτολῆι·
        τέθριππά θ' οἳ ζεύγνυcθε καὶ μονάμπυκαc
        πώλουc, cιδήρωι τέμνετ' αὐχένων φόβην.

404 τήν ⟨γ'⟩ Hermann   406 πάτερ λείπομαι LP: λ- π- BOV
407 τε LP et ¹Σᵇ: om. BOV   409–10 ἔργ', ἃ cὺ cύγκαcί μοι cυνέτλαc
κούρα Willink (μοι hoc loco iam Hermann): ἔργα cύ τε μοι cύγκαcι κ- cυν-
fere codd. (τ' ἐμοὶ LP)   412 ἀνόνατα bis BOV: ἀνόνητ' bis LP
420 τοι Nauck: τε BOV (cf. 38): γε LP: uide Denniston, GP 131, 541
(5)   424 ἄcπονδον ¹Σᵇ: ἀcπόνδω(ι) codd. et Σ A. Ch. 151
426 πένθουc BOV: πένθοc LP   τοῖcδε L   λέγω VLP: θέλω BO
427 κουρᾶι ξυρ B ceteris omissis (suppl. B⁴)   μελαμπέπλω(ι) cτολῆ(ι) LP
et B⁴: μελαγχίμοιc πέπλοιc O(V) (cf. Ph. 372)   428 θ' οἳ BOV: τε LP

αὐλῶν δὲ μὴ κατ' ἄcτυ, μὴ λύρας κτύπος   430
ἔcτω cελήνας δώδεκ' ἐκπληρουμένας.
οὐ γάρ τιν' ἄλλον φίλτερον θάψω νεκρὸν
τοῦδ' οὐδ' ἀμείνον'· εἰς ἔμ'· ἀξία δέ μοι
τιμῆς, ἐπεὶ τέθνηκεν ἀντ' ἐμοῦ μόνη.

Χο.   ὦ Πελίου θύγατερ,   [cτρ. α
    χαίρουσά μοι εἰν 'Αίδα δόμοιcιν   436
    τὸν ἀνάλιον οἶκον οἰκετεύοιc.
    ἴcτω δ' 'Αίδας ὁ μελαγχαί-
    τας θεὸς ὅc τ' ἐπὶ κώπαι
    πηδαλίωι τε γέρων   440
    νεκροπομπὸς ἵζει
    πολὺ δὴ πολὺ δὴ γυναῖκ' ἀρίcταν
    λίμναν 'Αχεροντίαν πορεύ-
    cας ἐλάται δικώπωι.

    πολλά ce μουcοπόλοι   [ἀντ. α
    μέλψουcι καθ' ἑπτάτονόν τ' ὀρείαν   446
    χέλυν ἔν τ' ἀλύροιc κλέοντες ὕμνοιc,
    Cπάρται κυκλὰc ἀνίκα Καρνεί-
    ου περινίcεται ὥρα
    μηνός, ἀειρομένας   450
    παννύχου cελάνας,
    λιπαραῖcί τ' ἐν ὀλβίαιc 'Αθάναιc.

433 τῆcδ' Monk   οὐδ' om. ΒΟ   434 τιμῆς LP: τιμᾶν ΒΟV
μόνη OLP: μόνην V: λίαν Β   435 ὦ Tr: ἰὼ codd.   Πελία Monk
436 εἰν ΒΟV: ἐν LP: ἔν γ' Hermann   'Αίδα Lascaris: ἄδ⁎ L, ἀίδ⁎ᵃ Lᶜ:
ἄδα P: ἀίδαο ΒΟV et Tr? (-⁎ᵃᵒ)   δόμοιcιν Lascaris: δόμοιc codd.:
-οιcι Tr   437 οἰκετεύεις L   438 ἀίδας ΒΟV: ἀίδης Lᶜ: ἄδης LP
439 κώπα LP: -η(ι) ΒΟV   443 ἀχεροντίαν ΒΟV et Tr: -τείαν LP
446 ὀρείαν LP et Σᵇ: οὐρ- ΒΟV   447 κλέοντεc Elmsley: κλείοντεc
codd.   448 κυκλὰc Scaliger: κύκλοc fere codd. (-ο⁎c Β, -όc' Ο)
449 περινίcεται ΒΟ: -νίccεται VL et Hesych. Π 1716: -νείcεται P   ὥρα
ΒΟP et Tr: ὥρ⁎ L: ὥρᾳ V: ὥρας Hesych.   451 παννύχου ΒΟV et Σᵇ
et Lᶜ: -ουc ⟨L⟩P   cελάναc ΒΟV et Tr: cελήναc LP   452 ὀλβίαιc om.
ΒΟ   ἀθάναιc ΒΟV et Tr: ἀθήναιc LP

τοίαν ἔλιπες θανοῦσα μολ-
πὰν μελέων ἀοιδοῖc.

εἴθ' ἐπ' ἐμοὶ μὲν εἴη,   [cτρ. β
δυναίμαν δέ cε πέμψαι   456
φάοc ἐξ 'Αίδα τεράμνων
καὶ Κωκυτοῖο ῥεέθρων
ποταμίαι νερτέραι τε κώπαι.
cὺ γάρ, ὦ μόνα ὦ φίλα γυναικῶν,   460
cὺ τὸν αὑτᾶc
ἔτλαc ⟨ἔτλαc⟩ πόcιν ἀντὶ cᾶc ἀμεῖψαι
ψυχᾶc ἐξ "Αιδα. κούφα coι
χθὼν ἐπάνωθε πέcοι, γύναι. εἰ δέ τι
καινὸν ἔλοιτο πόcιc λέχοc, ἦ μάλ' ἂν
ἔμοιγ' ἂν εἴη cτυγη-   465
θεὶc τέκνοιc τε τοῖc coῖc.

ματέροc οὐ θελούcαc   [ἀντ. β
πρὸ παιδὸc χθονὶ κρύψαι
δέμαc οὐδὲ πατρὸc γεραιοῦ
⟨   ⟩
ὃν ἔτεκον δ', οὐκ ἔτλαν ῥύεcθαι,
cχετλίω, πολιὰν ἔχοντε χαίταν.   470
cὺ δ' ἐν ἥβαι
νέαι νέου προθανοῦcα φωτὸc οἴχηι.
τοιαύταc εἴη μοι κῦρcαι

453 ἔλιπεc VLP: ἔλειπεc BO   457 ἀίδα fere BOV: ἄδου LP
458 κωκυτοῖο L: -τοῖc P: -τοῦ τε BOV   ῥεέθρων BVP: ῥείθρων L:
ῥέθρων O   Κωκυτοῦ τε ῥεέθρων Matthiae, Κωκυτοῖό τε ῥείθρων Hayley
u. del. Hermann, Bothe (περιccόc Tr³)   459 κώπα(ι) BOV et Tr: -η
⟨L⟩P   461 αὑτᾶc Erfurdt: ἑαυτᾶc L: ἑαυτῆc P: cαυτᾶc BOV et Tr
⟨ἔτλαc⟩ Murray   ἀμεῖψαι BOV et Tr: ἀμείψαcθαι ⟨L⟩P   462 "Αιδα
Lascaris: ἀίδα BOV⟨L⟩: ἄδαο P et Tr   463 ἐπάνωθε Erfurdt: ἐπάνωθεν
BVP: ἐπάνω L et (θ super ω scr.) O   464 πόcιc λέχοc LP: λ- π- BOV
ἦ BP et Lᶜ?: ἦ OVL   ἂν om. LP   465 τέκνοιc BOV et Lᶜ: -οιcί
⟨L⟩P   469 ante h.u. lac. indic. Canter   δ' οὐκ BOV: οὐκ L: κοὐκ
P   ῥύεcθαι BOV: ῥύcαcθαι LP   470 ἔχοντε BOV et Tr: ἔχοντεc LP
471 νέα νέου LP: νέα(ι) BOV   472 μοι BOVL: με Lˢ: om. P
κῦρcαι Musgrave: κυρῆcαι codd.

cυνδυάδοc φιλίαc ἀλόχου· τὸ γὰρ
ἐν βιότωι cπάνιον μέροc· ἦ γὰρ ἂν
ἔμοιγ' ἄλυποc δι' αἰ-
ῶνοc ἂν ξυνείη.   475

ΗΡΑΚΛΗΣ
    ξένοι, Φεραίαc τῆcδε κωμῆται χθονόc,
    Ἄδμητον ἐν δόμοιcιν ἆρα κιγχάνω;
Χο. ἔcτ' ἐν δόμοιcι παῖc Φέρητοc, Ἡράκλειc.
    ἀλλ' εἰπὲ χρεία τίc cε Θεccαλῶν χθόνα
    πέμπει, Φεραῖον ἄcτυ προcβῆναι τόδε.   480
Ηρ. Τιρυνθίωι πράccω τιν' Εὐρυcθεῖ πόνον.
Χο. καὶ ποῖ πορεύηι; τῶι cυνέζευξαι πλάνωι;
Ηρ. Θρηικὸc τέτρωρον ἅρμα Διομήδουc μέτα.
Χο. πῶc οὖν δυνήcηι; μῶν ἄπειροc εἶ ξένου;
Ηρ. ἄπειροc· οὔπω Βιcτόνων ἦλθον χθόνα.   485
Χο. οὐκ ἔcτιν ἵππων δεcπόcαι c' ἄνευ μάχηc.
Ηρ. ἀλλ' οὐδ' ἀπειπεῖν μὴν πόνουc οἷόν τ' ἐμοί.
Χο. κτανὼν ἄρ' ἥξειc ἢ θανὼν αὐτοῦ μενεῖc.
Ηρ. οὐ τόνδ' ἀγῶνα πρῶτον ἂν δράμοιμ' ἐγώ.
Χο. τί δ' ἂν κρατήcαc δεcπότην πλέον λάβοιc;   490
Ηρ. πώλουc ἀπάξω κοιράνωι Τιρυνθίωι.
Χο. οὐκ εὐμαρὲc χαλινὸν ἐμβαλεῖν γνάθοιc.
Ηρ. εἰ μή γε πῦρ πνέουcι μυκτήρων ἄπο.
Χο. ἀλλ' ἄνδραc ἀρταμοῦcι λαιψηραῖc γνάθοιc.
Ηρ. θηρῶν ὀρείων χόρτον, οὐχ ἵππων, λέγειc.   495
Χο. φάτναc ἴδοιc ἂν αἵμαcιν πεφυρμέναc.
Ηρ. τίνοc δ' ὁ θρέψαc παῖc πατρὸc κομπάζεται;

473 cυνδοιάδοc BO   φίλαc L   τὸ Erfurdt: τοῦτο codd.
474 βιότω(ι) B et Vᶜ: βίω ⟨Vˀ⟩LP: βιότου Oᶜ: [O]   ἦ VP: ἢ BOL
477 δώμαcιν B (~ Bˢ)   κιγχάνω L: κιχάνω BOVP et Tr   479 χθόνα
BOV: πόλιν LP et Σᵇ   480 φεραῖον BOV et Σᵇ et Tr: φεραίων LP
481 πόνον BLP: πόνω(ι) OV   482 cυνέζευξαι LP: προcέζ- BOV et gE:
uide Barrett ad Hi. 1389   483 μέτα BOL: μετά VP   487 ἀπιcτεῖν
gE   μὴν πόνουc Dobree: μ' ἦν πόνουc L: πόνουc P: τοῖc πόνοιc BOV et
gE   τ' ἐμοί BOV et gE: τέ μοι L(P)   492 εὐμαρὲc BOV et Tr et gE:
εὐμαθὲc LP   493 γε] τι gE, sicut coni. Nauck   497 δ' ὁ L: θ' ὁ P:
δὲ BOV

Χο. Ἄρεος, ζαχρύσου Θρηικίας πέλτης ἄναξ.

Ηρ. καὶ τόνδε τοὐμοῦ δαίμονος πόνον λέγεις
(σκληρὸς γὰρ αἰεὶ καὶ πρὸς αἶπος ἔρχεται),   500
εἰ χρή με παισὶν οἷς Ἄρης ἐγείνατο
μάχην συνάψαι, πρῶτα μὲν Λυκάονι,
αὖθις δὲ Κύκνωι, τόνδε δ' ἔρχομαι τρίτον
ἀγῶνα πώλοις δεσπότηι τε συμβαλῶν.
ἀλλ' οὔτις ἔστιν ὃς τὸν Ἀλκμήνης γόνον   505
τρέσαντα χεῖρα πολεμίαν ποτ' ὄψεται.

Χο. καὶ μὴν ὅδ' αὐτὸς τῆσδε κοίρανος χθονὸς
Ἄδμητος ἔξω δωμάτων πορεύεται.

Αδ. χαῖρ', ὦ Διὸς παῖ Περσέως τ' ἀφ' αἵματος.

Ηρ. Ἄδμητε, καὶ σὺ χαῖρε, Θεσσαλῶν ἄναξ.   510

Αδ. θέλοιμ' ἄν· εὔνουν δ' ὄντα σ' ἐξεπίσταμαι.

Ηρ. τί χρῆμα κουρᾶι τῆιδε πενθίμωι πρέπεις;

Αδ. θάπτειν τιν' ἐν τῆιδ' ἡμέραι μέλλω νεκρόν.

Ηρ. ἀπ' οὖν τέκνων σῶν πημονὴν εἴργοι θεός.

Αδ. ζῶσιν κατ' οἴκους παῖδες οὓς ἔφυσ' ἐγώ.   515

Ηρ. πατήρ γε μὴν ὡραῖος, εἴπερ οἴχεται.

Αδ. κἀκεῖνος ἔστι χἠ τεκοῦσά μ', Ἡράκλεις.

Ηρ. οὐ μὴν γυνή γ' ὄλωλεν Ἄλκηστις σέθεν;

Αδ. διπλοῦς ἐπ' αὐτῆι μῦθος ἔστι μοι λέγειν.

Ηρ. πότερα θανούσης εἶπας ἢ ζώσης ἔτι;   520

Αδ. ἔστιν τε κοὐκέτ' ἔστιν, ἀλγύνει δέ με.

Ηρ. οὐδέν τι μᾶλλον οἶδ'· ἄσημα γὰρ λέγεις.

Αδ. οὐκ οἶσθα μοίρας ἧς τυχεῖν αὐτὴν χρεών;

Ηρ. οἶδ', ἀντὶ σοῦ γε κατθανεῖν ὑφειμένην.

Αδ. πῶς οὖν ἔτ' ἔστιν, εἴπερ ἤινεσεν τάδε;   525

498 ἄρεος VLP et B³: ἄρεως BO et Tr   ζαχρύσου θρη(ι)κίας BOV: θ-
ζ- LP (θρακώας L)   500 αἰεὶ VL: ἀεὶ BO: ἂν Pᵘᵛ   501 εἰ] οὐ P
πᾶσιν Wakefield   οἷς LP: οὓς BOV   504 συμβαλῶν B²Lᶜ et Σ¹: -ών
BOV⟨L²⟩P   505 γόνον BOVP et gE: τόκον L   506 πολεμίαν
BOV⟨L⟩ et gE: -ίων P et Lᶜ   ἐπόψεται gE   507 τῆσδε om. L
509 τ' om. LP   511 δ' om. LP   519 αὐτῆ(ι) BOV: αὐτὴν LP
520 ἔτι BOV: πέρι LP   521 κοὐκέτ' VLP: κοὐκ BO   δέ με BOV:
τέ με L: τ' ἐμέ P: δ' ἐμέ Murray

ΑΛΚΗCΤΙC

Ηρ.	ἄ, μὴ πρόκλαι' ἄκοιτιν, ἐς τότ' ἀμβαλοῦ.	
Αδ.	τέθνηχ' ὁ μέλλων κἀνθάδ' ὢν οὐκ ἔστ' ἔτι.	
Ηρ.	χωρὶς τό τ' εἶναι καὶ τὸ μὴ νομίζεται.	
Αδ.	σὺ τῆιδε κρίνεις, Ἡράκλεις, κείνηι δ' ἐγώ.	
Ηρ.	τί δῆτα κλαίεις; τίς φίλων ὁ κατθανών;	530
Αδ.	γυνή· γυναικὸς ἀρτίως μεμνήμεθα.	
Ηρ.	ὀθνεῖος ἢ σοὶ συγγενὴς γεγῶσά τις;	
Αδ.	ὀθνεῖος, ἄλλως δ' ἦν ἀναγκαία δόμοις.	
Ηρ.	πῶς οὖν ἐν οἴκοις σοῖσιν ὤλεσεν βίον;	
Αδ.	πατρὸς θανόντος ἐνθάδ' ὠρφανεύετο.	535
Ηρ.	φεῦ.	
	εἴθ' ηὕρομέν σ', Ἄδμητε, μὴ λυπούμενον.	
Αδ.	ὡς δὴ τί δράσων τόνδ' ὑπορράπτεις λόγον;	
Ηρ.	ξένων πρὸς ἄλλων ἑστίαν πορεύσομαι.	
Αδ.	οὐκ ἔστιν, ὦναξ· μὴ τοσόνδ' ἔλθοι κακόν.	
Ηρ.	λυπουμένοις ὀχληρός, εἰ μόλοι, ξένος.	540
Αδ.	τεθνᾶσιν οἱ θανόντες· ἀλλ' ἴθ' ἐς δόμους.	
Ηρ.	αἰσχρὸν ⟨γε⟩ παρὰ κλαίουσι θοινᾶσθαι ξένους.	
Αδ.	χωρὶς ξενῶνές εἰσιν οἷ σ' ἐσάξομεν.	
Ηρ.	μέθες με καί σοι μυρίαν ἔξω χάριν.	
Αδ.	οὐκ ἔστιν ἄλλου σ' ἀνδρὸς ἑστίαν μολεῖν.	545
	ἡγοῦ σὺ τῶιδε δωμάτων ἐξωπίους	
	ξενῶνας οἴξας τοῖς τ' ἐφεστῶσιν φράσον	

526 ἆ μὴ L (fort. ἆ μὴ Lᵃᶜ): ἆ ἆ μὴ BOV: ἆ P   τότ' Wakefield: τόδ'
codd.   ἀμβαλοῦ Nauck: ἀναβαλοῦ codd.   527 τέθνηχ' ὁ BOV et Tr:
-ηκεν ὁ ⟨L?⟩P   κἀνθάδ' ὢν οὐκ ἔστ' ἔτι Jackson: χ' ὢ θανὼν οὐκ ἔστ' ἔτι
L: καὶ ὁ θανὼν οὐκέτ' ἐστιν P: κοὐκέτ' ἔσθ' (ἔστ' O, ἐστὶν V) ὁ κατθανών BOV
et gV   530 φίλων BOV et Lᵐ: ἦν L: οὖν P   531 γυναικὸς VLP:
γυναικὸς δ' BO   533–4 om. L (~ Lᶜ)   536 φεῦ om. L (~ Tr)
537 ὑπορράπτεις λόγους Hesych. Υ 736, unde τούσδ'...λόγους Wakefield
538 ξένων BO et Lᶜ: ξείνων V: ξένον LP   ἄλλων BOV: ἄλλην LP
540 ὀχληρός codd. et gV et Macar. 6. 83: ὄχλησις gB: ὀχληρόν Dobree
μόλει L (~ Lᵃ)   541 ἐς LP: εἰς BOV   542 ⟨γε⟩ Dobree (cf. Andr.
184, 220, S. El. 341, al.): om. codd. et gVgBgE: ⟨δὲ⟩ Erfurdt, ⟨τι⟩
Elmsley   ξένους LP: ξένοις gB: φίλοις BV et gVgE: φίλους O   ceterum
παρ' ἀγκλαίουσι Dawe (cf. IT 230), αἰσχρὸν φίλοις κλαίουσι θοινᾶσθαι πάρα
Tate   543 ἐσάξομεν P et Tr: εἰς- BOVL   546 τῶδε B: τῶνδε OVLP

59

σίτων παρεῖναι πλῆθος, εὖ δὲ κλήιcατε
θύρας μεταύλους· οὐ πρέπει θοινωμένους
κλύειν cτεναγμῶν οὐδὲ λυπεῖcθαι ξένους.   550

Χο. τί δρᾶιc; τοcαύτης cυμφορᾶς προcκειμένης,
"Αδμητε, τολμᾶιc ξενοδοκεῖν; τί μῶρος εἶ;

Αδ. ἀλλ' εἰ δόμων cφε καὶ πόλεως ἀπήλαcα
ξένον μολόντα, μᾶλλον ἄν μ' ἐπήινεcαc;
οὐ δῆτ', ἐπεί μοι cυμφορὰ μὲν οὐδὲν ἂν   555
μείων ἐγίγνετ', ἀξενώτερος δ' ἐγώ.
καὶ πρὸς κακοῖcιν ἄλλο τοῦτ' ἂν ἦν κακόν,
δόμους καλεῖcθαι τοὺς ἐμοὺς ἐχθροξένους.
αὐτὸς δ' ἀρίcτου τοῦδε τυγχάνω ξένου,
ὅταν ποτ' "Αργους διψίαν ἔλθω χθόνα.   560

Χο. πῶς οὖν ἔκρυπτες τὸν παρόντα δαίμονα,
φίλου μολόντος ἀνδρὸς ὡς αὐτὸς λέγεις;

Αδ. οὐκ ἄν ποτ' ἠθέληcεν εἰcελθεῖν δόμους,
εἰ τῶν ἐμῶν τι πημάτων ἐγνώριcεν.
καὶ τῶι μέν, οἶμαι, δρῶν τάδ' οὐ φρονεῖν δοκῶ   565
οὐδ' αἰνέcει με· τἀμὰ δ' οὐκ ἐπίcταται
μέλαθρ' ἀπωθεῖν οὐδ' ἀτιμάζειν ξένους.

Χο. ὦ πολύξεινος καὶ ἐλευθέρου ἀνδρὸς ἀεί ποτ'
οἶκος,   [cτρ. α
cέ τοι καὶ ὁ Πύθιος εὐλύρας 'Απόλλων   570
ἠξίωcε ναίειν,
ἔτλα δὲ cοῖcι μηλονόμας
ἐν νομοῖc γενέcθαι,
δοχμιᾶν διὰ κλειτύων   575

548 εὖ England: ἐν codd.   549 μεταύλους Brunck: μεcαύλους
codd.   550 cτεναγμὸν gVgE (~ gB)   551 τοcαύτης LP: τοιαύτης BOV
προcκειμένης Wakefield: προκ- codd.: cf. 833, 1039 et Σ^bv ad 747
552 ξενοδοκεῖν L. Dindorf: -δοχεῖν codd.   558 ἐχθροξένους LP: κακο-
ξένους BOV et gVgE   560 ποτ' BOV: περ LP   568–9 ὦ Tr: ἰὼ
codd. et gE   πολυξείνου Purgold (~ gE)   ἐλευθέρου Purgold:
ἐλεύθερος codd. et gE   573 ἔτλα Matthiae: ἔτλη codd.   574 νομοῖc
Pierson: δόμοιc BOLP: δόμοιcι V   575 δοχμιᾶν VLP: -ὰν O: -ῶν B
κλειτύων Wackernagel: κλιτ- codd.

βοσκήμασι coîcι cυρίζων
ποιμνίτας ὑμεναίους.

cὺν δ᾽ ἐποιμαίνοντο χαρᾶι μελέων βαλιαί τε
    λύγκες,   [ἀντ. α
ἔβα δὲ λιποῦς᾽ Ὄθρυος νάπαν λεόντων   580
ἁ δαφοινὸς ἴλα·
χόρευσε δ᾽ ἀμφὶ cὰν κιθάραν,
Φοῖβε, ποικιλόθριξ
νεβρὸς ὑψικόμων πέραν   585
βαίνους᾽ ἐλατᾶν cφυρῶι κούφωι,
χαίρους᾽ εὔφρονι μολπᾶι.

τοιγὰρ πολυμηλοτάταν   [cτρ. β
ἑcτίαν οἰκεῖ παρὰ καλλίναον
Βοιβίαν λίμναν. ἀρότοις δὲ γυᾶν   590
καὶ πεδίων δαπέδοις ὅρον ἀμφὶ μὲν
ἀελίου κνεφαίαν
ἱππόcτασιν †αἰθέρα τὰν† Μολοc-
    cῶν ⟨   ⟩ τίθεται,
πόντιον δ᾽ Αἰγαῖον ἐπ᾽ ἀκτὰν   595
ἀλίμενον Πηλίου κρατύνει.

καὶ νῦν δόμον ἀμπετάσας   [ἀντ. β
δέξατο ξεῖνον νοτερῶι βλεφάρωι,
τᾶς φίλας κλαίων ἀλόχου νέκυν ἐν
δώμασιν ἀρτιθανῆ· τὸ γὰρ εὐγενὲς   600
ἐκφέρεται πρὸς αἰδῶ.

577 ποιμνίτας BOV et Ael. n.a. 12. 44 et Steph. Byz. 531 Meineke:
ποιμνήτας LP   583 χόρευσε Monk: ἐχ- codd.: χόρευε Wecklein
588 τοιγάρτοι V   589 ἑcτίαν OVLP et Σ^b: οἰκίαν B   οἰκεῖ Markland:
οἰκεῖς codd. et Σ^b   περὶ P   590 γυᾶν V: aut γυᾶν aut γυιᾶν O:
γυιᾶν B^1c: γυίαν B: γύαν L: γυίαν P   592 κνεφαῖον Σ^b (cum αἰθέρα
iungens)   593 ἱππόcτασιν BLP: ὑπόcτασιν OV   594 ⟨ὀρέων⟩ Bauer
595 δ᾽ BOV: τ᾽ LP   et αἰγαῖον et αἰγαίων᾽ Σ^b   597 δόμων L
598 ξεῖνον Aldina: ξένον codd.   599 φίλας Aldina: φιλίας codd. et Σ^b
600 post εὐγενὲς habent εὐγενὴς αἰδεῖται BO (~ B^c) et gV

ἐν τοῖς ἀγαθοῖσι δὲ πάντ᾽ ἔνε-
στιν· σοφίας ἄγαμαι.
πρὸς δ᾽ ἐμᾶι ψυχᾶι θράσος ᾗσται
θεοσεβῆ φῶτα κεδνὰ πράξειν.   605

Αδ.   ἀνδρῶν Φεραίων εὐμενὴς παρουσία,
νέκυν μὲν ἤδη πάντ᾽ ἔχοντα πρόσπολοι
φέρουσιν ἄρδην πρὸς τάφον τε καὶ πυράν·
ὑμεῖς δὲ τὴν θανοῦσαν, ὡς νομίζεται,
προσείπατ᾽ ἐξιοῦσαν ὑστάτην ὁδόν.   610

Χο.   καὶ μὴν ὁρῶ σὸν πατέρα γηραιῶι ποδὶ
στείχοντ᾽, ὀπαδούς τ᾽ ἐν χεροῖν δάμαρτι σῆι
κόσμον φέροντας, νερτέρων ἀγάλματα.

ΦΕΡΗC

ἥκω κακοῖσι σοῖσι συγκάμνων, τέκνον·
ἐσθλῆς γάρ, οὐδεὶς ἀντερεῖ, καὶ σώφρονος   615
γυναικὸς ἡμάρτηκας. ἀλλὰ ταῦτα μὲν
φέρειν ἀνάγκη καίπερ ὄντα δύσφορα.
δέχου δὲ κόσμον τόνδε καὶ κατὰ χθονὸς
ἴτω. τὸ ταύτης σῶμα τιμᾶσθαι χρεών,
ἥτις γε τῆς σῆς προύθανε ψυχῆς, τέκνον,   620
καί μ᾽ οὐκ ἄπαιδ᾽ ἔθηκεν οὐδ᾽ εἴασε σοῦ
στερέντα γήραι πενθίμωι καταφθίνειν,
πάσαις δ᾽ ἔθηκεν εὐκλεέστερον βίον
γυναιξίν, ἔργον τλᾶσα γενναῖον τόδε.
ὦ τόνδε μὲν σώσασ᾽, ἀναστήσασα δὲ   625
ἡμᾶς πίτνοντας, χαῖρε, κἀν Ἅιδου δόμοις
εὖ σοι γένοιτο. φημὶ τοιούτους γάμους

603 ante σοφίας dist. Dale: post σοφίας codd. et Σᵇ et (omisso ἄγαμαι)
gV   604 θράσος Barnes: θάρσος codd. et gE   606 εὐγενὴς Elmsley
608 πρὸς LP: εἰς BOV et Eust. in Il. p. 707, fort. recte: cf. 828
611 καὶ γηραιῶ L]   617 δύσφορα LP et Bᵞᵖ: δυσμενῆ BOV et ¹Σᵇ et
gVgE   621 coῦ] coυ codd.   622 καταφθίνειν Matthiae: -φθινεῖν codd.
623 εὐκλεέστερον V: -τατον BOLP   625 τόνδε μὲν BOV: τόνδ᾽ ἐμὸν LP
626 πίτνοντας BO: πιτνόντας V: πιτνοῦντας LP   κἀν P et Lᶜ: κεῖν fere
BOV: [L]

ΑΛΚΗCΤΙC

λύειν βροτοῖcιν, ἢ γαμεῖν οὐκ ἄξιον.

Αδ.   οὔτ' ἦλθεc ἐc τόνδ' ἐξ ἐμοῦ κληθεὶc τάφον
οὔτ' ἐν φίλοιcι cὴν παρουcίαν λέγω.   630
κόcμον δὲ τὸν cὸν οὔποθ' ἥδ' ἐνδύcεται·
οὐ γάρ τι τῶν cῶν ἐνδεὴc ταφήcεται.
τότε ξυναλγεῖν χρῆν c' ὅτ' ὠλλύμην ἐγώ·
cὺ δ' ἐκποδὼν cτὰc καὶ παρεὶc ἄλλωι θανεῖν
νέωι γέρων ὢν τόνδ' ἀποιμώξηι νεκρόν;   635
οὐκ ἦcθ' ἄρ' ὀρθῶc τοῦδε cώματοc πατήρ,
οὐδ' ἡ τεκεῖν φάcκουcα καὶ κεκλημένη
μήτηρ μ' ἔτικτε, δουλίου δ' ἀφ' αἵματοc
μαcτῶι γυναικὸc cῆc ὑπεβλήθην λάθραι.
ἔδειξαc εἰc ἔλεγχον ἐξελθὼν ὃc εἶ,   640
καί μ' οὐ νομίζω παῖδα cὸν πεφυκέναι.
ἦ τἄρα πάντων διαπρέπειc ἀψυχίαι,
ὃc τηλικόcδ' ὢν κἀπὶ τέρμ' ἥκων βίου
οὐκ ἠθέληcαc οὐδ' ἐτόλμηcαc θανεῖν
τοῦ cοῦ πρὸ παιδόc, ἀλλὰ τήνδ' εἰάcατε   645
γυναῖκ' ὀθνείαν, ἣν ἐγὼ καὶ μητέρα
καὶ πατέρ' ἂν ἐνδίκωc ἂν ἡγοίμην μόνην.
καίτοι καλόν γ' ἂν τόνδ' ἀγῶν' ἠγωνίcω
τοῦ cοῦ πρὸ παιδὸc κατθανών, βραχὺc δέ cοι
πάντωc ὁ λοιπὸc ἦν βιώcιμοc χρόνοc.   650
[κἀγώ τ' ἂν ἔζων χἤδε τὸν λοιπὸν χρόνον,
κοὐκ ἂν μονωθεὶc ἔcτενον κακοῖc ἐμοῖc.]
καὶ μὴν ὅc' ἄνδρα χρὴ παθεῖν εὐδαίμονα
πέπονθαc· ἥβηcαc μὲν ἐν τυραννίδι,
παῖc δ' ἦν ἐγώ cοι τῶνδε διάδοχοc δόμων,   655
ὥcτ' οὐκ ἄτεκνοc κατθανὼν ἄλλοιc δόμον
λείψειν ἔμελλεc ὀρφανὸν διαρπάcαι.

635 ἀποιμώξηι Matthiae: -ξειc LP: -ξηι BO: -ξειc V   de
636–41 (quorum alios alii del.) uide M. Griffith, HSCP 82 (1978) 83–6
643 τηλίκοcδ' BOV: τηλίκοc L(P)   647 καὶ πατέρ' ἂν Weil: πατέρα
τ' BOV: πατέρα τέ γ' LP: πατέρα τ' ἂν Elmsley   μόνην BOLP: ἐμόν V
651–2 del. Lenting: cf. 295–6   651 ἔζων VLP: ἔζην BO et Σ^b
655 ἢ γεγώc Nauck   657 διαρπάcαι ⟨L²⟩P: -cειν BOV et L^c

οὐ μὴν ἐρεῖς γέ μ' ὡς ἀτιμάζοντα σὸν
γῆρας θανεῖν προύδωκας, ὅστις αἰδόφρων
πρὸς ς' ἦ μάλιστα· κἀντὶ τῶνδέ μοι χάριν   660
τοιάνδε καὶ ςὺ χὴ τεκοῦς' ἠλλαξάτην.
τοιγὰρ φυτεύων παῖδας οὐκέτ' ἂν φθάνοις,
οἳ γηροβοσκήςουςι καὶ θανόντα ςε
περιςτελοῦςι καὶ προθήςονται νεκρόν.
οὐ γάρ ς' ἔγωγε τῆιδ' ἐμῆι θάψω χερί·   665
τέθνηκα γὰρ δὴ τοὐπὶ ς'. εἰ δ' ἄλλου τυχὼν
ςωτῆρος αὐγὰς εἰςορῶ, κείνου λέγω
καὶ παῖδά μ' εἶναι καὶ φίλον γηροτρόφον.
μάτην ἄρ' οἱ γέροντες εὔχονται θανεῖν,
γῆρας ψέγοντες καὶ μακρὸν χρόνον βίου·   670
ἢν δ' ἐγγὺς ἔλθηι θάνατος, οὐδεὶς βούλεται
θνήιςκειν, τὸ γῆρας δ' οὐκέτ' ἔςτ' αὐτοῖς βαρύ.
Χο. παύςαςθ', ἅλις γὰρ ἡ παροῦςα ςυμφορά·
ὦ παῖ, πατρὸς δὲ μὴ παροξύνηις φρένας.
Φε. ὦ παῖ, τίν' αὐχεῖς, πότερα Λυδὸν ἢ Φρύγα   675
κακοῖς ἐλαύνειν ἀργυρώνητον ςέθεν;
οὐκ οἶςθα Θεςςαλόν με κἀπὸ Θεςςαλοῦ
πατρὸς γεγῶτα γνηςίως ἐλεύθερον;
ἄγαν ὑβρίζεις καὶ νεανίας λόγους
ῥίπτων ἐς ἡμᾶς οὐ βαλὼν οὕτως ἄπει.   680
ἐγὼ δέ ς' οἴκων δεςπότην ἐγεινάμην
κἄθρεψ', ὀφείλω δ' οὐχ ὑπερθνήιςκειν ςέθεν·
οὐ γὰρ πατρῶιον τόνδ' ἐδεξάμην νόμον,
παίδων προθνήιςκειν πατέρας, οὐδ' Ἑλληνικόν.
ςαυτῶι γὰρ εἴτε δυςτυχὴς εἴτ' εὐτυχὴς   685

658 ἀτιμάζοντα LP: ἀτιμάζων τὸ BOV et Σᵇ   659 προύδωκας fere
LP et Σᵇ: προύδωκά ς' fere BOV   660 ἦ Elmsley: ἦν codd.
665 τῆιδε μὴ Weil   670 πολύχρονον βίον (πολὺν χρόνον βίου coni.
Meineke) Men. dist. Par. 50 Jäkel (= fr. 713 Kock) (~ gVgBgE et
Stob. 4. 52a. 1)   671 ἦν codd. et gVgB: ἂν Stob.: εἰ gE   ἔλθοι V
(~ gVgBgE et Stob.)   672 θνήιςκειν VL(P) et gBgE et Stob.: θανεῖν
BO et gV   674 ὦ παῖ suspectum   φρένας BOV: φρένα LP
679 ἄγαν BOVP et gBgE: ἄγαν μ' L: ἄγαν γ' gV   682 ὀφείλω δ' BOV:
ὀφείλων LP

ἔφυς· ἃ δ' ἡμῶν χρῆν σε τυγχάνειν ἔχεις.
πολλῶν μὲν ἄρχεις, πολυπλέθρους δέ σοι γύας
λείψω· πατρὸς γὰρ ταῦτ' ἐδεξάμην πάρα.
τί δῆτά σ' ἠδίκηκα; τοῦ σ' ἀποστερῶ;
μὴ θνῇσχ' ὑπὲρ τοῦδ' ἀνδρός, οὐδ' ἐγὼ πρὸ σοῦ.   690
χαίρεις ὁρῶν φῶς· πατέρα δ' οὐ χαίρειν δοκεῖς;
ἦ μὴν πολύν γε τὸν κάτω λογίζομαι
χρόνον, τὸ δὲ ζῆν σμικρὸν ἀλλ' ὅμως γλυκύ.
σὺ γοῦν ἀναιδῶς διεμάχου τὸ μὴ θανεῖν
καὶ ζῇς παρελθὼν τὴν πεπρωμένην τύχην,   695
ταύτην κατακτάς· εἶτ' ἐμὴν ἀψυχίαν
λέγεις, γυναικός, ὦ κάκισθ', ἡσσημένος,
ἢ τοῦ καλοῦ σοῦ προὔθανεν νεανίου;
σοφῶς δ' ἐφηῦρες ὥστε μὴ θανεῖν ποτε,
εἰ τὴν παροῦσαν κατθανεῖν πείσεις ἀεὶ   700
γυναῖχ' ὑπὲρ σοῦ· κᾆτ' ὀνειδίζεις φίλοις
τοῖς μὴ θέλουσι δρᾶν τάδ', αὐτὸς ὢν κακός;
σίγα· νόμιζε δ', εἰ σὺ τὴν σαυτοῦ φιλεῖς
ψυχήν, φιλεῖν ἅπαντας· εἰ δ' ἡμᾶς κακῶς
ἐρεῖς, ἀκούσῃ πολλὰ κοὐ ψευδῆ κακά.   705
Χο.   πλείω λέλεκται νῦν τε καὶ τὸ πρὶν κακά·
παῦσαι δέ, πρέσβυ, παῖδα σὸν κακορροθῶν.
Αδ.   λέγ', ὡς ἐμοῦ λέξαντος· εἰ δ' ἀλγεῖς κλύων
τἀληθές, οὐ χρῆν σ' εἰς ἔμ' ἐξαμαρτάνειν.
Φε.   σοῦ δ' ἂν προθνῄσκων μᾶλλον ἐξημάρτανον.   710
Αδ.   ταὐτὸν γὰρ ἡβῶντ' ἄνδρα καὶ πρέσβυν θανεῖν;
Φε.   ψυχῇ μιᾷ ζῆν, οὐ δυοῖν, ὀφείλομεν.

687 γύας L: γυίας BOVP   688 ταῦτ' Purgold: ταῦτ' codd.
689 ἠδίκηκα BOV: ἠδίκηςα LP   692 ἢ LP et B²: ἦ BOV: ἢν gV
πολύν γε] γε πολὺν O et gE (~ gVgB); γε πολύν γε Oᶜ   693 σμικρὸν
BOP et gV: μι- VL et gBgE   694 γοῦν VL: γ' οὖν BOP
697 ψέγεις ed. Heruag.² (~ gE)   699 ἐφηῦρες BOV: εὗρες LP
700 πείςεις ἀεὶ BOV et ¹Σᵇᵛ: πείςειας ἂν LP   701 ὀνειδίζειν BO (~ B³)
706 τὸ Wakefield: τὰ codd.   708 λέξαντος VLP: λέγοντος BO: cf.
Σᵇᵈᵛ λέγε ὡς καὶ (hucusque Σᵛ: ὡς Σᵇᵈ) ἐμοῦ κακῶς ἐλέγξαντος (Σᵇ, λέξαντος
Σᵈ, ἐλέγξοντος Σᵛ: σε λέξ- recte L. Dindorf)   710 ἐξήμαρτον ἂν Diggle
711 ἡβῶντ' OL (nisi -β- in ras. scr. Lⁱᶜ) et BᶜV²: ἡμῶν τ' BVP

Αδ.   καὶ μὴν Διός γε μείζονα ζώηις χρόνον.

Φε.   ἀρᾶι γονεῦσιν οὐδὲν ἔκδικον παθών;

Αδ.   μακροῦ βίου γὰρ ἡισθόμην ἐρῶντά σε.   715

Φε.   ἀλλ' οὐ σὺ νεκρὸν ἀντὶ σοῦ τόνδ' ἐκφέρεις;

Αδ.   σημεῖα τῆς σῆς γ', ὦ κάκιστ', ἀψυχίας.

Φε.   οὔτοι πρὸς ἡμῶν γ' ὤλετ'· οὐκ ἐρεῖς τόδε.

Αδ.   φεῦ·
        εἴθ' ἀνδρὸς ἔλθοις τοῦδέ γ' ἐς χρείαν ποτέ.

Φε.   μνήστευε πολλάς, ὡς θάνωσι πλείονες.   720

Αδ.   σοὶ τοῦτ' ὄνειδος· οὐ γὰρ ἤθελες θανεῖν.

Φε.   φίλον τὸ φέγγος τοῦτο τοῦ θεοῦ, φίλον.

Αδ.   κακὸν τὸ λῆμα κοὐκ ἐν ἀνδράσιν τὸ σόν.

Φε.   οὐκ ἐγγελᾶις γέροντα βαστάζων νεκρόν.

Αδ.   θάνηι γε μέντοι δυσκλεής, ὅταν θάνηις.   725

Φε.   κακῶς ἀκούειν οὐ μέλει θανόντι μοι.

Αδ.   φεῦ φεῦ· τὸ γῆρας ὡς ἀναιδείας πλέων.

Φε.   ἥδ' οὐκ ἀναιδής· τήνδ' ἐφηῦρες ἄφρονα.

Αδ.   ἄπελθε κἀμὲ τόνδ' ἔα θάψαι νεκρόν.

Φε.   ἄπειμι· θάψεις δ' αὐτὸς ὢν αὐτῆς φονεύς,   730
        δίκας δὲ δώσεις σοῖσι κηδεσταῖς ἔτι·
        ἦ τἄρ' Ἄκαστος οὐκέτ' ἔστ' ἐν ἀνδράσιν,
        εἰ μή σ' ἀδελφῆς αἷμα τιμωρήσεται.

Αδ.   ἔρρων νυν αὐτὸς χἠ ξυνοικήσασά σοι,
        ἄπαιδε παιδὸς ὄντος, ὥσπερ ἄξιοι,   735

---

713 μείζονα Schaefer: μείζον' ἂν fere codd. et Σᵛ   ζώης L⟨P⟩: ζώοις
BOV et P²   716 νεκρὸν BLP: νεκρόν γ' OV   τόνδ' OVLP: τόν γ' B:
τήνδ' Dawe   717 τῆς σῆς γ', ὦ κάκιστ' Herwerden: τῆς σῆς ὦ κάκιστ'
BOV: γ' ὦ κάκιστε ταῦτ' LP: γ', ὦ κάκιστε, σῆς Hermann, Bruhn
718 οὔτοι BOV: οὔτι LP   γ' BOV: om. LP   725 θάνη LP: θάνη(ι)
BOV   θάνης LP: θάνη(ι) BOV   726 μέλει OLP et gV: μέλλει BV et
gB   727 πλέων BVL et gB: πλέον OP et gE   729 κἀμὲ BOV: καί με
LP   731 δὲ LP: τε BOV   σοῖσι BOLP: τοῖσι σοῖσι V: τοῖσι V²
732 ἦ Aldina: ἤ BLP et Et. Ma. 45. 32: ἤ OV   ἄκλαυστος V (~ Et.
Ma.)   οὐκ ἔστ' ἐν ἀνδράσιν ἔτι V (~ V² et Et. Ma.)   734 ἔρρων
ᵞᴾΣᵛ: ἔρροις BOV et ᴵᴵΣᵛ: ἔρρου L et P²: ἔρρο* P   νυν Lascaris: νῦν
codd.   ξύνοικος οὐςά Hadley   735 ἄπαιδε VLP: ἄπαιδες B: om. O
ὄντος LP et ᴵΣᵛ: ὄντες BOV et Lᶜ

ΑΛΚΗCTIC

γηράϲκετ'· οὐ γὰρ τῶιδ' ἔτ' ἐϲ ταὐτὸν ϲτέγοϲ
νεῖϲθ'· εἰ δ' ἀπειπεῖν χρῆν με κηρύκων ὕπο
τὴν ϲὴν πατρώιαν ἑϲτίαν, ἀπεῖπον ἄν.
ἡμεῖϲ δέ, τοὐν ποϲὶν γὰρ οἰϲτέον κακόν,
ϲτείχωμεν, ὡϲ ἂν ἐν πυρᾶι θῶμεν νεκρόν.   740
Χο.   ἰὼ ἰώ. ϲχετλία τόλμηϲ,
ὦ γενναία καὶ μέγ' ἀρίϲτη,
χαῖρε· πρόφρων ϲε χθόνιόϲ θ' Ἑρμῆϲ
Ἅιδηϲ τε δέχοιτ'. εἰ δέ τι κἀκεῖ
πλέον ἔϲτ' ἀγαθοῖϲ, τούτων μετέχουϲ'   745
Ἅιδου νύμφηι παρεδρεύοιϲ.

ΘΕΡΑΠΩΝ

πολλοὺϲ μὲν ἤδη κἀπὸ παντοίαϲ χθονὸϲ
ξένουϲ μολόνταϲ οἶδ' ἐϲ Ἀδμήτου δόμουϲ,
οἷϲ δεῖπνα προύθηκ'· ἀλλὰ τοῦδ' οὔπω ξένου
κακίον' ἐϲ τήνδ' ἑϲτίαν ἐδεξάμην.   750
ὃϲ πρῶτα μὲν πενθοῦντα δεϲπότην ὁρῶν
ἐϲῆλθε κἀτόλμηϲ' ἀμείψαϲθαι πύλαϲ.
ἔπειτα δ' οὔτι ϲωφρόνωϲ ἐδέξατο
τὰ προϲτυχόντα ξένια, ϲυμφορὰν μαθών,
ἀλλ', εἴ τι μὴ φέροιμεν, ὤτρυνεν φέρειν.   755
ποτῆρα δ' †ἐν χείρεϲϲι† κίϲϲινον λαβὼν
πίνει μελαίνηϲ μητρὸϲ εὔζωρον μέθυ,
ἕωϲ ἐθέρμην' αὐτὸν ἀμφιβᾶϲα φλὸξ
οἴνου. ϲτέφει δὲ κρᾶτα μυρϲίνηϲ κλάδοιϲ,
ἄμουϲ' ὑλακτῶν· διϲϲὰ δ' ἦν μέλη κλύειν·   760
ὁ μὲν γὰρ ἦιδε, τῶν ἐν Ἀδμήτου κακῶν

736 τῶιδ' ἔτ' Elmsley: τῶδ' ἴτ' LP: τῶ(ι)δέ γ' BOV   ταὐτὸν fere
BOV: -τὸ LP   737 χρῆν OV: χρήν Lᶜ: χρή BLP   741 ἰὼ ἰώ BOV
et Tr: ἰώ LP   ϲχετλίη V   τόλμηϲ VLP: -αϲ BO   742 καὶ μέγ'
ἀρίϲτη ὦ γενναῖα BO   ἀρίϲτη BOV: -τα LP   743 θ' om. BO
743-4 ἑρμῆϲ ἅ(ι)δηϲ BOLP: ἅδηϲ ἑρμῆϲ V   746 νύμφη V: -φα(ι) BOLP
παρ- BOV: προϲ- LP   749 ξένον Dobree   750 ἐϲ LP: εἰϲ BOV
755 φέροιεν V   756 ποτῆρα codd. et Σᵇᵛ et gB   χείρεϲϲι BO: χείρεϲι
VLP et gB   ποτήριον δ' ἐν χερϲὶ Musgrave, ποτῆρα δ' ἀγκάλαιϲι Diggle
759 μυρϲίνηϲ Canter: -νοιϲ codd.   760-1 διϲϲὰ...ἦδε om. LP (∼ Tr)

οὐδὲν προτιμῶν, οἰκέται δ' ἐκλαίομεν
δέσποιναν, ὄμμα δ' οὐκ ἐδείκνυμεν ξένωι
τέγγοντες· Ἄδμητος γὰρ ὦδ' ἐφίετο.
καὶ νῦν ἐγὼ μὲν ἐν δόμοισιν ἑστιῶ   765
ξένον, πανοῦργον κλῶπα καὶ ληιστήν τινα,
ἡ δ' ἐκ δόμων βέβηκεν, οὐδ' ἐφεσπόμην
οὐδ' ἐξέτεινα χεῖρ' ἀποιμώζων ἐμὴν
δέσποιναν, ἥ 'μοὶ πᾶσί τ' οἰκέταισιν ἦν
μήτηρ· κακῶν γὰρ μυρίων ἐρρύετο,   770
ὀργὰς μαλάσσους' ἀνδρός. ἆρα τὸν ξένον
στυγῶ δικαίως, ἐν κακοῖς ἀφιγμένον;
Ηρ.   οὗτος, τί σεμνὸν καὶ πεφροντικὸς βλέπεις;
οὐ χρὴ σκυθρωπὸν τοῖς ξένοις τὸν πρόσπολον
εἶναι, δέχεσθαι δ' εὐπροσηγόρωι φρενί.   775
σὺ δ' ἄνδρ' ἑταῖρον δεσπότου παρόνθ' ὁρῶν
στυγνῶι προσώπωι καὶ συνωφρυωμένωι
δέχηι, θυραίου πήματος σπουδὴν ἔχων.
δεῦρ' ἔλθ', ὅπως ἂν καὶ σοφώτερος γένηι.
τὰ θνητὰ πράγματ' †οἶδας† ἣν ἔχει φύσιν;   780
οἶμαι μὲν οὔ· πόθεν γάρ; ἀλλ' ἄκουέ μου.
βροτοῖς ἅπασι κατθανεῖν ὀφείλεται,
κοὐκ ἔστι θνητῶν ὅστις ἐξεπίσταται
τὴν αὔριον μέλλουσαν εἰ βιώσεται·
τὸ τῆς τύχης γὰρ ἀφανὲς οἷ προβήσεται,   785
κἄστ' οὐ διδακτὸν οὐδ' ἁλίσκεται τέχνηι.
ταῦτ' οὖν ἀκούσας καὶ μαθὼν ἐμοῦ πάρα

---

765 μὲν ἐγὼ L (~ Lᶜ) et gE   769 ἣ 'μοὶ Wakefield: ἤ μοι codd. et
gE   770 ἐρρύετο LP et gE: ἐρύ- BOV   780 οἶδας BOVP et Σᵇ et
gBgE: οἶσθ' L: οἶδας, οἶσθας, οἶσθά γ', οἶσθ' codd. ps.-Plut. mor. 107 B: οἶσθας
Dindorf   ἥντιν' οἶσθ' Blaydes: ad uerborum ordinem cf. Hcld. 205, S.
OT 1251   781 οἶμαι] δοκῶ ps.-Plut. (~ gBgE)   782 ἅπασιν ἀποθανεῖν
pars codd. Men. mon. 110 Jäkel (~ gE et ps.-Plut. et Stob. 4. 51. 13 et Orio
flor. 8. 4)   783 θνητῶν codd. et gV et Stob. et Orio: θνητὸς gBgE:
(ἔστιν) αὐτῶν ps.-Plut.   785 τὰ Elmsley (~ gVgBgE et ps.-Plut. et
Orio)   οἷ BOV et gVgBgE: οὗ LP: ποῖ Orio: ὅπη uel ὅποι ps.-Plut.
προβήσεται codd. et gVgBgE et Orio: βήσεται ps.-Plut.: ἀποβήσεται Lenting:
cf. Σᵇᵛ (τὸ ἀποβαῖνον) et Med. 1117   787 τοῦτ' Orio (~ gVgB)

68

ΑΛΚΗΣΤΙΣ

εὔφραινε σαυτόν, πῖνε, τὸν καθ' ἡμέραν
βίον λογίζου σόν, τὰ δ' ἄλλα τῆς τύχης.
τίμα δὲ καὶ τὴν πλεῖστον ἡδίστην θεῶν   790
Κύπριν βροτοῖσιν· εὐμενὴς γὰρ ἡ θεός.
τὰ δ' ἄλλ' ἔασον πάντα καὶ πιθοῦ λόγοις
ἐμοῖσιν, εἴπερ ὀρθά σοι δοκῶ λέγειν.
οἶμαι μέν. οὔκουν τὴν ἄγαν λύπην ἀφεὶς
πίηι μεθ' ἡμῶν [τάσδ' ὑπερβαλὼν τύχας,   795
στεφάνοις πυκασθείς]; καὶ σάφ' οἶδ' ὁθούνεκα
τοῦ νῦν σκυθρωποῦ καὶ ξυνεστῶτος φρενῶν
μεθορμιεῖ σε πίτυλος ἐμπεσὼν σκύφου.
ὄντας δὲ θνητοὺς θνητὰ καὶ φρονεῖν χρεών·
ὡς τοῖς γε σεμνοῖς καὶ συνωφρυωμένοις   800
ἅπασίν ἐστιν, ὥς γ' ἐμοὶ χρῆσθαι κριτῆι,
οὐ βίος ἀληθῶς ὁ βίος ἀλλὰ συμφορά.

Θε. ἐπιστάμεσθα ταῦτα· νῦν δὲ πράσσομεν
     οὐχ οἷα κώμου καὶ γέλωτος ἄξια.
Ηρ. γυνὴ θυραῖος ἡ θανοῦσα· μὴ λίαν   805
     πένθει· δόμων γὰρ ζῶσι τῶνδε δεσπόται.
Θε. τί ζῶσιν; οὐ κάτοισθα τὰν δόμοις κακά;
Ηρ. εἰ μή τι σός με δεσπότης ἐψεύσατο.
Θε. ἄγαν ἐκεῖνός ἐστ' ἄγαν φιλόξενος.
Ηρ. οὐ χρῆν μ' ὀθνείου γ' οὕνεκ' εὖ πάσχειν νεκροῦ;   810
Θε. ἦ κάρτα μέντοι καὶ λίαν ὀθνεῖος ἦν.
Ηρ. μῶν ξυμφοράν τιν' οὖσαν οὐκ ἔφραζέ μοι;
Θε. χαίρων ἴθ'· ἡμῖν δεσποτῶν μέλει κακά.
Ηρ. ὅδ' οὐ θυραίων πημάτων ἄρχει λόγος.
Θε. οὐ γάρ τι κωμάζοντ' ἂν ἠχθόμην σ' ὁρῶν.   815

790–1 πλεῖστον...κύπριν VLP: κύπριν...πλεῖστον BO   792 πάντα
Markland: ταῦτα codd.   πιθοῦ Monk: πείθου BOVL: πίθου P
794 οἶμαι μέν famulo trib. BO   ἀφεὶς λύπην BO   795–6 τάσδ'...
πυκασθείς del. Herwerden: cf. 829, 832   795 τύχας] πύλας ᵞᵖΣᵇᵛ
796 οἶσθ' P   797 φρενῶν LP: κακοῦ BOV et gVgE   809 ἄγαν
(prius) BOV: ἄγαν γ' LP   810–11 del. Prinz   810 οὐ χρῆν μ' BOV
et ¹Σᵇᵛ: οὔκουν LP   811 ὀθνεῖος Dale: οἰκεῖος VLP et Σᵇᵛ: θυραῖος BO
812 τιν'] τὴν Markland   813 ἡμῖν δὲ L   815 τι...σ' ὁρῶν BOV:
σε...ὁρῶν LP (⁎ ὁρῶν P)

Ηρ.   ἀλλ' ἢ πέπονθα δείν' ὑπὸ ξένων ἐμῶν;
Θε.   οὐκ ἦλθες ἐν δέοντι δέξαςθαι δόμοις.
     [πένθος γὰρ ἡμῖν ἐςτι· καὶ κουρὰν βλέπεις
     μελαμπέπλους ςτολμούς τε. Ηρ. τίς δ' ὁ κατθανών;]
⟨Ηρ.⟩ μῶν ἢ τέκνων τι φροῦδον ἢ γέρων πατήρ;   820
Θε.   γυνὴ μὲν οὖν ὄλωλεν Ἀδμήτου, ξένε.
Ηρ.   τί φήις; ἔπειτα δῆτά μ' ἐξενίζετε;
Θε.   ἠιδεῖτο γάρ ςε τῶνδ' ἀπώςαςθαι δόμων.
Ηρ.   ὦ ςχέτλι', οἵας ἤμπλακες ξυναόρου.
Θε.   ἀπωλόμεςθα πάντες, οὐ κείνη μόνη.   825
Ηρ.   ἀλλ' ἠιςθόμην μὲν ὄμμ' ἰδὼν δακρυρροοῦν
     κουράν τε καὶ πρόςωπον· ἀλλ' ἔπειθέ με
     λέγων θυραῖον κῆδος ἐς τάφον φέρειν.
     βίαι δὲ θυμοῦ τάςδ' ὑπερβαλὼν πύλας
     ἔπινον ἀνδρὸς ἐν φιλοξένου δόμοις,   830
     πράςςοντος οὕτω. κᾶιτα κωμάζω κάρα
     ςτεφάνοις πυκαςθείς· ἀλλὰ ςοῦ τὸ μὴ φράςαι,
     κακοῦ τοςούτου δώμαςιν προςκειμένου.
     ποῦ καί ςφε θάπτει; ποῖ νιν εὑρήςω μολών;
Θε.   ὀρθὴν παρ' οἶμον ἢ 'πὶ Λαρίςαν φέρει   835
     τύμβον κατόψηι ξεςτὸν ἐκ προαςτίου.
Ηρ.   ὦ πολλὰ τλᾶςα καρδία καὶ χεὶρ ἐμή,
     νῦν δεῖξον οἷον παῖδά ς' ἡ Τιρυνθία
     ἐγείνατ' Ἠλεκτρύωνος Ἀλκμήνη Διί.

817 δόμοις BOV: δόμους LP   818–19 del. Kvičala cl. Σᵛ ad 820
(ταῦτα δὲ τὰ τρία ἔν τιςιν οὐκ ἔγκειται), quam adnotationem coni. ad 818–19
tantum respicere, cum 819 duorum uu. instar in V scriptus sit   820 τί
φροῦδον ἢ BO et V²: τί φροῦδον γένος ἢ V: τίς (τίς ἢ P) φροῦδος ἢ LP
γέρων πατήρ VLP: π- γ- BO   825 μόνον L   827 ἀλλ'] ἀλλ' ὅμως V
(~ V²)   829 πύλας] τύχας πύλας B (~ B¹ᶜ et B³)   831 κᾶτα
κωμάζω fere BOV: κᾶτ' ἐκώμαζον L(P)   833 προςκειμένου Scaliger:
προκ- codd.: cf. 551   834 ποῖ Monk (cl. Hi. 1153): ποῦ codd.   νιν]
νῦν L   835 Λάριςαν Nauck: -ςς- codd. et Σᵛ   836 προαςτίου BL et
Oᶜ²P²: -τείου O²VP et Σᵛ   837 καὶ χεὶρ VLP et gBgE et Tzetz. chil.
2. 808: ψυχή τ' BO et gV (cf. Or. 466)   ἐμοί gB (~ gVgE)   838 μ'
Tournier (~ gE et Tzetz. 809), sed cf. Med. 1244 seqq.   839 ἐγείνατ'
Ἠλεκτρύωνος Gaisford: ἠλεκτρύωνος γείνατ' codd. et Tzetz. 810 (-ύω- B: -υῶ-
OVLP: de Tzetz. incertum)   Ἠλεκτρύων eadem synizesi Hes. scut. 3,
82, fr. 193. 10, 20 MW, item Ἐρινύων plus semel ap. Eur.

δεῖ γάρ με cῶcαι τὴν θανοῦcαν ἀρτίωc   840
γυναῖκα κὰc τόνδ' αὖθιc ἱδρῦcαι δόμον
Ἄλκηcτιν Ἀδμήτωι θ' ὑπουργῆcαι χάριν.
ἐλθὼν δ' ἄνακτα τὸν μελάμπτερον νεκρῶν
Θάνατον φυλάξω, καί νιν εὑρήcειν δοκῶ
πίνοντα τύμβου πληcίον προcφαγμάτων.   845
κἄνπερ λοχαίαc αὐτὸν ἐξ ἕδραc cυθεὶc
μάρψω, κύκλον γε περιβαλὼν χεροῖν ἐμαῖν,
οὐκ ἔcτιν ὅcτιc αὐτὸν ἐξαιρήcεται
μογοῦντα πλευρά, πρὶν γυναῖκ' ἐμοὶ μεθῆι.
ἢν δ' οὖν ἁμάρτω τῆcδ' ἄγραc καὶ μὴ μόληι   850
πρὸc αἱματηρὸν πελανόν, εἶμι τῶν κάτω
Κόρηc ἄνακτόc τ' εἰc ἀνηλίουc δόμουc,
αἰτήcομαί τε καὶ πέποιθ' ἄξειν ἄνω
Ἄλκηcτιν, ὥcτε χερcὶν ἐνθεῖναι ξένου,
ὅc μ' ἐc δόμουc ἐδέξατ' οὐδ' ἀπήλαcεν,   855
καίπερ βαρείαι cυμφορᾶι πεπληγμένοc,
ἔκρυπτε δ' ὢν γενναῖοc, αἰδεcθεὶc ἐμέ.
τίc τοῦδε μᾶλλον Θεccαλῶν φιλόξενοc,
τίc Ἑλλάδ' οἰκῶν; τοιγὰρ οὐκ ἐρεῖ κακὸν
εὐεργετῆcαι φῶτα γενναῖοc γεγώc.   860

Αδ.   ἰώ,
cτυγναὶ πρόcοδοι, cτυγναὶ δ' ὄψειc
χήρων μελάθρων.
ἰὼ μοί μοι, αἰαῖ ⟨αἰαῖ⟩.
ποῖ βῶ; ποῖ cτῶ; τί λέγω; τί δὲ μή;
πῶc ἂν ὀλοίμην;

840 cε O (~ Tzetz. 811)   842 θ' BOV: δ' LP   843 μελάμπτερον
Musgrave ex ¹Σ^bv: μελάμπεπλον codd.: cf. 262   846 λοχαίαc (quod
coni. Hartung) uoluit Et. Gen. ap. Miller mél. p. 208 et ut uid. ^γρΣ^v
(λοχ⟨α⟩ίαc Schwartz): λοχήcαc codd. et ¹Σ^v   847 γε Diggle: δὲ codd.:
τε Nauck   περιβαλὼν BOV et Tr et Σ^bv: -βαλῶ LP: -βάλω Monk
ἐμαῖν VLP et B^a: ἐμὰ BO   852 ἀνηλίου V   861 ἰὼ ⟨ἰώ⟩ Tr
cτυγναὶ (prius)] cτυγεραὶ P   862 ἰώ μοι V (~ gB)   αἰαῖ ⟨αἰαῖ⟩ Hermann:
αἲ αἲ fere LP: ἒ ἒ fere BOV et gB   863 ποῖ (alterum) codd. et gB: πῆ Tr
(cf. Hec. 1056, 1080), ποῦ Wecklein   864 ὀλοίμην Monk: ὀλοίμαν fere
codd. et gB

ἢ βαρυδαίμονα μήτηρ μ' ἔτεκεν.　　　　　　865
ζηλῶ φθιμένους, κείνων ἔραμαι,
κεῖν' ἐπιθυμῶ δώματα ναίειν.
οὔτε γὰρ αὐγὰς χαίρω προσορῶν
οὔτ' ἐπὶ γαίας πόδα πεζεύων·
τοῖον ὅμηρόν μ' ἀποσυλήσας　　　　　　870
Ἅιδηι Θάνατος παρέδωκεν.

Χο.　πρόβα πρόβα, βᾶθι κεῦθος οἴκων.　　　　[cτρ. α
Ἀδ.　αἰαῖ.
Χο.　πέπονθας ἄξι' αἰαγμάτων.
Ἀδ.　ἒ ἔ.
Χο.　δι' ὀδύνας ἔβας, cάφ' οἶδα.
Ἀδ.　φεῦ φεῦ.
Χο.　τὰν νέρθε δ' οὐδὲν ὠφελεῖc.　　　　　875
Ἀδ.　ἰώ μοί μοι.
Χο.　τὸ μήποτ' εἰcιδεῖν φιλίας ἀλόχου
　　　πρόcωπόν c' ἔcαντα λυπρόν.

Ἀδ.　ἔμνηcας ὅ μου φρένας ἤλκωcεν·
　　　τί γὰρ ἀνδρὶ κακὸν μεῖζον ἁμαρτεῖν
　　　πιcτῆς ἀλόχου; μήποτε γήμας　　　　880
　　　ὤφελον οἰκεῖν μετὰ τῆcδε δόμους.
　　　ζηλῶ δ' ἀγάμους ἀτέκνους τε βροτῶν·
　　　μία γὰρ ψυχή, τῆc ὑπεραλγεῖν
　　　μέτριον ἄχθος.
　　　παίδων δὲ νόcους καὶ νυμφιδίους　　　885

865 ἔτεκε(ν) LP et gVgB: ἔτικτεν BOV　　　　868 χαίρω προcορῶν VLP
et gB: χαίρων προcορῶ BO et gV　　　872–7 choro et Admeto trib. BOV:
choro L: 872–5 (ad ἰώ μοί μοι) choro, 876–7 Admeto P　　　875 νέρθε δ'
Hermann: νέρθεν codd.　　　877 c' ἔcαντα Wilamowitz (iam c' ἔναντα
Hartung): ἄντα codd.　　　878[n] ἀδ. BOV et Tr: paragr. L: om. P
878 φρέν' V (~ gB)　　　880 πιcτῆς BOLP et gBgE et Stob. 4. 22c. 79:
φιλίας V　　　882 ἀγάμουc τ' Stob. 4. 22b. 39 codd. MA (~ cod. S et
gVgBgE)　　　τε VLP et gBgE et Stob.: om. BO et gV　　　883 μία γὰρ
ψυχή BOV et gVgE et Stob.: μιᾶ γὰρ ψυχῆ L: ψυχῆ γὰρ μιᾶ P: ψυχᾶ δὲ μιᾶ
Tr　　　τῆc Stob.: τῆcδ' codd. et gVgE　　　885 νυμφιδίων L[s] (~ gVgE)

εὐνὰς θανάτοις κεραϊζομένας
οὐ τλητὸν ὁρᾶν, ἐξὸν ἀτέκνους
ἀγάμους τ᾽ εἶναι διὰ παντός.

Χο. τύχα τύχα δυσπάλαιστος ἥκει.   [ἀντ. α
Αδ. αἰαῖ.
Χο. πέρας δέ γ᾽ οὐδὲν ἀλγέων τίθης.   890
Αδ. ἒ ἔ.
Χο. βαρέα μὲν φέρειν, ὅμως δὲ...
Αδ. φεῦ φεῦ.
Χο. τλᾶθ᾽· οὐ σὺ πρῶτος ὤλεσας...
Αδ. ἰώ μοί μοι.
Χο. γυναῖκα· συμφορὰ δ᾽ ἐτέρους ἐτέρα
πιέζει φανεῖσα θνατῶν.

Αδ. ὦ μακρὰ πένθη λῦπαί τε φίλων   895
τῶν ὑπὸ γαίας.
τί μ᾽ ἐκώλυσας ῥῖψαι τύμβου
τάφρον ἐς κοίλην καὶ μετ᾽ ἐκείνης
τῆς μέγ᾽ ἀρίστης κεῖσθαι φθίμενον;
δύο δ᾽ ἀντὶ μιᾶς Ἅιδης ψυχὰς   900
τὰς πιστοτάτας σὺν ἂν ἔσχεν, ὁμοῦ
χθονίαν λίμνην διαβάντε.

Χο. ἐμοί τις ἦν   [στρ. β
ἐν γένει, ὧι κόρος ἀξιόθρη-
νος ὤλετ᾽ ἐν δόμοισιν   905
μονόπαις· ἀλλ᾽ ἔμπας

887–8 ἀτέκνους ἀγάμους BOV et gV: ἀτέκνοις ἀγάμοις LP, non minus
bene: ἀτέκνους τ᾽ ἀγάμους gE   889–94 choro et Admeto trib. B: 889
(ad αἰαῖ) choro, 890a (ad τίθης) Admeto, 890b–891a (ad δὲ) choro, cetera
recte V: omnes choro LP   890 δέ γ᾽ fere BOV: δ᾽ LP   τίθης B:
τιθεῖς OVLP   892 πρῶτον BO   894 θνατῶν L: θνητῶν BVP: βροτῶν
O et gE   896 γαίας Monk: γαῖαν codd. (-αί- V)   898 ἐς P: εἰς
BOVL   κοινὴν Hoefer   καὶ μετ᾽ BOV et Tr: κατ᾽ ⟨L⟩P   901 σὺν
ἂν ἔσχεν Lenting: συνανέσχεν V⟨L⟩P: συνέσχεν (B)O   902 λίμνην BOV:
-αν LP   904 κόρος Tr: κοῦρος codd.   905 ὤλετ᾽ BOV (ὤιλ- O):
ὤχετ᾽ LP

ἔφερε κακὸν ἅλις, ἄτεκνος ὤν,
πολιὰς ἐπὶ χαίτας
ἤδη προπετὴς ὤν   910
βιότου τε πόρςω.

Αδ.   ὦ σχῆμα δόμων, πῶς εἰςέλθω,
πῶς δ' οἰκήςω, μεταπίπτοντος
δαίμονος; οἴμοι. πολὺ γὰρ τὸ μέςον·
τότε μὲν πεύκαις ςὺν Πηλιάςιν   915
ςύν θ' ὑμεναίοις ἔςτειχον ἔςω
φιλίας ἀλόχου χέρα βαςτάζων,
πολυάχητος δ' εἵπετο κῶμος
τήν τε θανοῦςαν κἄμ' ὀλβίζων
ὡς εὐπατρίδαι κἀπ' ἀμφοτέρων   920
ὄντες ἀριςτέων ςύζυγες εἶμεν·
νῦν δ' ὑμεναίων γόος ἀντίπαλος
λευκῶν τε πέπλων μέλανες ςτολμοὶ
πέμπουςί μ' ἔςω
λέκτρων κοίτας ἐς ἐρήμους.   925

Χο.   παρ' εὐτυχῆ   [ἀντ. β
ςοι πότμον ἦλθεν ἀπειροκάκωι
τόδ' ἄλγος· ἀλλ' ἔςωςας
βίοτον καὶ ψυχάν.
ἔθανε δάμαρ, ἔλιπε φιλίαν·   930
τί νέον τόδε; πολλοὺς
ἤδη παρέλυςεν
θάνατος δάμαρτος.

909 πολιᾶς O, sicut coni. Lenting   911 βιότου VLP: βίου BO
πόρςω Gaisford: πρόςω codd. et Σ^bv   913 δ' LP: om. BOV
916 ἔςω L: εἴςω BOVP et L^c   917 φιλίας] πιςτῆς ^γρΣ^v: cf. 880
920 κἀπ' L: καὶ ἀπ' BOVP: uide Barrett ad Hi. 246   921 ἀριςτέων
Dobree: ἀρίςτων BOVL: -ταις P   εἶμεν O^?, sicut coni. Heath: εἰμέν
BP: ἦμεν VL (nisi ἦ- L^1c, ⁎- L)   924 ἔςω LP: εἴςω BOV   925 ἐς
BOVP: om. L   926^n χο. om. V   929 post ψυχάν add. ἄδμητ. ἔ ἔ
χορ. ὦ ἄδμητε V, ἔ ἔ BO   932 πολλοὺς Canter: πολλοῖς codd.
934 δάμαρτας V

Αδ.   φίλοι, γυναικὸc δαίμον' εὐτυχέcτερον   935
τοὐμοῦ νομίζω, καίπερ οὐ δοκοῦνθ' ὅμωc.
τῆc μὲν γὰρ οὐδὲν ἄλγοc ἅψεταί ποτε,
πολλῶν δὲ μόχθων εὐκλεὴc ἐπαύcατο.
ἐγὼ δ', ὃν οὐ χρῆν ζῆν, παρεὶc τὸ μόρcιμον
λυπρὸν διάξω βίοτον· ἄρτι μανθάνω.   940
πῶc γὰρ δόμων τῶνδ' εἰcόδουc ἀνέξομαι;
τίν' ἂν προcειπών, τοῦ δὲ προcρηθεὶc ὕπο
τερπνῆc τύχοιμ' ἂν εἰcόδου; ποῖ τρέψομαι;
ἡ μὲν γὰρ ἔνδον ἐξελᾶι μ' ἐρημία,
γυναικὸc εὐνὰc εὖτ' ἂν εἰcίδω κενὰc   945
θρόνουc τ' ἐν οἷcιν ἷζε καὶ κατὰ cτέγαc
αὐχμηρὸν οὖδαc, τέκνα δ' ἀμφὶ γούναcιν
πίπτοντα κλαίηι μητέρ', οἱ δὲ δεcπότιν
cτένωcιν οἵαν ἐκ δόμων ἀπώλεcαν.
τὰ μὲν κατ' οἴκουc τοιάδ'· ἔξωθεν δέ με   950
γάμοι τ' ἐλῶcι Θεccαλῶν καὶ ξύλλογοι
γυναικοπληθεῖc· οὐ γὰρ ἐξανέξομαι
λεύccων δάμαρτοc τῆc ἐμῆc ὁμήλικαc.
ἐρεῖ δέ μ' ὅcτιc ἐχθρὸc ὢν κυρεῖ τάδε·
Ἰδοῦ τὸν αἰcχρῶc ζῶνθ', ὃc οὐκ ἔτλη θανεῖν   955
ἀλλ' ἣν ἔγημεν ἀντιδοὺc ἀψυχίαι
πέφευγεν Ἅιδην· κἆιτ' ἀνὴρ εἶναι δοκεῖ;
cτυγεῖ δὲ τοὺc τεκόνταc, αὐτὸc οὐ θέλων
θανεῖν. τοιάνδε πρὸc κακοῖcι κληδόνα
ἕξω. τί μοι ζῆν δῆτα κύδιον, φίλοι,   960
κακῶc κλύοντι καὶ κακῶc πεπραγότι;

Χο.   ἐγὼ καὶ διὰ μούcαc   [cτρ. α
καὶ μετάρcιοc ἦιξα, καὶ

939 χρῆν Elmsley: χρὴ codd.   940 μανθάνω BOV: -νων LP
943 ἐξόδου Lenting (~ ¹Σ^v et gV)   944 ἐξελᾶ(ι) BOV et Tr: -ελεῖ
⟨L⟩P   948 κλαίη LP: κλαίει BOV   950 οἴκουc LP: οἶκον BOV
951 τ' Wakefield: γ' fere codd.   954 κυρῆι Monk   957 κἆτ' LP:
εἶτ' BOV   960 κέρδιον Purgold (~ gVgE): cf. Andr. 639   963 βὰc
μετάρcιοc Hermann   μεταρcίων ἦρξα Stob. 1. 4. 3 (~ gB)

πλείςτων ἀψάμενος λόγων
κρεῖςςον οὐδὲν Ἀνάγκας					965
ηὗρον οὐδέ τι φάρμακον
Θρήιςςαις ἐν ςανίςιν, τὰς
Ὀρφεία κατέγραψεν
γῆρυς, οὐδ' ὅςα Φοῖβος Ἀ-
ςκληπιάδαις ἔδωκε					970
φάρμακα πολυπόνοις
ἀντιτεμὼν βροτοῖςιν.

μόνας δ' οὔτ' ἐπὶ βωμοὺς				[ἀντ. α
ἐλθεῖν οὔτε βρέτας θεᾶς
ἔςτιν, οὐ ςφαγίων κλύει.					975
μή μοι, πότνια, μείζων
ἔλθοις ἢ τὸ πρὶν ἐν βίωι.
καὶ γὰρ Ζεὺς ὅτι νεύςηι
ςὺν ςοὶ τοῦτο τελευτᾶι.
καὶ τὸν ἐν Χαλύβοις δαμά-					980
ζεις ςὺ βίαι ςίδαρον,
οὐδέ τις ἀποτόμου
λήματός ἐςτιν αἰδώς.

καί ς' ἐν ἀφύκτοιςι χερῶν εἷλε θεὰ δεςμοῖς.	[ςτρ. β
τόλμα δ'· οὐ γὰρ ἀνάξεις ποτ' ἔνερθεν			986
κλαίων τοὺς φθιμένους ἄνω.
καὶ θεῶν ςκότιοι φθίνου-
ςι παῖδες ἐν θανάτωι.					990
φίλα μὲν ὅτ' ἦν μεθ' ἡμῶν,

964 ἀρξάμενος Stob. (∼ gB)		966 τι] τε Stob. (∼ Σᵐᵇᵛ Hec. 1267)
970 ἔδωκε Musgrave: παρέδωκε(ν) codd.		974 θεοῦ Lˢ		978 ὅτι
VLP: ὅτε BO		νεύςῃ LP: νεύςει BOV		980 χαλύβοις BOV: -οις LP
981 ςὺ BOV et Tr: οὐ ⟨L⟩P et Trᵞᵖ: ⟨δαμάζει⟩ ςὺν gB		ςίδαρον BOL:
ςίδηρον VP et gB		984 ἀφύκτοιςι BOV: -οις LP		986 δ' LP: τάδ'
OV: τόδ' B: aut τόδ' aut τάδ' sscr. tum del. Tr		988 φθινομένους V
989 φθίνουςι LP: φθινύθουςι BOV et Tr

φίλα δὲ θανοῦс' ἔτ' ἔcται,
γενναιοτάταν δὲ παcᾶν
ἐζεύξω κλιcίαιc ἄκοιτιν.   994

μηδὲ νεκρῶν ὡc φθιμένων χῶμα νομιζέcθω   [ἀντ. β
τύμβοc cᾶc ἀλόχου, θεοῖcι δ' ὁμοίωc   997
τιμάcθω, cέβαc ἐμπόρων.
καί τιc δοχμίαν κέλευ-   1000
  θον ἐμβαίνων τόδ' ἐρεῖ·
Αὕτα ποτὲ προύθαν' ἀνδρόc,
νῦν δ' ἔcτι μάκαιρα δαίμων·
χαῖρ', ὦ πότνι', εὖ δὲ δοίηc.
τοῖαί νιν προcεροῦcι φῆμαι.   1005

— καὶ μὴν ὅδ', ὡc ἔοικεν, Ἀλκμήνηc γόνοc,
  Ἄδμητε, πρὸc cὴν ἑcτίαν πορεύεται.
Ηρ. φίλον πρὸc ἄνδρα χρὴ λέγειν ἐλευθέρωc,
  Ἄδμητε, μομφὰc δ' οὐχ ὑπὸ cπλάγχνοιc ἔχειν
  cιγῶντ'. ἐγὼ δὲ cοῖc κακοῖcιν ἠξίουν   1010
  ἐγγὺc παρεcτὼc ἐξετάζεcθαι φίλοc·
  cὺ δ' οὐκ ἔφραζεc cῆc προκείμενον νέκυν
  γυναικόc, ἀλλά μ' ἐξένιζεc ἐν δόμοιc,
  ὡc δὴ θυραίου πήματοc cπουδὴν ἔχων.
  κἄcτεψα κρᾶτα καὶ θεοῖc ἐλειψάμην   1015
  cπονδὰc ἐν οἴκοιc δυcτυχοῦcι τοῖcι cοῖc.
  καὶ μέμφομαι μέν, μέμφομαι, παθὼν τάδε·
  οὐ μήν cε λυπεῖν ἐν κακοῖcι βούλομαι.
  ὧν δ' οὕνεχ' ἥκω δεῦρ' ὑποcτρέψαc πάλιν

992 θανοῦc' ἔτ' ἔcται Prinz: θανοῦc' ἔcται BO: καὶ θανοῦc' ἔcται V et gE:
καὶ θανοῦc' ἐcτίν LP (-cά ἐcτιν P): ἔτι καὶ θανοῦcα praeeunte Aldina Portus
993 παcᾶν LP: πᾶcαν BOV   997 ὅμοιοc V   1001 ἐμβαίνων BOV:
ἐκβ- LP   1002 αὐτά BO   προύθαν' Monk: -θανεν codd.   1004 δοίηc
BOVP: διδοίηc L   1005 τοῖαιc...φήμαιc Dobree, τοίαι...φήμαι
Broadhead   φᾶμαι Monk   1006ⁿ nullam notam V: χο. BOLP
1009 μομφὰc BOL et iΣᵇᵛ et gV: μορφὰc VP et gB   1011 φίλοιc P
(~ gVgE)   1014 del. Lachmann: cf. 778   1017 μὲν BOV et gE: δὴ
L: δὲ P   1018 λυπεῖν ⟨γ'⟩ Monk (~ gE)

77

λέξω· γυναῖκα τήνδε μοι cῶcον λαβών,   1020
ἕως ἂν ἵππους δεῦρο Θρηικίας ἄγων
ἔλθω, τύραννον Βιcτόνων κατακτανών.
πράξας δ' ὃ μὴ τύχοιμι (νοcτήcαιμι γάρ)
δίδωμι τήνδε cοῖcι προcπολεῖν δόμοιc.
πολλῶι δὲ μόχθωι χεῖρας ἦλθεν εἰc ἐμάc·   1025
ἀγῶνα γὰρ πάνδημον εὑρίcκω τινὰc
τιθέντας, ἀθληταῖcιν ἄξιον πόνον,
ὅθεν κομίζω τήνδε νικητήρια
λαβών. τὰ μὲν γὰρ κοῦφα τοῖc νικῶcιν ἦν
ἵππους ἄγεcθαι, τοῖcι δ' αὖ τὰ μείζονα   1030
νικῶcι, πυγμὴν καὶ πάλην, βουφόρβια·
γυνὴ δ' ἐπ' αὐτοῖc εἵπετ'· ἐντυχόντι δὲ
αἰcχρὸν παρεῖναι κέρδος ἦν τόδ' εὐκλεέc.
ἀλλ', ὥσπερ εἶπον, cοὶ μέλειν γυναῖκα χρή·
οὐ γὰρ κλοπαίαν ἀλλὰ cὺν πόνωι λαβὼν   1035
ἥκω· χρόνωι δὲ καὶ cύ μ' αἰνέcειc ἴcωc.
Αδ.   οὔτοι c' ἀτίζων οὐδ' ἐν αἰcχροῖcιν τιθεὶc
ἔκρυψ' ἐμῆc γυναικὸc ἀθλίους τύχαc.
ἀλλ' ἄλγος ἄλγει τοῦτ' ἂν ἦν προcκείμενον,
εἴ του πρὸς ἄλλου δώμαθ' ὡρμήθηc ξένου·   1040
ἅλιc δὲ κλαίειν τοὐμὸν ἦν ἐμοὶ κακόν.
γυναῖκα δ', εἴ πωc ἔcτιν, αἰτοῦμαί c', ἄναξ,
ἄλλον τιν' ὅcτιc μὴ πέπονθεν οἷ' ἐγὼ
cώιζειν ἄνωχθι Θεccαλῶν· πολλοὶ δέ cοι
ξένοι Φεραίων· μή μ' ἀναμνήcηιc κακῶν.   1045
οὐκ ἂν δυναίμην τήνδ' ὁρῶν ἐν δώμαcιν
ἄδακρυς εἶναι· μὴ νοcοῦντί μοι νόcον

1021 θρη(ι)κίας BOVL: θρήικας P et L^c   1023 νοcτήcοιμι L
1024 προcπολεῖν BOV: πρόcπολον LP   1025 πολλῶν δὲ μόχθων
ἦλθε χεῖρας εἰc ἐμάc LP   1027 πόνον V: πόνων BO: πόνου LP
1029 incipit Q   λαχών O   τοῖcι PQ   1030 αὖ τὰ LPQ: αὐτὰ BOV
1031 πάλην BOL et V²: πάλιν ⟨V?⟩PQ   1034 μέλειν BLPQ: μέλλειν
OV   1036 μ' BOVQ: γ' LP   1037 ἀτίζων Q, sicut coni. Scaliger:
ἀτιμάζων BOVLP   αἰcχροῖcι(ν) LPQ: ἐχθροῖcι(ν) BOV (ἐ- V^1c, αἰ- V)
1038 ἀθλίους BO: -ίου VLPQ   1039 προcκείμενον BL et ¹Σ^v: προκ-
OVPQ et gE   1040 εἴ του BO(V)Q: εἴπερ LP   1045 μ' ἀναμνήcηc
LPQ: με μι*μνήcηc B: με μιcήcηc O: με μιμνήcκειc V

78

προcθῇιc· ἅλιc γὰρ cυμφορᾶι βαρύνομαι.
ποῦ καὶ τρέφοιτ' ἂν δωμάτων νέα γυνή;
νέα γάρ, ὡc ἐcθῆτι καὶ κόcμωι πρέπει.   1050
πότερα κατ' ἀνδρῶν δῆτ' ἐνοικήcει cτέγην;
καὶ πῶc ἀκραιφνὴc ἐν νέοιc cτρωφωμένη
ἔcται; τὸν ἡβῶνθ', Ἡράκλειc, οὐ ῥάιδιον
εἴργειν· ἐγὼ δὲ coῦ προμηθίαν ἔχω.
ἢ τῆc θανούcηc θάλαμον ἐcβήcαc τρέφω;   1055
καὶ πῶc ἐπεcφρῶ τήνδε τῶι κείνηc λέχει;
διπλῆν φοβοῦμαι μέμψιν, ἔκ τε δημοτῶν,
μή τίc μ' ἐλέγξηι τὴν ἐμὴν εὐεργέτιν
προδόντ' ἐν ἄλληc δεμνίοιc πίτνειν νέαc,
καὶ τῆc θανούcηc (ἀξία δέ μοι cέβειν)   1060
πολλὴν πρόνοιαν δεῖ μ' ἔχειν. cὺ δ', ὦ γύναι,
ἥτιc ποτ' εἶ cύ, ταῦτ' ἔχουc' Ἀλκήcτιδι
μορφῆc μέτρ' ἴcθι, καὶ προcήιξαι δέμαc.
οἴμοι. κόμιζε πρὸc θεῶν ἐξ ὀμμάτων
γυναῖκα τήνδε, μή μ' ἕληιc ἠιρημένον.   1065
δοκῶ γὰρ αὐτὴν εἰcορῶν γυναῖχ' ὁρᾶν
ἐμήν· θολοῖ δὲ καρδίαν, ἐκ δ' ὀμμάτων
πηγαὶ κατερρώγαcιν. ὦ τλήμων ἐγώ,
ὡc ἄρτι πένθουc τοῦδε γεύομαι πικροῦ.

Χο.   ἐγὼ μὲν οὐκ ἔχοιμ' ἂν εὖ λέγειν τύχην·   1070
χρὴ δ', ἥτιc ἐcτί, καρτερεῖν θεοῦ δόcιν.

Ηρ.   εἰ γὰρ τοcαύτην δύναμιν εἶχον ὥcτε cὴν

1048 προcθῇ(ι)c BOVQ et Lᶜ: -θεὶc ⟨L⟩P   cυμφορᾶ VLPQ: -αῖc BO
1049 γυνὴ νέα BO   1051 δῆτ' ἐνοικήcει VLP: δή τιν' οἰκήcει BOQ
1052 νέοιc VLPQ et Σᵇ: δόμοιc BO   cτρεφομένη Q et Vˢ et gE
1054 coῦ Nauck: cου codd.   1055 ἢ Vᶜ   θάλαμον εἰcβήcαc BOQ: εἰc θ-
βήcαc VLP   τρέφων BO   1058 ἐλέγχηι V   1059 ἄλληc LP: ἄλλοιc
BOVQ   πίτνειν BO: πιτνεῖν VLP: πίπτειν Q   1060 δέ μοι LP: δ'
ἐμοὶ BOVQ   1061-3 del. Wheeler   1062 ταῦτ' Portus et Σ¹ (τὰ
αὐτὰ): ταῦτ' codd.   1063 προcήιξαι BOV et Tr: -ήοιξαι L: -ήιξε P:
-ήιξα Q   1064 ἐξ BOV: ἀπ' LPQ   1066 ὁρῶν V   1068 τλήμων
BOL et V²: τλῆμον VPQ et gB   1071 ἥτιc ἐcτί Earle (iam ἥτιc Nauck,
ἐcτί Tyrwhitt): ὅcτιc εἶ cὺ codd. (cὺ om. L) et gE   1072 ὥcτε cὴν om.
LP (~ Tr)

ἐc φῶc πορεύcαι νερτέρων ἐκ δωμάτων
γυναῖκα καί cοι τήνδε πορcῦναι χάριν.

Αδ.　cάφ' οἶδα βούλεcθαί c' ἄν. ἀλλὰ ποῦ τόδε; 　　1075
　　οὐκ ἔcτι τοὺc θανόνταc ἐc φάοc μολεῖν.

Ηρ.　μή νυν ὑπέρβαλλ' ἀλλ' ἐναιcίμωc φέρε.

Αδ.　ῥᾷον παραινεῖν ἢ παθόντα καρτερεῖν.

Ηρ.　τί δ' ἂν προκόπτοιc, εἰ θέλειc ἀεὶ cτένειν;

Αδ.　ἔγνωκα καὐτόc, ἀλλ' ἔρωc τιc ἐξάγει. 　　1080

Ηρ.　τὸ γὰρ φιλῆcαι τὸν θανόντ' ἄγει δάκρυ.

Αδ.　ἀπώλεcέν με κἄτι μᾶλλον ἢ λέγω.

Ηρ.　γυναικὸc ἐcθλῆc ἤμπλακεc· τίc ἀντερεῖ;

Αδ.　ὥcτ' ἄνδρα τόνδε μηκέθ' ἥδεcθαι βίωι.

Ηρ.　χρόνοc μαλάξει, νῦν δ' ἔθ' ἡβάcκει, κακόν. 　　1085

Αδ.　χρόνον λέγοιc ἄν, εἰ χρόνοc τὸ κατθανεῖν.

Ηρ.　γυνή cε παύcει καὶ νέοι γάμοι πόθου.

Αδ.　cίγηcον· οἷον εἶπαc. οὐκ ἂν ὠιόμην.

Ηρ.　τί δ'; οὐ γαμεῖc γὰρ ἀλλὰ χηρεύcηι λέχοc;

Αδ.　οὐκ ἔcτιν ἥτιc τῶιδε cυγκλιθήcεται. 　　1090

Ηρ.　μῶν τὴν θανοῦcαν ὠφελεῖν τι προcδοκᾷc;

Αδ.　κείνην ὅπουπερ ἔcτι τιμᾶcθαι χρεών.

Ηρ.　αἰνῶ μὲν αἰνῶ· μωρίαν δ' ὀφλιcκάνειc.

[Αδ.　ὡc μήποτ' ἄνδρα τόνδε νυμφίον καλῶν.

Ηρ.　ἐπήινεc' ἀλόχωι πιcτὸc οὕνεκ' εἶ φίλοc.] 　　1095

1075 ἄν om. BO　　1077 νυν Monk: νῦν codd. et Σᵛ　ὑπέρβαλλ'
Monk: -βαλ' BO: -βαιν' VLPQ et ¹Σᵛ: cf. Σᵛ μὴ νῦν ὑπερβαλλόντωc φέρε
ἐναιcίμωc LP: αἰνεcίμωc BOVQ et Σᵛ　　1079 θέλοιc Hn (~ Chrysippus
[SVF iii fr. 478] ap. Galen. plac. p. 278 de Lacy)　cτένειν ἀεί Chrys.
1080 τιc Chrys.: τίc μ' codd.　　1085 μαλάξει OLPQ et Chrys. (SVF iii
fr. 482) ap. Galen. plac. p. 284 de Lacy: μαλάξει cε fere BV et gVgE (c' B et
gV): cf. 381　　ἡβάcκει Chrys.: ἡβᾷ(ι) cοι codd. et (gV)gE　　1087 νέοι
γάμοι F. W. Schmidt: νέου γάμου codd. et gE: νέοc γάμοc Guttentag
πόθου Guttentag: πόθοι BOV et gE: πόθοc LPQ　　1089 χηρεύcη λέχοc
BOV (-cει BO): χηρεύειc μόνοc LPQ　　1090 τῶιδε] τῶδ' ἀνδρὶ V
cυγκληθ- ⟨B⟩O (~ Bᶜ)　　1092 ὅπου πάρεcτι Q, sicut coni. Weidner
1094-5 del. Dale (1093-4 Wilamowitz)　　1094 ἴcθι super ὡc scr. L (cf.
Σᵇᵛ) καλῶν BOLP et ¹Σᵇᵛ: καλόν V: καλεῖν Q et Tr　　οὕποτ'…καλεῖc
Herwerden

Αδ.   θάνοιμ' ἐκείνην καίπερ οὐκ οὖσαν προδούς.

Ηρ.   δέχου νυν εἴσω τήνδε γενναίως δόμων.

Αδ.   μή, πρός σε τοῦ σπείραντος ἄντομαι Διός.

Ηρ.   καὶ μὴν ἁμαρτήσηι γε μὴ δράσας τάδε.

Αδ.   καὶ δρῶν γε λύπηι καρδίαν δηχθήσομαι.   1100

Ηρ.   πιθοῦ· τάχ' ἂν γὰρ ἐς δέον πέσοι χάρις.

Αδ.   φεῦ·
      εἴθ' ἐξ ἀγῶνος τήνδε μὴ 'λαβές ποτε.

Ηρ.   νικῶντι μέντοι καὶ σὺ συννικᾶις ἐμοί.

Αδ.   καλῶς ἔλεξας· ἡ γυνὴ δ' ἀπελθέτω.

Ηρ.   ἄπεισιν, εἰ χρή· πρῶτα δ' εἰ χρεὼν ἄθρει.   1105

Αδ.   χρή, σοῦ γε μὴ μέλλοντος ὀργαίνειν ἐμοί.

Ηρ.   εἰδώς τι κἀγὼ τήνδ' ἔχω προθυμίαν.

Αδ.   νίκα νυν· οὐ μὴν ἀνδάνοντά μοι ποιεῖς.

Ηρ.   ἀλλ' ἔσθ' ὅθ' ἡμᾶς αἰνέσεις· πιθοῦ μόνον.

Αδ.   κομίζετ', εἰ χρὴ τήνδε δέξασθαι δόμοις.   1110

Ηρ.   οὐκ ἂν μεθείην σοῖς γυναῖκα προσπόλοις.

Αδ.   σὺ δ' αὐτὸς αὐτὴν εἴσαγ', εἰ δοκεῖ, δόμους.

Ηρ.   ἐς σὰς μὲν οὖν ἔγωγε θήσομαι χέρας.

Αδ.   οὐκ ἂν θίγοιμι· δῶμα δ' εἰσελθεῖν πάρα.

Ηρ.   τῆι σῆι πέποιθα χειρὶ δεξιᾶι μόνηι.   1115

Αδ.   ἄναξ, βιάζηι μ' οὐ θέλοντα δρᾶν τάδε.

Ηρ.   τόλμα προτεῖναι χεῖρα καὶ θιγεῖν ξένης.

Αδ.   καὶ δὴ προτείνω, Γοργόν' ὡς καρατομῶν.

1097 νυν L: νῦν BOVPQ   γενναίως Lenting: γενναίων BOV: -αίαν
LPQ   1098 ἄντομαι LPQ: αἰτοῦμαι BOV   1101 πιθοῦ LPQ: πείθου
BOV et gVgE   τάχ' ἂν BOLPQ et gV: τάχα V et gE   1102 'λαβές
fere Q et B³ et Va (μὴ 'λαβες QVa, μήλαβές B³): λαβές BO: λάβες V: λάβοις
L: λάβῃς P   1105 ἄθρει BOV: ὅρα LPQ   1106 ὀργαίνειν ἐμοί
VLPQ: -νει (-νειν B²) νέμειν B: -νειν μέλλειν O (νέμειν post μέλλειν add.
Oᵉ)   1108 om. V (~ Σᵛ)   νυν L: νῦν BOPQ et Σᵛ   1109 ὅθ'
ἡμᾶς VLPQ: ἡμᾶς πότ' BO   πιθοῦ BOVL: πείθου PQ   1111 μεθείην
VLPQ: μεθείμην BO   σοῖς BO: τὴν VLPQ   1112 εἰσάγαγ' V
δοκεῖ LPQ: βούλει BOV   δόμους Marc. gr. IX 10 (cod. B apogr.),
sicut coni. Monk: δόμοις codd.   1114 δῶμα δ' LPQ: δώματ' BOV
1115 μόνου Nauck   1117 προτεῖναι V: πρότεινε BO: προτείνειν LPQ
θιγεῖν Elmsley: θίγειν VLPQ: θίγε BO   1118 δὴ BOV: μὴν LPQ
καρατομῶν Lobeck: -τόμω(ι) codd. et Σᵛ

ΕΥΡΙΠΙΔΟΥ

[Ηρ.   ἔχεις;   Αδ. ἔχω, ναί.   Ηρ. cῶιζέ νυν καὶ τὸν Διὸc
     φήcεις ποτ' εἶναι παῖδα γενναῖον ξένον.]   1120
     βλέψον πρὸς αὐτήν, εἴ τι cῆι δοκεῖ πρέπειν
     γυναικί· λύπηc δ' εὐτυχῶν μεθίcταco.
Αδ.   ὦ θεοί, τί λέξω; θαῦμ' ἀνέλπιcτον τόδε·
     γυναῖκα λεύccω τὴν ἐμὴν ἐτητύμωc,
     ἢ κέρτομόc μ' ἐκ θεοῦ τιc ἐκπλήccει χαρά;   1125
Ηρ.   οὐκ ἔcτιν, ἀλλὰ τήνδ' ὁρᾶιc δάμαρτα cήν.
Αδ.   ὅρα δὲ μή τι φάcμα νερτέρων τόδ' ἦι.
Ηρ.   οὐ ψυχαγωγὸν τόνδ' ἐποιήcω ξένον.
Αδ.   ἀλλ' ἣν ἔθαπτον εἰcορῶ δάμαρτ' ἐμήν;
Ηρ.   cάφ' ἴcθ'· ἀπιcτεῖν δ' οὔ cε θαυμάζω τύχηι.   1130
Αδ.   θίγω, προcείπω ζῶcαν ὡc δάμαρτ' ἐμήν;
Ηρ.   πρόcειπ'· ἔχειc γὰρ πᾶν ὅcονπερ ἤθελεc.
Αδ.   ὦ φιλτάτηc γυναικὸc ὄμμα καὶ δέμαc,
     ἔχω c' ἀέλπτωc, οὔποτ' ὄψεcθαι δοκῶν.
Ηρ.   ἔχειc· φθόνοc δὲ μὴ γένοιτό τιc θεῶν.   1135
Αδ.   ὦ τοῦ μεγίcτου Ζηνὸc εὐγενὲc τέκνον,
     εὐδαιμονοίηc καί c' ὁ φιτύcαc πατὴρ
     cῶιζοι· cὺ γὰρ δὴ τἄμ' ἀνώρθωcαc μόνοc.
     πῶc τήνδ' ἔπεμψαc νέρθεν ἐc φάοc τόδε;
Ηρ.   μάχην cυνάψαc δαιμόνων τῶι κυρίωι.   1140
Αδ.   ποῦ τόνδε Θανάτωι φὴιc ἀγῶνα cυμβαλεῖν;
Ηρ.   τύμβον παρ' αὐτόν, ἐκ λόχου μάρψαc χεροῖν.
Αδ.   τί γάρ ποθ' ἥδ' ἄναυδοc ἔcτηκεν γυνή;

1119–20 del. Nauck: uide Hübner, Hermes 109 (1981) 163–6   1119 νυν
L: νῦν BOVPQ   1121 πρὸc V: δ' ἐc BOLP(Q)   cῆι
Markland: coι codd.   1122 δ' om. V   1123 λέξω LPQ: λεύccω
BO(V)   1124 λεύccω BO(V)Q: -ων LP   τὴν BOV: τήνδ' LPQ
1125 ἢ BOQ: ἦ VLP   μ' ἐκ Buecheler: με codd. (γε O): uide S. Ai.
278 et PCPS n.s. 20 (1974) 32   ἐκπλήccει VL: ἐκπλήcει BO: ἐμπλήccει
P: ἐμπλήcει (et χαρᾶ) Q   1127 δὲ Diggle: γε codd., quo seruato ὁρῶ
Denniston: uide Studies 22   ἦ(ι)] εἰcορῶ V (∼ ᵞᴾΣᵛ)   1130 τύχηι
Reiske: τύχην codd.   1132 πᾶν ὅcονπερ BOV: πάνθ' ὅcαπερ LP(Q)
1137 φιτύcαc V et gB: φυτ- BOLPQ   1138 δὴ τἄμ' ἀνώρθωcαc fere
BOV: τἄμ' ὤρθωcαc fere LPQ: δὴ τἀμά γ' ὤρθ- Tr   1140 κυρίωι BO:
κοιράνω(ι) VLPQ: utrumque agnoscunt Σᵇᵛ

Ηρ.　οὔπω θέμις σοι τῆςδε προσφωνημάτων
　　κλύειν, πρὶν ἂν θεοῖςι τοῖςι νερτέροις　　　　　　1145
　　ἀφαγνίςηται καὶ τρίτον μόλῃ φάος.
　　ἀλλ᾽ εἴςαγ᾽ εἴςω τήνδε· καὶ δίκαιος ὢν
　　τὸ λοιπόν, Ἄδμητ᾽, εὐςέβει περὶ ξένους.
　　καὶ χαῖρ᾽· ἐγὼ δὲ τὸν προκείμενον πόνον
　　Cθενέλου τυράννωι παιδὶ πορςυνῶ μολών.　　　　1150
Αδ.　μεῖνον παρ᾽ ἡμῖν καὶ ξυνέςτιος γενοῦ.
Ηρ.　αὖθις τόδ᾽ ἔςται, νῦν δ᾽ ἐπείγεςθαί με δεῖ.
Αδ.　ἀλλ᾽ εὐτυχοίης, νόςτιμον δ᾽ ἔλθοις δρόμον.
　　ἀςτοῖς δὲ πάςῃ τ᾽ ἐννέπω τετραρχίαι
　　χοροὺς ἐπ᾽ ἐςθλαῖς συμφοραῖςιν ἱςτάναι　　　　1155
　　βωμούς τε κνιςᾶν βουθύτοιςι προςτροπαῖς.
　　νῦν γὰρ μεθηρμόςμεςθα βελτίω βίον
　　τοῦ πρόςθεν· οὐ γὰρ εὐτυχῶν ἀρνήςομαι.

Χο.　πολλαὶ μορφαὶ τῶν δαιμονίων,
　　πολλὰ δ᾽ ἀέλπτως κραίνουςι θεοί·　　　　　　1160
　　καὶ τὰ δοκηθέντ᾽ οὐκ ἐτελέςθη,
　　τῶν δ᾽ ἀδοκήτων πόρον ηὖρε θεός.
　　τοιόνδ᾽ ἀπέβη τόδε πρᾶγμα.

1144 τῆςδε VLPQ: τῶνδε BO　　　　1150 τυράννω(ι) VP et Lᶜ: -ου
BO⟨L⟩Q　　πορςυνῶ L: πορςύνω BOVPQ　　1151 ξυν- LPQ: ςυν-
BOV　　1153 δρόμον Wilamowitz: δόμον LPQ et Bᵞᵖ: ὁδόν V et Bᵞᵖ:
πόδα BO　　1154 πάςη(ι) BOQ: πᾶςι VLP　　1155 συμφοραῖςιν ἱςτάναι
fere VLP: -αῖς ςυνιςτάναι BOQ　　1156 κνιςᾶν Hn (non Va): κνιςςᾶν
codd.　　προςτροπαῖς BOL: προτρ- VPQ　　1159–63 citant Π (P.
Hibeh 25), Dio Cass. 78. 8. 4 (cf. Luc. trag. 325–34, Chr. Pat. 1130–3);
1159–61 Luc. symp. 48; 1159–60 Clem. Alex. strom. 6. 14. 1; 1159 Plut. mor.
58 A, 497 D, Eust. in Il. p. 239. 22; 1160–2 Stob. 4. 47. 6; 1160–1 gE; 1160
Lib. ep. 1127 (p. 230 Foerster); 1163 Eust. opusc. p. 306. 1　　　1160 τ᾽
Chr. Pat. 1131 et fort. Π　　ἄελπτα Stob.　　　　1161 δοκηςαντ Π
1163 τόδε] τόδε τὸ V; τὸ Dio　　　Subscriptio τέλος (τ- τῆς τοῦ Q)
εὐριπίδου ἀλκήςτιδος BOVPQ: εὐρ- ἄλκηςτις L

ΜΗΔΕΙΑ

CODICES

H	Hierosolymitanus *τάφου* 36 (uu. 51–255, 1278–1376)	saec. x–xi
B	Parisinus gr. 2713	xi
O	Laurentianus 31. 10	c. 1175
C	Vaticanus gr. 910 (uu. 1–879, 885–1049)	xiv
D	Laurentianus 31. 15	xiv
E	Athous, *Μονὴ 'Ιβήρων* 209 (olim 161) (uu. 1–730, 826–1028, 1134–1338)	xiv in.
F	Marcianus gr. 468 (uu. 1–42)	xiii ex.
A	Parisinus gr. 2712	xiii ex.
V	Vaticanus gr. 909	c. 1250–80

Ω = BOCDEFAV (uel quotquot adsunt); *Ω̣* = *Ω* uno minus

L	Laurentianus 32. 2	xiv in.
P	Palatinus gr. 287	xiv in.

	raro memorantur	
Hn	Hauniensis 417	c. 1475
Nv	Neapolitanus Vind. gr. 17	c. 1500
Va	Palatinus gr. 98 (cod. V apographum)	xiv

PAPYRI

Π[1]	P. Didot [Pack[2] 401]: uu. 5–12	ii a.C.
Π[2]	P. Oxy. 1370 fr. 1 [Pack[2] 402]: uu. 20–6, 57–63	v p.C.
Π[3]	P. Berol. 13243 [Pack[2] 403]: uu. 507, 513–17, 545–60	v p.C.
Π[4]	P. Oxy. 450 [Pack[2] 404]: uu. 710–15	iii p.C.
Π[5]	(a) P. Harris 38 [Pack[2] 405]: uu. 719–23, 1046–53, 1279–99, 1301–28; (b) Fitzwilliam Museum, add. 109 [Pack[2] 405]: uu. 1156–60, 1165–77, 1191–9; (c) P. Oxy. inv. 23 3B.1/Q(1–3)b (ined.): uu. 748–52, 1007–9, 1345–6	ii p.C.
Π[6]	P. Antin. 23 [Pack[2] 406]: uu. 825–40, 866–78	v–vi p.C.

86

ΜΗΔΕΙΑ

*Π*⁷ P. Strasb. WG 305–6 [Pack² 426]: uu. 844–65,
     977–82, 1087–1115, 1251–92   c. 250 a.C.

*Π*⁸ P. Lond. (Coll. Vniu.) [Pack² 407]: uu.
     1057–62, 1086–92   iv–v p.C.

*Π*⁹ P. Oxy. 2337 [Pack² 408]: uu. 1149–63,
     1171–90   i p.C.

*Π*¹⁰ P. Oxy. inv. 36 4B.110/D(1–2)a (ined.): uu.
     139–47   iii–iv p.C.

*Π*¹¹ P. Oxy. inv. 36 4B.110/H(1–3)c (ined.): uu.
     718–37   iii p.C.

*Π*¹² P. Berol. 21218 fr. 9–12 + 13231 E fr. 10, 12
     [ed. Maehler, Arch. f. Pap. 30 (1984) 13–16]:
     uu. 410–27, 501–10, 545–54, 836–40,
     884–7, 1054–6, 1059–64, 1098–1103   v p.C.

*Π*¹³ P. Heid. 1385 [ed. Seider, ZPE 46 (1982)
     33–6]: uu. 547–50, 591–5   i a.C.

GNOMOLOGIA

gV Vatopedianus 36   xii
gB Vaticanus Barberini gr. 4   c. 1300
gE Escorialensis gr. X. 1. 13   xiv in.

ΕΥΡΙΠΙΔΟΥ

(a)

ΥΠΟΘΕΣΙC ΜΗΔΕΙΑC

Ἰάcων εἰc Κόρινθον ἐλθών, ἐπαγόμενοc καὶ Μήδειαν, ἐγγυᾶται
καὶ τὴν Κρέοντοc τοῦ Κορινθίων βασιλέωc θυγατέρα Γλαύκην
πρὸc γάμον. μέλλουcα δὲ ἡ Μήδεια φυγαδεύεcθαι ὑπὸ τοῦ
Κρέοντοc ἐκ τῆc Κορίνθου, παραιτηcαμένη πρὸc μίαν ἡμέραν
5 μεῖναι καὶ τυχοῦcα, μιcθὸν τῆc χάριτος δῶρα διὰ τῶν παίδων
πέμπει τῆι Γλαύκηι ἐcθῆτα καὶ χρυcοῦν cτέφανον, οἷc ἐκείνη
χρηcαμένη διαφθείρεται· καὶ ὁ Κρέων δὲ περιπλακεὶc τῆι θυγατρὶ
ἀπόλλυται. Μήδεια δὲ τοὺc ἑαυτῆc παῖδαc ἀποκτείναcα ἐπὶ
ἅρματος δρακόντων πτερωτῶν, ὃ παρ' Ἡλίου ἔλαβεν, ἔποχος
10 γενομένη ἀποδιδράcκει εἰc Ἀθήναc κἀκεῖcε Αἰγεῖ τῶι Πανδίονος
γαμεῖται. Φερεκύδηc (FGrHist I 3 F 113a) δὲ καὶ Cιμωνίδηc
(PMG 548) φαcὶν ὡc ἡ Μήδεια ἀνεψήcαcα τὸν Ἰάcονα νέον
ποιήcειεν. περὶ δὲ τοῦ πατρὸc αὐτοῦ Αἴcονοc ὁ τοὺc Νόcτους
ποιήcαc φηcὶν οὕτωc (fr. 6 Kinkel)·
15   αὐτίκα δ' Αἴcονα θῆκε φίλον κόρον ἡβώωντα,
      γῆραc ἀποξύcαc' εἰδυίηιcι πραπίδεccιν,
      φάρμακα πόλλ' ἕψουc' ἐπὶ χρυcείοιcι λέβηcιν.

(a) codd.: (1–13a) BOCDEFAVPTr   (13b–24) BDEFAVPTr
(25–34) DEFA(V 25a)P   (35–38a) BDFAP   (38b–40 Μηδείας) BDEAP
(40b–41a) DFAP   (41b–43) DFP   (44–6) BOCDEFAVLP

Inscriptio ὑπόθεcιc μηδείαc BOCDFV: ὑπ- εὐριπίδου μηδείας AP: μη- ὑπ-Tr:
om. E   1 ἐλθών om. E   2 καὶ om. C   τὴν BODFATr et E²: τὴν
τοῦ CV: τοῦ P: τ** E   βασιλέωc κορινθίων PTr   3–4 τοῦ κρέοντος
A: κρ- τοῦ V: κρ- cett.   4 τῆc om. CPTr   πρὸc BOCVPTr: ὡc
DEF: om. A: εἰc Nauck   6 καὶ ἐcθῆτα (D)   7 χρηcαμένη BOCATr:
διαχρ- DEFVP   φθείρεται C   δὲ om. EFTr   8 ἀπόλλυται B:
cυναπόλλυται Tr: ἀπώλετο fere cett.   παῖδαc] υἱοὺc Tr; om. P
9 παρὰ τοῦ PTr   10 κἀκεῖ Tr   πανδίωνος OC (π- υἱεῖ C)
12 φαcὶν] post ἀνεψήcαcα C; om. OV   ἡ μήδεια om. DEF
ἀνεψήcαcα BOCVPTr: ἐψ- fere DEFA: ἀφεψ- Elmsley cl. Σ Ar. Equ.
1321   ἰάcωνα D⟨A⟩ (~ Aᶜ)   13 ἐποίηcε Tr; ἐποιήcειεν E   δὲ τοῦ
π-] τοῦ π- δὲ A   15 ἡβώωντα BA et Trᶜ: ἡβόωντα DEFVPTr: et -ώω-
et -όω- codd. Chr. Pat. 940: ἡβώοντα Va, sicut coni. Lascaris
16 εἰδυίη(ι)cι DEFV (-ύηcι V) et Trᵐ: εἰδείηcι A: ἰδυίηcι B: ἰδίη(ι)cι PTr et
A⁸   ἀποξύcαcα ἰδυίηιcι Elmsley   πραπίδεcι DEP   17 ἐνὶ
Schneidewin   χρυcείοιcι Tr et Σ Ar.: -έοιcι BDEFAP: -ίηcι V

88

Αἰcχύλοc δὲ ἐν ταῖc Διονύcου Τροφοῖc (fr. 50 N, 426 M) ἱcτορεῖ
ὅτι καὶ τὰc Διονύcου τροφοὺc μετὰ τῶν ἀνδρῶν αὐτῶν ἀνεψήcαcα
ἐνεοποίηcεν. Cτάφυλοc (FGrHist III A 269 F 11) δέ φηcι τὸν 20
Ἰάcονα τρόπον τινὰ ὑπὸ τῆc Μηδείαc ἀναιρεθῆναι· ἐγκελεύcαcθαι
γὰρ αὐτὴν οὕτωc ὑπὸ τῆι πρύμνηι τῆc Ἀργοῦc κατακοιμηθῆναι,
μελλούcηc τῆc νεὼc διαλύεcθαι ὑπὸ τοῦ χρόνου· ἐπιπεcούcηc γοῦν
τῆc πρύμνηc τῶι Ἰάcονι τελευτῆcαι αὐτόν.

  τὸ δρᾶμα δοκεῖ ὑποβαλέcθαι παρὰ Νεόφρονοc (TrGF 15 Snell) 25
διαcκευάcαc, ὡc Δικαίαρχοc ⟨ἐν ⟩ τοῦ τῆc Ἑλλάδοc βίου (fr.
63 Wehrli) καὶ Ἀριcτοτέληc ἐν ὑπομνήμαcι (fr. 635). μέμφονται
δὲ αὐτῶι τὸ μὴ πεφυλαχέναι τὴν ὑπόκριcιν τὴν Μήδειαν ἀλλὰ
προπεcεῖν εἰc δάκρυα, ὅτε ἐπεβούλευcε τῶι Ἰάcονι καὶ τῆι
γυναικί. ἐπαινεῖται δὲ ἡ εἰcβολὴ διὰ τὸ παθητικῶc ἄγαν ἔχειν καὶ 30
ἡ ἐπεξεργαcία 'μηδ' ἐν νάπαιcι' καὶ τὰ ἑξῆc. ὅπερ ἀγνοήcαc
Τιμαχίδαc (fr. 15a Blinkenberg) τῶι ὑcτέρωι φηcὶ πρώτωι
κεχρῆcθαι, ὡc Ὅμηροc·
  εἵματά τ' ἀμφιέcαcα θυώδεα καὶ λούcαcα (Od. 5. 264).

18 Διονύcου del. Elmsley   τροφαῖc VP   19 καὶ om. EF   τὰc
τοῦ A   ἀφεψήcαcα Elmsley: cf. 12   20 ἐζωοποίηcε(ν) PTr
20–1 τὸν ἰάcονα om. DEF   21 ὑπὸ τῆc μηδείαc ante τὸν ἰάcονα V
ἐγκελεύcαcθαι Lascaris: ἐκκελ- codd.   22 αὐτὴν BAVPTr: -τὴ D: -τῆ
EF   23 ἐμπεcούcηc V   γοῦν fere BDEFA: γὰρ VP et (postmodo
deletum) Tr   25–34 hoc loco DEFA: post Μηδείαc (40) P: hoc
loco τὸ...ὑποβαλέcθαι ceteris omissis V: fere 30b–34 etiam Σ^b ad u. 1
25 παρὰ νεόφρονοc E et D^s: παρὰ νεώφ- D: περὶ νεόφ- F^? (de περὶ mihi non
liquet): παναιόφ- P: γενναιοφρόνωc A   26–7 ὡc...ὑπομνήμαcι om. P
26 supplendum ⟨ἐν ᾱ⟩ uel sim. (Klotz)   τοῦ τῆc Wecklein: τοῦ τε
DEF: περὶ τοῦ τε A   ἑλλάδοc DA: -άδι F: -άδ E^?   28 τὸ D, sicut
coni. Brunck: τῶ EFA et D^c: om. P   πεφυλαχέναι Nauck: -κέναι codd.
τὴν Μήδειαν Beck: τῆ(ι) μηδεία(ι) codd.   29 προπεcεῖν Kirchhoff:
προcπ- DEFP: πεcεῖν A   τῶ(ι) EF: om. DAP   32 πρώτω φηcὶ(ν) P
et Σ^b ad u. 1   33 ὡc καὶ A (∼ Σ^b)   34 τ' Brunck ex Hom. l.c.: δ'
codd. et Σ^b

ΕΥΡΙΠΙΔΟΥ

ΑΡΙΣΤΟΦΑΝΟΥΣ ΓΡΑΜΜΑΤΙΚΟΥ ΥΠΟΘΕCΙC

35 Μήδεια διὰ τὴν πρὸς Ἰάσονα ἔχθραν τῶι ἐκεῖνον γεγαμηκέναι
τὴν Κρέοντος θυγατέρα Γλαύκην ἀπέκτεινε μὲν ταύτην καὶ
Κρέοντα καὶ τοὺς ἰδίους υἱούς, ἐχωρίσθη δ' Ἰάσονος Αἰγεῖ
cυνοικήcουcα. παρ' οὐδετέρωι κεῖται ἡ μυθοποιία. ἡ μὲν cκηνὴ
τοῦ δράματος ὑπόκειται ἐν Κορίνθωι, ὁ δὲ χορὸς cυνέcτηκεν ἐκ
40 γυναικῶν πολιτίδων. προλογίζει δὲ τροφὸς Μηδείας. ἐδιδάχθη
ἐπὶ Πυθοδώρου ἄρχοντος ὀλυμπιάδι π͞ζ ἔτει ᾱ. πρῶτος Εὐφορίων,
δεύτερος Cοφοκλῆς, τρίτος Εὐριπίδης Μηδείαι, Φιλοκτήτηι,
Δίκτυι, Θερισταῖς cατύροις. οὐ cώιζεται.

τὰ τοῦ δράματος πρόσωπα· τροφός, παιδαγωγός, Μήδεια,
45 χορὸς γυναικῶν, Κρέων, Ἰάcων, Αἰγεύς, ἄγγελος, παῖδες
Μηδείας.

Inscriptio ἀριcτοφανοῦc γραμματικοῦ ὑπόθεcιc D: ἄλλως ἀ- γ- ὑπ- B: ἀ- γ-
ὑπ- μηδείας A: om. FP   35 τὸν ἰάcονα A   36 τὴν... θυγατέρα Γλαύκην
Diggle: τὴν γλ-... θ- P: τὴν... θ- BDFA   36–7 ταύτην καὶ Κρέοντα
Schwartz: γλαύκην καὶ κρ- P: γλ- κρ- DFA: κρ- B, γλ- Bˢ   38 cυνοική-
cουcα Lascaris: -ήcαcα codd.   38–40 (ἡ... Μηδείαc) hoc loco BP: post
46 DE: 38–40 (ἡ... πολιτίδων) post ἔτει ᾱ (41), cetera (ut C) post 46 A
40 ἐδιδάχθη FAP: ἐδ- δὲ D   41 ἐπὶ DFP: ὑπὸ A   Πυθοδώρου
Brunck: πυθιο- codd.   ὀλυμπιάδι DF: -ιάδος P: -ῐδ Aˀ   ἔτει ᾱ
Matthiae: ἔτει +´ Hn: ἐ͞τ F: ῐδ ͞ϛ D: δ͞ϛ A: om. P   42 μηδεία D:
μήδεια FP   φιλοκτήτη F: -της DP   43 Δίκτυι Kirchhoff: δίκτι DF:
δίκτης P   Θερισταῖς cατύροις Kirchhoff: θεριcταὶ cάτυροc codd.
44–6 personas hoc ordine O (πρέcβυc pro παιδαγωγός): τρ- κρ- παῖδες μ- παι-
ιά- χο- γ- αἰ- μή- ἄγ- fere BCDEFV (τρ- om. C): τρ- πρεcβύτης κρ- παῖδες αἰ- μή-
ἄγ- A: τρ- κρ- παι- μή- χο- γ- αἰ- ἰά- παῖδες ἄγ- LP   post personarum
indicem προλογίζει τροφὸς μηδείας C (uide ad 38–40)

(b)

Β̄ Μήδεια, ἧc ἀρχ[ή·
ε]ἴθ' ὤφελ' Ἀργοῦc μὴ δ[ιαπτάcθαι cκάφοc. ἡ δ' ὑπόθεcιc·
](.)τὸν Πελίου φόνον . [
]γενόμενοc ἦλθεν ε[ἰc Κόρινθον   Μήδει-
]ạν παραιτηcάμενο[c   Κρέον-   5
]τοc τοῦ βαcιλεύοντοc[ἡ δὲ Μή-
]δεια βάρβαρον τρόπον[
]τα θυμὸν ἐβούλετο τ . [
...]ωṇ λαβεῖν· ὁ δὲ Κρέ[ων
..].η[.] ἐκέλευcε μετὰ [τῶν παίδων   10
φυ[γάδ]α γεṇέcθαι ...[
ην αἰτηcαμένηc . [cυνεχώ-
ρηcεν· ἡ δ' ἐṇταῦθα π[πε-
ριεγενήθη· τὸν γὰρ π[
Αἰγέα κατὰ τύχην ἐπ[ιφανέντα   (ε)αυ-   15
την ὑποδέξαcθαι [
ὑποκριθεῖcα⟦ν⟧ πρọ̀[c   κο-

(b) Pap. IFAO inv. PSP 248, ed. Papathomopoulos, Rech. de Pap. 3 (1964) 37–47, denuo Austin, Noua fr. Eur. in pap. rep. 91. praeter ea quae memorantur omnia suppl. ed. pr.

3 δι]ạ̀ ed. pr., sed num quid ante τὸν scriptum sit incertum est δ[ιαπραξάμενοc (Barrett) 'Ιάcων καὶ φυγὰc Page   4 ἐπαγόμενοc Barrett 5 δὲ ταύτην ἠγγυήcατο τὴν Barrett   6 [ἐνταῦθα θυγατέρα Γλαύκην Barrett   7–8 [ἐμφανίζουcα καὶ περιοργιcθέν]τα fere Page (περι- Barrett, ὑπερ- Page)   8 τι[μ̣ωρίαν ed. pr., τε[ιμωρίαν Austin, sed τη[uix minus ueri sim.   9 γάμ]ων ed. pr. (ἕνεκα τῶν ἐπειcάκτων γάμ]ων Page), κακ]ων̣ Diggle (cf. 261)   δεδιὼc τὸ δυcκατάλλακτον Barrett 10 αὐ]τῇ[c] Page   τῆc χώραc αὐτίκα Barrett   11 leg. et suppl. Barrett   11–12 τῆc [δ' ἀναβολὴν βραχεῖαν εἰc παραcκευ]ὴν Barrett 12 μ[ίαν ἡμέραν ἐπικαταμεῖναι fere Page (ἐπι- Barrett)   13 δεṇ- uel δεεṇ- uel τ[π[αραcκευάcαcα δόλον Snell, π[ροcδιατρίβουcα δόλωι τῶν ἐχθρῶν Barrett   13–14 πε]ριεγενήθη leg. et suppl. Page   14 suppl. Barrett   15 suppl. Π[ανδίονοc υἱὸν ed. pr., statim βαcιλέα δ' Ἀθηνῶν Page Barrett   15–16 παρέπειcεν ἐφέcτιον αὐ]τὴν Barrett (αὐ]τὴν ed. pr.), κατέλαβεν ὅρκοιc ἑαυ]τὴν Diggle   16 fin. εὐοργηcίαν Page 17 ⟦ν⟧προ[leg. Barrett   πρọ̀[c 'Ιάcονα τοὺc παῖδαc ἔπεμψε Page (ἔπεμψε τοὺc παῖδαc ed. pr.)

μίζοντας δῶρα τῆι [Γλαύκηι   χρυ-
coῦν cτέφανον, οἷ[c
20 μετὰ ἀνίας ἀπέλιπ[ε
ἀπέδρ[υ]ψεν· ὁ δὲ π[ατὴρ   βο-
ηθεῖν δὲ τῆι θυγατρὶ [αὐ-
τῆc ἀπο̣c̣π̣ᾶ̣c̣αι τα . . [
. . . εκρ . . . [. . .] . . . [
25 π̣ε̣ . ρα̣ . . . . [. . .]ε . . . [

18 *πέπλον πολυτελῆ καὶ* Barrett (*πέπλον καὶ* ed. pr.)   19 *ἐκείνη* (ed.
pr.) *κατακοcμηθεῖcα τὸν βίον* Barrett   20 *-λιπ[ε τὸν βίον* ed. pr.
-λιπ[ε, φαρμαχθεὶc γὰρ ὁ πέπλοc τὰc cάρκαc Barrett   21 init. leg. et
suppl. Barrett   *αὐτῆc αὐτίκα παρεγένετο* Diggle   22–3 [*βουλόμενος*
(ed. pr.) *καὶ πειρώμενος ἀπ' αὐ*]*τῆc* Page   23 *ἀποcπᾶcαι* leg. Page
τ̣ . [uel π̣ . [ut uid.   25 *πεπραγμέν̣[ον* ed. pr.   ]ετ uel]επ

argumenti fragmenta exigua in P. Oxy. 2455, fr. 1 (uide Austin 92) num
ad Medeam pertineant incertum est

fabula anno 431 a.C. acta

ΜΗΔΕΙΑ

ΤΡΟΦΟΣ

Εἴθ' ὤφελ' Ἀργοῦς μὴ διαπτάσθαι σκάφος
Κόλχων ἐς αἶαν κυανέας Cυμπληγάδας,
μηδ' ἐν νάπαιςι Πηλίου πεςεῖν ποτε
τμηθεῖςα πεύκη, μηδ' ἐρετμῶςαι χέρας
ἀνδρῶν ἀριςτέων οἳ τὸ πάγχρυςον δέρος   5
Πελίαι μετῆλθον. οὐ γὰρ ἂν δέςποιν' ἐμὴ
Μήδεια πύργους γῆς ἔπλευς' Ἰωλκίας
ἔρωτι θυμὸν ἐκπλαγεῖς' Ἰάςονος·
οὐδ' ἂν κτανεῖν πείςαςα Πελιάδας κόρας
πατέρα κατώικει τήνδε γῆν Κορινθίαν   10
ξὺν ἀνδρὶ καὶ τέκνοιςιν, ἀνδάνουςα μὲν
†φυγῆι πολιτῶν† ὧν ἀφίκετο χθόνα
αὐτῶι τε πάντα ξυμφέρους' Ἰάςονι·
ἥπερ μεγίστη γίγνεται ςωτηρία,
ὅταν γυνὴ πρὸς ἄνδρα μὴ διχοςτατῆι.   15
νῦν δ' ἐχθρὰ πάντα καὶ νοςεῖ τὰ φίλτατα.
προδοὺς γὰρ αὑτοῦ τέκνα δεςπότιν τ' ἐμὴν
γάμοις Ἰάςων βαςιλικοῖς εὐνάζεται,
γήμας Κρέοντος παῖδ', ὃς αἰςυμνᾶι χθονός.
Μήδεια δ' ἡ δύςτηνος ἠτιμαςμένη   20

codd.: Π¹(5–12); Π²(20–); Ω = BOCDEFAV; LP

Inscriptio μήδεια V: εὐριπίδου μ- EFLP: om. BOCDA   1ⁿ τρ. om.
CE; [D]   2 Αἶαν ¹Σᵇ   5 ἀριςτέων Wakefield: ἀρίςτων codd. et Σᵇ
τὸ] δε Π¹   δέρος Π¹L et Eust. in Il. p. 600. 12: δέρας cett. et Σᵇᵛ
7 ἰολκίας (Π¹)C   8 θυμὸν] θυμω δ Π¹ (~ Eust. in Il. p. 374. 13)
9 οὐδ' ἂν] οταν Π¹   10 κατοικη Π¹; -ώκη Vˢ   11 ξὺν VLP: ςὺν Π¹Ω
12 πολιτῶν codd. et Σᵇᵛ: πολίταις (Bᵍ¹)Vˢ, sicut coni. Barnes   χθονος
Π¹   13 αὐτῶι Sakorraphos: αὐτή codd. et gE et Stob. 4. 23. 30   δὲ
Stob. (~ gE)   ξυμ- V: ςυμ- ΩLP et gE et Stob. et Eust. in Il. p. 734.
14 et Apollon. lex. Hom. 146. 22 Bekker   16 τὰ πάντα C et gE
17 αὑτοῦ Hn: αὐτοῦ codd.

93

ΕΥΡΙΠΙΔΟΥ

βοᾶι μὲν ὅρκους, ἀνακαλεῖ δὲ δεξιᾶς
πίστιν μεγίστην, καὶ θεοὺς μαρτύρεται
οἵας ἀμοιβῆς ἐξ Ἰάσονος κυρεῖ.
κεῖται δ' ἄσιτος, σῶμ' ὑφεῖσ' ἀλγηδόσιν,
τὸν πάντα συντήκουσα δακρύοις χρόνον   25
ἐπεὶ πρὸς ἀνδρὸς ἤισθετ' ἠδικημένη,
οὔτ' ὄμμ' ἐπαίρουσ' οὔτ' ἀπαλλάσσουσα γῆς
πρόσωπον· ὡς δὲ πέτρος ἢ θαλάσσιος
κλύδων ἀκούει νουθετουμένη φίλων,
ἢν μή ποτε στρέψασα πάλλευκον δέρην   30
αὐτὴ πρὸς αὑτὴν πατέρ' ἀποιμώξηι φίλον
καὶ γαῖαν οἴκους θ', οὓς προδοῦσ' ἀφίκετο
μετ' ἀνδρὸς ὅς σφε νῦν ἀτιμάσας ἔχει.
ἔγνωκε δ' ἡ τάλαινα συμφορᾶς ὕπο
οἷον πατρώιας μὴ ἀπολείπεσθαι χθονός.   35
στυγεῖ δὲ παῖδας οὐδ' ὁρῶσ' εὐφραίνεται.
δέδοικα δ' αὐτὴν μή τι βουλεύσηι νέον·
[βαρεῖα γὰρ φρήν, οὐδ' ἀνέξεται κακῶς
πάσχουσ'· ἐγῶιδα τήνδε, δειμαίνω τέ νιν
μὴ θηκτὸν ὤσηι φάσγανον δι' ἥπατος,   40
σιγῆι δόμους ἐσβᾶσ' ἵν' ἔστρωται λέχος,
ἢ καὶ τύραννον τόν τε γήμαντα κτάνηι

codd.: Π²(-26); Ω = BOCDEFAV; LP

21 δεξιᾶς CDEFA et OᶜVᶜ: -ὰς BOVLP et gE et Σᵛ Ar. Nub. 81 et Chr.
Pat. 51: ambiguum Π²   23 κυροῖ C? et gE; [Π²]   24 ἀλγηδόσι(ν)
DEFAVLP et ¹Σᵇ: -δόνι BOC et Σᵇ ad 97 et gE: [Π²]   25 συντείνουσα
ᵞᴾΣᵇ (∼ gE et Chr. Pat. 46); [Π²]   29 νουθετημένη EV (∼ V² et gE)
30 ἢν BODEFLP et V³ᵞᴾ: ἢν Α⟨V⟩: ἢ C et Vᶜ   μή] δή Lˢ   δέρην]
κάρα ⟨E?⟩L (∼ E²)   31 αὐτὴν ODEF et B²Lᶜ: αὑτὴν BCAVLP
ἀποιμώξη BCLP: -ξει O: -ζη F et E²: -ζει DEAV   33 ὅς OP et
B²EᶜFᶜ: ὅ BDEFAVL et ¹Σᵇ: ὡς C   34 δ' ἥ] δὲ C et gE (∼ Eust. in Il.
pp. 1093. 7, 1203. 30)   35 μὴ 'πο- LP (∼ gE)   37 νέον DEFALP
et V³ᵞᴾ et Chr. Pat. 489, 1075, 1172: κακόν BOCV et ¹Σᵛ et gE
38–43 del. Dindorf (iam 41 Musgrave, 42 Valckenaer et Pierson, 41–3
Hermann, 40–3 Nauck)   39 τέ Ω: δέ LP: γε E   42 τόν τε
BOCDFAP et V²Lᶜ: τόνδε V: τόν γε E: τόν** L

94

κἄπειτα μείζω cυμφορὰν λάβηι τινά.]
δεινὴ γάρ· οὗτοι ῥαιδίωc γε cυμβαλὼν
ἔχθραν τιc αὐτῆι καλλίνικον ᾁcεται.　　　　45
ἀλλ' οἵδε παῖδεc ἐκ τρόχων πεπαυμένοι
cτείχουcι, μητρὸc οὐδὲν ἐννοούμενοι
κακῶν· νέα γὰρ φροντὶc οὐκ ἀλγεῖν φιλεῖ.

ΠΑΙΔΑΓΩΓΟC

　　παλαιὸν οἴκων κτῆμα δεcποίνηc ἐμῆc,
　　τί πρὸc πύλαιcι τήνδ' ἄγουc' ἐρημίαν　　　　50
　　ἔcτηκαc, αὐτὴ θρεομένη cαυτῆι κακά;
　　πῶc cοῦ μόνη Μήδεια λείπεcθαι θέλει;
Τρ.　τέκνων ὀπαδὲ πρέcβυ τῶν 'Ιάcονοc,
　　χρηcτοῖcι δούλοιc ξυμφορὰ τὰ δεcποτῶν
　　κακῶc πίτνοντα καὶ φρενῶν ἀνθάπτεται.　　55
　　ἐγὼ γὰρ ἐc τοῦτ' ἐκβέβηκ' ἀλγηδόνοc
　　ὥcθ' ἵμερόc μ' ὑπῆλθε γῆι τε κοὐρανῶι
　　λέξαι μολούcηι δεῦρο δεcποίνηc τύχαc.
Πα.　οὔπω γὰρ ἡ τάλαινα παύεται γόων;
Τρ.　ζηλῶ c'· ἐν ἀρχῆι πῆμα κοὐδέπω μεcοῖ.　　60

codd.: *Π*²(57–); H(51–); *Ω* = BOCDEAV; LP

43 om. D　　44 οὗτοι BCDEV et A⁸ et gE: οὗτι OALP　　45 ᾁcεται
Muretus: οἴcεται codd. et gE: uide Stinton, JHS 97 (1977) 140
46 τροχῶν uoluit ut uid. Trypho (fr. 11 Velsen) ap. Ammon. de uoc. diff.
478 Nickau (~ *Σ*ᵇ et Stob. 4. 24. 55 et Choerob. in Theod. i. 236. 15 et Phot.
230 Naber et Et. Ma. 769. 51)　　49ⁿ παιδαγωγόc ALP: πρέcβυc uel
πρεcβύτηc OCEV: πρεcβύτηc καὶ παιδαγωγόc B: [D]　　54 ξυμ- H*Ω* et
Stob. 4. 19. 37: cυμ- LP et gV et Ael. n.a. 7. 28　　55 πίτνοντα HOC et
fort. gV: -όντα DVP: -οῦντα L et B²: -ῶντα BEA et O²: πίπτοντα Stob.:
de Ael. incertum　　57 μ' ὑπῆλθε codd. et anon. in PSI 134.
5 (= TrGF adesp. 650. 5) et Philem. fr. 79. 1 Kock et Chr. Pat. 57 et *Σ*ᵇ⁽ᵛ⁾
Ph. 1 (μ' om. *Σ*ᵛ): μοι super μ' B²: μ' ἐπῆλθέ μοι *Σ*ᵐ⁽ᵗ⁾ Ph. 1 (μ' om. *Σ*ᵗ)
58 μολούcη(ι) (*Π*²)H*Ω* et fort. ⟨L⁸⟩Pᶜ et *Σ*⁽ʰ⁾ᵇᵛ et *Σ*ᵇᵛ Ph. 1: μολοῦcαν L
et fort. Pᵃᶜ et V³ et Chr. Pat. 58: dat. (μολόντι) Philem.　　δεcποίνηc
H*Ω* et V⁸ et *Σ*ᵇ Ph. 1: μηδείαc *Π*²VLP (cf. Enn. scaen. 223 Jocelyn): om.
*Σ*ᵛ Ph. 1　　59ⁿ πα. AVLP: πρ. BOCE: τρ. H: paragr. *Π*²: [D]

Πα. ὦ μῶρος, εἰ χρὴ δεσπότας εἰπεῖν τόδε·
     ὡς οὐδὲν οἶδε τῶν νεωτέρων κακῶν.
Τρ. τί δ' ἔστιν, ὦ γεραιέ; μὴ φθόνει φράσαι.
Πα. οὐδέν· μετέγνων καὶ τὰ πρόσθ' εἰρημένα.
Τρ. μή, πρὸς γενείου, κρύπτε σύνδουλον σέθεν·   65
     σιγὴν γάρ, εἰ χρή, τῶνδε θήσομαι πέρι.
Πα. ἤκουσά του λέγοντος, οὐ δοκῶν κλύειν,
     πεσσοὺς προσελθών, ἔνθα δὴ παλαίτεροι
     θάσσουσι, σεμνὸν ἀμφὶ Πειρήνης ὕδωρ,
     ὡς τούσδε παῖδας γῆς ἐλᾶν Κορινθίας   70
     σὺν μητρὶ μέλλοι τῆσδε κοίρανος χθονὸς
     Κρέων. ὁ μέντοι μῦθος εἰ σαφὴς ὅδε
     οὐκ οἶδα· βουλοίμην δ' ἂν οὐκ εἶναι τόδε.
Τρ. καὶ ταῦτ' Ἰάσων παῖδας ἐξανέξεται
     πάσχοντας, εἰ καὶ μητρὶ διαφορὰν ἔχει;   75
Πα. παλαιὰ καινῶν λείπεται κηδευμάτων,
     κοὐκ ἔστ' ἐκεῖνος τοῖσδε δώμασιν φίλος.
Τρ. ἀπωλόμεσθ' ἄρ', εἰ κακὸν προσοίσομεν
     νέον παλαιῶι, πρὶν τόδ' ἐξηντληκέναι.
Πα. ἀτὰρ σύ γ', οὐ γὰρ καιρὸς εἰδέναι τόδε   80
     δέσποιναν, ἡσύχαζε καὶ σίγα λόγον.
Τρ. ὦ τέκν', ἀκούεθ' οἷος εἰς ὑμᾶς πατήρ;
     ὄλοιτο μὲν μή· δεσπότης γάρ ἐστ' ἐμός·
     ἀτὰρ κακός γ' ὢν ἐς φίλους ἁλίσκεται.

codd.: Π²(-63); H; Ω = BOCDEAV; LP

61ⁿ πα. AVLP: πρ. HBOCE: paragr. Π²: [D]   63 γηραιέ EV; [Π²]
64ⁿ πα. ALP: πρ. H²BOCEV: [D]   67ⁿ πα. CLP: πρ. BOEAV: om.
H?: [D]   68 πεσσοὺς] θώκους Chr. Pat. 1181   παλαίτεροι Pierson e
Chr. Pat.: -τατοι codd.   71 μέλλοι OCDAV: -ει BELP: μέλλ*ι H
73 τάδε V³ et Chr. Pat. 1186 (∼ gE)   74 τοῦτ' P (∼ gE)   76ⁿ πα.
CLP: πρ. HBOEAV: [D]   76 βουλευμάτων E et gE (∼ P. Oxy. 3214.
8 et gV et Chr. Pat. 76)   78 ἄρ'] ἂν C et gE; ἅ σ' D   80ⁿ πα.
HCVLP: πρ. BOEA: [D]   80 αὐτὰρ EP et cod. A Chr. Pat. 1241
τόδε HΩ: τάδε LP et Chr. Pat.   82 ὑμᾶς Ω: ἡμᾶς HC⁷LP
84 κακῶς H (∼ Hˢ et Σʰ et gE)   γ' LP: om. HΩ et ¹Σᵛ et gE

Πα.   τίc δ' οὐχὶ θνητῶν; ἄρτι γιγνώcκειc τόδε,   85
        ὡc πᾶc τιc αὑτὸν τοῦ πέλαc μᾶλλον φιλεῖ,
        [οἱ μὲν δικαίωc, οἱ δὲ καὶ κέρδουc χάριν,]
        εἰ τούcδε γ' εὐνῆc οὕνεκ' οὐ cτέργει πατήρ;
Τρ.   ἴτ', εὖ γὰρ ἔcται, δωμάτων ἔcω, τέκνα.
        cὺ δ' ὡc μάλιcτα τούcδ' ἐρημώcαc ἔχε   90
        καὶ μὴ πέλαζε μητρὶ δυcθυμουμένηι.
        ἤδη γὰρ εἶδον ὄμμα νιν ταυρουμένην
        τοῖcδ', ὥc τι δραcείουcαν· οὐδὲ παύcεται
        χόλου, cάφ' οἶδα, πρὶν καταcκῆψαί τινι.
        ἐχθρούc γε μέντοι, μὴ φίλουc, δράcειέ τι.   95

ΜΗΔΕΙΑ (ἔcωθεν)
        ἰώ,
        δύcτανοc ἐγὼ μελέα τε πόνων,
        ἰώ μοί μοι, πῶc ἂν ὀλοίμαν;
Τρ.   τόδ' ἐκεῖνο, φίλοι παῖδεc· μήτηρ
        κινεῖ κραδίαν, κινεῖ δὲ χόλον.
        cπεύδετε θᾶccον δώματοc εἴcω   100
        καὶ μὴ πελάcητ' ὄμματοc ἐγγὺc
        μηδὲ προcέλθητ', ἀλλὰ φυλάccεcθ'
        ἄγριον ἦθοc cτυγεράν τε φύcιν
        φρενὸc αὐθαδοῦc.

codd.: H; Ω = BOCDEAV; LP

85ⁿ πα. HCVLP: πρ. BOEA: [D]   85 γι(γ)νώcκειc Ω et H²Lᶜ et
Σʰᵇᵛ: -κει H⟨L⟩P et Vᵞʳ et gV et histriones (τοῦτο γ- cαφῶc) sec. Σʰᵇ
87 del. Brunck cl. Σᵇᵒᵛ   89ⁿ om. A; [D]   89 ἔcω AV: εἴcω
HBOCDELP   90ⁿ nullam notam HOAVLP: πα. C: πρ. BE: [D]
90 δ' HΩ: θ' LP   94 τινι Blomfield: τινα codd.   96 ἰώ del. Tr; ὤ
Σʳ Ar. Pax 1012; ἰὼ ἰώ Diggle (uide PCPS n.s. 20 [1974] 23)
δύcτανοc HΩ: -ηνοc VLP et Σ Ar.   98 μήτηρ BE et gE: μάτηρ LP: μ̄η̄ρ
HOCDAV   99 κραδίην C et gE   100 cπεύδετε HΩ: cπεύcατε LP
θᾶccον BEVLP: θᾶττον HOCDA   102 μηδὲ] καὶ μὴ HA; μὴ Dᶦᶜ;
om. D   φυλάccεcθ'] -εcθ' B et gE: -εcθε EAVP et Cᶜ: -εcθαι C: -εθ' O:
-ῆcθε H (τε super θε scr.): -ηcθ' D: -ετε Lᶜ: -ε** L

ἴτε νυν, χωρεῖθ' ὡς τάχος εἴcω.   105
δῆλον ἀπ' ἀρχῆς ἐξαιρόμενον
νέφος οἰμωγῆς ὡς τάχ' ἀνάψει
μείζονι θυμῶι· τί ποτ' ἐργάcεται
μεγαλόcπλαγχνοc δυcκατάπαυcτοc
ψυχὴ δηχθεῖcα κακοῖcιν;   110

Μη.   αἰαῖ,
ἔπαθον τλάμων ἔπαθον μεγάλων
ἄξι' ὀδυρμῶν. ὦ κατάρατοι
παῖδεc ὄλοιcθε cτυγερᾶc ματρὸc
cὺν πατρί, καὶ πᾶc δόμοc ἔρροι.

Τρ.   ἰώ μοί μοι, ἰὼ τλήμων.   115
τί δέ cοι παῖδεc πατρὸc ἀμπλακίαc
μετέχουcι; τί τούcδ' ἔχθειc; οἴμοι,
τέκνα, μή τι πάθηθ' ὡc ὑπεραλγῶ.
δεινὰ τυράννων λήματα καί πωc
ὀλίγ' ἀρχόμενοι, πολλὰ κρατοῦντεc   120
χαλεπῶc ὀργὰc μεταβάλλουcιν.
τὸ γὰρ εἰθίcθαι ζῆν ἐπ' ἴcοιcιν
κρεῖccον· ἐμοὶ γοῦν ἐπὶ μὴ μεγάλοιc
ὀχυρῶc γ' εἴη καταγηράcκειν.

codd.: H; Ω = BOCDEAV; LP

105 νυν Porson: νῦν codd.   106 ἀπ' Diggle: δ' HΩ et Tr et ¹Σᵛ: δ'
ἐξ O⟨L⟩P et Vˢ et Σᵛ   107 τάχιcτ' OC   ἀνάξει L et nouit Σʰᵇᵛ,
unde ἀνάιξει Hermann (noluit Elmsley)   108 μείζονα θυμόν Vˢ
109 μελανόcπλαγχνοc Herwerden   110 κακοῖcι(ν) L et Galen. plac. p.
198 de Lacy et Stob. 3. 20. 30: κακοῖc ἡ τῆc μηδείαc HΩP et gE
111 αἰαῖ fere ELP: ἒ ἒ fere BOC et Eˢ: αἲ αἲ ἒ ἒ fere HD et O²: ἒ ἒ αἲ αἲ V:
ἒ ἒ ἒ ἒ A: fort. αἰαῖ αἰαῖ praeferendum (uide ad 96)   τλάμων LP:
τλήμων HΩ et Aᶜ: ∗∗∗μων A   ἔπαθον alterum om. LP   113 ματρὸc
LP: μητρὸc HBDA: μρὲ OCEV   115ⁿ τρ. HBCEAL: om. OVP et B²:
[D]   115 τλήμων Ω: τλῆμον fere HALP (-ῆ- Aᶜ, -ή- A; -η- H)
116ⁿ nullam notam HBCEAL: τρ. OVP et B²: [D]   117 ἔχειc VP
(~ Vᶜ)   121 ὀργὴν Eust. in Il. p. 55. 29 (~ gVgB)   123 ἐπὶ μὴ
μεγάλοιc Barthold (ἐν μὴ μ- Mikkelsen): εἰ μὴ μεγάλωc fere codd. (-ων
D⟨gB²⟩ ~ DˢgBᶜ) et ¹Σʰᵇ et gVgB et Chr. Pat. 506   124 γ' Reiske: τ'
codd. et gVgB: del. Musgrave

ΜΗΔΕΙΑ

τῶν γὰρ μετρίων πρῶτα μὲν εἰπεῖν   125
τοὔνομα νικᾶι, χρῆϲθαί τε μακρῶι
λῶιϲτα βροτοῖϲιν· τὰ δ' ὑπερβάλλοντ'
οὐδένα καιρὸν δύναται θνητοῖϲ,
μείζουϲ δ' ἄταϲ, ὅταν ὀργιϲθῆι
δαίμων οἴκοιϲ, ἀπέδωκεν.   130

ΧΟΡΟϹ

ἔκλυον φωνάν, ἔκλυον δὲ βοὰν
τᾶϲ δυϲτάνου Κολχίδοϲ· οὐδέπω
ἤπιοϲ; ἀλλ', ὦ γεραιά, λέξον.
ἀμφιπύλου γὰρ ἔϲω μελάθρου γόον   135
ἔκλυον, οὐδὲ ϲυνήδομαι, ὦ γύναι,
ἄλγεϲι δώματοϲ,
ἐπεί μοι φιλία κέκραται.

Τρ.   οὐκ εἰϲὶ δόμοι· φροῦδα τάδ' ἤδη.
τὸν μὲν γὰρ ἔχει λέκτρα τυράννων,   140
ἡ δ' ἐν θαλάμοιϲ τήκει βιοτὴν
δέϲποινα, φίλων οὐδενὸϲ οὐδὲν
παραθαλπομένη φρένα μύθοιϲ.

codd.: Π¹⁰(139–); H; Ω = BOCDEAV; LP

128 θνητοῖϲ] βροτοῖϲ V et gV (~ gB)   130 ἀπέδωκεν HΩP et DˢTr
et gVgB: -καν DL   131 φωνᾶν BA (~ B²Aᶜ)   βοᾶν in -àν uel -àν in
-àν mut. C   132 τῆϲ OV   δυϲτάνου HBDAVLP: -τήνου OCE
133 interrogationis notam habent BDA: om. HOCEVLP   γηραιά V
135 ἀμφιπύλου Weil: ἐπ' ἀμφ- codd. et Σʰᵇᵒᵛ   γόον Elmsley: βοὰν
BODEALP: βοὴν HCV   136 ὦ om. P et Tr; [L]   138 μοι] μὴ
V²Tr (~ ⟨V⟩V³)   φιλία κέκραται Porson: φίλον κέκραται OE: φίλον
κέκρανται H?BCDAVLP (φίλωϲ Vˢ) et ¹Σʰᵇ: φίλα κέκραται Tr
140 τὸν HE, sicut coni. Musgrave: ὁ ΩLP et H⁸: οϲ Π¹⁰   ἔχει
...τυράννων] ἤδη...τυράννων ἔχει DE; [Π¹⁰]   λέκτρα HΩ: δῶμα
LP: [Π¹⁰]   141 τήκει A et gE: τάκει HΩLP: [Π¹⁰]   βιοτὴν Dindorf:
-τὰν codd. et gE: [Π¹⁰]   143 παραθαλπομένη V: -μένα HΩLP et
gE: [Π¹⁰]   φρένα om. HDA (~ H²Aʳ et gE); [Π¹⁰]

Μη. αἰαῖ,
διά μου κεφαλᾶc φλὸξ οὐρανία
βαίη· τί δέ μοι ζῆν ἔτι κέρδος;   145
φεῦ φεῦ· θανάτωι καταλυcαίμαν
βιοτὰν cτυγερὰν προλιποῦcα.

Χο. ἄιεc, ὦ Ζεῦ καὶ Γᾶ καὶ φῶc,   [cτρ.
ἀχὰν οἵαν ἁ δύcτανοc
μέλπει νύμφα;   150
τίc cοί ποτε τᾶc ἀπλάτου
κοίταc ἔροc, ὦ ματαία;
cπεύcειc θανάτου τελευτάν;
μηδὲν τόδε λίccου.
εἰ δὲ còc πόcιc καινὰ λέχη cεβίζει,   155
κείνωι τόδε μὴ χαράccου·
Ζεύc cοι τάδε cυνδικήcει.
μὴ λίαν τάκου δυρομένα còν εὐνέταν.

Μη. ὦ μεγάλα Θέμι καὶ πότνι᾽ Ἄρτεμι,   160
λεύccεθ᾽ ἃ πάcχω, μεγάλοιc ὅρκοιc
ἐνδηcαμένα τὸν κατάρατον
πόcιν; ὅν ποτ᾽ ἐγὼ νύμφαν τ᾽ ἐcίδοιμ᾽
αὐτοῖc μελάθροιc διακναιομένουc,
οἵ᾽ ἐμὲ πρόcθεν τολμῶc᾽ ἀδικεῖν.   165

codd.: *Π*¹⁰(- 147); H; *Ω* = BOCDEAV; LP

144 κεφαλῆc V et *Σ*ᵇ ad 169 et Hierocl. in aur. carm. 14. 12 (~ gB);
[*Π*¹⁰]   148 καὶ φῶc καὶ γᾶ H   ὦ Ζεῦ καὶ Γᾶ καὶ φῶc Medeae trib.
Apollod. Tarsensis ap. *Σ*ᵇ hic et ad 169   149 ἀχὰν Elmsley: ἰαχὰν
codd. et *Σ*ᵇ ad 169   δύcτανοc BODAVL: -τηνοc HCEP   151 τίc L
et V³ et *Σ*ʰᵇ: τί HΩP et ⁱⁱ*Σ*ᵛ: καὶ Hˢ   ἀπλάτου Elmsley: ἀπλάcτου HΩ:
-ήcτου DLP et Bˢ et *Σ*ʰᵇ: cf. *Σ*ʰᵇᵒᵛ ἀκορέcτου   152 ἔροc Hᶜ⁷ Tr: ἔρωc
codd.   153 cπεύcειc Blaydes (uel cπεύδειc): cπεύcει HΩLP et *Σ*ʰᵇ:
cπεύδει E et V³ et *Σ*ᵛ   cπεύcει...τελευτά (sine interrog.) Weil
157 μή] μοι C; om. A (~ Eust. in Il. p. 633. 43)   158 ζεῦ C; ζεύ A
(~ Aʳ⁷)   τάδε LP: τόδε HΩ   159 δυρομένα Musgrave: ὀδυρ- codd.
εὐνέταν] εὐνάταν O⁷ (~ Oᶜ) et Eˢ, sicut coni. Tyrwhitt; -νάτην E
162 ἐνδηcαμένα BOCV: -μένη HDEALP   165 οἵ᾽ ἐμὲ Kaibel: οἵ γέ με
fere codd.

ΜΗΔΕΙΑ

ὦ πάτερ, ὦ πόλις, ὧν ἀπενάςθην
αἰςχρῶς τὸν ἐμὸν κτείναςα κάςιν.

Τρ.   κλύεθ' οἷα λέγει κἀπιβοᾶται
Θέμιν εὐκταίαν Ζῆνά θ', ὃς ὅρκων
θνητοῖς ταμίας νενόμισται;   170
οὐκ ἔςτιν ὅπως ἔν τινι μικρῶι
δέςποινα χόλον καταπαύςει.

Χο.   πῶς ἂν ἐς ὄψιν τὰν ἀμετέραν   [ἀντ.
ἔλθοι μύθων τ' αὐδαθέντων
δέξαιτ' ὀμφάν,   175
εἴ πως βαρύθυμον ὀργὰν
καὶ λῆμα φρενῶν μεθείη;
μήτοι τό γ' ἐμὸν πρόθυμον
φίλοιςιν ἀπέςτω.
ἀλλὰ βᾶϲά νιν δεῦρο πόρευϲον οἴκων   180
ἔξω· φίλα καὶ τάδ' αὔδα,
ϲπεύϲαϲά τι πρὶν κακῶϲαι
τοὺς ἔϲω· πένθος γὰρ μεγάλως τόδ' ὁρμᾶται.

Τρ.   δράϲω τάδ'· ἀτὰρ φόβος εἰ πείϲω
δέϲποιναν ἐμήν·   185
μόχθου δὲ χάριν τήνδ' ἐπιδώϲω.

codd.: H; Ω = BOCDEAV; LP

166–7 ὧν κάϲιν αἰϲχρῶς / τὸν ἐμὸν κτείναϲ' ἀπενάϲθην Heimsoeth
post 167 excidisse paroemiacum suspicatur Witzschel, quattuor syllabarum
uocabulum Kirchhoff   169 Ζῆνά θ'] Ζηνὸς Nauck   170 θνητοῖς
ΗΩ: θνα- LP   171 κοὺκ V (∼ gE)   μικρῶ(ι) ΗΩ et Tr et Σᵇ et gE:
ϲμι- E⟨L⟩P   173 ἡμετέραν EP   175 δέξαιτ'] δέξεταί τ' CE; δέξετ'
Hᶜ ᵘᵛ; [H]   176 εἶ] ἤ O et Vʸᴾ; οὔ Vᶜ; [H]   ὀργὴν V et Hᵃ; om. H
177 καὶ μεθείη λ- φρ- H   178ⁿ nullam notam AL: τρ. OCEVP et
HᶜTr et in ras. B: [HD]   178 μήτοι BOV et Lᶜ: μή μοι HCDEAP et
Tr: μή τι L   179ⁿ nullam notam ΩLP: τρ. H: [D]   180ⁿ nullam
notam L: χο. ΗΩP et Tr: [D]   181 καὶ τάδ'] τἀνθάδ' Polle
182 ϲπεύϲαϲά Schöne: ϲπεῦϲαι HBOCDA: ϲπεῦϲον VLP: ϲπεῦδε E: ϲπεῦϲον
δὲ Hermann   τι πρὶν C: πρίν τι ΗΩLP   183 ἔϲω Brunck: εἴϲω codd.
185 om. B (∼ Σᵇ)   ἐμάν CL

καίτοι τοκάδος δέργμα λεαίνης
ἀποταυροῦται δμωσίν, ὅταν τις
μῦθον προφέρων πέλας ὁρμηθῆι.
σκαιοὺς δὲ λέγων κοὐδέν τι σοφοὺς   190
τοὺς πρόσθε βροτοὺς οὐκ ἂν ἁμάρτοις,
οἵτινες ὕμνους ἐπὶ μὲν θαλίαις
ἐπί τ' εἰλαπίναις καὶ παρὰ δείπνοις
ηὕροντο βίωι τερπνὰς ἀκοάς·
στυγίους δὲ βροτῶν οὐδεὶς λύπας   195
ηὕρετο μούσηι καὶ πολυχόρδοις
ὠιδαῖς παύειν, ἐξ ὧν θάνατοι
δειναί τε τύχαι σφάλλουσι δόμους.
καίτοι τάδε μὲν κέρδος ἀκεῖσθαι
μολπαῖσι βροτούς· ἵνα δ' εὔδειπνοι   200
δαῖτες, τί μάτην τείνουσι βοήν;
τὸ παρὸν γὰρ ἔχει τέρψιν ἀφ' αὑτοῦ
δαιτὸς πλήρωμα βροτοῖσιν.

Χο.   ἀχὰν ἄιον πολύστονον γόων,   205
       λιγυρὰ δ' ἄχεα μογερὰ βοᾶι
       τὸν ἐν λέχει προδόταν κακόνυμφον·
       θεοκλυτεῖ δ' ἄδικα παθοῦσα
       τὰν Ζηνὸς ὁρκίαν Θέμιν, ἅ νιν ἔβασεν
       Ἑλλάδ' ἐς ἀντίπορον   210

codd.: H; Ω = BOCDEAV; LP

187 δέρμα V (~ V²) et gE   189 προφέρων HBCDELP et gE:
προσφ- OAV   ὁρμηθῆ(ι) E, sicut coni. Brunck: ὁρμαθῆ(ι) HΩLP et gE
191 πρόσθεν AV (~ gVgE)   ἁμάρτης VL (~ V³ et gVgE)   192 ἐπὶ
μὲν θαλίαις HΩ et Tr et gVgE: om. LP   193 ἐπί HBODVLP et gVgE:
ἐπεί CEA   194 βίωι Page: βίου codd. et gVgE   200 μολπῆισι V
(~ gE)   βροτοῖς V (~ V² et gE)   201 βοήν V: βοάν HΩLP et gE
202 ἐφ' D (~ gE)   205 ἀχὰν Dindorf: ἰαχὰν codd. et Chr. Pat. 809:
ἰὰν Weil (cf. Hi. 585)   πολυστόνων B² et Chr. Pat.   γόων ΩP et
HᶜTr et Chr. Pat.: γόον HᵘᵛAL?: γόου Aˢ   206 μογερὰ CDA et
B²V²Lᶜ et uoluit Σᵇ: -ρᾶ(ι) HBOEV⟨L⟩P   207 λέχεει (pot. qu. -αιςι)
L?(~ Tr), -αιςι P   208 δ' ἄδικα HΩ et Tr: δὲ τἄδικα fere V⟨L⟩P
209 ὁρκίαν Ζηνὸς Σʰ (~ Σᵇᵛ)   ἔβας' H   210 ἐς BODEAL: εἰς
HCVP

δι᾽ ἅλα νύχιον ἐφ᾽ ἁλμυρὰν
Πόντου κλῇδ᾽ ἀπεράντου.

Μη. Κορίνθιαι γυναῖκες, ἐξῆλθον δόμων
μή μοί τι μέμψησθ᾽· οἶδα γὰρ πολλοὺς βροτῶν   215
cεμνοὺς γεγῶτας, τοὺς μὲν ὀμμάτων ἄπο,
τοὺς δ᾽ ἐν θυραίοις· οἱ δ᾽ ἀφ᾽ ἡcύχου ποδὸς
δύcκλειαν ἐκτήcαντο καὶ ῥαιθυμίαν.
δίκη γὰρ οὐκ ἔνεcτ᾽ ἐν ὀφθαλμοῖc βροτῶν,
ὅcτιc πρὶν ἀνδρὸc cπλάγχνον ἐκμαθεῖν cαφῶc   220
cτυγεῖ δεδορκώc, οὐδὲν ἠδικημένοc.
χρὴ δὲ ξένον μὲν κάρτα προcχωρεῖν πόλει·
οὐδ᾽ ἀcτὸν ᾔνεc᾽ ὅcτιc αὐθαδὴc γεγὼc
πικρὸc πολίταιc ἐcτὶν ἀμαθίαc ὕπο.
ἐμοὶ δ᾽ ἄελπτον πρᾶγμα προcπεcὸν τόδε   225
ψυχὴν διέφθαρκ᾽· οἴχομαι δὲ καὶ βίου
χάριν μεθεῖcα κατθανεῖν χρῄζω, φίλαι.
ἐν ὧι γὰρ ἦν μοι πάντα, γιγνώcκω καλῶc,
κάκιcτοc ἀνδρῶν ἐκβέβηχ᾽ οὑμὸc πόcιc.
πάντων δ᾽ ὅc᾽ ἔcτ᾽ ἔμψυχα καὶ γνώμην ἔχει   230
γυναῖκές ἐcμεν ἀθλιώτατον φυτόν·

codd.: H; Ω = BOCDEAV; LP

212 ἀπεράντου Milton: ἀπέραντον codd.: ἀπέρατον Blaydes (cf. A. Su. 1049,
[A.] PV 153, 1078)   215 μέμψηcθ᾽ L (-εμψ- in ras. ut uid.) et Σᵇ bis
et Σᵛ: -ψοιcθ᾽ P: -φηcθ᾽ Ω et Σᵇ tertio loco: -φοιcθ᾽ HᵘᵛV et Dˢ et gV
216 ὀμμάτων τ᾽ A et V² (∼ gV)   217 θυραίουc O et gV   ἀμφ᾽ HB
et ¹Σᵇ et gV   219 ἔνεcτ᾽ ἐν HBOCDEP et AʳVᶜLᶜ: ἔνεcτιν VL? et
¹Σᵇ⁽²⁾ (ἐν ὀ- β- om.) et gV: ἔνεcτιν ἐν ¹Σᵇ⁽¹⁾: ἔcτ᾽ ἐν ⟨A⟩: ἔcτιν ἐν Eust. in
Il. p. 415. 12   ὀφθαλμοῖc BLP et ¹Σᵇ⁽¹⁾ et gV et Eust.: -οῖcι
HΩ   220 ἐκμαθεῖν HΩP et Lˢ et Σᵇ et gV: -μάθοι L: -μάθηι Eust.
224 πολίταιc DELP et BˢV³ et gB et Stob. 4. 4. 10: -της HBOCAV et gE
225 προcπεcὼν C?D (∼ Cᶜ?) et gE   228 γιγνώcκω Canter: γι(γ)νώcκειν
codd., quam lectionem histrionibus, quippe qui structuram non agnoscerent,
imputat Σᵇ: ἐγίγνωcκον Meurig-Davies (REG 61 [1948] 350)
231 φυτόν codd. et gVgE et Stob. 4. 22. 186 et Porph. ap. Euseb. praep.
466 D et Chr. Pat. 1020: γένοc Cᵍ¹Aʳ ʸᵖ et gB

ἃς πρῶτα μὲν δεῖ χρημάτων ὑπερβοληι
πόσιν πρίασθαι δεσπότην τε σώματος
λαβεῖν· κακοῦ γὰρ τοῦτ᾽ ἔτ᾽ ἄλγιον κακόν.
κἂν τῶιδ᾽ ἀγὼν μέγιστος, ἢ κακὸν λαβεῖν   235
ἢ χρηστόν· οὐ γὰρ εὐκλεεῖς ἀπαλλαγαὶ
γυναιξὶν οὐδ᾽ οἷόν τ᾽ ἀνήνασθαι πόσιν.
ἐς καινὰ δ᾽ ἤθη καὶ νόμους ἀφιγμένην
δεῖ μάντιν εἶναι, μὴ μαθοῦσαν οἴκοθεν,
οἵωι μάλιστα χρήσεται ξυνευνέτηι.   240
κἂν μὲν τάδ᾽ ἡμῖν ἐκπονουμέναισιν εὖ
πόσις ξυνοικῆι μὴ βίαι φέρων ζυγόν,
ζηλωτὸς αἰών· εἰ δὲ μή, θανεῖν χρεών.
ἀνὴρ δ᾽, ὅταν τοῖς ἔνδον ἄχθηται ξυνών,
ἔξω μολὼν ἔπαυσε καρδίαν ἄσης   245
[ἢ πρὸς φίλον τιν᾽ ἢ πρὸς ἥλικα τραπείς]·
ἡμῖν δ᾽ ἀνάγκη πρὸς μίαν ψυχὴν βλέπειν.
λέγουσι δ᾽ ἡμᾶς ὡς ἀκίνδυνον βίον
ζῶμεν κατ᾽ οἴκους, οἱ δὲ μάρνανται δορί,
κακῶς φρονοῦντες· ὡς τρὶς ἂν παρ᾽ ἀσπίδα   250
στῆναι θέλοιμ᾽ ἂν μᾶλλον ἢ τεκεῖν ἅπαξ.
ἀλλ᾽ οὐ γὰρ αὐτὸς πρὸς σὲ κἄμ᾽ ἥκει λόγος·
σοὶ μὲν πόλις θ᾽ ἥδ᾽ ἐστὶ καὶ πατρὸς δόμοι
βίου τ᾽ ὄνησις καὶ φίλων συνουσία,

codd.: H ; Ω = BOCDEAV; LP

232 δεῖ HBODVLP et Stob.: δὴ CE et gE: om. A   234 τοῦτ᾽ ἔτ᾽
Brunck: τοῦτ᾽ HCDEAV et gE: τοὖδ᾽ ἔτ᾽ L(P): τοῦτό γ᾽ BO et Stob. codd.
SM (τοῦ γ᾽ cod. A): cf. S. OT 1365–6   235 λαβεῖν ELP et V³ʸᵖ et gE:
λάβει H: λάβη(ι) Ω   240 οἵωι Musgrave: ὅτω(ι) HΩLP: οὕτω C
ξυν- LP: ξυν- HΩ   242 ξυνοικεῖ CV (~ V³); -κοῖ E²   φέρων ante
βία(ι) DE, post ζυγόν OC   244 ξυνών HΩ⟨L²⟩ et gE: ξυνών P et Lᶜ:
[Α]   245 καρδίαν ἄσης HBDEAVP (ἄτης V, ἄσης P) et Lᶜ (ἄση∗ L) et
Eust. in Il. p. 739. 35: καρδίαν ἄσην Hᴮ et (postmodo deletum) Lˢ: καρδίας
ἄσην OC et gE et Olympiod. in Pl. Alc. p. 119 Westerink   246 del.
Wilamowitz   φίλων L² et Hn (~ Lᶜ et gE)   ἥλικας Hn, sicut coni.
Porson (~ gE)   252 αὐτὸς fere AʳLˢP²: αὐτὸς codd. et gE et Chr. Pat.
1024   253 πόλις θ᾽ ALP: πόλις HBOCD et gE: πόλις δ᾽ E: γὰρ πόλις V
254 συνουσία HBDEAVLP et Oᵍˡ: κοινωνία OC et HᵍˡBᵍˡAʳ ʸᵖ et gE

ΜΗΔΕΙΑ

ἐγὼ δ' ἔρημος ἄπολις οὖς' ὑβρίζομαι   255
πρὸς ἀνδρός, ἐκ γῆς βαρβάρου λεληισμένη,
οὐ μητέρ', οὐκ ἀδελφόν, οὐχὶ συγγενῆ
μεθορμίσασθαι τῆσδ' ἔχουσα συμφορᾶς.
τοσοῦτον οὖν σου τυγχάνειν βουλήσομαι,
ἤν μοι πόρος τις μηχανή τ' ἐξευρεθῆι   260
πόσιν δίκην τῶνδ' ἀντιτείσασθαι κακῶν
[τὸν δόντα τ' αὐτῶι θυγατέρ' ἤν τ' ἐγήματο],
σιγᾶν. γυνὴ γὰρ τἆλλα μὲν φόβου πλέα
κακή τ' ἐς ἀλκὴν καὶ σίδηρον εἰσορᾶν·
ὅταν δ' ἐς εὐνὴν ἠδικημένη κυρῆι,   265
οὐκ ἔστιν ἄλλη φρὴν μιαιφονωτέρα.
Χο.   δράσω τάδ'· ἐνδίκως γὰρ ἐκτείσηι πόσιν,
       Μήδεια. πενθεῖν δ' οὔ σε θαυμάζω τύχας.
       ὁρῶ δὲ καὶ Κρέοντα, τῆσδ' ἄνακτα γῆς,
       στείχοντα, καινῶν ἄγγελον βουλευμάτων.   270

ΚΡΕΩΝ

       σὲ τὴν σκυθρωπὸν καὶ πόσει θυμουμένην,
       Μήδει', ἀνεῖπον τῆσδε γῆς ἔξω περᾶν
       φυγάδα, λαβοῦσαν δισσὰ σὺν σαυτῆι τέκνα,
       καὶ μή τι μέλλειν· ὡς ἐγὼ βραβεὺς λόγου
       τοῦδ' εἰμί, κοὐκ ἄπειμι πρὸς δόμους πάλιν   275
       πρὶν ἄν σε γαίας τερμόνων ἔξω βάλω.
Μη.   αἰαῖ· πανώλης ἡ τάλαιν' ἀπόλλυμαι·
       ἐχθροὶ γὰρ ἐξιᾶσι πάντα δὴ κάλων,

codd.: H(-255); Ω = BOCDEAV; LP

257 οὐχὶ Ω et gE: οὐδὲ ELP: utrumque codd. Chr. Pat. 757
259 οὖν LP: δὲ Ω   261 δίκην CDE, sicut coni. Elmsley: δίκη(ι)
BOAVLP   τόνδ' L   262 del. Lenting   τ' (prius) Ω: γ' LP
ἤ Porson (~ Eust. in Il. p. 694. 24)   264 τ' Tyrwhitt: δ' codd. et
gVgBgE et Stob. 4. 22. 143 et Σ S. Ant. 61   σίδηρον ΩLP et gV et
Stob. et Σ S. Ant.: κίνδυνον C et gBgE   267 δράσω CP et V³: δράσων
E: δράσον BODA et E⁸: δρᾶσον VL   268 θαυμάζω AVLP: -άσω
BOCDE et Σᵇ   272 Μήδει', ἀνεῖπον Harrison: μήδειαν εἶπον codd.
273 λαβοῦσα VL (~ V²Lᶜ)   σαυτῆ L: αὐτῆ(ι) ΩP

κοὐκ ἔςτιν ἄτης εὐπρόςοιςτος ἔκβαςις.

ἐρήςομαι δὲ καὶ κακῶς πάςχους' ὅμως·   280
τίνος μ' ἕκατι γῆς ἀποςτέλλεις, Κρέον;

Κρ.   δέδοικά ς', οὐδὲν δεῖ παραμπίςχειν λόγους,
μή μοί τι δράςηις παῖδ' ἀνήκεςτον κακόν.
ςυμβάλλεται δὲ πολλὰ τοῦδε δείγματα·
ςοφὴ πέφυκας καὶ κακῶν πολλῶν ἴδρις,   285
λυπῆι δὲ λέκτρων ἀνδρὸς ἐςτερημένη.
κλύω δ' ἀπειλεῖν ς', ὡς ἀπαγγέλλουςί μοι,
τὸν δόντα καὶ γήμαντα καὶ γαμουμένην
δράςειν τι. ταῦτ' οὖν πρὶν παθεῖν φυλάξομαι.
κρεῖςςον δέ μοι νῦν πρός ς' ἀπεχθέςθαι, γύναι,   290
ἢ μαλθακιςθένθ' ὕςτερον μεταςτένειν.

Μη.   φεῦ φεῦ.
οὐ νῦν με πρῶτον ἀλλὰ πολλάκις, Κρέον,
ἔβλαψε δόξα μεγάλα τ' εἴργαςται κακά.
χρὴ δ' οὔποθ' ὅςτις ἀρτίφρων πέφυκ' ἀνὴρ
παῖδας περιςςῶς ἐκδιδάςκεςθαι ςοφούς·   295
χωρὶς γὰρ ἄλλης ἧς ἔχουςιν ἀργίας
φθόνον πρὸς ἀςτῶν ἀλφάνουςι δυςμενῆ.
ςκαιοῖςι μὲν γὰρ καινὰ προςφέρων ςοφὰ

codd.: Ω = BOCDEAV; LP

280 ἐρήςομαι VLP: εἰρ- Ω   πάςχους'] λέγους' A   282 παρ-
αμπίςχειν L(P): παραμπέχειν Ω et Σᵇᵛ   284 om. L (~ L¹ᶜ)
τοῦδε δείγματα Wieseler: τοῦδε δείματος codd.: τῶιδε δείματι Schöne
287 ἀπειλεῖν ς' Lᵘᵛ et Tr: -εῖν AVP: -εῖς BO: -εῖ ς' DE et B²: -ῆς C
ἀπαγγέλλουςι BDAL et P²: -έλουςι OCEVP   290 πρό ς' V et gE
(~ gV et Plut. mor. 124 B et 530 B)   ἀπεχθέςθαι Elmsley et ¹Σᵉ
(ἀπεχθῆ φανῆναι): ἀπεχέςθαι D: ἀπέχθ- OEVLP et B²: ἀπέχ- BCA et gVgE
et pars codd. Plut. 530 B: ἀπεχθ- etiam Plut. 124 B et pars codd. 530 B (utro
accentu non liquet)   291 μεταςτένειν gE, sicut coni. Nauck: μέγα
ςτένειν codd. (ςθένειν E) et gV et Plut. 124 B et (μέγα om. pars codd.) 530
B: uide Andr. 814 et ICS 6. 1 (1981) 94   293 δόξα] γλῶςςα Stob. 3.
36. 3 (~ Σᵇ et gB)   297 παρ' Arist. rhet. 1394a cod. A (~ gV)
ἀνδρῶν Arist. pars. codd. (~ gV)   298 ςκαιοῖςι Ω et gVgE et Ar.
Thes. 1130: -οῖς LP   προςφέρων καινὰ C et gE (~ gV et Ar.)   ςοφὰ]
ἔπη B² et B³ (~ gVgE et Ar.)

ΜΗΔΕΙΑ

δόξεις ἀχρεῖος κοὐ σοφὸς πεφυκέναι·
τῶν δ' αὖ δοκούντων εἰδέναι τι ποικίλον   300
κρείσσων νομισθεὶς ἐν πόλει λυπρὸς φανῆι.
ἐγὼ δὲ καὐτὴ τῆσδε κοινωνῶ τύχης·
σοφὴ γὰρ οὖσα, τοῖς μέν εἰμ' ἐπίφθονος,
[τοῖς δ' ἡσυχαία, τοῖς δὲ θατέρου τρόπου,]
τοῖς δ' αὖ προσάντης· εἰμὶ δ' οὐκ ἄγαν σοφή.   305
σὺ δ' οὖν φοβῆι με· μὴ τί πλημμελὲς πάθηις;
οὐχ ὧδ' ἔχει μοι, μὴ τρέσηις ἡμᾶς, Κρέον,
ὥστ' ἐς τυράννους ἄνδρας ἐξαμαρτάνειν.
σὺ γὰρ τί μ' ἠδίκηκας; ἐξέδου κόρην
ὅτωι σε θυμὸς ἦγεν. ἀλλ' ἐμὸν πόσιν   310
μισῶ· σὺ δ', οἶμαι, σωφρονῶν ἔδρας τάδε.
καὶ νῦν τὸ μὲν σὸν οὐ φθονῶ καλῶς ἔχειν·
νυμφεύετ', εὖ πράσσοιτε· τήνδε δὲ χθόνα
ἐᾶτέ μ' οἰκεῖν. καὶ γὰρ ἠδικημένοι
σιγησόμεσθα, κρεισσόνων νικώμενοι.   315

Κρ. λέγεις ἀκοῦσαι μαλθάκ', ἀλλ' ἔσω φρενῶν
ὀρρωδία μοι μή τι βουλεύηις κακόν.
τοσῶιδε δ' ἧσσον ἢ πάρος πέποιθά σοι·
γυνὴ γὰρ ὀξύθυμος, ὡς δ' αὔτως ἀνήρ,
ῥάιων φυλάσσειν ἢ σιωπηλὸς σοφή.   320

codd.: Ω = BOCDEAV; LP

301 ἐν πόλει λυπρὸς LP: λ- ἐν π- Ω et gVgE   304 om. A (~ Aʳ) et
del. Pierson cl. 808   305 αὖ] ἂν E; οὖν P   306 οὖν EALP: αὖ
BOCDV   τί OA, sicut coni. Murray: τι BCDEVLP   interrogationis
notam habent BA: om. OCDEVLP   307 ἔχει μοι BOLP: ἔχοιμι
CDEAV et gE   308 ὥστ'] ὡς A (~ gE)   309 σὺ γὰρ τί LP: τί γὰρ
σύ Ω   ἠδίκησας OCE   313 om. C (~ Cᶜ)   πράσσοιτε Ω et CᶜTr:
πράσσετε ⟨L⟩P et gE: [C]   δὲ Ω et gE: δὴ LP et V³: om. Cᶜ: [C]
316 ἔσω Brunck: εἴσω codd. et gVgE   317 βουλεύηις Elmsley: -εύςη(ι)ς
codd. et gVgE: -ςη V³   318 τοςῶδε fere CAV et Lᶜ et gV: τοςςῶ(ι)δε
fere BODELP   δ' Ω et Σᵇ et gV: γ' LP   320 ῥά(ι)ων ΩLP et
Hn²Nv³ et gE et Suda i. 254. 4 Adler et anecd. Bekker i. 412: ῥῶον C: ῥᾶον
gV et ⟨Hn²⟩ Nv, fort. recte   σοφή Diggle: σοφός codd. et gVgE et
Sud. et anecd.

ἀλλ' ἔξιθ' ὡς τάχιστα, μὴ λόγους λέγε·
ὡς ταῦτ' ἄραρε κοὐκ ἔχεις τέχνην ὅπως
μενεῖς παρ' ἡμῖν οὖσα δυσμενὴς ἐμοί.

Μη.   μή, πρός σε γονάτων τῆς τε νεογάμου κόρης.

Κρ.   λόγους ἀναλοῖς· οὐ γὰρ ἂν πείσαις ποτέ.   325

Μη.   ἀλλ' ἐξελᾶις με κοὐδὲν αἰδέσηι λιτάς;

Κρ.   φιλῶ γὰρ οὐ σὲ μᾶλλον ἢ δόμους ἐμούς.

Μη.   ὦ πατρίς, ὥς σου κάρτα νῦν μνείαν ἔχω.

Κρ.   πλὴν γὰρ τέκνων ἔμοιγε φίλτατον πολύ.

Μη.   φεῦ φεῦ, βροτοῖς ἔρωτες ὡς κακὸν μέγα.   330

Κρ.   ὅπως ἄν, οἶμαι, καὶ παραστῶσιν τύχαι.

Μη.   Ζεῦ, μὴ λάθοι σε τῶνδ' ὃς αἴτιος κακῶν.

Κρ.   ἕρπ', ὦ ματαία, καί μ' ἀπάλλαξον πόνων.

Μη.   †πονοῦμεν ἡμεῖς κοὐ πόνων κεχρήμεθα.†

Κρ.   τάχ' ἐξ ὀπαδῶν χειρὸς ὠσθήσηι βίαι.   335

Μη.   μὴ δῆτα τοῦτό γ', ἀλλά σ' ἄντομαι, Κρέον.

Κρ.   ὄχλον παρέξεις, ὡς ἔοικας, ὦ γύναι.

Μη.   φευξούμεθ'· οὐ τοῦθ' ἱκέτευσά σου τυχεῖν.

Κρ.   τί δ' αὖ βιάζηι κοὐκ ἀπαλλάσσηι χερός;

Μη.   μίαν με μεῖναι τήνδ' ἔασον ἡμέραν   340
καὶ ξυμπερᾶναι φροντίδ' ἧι φευξούμεθα
παισίν τ' ἀφορμὴν τοῖς ἐμοῖς, ἐπεὶ πατὴρ
οὐδὲν προτιμᾶι μηχανήσασθαι τέκνοις.
οἴκτιρε δ' αὐτούς· καὶ σύ τοι παίδων πατὴρ

codd.: Ω = BOCDEAV; LP

323 μενεῖς D²LP et V³ʸᵖ: μένη(ι)ς Ω et Dᶜ   324 σε om. LP (~ L⁸)
325 πείσης V² et gB (~ gE)   329 κἄμοιγε Bothe   332 λάθοι Ω et P²
et Athen. 156 F et fere Plut. uit. 1008 et Appian. bell. ciu. 4. 130: λάθη LP
et codd. nescioquot Plut. et Appian.   333 ἔρρ' Valckenaer (~ gE)
334 πόνων] πόνοις L⁸   πονεῖς μέν, ἡμεῖς δ' οὐ πόνοις κεχρήμεθα; Diggle
(iam πόνος μέν· ἡμεῖς δ' οὐ πόνοισι κεχρήμεθα; Musgrave); cf. Hec. 1256, Or.
1613   335 ὠσθήσῃ AL: ὠθ-ΩΡ   336 ἄντομαι Wecklein: αἰτοῦμαι
codd.: cf. 942, Alc. 1098   339 δ' αὖ] δ' οὖν P (cf. 305, 306); δὴ
Elmsley, δαὶ Housman   χερός Wilamowitz: χθονός ΩLP: χ[C
341 οἷ Elmsley   342 τε φορβὴν Bʸᵖ   343 προτιμᾶι, μηχανήσασθαί
τινα Earle

πέφυκας· εἰκὸς δέ σφιν εὔνοιάν c' ἔχειν.   345
τοὐμοῦ γὰρ οὔ μοι φροντίς, εἰ φευξούμεθα,
κείνους δὲ κλαίω συμφορᾶι κεχρημένους.

Κρ. ἥκιστα τοὐμὸν λῆμ' ἔφυ τυραννικόν,
αἰδούμενος δὲ πολλὰ δὴ διέφθορα·
καὶ νῦν ὁρῶ μὲν ἐξαμαρτάνων, γύναι,   350
ὅμως δὲ τεύξηι τοῦδε. προυννέπω δέ coι,
εἴ c' ἡ 'πιοῦσα λαμπὰς ὄψεται θεοῦ
καὶ παῖδας ἐντὸς τῆςδε τερμόνων χθονός,
θανῆι· λέλεκται μῦθος ἀψευδὴς ὅδε.
[νῦν δ', εἰ μένειν δεῖ, μίμν' ἐφ' ἡμέραν μίαν·   355
οὐ γάρ τι δράςεις δεινὸν ὧν φόβος μ' ἔχει.]

Χο. φεῦ φεῦ, μελέα τῶν cῶν ἀχέων,   358
δύςτηνε γύναι,   357
ποῖ ποτε τρέψηι; τίνα πρὸς ξενίαν
ἢ δόμον ἢ χθόνα cωτῆρα κακῶν   360
[ἐξευρήςεις];
ὡς εἰς ἄπορόν ce κλύδωνα θεός,
Μήδεια, κακῶν ἐπόρευςεν.

Μη. κακῶς πέπρακται πανταχῆι· τίς ἀντερεῖ;
ἀλλ' οὔτι ταύτηι ταῦτα, μὴ δοκεῖτέ πω.   365
ἔτ' εἰς' ἀγῶνες τοῖς νεωςτὶ νυμφίοις
καὶ τοῖςι κηδεύςαςιν οὐ cμικροὶ πόνοι.

codd.: Ω = BOCDEAV; LP

345 δέ σφιν Vitelli: δ' ἐςτὶν fere codd. (δ' om. O et ¹Σᵇ)   349 δὴ
BCAVLP et gE: δὲ O: om. DE   διέφθειρα CE (~ Eˢ) et gE
355–6 del. Nauck   355 ἔθ' Porson (~ Chr. Pat. 226)   356 δράςεις
ALP et ¹Σᵈ: δράςαις Ω   post h.u. intempestiue ponebant 380 (= [41])
histriones teste Didymo ap. Σᵇ   357 post 358 trai. Barthold: ante 358
Ω: om. DLP: del. Matthiae   δύςτηνε Diggle: -τανε codd.   359 πρὸς
ξενίαν ΩL: προξενίαν P et Bᶜ et ¹Σᵇ   360 δόμον Ω et Tr: δόμων LP
cωτῆρα post ἐξευρήςεις C   361 ἐξευρήςεις (εὑρήςεις O) del. Elmsley
364 πανταχοῦ Chr. Pat. 1063   365 ταῦτα] ταὐτά Σᵇ et ᵞᵖΣᵒ   πως V
de interpunctione huius u. uide Dawe, Coll. and Invest. of mss of Aesch.
123   367 κηδεύμαςιν DE (~ gE)   cμικροὶ OLP et Chr. Pat. 255:
μι- Ω et gE

δοκεῖς γὰρ ἄν με τόνδε θωπεῦσαί ποτε
εἰ μή τι κερδαίνουσαν ἢ τεχνωμένην;
οὐδ' ἂν προσεῖπον οὐδ' ἂν ἡψάμην χεροῖν.   370
ὁ δ' ἐς τοσοῦτον μωρίας ἀφίκετο
ὥστ', ἐξὸν αὐτῶι τἄμ' ἑλεῖν βουλεύματα
γῆς ἐκβαλόντι, τήνδ' ἐφῆκεν ἡμέραν
μεῖναί μ', ἐν ἧι τρεῖς τῶν ἐμῶν ἐχθρῶν νεκροὺς
θήσω, πατέρα τε καὶ κόρην πόσιν τ' ἐμόν.   375
πολλὰς δ' ἔχουσα θανασίμους αὐτοῖς ὁδούς,
οὐκ οἶδ' ὁποίαι πρῶτον ἐγχειρῶ, φίλαι·
πότερον ὑφάψω δῶμα νυμφικὸν πυρί,
ἢ θηκτὸν ὤσω φάσγανον δι' ἥπατος,
σιγῆι δόμους ἐςβᾶς' ἵν' ἔστρωται λέχος.   380
ἀλλ' ἕν τί μοι πρόσαντες· εἰ ληφθήσομαι
δόμους ὑπερβαίνουσα καὶ τεχνωμένη,
θανοῦσα θήσω τοῖς ἐμοῖς ἐχθροῖς γέλων.
κράτιστα τὴν εὐθεῖαν, ἧι πεφύκαμεν
σοφοὶ μάλιστα, φαρμάκοις αὐτοὺς ἑλεῖν.   385
εἶέν·
καὶ δὴ τεθνᾶσι· τίς με δέξεται πόλις;
τίς γῆν ἄσυλον καὶ δόμους ἐχεγγύους
ξένος παρασχὼν ῥύσεται τοὐμὸν δέμας;
οὐκ ἔςτι. μείνας' οὖν ἔτι σμικρὸν χρόνον,
ἢν μέν τις ἡμῖν πύργος ἀσφαλὴς φανῆι,   390
δόλωι μέτειμι τόνδε καὶ σιγῆι φόνον·
ἢν δ' ἐξελαύνηι ξυμφορά μ' ἀμήχανος,
αὐτὴ ξίφος λαβοῦσα, κεἰ μέλλω θανεῖν,

codd.: Ω = BOCDEAV; LP

368 ἄν om. A (∼ gE)   ποτε Ω et gE: ποτ' ἄν LP   370 χερί gE
372 ἐξῆν C et gE   373 ἐφῆκεν Nauck: ἀφ- codd.   374 ἐχθρῶν om. A
(∼ A^r) et (qui ἐγὼ post νεκροὺς add.) D   382 ὑπεςβαίνουςα Housman;
uide Barrett ad Hi. 782–3   384 εὐθεῖαν] σοφίαν A   385 σοφοὶ Tate
siue Dalzel: σοφαὶ codd. et Σ^b   αὐτοῖς OC   ἑλεῖν Ω et Tr^γρ: κτανεῖν
LP et V³ et Σ^b: ϛ[C   386 πόλις] δόμος A (∼ gE et Chr. Pat. 888);
[C]   388 δέμας τόδε Chr. Pat. 890 (∼ gE)   391 τῶνδε E^s
392 ξυμ- BDV: ςυμ- OCEALP   393 κἂν O

ΜΗΔΕΙΑ

κτενῶ σφε, τόλμης δ' εἶμι πρὸς τὸ καρτερόν.
οὐ γὰρ μὰ τὴν δέσποιναν ἣν ἐγὼ σέβω   395
μάλιστα πάντων καὶ ξυνεργὸν εἱλόμην,
Ἑκάτην, μυχοῖς ναίουσαν ἑστίας ἐμῆς,
χαίρων τις αὐτῶν τοὐμὸν ἀλγυνεῖ κέαρ.
πικροὺς δ' ἐγώ σφιν καὶ λυγροὺς θήσω γάμους,
πικρὸν δὲ κῆδος καὶ φυγὰς ἐμὰς χθονός.   400
ἀλλ' εἶα φείδου μηδὲν ὧν ἐπίστασαι,
Μήδεια, βουλεύουσα καὶ τεχνωμένη·
ἕρπ' ἐς τὸ δεινόν· νῦν ἀγὼν εὐψυχίας.
ὁρᾶις ἃ πάσχεις; οὐ γέλωτα δεῖ σ' ὀφλεῖν
τοῖς Σισυφείοις τοῖσδ' Ἰάσονος γάμοις,   405
γεγῶσαν ἐσθλοῦ πατρὸς Ἡλίου τ' ἄπο.
ἐπίστασαι δέ· πρὸς δὲ καὶ πεφύκαμεν
γυναῖκες, ἐς μὲν ἔσθλ' ἀμηχανώταται,
κακῶν δὲ πάντων τέκτονες σοφώταται.   409

Χο.   ἄνω ποταμῶν ἱερῶν χωροῦσι παγαί,   [στρ. α
      καὶ δίκα καὶ πάντα πάλιν στρέφεται·
      ἀνδράσι μὲν δόλιαι βουλαί, θεῶν δ'
      οὐκέτι πίστις ἄραρεν.
      τὰν δ' ἐμὰν εὔκλειαν ἔχειν βιοτὰν στρέψουσι
            φᾶμαι·   .   415
      ἔρχεται τιμὰ γυναικείωι γένει·
      οὐκέτι δυσκέλαδος φάμα γυναῖκας ἕξει.   420

codd.: Π¹²(410–); Ω = BOCDEAV; LP

399 σφι DEA (~ gE)   400 ἐμὰς LP et B³ et gE (ἐμὰς φυγὰς hoc
ordine L, ~ Tr): ἐμᾶς Ω (etiam φυγᾶς C): utroque accentu E
404 interrogationis notam habent BODL: om. CEAVP   οὐ] καὶ L
(~ gE)   405 τοῖσδ' Herwerden: τοῖς τ' codd. et gE   408 ἐς μὲν om.
E, ἐς μὲν ἔσθλ' om. D   410 παγαί BOCDV et gE et Diog. Laert. 6.
36: πηγαί EALP et B²V⁸ et testes aliquot: [Π¹²]   411 δίκαια DE; δίκαι
gE; [Π¹²]   πάντα πάλιν Ω et gE: πάλιν πάντα LP: [Π¹²]   στρέφονται
C et gE; [Π¹²]   413 δ'] τ' Elmsley olim (~ gE)   414 οὐκέτι om. C
et gE; [Π¹²]   ἄρηρε(ν) ⟨Α⟩ et Tr (~ Αᶜ et gE); [Π¹²]
416 στρέψουσι Elmsley: στρέφ- codd. et ¹Σᵇᵛ; [Π¹²]   φᾶμαι BDELP:
φάμαι AV: φῆμαι OC: φήμαι V⁸ (-μα V³): [Π¹²]   417 τιμὴ C et V⁸ et
gE; [Π¹²]   420 φήμα gE; φήμη V⁸; [Π¹²]

μοῦσαι δὲ παλαιγενέων λήξουσ' ἀοιδῶν　　　　　[ἀντ. α
τὰν ἐμὰν ὑμνεῦσαι ἀπιστοσύναν.
οὐ γὰρ ἐν ἀμετέραι γνώμαι λύρας
ὤπασε θέσπιν ἀοιδὰν　　　　　　　　　　　　　425
Φοῖβος ἀγήτωρ μελέων· ἐπεὶ ἀντάχης' ἂν ὕμνον
ἀρσένων γένναι. μακρὸς δ' αἰὼν ἔχει
πολλὰ μὲν ἀμετέραν ἀνδρῶν τε μοῖραν εἰπεῖν.　　430

σὺ δ' ἐκ μὲν οἴκων πατρίων ἔπλευσας　　　　　[στρ. β
μαινομέναι κραδίαι, διδύμους ὁρίσασα πόντου
πέτρασ· ἐπὶ δὲ ξέναι　　　　　　　　　　　　435
ναίεις χθονί, τᾶς ἀνάν-
δρου κοίτας ὀλέσασα λέκ-
τρον, τάλαινα, φυγὰς δὲ χώ-
ρας ἄτιμος ἐλαύνηι.

βέβακε δ' ὅρκων χάρις, οὐδ' ἔτ' αἰδὼς　　　　　[ἀντ. β
Ἑλλάδι τᾶι μεγάλαι μένει, αἰθερία δ' ἀνέπτα.　　440
σοὶ δ' οὔτε πατρὸς δόμοι,
δύστανε, μεθορμίσα-
σθαι μόχθων πάρα, σῶν τε λέκ-

codd.: $Π^{12}$(-427); $Ω$ = BOCDEAV; LP

421 λήξουσ' Heath: -ουσι(ν) $ΩLP$ et gE: ληξου[$Π^{12}$　　　ἀοιδῶν O^sV^2 et
gE: -δᾶν BOCEAP et $^1Σ^b$: -δὰν D et Tr: -δὴν pot. qu. -δὰν V^{uv}: -δ* L:
[$Π^{12}$]　　　423 ὑμνεῦσαι BDEA⟨L⟩P et $Σ^b$: ὑμνέουσαι O(C)V et ⟨$^1Σ^b$⟩ et
gE: ὑμνεῦσ' Tr: ὑμνοῦσαι Eust. in Il. p. 634. 13: [$Π^{12}$]　　　εὔπιστ- EV
(∼ V^2 et gE et Eust.); [$Π^{12}$]　　　424 γνώμη CP et V^s; [$Π^{12}$]
425 ἔπνευσε B (∼ B^2)　　　427 ἀντάχης' ἂν Scaliger: -ησαν fere codd.
(-ca V, ∼ V^2; -cεν B^2) et $^1Σ^b$ (sed -ησαν ἂν $Σ^b$) et Eust.:]ταχ[$Π^{12}$
ὕμνον BOCEALP et $V^{3γρ}$: -ος D: -οις V: -οι B^2 et $Σ^b$ et Eust.: [$Π^{12}$]
428 γένναι BA et $O^{c uv}$: -ᾳ C et A^sV^c: -a DEVLP et $A^{γρ}$: γεν***αι O^{uv}
μακρὸς OCVL: ὁ μ- BDEAP　　　432 πατρίων Aldina: πατρώ(ι)ων codd.
433 καρδία(ι) OC　　　διδύμους BL: -μου C: -μας ODEAVP　　　435 ξέναι
Aldina: ξείνα(ι) fere codd. (-νῳ D)　　　439 βέβακεν ὅρκων P　　　οὐδ' ἔτ'
EL: οὐδέ τ' $ΩP$ et Tr　　　440 μένει BCV et O^2: μίμνει DEALP: om.
(cum αἰθερία δ' ἀνέπτα) O　　　443 σῶν τε Porson: τῶνδε codd.: τῶν τε
Elmsley

τρων ἄλλα βασίλεια κρείς-
cων δόμοισιν ἐπέστα. 445

ΙΑϹΩΝ

οὐ νῦν κατεῖδον πρῶτον ἀλλὰ πολλάκις
τραχεῖαν ὀργὴν ὡς ἀμήχανον κακόν.
cοὶ γὰρ παρὸν γῆν τήνδε καὶ δόμους ἔχειν
κούφως φερούσηι κρειccόνων βουλεύματα,
λόγων ματαίων οὕνεκ' ἐκπεσῆι χθονός. 450
κἀμοὶ μὲν οὐδὲν πρᾶγμα· μὴ παύσηι ποτὲ
λέγουc' Ἰάcον' ὡς κάκιcτός ἐcτ' ἀνήρ.
ἃ δ' ἐc τυράννουc ἐcτί cοι λελεγμένα,
πᾶν κέρδοc ἡγοῦ ζημιουμένη φυγῆι.
κἀγὼ μὲν αἰεὶ βαcιλέων θυμουμένων 455
ὀργὰc ἀφήιρουν καί c' ἐβουλόμην μένειν·
cὺ δ' οὐκ ἀνίειc μωρίαc, λέγουc' ἀεὶ
κακῶc τυράννουc· τοιγὰρ ἐκπεcῆι χθονόc.
ὅμωc δὲ κἀκ τῶνδ' οὐκ ἀπειρηκὼc φίλοιc
ἥκω, τὸ cὸν δὲ προcκοπούμενοc, γύναι, 460
ὡc μήτ' ἀχρήμων cὺν τέκνοιcιν ἐκπέcηιc
μήτ' ἐνδεήc του· πόλλ' ἐφέλκεται φυγὴ
κακὰ ξὺν αὑτῆι. καὶ γὰρ εἰ cύ με cτυγεῖc,
οὐκ ἂν δυναίμην cοὶ κακῶc φρονεῖν ποτε.

Μη. ὦ παγκάκιcτε, τοῦτο γάρ c' εἰπεῖν ἔχω 465
γλώccηι μέγιcτον εἰc ἀνανδρίαν κακόν·
ἦλθεc πρὸc ἡμᾶc, ἦλθεc ἔχθιcτοc γεγώc
[θεοῖc τε κἀμοὶ παντί τ' ἀνθρώπων γένει];

codd.: Ω = BOCDEAV; LP

444 ἄλλα Heath: ἀλλά codd.   445 δόμοιcιν BCDEA⟨L⟩: δόμοιc
OVP et Tr   ἐπέcτα ELP: ἐπέcτη BDA: ε[C: μετέcτη O: ἀνέcτη V
448 γῆν τήνδε] γῆν δε D; τήνδε γῆν CA   450 ἐκπεcεῖν EA (~ gE)
452 Ἰάcον' Elmsley: ἰάcων codd. et gE   454 φυγήν CA et Σᵇ⁽¹⁾
(~ Σᵇ⁽²⁾); φυγεῖν gE   455 αἰεὶ L: ἀεὶ ΩP et gE   457 ἀνίηc EL et Lˢ
(~ Lᶜ et gE)   460 τὸ cὸν δὲ L: τὸ cόν γε P et pars codd. Chr. Pat.
247, 1976: τοcόνδε OCA et pars codd. Chr. Pat.: τὸ cόνδε BV: τοcόν γε D:
τὸ cὸν E   463 αὑτῇ V² et Hn: αὐτῇ L: αὐτῇ(ι) ΩP et gE et Σᵇ ad 552
468 del. Brunck cl. 1324 (hoc loco leg. Chr. Pat. 287)

οὗτοι θράcος τόδ' ἐcτὶν οὐδ' εὐτολμία,
φίλουc κακῶc δράcαντ' ἐναντίον βλέπειν,　　　470
ἀλλ' ἡ μεγίcτη τῶν ἐν ἀνθρώποιc νόcων
παcῶν, ἀναίδει'. εὖ δ' ἐποίηcαc μολών·
ἐγώ τε γὰρ λέξαcα κουφιcθήcομαι
ψυχὴν κακῶc cέ καὶ cὺ λυπήcῃι κλύων.
ἐκ τῶν δὲ πρώτων πρῶτον ἄρξομαι λέγειν·　　　475
ἔcωcά c', ὡc ἴcαcιν Ἑλλήνων ὅcοι
ταὐτὸν cυνειcέβηcαν Ἀργῶιον cκάφοc,
πεμφθέντα ταύρων πυρπνόων ἐπιcτάτην
ζεύγλαιcι καὶ cπεροῦντα θανάcιμον γύην·
δράκοντά θ', ὃc πάγχρυcον ἀμπέχων δέροc　　　480
cπείραιc ἔcωιζε πολυπλόκοιc ἄυπνοc ὤν,
κτείναc' ἀνέcχον cοι φάοc cωτήριον.
αὐτὴ δὲ πατέρα καὶ δόμουc προδοῦc' ἐμοὺc
τὴν Πηλιῶτιν εἰc Ἰωλκὸν ἱκόμην
cὺν cοί, πρόθυμοc μᾶλλον ἢ cοφωτέρα·　　　485
Πελίαν τ' ἀπέκτειν', ὥcπερ ἄλγιcτον θανεῖν,
παίδων ὕπ' αὐτοῦ, πάντα τ' ἐξεῖλον δόμον.
καὶ ταῦθ' ὑφ' ἡμῶν, ὦ κάκιcτ' ἀνδρῶν, παθὼν
προύδωκαc ἡμᾶc, καινὰ δ' ἐκτήcω λέχη,
παίδων γεγώτων· εἰ γὰρ ἦcθ' ἄπαιc ἔτι,　　　490
cυγγνώcτ' ἂν ἦν cοι τοῦδ' ἐραcθῆναι λέχουc.
ὅρκων δὲ φρούδη πίcτιc, οὐδ' ἔχω μαθεῖν
εἰ θεοὺc νομίζειc τοὺc τότ' οὐκ ἄρχειν ἔτι

codd.: Ω = BOCDEAV; LP

469 οὗτοι Ω et gVgE et Stob. 3. 32. 1: οὔτι LP et Herodian. ap. anecd.
Boisson. iii. 268: οὐ Et. Gud. 255 Sturz　　470 φίλοιc C et Stob. cod. M
(~ gVgE et Stob. codd. LS et Et. Gud.)　　δράcαντεc C et gV; -ταc Et.
Gud.; (~ gE et Stob.)　　ἐναντία C et gE; -ίωc Et. Gud.; (~ gV et
Stob.)　　474 κλύων] πλέον C (~ Cˢ)　　475 τῶν δὲ BCD et
Σᵇ: τῶνδε OEAVLP: incertum utrum uoluerit Chr. Pat. 301, 1340
478 πυριπνόων DE　　479 ζεύγλαιcι BODEV et fort. Cᶜ: -γληcι(ν) LP:
-γν✳αιcι A: -γλευcι C？　　480 θ' BODEAL: δ' CVP　　δέροc L et V²:
δέραc ΩP　　484 πηλιώτην CᵘᵛVL？ (~ CᶜLᶜ)　　487 τ' LP: δ' Ω
δόμον LP et ᵞᵖΣᵇ: φόβον Ω: [C]　　491 cύγγνωcτ' ἂν LP: cυγγνωcτὸν Ω
493 εἰ Reiske: ἢ ΩLP et Vᶜ et gE et (ut uid.) Σ Aeschin. p. 350 Schultz:
ἦ V

ἦ καινὰ κεῖcθαι θέcμι' ἀνθρώποιc τὰ νῦν,
ἐπεὶ cύνοιcθά γ' εἰc ἔμ' οὐκ εὔορκοc ὤν.   495
φεῦ δεξιὰ χείρ, ἧc cὺ πόλλ' ἐλαμβάνου,
καὶ τῶνδε γονάτων, ὡc μάτην κεχρώιcμεθα
κακοῦ πρὸc ἀνδρόc, ἐλπίδων δ' ἡμάρτομεν.
ἄγ', ὡc φίλωι γὰρ ὄντι cοι κοινώcομαι
(δοκοῦcα μὲν τί πρόc γε cοῦ πράξειν καλῶc;   500
ὅμωc δ', ἐρωτηθεὶc γὰρ αἰcχίων φανῆι)·
νῦν ποῖ τράπωμαι; πότερα πρὸc πατρὸc δόμουc,
οὓc cοὶ προδοῦcα καὶ πάτραν ἀφικόμην;
ἢ πρὸc ταλαίναc Πελιάδαc; καλῶc γ' ἂν οὖν
δέξαιντό μ' οἴκοιc ὧν πατέρα κατέκτανον.   505
ἔχει γὰρ οὕτω· τοῖc μὲν οἴκοθεν φίλοιc
ἐχθρὰ καθέcτηχ', οὓc δέ μ' οὐκ ἐχρῆν κακῶc
δρᾶν, cοὶ χάριν φέρουcα πολεμίουc ἔχω.
τοιγάρ με πολλαῖc μακαρίαν Ἑλληνίδων
ἔθηκαc ἀντὶ τῶνδε· θαυμαcτὸν δέ cε   510
ἔχω πόcιν καὶ πιcτὸν ἡ τάλαιν' ἐγώ,
εἰ φεύξομαί γε γαῖαν ἐκβεβλημένη,
φίλων ἔρημοc, cὺν τέκνοιc μόνη μόνοιc·
καλόν γ' ὄνειδοc τῶι νεωcτὶ νυμφίωι,
πτωχοὺc ἀλᾶcθαι παῖδαc ἥ τ' ἔcωcά cε.   515

codd.: Π³(507, 513–); Π¹²(501–10); Ω = BOCDEAV; LP

494 θέcμι' EALP et Σ Aeschin.: θέcμι' ἐν V et gE: θέcμι' ἐν BOD: ἐν C
(εἰc ἐμὲ praescr. C⁸)   495 cυνῇ(ι)cθα C et gE (~ Σ Aeschin.)
498 ἐλπίδοc A   500 μὲν τί DEAV et Σᵇ: μέν τι BOCLP: μέντοι Lᶜ:
μήτι ᵞʳΣᵇ   501 δ' BOCLP: om. DEAV: [Π¹²]   γὰρ] μὲν C; [Π¹²]
502 πότερον DP; [Π¹²]   503 αφ]ικομαι[Π¹²   504 γ' ἂν οὖν
LP et V³: τ' ἂν οὖν EAV: τὰ νῦν BOC: om. (cum καλῶc) D:]α[ν Π¹²
505 πατέρ' ἀπέκτανον (Π¹²)A   506 γὰρ] μὲν gE; [Π¹²]   507 οἷc A
(~ gE); [Π³ Π¹²]   509 ἑλληνίδων LP et V³ᵞʳ et Alexand. ap. Walz
viii. 451: καθ' ἑλλάδα (Π¹²)DEAV: ἀν' ἑλλάδα BOC: ἑλλάδα Herodian. ap.
Walz viii. 590 (quocum fere consentit hic et in seqq. Zonaeus ib. 679)
511 πιcτὸν] cεμνὸν Alexand. (~ Herodian.)   512 γε HnNv et
Herodiani cod. Haun.: τε Ω: δὲ LP: cε aut om. Herodiani codd. cett.
513 φίλων] δόμων Vᵍˡ et Herodian.; [Π³]   514 τῶ(ι)…νυμφίω(ι)
BOCDP et VᶜLᶜ: τῶν…νυμφίων EAVL:]ω in fine Π³

ΕΥΡΙΠΙΔΟΥ

  ὦ Ζεῦ, τί δὴ χρυσοῦ μὲν ὃc κίβδηλοc ἦι
  τεκμήρι' ἀνθρώποιcιν ὤπαcαc cαφή,
  ἀνδρῶν δ' ὅτωι χρὴ τὸν κακὸν διειδέναι
  οὐδεὶc χαρακτὴρ ἐμπέφυκε cώματι;

Χο. δεινή τιc ὀργὴ καὶ δυcίατοc πέλει,   520
  ὅταν φίλοι φίλοιcι cυμβάλωc' ἔριν.

Ια. δεῖ μ', ὡc ἔοικε, μὴ κακὸν φῦναι λέγειν,
  ἀλλ' ὥcτε ναὸc κεδνὸν οἰακοcτρόφον
  ἄκροιcι λαίφουc κραcπέδοιc ὑπεκδραμεῖν
  τὴν cὴν cτόμαργον, ὦ γύναι, γλωccαλγίαν.   525
  ἐγὼ δ', ἐπειδὴ καὶ λίαν πυργοῖc χάριν,
  Κύπριν νομίζω τῆc ἐμῆc ναυκληρίαc
  cώτειραν εἶναι θεῶν τε κἀνθρώπων μόνην.
  cοὶ δ' ἔcτι μὲν νοῦc λεπτόc· ἀλλ' ἐπίφθονοc
  λόγοc διελθεῖν ὡc Ἔρωc c' ἠνάγκαcεν   530
  τόξοιc ἀφύκτοιc τοὐμὸν ἐκcῶcαι δέμαc.
  ἀλλ' οὐκ ἀκριβῶc αὐτὸ θήcομαι λίαν·
  ὅπηι γὰρ οὖν ὤνηcαc οὐ κακῶc ἔχει.
  μείζω γε μέντοι τῆc ἐμῆc cωτηρίαc
  εἴληφαc ἢ δέδωκαc, ὡc ἐγὼ φράcω.   535
  πρῶτον μὲν Ἑλλάδ' ἀντὶ βαρβάρου χθονὸc
  γαῖαν κατοικεῖc καὶ δίκην ἐπίcταcαι
  νόμοιc τε χρῆcθαι μὴ πρὸc ἰcχύοc χάριν·
  πάντεc δέ c' ἤιcθοντ' οὖcαν Ἕλληνεc cοφὴν
  καὶ δόξαν ἔcχεc· εἰ δὲ γῆc ἐπ' ἐcχάτοιc   540
  ὅροιcιν ὤικειc, οὐκ ἂν ἦν λόγοc cέθεν.
  εἴη δ' ἔμοιγε μήτε χρυcὸc ἐν δόμοιc

codd.: *Π³*(-517); *Ω* = BOCDEAV; LP

516 ἦι] ἦν Clem. Alex. strom. 6. 18. 7 et Stob. 3. 2. 14 (~ gVgB(gE) et Chr. Pat. 347) 518 τὸν κακὸν *Ω*L et gVgB et Luc. de par. 4 et Stob. codd. MA^c et Chr. Pat. 349: τῶν κακῶν CP et gE et Stob. cod. A 519 cώματοc Chr. Pat. 350 (~ gVgBgE et Luc. et Stob.) 523 ναὸc *Ω* et gVgB: νηὸc LP et V^s 525 γλωccαργίαν gB (~ gVgE); γλ[C 530 c' *Ω* et L^cP² et *Σ*^b: om. BLP 531 τόξοιc ἀφύκτοιc fere *Ω* et Tr^{γρ}: πόνων ἀφύκτων LP et V³ ^{γρ}: utrumque *Σ*^b 532 αὐτὸ *Ω* et ¹*Σ*^b: αὐτὰ LP 533 οὖν om. CAP (~ C^sP²) 538 χάριν] θράcει ^{γρ}*Σ*^b (~ gE); [C]

μήτ' Ὀρφέως κάλλιον ὑμνῆcαι μέλος,
εἰ μὴ 'πίcημος ἡ τύχη γένοιτό μοι.
τοcαῦτα μέν cοι τῶν ἐμῶν πόνων πέρι   545
ἔλεξ᾽· ἅμιλλαν γὰρ cὺ προύθηκαc λόγων.
ἃ δ᾽ ἐc γάμουc μοι βαcιλικοὺc ὠνείδιcαc,
ἐν τῶιδε δείξω πρῶτα μὲν cοφὸc γεγώc,
ἔπειτα cώφρων, εἶτά cοι μέγαc φίλοc
καὶ παιcὶ τοῖc ἐμοῖcιν· ἀλλ' ἔχ᾽ ἥcυχοc.   550
ἐπεὶ μετέcτην δεῦρ' Ἰωλκίαc χθονὸc
πολλὰc ἐφέλκων cυμφορὰc ἀμηχάνουc,
τί τοῦδ᾽ ἂν εὕρημ᾽ ηὗρον εὐτυχέcτερον
ἢ παῖδα γῆμαι βαcιλέωc φυγὰc γεγώc;
οὐχ, ἧι cὺ κνίζηι, cὸν μὲν ἐχθαίρων λέχοc   555
καινῆc δὲ νύμφηc ἱμέρωι πεπληγμένοc
οὐδ᾽ εἰc ἅμιλλαν πολύτεκνον cπουδὴν ἔχων·
ἅλιc γὰρ οἱ γεγῶτεc οὐδὲ μέμφομαι·
ἀλλ' ὡc, τὸ μὲν μέγιcτον, οἰκοῖμεν καλῶc
καὶ μὴ cπανιζοίμεcθα, γιγνώcκων ὅτι   560
πένητα φεύγει πᾶc τιc ἐκποδὼν φίλον,
παῖδαc δὲ θρέψαιμ᾽ ἀξίωc δόμων ἐμῶν
cπείραc τ᾽ ἀδελφοὺc τοῖcιν ἐκ cέθεν τέκνοιc
ἐc ταὐτὸ θείην καὶ ξυναρτήcαc γένοc
εὐδαιμονοίην· cοί τε γὰρ παίδων τί δεῖ;   565
ἐμοί τε λύει τοῖcι μέλλουcιν τέκνοιc

codd.: *Π*³(545–60); *Π*¹²(545–54); *Π*¹³(547–50); *Ω* = BOCDEAV; LP

543 κάλλιον DEAVLP et (gV) et Eust. in Il. p. 666. 48: βέλτιον OC et
gE: βέλτιcτον B   545 μέν cοι LP et Vᶜ: μέντοι *Ω* et gE: [*Π*³*Π*¹²]
550 ἡcύχωc AV; [*Π*³*Π*¹²]   552 ἐφ-] ὑφ- O; ἀφ- A; (∼ gE); [*Π*¹²C]
ξυμφ[οραc *Π*¹²   553 τοῦδ᾽ ἂν BODEALP et V² et gE: τουτ᾽ α[ν *Π*³:
του∗ V: [*Π*¹²C]   554 γεγὼc φυγάc V (∼ gE); [*Π*³*Π*¹²]   555 ἧι] ωc
*Π*³ (∼ gE); [C]   κνίcη O, -ίccη C (∼ gE); [*Π*³]   559 μὲν om. DE
560 cπανιζόμεcθα OV; [*Π*³]   561 φίλον Driver (CR 35 [1921] 144) cl.
El. 1131: φίλοc codd. et gVgBgE et Clem. Alex. strom. 6. 8. 2: 'usitatius esset
πᾶc τιc...φίλων' iure monet Elmsley   562 δὲ *Ω*: τε LP
ἐμῶν δόμων OC   564 ξυν- *Ω*: cυν- LP   565 εὐδαιμονοῖμεν Elmsley,
uix recte; cf. Thompson, Hermathena 64 (1944) 88–9

τὰ ζῶντ᾽ ὀνῆσαι. μῶν βεβούλευμαι κακῶς;
οὐδ᾽ ἂν cὺ φαίηc, εἴ cε μὴ κνίζοι λέχοc.
ἀλλ᾽ ἐc τοcοῦτον ἥκεθ᾽ ὥcτ᾽ ὀρθουμένηc
εὐνῆc γυναῖκεc πάντ᾽ ἔχειν νομίζετε,   570
ἢν δ᾽ αὖ γένηται ξυμφορά τιc ἐc λέχοc,
τὰ λῶιcτα καὶ κάλλιcτα πολεμιώτατα
τίθεcθε. χρῆν γὰρ ἄλλοθέν ποθεν βροτοὺc
παῖδαc τεκνοῦcθαι, θῆλυ δ᾽ οὐκ εἶναι γένοc·
χοὔτωc ἂν οὐκ ἦν οὐδὲν ἀνθρώποιc κακόν.   575
Χο.   Ἰᾶcον, εὖ μὲν τούcδ᾽ ἐκόcμηcαc λόγουc·
ὅμωc δ᾽ ἔμοιγε, κεἰ παρὰ γνώμην ἐρῶ,
δοκεῖc προδοὺc cὴν ἄλοχον οὐ δίκαια δρᾶν.
Μη.   ἦ πολλὰ πολλοῖc εἰμι διάφοροc βροτῶν.
ἐμοὶ γὰρ ὅcτιc ἄδικοc ὢν cοφὸc λέγειν   580
πέφυκε, πλείcτην ζημίαν ὀφλιcκάνει·
γλώccηι γὰρ αὐχῶν τἄδικ᾽ εὖ περιcτελεῖν
τολμᾶι πανουργεῖν· ἔcτι δ᾽ οὐκ ἄγαν cοφόc.
ὡc καὶ cύ· μή νυν εἰc ἔμ᾽ εὐcχήμων γένηι
λέγειν τε δεινόc· ἓν γὰρ ἐκτενεῖ c᾽ ἔποc.   585
χρῆν c᾽, εἴπερ ἦcθα μὴ κακόc, πείcαντά με
γαμεῖν γάμον τόνδ᾽, ἀλλὰ μὴ cιγῆι φίλων.
Ια.   καλῶc γ᾽ ἄν, οἶμαι, τῶιδ᾽ ὑπηρέτειc λόγωι,
εἰ cοι γάμον κατεῖπον, ἥτιc οὐδὲ νῦν

codd.: Ω = BOCDEAV; LP

568 κνίζοι Ω et Stob. 4. 22. 195: -ει LP: [C]   571 ξυμ- Ω et Cᶜ et
gE: cυμ- CLP   573 χρῆν OCDLP et gVgBgE: χρὴν B: χρὴ EAV: ἐχρῆν
V³   ἄρ᾽ Porson (~ gVgBgE)   575 χοὔτωc fere Ω et gVgE: οὔτωc δ᾽
LP: χοὔτωc δ᾽ gB   577 ἐρῶ Ω et gE: λέγω LP et V³ʸᴾ: [C]   580 ὢν
ἄδικοc C et gE (~ gB et Stob. 2. 15. 22)   582 τἄδικα δ᾽ εὖ A et gB
(~ gE et Stob.)   584 ὡc Brunck   post cύ punctum habent EL et
V², sicut coni. Witzschel: om. ΩP   νυν Cᶜ ᵘᵛ et gE et disertim Σᵇ,
sicut coni. Elmsley: νῦν codd.   585 ἐκτενεῖ c᾽ DEAL⟨P⟩ et Σ¹ et ʸᴾΣᵇ
et ¹Σᵛ et Σ Hom. ap. anecd. Par. iii. 225 et Eust. in Il. p. 672. 60: κτενεῖ
c᾽ V: cε κτενεῖ B et gE: cε τεκνεῖ C: ἂν κτενεῖ c᾽ O   586 πείcαντ᾽ ἐμὲ
Porson   588 οἶμαι Nauck: οὖν μοι DLP: οὖν cὺ OAV: οὖν coι C: οὖν
BE   ὑπηρέτειc OCDALP et V²: -έτηc V: -έτηcαc E: ἐξυπηρέτειc B

118

ΜΗΔΕΙΑ

τολμᾶις μεθεῖναι καρδίας μέγαν χόλον.   590

Μη. οὐ τοῦτό c' εἶχεν, ἀλλὰ βάρβαρον λέχος
πρὸς γῆρας οὐκ εὔδοξον ἐξέβαινέ coι.

Ια. εὖ νῦν τόδ' ἴcθι, μὴ γυναικὸς οὕνεκα
γῆμαί με λέκτρα βαcιλέων ἃ νῦν ἔχω,
ἀλλ', ὥcπερ εἶπον καὶ πάρος, cῶcαι θέλων   595
cέ, καὶ τέκνοιcι τοῖc ἐμοῖc ὁμοcπόρους
φῦcαι τυράννους παῖδας, ἔρυμα δώμαcιν.

Μη. μή μοι γένοιτο λυπρὸς εὐδαίμων βίος
μηδ' ὄλβος ὅcτιc τὴν ἐμὴν κνίζοι φρένα.

Ια. οἶcθ' ὡς μέτευξαι καὶ cοφωτέρα φανῆι·   600
τὰ χρηcτὰ μή cοι λυπρὰ·φαίνεcθαί ποτε,
μηδ' εὐτυχοῦcα δυcτυχὴc εἶναι δοκεῖν.

Μη. ὕβριζ', ἐπειδὴ cοὶ μὲν ἔcτ' ἀποcτροφή,
ἐγὼ δ' ἔρημος τήνδε φευξοῦμαι χθόνα.

Ια. αὐτὴ τάδ' εἵλου· μηδέν' ἄλλον αἰτιῶ.   605

Μη. τί δρῶcα; μῶν γαμοῦcα καὶ προδοῦcά cε;

Ια. ἀρὰς τυράννοιc ἀνοcίους ἀρωμένη.

Μη. καὶ coῖc ἀραία γ' οὖcα τυγχάνω δόμοιc.

Ια. ὡς οὐ κρινοῦμαι τῶνδέ coι τὰ πλείονα.
ἀλλ', εἴ τι βούληι παιcὶν ἢ cαυτῆι φυγῆc   610
προcωφέλημα χρημάτων ἐμῶν λαβεῖν,
λέγ'· ὡς ἕτοιμος ἀφθόνωι δοῦναι χερὶ
ξένοιc τε πέμπειν cύμβολ', οἳ δράcουcί c' εὖ.
καὶ ταῦτα μὴ θέλουcα μωρανεῖc, γύναι·
λήξαcα δ' ὀργῆc κερδανεῖc ἀμείνονα.   615

codd.: Π¹³(591-5); Ω = BOCDEAV; LP

594 τλῆναι Π¹³   βαcιλεων Π¹³, sicut coni. Elmsley: -έωc ΩLP
599 κνίζοι ΒΟΑ²Ρ et gV et Stob. 4. 31. 58 cod. A: -ει DEVL et gB et
Stob. codd. SM et Doxop. ap. Walz ii. 294: -οι uel -ει C⁸: om. C
600 μέτευξαι Elmsley: μετεύξη(ι) codd. et ¹Σᵇ (incertum utrum indic. an
imper. ¹Σᵇ) et gB   601 φαίνεcθαι Reiske et ¹Σᵇ ut uid.: φαινέcθω
codd.: γενέcθω gB   602 δοκεῖν Reiske et ¹Σᵇ ut uid.: δόκει codd. et gB
604 φεύξομαι DE (~ gE)   607 τυράννοιc ΒΟΑVLP et gE: -ων DE:
-ουc C   610 τι ELP et V²: τε Ω   cαυτῆc φυγῆc L: cαυτῆ φυγῆ A:
cαυτῆc φυγῆ(ι) fere ΩP   613 δράcουcί c' BELP et A² et Eust. in Il. p.
633. 38: -cουcιν Ο⟨Α⟩V: -cουc' D: δ[C

119

Μη.   οὔτ' ἂν ξένοισι τοῖσι σοῖς χρησαίμεθ' ἂν
       οὔτ' ἄν τι δεξαίμεσθα, μηδ' ἡμῖν δίδου·
       κακοῦ γὰρ ἀνδρὸς δῶρ' ὄνησιν οὐκ ἔχει.

Ια.   ἀλλ' οὖν ἐγὼ μὲν δαίμονας μαρτύρομαι
       ὡς πάνθ' ὑπουργεῖν σοί τε καὶ τέκνοις θέλω·   620
       σοὶ δ' οὐκ ἀρέσκει τἀγάθ', ἀλλ' αὐθαδίαι
       φίλους ἀπωθῆι· τοιγὰρ ἀλγυνῆι πλέον.

Μη.   χώρει· πόθωι γὰρ τῆς νεοδμήτου κόρης
       αἱρῆι χρονίζων δωμάτων ἐξώπιος.
       νύμφευ'· ἴσως γάρ, σὺν θεῶι δ' εἰρήσεται,   625
       γαμεῖς τοιοῦτον ὥστε θρηνεῖσθαι γάμον.

Χο.   ἔρωτες ὑπὲρ μὲν ἄγαν ἐλθόντες οὐκ εὐδοξίαν   [στρ. α
       οὐδ' ἀρετὰν παρέδωκαν ἀνδράσιν· εἰ δ' ἅλις
       ἔλθοι   630
       Κύπρις, οὐκ ἄλλα θεὸς εὔχαρις οὕτω.
       μήποτ', ὦ δέσποιν', ἐπ' ἐμοὶ χρυσέων τόξων ἀφείης
       ἱμέρωι χρίσασ' ἄφυκτον οἰστόν.   635

       στέργοι δέ με σωφροσύνα, δώρημα κάλλιστον
       θεῶν·   [ἀντ. α
       μηδέ ποτ' ἀμφιλόγους ὀργὰς ἀκόρεστά τε νείκη
       θυμὸν ἐκπλήξασ' ἑτέροις ἐπὶ λέκτροις   640
       προσβάλοι δεινὰ Κύπρις, ἀπτολέμους δ' εὐνὰς σεβίζους'

codd.: Ω = BOCDEAV; LP

616 οὔτ'] ὅτ' DE   τοῖσι σοῖς BOAVLP: σοῖσι DE: σοῖς C
617 μηδ' P: μήθ' Ω: μηδ' in μήθ' aut μήθ' in μηδ' mut. L^c   618 δῶρ'
fere Ω et gVgBgE et Clem. Alex. strom. 6. 8. 5 et Eust. in Il. p. 682. 47:
δῶρον ALP et Men. mon. 411 Jäkel et Zenob. 4. 4   626 θρηνεῖσθαι
Dodds (Humanitas 4 [1952] 13–14): σ' ἀρνεῖσθαι codd. et gE   632 ἄλλα
BDAP et V²Tr: ἄλλη OL et B^sA^sV^s: ἀλλὰ CEV   οὕτω L:
-ως ΩP: [C]   633 μήποτ' BOCV et A in ras. et Eust. in Il. p. 568.
24: μηδέ ποτ' fere DELP et Σ^b   634 ἀφείης Naber: ἐφείης BODEAP
et Σ^b: ἐφήις VL (-εις Tr) et Eust.: [C]   636 στέργει EP; [C]
638 ἀμφὶ λόγους BCV (~ B^cV²)   642 προσβάλοι BODEV: -βάλλοι L:
-βάλοιμι AP (-βάλλοιμ' ὦ Tr): [C]   643 ἀπτολέμους BODEALP et V³:
ἀπολ- CV et Tr   δ' BDEAV: om. OCLP

ὀξύφρων κρίνοι λέχη γυναικῶν.

ὦ πατρίc, ὦ δώματα, μὴ   [cτρ. β
δῆτ' ἄπολιc γενοίμαν   646
τὸν ἀμηχανίαc ἔχουcα δυcπέρατον αἰῶν',
οἰκτρότατον ἀχέων.
θανάτωι θανάτωι πάροc δαμείην   650
ἀμέραν τάνδ' ἐξανύcα-
cα· μόχθων δ' οὐκ ἄλλοc ὕπερ-
θεν ἢ γᾶc πατρίαc cτέρεcθαι.

εἴδομεν, οὐκ ἐξ ἑτέρων   [ἀντ. β
μῦθον ἔχω φράcαcθαι·   655
cὲ γὰρ οὐ πόλιc, οὐ φίλων τιc οἰκτιρεῖ παθοῦcαν
δεινότατα παθέων.
ἀχάριcτοc ὄλοιθ' ὅτωι πάρεcτιν
μὴ φίλουc τιμᾶν καθαρᾶν   660
ἀνοίξαντα κλῆιδα φρενῶν·
ἐμοὶ μὲν φίλοc οὔποτ' ἔcται.

ΑΙΓΕΥC
        Μήδεια, χαῖρε· τοῦδε γὰρ προοίμιον
        κάλλιον οὐδεὶc οἶδε προcφωνεῖν φίλουc.
Μη.   ὦ χαῖρε καὶ cύ, παῖ cοφοῦ Πανδίονοc,   665
        Αἰγεῦ. πόθεν γῆc τῆcδ' ἐπιcτρωφᾶι πέδον;

codd.: Ω = BOCDEAV; LP

644 κρίνοι ΩP et Tr et Σ^b: -ει L et (postmodo deletum) P^s
645 δώματα Nauck et fort. L (δώμα**, δῶμα τ' ἐμόν Tr): δῶμα ΩP
648 δυcπέραcτον B et Σ^b; -αντον OC? 649 οἰκτρότατον Musgrave:
-οτάτων codd. 651 πρὶν ante ἀμ- E et V^g1; [C] ἐξανύcαι E et V²
652 δ' om. B 653 πατρώαc V 655 μῦθον Nauck: μύθων codd.
656 οὐ φίλων τιc οὐ πόλιc LP 657 οἰκτιρεῖ fere Wieseler (-τερεῖ):
ὤ(ι)κτειρε(ν) codd.: ὤικτιcεν Musgrave 658 δεινότατον Tr: uide 649
659 παρέcτη Badham 660 καθαρᾶν Badham: -ὰν codd. et gV
661 ἀνοίξαντα Ω et gV: -αντι LP et B² 664 φίλουc Ω et L^c et gE:
φίλοιc VP: φίλοc L? 666 ἐπιcτροφᾶ(ι) BC

ΕΥΡΙΠΙΔΟΥ

Αι.	Φοίβου παλαιὸν ἐκλιπὼν χρηστήριον.	
Μη.	τί δ' ὀμφαλὸν γῆς θεσπιωιδὸν ἐστάλης;	
Αι.	παίδων ἐρευνῶν cπέρμ' ὅπως γένοιτό μοι.	
Μη.	πρὸς θεῶν, ἄπαις γὰρ δεῦρ' ἀεὶ τείνεις βίον;	670
Αι.	ἄπαιδές ἐςμεν δαίμονός τινος τύχηι.	
Μη.	δάμαρτος οὔςης ἢ λέχους ἄπειρος ὤν;	
Αι.	οὐκ ἐςμὲν εὐνῆς ἄζυγες γαμηλίου.	
Μη.	τί δῆτα Φοῖβος εἶπέ coι παίδων πέρι;	
Αι.	coφώτερ' ἢ κατ' ἄνδρα cυμβαλεῖν ἔπη.	675
Μη.	θέμις μὲν ἡμᾶς χρηςμὸν εἰδέναι θεοῦ;	
Αι.	μάλιςτ', ἐπεί τοι καὶ coφῆς δεῖται φρενός.	
Μη.	τί δῆτ' ἔχρηςε; λέξον, εἰ θέμις κλύειν.	
Αι.	ἀςκοῦ με τὸν προύχοντα μὴ λῦςαι πόδα...	
Μη.	πρὶν ἂν τί δράςηις ἢ τίν' ἐξίκηι χθόνα;	680
Αι.	πρὶν ἂν πατρώιαν αὖθις ἑστίαν μόλω.	
Μη.	cὺ δ' ὡς τί χρήιζων τήνδε ναυςτολεῖς χθόνα;	
Αι.	Πιτθεύς τις ἔςτι, γῆς ἄναξ Τροζηνίας.	
Μη.	παῖς, ὡς λέγουςι, Πέλοπος, εὐςεβέςτατος.	
Αι.	τούτωι θεοῦ μάντευμα κοινῶςαι θέλω.	685
Μη.	coφὸς γὰρ ἀνὴρ καὶ τρίβων τὰ τοιάδε.	
Αι.	κἀμοί γε πάντων φίλτατος δορυξένων.	
Μη.	ἀλλ' εὐτυχοίης καὶ τύχοις ὅςων ἐρᾶις.	
Αι.	τί γὰρ còν ὄμμα χρώς τε cυντέτηχ' ὅδε;	
Μη.	Αἰγεῦ, κάκιστός ἐςτί μοι πάντων πόςις.	690
Αι.	τί φήις; cαφῶς μοι càς φράςον δυςθυμίας.	
Μη.	ἀδικεῖ μ' Ἰάςων οὐδὲν ἐξ ἐμοῦ παθών.	
Αι.	τί χρῆμα δράςας; φράζε μοι ςαφέςτερον.	
Μη.	γυναῖκ' ἐφ' ἡμῖν δεςπότιν δόμων ἔχει.	

codd.: Ω = BOCDEAV; LP

668 θεσπιωδῶν CV (~ Cᶜ)   ἐςτάλης Ω et Σᵇ: ἱκάνεις LP
680 δράςεις O; -εις in -ης uel -ης in -εις mut. C   683 ἄναξ γῆς OC
Τροζηνίας von Arnim: τροιζ- codd.: [C]: uide Barrett ad Hi. 12   684ⁿ
et 685ⁿ om. BEAV (etiam 686ⁿ et 687ⁿ om. EV); [D]   685 τοῦτο BC
(~ B²)   κοινωνῆςαι ⟨B⟩O (~ B²)   686 ἀνήρ Porson: ἀνὴρ codd. et
gE   687 γε Ω: δὲ DLP

ΜΗΔΕΙΑ

Αι.	οὔ που τετόλμηκ' ἔργον αἴσχιστον τόδε;	695
Μη.	cάφ' ἴcθ'· ἄτιμοι δ' ἐcμὲν οἱ πρὸ τοῦ φίλοι.	
Αι.	πότερον ἐραcθεὶc ἢ còν ἐχθαίρων λέχοc;	
Μη.	μέγαν γ' ἔρωτα· πιcτὸc οὐκ ἔφυ φίλοιc.	
Αι.	ἴτω νυν, εἴπερ, ὡc λέγειc, ἐcτὶν κακόc.	
Μη.	ἀνδρῶν τυράννων κῆδοc ἠράcθη λαβεῖν.	700
Αι.	δίδωcι δ' αὐτῶι τίc; πέραινέ μοι λόγον.	
Μη.	Κρέων, ὃc ἄρχει τῆcδε γῆc Κορινθίαc.	
Αι.	cυγγνωcτὰ μέντἄρ' ἦν cε λυπεῖcθαι, γύναι.	
Μη.	ὄλωλα· καὶ πρόc γ' ἐξελαύνομαι χθονόc.	
Αι.	πρὸc τοῦ; τόδ' ἄλλο καινὸν αὖ λέγειc κακόν.	705
Μη.	Κρέων μ' ἐλαύνει φυγάδα γῆc Κορινθίαc.	
Αι.	ἐᾶι δ' Ἰάcων; οὐδὲ ταῦτ' ἐπήινεcα.	
Μη.	λόγωι μὲν οὐχί, καρτερεῖν δὲ βούλεται.	

ἀλλ' ἄντομαί cε τῆcδε πρὸc γενειάδοc
γονάτων τε τῶν cῶν ἱκεcία τε γίγνομαι, 710
οἴκτιρον οἴκτιρόν με τὴν δυcδαίμονα
καὶ μή μ' ἔρημον ἐκπεcοῦcαν εἰcίδηιc,
δέξαι δὲ χώραι καὶ δόμοιc ἐφέcτιον.
οὕτωc ἔρωc cοι πρὸc θεῶν τελεcφόροc
γένοιτο παίδων καὐτὸc ὄλβιοc θάνοιc. 715
εὕρημα δ' οὐκ οἶcθ' οἷον ηὕρηκαc τόδε·
παύcω γέ c' ὄντ' ἄπαιδα καὶ παίδων γονὰc
cπεῖραί cε θήcω· τοιάδ' οἶδα φάρμακα.

Αι.	πολλῶν ἔκατι τήνδε cοι δοῦναι χάριν,

codd.: Π⁴(710-15); Π⁵(719-); Π¹¹(718-); Ω = BOCDEAV; LP

695 οὔ που Witzschel: ἢ που fere codd. et Chr. Pat. 144: [C]
696 ἴcθ' BOVLP: οἶcθ' fere DEA:]cθ' C   698 πιcτὸc BCALP et D^c:
πιcτὸc δ' ODEV   703 μέντἄρ' Hermann: μὲν γὰρ LP: γὰρ fere Ω
704 γ' om. OC (~ O²) et gE   705 αὖ λέγειc κακόν BDEVLP:
αὖ κ- λ- OC et gE: ἀγγέλλειc κ- A et (ἀγγελεῖc) Chr. Pat. 138
708 καρτερεῖν] καρδία V³ʸᵖ et ʸᵖΣᵇ et fort. Eʸᵖ (u.l. in ligamine celatur)
λόγωι μέν, οὐχὶ καρτερεῖν δὲ β- ¹Σᵇ ut uid. (pot. qu. λόγωι μὲν οὐχί, καρτερεῖν
δ' οὐ β-, quod probauit Lenting)   710 τῶν Π⁴DEAL: om. BOCVP
τε (alterum) om. P et Bᶜ; [Π⁴]   715 θάνοιc P et Lˢ: θάνειc L: θάνη(ι)c
Ω: [Π⁴C]   717 γέ F. W. Schmidt: δέ codd.: uide Denniston, GP
144-5   u. del. Nauck

123

γύναι, πρόθυμός εἰμι, πρῶτα μὲν θεῶν,   720
ἔπειτα παίδων ὧν ἐπαγγέλληι γονάς·
ἐς τοῦτο γὰρ δὴ φροῦδός εἰμι πᾶς ἐγώ.
οὕτω δ' ἔχει μοι· σοῦ μὲν ἐλθούσης χθόνα,
πειράσομαί σου προξενεῖν δίκαιος ὤν.
[τοσόνδε μέντοι σοι προσημαίνω, γύναι·   725
ἐκ τῆσδε μὲν γῆς οὔ σ' ἄγειν βουλήσομαι.]   726
ἐκ τῆσδε δ' αὐτὴ γῆς ἀπαλλάσσου πόδα·   729
αὐτὴ δ' ἐάνπερ εἰς ἐμοὺς ἔλθηις δόμους,   727
μενεῖς ἄσυλος κού σε μὴ μεθῶ τινι·   728
ἀναίτιος γὰρ καὶ ξένοις εἶναι θέλω.   730

Μη. ἔσται τάδ'· ἀλλὰ πίστις εἰ γένοιτό μοι
τούτων, ἔχοιμ' ἂν πάντα πρὸς σέθεν καλῶς.

Αι. μῶν οὐ πέποιθας; ἢ τί σοι τὸ δυσχερές;

Μη. πέποιθα· Πελίου δ' ἐχθρός ἐστί μοι δόμος
Κρέων τε. τούτοις δ' ὁρκίοισι μὲν ζυγεὶς   735
ἄγουσιν οὐ μεθεῖ' ἂν ἐκ γαίας ἐμέ·
λόγοις δὲ συμβὰς καὶ θεῶν ἀνώμοτος
φίλος γένοι' ἂν κἀπικηρυκεύμασιν
τάχ' ἂν πίθοιο· τἀμὰ μὲν γὰρ ἀσθενῆ,

codd.: Π⁵(-723); Π¹¹(-737); Ω = BOCD(E-730)AV; LP

721 ὦν Hn: ὦ∗∗ L: ὦν μ' ΩP et Tr et Hn²: [Π⁵Π¹¹]   ἐπαγγέλληι(ι)
BDALP et V²: -έλη CEV: ἀπαγγέλλη O:]λλη Π¹¹: [Π⁵]   723 ἔχει μοι
BOCL et V³: ἔχοιμι DEAVP et B²: [Π⁵Π¹¹]   725–6 om. Π¹¹ (725–8
iam del. Kirchhoff)   725 τοσόνδε BOCDE: τοσόνγε AVP: τὸ σόν γε L
προσημαίνω DEAVLP: -μανῶ BO: προσσημ[C   729–7–8 hoc ordine
Π¹¹: 727–8–9 ΩLP: 729 iam del. Nauck   728 in fine προ]δῶ πότ[ε Π¹¹
732 ἔχοι τἂν Seyffert (~ gE); [Π¹¹]   735 τούτοις ALP et ¹Σᵇ: τούτοισι
fere Ω: [Π¹¹]   736 μεθεῖ' L et Σᵇ⁽ᵛ⁾: μεθεὶς BP: μεθεὶς OCD: μεθῆς A
et V²: μεθ∗∗' Vᵘᵛ: [Π¹¹]   737 ἀνώμοτος D⟨L?⟩ et B² et ¹Σᵇᵛ ad 735:
ἐνώμ- ΩP et Lᶜ et Σᵇᵛ ad 737: [Π¹¹]   738 κἀπικηρυκεύμασι(ν) codd.
(κἀπὶ κ- OVP uel P²): -ματα Σᵇᵛ ad 735 et 737 et Didymus apud Σᵇᵛ ad
737; πείθεσθαι c. accus. ualet 'fidem nuntio habere' non 'parere nuntio'
post h.u. lac. indic. Kirchhoff   739 τάχ' Wyttenbach (ante Jacobs) et
fort. ¹Σᵇᵛ ad 735 (ἴσως): οὐκ codd. et Σᵇᵛ ad 737: [C]   πίθοι σε
Lenting (accepto κἀπικηρυκεύματα) (~ Σᵇᵛ ad 737)   μὲν om. C et gE

ΜΗΔΕΙΑ

τοῖς δ᾽ ὄλβος ἐστὶ καὶ δόμος τυραννικός.   740

Αι. πολλὴν ἔδειξας ἐν λόγοις προμηθίαν·
      ἀλλ᾽, εἰ δοκεῖ σοι, δρᾶν τάδ᾽ οὐκ ἀφίσταμαι.
      ἐμοί τε γὰρ τάδ᾽ ἐστὶν ἀσφαλέστερα,
      σκῆψίν τιν᾽ ἐχθροῖς σοῖς ἔχοντα δεικνύναι,
      τὸ σόν τ᾽ ἄραρε μᾶλλον. ἐξηγοῦ θεούς.   745

Μη. ὄμνυ πέδον Γῆς πατέρα θ᾽ ῞Ηλιον πατρὸς
      τοὐμοῦ θεῶν τε συντιθεὶς ἅπαν γένος.

Αι. τί χρῆμα δράσειν ἢ τί μὴ δράσειν; λέγε.

Μη. μήτ᾽ αὐτὸς ἐκ γῆς σῆς ἔμ᾽ ἐκβαλεῖν ποτε,
      μήτ᾽ ἄλλος ἤν τις τῶν ἐμῶν ἐχθρῶν ἄγειν   750
      χρῄζῃ μεθήσειν ζῶν ἑκουσίῳ τρόπῳ.

Αι. ὄμνυμι Γαῖαν φῶς τε λαμπρὸν ῾Ηλίου
      θεούς τε πάντας ἐμμενεῖν ἅ σου κλύω.

Μη. ἀρκεῖ· τί δ᾽ ὅρκῳ τῷδε μὴ 'μμένων πάθοις;

Αι. ἃ τοῖσι δυσσεβοῦσι γίγνεται βροτῶν.   755

Μη. χαίρων πορεύου· πάντα γὰρ καλῶς ἔχει.
      κἀγὼ πόλιν σὴν ὡς τάχιστ᾽ ἀφίξομαι,
      πράξας ἃ μέλλω καὶ τυχοῦσ᾽ ἃ βούλομαι.

Χο. ἀλλά σ᾽ ὁ Μαίας πομπαῖος ἄναξ
      πελάσειε δόμοις ὧν τ᾽ ἐπίνοιαν   760
      σπεύδεις κατέχων πράξειας, ἐπεὶ

codd.: Π⁵(748–52); Ω = BOCDAV; LP

741 ἔδειξας Sigonius (teste Elmsley) et Valckenaer: ἔλεξας codd.   ἐν
λόγοις LP: ὦ γύναι Ω et Trᵞᵖ   743 ἀσφαλέστερα ⟨L⟩P et V³Tr⁸ (cf.
Chr. Pat. 782): -έστατα Ω et Lᶜ   745 τ᾽ Ω: δ᾽ LP et Chr. Pat. 762:
[C]   746 ὄμνυ OVLP et Eust. in Il. p. 436. 44: ὄμνυε BD et V⁸:
ὄμνυμι A: [C]   πατέρα θ᾽ ῞Ηλιον πατρὸς] ἡλίου θ᾽ ἁγνὸν σέβας Trᵞᵖ et
ᵞᵖΣᵇ, quam lectionem ad 752 rettulit Musgrave   748 δράσειν
(alterum)] δρᾶσαι P et V³; [Π⁵]   751 ζῶν BOC⟨L⟩P et V³ᵞᵖ Trᵞᵖ:
γῆς (Π⁵)DAV et Tr   752 φῶς τε λαμπρὸν ῾Ηλίου Page: λαμπρὸν ἡλίου
τε φῶς CALP: λαμπρόν θ᾽ ἡλίου φάος BODV (θ᾽ om. B): λαμ]προν. [Π⁵ (θ᾽[
uel φ[pot. qu. η[): ῾Ηλίου θ᾽ ἁγνὸν σέβας Porson e Σᵇ ad 746 (ἡλίου θ᾽ ἁγνὸν
σέλας hic in textu habet Nv; σέλας iam coni. Musgrave)   753 ἐμμενεῖν
Lenting: ἐμμένειν codd.   755 βροτῶν Ω: βροτοῖς LP et V³ et Chr. Pat.
789: [C]   758 ἅ (alterum) BODVL et ¹Σᵇᵛ et Phot. 201 Naber et Σ
Plat. p. 177 Greene et Zonar. in anecd. Par. iv. 83: ὦν AP et Oᵍˡ: [C]
759–63 Medeae erant qui tribuerent teste Σᵇ

125

γενναῖος ἀνήρ,
Αἰγεῦ, παρ' ἐμοὶ δεδόκησαι.

Μη. ὦ Ζεῦ Δίκη τε Ζηνὸς Ἡλίου τε φῶς,
νῦν καλλίνικοι τῶν ἐμῶν ἐχθρῶν, φίλαι,   765
γενησόμεσθα κἀς ὁδὸν βεβήκαμεν,
νῦν ἐλπὶς ἐχθροὺς τοὺς ἐμοὺς τείσειν δίκην.
οὗτος γὰρ ἀνὴρ ἧι μάλιστ' ἐκάμνομεν
λιμὴν πέφανται τῶν ἐμῶν βουλευμάτων·
ἐκ τοῦδ' ἀναψόμεσθα πρυμνήτην κάλων,   770
μολόντες ἄστυ καὶ πόλισμα Παλλάδος.
ἤδη δὲ πάντα τἀμά σοι βουλεύματα
λέξω· δέχου δὲ μὴ πρὸς ἡδονὴν λόγους.
πέμψασ' ἐμῶν τιν' οἰκετῶν Ἰάσονα
ἐς ὄψιν ἐλθεῖν τὴν ἐμὴν αἰτήσομαι.   775
μολόντι δ' αὐτῶι μαλθακοὺς λέξω λόγους,
†ὡς καὶ δοκεῖ μοι ταῦτα καὶ καλῶς ἔχει†
γάμους τυράννων οὓς προδοὺς ἡμᾶς ἔχει,
καὶ ξύμφορ' εἶναι καὶ καλῶς ἐγνωσμένα.
παῖδας δὲ μεῖναι τοὺς ἐμοὺς αἰτήσομαι,   780
οὐχ ὡς λιποῦσ' ἂν πολεμίας ἐπὶ χθονὸς
[ἐχθροῖσι παῖδας τοὺς ἐμοὺς καθυβρίσαι],
ἀλλ' ὡς δόλοισι παῖδα βασιλέως κτάνω.
πέμψω γὰρ αὐτοὺς δῶρ' ἔχοντας ἐν χεροῖν,
[νύμφηι φέροντας, τήνδε μὴ φεύγειν χθόνα,]   785
λεπτόν τε πέπλον καὶ πλόκον χρυσήλατον·

codd.: Ω = BOCDAV; LP

767 νῦν Lenting: νῦν δ' codd.: cf. Ph. 1252-3   768 ἀνὴρ Porson:
ἀνήρ codd. et Et. Gen. ap. Miller mél. p. 27 et Et. Ma. ap. anecd. Par. iv.
9   μάλιστα κάμνομεν ⟨Α⟩ (~ Αᶜ et ¹Σᵇᵛ et Et. Gen. et Et. Ma.)
777 ὡς...δοκεῖν...ἔχειν Page (ἔχειν iam ed. Heruag.²)   ταὐτὰ Barnes
778-9 del. Porson (778 iam Reiske)   779 ἐγνωσμένα Ω: εἰργασμένα LP
781 λιποῦσ' ἂν Elmsley: λιποῦσα codd.   782 del. Brunck cl. 1060-1
785-6 inuerso ordine A (~ Aʳ)   785 om. Hn (~ Hn¹ᶜ), del.
Valckenaer cl. 940, 943, 950   τήνδε] δῆθεν (δῆθε Elmsley) ᵞᵖΣᵇᵛ
φεύγειν Ω et Σᵇᵛ: φυγεῖν ALP   786 πλόκον BCDVLP: πλόκαμον O:
στέφος A u. del. Elmsley cl. 949, uix recte

κἄνπερ λαβοῦca κόcμον ἀμφιθῆι χροΐ,
κακῶc ὀλεῖται πᾶc θ' ὃc ἂν θίγηι κόρηc·
τοιοῖcδε χρίcω φαρμάκοιc δωρήματα.
ἐνταῦθα μέντοι τόνδ' ἀπαλλάccω λόγον.   790
ὤιμωξα δ' οἷον ἔργον ἔcτ' ἐργαcτέον
τοὐντεῦθεν ἡμῖν· τέκνα γὰρ κατακτενῶ
τἄμ'· οὔτιc ἔcτιν ὅcτιc ἐξαιρήcεται·
δόμον τε πάντα cυγχέαc' Ἰάcονοc
ἔξειμι γαίαc, φιλτάτων παίδων φόνον   795
φεύγουcα καὶ τλᾶc' ἔργον ἀνοcιώτατον.
οὐ γὰρ γελᾶcθαι τλητὸν ἐξ ἐχθρῶν, φίλαι.
[ἴτω· τί μοι ζῆν κέρδοc; οὔτε μοι πατρὶc
οὔτ' οἶκοc ἔcτιν οὔτ' ἀποcτροφὴ κακῶν.]
ἡμάρτανον τόθ' ἡνίκ' ἐξελίμπανον   800
δόμουc πατρώιουc, ἀνδρὸc Ἕλληνοc λόγοιc
πειcθεῖc', ὃc ἡμῖν cὺν θεῶι τείcει δίκην.
οὔτ' ἐξ ἐμοῦ γὰρ παῖδαc ὄψεταί ποτε
ζῶνταc τὸ λοιπὸν οὔτε τῆc νεοζύγου
νύμφηc τεκνώcει παῖδ', ἐπεὶ κακὴν κακῶc   805
θανεῖν cφ' ἀνάγκη τοῖc ἐμοῖcι φαρμάκοιc.
μηδείc με φαύλην κἀcθενῆ νομιζέτω
μηδ' ἡcυχαίαν ἀλλὰ θατέρου τρόπου,
βαρεῖαν ἐχθροῖc καὶ φίλοιcιν εὐμενῆ·
τῶν γὰρ τοιούτων εὐκλεέcτατοc βίοc.   810

Χο.   ἐπείπερ ἡμῖν τόνδ' ἐκοίνωcαc λόγον,
cέ τ' ὠφελεῖν θέλουcα καὶ νόμοιc βροτῶν
ξυλλαμβάνουcα δρᾶν c' ἀπεννέπω τάδε.

codd.: Ω = BOCDAV; LP

789 χρήcω BOC (∼ B³Oᶜ)   790 μέν coι pars codd. Chr. Pat. 837
(μέν cε cett.) et ut uid. Σᵇᵛ (∼ ¹Σᵇᵛ)   792 κατακτενῶ DAP: -κτανῶ
BOCVL   798–9 del. Leo   798 ζῆν LP: ζῆν ἔτι Ω: ζῆν ἐcτι C et gE
πατρίc] πατὴρ ᵞᵖΣᵇ (∼ gE)   799 ἀπαλλαγὴ ᵞᵖΣᵇ et V³ (∼ gE)
802 τίcει BOAV: δώcει DLP: [C]   804 νεόζυγοc uel νεοζυγοῦc
Elmsley; ν[C   805 κακὴν κακῶc BODA et V³: κακῶc κακὴν VLP: [C]
809 κοὐ φίλοιcι δυcμενῆ gV (∼ gE)   811 ἐκοινώcω A et Oᶜ
812 βροτῶν νόμοιc O⟨C⟩

ΕΥΡΙΠΙΔΟΥ

Μη.   οὐκ ἔςτιν ἄλλως· coὶ δὲ cυγγνώμη λέγειν
τάδ᾽ ἐςτί, μὴ πάςχουcαν, ὡς ἐγώ, κακῶς.   815

Χο.   ἀλλὰ κτανεῖν còν cπέρμα τολμήcεις, γύναι;

Μη.   οὕτω γὰρ ἂν μάλιcτα δηχθείη πόcις.

Χο.   cὺ δ᾽ ἂν γένοιό γ᾽ ἀθλιωτάτη γυνή.

Μη.   ἴτω· περιccοὶ πάντες οὖν μέcωι λόγοι.
ἀλλ᾽ εἶα χώρει καὶ κόμιζ᾽ Ἰάcονα·   820
ἐc πάντα γὰρ δὴ coὶ τὰ πιcτὰ χρώμεθα.
λέξηις δὲ μηδὲν τῶν ἐμοὶ δεδογμένων,
εἴπερ φρονεῖς εὖ δεcπόταις γυνή τ᾽ ἔφυς.

Χο.   Ἐρεχθεῖδαι τὸ παλαιὸν ὄλβιοι   [cτρ. α
καὶ θεῶν παῖδες μακάρων, ἱερᾶς   825
χώρας ἀπορθήτου τ᾽ ἄπο, φερβόμενοι
κλεινοτάταν cοφίαν, αἰεὶ διὰ λαμπροτάτου
βαίνοντες ἀβρῶς αἰθέρος, ἔνθα ποθ᾽ ἁγνὰς   830
ἐννέα Πιερίδας Μούcας λέγουcι
ξανθὰν Ἁρμονίαν φυτεῦcαι·

τοῦ καλλινάου τ᾽ ἐπὶ Κηφιcοῦ ῥοαῖς   [ἀντ. α
τὰν Κύπριν κλήιζουcιν ἀφυccαμέναν   836
χώρας καταπνεῦcαι μετρίας ἀνέμων

codd.: Π⁶(825–); Π¹²(836–); Ω = BOCD(E 825–)AV; LP

814 coὶ] cὺ V (~ Vˢ ᵘᵛ et V²); cὲ B³Aˢ   816 còν cπέρμα LP: cὼ
παῖδε fere AV et B²: còν παῖδα BCD: coὺc παῖδαc O   818 γ᾽ om. CV
(-οιο C, -οι᾽ V)   γύναι L et V³ʸᵖ; γ[C   822 λέξηιc Elmsley: λέξειc
codd.   824 Ἐρεχθεῖδαι Elmsley: -θεῖδαι ΩLP:]αι C   827 ἄπο,
φερβόμενοι B³ et ¹Σᵇᵛ: ἀποφερβόμενοι V: ἀποφ- BODEALP: αποφ[Π⁶:
]βόμενοι C   829 αἰεὶ P et Tr: ἀεὶ Π⁶Ω⟨L⟩: [C]   833 λέγουcι μούcαc
P et Tr   835 ἐπὶ LP et (Π⁶ᶜ)V³: ἀπὸ (Π⁶)Ω   κηφιcοῦ BODEVL:
-ιccοῦ CAP et fort. V³: [Π⁶]   ῥοᾶc O (~ O¹ᶜ); ῥοῶν B²; ῥοὰc A²; [Π⁶]
836 ἀφυc(c)αμέναν BODAVLP (-υca- AL): -υccομ- CE: [Π⁶Π¹²]
838 χώρας Reiske: χώραν codd. (τὴν χ- C): [Π⁶]: hoc seruato μετρίαιc...
ἡδυπνόοιc αὔραιc Brunck   839 μετρι]᾽ουc Π⁶, fort. recte; [Π¹²]

ἡδυπνόους αὔρας· αἰεὶ δ' ἐπιβαλλομέναν   840
χαίταισιν εὐώδη ῥοδέων πλόκον ἀνθέων
τᾶι Cοφίαι παρέδρους πέμπειν Ἔρωτας,
παντοίας ἀρετᾶς ξυνεργούς.   845

πῶς οὖν ἱερῶν ποταμῶν   [cτρ. β
ἢ πόλις ἢ φίλων
πόμπιμός cε χώρα
τὰν παιδολέτειραν ἕξει,
τὰν οὐχ ὁcίαν μέταυλον;   850
cκέψαι τεκέων πλαγάν,
cκέψαι φόνον οἷον αἴρηι.
μή, πρὸς γονάτων cε πάνται
πάντως ἱκετεύομεν,
τέκνα φονεύcηις.   855

πόθεν θράcος †ἢ φρενὸς ἢ   [ἀντ. β
χειρὶ τέκνων cέθεν†
καρδίαι τε λήψηι
δεινὰν προcάγουcα τόλμαν;
πῶς δ' ὄμματα προcβαλοῦcα   860
τέκνοις ἄδακρυν μοῖραν

codd.: $Π^6$(–840); $Π^7$(844–); $Π^{12}$(–840); $Ω$ = BOCDEAV; LP

840 lectio propter numeros suspecta   ἡδυπνόους ($Π^6Π^{12}$)LP: om.
$Ω$: post αὔρας V³   ἀέρας ἡδυπνόους Page   αἰεὶ A² et Tr: ἀεὶ
BODEV⟨L⟩P et Aᶜ: [$Π^6Π^{12}$C]   843 τῆ LP   846 πο]ταμων
ιερ[ων $Π^7$ 847 ἢ πόλις ἢ φίλων LP et ¹Σᵇᵛ: ἢ φ- ἢ π- $Ω$: [$Π^7$]
848 πόμπιμόν ⟨B?⟩E et B²ˢD ˢV²Tr (~ B²); [$Π^7$]   χώραν DV (~ V²);
[$Π^7$]   849–50 ἕξει τὰν om. ut uid. $Π^7$ 850 μέταυλον Lueck: μετ'
ἄλλων codd. et ¹Σᵇᵛ   852 αἴρηι Elmsley (praeeunte Porson): αἰρῆ(ι)
codd.: [$Π^7$C]   853–4 πάνται πάντως post Herwerden (πάντηι πάντως)
Diggle: πάντες πάντως ⟨L⟩P: πάντως πάντες BDEAV et Tr: πάντως πάντως
O: πάντες C: [$Π^7$]   855 φονεύcηις Brunck: μὴ φ- codd.: [$Π^7$C]
858 καρδίαν Elmsley   860 δ' om. BOC (~ B²); [$Π^7$]   ὄμματα ALP
et V²: ὄμμα $Ω$ et Aᶜ: [$Π^7$]   προcβαλοῦcα $Ω$ et V³ʸᵖTr: προcλαβ- V:
προβαλ- LP: [$Π^7$]

σχήσεις φόνου; οὐ δυνάσηι
παίδων ἱκετᾶν πιτνόντων
τέγξαι χέρα φοινίαν
τλάμονι θυμῶι.   865

Ια.   ἥκω κελευσθείς· καὶ γὰρ οὖσα δυσμενὴς
      οὔ τἂν ἁμάρτοις τοῦδέ γ᾽, ἀλλ᾽ ἀκούσομαι·
      τί χρῆμα βούληι καινὸν ἐξ ἐμοῦ, γύναι;
Μη.   Ἰᾶσον, αἰτοῦμαί σε τῶν εἰρημένων
      συγγνώμον᾽ εἶναι· τὰς δ᾽ ἐμὰς ὀργὰς φέρειν   870
      εἰκός σ᾽, ἐπεὶ νῶιν πόλλ᾽ ὑπείργασται φίλα.
      ἐγὼ δ᾽ ἐμαυτῆι διὰ λόγων ἀφικόμην
      κἀλοιδόρησα· Σχετλία, τί μαίνομαι
      καὶ δυσμεναίνω τοῖσι βουλεύουσιν εὖ,
      ἐχθρὰ δὲ γαίας κοιράνοις καθίσταμαι   875
      πόσει θ᾽, ὃς ἡμῖν δρᾶι τὰ συμφορώτατα,
      γήμας τύραννον καὶ κασιγνήτους τέκνοις
      ἐμοῖς φυτεύων; οὐκ ἀπαλλαχθήσομαι
      θυμοῦ; τί πάσχω, θεῶν ποριζόντων καλῶς;
      οὐκ εἰσὶ μέν μοι παῖδες, οἶδα δὲ χθόνα   880
      φεύγοντας ἡμᾶς καὶ σπανίζοντας φίλων;
      ταῦτ᾽ ἐννοηθεῖσ᾽ ἠισθόμην ἀβουλίαν

codd.: Π⁸(866–78); Π⁷(–865); Ω = BOCDEAV; LP

862 φόνου Π⁷AV et Σᵇᵛ: φόνον BOCDELP et V²: φόνω V³   οὐ om.
Π⁷   δυνάσῃ(ι) Ω: -ῃςῃ CLP et V³: [Π⁷]   863 ἱκετῶν D⟨L?⟩ (~ Tr)
et O⁸; [Π⁷]   πιτνόντων OVLP: -ώντων BDEA et V³: πιτ[C: [Π⁷]
864 χέρα Tr: χεῖρα fere codd.: [Π⁷]   φοινίαν Tr: φονίαν Ω: φοίνιον L
(fort. φοίν- Lᶜ, φόν- L): φόνιον P et V³ʸᵖ: [Π⁷]   865 τλάμονι LP:
τλήμονι Ω: τ[λ- C: -μο]ιγι τε Π⁷   867 οὔ τᾶν Porson: οὐκ ἂν codd. et
Chr. Pat. 1988: [Π⁸]   ἁμάρτοις Ω et Chr. Pat.: -της ELP: [Π⁸]
τοῦδέ γ᾽ ELP et Chr. Pat.: τοῦδέ τ᾽ BODA: τοῦδ᾽ ἔτ᾽ CV: [Π⁸]   post
ἀκούσομαι dist. et interrogationem post 868 indic. Jackson   869 ἰάσων
CV (~ V³ et gE); [Π⁸]   871 σ᾽ Ω et gE: γ᾽ ELP: [Π⁸]
874 βουλεύουσιν Π⁸?BDEAVL et O² et gE et Et. Ma. 292. 14: βουλεύσαιν
P: -εύμασιν O: βουλ[C   875 τυράννοις DP   880–4 om. C
882 ἐννοηθεῖσ᾽ LP et Chr. Pat. 806: ἐννοήσας᾽ Ω et gE: [C]

ΜΗΔΕΙΑ

πολλὴν ἔχουσα καὶ μάτην θυμουμένη.
νῦν οὖν ἐπαινῶ cωφρονεῖν τέ μοι δοκεῖc
κῆδοc τόδ' ἡμῖν προcλαβών, ἐγὼ δ' ἄφρων,   885
ᾗ χρῆν μετεῖναι τῶνδε τῶν βουλευμάτων
καὶ ξυμπεραίνειν καὶ παρεcτάναι λέχει
νύμφην τε κηδεύουcαν ἥδεcθαι cέθεν.
ἀλλ' ἐcμὲν οἷόν ἐcμεν, οὐκ ἐρῶ κακόν,
γυναῖκεc· οὔκουν χρῆν c' ὁμοιοῦcθαι κακοῖc,   890
οὐδ' ἀντιτείνειν νήπι' ἀντὶ νηπίων.
παριέμεcθα καί φαμεν κακῶc φρονεῖν
τότ', ἀλλ' ἄμεινον νῦν βεβούλευμαι τάδε.
ὦ τέκνα τέκνα, δεῦρο, λείπετε cτέγαc,
ἐξέλθετ', ἀcπάcαcθε καὶ προcείπατε   895
πατέρα μεθ' ἡμῶν καὶ διαλλάχθηθ' ἅμα
τῆc πρόcθεν ἔχθραc ἐc φίλουc μητρὸc μέτα·
cπονδαὶ γὰρ ἡμῖν καὶ μεθέcτηκεν χόλοc.
λάβεcθε χειρὸc δεξιᾶc· οἴμοι, κακῶν
ὡc ἐννοοῦμαι δή τι τῶν κεκρυμμένων.   900
ἆρ', ὦ τέκν', οὕτω καὶ πολὺν ζῶντεc χρόνον
φίλην ὀρέξετ' ὠλένην; τάλαιν' ἐγώ,
ὡc ἀρτίδακρύc εἰμι καὶ φόβου πλέα.
χρόνωι δὲ νεῖκοc πατρὸc ἐξαιρουμένη
ὄψιν τέρειναν τήνδ' ἔπληcα δακρύων.   905

codd.: *Π*¹²(884–7); *Ω* = BOCDEAV; LP

884 τέ μοι Va, sicut coni. Lascaris: τ' ἐμοὶ codd.: [*Π*¹²C]   887 om.
D   ξυμπεραίνειν *Ω*P et Σ^b: ξυγγαμεῖν coι L et V³ʸᵖ: [*Π*¹²D]
890 χρῆν BODEA et gVgE:]χρῆν C: ἐχρῆν V: χρή in -ῆ aut -ῆ in -ή mut.
L^c: χρῆ P   κακοῖc] φύcιν Stadtmüller cl. Andr. 354 (~ gVgE)
891 -τίνειν L et gV (~ gE); -ει]ν C   893 τάδε ELP et V³: τόδε *Ω* et
gE   894 δεῦρο Elmsley: δεῦτε codd. et Chr. Pat. 467, 688   λίπετε
BD   896 διαλλάχθηθ' EAVLP et B²: -αλλέχθηθ' B: -αλεχθηθ' D:
-αλλάγηθ' O: ἀλλάγηcθ' C   899 λάζυcθε Elmsley cl. Chr. Pat. 469
(λάζεcθε χ- δ-); [C]   902 ὀρέξετ' BDALP et V²: ὠρέξετ' OV: ὀρέξατ'
E:]τ' C   904 ἐξαιτουμένη J. U. Powell (CR 22 [1908] 216); cf.
Andr. 54   905 τέρειναν Barnes: τερεινὴν uel -είνην fere *Ω*LP:]γ C

Χο.   κἀμοὶ κατ᾽ ὄccων χλωρὸν ὡρμήθη δάκρυ·
    καὶ μὴ προβαίη μεῖζον ἢ τὸ νῦν κακόν.

Ια.   αἰνῶ, γύναι, τάδ᾽, οὐδ᾽ ἐκεῖνα μέμφομαι·
    εἰκὸc γὰρ ὀργὰc θῆλυ ποιεῖcθαι γένος
    †γάμουc παρεμπολῶντοc ἀλλοίουc πόcει†.   910
    ἀλλ᾽ ἐc τὸ λῶιον cὸν μεθέcτηκεν κέαρ,
    ἔγνωc δὲ τὴν νικῶcαν, ἀλλὰ τῶι χρόνωι,
    βουλήν· γυναικὸc ἔργα ταῦτα cώφρονοc.
    ὑμῖν δέ, παῖδεc, οὐκ ἀφροντίcτωc πατὴρ
    πολλὴν ἔθηκε cὺν θεοῖc cωτηρίαν·   915
    οἶμαι γὰρ ὑμᾶc τῆcδε γῆc Κορινθίαc
    τὰ πρῶτ᾽ ἔcεcθαι cὺν καcιγνήτοιc ἔτι.
    ἀλλ᾽ αὐξάνεcθε· τἄλλα δ᾽ ἐξεργάζεται
    πατήρ τε καὶ θεῶν ὅcτιc ἐcτὶν εὐμενήc.
    ἴδοιμι δ᾽ ὑμᾶc εὐτραφεῖc ἥβηc τέλοc   920
    μολόνταc, ἐχθρῶν τῶν ἐμῶν ὑπερτέρουc.
    αὕτη, τί χλωροῖc δακρύοιc τέγγειc κόραc,
    cτρέψαcα λευκὴν ἔμπαλιν παρηίδα,
    κοὐκ ἀcμένη τόνδ᾽ ἐξ ἐμοῦ δέχηι λόγον;

Μη.   οὐδέν· τέκνων τῶνδ᾽ ἐννοουμένη πέρι.   925

Ια.   θάρcει νυν· εὖ γὰρ τῶνδ᾽ ἐγὼ θήcω πέρι.

codd.: *Ω* = BOCDEAV; LP

906 χλωρὸν] θερμὸν Bᵍˡ et Chr. Pat. 479 (~ gBgE)   907 τὰ νῦν
Elmsley (~ gE)   908 οὐδ᾽ OCDEV et Bᶜ et gE: οὐκ ⟨B²⟩ALP:
utrumque codd. Chr. Pat. 796   910 γάμου...ἀλλοίου V (~ V² et
gBgE)   παρεμπολῶντοc codd. et Σᵇᵛ et gE: -πωλοῦντ᾽ gB: -πολῶντί γ᾽
Aldina (-πολῶντι accepto δώμαcιν pro ἀλλοίουc Dindorf, alii alia)
πόcει codd. et Σᵇᵛ (ἀντὶ τοῦ πόcιοc) et gBgE: ἐμοῦ histriones sec. Σᵇᵛ: λέχει
(cf. El. 1033) uel δόμοιc Diggle   911 καθέcτηκεν A (~ gB)
912 τῶ(ι) BODELP et V³ʸᵖ et gBgE: νῦν AV: [C]: cὺν Porson
913 γυναικὸc γὰρ C et gE (~ gB)   915 cωτηρίαν LP: προμηθίαν *Ω* et
gE: [C]   922 αὕτη A: αὐτὴ *Ω*LP et Aˢ et ⟨gB⟩gE (αὐτά gB¹ᶜ)
923 del. Hartung cl. [1006], 1148   924 ἀcμένωc gE (~ gEˢ et Chr.
Pat. 733)   926 τῶνδ᾽ ἐγὼ θήcω EAVL (θήcομαι V³, θήcω V³ʸᵖ) et Chr.
Pat. 926: τῶνδε θήcομαι D et Nv, fort. recte: τῶνδε νῦν θήcομαι BO: νῦν τῶνδ᾽
ἐγὼ θήcω P: ἐγὼ τῶνδε[C: τῶνδε νῦν θήcω Hn: τῶνδε θήcομεν Diggle
πέρι] βίον Leo, haud male; [C]

Μη. δράcω τάδ'· οὗτοι coῖc ἀπιcτήcω λόγοιc.
γυνὴ δὲ θῆλυ κἀπὶ δακρύοιc ἔφυ.

Ια. τί δῆτα λίαν τοῖcδ' ἐπιcτένειc τέκνοιc;

Μη. ἔτικτον αὐτούc· ζῆν δ' ὅτ' ἐξηύχου τέκνα,   930
ἐcῆλθέ μ' οἶκτοc εἰ γενήcεται τάδε.
ἀλλ' ὧνπερ οὕνεκ' εἰc ἐμοὺc ἥκειc λόγουc,
τὰ μὲν λέλεκται, τῶν δ' ἐγὼ μνηcθήcομαι.
ἐπεὶ τυράννοιc γῆc μ' ἀποcτεῖλαι δοκεῖ
(κἀμοὶ τάδ' ἐcτὶ λῶιcτα, γιγνώcκω καλῶc,   935
μήτ' ἐμποδών coι μήτε κοιράνοιc χθονὸc
ναίειν· δοκῶ γὰρ δυcμενὴc εἶναι δόμοιc)
ἡμεῖc μὲν ἐκ γῆc τῆcδ' ἀπαροῦμεν φυγῆι,
παῖδεc δ' ὅπωc ἂν ἐκτραφῶcι cῆι χερὶ
αἰτοῦ Κρέοντα τήνδε μὴ φεύγειν χθόνα.   940

Ια. οὐκ οἶδ' ἂν εἰ πείcαιμι, πειρᾶcθαι δὲ χρή.

Μη. cὺ δ' ἀλλὰ cὴν κέλευcον ἄντεcθαι πατρὸc
γυναῖκα παῖδαc τήνδε μὴ φεύγειν χθόνα.

Ια. μάλιcτα· καὶ πείcειν γε δοξάζω cφ' ἐγώ,
εἴπερ γυναικῶν ἐcτι τῶν ἄλλων μία.   945

Μη. cυλλήψομαι δὲ τοῦδέ coι κἀγὼ πόνου·
πέμψω γὰρ αὐτῆι δῶρ' ἃ καλλιcτεύεται
τῶν νῦν ἐν ἀνθρώποιcιν, οἶδ' ἐγώ, πολὺ
[λεπτόν τε πέπλον καὶ πλόκον χρυcήλατον]
παῖδαc φέρονταc. ἀλλ' ὅcον τάχοc χρεὼν   950
κόcμον κομίζειν δεῦρο προcπόλων τινά.

codd.: Ω = BOCDEAV; LP

927 οὗτοι Ω: οὔτι LP et Chr. Pat. 767   928 θῆλυ BOCDELP et V^c
et ¹Σᵛ et Σᵛ et gB et Chr. Pat. 748: θῆλυc AV?   929 δῆτα λίαν LP (cf.
Chr. Pat. 737 δῆτα λοιπὸν): δὴ τάλαινα Ω   τοῖcδ' EVLP et A^c: τοῖc A:
coῖc BOCD   930 ἐξηύχου Scaliger: -χουν BODAVLP et ¹Σᵇᵛ:
ἐπηυχόμην E: [C]   933 μεμνήcομαι Aᵍʸᵖ (~ gE et Chr. Pat. 836)
934 ἀποcτεῖλαι Ω et Tr: -cτέλλειν ⟨L⟩P   937 εἶναι δυcμενὴc BD
938 ἀπαροῦμεν Elmsley: ἀπαίρομεν codd.   939 παῖδαc Brunck; [C]
942 ἄντεcθαι Weidner: αἰτεῖcθαι codd.: cf. 336, Hcld. 365   945 om. E
Iasoni contin. BALP: Medeae trib. OV et ¹Σᵇᵛ: [CDE]   949 del.
Bothe cl. 786   καὶ πλόκον Ω: καὶ cτέφοc LP et A²: om. A

εὐδαιμονήcει δ' οὐχ ἕν ἀλλὰ μυρία,
ἀνδρός τ' ἀρίcτου cοῦ τυχοῦc' ὁμευνέτου
κεκτημένη τε κόcμον ὅν ποθ' Ἥλιος
πατρὸς πατὴρ δίδωcιν ἐκγόνοιcιν οἷc.   955
λάζυcθε φερνὰc τάcδε, παῖδεc, ἐc χέραc
καὶ τῆι τυράννωι μακαρίαι νύμφηι δότε
φέροντεc· οὗτοι δῶρα μεμπτὰ δέξεται.
Ia.   τί δ', ὦ ματαία, τῶνδε càc κενοῖc χέραc;
δοκεῖc cπανίζειν δῶμα βαcίλειον πέπλων,   960
δοκεῖc δὲ χρυcοῦ; cῶιζε, μὴ δίδου τάδε.
εἴπερ γὰρ ἡμᾶc ἀξιοῖ λόγου τινὸc
γυνή, προθήcει χρημάτων, cάφ' οἶδ' ἐγώ.
Μη.   μή μοι cύ· πείθειν δῶρα καὶ θεοὺc λόγοc·
χρυcὸc δὲ κρείccων μυρίων λόγων βροτοῖc.   965
κείνηc ὁ δαίμων, κεῖνα νῦν αὔξει θεόc,
νέα τυραννεῖ· τῶν δ' ἐμῶν παίδων φυγὰc
ψυχῆc ἂν ἀλλαξαίμεθ', οὐ χρυcοῦ μόνον.
ἀλλ', ὦ τέκν', εἰcελθόντε πλουcίουc δόμουc
πατρὸς νέαν γυναῖκα, δεcπότιν δ' ἐμήν,   970
ἱκετεύετ', ἐξαιτεῖcθε μὴ φεύγειν χθόνα,
κόcμον διδόντεc· τοῦδε γὰρ μάλιcτα δεῖ,
ἐc χεῖρ' ἐκείνην δῶρα δέξαcθαι τάδε.
ἴθ' ὡc τάχιcτα· μητρὶ δ' ὧν ἐρᾶι τυχεῖν
εὐάγγελοι γένοιcθε πράξαντεc καλῶc.   975

Χο.   νῦν ἐλπίδεc οὐκέτι μοι παίδων ζόαc,   [cτρ. α

codd.: Ω = BOCDEAV; LP

953 om. A (~ Aʳ)   τ' EV et Aʳ: γ' LP: om. BOD: [CA]
955 πατρὸc πατὴρ Ω et ¹Σᵇ: πατὴρ πατρὸc LP   956 χέραc ALP et
OᶜV³: χέρα BODE: [C]   958 οὔτι L   960 βαcιλείων P et V³; [C]
962 τινὸc λόγου O et gE; [C]   963 ἐγώ ΩP et gE: ὅτι L, non minus
bene (cf. Ph. 1617): [C]   965 om. C   966 ἄξει DA; [C]
968 ψυχῆc BOCEALP et V³ ʸʳ: -αῖc DV et ¹Σᵇᵛ   969 εἰcελθόντε
BOLP: -τεc CDEAV   πλουcίουc Ω et Tr: πληcίουc ⟨L⟩P et Trˢ: [C]
970 δ' Elmsley: τ' codd.: [C]   971 φεύγειν Ω: φυγεῖν LP: [C]
972 φέροντεc L   973 ἐκείνην Ω: -νηc LP et V³   976 ζόαc Porson:
ζωᾶc codd. (-άc E et ¹Σᵇ)

134

ΜΗΔΕΙΑ

οὐκέτι· cτείχουcι γὰρ ἐc φόνον ἤδη.
δέξεται νύμφα χρυcέων ἀναδεcμᾶν
δέξεται δύcτανοc ἄταν·
ξανθᾶι δ' ἀμφὶ κόμαι θήcει τὸν ''Αιδα   980
κόcμον αὐτὰ χεροῖν.

πείcει χάριc ἀμβρόcιόc τ' αὐγὰ πέπλον   [ἀντ. α
χρυcότευκτόν ⟨τε⟩ cτέφανον περιθέcθαι·
νερτέροιc δ' ἤδη πάρα νυμφοκομήcει.   985
τοῖον εἰc ἔρκοc πεcεῖται
καὶ μοῖραν θανάτου δύcτανοc· ἄταν δ'
οὐχ ὑπεκφεύξεται.

cὺ δ', ὦ τάλαν ὦ κακόνυμφε κηδεμὼν
   τυράννων,   [cτρ. β
παιcὶν οὐ κατειδὼc   992
ὄλεθρον βιοτᾶι προcάγειc ἀλόχωι
τε cᾶι cτυγερὸν θάνατον.
δύcτανε, μοίραc ὅcον παροίχηι.   995

codd.: Π⟨ᵗ⟩(977–82); Ω = BOCDEAV; LP

977 ἐc Ω: εἰc Π⟨ᵗ⟩LP   ἤδη] οἵδε uel οἶδα Lᵘᵛ (∼ Lᶜ); [Π⟨ᵗ⟩]
978 ἀναδεcμᾶν Elmsley: ἀναδέcμων codd. et gE: [Π⟨ᵗ⟩]   979 δύcτανοc D,
sicut coni. Aldina: ἁ δύcτανοc LP: δύcτηνοc BOEAV et gE: δ]ύcτηνοc C: δυcτ[
Π⟨ᵗ⟩   980 ''Αιδα Brunck: ἀίδα codd. et gBgE: [Π⟨ᵗ⟩]   982 αὐτὰ LP et
V³ʸʳ: αυτ]ᾳ Π⟨ᵗ⟩: -τὴ DEAV: om. BOC et gE   χεροῖν Nauck: χ-
λαβοῦcα codd. et (gE): [Π⟨ᵗ⟩]: seruato λαβοῦcα lac. 988 indic. Schöne
983 τ' ALP et Vᶜ et Σᵛ: om. Ω et Σᵇ et gE   αὐγὰ CEAVLP et Bᶜ et
gE: αὐτὰ BOD et ¹Σᵇ et Σᵇ   πέπλον Elmsley: πέπλων Ω et Lᶜ et Σᵇᵛ
et gE: πέπλου L²P et V³   984 χρυcότευκτον Σᵛ et Hn(Nv): χρυcεό-
codd. (]ευκτον C) et Σᵇ et gE   ⟨τε⟩ Reiske   χρυcοτεύκτου ⟨τε⟩
cτεφάνου Klotz (seruato πέπλων)   985 δ' BOCDLP et gE: om. EAV et
¹Σᵛ   πάρα νυμφο- DL (πάρα Tr, παρὰ L) et V³ et ¹Σᵇ⁽ᵛ⁾: παρανυμφο-
ΩP et gE   -κομήcει CEAV et Aʳʸʳ et gE: -κοcμήcει BODLP et A¹ᶜV³
et Σᵇᵛ   988 ὑπεκφεύξεται L: ὑπεφ- P: ὑπερφ- Ω et gE   uide ad 982
993 ὄλεθρον L et Σᵇ (βιοτῆι ὄλεθρον προcάγειc): ὀλέθριον ΩP et ¹Σᵇᵛ (τὸ ἐπ'
ὀλέθρωι μηχάνημα)   βιοτᾶι B et V³: -τὰν fere ΩLP(-τὴν C) et B²:
utrumque ¹Σᵇᵛ   994 cτυγερὸν θάνατον] cτυγερᾶι cτυγερόν A

135

μεταστένομαι δὲ còν ἄλγος, ὦ τάλαινα παίδων   [ἀντ. β
μᾶτερ, ἃ φονεύcεις
τέκνα νυμφιδίων ἕνεκεν λεχέων,
ἅ coι προλιπὼν ἀνόμως   1000
ἄλλαι ξυνοικεῖ πόcιc cυνεύνωι.

Πα.   δέcποιν', ἀφεῖνται παῖδεc οἵδε coι φυγῆc,
       καὶ δῶρα νύμφη βαcιλὶc ἀcμένη χεροῖν
       ἐδέξατ'· εἰρήνη δὲ τἀκεῖθεν τέκνοιc.
       ἔα·
       τί cυγχυθεὶc' ἕcτηκαc ἡνίκ' εὐτυχεῖc;   1005
       [τί cὴν ἔτρεψαc ἔμπαλιν παρηίδα
       κοὐκ ἀcμένη τόνδ' ἐξ ἐμοῦ δέχηι λόγον;]
Μη.   αἰαῖ.
Πα.   τάδ' οὐ ξυνωιδὰ τοῖcιν ἐξηγγελμένοιc.
Μη.   αἰαῖ μάλ' αὖθιc. Πα. μῶν τιν' ἀγγέλλων τύχην
       οὐκ οἶδα, δόξηc δ' ἐcφάλην εὐαγγέλου;   1010
Μη.   ἤγγειλαc οἷ' ἤγγειλαc· οὐ cὲ μέμφομαι.
Πα.   τί δαὶ κατηφὲc ὄμμα καὶ δακρυρροεῖc;
Μη.   πολλή μ' ἀνάγκη, πρέcβυ· ταῦτα γὰρ θεοὶ
       κἀγὼ κακῶc φρονοῦc' ἐμηχανηcάμην.
Πα.   θάρcει· κάτει τοι καὶ cὺ πρὸc τέκνων ἔτι.   1015

codd.: Π⁶(1007–9); Ω = BOCDEAV; LP

998 φονεύειc OV   1001 ἄλλαι Musgrave: -η(ι) codd.   1002ⁿ πα.
L: πρ. BOEAV: ἄγγ. P: [CD]   1002 coι (ita edd. ueteres) non coὶ
codd.   1005 ἔα paedagogo contin. Hn (et ita Kirchhoff): Medeae trib.
codd.: [CD]   1006–7 del. Valckenaer cl. 923–4   1006 ἔτρεψαc
BODE et gE: ἔcτρεψαc AVLP:]ρεψαc C   1008 αἲ bis ⟨Π⁶⟩BOCLP
(αἲ bis L) et gE: ter A: quater DEV   1008ⁿ et 1009ⁿ πα.] paragr. L:
πρ. Ω: ἄγγ. P: [Π⁶D]   1008 ἐξειργαcμένοιc gE; [Π⁶C]
1009 ἀγγέλλων BA et P² et gE: -έλων ODEV: -έλω LP et Vᶜ: [Π⁶C]
1012ⁿ πα.] paragr. L: πρ. Ω: om. P: [D]   1012 δαὶ BOEAL: δὲ CVP:
δὴ D: δ' αὖ Chr. Pat. 731: om. anecd. Ox. ii. 466   κατηφὲc Cobet cl.
Hcld. 633: -φεῖc codd. et pars codd. Chr. Pat.: -φὴc Lˢ et pars codd. Chr.
Pat.: -φᾶc anecd.   1015ⁿ πα. P: paragr. L: πρ. Ω: [D]   1015 κάτει
Porson: κρατεῖc fere codd. et Σᵇᵛ

Μη.   ἄλλους κατάξω πρόςθεν ἡ τάλαιν' ἐγώ.

Πα.   οὔτοι μόνη cὺ cῶν ἀπεζύγης τέκνων·
      κούφως φέρειν χρὴ θνητὸν ὄντα cυμφοράς.

Μη.   δράcω τάδ'· ἀλλὰ βαῖνε δωμάτων ἔcω
      καὶ παιcὶ πόρcυν' οἷα χρὴ καθ' ἡμέραν.   1020
      ὦ τέκνα τέκνα, cφῶιν μὲν ἔcτι δὴ πόλιc
      καὶ δῶμ', ἐν ὧι λιπόντεc ἀθλίαν ἐμὲ
      οἰκήcετ' αἰεὶ μητρὸc ἐcτερημένοι·
      ἐγὼ δ' ἐc ἄλλην γαῖαν εἶμι δὴ φυγάc,
      πρὶν cφῶιν ὀνάcθαι κἀπιδεῖν εὐδαίμοναc,   1025
      πρὶν λουτρὰ καὶ γυναῖκα καὶ γαμηλίουc
      εὐνὰc ἀγῆλαι λαμπάδαc τ' ἀναcχεθεῖν.
      ὦ δυcτάλαινα τῆc ἐμῆc αὐθαδίαc.
      ἄλλωc ἄρ' ὑμᾶc, ὦ τέκν', ἐξεθρεψάμην,
      ἄλλωc δ' ἐμόχθουν καὶ κατεξάνθην πόνοιc,   1030
      cτερρὰc ἐνεγκοῦc' ἐν τόκοιc ἀλγηδόναc.
      ἦ μήν ποθ' ἡ δύcτηνοc εἶχον ἐλπίδαc
      πολλὰc ἐν ὑμῖν, γηροβοcκήcειν τ' ἐμὲ
      καὶ κατθανοῦcαν χερcὶν εὖ περιcτελεῖν,
      ζηλωτὸν ἀνθρώποιcι· νῦν δ' ὄλωλε δὴ   1035
      γλυκεῖα φροντίc. cφῶιν γὰρ ἐcτερημένη
      λυπρὸν διάξω βίοτον ἀλγεινόν τ' ἐμοί·
      ὑμεῖc δὲ μητέρ' οὐκέτ' ὄμμαcιν φίλοιc
      ὄψεcθ', ἐc ἄλλο cχῆμ' ἀποcτάντεc βίου.
      φεῦ φεῦ· τί προcδέρκεcθέ μ' ὄμμαcιν, τέκνα;   1040
      τί προcγελᾶτε τὸν πανύcτατον γέλων;
      αἰαῖ· τί δράcω; καρδία γὰρ οἴχεται,

codd.: Ω = BOCDE(−1028)AV; LP

1017[n] πα. P: paragr. L: πρ. BOEAV: om. C: [D]   1017 cῶν] τῶνδ'
A   1018 χρὴ] δεῖ A (∼ gBgE)   1023 αἰεὶ BOCDLP: ἀεὶ EAV
1026 λουτρὰ Burges: λέκτρα codd.   1029 τ' ἄρ' D et gE (∼ Σ H. Il.
23. 144 et Et. Ma. 68. 40); [C]   1035 ὤλωλε C⟨V⟩ (∼ C^cV^c)
1037 ἐμοί] ἐμόν Platnauer, ἀεί F. W. Schmidt   1038 δὲ AVLP: τε
BOD: [C]   1039 ἐc om. BO (∼ B^s; εἰc B^{2gl}O^{gl}); [C]   1040 τέκνα
BOCDLP et V^{3γρ} et gE: φίλοιc AV et Tr

γυναῖκες, ὄμμα φαιδρὸν ὡς εἶδον τέκνων.
οὐκ ἂν δυναίμην· χαιρέτω βουλεύματα
τὰ πρόσθεν· ἄξω παῖδας ἐκ γαίας ἐμούς.   1045
τί δεῖ με πατέρα τῶνδε τοῖς τούτων κακοῖς
λυποῦσαν αὐτὴν δὶς τόσα κτᾶσθαι κακά;
οὐ δῆτ' ἔγωγε· χαιρέτω βουλεύματα.
καίτοι τί πάσχω; βούλομαι γέλωτ' ὀφλεῖν
ἐχθροὺς μεθεῖσα τοὺς ἐμοὺς ἀζημίους;   1050
τολμητέον τάδ'· ἀλλὰ τῆς ἐμῆς κάκης,
τὸ καὶ προσέσθαι μαλθακοὺς λόγους φρενί.
χωρεῖτε, παῖδες, ἐς δόμους. ὅτωι δὲ μὴ
θέμις παρεῖναι τοῖς ἐμοῖσι θύμασιν,
αὐτῶι μελήσει· χεῖρα δ' οὐ διαφθερῶ.   1055
[ἆ ἆ·
μὴ δῆτα, θυμέ, μὴ σύ γ' ἐργάσηι τάδε·
ἔασον αὐτούς, ὦ τάλαν, φεῖσαι τέκνων·
ἐκεῖ μεθ' ἡμῶν ζῶντες εὐφρανοῦσί σε.
μὰ τοὺς παρ' Ἅιδηι νερτέρους ἀλάστορας,
οὔτοι ποτ' ἔσται τοῦθ' ὅπως ἐχθροῖς ἐγὼ   1060
παῖδας παρήσω τοὺς ἐμοὺς καθυβρίσαι.
πάντως σφ' ἀνάγκη κατθανεῖν· ἐπεὶ δὲ χρή,
ἡμεῖς κτενοῦμεν οἵπερ ἐξεφύσαμεν.
πάντως πέπρακται ταῦτα κοὐκ ἐκφεύξεται·

codd.: Π⁵(1046–53); Π⁸(1057–62); Π¹²(1054–6, 1059–64);
Ω = BOC(–1049)DAV; LP

1043 φαιδρόν AVLP et (Chr. Pat. 869): τερπνόν BOCD et gE
1044 χαιρέτω BDAVLP: ἐρρέτω OC et gE   1048 παύσομαι
βουλευμάτων ᵞᵖΣᵇ   1052 προσέσθαι Badham et ¹Σᵃᵛ (ἐνδοῦναι): προέσθαι
ΩLP et ¹Σᵛ et gE:]σθαι Π⁵   φρενί LP et Σᵃᵛ: φρενός Ω et Tr et gE
(φρενὸς ante λόγους O et gE): [Π⁵]   1054 θύμασιν ⟨L⟩P et ¹Σᵇᵛ:
δώμασιν Ω et Tr: [Π¹²]   1056–80 del. Bergk: uide Reeve, CQ n.s. 22
(1972) 51–61   1056 μὴ σύ γ' LP: μή ποτ' fere Ω et gE: [Π¹²]   τάδε
BODLP et V³ et gE: τόδε AV: [Π¹²]   1058 σε] με V
1059 ἄ(ι)δη(ι) Ω: ἅ(ι)δην ALP et V³: [Π⁸Π¹²]   1060 ποτ' BODLP:
πόθ' V et (Aʳ): θ' A: πῶς V³ᵞᵖ: [Π⁸Π¹²]   1062–3 seruari possunt,
dummodo 1240–1 deleantur   1063 κτενοῦμεν ODLP et Aᶜ: κταν-
B⟨A⟩V et D²: [Π¹²]   1064 πέπρωται L et V³ (cf. Σᵇ); [Π¹²];
κέκρανται Dawe (cf. Hec. 740)

ΜΗΔΕΙΑ

καὶ δὴ 'πὶ κρατὶ στέφανος, ἐν πέπλοισι δὲ   1065
νύμφη τύραννος ὄλλυται, σάφ' οἶδ' ἐγώ.
ἀλλ', εἶμι γὰρ δὴ τλημονεστάτην ὁδὸν
καὶ τούσδε πέμψω τλημονεστέραν ἔτι,
παῖδας προσειπεῖν βούλομαι· δότ', ὦ τέκνα,
δότ' ἀσπάσασθαι μητρὶ δεξιὰν χέρα.   1070
ὦ φιλτάτη χείρ, φίλτατον δέ μοι στόμα
καὶ σχῆμα καὶ πρόσωπον εὐγενὲς τέκνων.
εὐδαιμονοῖτον, ἀλλ' ἐκεῖ· τὰ δ' ἐνθάδε
πατὴρ ἀφείλετ'· ὦ γλυκεῖα προσβολή,
ὦ μαλθακὸς χρὼς πνεῦμά θ' ἥδιστον τέκνων.   1075
χωρεῖτε χωρεῖτ'· οὐκέτ' εἰμὶ προσβλέπειν
οἶα τε †πρὸς ὑμᾶς† ἀλλὰ νικῶμαι κακοῖς.
καὶ μανθάνω μὲν οἷα δρᾶν μέλλω κακά,
θυμὸς δὲ κρείσσων τῶν ἐμῶν βουλευμάτων,
ὅσπερ μεγίστων αἴτιος κακῶν βροτοῖς.]   1080

Χο.   πολλάκις ἤδη διὰ λεπτοτέρων
μύθων ἔμολον καὶ πρὸς ἁμίλλας
ἦλθον μείζους ἢ χρὴ γενεὰν
θῆλυν ἐρευνᾶν.

codd.: Ω = BODAV; LP

1065 δὲ Ω: τε LP   1067 τληπαθεστάτην Et. Gen. ap. Miller
mél. p. 247 (∼ gE et Et. Ma. 675. 18)   1070 ἀσπάσασθαι BALP
et Chr. Pat. 1319: -ασθε ODV   1071 στόμα LP et Chr. Pat. 1322:
κάρα Ω et gE   1073 εὐδαιμονοῖτον] -εῖτον gE; -οίτην Elmsley (uide ad
Alc. 272)   1077 τε πρὸς ὑμᾶς A et V in ras. et B³: τε προςμᾶς B: τε
πρὸς ἡμᾶς O: τ' ἐς ὑμᾶς LP et V³: πρὸς ὑμᾶς gE: οἷα πρὸς etiam Chr. Pat.
875, 1611: [D]: τε πρὸς σφᾶς Page   1078 h.u. laudant Chrysipp. (SVF
iii fr. 473) ap. Galen. plac. p. 274 de Lacy, Galen. ibid. p. 188, Plut. mor. 533
D, Luc. apol. 10, Arrian. Epict. 1. 28, Albin. intr. 24, Clem. Alex. strom.
2. 63. 3, Synes. de regno 11 A, Hierocl. in aur. carm. 8. 4, Simplic. in Epict.
1. 4, in Cat. p. 237 Kalbfleisch, anecd. Par. iv. 398 (cf. etiam Aristid. ii. 565
Dindorf, Eustrat. in EN p. 279. 36 Heylbut)   δρᾶν μέλλω L et
omnes qui h.u. laudant: τολμήςω ΩP et gVgE (cf. Chr. Pat. 1888): [D]
1083 ἤλυθον A (∼ gE); [D]   ἢ A et gE: εἰ BOVLP et A⁸ et Σᵇᵛ: [D]
χρῆν gE; [D]

ἀλλὰ γὰρ ἔστιν μοῦσα καὶ ἡμῖν,   1085
ἢ προσομιλεῖ σοφίας ἕνεκεν,
πάσαισι μὲν οὔ, παῦρον δὲ γένος
⟨μίαν⟩ ἐν πολλαῖς εὕροις ἂν ἴσως)
οὐκ ἀπόμουσον τὸ γυναικῶν.

καί φημι βροτῶν οἵτινές εἰσιν   1090
πάμπαν ἄπειροι μηδ᾽ ἐφύτευσαν
παῖδας προφέρειν εἰς εὐτυχίαν
τῶν γειναμένων.

οἱ μὲν ἄτεκνοι, δι᾽ ἀπειροσύνην
εἴθ᾽ ἡδὺ βροτοῖς εἴτ᾽ ἀνιαρὸν   1095
παῖδες τελέθους᾽ οὐχὶ τυχόντες,
πολλῶν μόχθων ἀπέχονται·
οἷσι δὲ τέκνων ἔστιν ἐν οἴκοις
γλυκερὸν βλάστημ᾽, ἐσορῶ μελέτηι
κατατρυχομένους τὸν ἄπαντα χρόνον,   1100
πρῶτον μὲν ὅπως θρέψουσι καλῶς
βίοτόν θ᾽ ὁπόθεν λείψουσι τέκνοις·
ἔτι δ᾽ ἐκ τούτων εἴτ᾽ ἐπὶ φλαύροις
εἴτ᾽ ἐπὶ χρηστοῖς
μοχθοῦσι, τόδ᾽ ἐστὶν ἄδηλον.
ἓν δὲ τὸ πάντων λοίσθιον ἤδη   1105
πᾶσιν κατερῶ θνητοῖσι κακόν·

codd.: *Π*ʳ(1087–); *Π*ˢ(1086–92); *Π*¹²(1098–1103); *Ω* = BODAV; LP

1087–8 γένος Reiske: δὴ γένος *Π*ᵘᵛBOAV et (del. δὲ) Tr: τι γ- LP et V³ ʸʳ:
τι δὴ γ- Schoemann: [*Π*ˢD]   ⟨μίαν⟩ Elmsley cl. Hcld. 327–8
1089 οὐκ *Π*ˢ, sicut coni. Reiske, et fort. *Σ*ᵛ ad 1085: κοὐκ codd.: [*Π*ʳ]
1094 μὲν Nv, sicut coni. Porson: μέν γ᾽ *Π*ʳ (μεγγε), sicut coni. Reiske: μέν
τ᾽ *Ω*P et Tr et *Σ*ᵛ: μὲν* L   ἀπειροσυνην *Π*ʳ: -ναν *Ω*LP et *Σ*ᵛ: [D]
1096 οὐχὶ *Ω*L: οὐχ οἱ AP et *Σ*ᵛ:]ι *Π*ʳ   τυχόντες] μαθόντες B²; τεκόντες
Reiske   1098 οἷσι VL et gE: οἷσιν *Ω*P: [*Π*ʳ*Π*¹²]   1099 ἐσορῶ
*Π*ʳ(*Π*¹²)LP et V³: ὁρῶ *Ω* et *Σ*ᵇᵛ et gE: [D]   1101 ὅπως *Ω* et *Π*¹²ᶜ?Tr
et gE:]ς *Π*ʳ: ὅπως ἂν *Π*¹²?LP: [D]   θρεψουσι *Π*ʳ, sicut coni. Brunck:
-ωσι *Ω*LP et ¹*Σ*ᵇᵛ ad 1081 et gE: [*Π*¹²D]   1103 φλαύροις *Ω*P: φαύλοις
*Π*ʳA et V³ et gE: χρηστοῖς Tr: [*Π*¹²L]   χρηστοῖς *Ω*P et gE: φλαύροις L:
φαύλοις Tr: [*Π*ʳ*Π*¹²]   1106 κακόν BOLP et A²: κακῶν AV et B² et
*Σ*ᵇᵛ ad 1081: [*Π*ʳD]

καὶ δὴ γὰρ ἅλις βίοτόν θ' ηὗρον
cῶμά τ' ἐς ἥβην ἤλυθε τέκνων
χρηστοί τ' ἐγένοντ'· εἰ δὲ κυρῆσαι
δαίμων οὕτω, φροῦδος ἐς Ἅιδου   1110
θάνατος προφέρων cώματα τέκνων.
πῶς οὖν λύει πρὸς τοῖς ἄλλοις
τήνδ' ἔτι λύπην ἀνιαροτάτην
παίδων ἕνεκεν
θνητοῖcι θεοὺς ἐπιβάλλειν;   1115

Μη.   φίλαι, πάλαι τοι προσμένουσα τὴν τύχην
καραδοκῶ τἀκεῖθεν οἷ προβήσεται.
καὶ δὴ δέδορκα τόνδε τῶν Ἰάσονος
cτείχοντ' ὀπαδῶν· πνεῦμα δ' ἠρεθισμένον
δείκνυcιν ὥς τι καινὸν ἀγγελεῖ κακόν.   1120

ΑΓΓΕΛΟC
[ὦ δεινὸν ἔργον παρανόμως εἰργασμένη,]

codd.: Π'(-1115); Ω = BODAV; LP

1107 βιοτήν (om. θ') Lenting   θ' L et V³: om. ΩP: [Π']
1108 ἤλυθε Ω et Tr: ηλθεν Π', sicut coni. Dindorf: ἦλθε LP: [D]
1109 κυρῆσαι O²V³ et ¹Σ^b: κυρῆσαι BODA et Tr: κυρῆσαι τύχη cυμβαίη P
(item τύχοι cυμβαίη V^gl, τύχη Tr^s): κυρήσας V: κυρήσει L: [Π']
1110 δ]αιμονος in δ]αιμων corr. Π'   οὕτω Π'L et V³γρ: οὗτος ΩP et
Tr   ἐς Π'P et Tr: εἰς Ω⟨L⟩: [D]   αιδου Π', sicut coni. Earle:
ἀίδην Ω: ἀίδαν LP: [D]: Ἅιδην Elmsley   1111 θάνατος BAVLP et O^s: -ον
Π': -οιc O: [D]   1112–13 τηνδε ετ]ι λυπην προς τοιc αλλοιc Π'
1113 ἔτι AL et V³γρ et Σ^bv ad 1081 et Σ^v ad 1105: ἐπὶ ΩP:]ι Π'
1116 τοι AVLP: δὴ BOD   1117 τὰ κεῖθεν B   προβήσεται ΩLP et
Chr. Pat. 743: 'προ- B: ἀποβήσεται Lenting (cf. Σ^bv τὴν ἀπόβασιν τοῦ
πράγματος, Alc. 785)   1118 καὶ δὴ Ω et gE: καίτοι LP et Chr. Pat.
124: καὶ νῦν D   τῶν BD et V³ et Chr. Pat.: τὸν OAVLP et gE
1119 ὀπαδῶν V³ et Chr. Pat. 125: -δὸν codd. et gE   δ' Hermann: τ'
codd. et gE et Chr. Pat. (πνεύματ' D et ¹Σ^v)   1120 δείκνυcιν Ω et gE
et cod. A Chr. Pat. 127: -cι δ' VLP et cett. codd. Chr. Pat.   κακόν]
παρών Chr. Pat. (~ gE)   1121 om. BOD et del. Lenting: habent
AVLP et B³   1121^n ἄγγ. LP: θερ. AV et B³ (et ante 1122 BO;
[D]): item 1125, 1129, 1136   παρανόμως ALP: -ωc τ' V et B³
εἰργασμένον V (~ V²)

      Μήδεια, φεῦγε φεῦγε, μήτε ναῖαν
      λιποῦσ' ἀπήνην μήτ' ὄχον πεδοστιβῆ.
Μη. τί δ' ἄξιόν μοι τῆσδε τυγχάνει φυγῆς;
Αγ. ὄλωλεν ἡ τύραννος ἀρτίως κόρη   1125
      Κρέων θ' ὁ φύσας φαρμάκων τῶν σῶν ὕπο.
Μη. κάλλιστον εἶπας μῦθον, ἐν δ' εὐεργέταις
      τὸ λοιπὸν ἤδη καὶ φίλοις ἐμοῖς ἔσηι.
Αγ. τί φήις; φρονεῖς μὲν ὀρθὰ κοὐ μαίνηι, γύναι,
      ἥτις, τυράννων ἑστίαν ἠικισμένη,   1130
      χαίρεις κλύουσα κοὐ φοβῆι τὰ τοιάδε;
Μη. ἔχω τι κἀγὼ τοῖσι σοῖσι ἐναντίον
      λόγοισιν εἰπεῖν. ἀλλὰ μὴ σπέρχου, φίλος,
      λέξον δέ· πῶς ὤλοντο; δὶς τόσον γὰρ ἂν
      τέρψειας ἡμᾶς, εἰ τεθνᾶσι παγκάκως.   1135
Αγ. ἐπεὶ τέκνων σῶν ἦλθε δίπτυχος γονὴ
      σὺν πατρὶ καὶ παρῆλθε νυμφικοὺς δόμους,
      ἥσθημεν οἵπερ σοῖς ἐκάμνομεν κακοῖς
      δμῶες· δι' ὤτων δ' εὐθὺς ἦν πολὺς λόγος
      σὲ καὶ πόσιν σὸν νεῖκος ἐσπεῖσθαι τὸ πρίν.   1140
      κυνεῖ δ' ὁ μέν τις χεῖρ', ὁ δὲ ξανθὸν κάρα
      παίδων· ἐγὼ δὲ καὐτὸς ἡδονῆς ὕπο
      στέγας γυναικῶν σὺν τέκνοις ἅμ' ἑσπόμην.
      δέσποινα δ' ἦν νῦν ἀντὶ σοῦ θαυμάζομεν,
      πρὶν μὲν τέκνων σῶν εἰσιδεῖν ξυνωρίδα,   1145
      πρόθυμον εἶχ' ὀφθαλμὸν εἰς Ἰάσονα·
      ἔπειτα μέντοι προυκαλύψατ' ὄμματα
      λευκήν τ' ἀπέστρεψ' ἔμπαλιν παρηίδα,

codd.: Ω = BOD(E 1134–)AV; LP

1123 de sensu uerbi λιποῦσ' uide Gow ad Theoc. 2. 91   1126 δ' OV
(~ O² et gE)   1130 τύραννον V³   ἑστίαν LP: οἰκίαν Ω et ¹Σᵇᵛ
ἠ(ι)κισμένη ALP et V³: -μένην Ω et A⁸ et ¹Σᵇᵛ   1132 τοῖσι HnNv: τοῖς
γε codd. et Hn²   1134 δὲ πῶς LP: δ' ὅπως Ω   ὄλοντο BD
1135 τέρψειαν V (~ V³)   1139 δι' οἴκων Weil cl. Σᵇᵛ κατὰ τὴν οἰκίαν
ἦν πολὺς EAVLP: ἦν BD: ἡμῶν ἦν O   1141 κυνεῖ Brunck: κύνει codd.
1144 δέσποινα δ'] -ναν δ' D; -ναν V (~ V²)   1147 προκαλ- EV (~ V²)

ΜΗΔΕΙΑ

παίδων μυσαχθεῖσ' εἰcόδουc. πόcιc δὲ cὸc
ὀργάc τ' ἀφήιρει καὶ χόλον νεάνιδοc,   1150
λέγων τάδ'· Οὐ μὴ δυcμενὴc ἔcηι φίλοιc,
παύcηι δὲ θυμοῦ καὶ πάλιν cτρέψειc κάρα,
φίλουc νομίζουc' οὕcπερ ἂν πόcιc cέθεν,
δέξηι δὲ δῶρα καὶ παραιτήcηι πατρὸc
φυγὰc ἀφεῖναι παιcὶ τοῖcδ' ἐμὴν χάριν;   1155
ἡ δ', ὡc ἐcεῖδε κόcμον, οὐκ ἠνέcχετο,
ἀλλ' ἤινεc' ἀνδρὶ πάντα, καὶ πρὶν ἐκ δόμων
μακρὰν ἀπεῖναι πατέρα καὶ παῖδαc cέθεν
λαβοῦcα πέπλουc ποικίλουc ἠμπέcχετο,
χρυcοῦν τε θεῖcα cτέφανον ἀμφὶ βοcτρύχοιc   1160
λαμπρῶι κατόπτρωι cχηματίζεται κόμην,
ἄψυχον εἰκὼ προcγελῶcα cώματοc.
κἄπειτ' ἀναcτᾶc' ἐκ θρόνων διέρχεται
cτέγαc, ἀβρὸν βαίνουcα παλλεύκωι ποδί,
δώροιc ὑπερχαίρουcα, πολλὰ πολλάκιc   1165
τένοντ' ἐc ὀρθὸν ὄμμαcι cκοπουμένη.
τοὐνθένδε μέντοι δεινὸν ἦν θέαμ' ἰδεῖν·
χροιὰν γὰρ ἀλλάξαcα λεχρία πάλιν
χωρεῖ τρέμουcα κῶλα καὶ μόλιc φθάνει
θρόνοιcιν ἐμπεcοῦcα μὴ χαμαὶ πεcεῖν.   1170
καί τιc γεραιὰ προcπόλων, δόξαcά που
ἢ Πανὸc ὀργὰc ἤ τινοc θεῶν μολεῖν,
ἀνωλόλυξε, πρίν γ' ὁρᾶι διὰ cτόμα

codd.: *Π⁵*(1156-60, 1165-); *Π⁹*(1149-63, 1171-); *Ω* = BODEAV; LP

1150 τ' LP: om. *Ω* et gE: [*Π⁹*]   χόλον νεάνιδοc (*Π⁹*)BDLP: ν- χ-
OEAV et gE   1156 ὡc LP et ¹Σᵛ: ὦcτ' *Ω*: [*Π⁵Π⁹*]   1158 πατέρα
καὶ παῖδαc BODLP: πα]ιδαc *Π⁵*: κ]αι παιδαc *Π⁹*: πατέρα καὶ τέκνα EAV: τέκνα
καὶ πόcιν Elmsley, τόνδε καὶ παῖδαc (uel τέκνω) Page   cέθεν om. L
(~ Lᶜ)   1159 ἠμπίcχετο Hn (~ Hnᶜ) et gE, sicut coni. Portus; [*Π⁵*]
1160 βοcτρύχουc L (~ gE);]χ[*Π⁵*   1161 κόμην] δέμαc V (~ V² et
gE)   1162 προcβλέπουcα ᵞᴾΣᵇ (~ gE)   1167 τοὐντεῦθεν A (~ Chr.
Pat. 1209); [*Π⁵*]   1168 λεχρίαν V et O²ᵘᵛ   1169 τρέμουcα *Ω*:
τρέχουcα LP: [*Π⁵*]   1172 θεῶν τινοc (*Π⁹*)D (~ Dᶜ)   1173 ὁρᾶν B²;
[*Π⁵Π⁹*]   διὰ *Ω*: κατὰ *Π⁵*(*Π⁹*)LP et Σᵇᵛ

χωροῦντα λευκὸν ἀφρόν, ὀμμάτων τ' ἄπο
κόρας στρέφουσαν, αἷμά τ' οὐκ ἐνὸν χροΐ·   1175
εἶτ' ἀντίμολπον ἧκεν ὀλολυγῆς μέγαν
κωκυτόν. εὐθὺς δ' ἡ μὲν ἐς πατρὸς δόμους
ὥρμησεν, ἡ δὲ πρὸς τὸν ἀρτίως πόσιν,
φράσουσα νύμφης συμφοράν· ἅπασα δὲ
στέγη πυκνοῖσιν ἐκτύπει δραμήμασιν.   1180
ἤδη δ' ἀνελθὼν κῶλον ἔκπλεθρον δρόμου
ταχὺς βαδιστὴς τερμόνων ἂν ἥπτετο·
ἡ δ' ἐξ ἀναύδου καὶ μύσαντος ὄμματος
δεινὸν στενάξας' ἡ τάλαιν' ἠγείρετο.
διπλοῦν γὰρ αὐτῆι πῆμ' ἐπεστρατεύετο·   1185
χρυσοῦς μὲν ἀμφὶ κρατὶ κείμενος πλόκος
θαυμαστὸν ἵει νᾶμα παμφάγου πυρός,
πέπλοι δὲ λεπτοί, σῶν τέκνων δωρήματα,
λευκὴν ἔδαπτον σάρκα τῆς δυσδαίμονος.
φεύγει δ' ἀναστᾶσ' ἐκ θρόνων πυρουμένη,   1190
σείουσα χαίτην κρᾶτά τ' ἄλλοτ' ἄλλοσε,
ῥῖψαι θέλουσα στέφανον· ἀλλ' ἀραρότως
σύνδεσμα χρυσὸς εἶχε, πῦρ δ', ἐπεὶ κόμην
ἔσεισε, μᾶλλον δὶς τόσως ἐλάμπετο.

codd.: Π⁵(-1177, 1191-); Π⁹(-1190); Ω = BODEAV; LP

1174 τ' Π⁵LP: δ' Ω: [Π⁹]   1175 τ'] δ Π⁹   1176 μέγαν] μέλος
Π⁵; [Π⁹]   1179 συμφοράν DLP: -άς Ω: [Π⁹]   1180 δρα[μη]μασιν Π⁹,
sicut coni. Cobet: δρομ- codd. et gE   1181 ἀνελθὼν Lenting: ἀνέλκων
codd. et Σᵇᵛ: ἂν ἕλκων Schaefer   ἔκπλεθρον L: ἔκπλεθρον ΩP et ¹Σᵇᵉᵃᵛ:
]ν Π⁹: ἐκπλέθρου Reiske   1182 ἂν ἥπτετο Musgrave: ἀνθήπτετο codd.
et Σᵇᵛ   1183 οτ εξ Π⁹   καί] κὰκ Munro (~ Chr. Pat. 906, 1332;
κα[Π⁹)   τ' ὄμματος E; σώματος A; ὄμματα Chr. Pat. 906 et pars codd.
1332   1184 ἠγείρετο Π⁹Ω et Trᵞʳ: ἀπώλλυτο LP
1185 ἐπεστρετεύετο L⟨P?⟩ (~ P²)   1186 χρυσου Π⁹   πλόκος] κόσμος
V   1188 π[λ]επλων Π⁹   δὲ Π⁹LP: τε Ω   λευκοὶ O et D²; λ[Π⁹
1189 λευκὴν Π⁹BDE: λεπτὴν OAVLP   1190 θρόνων BDVLP et E²ᵘᵛ:
δόμων OEᵘᵛA:]ν Π⁹   1191 ἄλλοτ'] ἄλλος τ' L⟨P⟩ (~ LᶜPᶜ); [Π⁵]
1194 τόσως LP? et O²: τοσῶς O: τόσως τ' A: τοσῶς τ' BV: τοσόνδ' DE: τόσον
τ' B²V³ᵞʳ: τόσον P²?: [Π⁵]

ΜΗΔΕΙΑ

πίτνει δ' ἐc οὖδαc cυμφορᾶι νικωμένη,　　　　1195
πλὴν τῶι τεκόντι κάρτα δυcμαθὴc ἰδεῖν·
οὔτ' ὀμμάτων γὰρ δῆλοc ἦν κατάcταcιc
οὔτ' εὐφυὲc πρόcωπον, αἷμα δ' ἐξ ἄκρου
ἔcταζε κρατὸc cυμπεφυρμένον πυρί,
cάρκεc δ' ἀπ' ὀcτέων ὥcτε πεύκινον δάκρυ　　　1200
γνάθοιc ἀδήλοιc φαρμάκων ἀπέρρεον,
δεινὸν θέαμα. πᾶcι δ' ἦν φόβοc θιγεῖν
νεκροῦ· τύχην γὰρ εἴχομεν διδάcκαλον.
πατὴρ δ' ὁ τλήμων cυμφορᾶc ἀγνωcίαι
ἄφνω παρελθὼν δῶμα προcπίτνει νεκρῶι.　　　1205
ὤιμωξε δ' εὐθὺc καὶ περιπτύξαc χέραc
κυνεῖ προcαυδῶν τοιάδ'· Ὦ δύcτηνε παῖ,
τίc c' ὧδ' ἀτίμωc δαιμόνων ἀπώλεcεν;
τίc τὸν γέροντα τύμβον ὀρφανὸν cέθεν
τίθηcιν; οἴμοι, cυνθάνοιμί cοι, τέκνον.　　　1210
ἐπεὶ δὲ θρήνων καὶ γόων ἐπαύcατο,
χρήιζων γεραιὸν ἐξαναcτῆcαι δέμαc
προcείχεθ' ὥcτε κιccὸc ἔρνεcιν δάφνηc
λεπτοῖcι πέπλοιc, δεινὰ δ' ἦν παλαίcματα.
ὁ μὲν γὰρ ἤθελ' ἐξαναcτῆcαι γόνυ,　　　　1215
ἡ δ' ἀντελάζυτ'· εἰ δὲ πρὸc βίαν ἄγοι,
cάρκαc γεραιὰc ἐcπάραcc' ἀπ' ὀcτέων.

codd.: Π⁵(-1199); Ω = BOCDEAV; LP

1195 πίτνει O: πιτνεῖ Ω et O² et gE: πίπτει LP et Chr. Pat. 1089: πει[
Π⁵　　ἐc Ω et gE: ἐπ' LP et Chr. Pat.: [Π⁵]　　1196 ἦν ἰδεῖν O et gE;
[Π⁵]　　1199 cυμ-] ξυμ- gE; [Π⁵]　　1201 γνάθοιc Blaydes: γναθοῖc E:
γναθμοῖc ΩLP　　ἀδήλοιc Ω et TrP² et ¹Σᵇᵛ: -λων L⟨P⟩ et ut uid. ¹Σᵇᵛ
1202 θιγεῖν φόβοc E (~ Chr. Pat. 1220)　　1205 παρελθὼν Nauck: προc-
codd.: cf. Alc. 746, Herc. 599　　　προcπιτνεῖ LP et V³ᵞᵖ: -πίπτει Ω
1206 χέραc LP: δέμαc Ω　　1207 κυνεῖ V et ¹Σᵇ: κύνει ΩLP　　παῖ] cὺ
V (~ V³ᵞᵖ)　　　1208 τίc c' BOEL et V³: τιc δ' A: τίc DP: τί c' V
1212 γηραιὸν EV　　δέμαc] πόδα ἢ γόνυ ᵞᵖΣᵇ (~ Chr. Pat. 1232)
1215 γόνυ] δέμαc V³ᵞᵖ (~ gE)　　1216 ἀντελάζυτ' LP: -ζετ' Ω et P² et
gE: -ξατ' E

χρόνωι δ' ἀπέςβη καὶ μεθῆχ' ὁ δύςμορος
ψυχήν· κακοῦ γὰρ οὐκέτ' ἦν ὑπέρτερος.
κεῖνται δὲ νεκροὶ παῖς τε καὶ γέρων πατήρ   1220
[πέλας, ποθεινὴ δακρύοιςι ςυμφορά].
καί μοι τὸ μὲν ςὸν ἐκποδὼν ἔςτω λόγου·
γνώςηι γὰρ αὐτὴ ζημίας ἐπιςτροφήν.
τὰ θνητὰ δ' οὐ νῦν πρῶτον ἡγοῦμαι ςκιάν,
οὐδ' ἂν τρέςας εἴποιμι τοὺς ςοφοὺς βροτῶν   1225
δοκοῦντας εἶναι καὶ μεριμνητὰς λόγων
τούτους μεγίστην μωρίαν ὀφλιςκάνειν.
θνητῶν γὰρ οὐδείς ἐςτιν εὐδαίμων ἀνήρ·
ὄλβου δ' ἐπιρρυέντος εὐτυχέςτερος
ἄλλου γένοιτ' ἂν ἄλλος, εὐδαίμων δ' ἂν οὔ.   1230
Χο.   ἔοιχ' ὁ δαίμων πολλὰ τῆιδ' ἐν ἡμέραι
κακὰ ξυνάπτειν ἐνδίκως Ἰάςονι.
[ὦ τλῆμον, ὥς ςου ςυμφορὰς οἰκτίρομεν,
κόρη Κρέοντος, ἥτις εἰς Ἅιδου δόμους
οἴχηι γάμων ἕκατι τῶν Ἰάςονος.]   1235
Μη.   φίλαι, δέδοκται τοὔργον ὡς τάχιςτά μοι
παῖδας κτανούςηι τῆςδ' ἀφορμᾶςθαι χθονός,
καὶ μὴ ςχολὴν ἄγουςαν ἐκδοῦναι τέκνα
ἄλληι φονεῦςαι δυςμενεςτέραι χερί.

codd.: Ω = BOCDEAV; LP

1218 ἀπέςβη Scaliger: ἀπέςτη codd. et Σ^bv et gE   1221 del. Reeve
(GRBS 14 [1973] 147); etiam 1220 del. West (BICS 27 [1980] 9)
δακρύοιςι OALP et ¹Σ^bv et Chr. Pat. 1112: δακρύουςι BDEV et ¹Σ^v
1223 om. E   γλώςςηι ^γρΣ^bv   ἐπιςτροφήν Lenting (cf. Σ^(1)bv
ἐπαναςτρεφομένην εἰς ςὲ τὴν ζημίαν et Σ^(2)b(v) τῆς εἰς ςὲ ἀνακυκλουμένης
ζημίας): ἀποςτροφήν codd.: ἀντιςτροφήν Kirchhoff cl. Chr. Pat. 800 (αὐτή τε
γνοίης ζημίας ἀντιςτροφήν) et Σ^(1)bv (τὴν ἀντανάκλαςιν...καταληψομένην
ςε)   1227 τούτους AVLP et O² et Et. Gud. 231 Sturz et Chr. Pat.
1015: τούτοις BODE et gE   μωρίαν Aldina: ζημίαν codd. et gE et Et.
Gud. et Chr. Pat.   1232 ξυνάπτειν AV⟨L²⟩ et Chr. Pat. 1096: -άψειν
BODEP et L^c et gE   1233-5 del. Weil   1233 ςου ςυμφορὰς EAVLP
et O^c: ςου -ᾶς BOD: ςε -ᾶς Brunck   1234 δόμους LP et Chr. Pat.
878: πύλας Ω   1237 κτανοῦςαν L^s

ΜΗΔΕΙΑ

πάντως cφ' ἀνάγκη κατθανεῖν· ἐπεὶ δὲ χρή,   1240
ἡμεῖς κτενοῦμεν οἵπερ ἐξεφύσαμεν.
ἀλλ' εἶ' ὁπλίζου, καρδία· τί μέλλομεν
τὰ δεινὰ κἀναγκαῖα μὴ πράccειν κακά;
ἄγ', ὦ τάλαινα χεὶρ ἐμή, λαβὲ ξίφος,
λάβ', ἕρπε πρὸς βαλβῖδα λυπηρὰν βίου,   1245
καὶ μὴ κακιcθῆιc μηδ' ἀναμνηcθῆιc τέκνων,
ὡc φίλταθ', ὡc ἔτικτεc, ἀλλὰ τήνδε γε
λαθοῦ βραχεῖαν ἡμέραν παίδων cέθεν
κἄπειτα θρήνει· καὶ γὰρ εἰ κτενεῖc cφ', ὅμωc
φίλοι γ' ἔφυcαν· δυcτυχὴc δ' ἐγὼ γυνή.   1250

Χο. ἰὼ Γᾶ τε καὶ παμφαὴc   [cτρ. α
ἀκτὶc Ἁλίου, κατίδετ' ἴδετε τὰν
ὀλομέναν γυναῖκα, πρὶν φοινίαν
τέκνοιc προcβαλεῖν χέρ' αὐτοκτόνον·
cᾶc γὰρ χρυcέαc ἀπὸ γονᾶc   1255
ἔβλαcτεν, θεοῦ δ' αἷμα ⟨χαμαὶ⟩ πίτνειν
φόβοc ὑπ' ἀνέρων.

codd.: Π'(1251–); Ω = BODEAV; LP

1240–1 del. Valckenaer: uide ad 1062–3   1241 κτενοῦμεν ALP:
κταν- Ω   1243 μὴ οὐ Elmsley (∼ gE)   1247 ὡc (prius)] ὦ OE
(∼ O²)   γε Ω et P²: cε LP   1249 κτενεῖc Ω: κτείνειc LP
1250 γ' P (in ras. ut uid.): τ' Ω: δ' Lᵘᵛ   1251 ιω γα τε και ωρανε και
παμφαηc Π'   τε om. A   1252 Ἁλίου Hermann: ἀελίου codd.: [Π']
κατίδετ' ἴδετε ⟨L²⟩ et Chr. Pat. 1080: κατίδετε OAVP et Tr: κατείδετε BDE:
[Π']   1253 ὀλομέναν ΩL et P²: οὐλ- VP et Tr: [Π']   φοινίαν
Aldina: φονίαν codd.   1254 τέκνοιc Ω: -οιcι LP: -οιcιν Π'   χερα
προcβα[Π'   αὐτοκτόνον OEVLP et B²A¹ᶜ: -κτόνων BDA?: [Π']
1255 χρυcέαc ἀπὸ Musgrave: ἀπὸ χ- codd.: [Π']: cf. Chr. Pat. 116 γονᾶc γὰρ
ἀπὸ χρυcέαc ἔβλαcτέ μοι   1256 huius u. tantum]ɛντɛτλα[...πιτνειν
φοβ] in Π' leg. Lewis, quam lectionem in dubium uocauit Snell; equidem
nihil legere potui   θεοῦ OEAVP et Tr: θεῶν DL? et aut B aut B¹ᶜ:
[Π']   αἷμα ELP et V²: αἵματι BODV et ¹Σᵇ: αἷμα τι A: [Π']: cf. Σᵇᵛ
τὸ θεῖον αἷμα...πεcεῖν, Chr. Pat. 117 καινὸν δὲ πίτνειν αἷμ' ὑπ' ἀνέρων
Θεοῦ   ⟨χαμαὶ⟩ hoc loco Diggle, post πίτνειν Hermann

ἀλλά νιν, ὦ φάος διογενές, κάτειρ-
γε κατάπαυσον ἔξελ' οἴκων τάλαι-
ναν φονίαν τ' Ἐρινὺν †ὑπ' ἀλαστόρων†.   1260

μάταν μόχθος ἔρρει τέκνων,   [ἀντ. α
μάταν ἄρα γένος φίλιον ἔτεκες, ὦ
κυανεᾶν λιποῦσα Συμπληγάδων
πετρᾶν ἀξενωτάταν ἐςβολάν.
δειλαία, τί σοι φρενοβαρὴς   1265
χόλος προσπίτνει καὶ ζαμενὴς ⟨φόνου⟩
φόνος ἀμείβεται;
χαλεπὰ γὰρ βροτοῖς ὁμογενῆ μιά-
cματ' †ἐπὶ γαῖαν† αὐτοφόνταις ξυνωι-
δὰ θεόθεν πίτνοντ' ἐπὶ δόμοις ἄχη.   1270

codd.: ΠΓ; Ω = BODEAV; LP

1259 κατάπαυς' BD   καταπαυ]cον ελε[ΠΓ (post ελε legit [εξ]ελε
οικιων Lewis; legere non potui)   1259–60 τάλαιναν φονίαν τ' Ἐρινὺν
Seidler: φονίαν τάλαινάν τ' ἐρ- fere codd. et Σᵇᵛ: Ἐρινὺν φονίαν τάλαιναν
Headlam   ὑπ' ἀλαστόρων Ω et Pᶜ: ὑπ' ἀλλ- L⟨P⟩: υπο α[ΠΓ:
ὑπαλάστορον Page   1261–2 ματην αρα [ματην τε]κνων γενος φιλιον
ετε[κ]ε[c ω] ΠΓ   1262 μάταν ἄρα Musgrave (cf. ΠΓ supra): ἄρα μάταν
Ω: μάταν LP   1263 κυανεᾶν ΩLP: -εας ΠΓ: -έαν V, -εὼν Vˢ, -εῶν V³
συμπληγαδας ΠΓ   1264 πετρῶν V; [ΠΓ]   ἀξενω- (ΠΓ)BODVLP:
ἀξενο- EA et O²   -τάτων V   1264–5 [εcβολαν ?] ᾳδηταδοτ.. [..
φρε]νων ΠΓ (]αλλαδηταδετι φρενων leg. Lewis,]λαδηταδοτι c[οι φρε]νων
Snell)   1265 δειλαία BDEA et V³: δειλαῖα O: δειλέα V: δηλ∗∗∗ L:
δηλαία P et Tr: de ΠΓ uide supra   φρενοβαρὴς Seidler: φρενῶν βαρὺς
codd.   1266 χολος πινει (sscr. τ) και ΠΓ (fort. κ in δ uel δ in κ mut.)
ζαμενὴς Porson: δυcμενὴς codd. (δαι super δυc scr. ΠΓ)   ⟨φόνου⟩
Wecklein   1267 φόνος ἀμείβεται (ΠΓ)ΩL (-οίβ- Lᵘᵛ, ~ Tr): ἀ- φ- P
(-είρ-) et Tr   1269 ἐπὶ γαῖαν] ἐπάγει δ' ἅμ' Diggle (ἔπεται δ' ἅμ' Leo,
ἐπάγει γὰρ Barthold)   ξυνωδὰ LP et Oᵞᵖ et Σᵇᵛ: cυνω(ι)δὰ V et Aᶜ et
¹Σᵛ: cύνωδα E: cυνωδὰ in -δᾶ aut -δᾶ in -δὰ mut. Dᶜ: cυνω(ι)δᾶ(ι) BA et ᵞᵖΣᵇ:
cυνωι[ΠΓ: cύνοιδα O et B²: ξύνοιδα V³ᵞᵖ   1270 πίτνοντ' fere ΠΓΩ et
Bᶜ: πιτνοῦντ' LP: πιτν∗∗∗τ' B: πιτνῶντ' V³   δόμοιc ΩLP et Σᵇᵛ: δόμους
O (ἐπὶ δ- ante πίτνοντ') et Vˢ: δ[ΠΓ   αχεα ΠΓ; ἄχους V³

⟨ΠΑΙϹ⟩ (ἔϲωθεν)
    ἰώ μοι.   1270a
                                                 [ϲτρ. β

Χο.   ἀκούεις βοὰν ἀκούεις τέκνων;   1273
       ἰὼ τλᾶμον, ὦ κακοτυχὲς γύναι.   1274

Πα.ᵃ οἴμοι, τί δράϲω; ποῖ φύγω μητρὸς χέρας;   1271

Πα.ᵝ οὐκ οἶδ᾽, ἀδελφὲ φίλτατ᾽· ὀλλύμεϲθα γάρ.   1272

Χο.   παρέλθω δόμους; ἀρῆξαι φόνον   1275
       δοκεῖ μοι τέκνοις.

Πα.ᵃ ναί, πρὸς θεῶν, ἀρήξατ᾽· ἐν δέοντι γάρ.

Πα.ᵝ ὡς ἐγγὺς ἤδη γ᾽ ἐσμὲν ἀρκύων ξίφους.

Χο.   τάλαιν᾽, ὡς ἄρ᾽ ἦϲθα πέτρος ἢ ϲίδα-
       ρος ἅτις τέκνων   1280
       ὃν ἔτεκες ἄροτον αὐτόχει-
       ρι μοίραι κτενεῖς.

       μίαν δὴ κλύω μίαν τῶν πάρος   [ἀντ. β
       γυναῖκ᾽ ἐν φίλοις χέρα βαλεῖν τέκνοις,

codd.: Πᵇ(1279–); Π᷏; H(1278–); Ω = BODEAV; LP

1270aⁿ ⟨Παῖς⟩ Page, praeeuntibus Seidler et Murray   1270a ιωι
μ[οι Π᷏: om. ΩLP: 'exclamationes quasdam' desiderauerat Seidler (De uers.
doch. 293)   1273–4 ante 1271–2 Seidler: 1273–4 et ante (= Πᵖᵃ) et
post (= Πᵖᵇ) 1271–2 Π᷏: 1273–4 post 1271–2 ΩLP   1273 βοᾶν O et
¹Ϲᵇ (~ ¹Ϲᵛ)   ἀκούεις τέκνων om. Πᵖᵃ, habuit (ut uid.) Πᵖᵇ
1274 τλᾶμον Ω: τλάμων O: τλῆμον LP: τλημων Πᵖᵃᵇ   ιω κακο- Πᵖᵃ;
[Πᵖᵇ]   1271ⁿ παῖς ΩP (in ras. V): παῖδες L: [Π᷏D]   1272ⁿ ἕτερος
παῖς OAVLP (ἕτερος in ras. V): παῖς BE: paragr. Π᷏: [D]
1275–6 ἀρῆξαι τεκνοις δο]κει μοι φον[ο]ϲ fort. Π᷏   1277–8 om. Π᷏
1277ⁿ παῖς Hermann: παῖδες BEVLP: οἱ δύο π- OA: [D]
1277 ἀρήξετ᾽ LP (~ Lᶜ)   1278ⁿ ἄλλος V³: nullam notam codd.
1281 ὃν Πᵇ, sicut coni. Seidler: ὦν HΩLP et Ϲᵇᵛ: [Π᷏]   μοίραι]
τολμαι Π᷏, sicut coni. Nauck   κτανεῖς Πᵇ; κτενες Π᷏   1282 μ[ιαν
μιαν δ]η κλυω τω[ν uel μ[ιαν δη μια]ν κλυω τω[ν Π᷏ᵘᵛ   δηι Πᵇ   μίαν
alterum om. A   μοναν δὶ in marg. Πᵇ (num μόναν δὴ pro u.l. an μόναν
δίς uoluerit incertum)   1283 γυναῖκ᾽ ἐν ΠᵇP et V³Tr: -κα ἐν ⟨L?⟩:
γυναικῶν ἐν HΩ: -κ]ων[Π᷏   (εν) φιλοις τεκνοι]ϲ χειρα βαλειν fort. Π᷏
(de ἐν non liquet)   χέρα ⟨L⟩: χεῖρα ΠᵇΠ᷏?ΗΩP et Tr   προϲβαλεῖν
LP

ΕΥΡΙΠΙΔΟΥ

Ἰνὼ μανεῖσαν ἐκ θεῶν, ὅθ' ἡ Διὸς
δάμαρ νιν ἐξέπεμπε δωμάτων ἄλαις·   1285
πίτνει δ' ἁ τάλαιν' ἐς ἅλμαν φόνωι
τέκνων δυςςεβεῖ,
ἀκτῆς ὑπερτείναςα ποντίας πόδα,
δυοῖν τε παίδοιν ξυνθανοῦς' ἀπόλλυται.
τί δῆτ' οὐ γένοιτ' ἂν ἔτι δεινόν; ὦ   1290
γυναικῶν λέχος
πολύπονον, ὅςα βροτοῖς ἔρε-
ξας ἤδη κακά.

Ια.   γυναῖκες, αἳ τῆςδ' ἐγγὺς ἕςτατε ςτέγης,
ἆρ' ἐν δόμοιςιν ἡ τὰ δείν' εἰργαςμένη
Μήδεια τοιςίδ' ἢ μεθέςτηκεν φυγῆι;   1295
δεῖ γάρ νιν ἤτοι γῆς γε κρυφθῆναι κάτω
ἢ πτηνὸν ἆραι ςῶμ' ἐς αἰθέρος βάθος,
εἰ μὴ τυράννων δώμαςιν δώςει δίκην.
πέποιθ' ἀποκτείναςα κοιράνους χθονὸς
ἀθῶιος αὐτὴ τῶνδε φεύξεςθαι δόμων;   1300

codd.: Π⁶; Π⁷(–1292); H; Ω = BODEAV; LP

1284 Ἰνὼ μανεῖσαν om. Π⁷, quae post βαλειν pergit ως ἐκ θ[εω]ν οτ[ε
1285 ἐξέπεμπε HBODE: -πεμψε AVL(P): εξεπ[Π⁶Π⁷ᵘᵛ   ἁλαις Π⁵,
sicut coni. Blaydes: αλαι Π⁷: ἄλα O⁸: ἄλη(ι) HΩLP et Eᶜ et Π⁵⁸ ᵘᵛ man. sec.:
ἄ∗η E   1286 ἁ Π⁵BDEA et O²: ἡ H(O)LP: ὦ V: [Π⁷]
1288–9 om. Π⁷   1288 ὑπερτείνουςα Π⁵⁸   1289 τε Π⁵HBOAV: δὲ
DP: δὴ L: [E]   ξυν- Π⁵LP: ςυν- HΩ   1290 δητ' Π⁵, sicut coni.
Hermann: δή ποτ' HΩLP: [Π⁷]   οὐ Π⁵: οὖν HΩLP: [Π⁷]   γενοι]τ̣ο̣
αν ετι πημα [δεινον Π⁷   1292 ὅςα Seidler: ὅςα δὴ Π⁵HVP: ὅςςα δὴ fere
ΩL: [Π⁷]   ἔρεξας Π⁵BOVLP: ἔρρ- HEA et Oᶜ: ἔλ- D: [Π⁷]
1295 τοιςίδ' Canter: τοῖςιν Π⁵LP: τοῖςδέ γ' HΩ (ςι super δε V³): τοῖςδ' ἔτ'
Lenting   1296 δεῖ Π⁵VLP et ¹Σᵛ et Σᵇᵛ et Chr. Pat. 281: δεῖν HΩ et
¹Σᵇ   γης γε Π⁵, sicut coni. Elmsley: γῆς ςφε ΩLP: γῆ ςφε HA
1297 ἆραι fere HΩLP: αἶραι Π⁵: ἄρα A, ἄρα Aᶜ   βάθος] πτύχαις V⁸;
πτυχὰς Elmsley dubitanter; [Π⁵]   1298 τυράννω VL (∼ Lᶜ)   δώςειν
O² et Σᵇᵛ et fort. habuit Π⁵, quippe quae u. 1300 omiserit; [Π⁵]
1299 αποκτεινουc[α Π⁵ (∼ Π⁵ man. sec.)   κοιράνους BODELP:
τυράννους HAV: [Π⁵]   1300 om. Π⁵   φεύξεται Nv et Σᵇ

150

ἀλλ' οὐ γὰρ αὐτῆς φροντίδ' ὡς τέκνων ἔχω·
κείνην μὲν οὓς ἔδρασεν ἕρξουσιν κακῶς,
ἐμῶν δὲ παίδων ἦλθον ἐκσώςων βίον,
μή μοί τι δράςως' οἱ προςήκοντες γένει,
μητρῷον ἐκπράςςοντες ἀνόςιον φόνον.   1305

Χο. ὦ τλῆμον, οὐκ οἶσθ' οἷ κακῶν ἐλήλυθας,
     Ἰᾶςον· οὐ γὰρ τούςδ' ἂν ἐφθέγξω λόγους.
Ια. τί δ' ἔςτιν; ἦ που κἄμ' ἀποκτεῖναι θέλει;
Χο. παῖδες τεθνᾶςι χειρὶ μητρῴαι ςέθεν.
Ια. οἴμοι, τί λέξεις; ὥς μ' ἀπώλεςας, γύναι.   1310
Χο. ὡς οὐκέτ' ὄντων ςῶν τέκνων φρόντιζε δή.
Ια. ποῦ γάρ νιν ἔκτειν'; ἐντὸς ἢ 'ξωθεν δόμων;
Χο. πύλας ἀνοίξας ςῶν τέκνων ὄψηι φόνον.
Ια. χαλᾶτε κλῆιδας ὡς τάχιστα, πρόςπολοι,
     ἐκλύεθ' ἁρμούς, ὡς ἴδω διπλοῦν κακόν   1315
     [τοὺς μὲν θανόντας, τὴν δὲ τείςωμαι δίκην].
Μη. τί τάςδε κινεῖς κἀναμοχλεύεις πύλας,
     νεκροὺς ἐρευνῶν κἀμὲ τὴν εἰργαςμένην;
     παῦςαι πόνου τοῦδ'. εἰ δ' ἐμοῦ χρείαν ἔχεις,
     λέγ' εἴ τι βούληι, χειρὶ δ' οὐ ψαύςεις ποτέ·   1320
     τοιόνδ' ὄχημα πατρὸς Ἥλιος πατὴρ
     δίδωσιν ἡμῖν, ἔρυμα πολεμίας χερός.
Ια. ὦ μῖςος, ὦ μέγιστον ἐχθίστη γύναι
     θεοῖς τε κἀμοὶ παντί τ' ἀνθρώπων γένει,
     ἥτις τέκνοιςι ςοῖςιν ἐμβαλεῖν ξίφος   1325
     ἔτλης τεκοῦςα κἄμ' ἄπαιδ' ἀπώλεςας.

codd.: *Π*⁵; H; *Ω* = BODEAV; LP

1303 ἐκςῶςαι HO et P², haud male; [*Π*⁵]   1308 ου που *Π*⁵
(~ *Π*⁵ˢ), sicut coni. Barthold; ἤ πω et ἤ που codd. Chr. Pat. 107
1311 παίδων BD   1314 κλῆιδας BOEVLP: κλεῖδας DA et Hᶜ: [*Π*⁵H]
1315 διπλώ κακώ H?; -ᾶ κακά A; [*Π*⁵]   1316 del. Schenkl
τίςωμαι δίκην LP: τίςομαι φόνω(ι) HΩ (δίκην V³ʸʳ): τις[E: [*Π*⁵]
1317 τούςδε...λόγους Chr. Pat. 121, 437   1318 κἀμὲ fere HAVLP:
καί με BODE: [*Π*⁵]   1320 οὐχ ἄψη V³ʸʳ; [*Π*⁵]   1321 ἥλιος HΩ et
P²: ἡλίου LP: [*Π*⁵]   1324 και μοι *Π*⁵ (~ gE)   1326 κἄμ'
(*Π*⁵)BODELP: καί μ' HAV

καὶ ταῦτα δράσας' ἥλιόν τε προσβλέπεις
καὶ γαῖαν, ἔργον τλᾶσα δυσσεβέστατον;
ὄλοι'. ἐγὼ δὲ νῦν φρονῶ, τότ' οὐ φρονῶν,
ὅτ' ἐκ δόμων σε βαρβάρου τ' ἀπὸ χθονὸς   1330
Ἕλλην' ἐς οἶκον ἠγόμην, κακὸν μέγα,
πατρός τε καὶ γῆς προδότιν ἥ σ' ἐθρέψατο.
τὸν σὸν δ' ἀλάστορ' εἰς ἔμ' ἔσκηψαν θεοί·
κτανοῦσα γὰρ δὴ σὸν κάσιν παρέστιον
τὸ καλλίπρωιρον εἰσέβης Ἀργοῦς σκάφος.   1335
ἦρξω μὲν ἐκ τοιῶνδε· νυμφευθεῖσα δὲ
παρ' ἀνδρὶ τῶιδε καὶ τεκοῦσά μοι τέκνα,
εὐνῆς ἔκατι καὶ λέχους σφ' ἀπώλεσας.
οὐκ ἔστιν ἥτις τοῦτ' ἂν Ἑλληνὶς γυνὴ
ἔτλη ποθ', ὦν γε πρόσθεν ἠξίουν ἐγὼ   1340
γῆμαι σέ, κῆδος ἐχθρὸν ὀλέθριόν τ' ἐμοί,
λέαιναν, οὐ γυναῖκα, τῆς Τυρσηνίδος
Σκύλλης ἔχουσαν ἀγριωτέραν φύσιν.
ἀλλ' οὐ γὰρ ἄν σε μυρίοις ὀνείδεσιν
δάκοιμι· τοιόνδ' ἐμπέφυκέ σοι θράσος·   1345
ἔρρ', αἰσχροποιὲ καὶ τέκνων μιαιφόνε.
ἐμοὶ δὲ τὸν ἐμὸν δαίμον' αἰάζειν πάρα,
ὃς οὔτε λέκτρων νεογάμων ὀνήσομαι,
οὐ παῖδας οὓς ἔφυσα κἀξεθρεψάμην
ἔξω προσειπεῖν ζῶντας ἀλλ' ἀπώλεσα.   1350
Μη. μακρὰν ἂν ἐξέτεινα τοῖσδ' ἐναντίον
λόγοισιν, εἰ μὴ Ζεὺς πατὴρ ἠπίστατο
οἷ' ἐξ ἐμοῦ πέπονθας οἷά τ' εἰργάσω.
σὺ δ' οὐκ ἔμελλες τἄμ' ἀτιμάσας λέχη

codd.: Π⁵(–1328, 1345–6); H; Ω = BOD(E –1338)AV; LP

1328 τλᾶσα HΩ et gE: δρῶσα LP: [Π⁵]   1330 δόμων HΩ et gE:
δόμου LP   σε] σου Vᵃʸʳ (∼ gE)   1332 προδότιν HΩ et P² et gE: -την
EL⟨P⟩   1333 δ' LP: om. HΩ et gE   1339 τοῦθ' post ἔστι V et ¹Σᵛ,
τοῦτ' ἂν post Ἑλληνὶς H   1348 ὡς A   1351 μακρὰν ἂν Ω et ¹Σᵛ:
μακρὰν δ' ἂν A: μακρὰν H: ἢ μάκρ' ἂν fere LP (ἢ PLᶜ, ἢ L; μακρὰν Lᶜ): μακρὰ
ἂν Σᵇᵛ   ἐναντίον HΩ: -ίοις A: -ία LP et V³ et Σᵇᵛ

τερπνὸν διάξειν βίοτον ἐγγελῶν ἐμοὶ   1355
οὐδ' ἡ τύραννος, οὐδ' ὅ σοι προσθεὶς γάμους
Κρέων ἀνατεὶ τῆςδέ μ' ἐκβαλεῖν χθονός.
πρὸς ταῦτα καὶ λέαιναν, εἰ βούληι, κάλει
[καὶ Cκύλλαν ἢ Τυρcηνὸν ὤικηcεν πέδον]·
τῆς cῆς γὰρ ὡς χρῆν καρδίας ἀνθηψάμην.   1360
Ια.   καὐτή γε λυπῆι καὶ κακῶν κοινωνὸς εἶ.
Μη.   cάφ' ἴcθι· λύει δ' ἄλγος, ἢν cὺ μὴ 'γγελᾶιc.
Ια.   ὦ τέκνα, μητρὸς ὡς κακῆς ἐκύρcατε.
Μη.   ὦ παῖδες, ὡς ὤλεcθε πατρώιαι νόcωι.
Ια.   οὔτοι νιν ἡμὴ δεξιά γ' ἀπώλεcεν.   1365
Μη.   ἀλλ' ὕβρις οἵ τε cοὶ νεοδμῆτεc γάμοι.
Ια.   λέχουc cφε κἠξίωcαc οὕνεκα κτανεῖν;
Μη.   cμικρὸν γυναικὶ πῆμα τοῦτ' εἶναι δοκεῖc;
Ια.   ἥτιc γε cώφρων· cοὶ δὲ πάντ' ἐcτὶν κακά.
Μη.   οἵδ' οὐκέτ' εἰcί· τοῦτο γάρ cε δήξεται.   1370
Ια.   οἵδ' εἰcίν, οἴμοι, cῶι κάραι μιάcτορεc.
Μη.   ἴcαcιν ὅcτιc ἦρξε πημονῆc θεοί.
Ια.   ἴcαcι δῆτα cήν γ' ἀπόπτυcτον φρένα.
Μη.   cτύγει· πικρὰν δὲ βάξιν ἐχθαίρω cέθεν.
Ια.   καὶ μὴν ἐγὼ cήν· ῥάιδιοι δ' ἀπαλλαγαί.   1375
Μη.   πῶc οὖν; τί δράcω; κάρτα γὰρ κἀγὼ θέλω.
Ια.   θάψαι νεκρούc μοι τούcδε καὶ κλαῦcαι πάρεc.
Μη.   οὐ δῆτ', ἐπεί cφαc τῆιδ' ἐγὼ θάψω χερί,

codd.: H(−1376); Ω = BODAV; LP

1356 οὐδ'…οὐδ' Elmsley: οὔθ'…οὔθ' codd. et gE   προcθεὶc
ODLP: προθ- HBAV et Dᶜ et gE   γάμον A (~ gE)   1357 ἀνατεὶ
LP: -τὶ ᵍᵖΣᵇ: ἄτιμον HΩ et V³ᵞᵖ: ἀτίμωc V   1359 del. Verrall
πέδον] cπέοc (cl. Aᵍˡ cπήλαιον) uel πόρον Musgrave, πέτραν Elmsley
1360 χρῆν Reiske: χρὴ codd. et gVgE   1362 'γγελᾶ(ι)c BODP et Tr et
Σᵇ: γελᾶ(ι)c HAV⟨L²⟩ et O² et gE   1364 ὤλεcθε ALP: ὄλ- HΩ et gE
1365 οὔτοι νιν B et Aᶜ: οὔτοι νυν uel οὐ τοίνυν HᵘᵛOD⟨A⟩VLP et B²
γ' Hermann: cφ' codd.   1366 νεοδμῆτεc HΩ: νεόδμητοι LP et V³
1367 κἠξίωcαc OLP: γ' ἠξ- HΩ   1371 om. LP (~ Lᶜ fort. manu Iani
Lascaris, P²)   οἴμοι BOD et LᶜPᶜ: ὤ(ι)μοι HAV et Σᵇᵛ
1374 cτύγει Weil: cτυγῆ(ι) codd.   1375 ῥάιδιον V (~ V³)
1377 καῦcαι BD (~ Chr. Pat. 1273)

φέρουσ' ἐς "Ηρας τέμενος 'Ακραίας θεοῦ,
ὡς μή τις αὐτοὺς πολεμίων καθυβρίσηι   1380
τυμβοὺς ἀνασπῶν· γῆι δὲ τῆιδε Ϲιϲύφου
ϲεμνὴν ἑορτὴν καὶ τέλη προϲάψομεν
τὸ λοιπὸν ἀντὶ τοῦδε δυϲϲεβοῦϲ φόνου.
αὐτὴ δὲ γαῖαν εἶμι τὴν 'Ερεχθέωϲ,
Αἰγεῖ ϲυνοικήϲουϲα τῶι Πανδίονοϲ.   1385
ϲὺ δ', ὥϲπερ εἰκόϲ, κατθανῆι κακὸϲ κακῶϲ,
'Αργοῦϲ κάρα ϲὸν λειψάνωι πεπληγμένοϲ,
πικρὰϲ τελευτὰϲ τῶν ἐμῶν γάμων ἰδών.

Ια.   ἀλλά ϲ' 'Ερινὺϲ ὀλέϲειε τέκνων
      φονία τε Δίκη.   1390
Μη.   τίϲ δὲ κλύει ϲοῦ θεὸϲ ἢ δαίμων,
      τοῦ ψευδόρκου καὶ ξειναπάτου;
Ια.   φεῦ φεῦ, μυϲαρὰ καὶ παιδολέτορ.
Μη.   ϲτεῖχε πρὸϲ οἴκουϲ καὶ θάπτ' ἄλοχον.
Ια.   ϲτείχω, διϲϲῶν γ' ἄμοροϲ τέκνων.   1395
Μη.   οὔπω θρηνεῖϲ· μένε καὶ γῆραϲ.
Ια.   ὦ τέκνα φίλτατα. Μη. μητρί γε, ϲοὶ δ' οὔ.
Ια.   κἄπειτ' ἔκανεϲ; Μη. ϲέ γε πημαίνουϲ'.
Ια.   ὤμοι, φιλίου χρῄιζω ϲτόματοϲ
      παίδων ὁ τάλαϲ προϲπτύξαϲθαι.   1400
Μη.   νῦν ϲφε προϲαυδᾶιϲ, νῦν ἀϲπάζηι,
      τότ' ἀπωϲάμενοϲ. Ια. δόϲ μοι πρὸϲ θεῶν
      μαλακοῦ χρωτὸϲ ψαῦϲαι τέκνων.
Μη.   οὐκ ἔϲτι· μάτην ἔποϲ ἔρριπται.

codd.: Ω = BODAV; LP

1380 αὐτοὺϲ LP et V²: -τῶν Ω   καθυβρίϲη(ι) LP et V² et Chr. Pat.
1280: -ίϲαι BODA⟨V⟩: -ίϲει V⁸   1382 τέλοϲ Σ Il. 10. 56 et Choerob.
epim. p. 112 et Et. Ma. 750. 44   προϲάψομεν BDV et Aᶜ et Σ Il.:
-άψομαι ALP et V³ (etiam -μεν V³ˢ): -άξομεν Choerob. et Et. Ma.: μυϲτη-
ρίων O   1392 ξειναπάτου V et TrPᶜ?: -άτα fere Ω̣LP? et V⁸
1393 παιδολέτωρ et -τηρ V³   1395 γ' om. A   ἄμοροϲ DP et Tr:
ἄμμοροϲ B et DˢP²: ἄμοιροϲ OAV: ἄμ**ροϲ L   παίδων BD
1398 ἔκανεϲ Elmsley: ἔκτανεϲ codd.   1399 ὤ(ι)μοι Ω: αἲ αἲ uel αἶ αἶ
OLP et V³ ᵞᴿ   1404 ἔποϲ BD et gE: δ' ἔποϲ AV: λόγοϲ OLP et V³

ΜΗΔΕΙΑ

Ια. Ζεῦ, τάδ' ἀκούεις ὡς ἀπελαυνόμεθ'   1405
οἷά τε πάςχομεν ἐκ τῆς μυςαρᾶς
καὶ παιδοφόνου τῆςδε λεαίνης;
ἀλλ' ὁπόςον γοῦν πάρα καὶ δύναμαι
τάδε καὶ θρηνῶ κἀπιθεάζω,
μαρτυρόμενος δαίμονας ὥς μοι   1410
τέκνα κτείνας' ἀποκωλύεις
ψαῦςαί τε χεροῖν θάψαι τε νεκρούς,
οὓς μήποτ' ἐγὼ φύςας ὄφελον
πρὸς ςοῦ φθιμένους ἐπιδέςθαι.

[Χο. πολλῶν ταμίας Ζεὺς ἐν Ὀλύμπωι,   1415
πολλὰ δ' ἀέλπτως κραίνουςι θεοί·
καὶ τὰ δοκηθέντ' οὐκ ἐτελέςθη,
τῶν δ' ἀδοκήτων πόρον ηὗρε θεός.
τοιόνδ' ἀπέβη τόδε πρᾶγμα.]

codd.: Ω = BODAV; LP

1405 ἰὼ Ζεῦ ᵞᴿΣᵇ   ἀκούεις] ὁρᾶις Ο et V³ᵞᴿ   ὦ Ζεῦ, τάδ' ὁρᾶις
Kirchhoff   1409 κἀπιθεάζω Blomfield: -θοάζω codd.
1410 μαρτυράμενος Ο et V²   μου BD   1411 τέκνα κτείνας' OLP:
τέκν' ἀποκτείνας' Ω   1413 ὄφελον V: ὤφ- ΩLP et V²
1414 φθιμένους Ω: φθινομένους LP   1415-19 del. Hartung; de testi-
moniis uide ad Alc. 1159–63   1419 τόδε BODLP: τόδε τὸ AV
Subscriptio τέλος εὐριπίδου μηδείας OV: τ- μ- Α et Tr: τ- μ- εὐριπίδου· πρὸς
διάφορα ἀντίγραφα· Διονυςίου ὁλοςχερές· καί τινα τῶν Διδύμου Β: om. DLP

ΗΡΑΚΛΕΙΔΑΙ

ΕΥΡΙΠΙΔΟΥ

ΥΠΟΘΕΣΙC ΗΡΑΚΛΕΙΔΩΝ

Ἰόλαος υἱὸς μὲν ἦν Ἰφικλέους, ἀδελφιδοῦς δὲ Ἡρακλέους· ἐν νεότητι δ᾽ ἐκείνωι cυcτρατευcάμενοс ἐν γήραι τοῖς ἐξ ἐκείνου βοηθὸς εὔνους παρέcτη. τῶν γὰρ παίδων ἐξ ἁπάcηc ἐλαυνομένων γῆc ὑπ᾽ Εὐρυcθέωc, ἔχων αὐτοὺς ἦλθεν εἰς Ἀθήναc κἀκεῖ
5 προcφυγὼν τοῖς θεοῖς ἔcχε τὴν ἀcφάλειαν Δημοφῶντος τῆς πόλεως κρατοῦντος. Κοπρέως δὲ τοῦ Εὐρυcθέωc κήρυκος ἀποcπᾶν θέλοντος τοὺς ἱκέτας ἐκώλυσεν αὐτόν· ὁ δὲ ἀπῆλθε πόλεμον ἀπειλήσας προcδέχεσθαι. Δημοφῶν δὲ τούτου μὲν ὠλιγώρει· χρησμῶν δὲ αὐτῶι νικηφόρων γενηθέντων, ἐὰν Δήμητρι τὴν
10 εὐγενεστάτην παρθένον cφάξηι, τοῖς λογίοις βαρέως ἔcχεν· οὔτε γὰρ ἰδίαν οὔτε τῶν πολιτῶν τινος θυγατέρα χάριν τῶν ἱκετῶν ἀποκτεῖναι δίκαιον ἡγεῖτο. τὴν μαντείαν δὲ προγνοῦcα μία τῶν Ἡρακλέους παίδων Μακαρία τὸν θάνατον ἑκουσίως ὑπέστη. ταύτην μὲν οὖν εὐγενῶς ἀποθανοῦcαν ἐτίμησαν, αὐτοὶ δὲ τοὺς
15 πολεμίους ἐπιγνόντες παρόντας εἰς τὴν μάχην ὥρμησαν...

τὰ τοῦ δράματος πρόcωπα· Ἰόλαος, Κοπρεύς, χορός, Δημοφῶν, Μακαρία παρθένος, θεράπων, Ἀλκμήνη, ἄγγελος, Εὐρυcθεύς. προλογίζει δὲ ὁ Ἰόλαος.

argumentum add. Tr.[1]: om. L   Inscriptio Εὐριπίδου ἡρακλειδῶν ὑπόθεσιc   7 ἱκέταc apogr. Flor.: οἰκ- Tr[1]   10 παρθένων apogr. Par., Aldina   λογίοις Wilamowitz: λόγοις Tr[1]   11 ἱκετῶν Stiblinus: οἰκ- Tr[1]   12 ἡγεῖτο L. Dindorf: ἡγεῖται Tr[1]   14 ἐτίμησαν apogr. Par., L. Dindorf: -cεν Tr[1]   15 post ὥρμησαν lac. agnouit Kirchhoff 16 Κοπρεύς] κῆρυξ Bothe, rectius sane   17 post Δημοφῶν add. Ἀκάμας κωφὸν πρόcωπον Scaliger   [Μακαρία] παρθένος rectius scribatur   θεράπων Stiblinus: θεράπαινα Tr[1]

fabula circa annum 430 a.C. acta. mutilam esse uel ab homine scaenico retractatam sunt qui credant; mihi secus persuasum est

codex unicus L; eadem atque in Cyclope apographa (P = Palatinus gr. 287 (uu. 1-1002) et Laurentianus conv. soppr. 172 (uu. 1003-1055))

158

ΗΡΑΚΛΕΙΔΑΙ

ΙΟΛΑΟC

Πάλαι ποτ' ἐςτὶ τοῦτ' ἐμοὶ δεδογμένον·
ὁ μὲν δίκαιος τοῖς πέλας πέφυκ' ἀνήρ,
ὁ δ' ἐς τὸ κέρδος λῆμ' ἔχων ἀνειμένον
πόλει τ' ἄχρηςτος καὶ ςυναλλάςςειν βαρύς,
αὑτῶι δ' ἄριςτος· οἶδα δ' οὐ λόγωι μαθών.   5
ἐγὼ γὰρ αἰδοῖ καὶ τὸ ςυγγενὲς ςέβων,
ἐξὸν κατ' Ἄργος ἡςύχως ναίειν, πόνων
πλείςτων μετέςχον εἷς ἀνὴρ Ἡρακλέει,
ὅτ' ἦν μεθ' ἡμῶν· νῦν δ', ἐπεὶ κατ' οὐρανὸν
ναίει, τὰ κείνου τέκν' ἔχων ὑπὸ πτεροῖς   10
ςώιζω τάδ' αὐτὸς δεόμενος ςωτηρίας.
ἐπεὶ γὰρ αὐτῶν γῆς ἀπηλλάχθη πατήρ,
πρῶτον μὲν ἡμᾶς ἤθελ' Εὐρυςθεὺς κτανεῖν·
ἀλλ' ἐξέδραμεν, καὶ πόλις μὲν οἴχεται,
ψυχὴ δ' ἐςώθη. φεύγομεν δ' ἀλώμενοι   15
ἄλλην ἀπ' ἄλλης ἐξοριζόντων πόλιν.
πρὸς τοῖς γὰρ ἄλλοις καὶ τόδ' Εὐρυςθεὺς-κακοῖς
ὕβριςμ' ἐς ἡμᾶς ἠξίωςεν ὑβρίςαι·
πέμπων ὅπου γῆς πυνθάνοιθ' ἱδρυμένους
κήρυκας ἐξαιτεῖ τε κἀξείργει χθονός,   20
πόλιν προτείνων Ἄργος οὐ ςμικρὸν φίλην
ἐχθράν τε θέςθαι, χαὐτὸν εὐτυχοῦνθ' ἅμα.
οἱ δ' ἀςθενῆ μὲν τἀπ' ἐμοῦ δεδορκότες,

Inscriptio εὐριπίδου ἡρακλεῖδαι Tr¹: om. L   1ⁿ Ἰόλαος Tr¹: om. L
1 τοῦτό μοι Stob. 3. 10. 1   4 φίλοις τ'...ςυναλλάξαι Stob.   5 αὑτῶ
Tr²: αὑ- L   7 ἥςυχον uel ἡςύχωι Elmsley   8 Ἡρακλέει apogr.
Par., Porson: -κλεῖ L   10 τὰ κείνου Barnes: τὰ 'κείνου L, τἀκ-
Tr¹   14 ἐξέδραμεν Reiske: -δραμον L   16 ἐξοριζόντων Diggle:
ἐξορίζοντες L   19 ὅποι Elmsley olim   21 προτείνων Canter:
προτιμῶν L   ςμικρὸν Wilamowitz: -ὰν L   21-2 φίλην / ἐχθράν
Dindorf: φίλων / ἐχθραν L   22 τε Musgrave: γε L

cμικροὺc δὲ τούcδε καὶ πατρὸc τητωμένουc,
τοὺc κρείccονας cέβοντεc ἐξείργουcι γῆc.　　25
ἐγὼ δὲ cὺν φεύγουcι cυμφεύγω τέκνοιc
καὶ cὺν κακῶc πράccουcι cυμπράccω κακῶc,
ὀκνῶν προδοῦναι, μή τιc ὧδ' εἴπηι βροτῶν·
"Ἴδεcθ', ἐπειδὴ παιcὶν οὐκ ἔcτιν πατήρ,
Ἰόλαοc οὐκ ἤμυνε cυγγενὴc γεγώc.　　30
πάcηc δὲ χώραc Ἑλλάδοc τητώμενοι
Μαραθῶνα καὶ cύγκληρον ἐλθόντεc χθόνα
ἱκέται καθεζόμεcθα βώμιοι θεῶν
προcωφελῆcαι· πεδία γὰρ τῆcδε χθονὸc
διccοὺc κατοικεῖν Θηcέωc παῖδαc λόγοc　　35
κλήρωι λαχόνταc ἐκ γένουc Πανδίονοc,
τοῖcδ' ἐγγὺc ὄνταc· ὧν ἔκατι τέρμοναc
κλεινῶν Ἀθηνῶν τήνδ' ἀφικόμεcθ' ὁδόν.
δυοῖν γερόντοιν δὲ cτρατηγεῖται φυγή·
ἐγὼ μὲν ἀμφὶ τοῖcδε καλχαίνων τέκνοιc,　　40
ἡ δ' αὖ τὸ θῆλυ παιδὸc Ἀλκμήνη γένοc
ἔcωθε ναοῦ τοῦδ' ὑπηγκαλιcμένη
cώιζει· νέαc γὰρ παρθένουc αἰδούμεθα
ὄχλωι πελάζειν κἀπιβωμιοcτατεῖν.
Ὕλλοc δ' ἀδελφοί θ' οἷcι πρεcβεύει γένοc　　45
ζητοῦc' ὅπου γῆc πύργον οἰκιούμεθα,
ἢν τῆcδ' ἀπωθώμεcθα πρὸc βίαν χθονόc.
ὦ τέκνα τέκνα, δεῦρο, λαμβάνεcθ' ἐμῶν
πέπλων· ὁρῶ κήρυκα τόνδ' Εὐρυcθέωc
cτείχοντ' ἐφ' ἡμᾶc, οὗ διωκόμεcθ' ὕπο　　50
πάcηc ἀλῆται γῆc ἀπεcτερημένοι.
ὦ μῖcοc, εἴθ' ὄλοιο χὠ πέμψαc ⟨c'⟩ ἀνήρ,
ὡc πολλὰ δὴ καὶ τῶνδε γενναίωι πατρὶ
ἐκ τοῦδε ταὐτοῦ cτόματοc ἤγγειλαc κακά.

26 cὺν φεύγουcι Aldina: cυμφ- L　　38 τήνδ'...ὁδόν Stephanus:
τόνδ'...ὁρον L　　39 δυοῖν Tr²: δυεῖν ⟨L⟩　　δ' ἐcτρατήγηται L. J. D.
Richardson (Hermathena 91 [1958] 70)　　40 καλχαίνων Tr²: χαλκ- L
46 ζητοῦc' Barnes: - cιν L　　ὅποι Elmsley olim　　52 ⟨c'⟩ Barnes
53 ὃc Elmsley

ΚΗΡΥΞ

    ἦ που καθῆcθαι τήνδ' ἕδραν καλὴν δοκεῖc   55
    πόλιν τ' ἀφῖχθαι cύμμαχον, κακῶc φρονῶν·
    οὐ γάρ τιc ἔcτιν ὃc πάροιθ' αἱρήcεται
    τὴν cὴν ἀχρεῖον δύναμιν ἀντ' Εὐρυcθέωc.
    χώρει· τί μοχθεῖc ταῦτ'; ἀνίcταcθαί cε χρὴ
    ἐc Ἄργοc, οὗ cε λεύcιμοc μένει δίκη.   60

Ιο. οὐ δῆτ', ἐπεί μοι βωμὸc ἀρκέcει θεοῦ,
    ἐλευθέρα τε γαῖ' ἐν ἧι βεβήκαμεν.

Κη. βούληι πόνον μοι τῆιδε προcθεῖναι χερί;

Ιο. οὔτοι βίαι γέ μ' οὐδὲ τούcδ' ἄξειc λαβών.

Κη. γνώcηι cύ· μάντιc δ' ἦcθ' ἄρ' οὐ καλὸc τάδε.   65

Ιο. οὐκ ἂν γένοιτο τοῦτ' ἐμοῦ ζῶντόc ποτε.

Κη. ἄπερρ'· ἐγὼ δὲ τούcδε, κἂν cὺ μὴ θέληιc,
    ἄξω νομίζων οὗπέρ εἰc' Εὐρυcθέωc.

Ιο. ὦ τὰc Ἀθήναc δαρὸν οἰκοῦντεc χρόνον,
    ἀμύνεθ'· ἱκέται δ' ὄντεc ἀγοραίου Διὸc   70
    βιαζόμεcθα καὶ cτέφη μιαίνεται,
    πόλει τ' ὄνειδοc καὶ θεῶν ἀτιμίαν.

ΧΟΡΟΣ

    ἔα ἔα· τίc ἡ βοὴ βωμοῦ πέλαc
    ἔcτηκε; ποίαν cυμφορὰν δείξει τάχα;

    ἴδετε τὸν γέροντ' ἀμαλὸν ἐπὶ πέδωι   [cτρ.
    χύμενον· ὦ τάλαc   76
    ⟨   ⟩
    πρὸc τοῦ ποτ' ἐν γῆι πτῶμα δύcτηνον πίτνειc;

55[n] *Κῆρυξ* Hartung: κοπρεύc L hic et ubique   60 μένει apogr.
Par., Aldina: μενεῖ L   64 γ' ἔμ' Reisig   65 οὐκ ἄκροc Herwerden:
cf. A. Ag. 1130, S. El. 1499   67 ἄπερρ' Cobet: ἄπαιρ' L   72 ἀτιμίαν
England: -ία L: uide Dionysiaca 171–2   75–6 choro trib. apogr. Flor.,
Lachmann: Iolao L   75 γέροντ' ἀμαλὸν Wesseling, Hemsterhuys (cl.
Hesych. *A* 3413): γέροντα μᾶλλον L   77 lac. ante h.u. indic. Murray,
post h.u. Seidler   πτῶμα Tr[1]: πτόμα L?   πίτνειc praemonente
Heath Elmsley: πιτνεῖc L

Ιο.   ὅδ' ὦ ξένοι με coὺc ἀτιμάζων θεοὺc
      ἕλκει βιαίωc Ζηνὸc ἐκ προβωμίων.

Χο.   cὺ δ' ἐκ τίνοc γῆc, ὦ γέρον, τετράπτολιν   80
      ξύνοικον ἦλθεc λαόν; ἢ
        πέραθεν ἁλίωι πλάται
      κατέχετ' ἐκλιπόντεc Εὐβοῖδ' ἀκτάν;

Ιο.   οὐ νηcιώτην, ὦ ξένοι, τρίβω βίον,
      ἀλλ' ἐκ Μυκηνῶν cὴν ἀφίγμεθα χθόνα.   85

Χο.   ὄνομα τί cε, γέρον, Μυκηναῖοc ὠ-
      νόμαζεν λεώc;

Ιο.   τὸν Ἡράκλειον ἴcτε που παραcτάτην
      Ἰόλαον· οὐ γὰρ cῶμ' ἀκήρυκτον τόδε.

Χο.   οἶδ' εἰcακούcαc καὶ πρίν· ἀλλὰ τοῦ ποτε   90
      ἐν χειρὶ cᾶι κομίζειc κόρουc
      νεοτρεφεῖc; φράcον.

Ιο.   Ἡρακλέουc οἶδ' εἰcὶ παῖδεc, ὦ ξένοι,
      ἱκέται cέθεν τε καὶ πόλεωc ἀφιγμένοι.

Χο.   τί χρέοc; ἢ λόγων πόλεοc, ἔνεπέ μοι,   [ἀντ.
      μελόμενοι τυχεῖν;   96

Ιο.   μήτ' ἐκδοθῆναι μήτε πρὸc βίαν θεῶν
      τῶν cῶν ἀποcπαcθέντεc εἰc Ἄργοc μολεῖν.

Κη.   ἀλλ' οὔτι τοῖc coῖc δεcπόταιc τάδ' ἀρκέcει,
      οἳ coῦ κρατοῦντεc ἐνθάδ' εὑρίcκουcί cε.   100

Χο.   εἰκὸc θεῶν ἱκτῆραc αἰδεῖcθαι, ξένε,
      καὶ μὴ βιαίωι χειρὶ δαι-
        μόνων ἀπολιπεῖν cφ' ἕδη·
      πότνια γὰρ Δίκα τάδ' οὐ πείcεται.

80 cὺ δ' Tyrwhitt: ὅδ' L   81–2 de numeris uide Studies 19
81 λεών Hartung (seruato χερὶ 102): de synizesi uide Studies 93
83 κατέχετ' Hermann: κατέcχετ' Tr¹: κατίcχετ' L   Εὐβοῖδ' Seidler:
-οῖδ' L   ἄκραν Paley (cf. El. 442)   87 λαόc Tr²   90 τοῦ Tr²:
ποῦ L   90–1 ποτε / ἐν Elmsley: / ποτ' ἐν L   91 χειρὶ Tr²: χερὶ L
95 ἢ Blaydes: ἦ L   πόλεοc Seidler: πόλεωc L   ἔνεπέ Hermann:
ἔννεπέ L   96 μελόμενοι Canter: -μένω L   102 χειρὶ ed. Heruag.²:
χερὶ L: uide ad 81   103 ἀπολιπεῖν cφ' Musgrave (cφ') et Seidler:
ἀπολείπει γ' L², -ειν c' L¹ᶜ

Κη. ἔκπεμπέ νυν γῆς τούσδε τοὺς Εὐρυσθέως,   105
     κοὐδὲν βιαίωι τῆιδε χρήσομαι χερί.

Χο. ἄθεον ἱκεσίαν μεθεῖναι πόλει
     ξένων προστροπάν.

Κη. καλὸν δέ γ' ἔξω πραγμάτων ἔχειν πόδα,
     εὐβουλίας τυχόντα τῆς ἀμείνονος.   110

⟨Χο.   ⟩
     ⟨   ⟩
     ⟨   ⟩
⟨Κη.   ⟩
     ⟨   ⟩

Χο. οὔκουν τυράννωι τῆσδε γῆς φράσαντά σε
     χρῆν ταῦτα τολμᾶν, ἀλλὰ μὴ βίαι ξένους
     θεῶν ἀφέλκειν, γῆν σέβοντ' ἐλευθέραν;
Κη. τίς δ' ἐστὶ χώρας τῆσδε καὶ πόλεως ἄναξ;
Χο. ἐσθλοῦ πατρὸς παῖς Δημοφῶν ὁ Θησέως.   115
Κη. πρὸς τοῦτον ἀγὼν ἆρα τοῦδε τοῦ λόγου
     μάλιστ' ἂν εἴη· τἄλλα δ' εἴρηται μάτην.
Χο. καὶ μὴν ὅδ' αὐτὸς ἔρχεται σπουδὴν ἔχων
     Ἀκάμας τ' ἀδελφός, τῶνδ' ἐπήκοοι λόγων.

ΔΗΜΟΦΩΝ

     ἐπείπερ ἔφθης πρέσβυς ὢν νεωτέρους   120
     βοηδρομήσας τήνδ' ἐπ' ἐσχάραν Διός,
     λέξον, τίς ὄχλον τόνδ' ἀθροίζεται τύχη;
Χο. ἱκέται κάθηνται παῖδες οἵδ' Ἡρακλέους
     βωμὸν καταστέψαντες, ὡς ὁρᾶις, ἄναξ,
     πατρός τε πιστὸς Ἰόλεως παραστάτης.   125
Δη. τί δῆτ' ἰυγμῶν ἤδ' ἐδεῖτο συμφορά;

---

105 τῆσδε Elmsley   108 προστροπάν Canter: πρὸς τὸ πᾶν L
109 δέ γ'] δ' Stob. 4. 16. 12   post 110 lac. quinque uu. praemonente
Elmsley indic. Kirchhoff; exciderintne plures incertum est   115ⁿ χο.
Tr²: om. L   116ⁿ Κο. apogr. Par., Aldina: om. L   ἀγὼν Fritzsche:
ἀγὼν L   ἆρα Tr²: ἄρα L   117 καὶ ante μάλιστ' L, postea erasum
125 ἰόλεως Tr¹: ἰόλαος ⟨L?⟩

Χο. βίαι νιν οὗτος τῆςδ' ἀπ' ἐςχάρας ἄγειν
ζητῶν βοὴν ἔςτηςε κἀςφηλεν γόνυ
γέροντος, ὥςτε μ' ἐκβαλεῖν οἴκτωι δάκρυ.

Δη. καὶ μὴν ςτολήν γ' Ἕλληνα καὶ ῥυθμὸν πέπλων   130
ἔχει, τὰ δ' ἔργα βαρβάρου χερὸς τάδε.
ςὸν δὴ τὸ φράζειν ἐςτί, μὴ μέλλειν ⟨δ'⟩, ἐμοὶ
ποίας ἀφῖξαι δεῦρο γῆς ὅρους λιπών.

Κη. Ἀργεῖός εἰμι· τοῦτο γὰρ θέλεις μαθεῖν·
ἐφ' οἷςι δ' ἥκω καὶ παρ' οὗ λέγειν θέλω.   135
πέμπει Μυκηνῶν δεῦρό μ' Εὐρυςθεὺς ἄναξ
ἄξοντα τούςδε· πολλὰ δ' ἦλθον, ὦ ξένε,
δίκαι' ἁμαρτῆι δρᾶν τε καὶ λέγειν ἔχων.
Ἀργεῖος ὢν γὰρ αὐτὸς Ἀργείους ἄγω
ἐκ τῆς ἐμαυτοῦ τούςδε δραπέτας ἔχων,   140
νόμοιςι τοῖς ἐκεῖθεν ἐψηφιςμένους
θανεῖν· δίκαιοι δ' ἐςμὲν οἰκοῦντες πόλιν
αὐτοὶ καθ' αὑτῶν κυρίους κραίνειν δίκας.
πολλῶν δὲ κἄλλων ἑςτίας ἀφιγμένοι
ἐν τοῖςιν αὐτοῖς τοιςίδ' ἔςταμεν λόγοις,   145
κοὐδεὶς ἐτόλμης' ἴδια προςθέςθαι κακά.
ἀλλ' ἤ τιν' ἐς ςὲ μωρίαν ἐςκεμμένοι
δεῦρ' ἦλθον ἢ κίνδυνον ἐξ ἀμηχάνων
ῥίπτοντες, εἴτ' οὖν εἴτε μὴ γενήςεται
⟨   ⟩.
οὐ γὰρ φρενήρη γ' ὄντα ς' ἐλπίζουςί που   150
μόνον τοςαύτης ἦν ἐπῆλθον Ἑλλάδος

---

129 μ' ἐκβαλεῖν Reiske: μὴ βαλεῖν L   132 ⟨δ'⟩ Reisig, ⟨τ'⟩ Tr²
μέλλοντ' Matthiae   135 καὶ παρ' οὗ...θέλω Stiblinus: καίπερ
οὐ...θέλων L   138 ὁμαρτῆ Tr²: uide Barrett ad Hi. 1195
140 τούςδε P²: τούτους γε L   δραπέτας τούτους Reiske   ἔχων] χθονός
Kirchhoff, πόλεως Blaydes   u. del. England   144 ἀφιγμένοι
Firnhaber: -μένων L   145 τοῖςιν...τοιςίδ' Canter: τοῖςι δ'...τοῖςιν L
147 ἢ Jacobs: εἰ L   148 ἢ Jacobs: εἰς L   149 ῥίπτοντες Elmsley:
ῥιπτοῦντες L   post h.u. lac. indic. Diggle, e.g. ⟨τὰ ς' ὧδ' ἀςύνετα καὶ
φρενῶν τητώμενα⟩   151 ἧς Elmsley

τὰς τῶνδ' ἀβούλως συμφορὰς κατοικτιεῖν.
φέρ' ἀντίθες γάρ· τούσδε τ' ἐς γαῖαν παρεὶς
ἡμᾶς τ' ἐάσας ἐξάγειν, τί κερδανεῖς;
τὰ μὲν παρ' ἡμῶν τοιάδ' ἔςτι σοι λαβεῖν·   155
Ἄργους τοσήνδε χεῖρα τήν τ' Εὐρυςθέως
ἰςχὺν ἅπασαν τῇδε προςθέςθαι πόλει.
ἢν δ' ἐς λόγους τε καὶ τὰ τῶνδ' οἰκτίςματα
βλέψας πεπανθῇς, ἐς πάλην καθίςταται
δορὸς τὸ πρᾶγμα· μὴ γὰρ ὡς μεθήςομεν   160
δόξῃς ἀγῶνος τούςδ' ἄτερ χαλυβδικοῦ.
τί δῆτα φήςεις, ποῖα πεδί' ἀφαιρεθείς,
τί ῥυςιαςθείς, πόλεμον Ἀργείοις ἔχειν;
ποίοις δ' ἀμύνων συμμάχοις, τίνος δ' ὕπερ
θάψεις νεκροὺς πεςόντας; ἢ κακὸν λόγον   165
κτήςῃ πρὸς ἀςτῶν, εἰ γέροντος οὕνεκα
τύμβου, τὸ μηδὲν ὄντος, ὡς εἰπεῖν ἔπος,
παίδων ⟨τε⟩ τῶνδ' ἐς ἄντλον ἐμβήςῃ πόδα.
†ἐρεῖς τὸ λῷςτον ἐλπίδ' εὑρήςειν μόνον†·
καὶ τοῦτο πολλῶι τοῦ παρόντος ἐνδεές.   170
κακῶς γὰρ Ἀργείοιςιν οἶδ' ὡπλιςμένοις
μάχοιντ' ἂν ἡβήςαντες, εἴ ⟨τι⟩ τοῦτό ςε
ψυχὴν ἐπαίρει· χοὖν μέςωι πολὺς χρόνος
ἐν ὧι διεργαςθεῖτ' ἄν. ἀλλ' ἐμοὶ πιθοῦ·
δοὺς μηδὲν ἀλλὰ τἄμ' ἐῶν ἄγειν ἐμὲ   175
κτῆςαι Μυκήνας, μηδ' ὅπερ φιλεῖτε δρᾶν
πάθῃς ςὺ τοῦτο, τοὺς ἀμείνονας παρὸν
φίλους ἑλέςθαι τοὺς κακίονας λαβεῖν.

152 ἀβούλως Kirchhoff: ἀβούλους L   κατοικτιεῖν Elmsley: -κτίςεις L
153 τ' Reiske: γ' L   159 πεπανθῇς Lᶜ: ἐπαν- L   πάλην P²: πάλιν L
161 δόξῃς Barnes: δόξης L   ἀγῶνος τούςδ' Dobree: ἀγῶνα τόνδ' L
χαλυβδικοῦ Barnes: -βικοῦ L   163 τί ῥυςιαςθείς Kirchhoff: τιρυνθίοις
θῆς L   165 ἢ Barnes: ἦ L   168 ⟨τε⟩ Tr²   169 ἕξεις Diggle (cf.
521), lac. post h.u. indicata (iam indic. Musso), in qua definiretur ἐλπίς (sc.
spes liberos pro sociis mox habendi: cf. Andr. 27–8)   τὸ λοιπὸν Weil
171 ὡπλιςμένοις Schenkl: -μένοι L   172 ἂν ἡβ- Victorius: ἀνηβ- L
⟨τι⟩ Elmsley   178 λαβεῖν Kirchhoff: λάβῃς L

Χο.   τίς ἂν δίκην κρίνειεν ἢ γνοίη λόγον,
       πρὶν ἂν παρ' ἀμφοῖν μῦθον ἐκμάθηι cαφῶc;   180
Ιο.   ἄναξ, ὑπάρχει γὰρ τόδ' ἐν τῆι cῆι χθονί,
       εἰπεῖν ἀκοῦcαί τ' ἐν μέρει πάρεcτί μοι,
       κοὐδείc μ' ἀπώcει πρόcθεν ὥcπερ ἄλλοθεν.
       ἡμῖν δὲ καὶ τῶιδ' οὐδέν ἐcτιν ἐν μέcωι·
       ἐπεὶ γὰρ "Αργουc οὐ μέτεcθ' ἡμῖν ἔτι,   185
       ψήφωι δοκῆcαν, ἀλλὰ φεύγομεν πάτραν,
       πῶc ἂν δικαίωc ὡc Μυκηναίουc ἄγοι
       ὅδ' ὄνταc ἡμᾶc, οὓc ἀπήλαcαν χθονόc;
       ξένοι γάρ ἐcμεν. ἢ τὸν Ἑλλήνων ὅρον
       φεύγειν δικαιοῦθ' ὅcτιc ἂν τἄργοc φύγηι;   190
       οὔκουν Ἀθήναc γ'· οὐ γὰρ Ἀργείων φόβωι
       τοὺc Ἡρακλείουc παῖδαc ἐξελῶcι γῆc.
       οὐ γάρ τι Τραχίc ἐcτιν οὐδ' Ἀχαιικὸν
       πόλιcμ' ὅθεν cὺ τούcδε, τῆι δίκηι μὲν οὔ,
       τὸ δ' "Αργοc ὀγκῶν, οἷάπερ καὶ νῦν λέγειc,   195
       ἤλαυνεc ἱκέταc βωμίουc καθημένουc.
       εἰ γὰρ τόδ' ἔcται καὶ λόγουc κρινοῦcι cούc,
       οὐκ οἶδ' Ἀθήναc τάcδ' ἐλευθέραc ἔτι.
       ἀλλ' οἶδ' ἐγὼ τὸ τῶνδε λῆμα καὶ φύcιν·
       θνήιcκειν θελήcουc'· ἡ γὰρ αἰcχύνη ⟨πάροc⟩   200
       τοῦ ζῆν παρ' ἐcθλοῖc ἀνδράcιν νομίζεται.
       πόλει μὲν ἀρκεῖ· καὶ γὰρ οὖν ἐπίφθονον
       λίαν ἐπαινεῖν ἐcτι, πολλάκιc δὲ δὴ
       καὐτὸc βαρυνθεὶc οἶδ' ἄγαν αἰνούμενοc.
       cοὶ δ' ὡc ἀνάγκη τούcδε βούλομαι φράcαι   205
       cώιζειν, ἐπείπερ τῆcδε προcτατεῖc χθονόc.

179ⁿ Χο. Elmsley: δη. L   179 κρίνειεν Portus: -οιεν L et Stob. 4. 5.
2   γνοίη] δοίη Stob.   181 γὰρ Wilamowitz: μὲν L   183 ἄλλοθι
Elmsley   184 μέcωι Valckenaer: μέρει L   185 οὐ μέτεcθ' Dobree:
οὐδέν ἔcθ' L   188 ὅδ' Tyrwhitt: ὧδ' L   190 φύγηι Elmsley: φύγοι L
191 οὐ γὰρ Stephanus: οὐκ ἄρ' L   193 ἀχαιικὸν Tr²: -αικὸν L
197 κρινοῦcι Heath: κρίνουcι L   198 οὔ φημ' Kirchhoff, Herwerden
200 ⟨πάροc⟩ Reiske: om. L: ⟨βάροc⟩ Tr², deleto quod antea scripserat
λείπ(ει)   202 πόλει Kirchhoff: πόλιν L

Πιτθεὺς μέν ἐςτι Πέλοπος, ἐκ δὲ Πιτθέως
Αἴθρα, πατὴρ δ' ἐκ τῆςδε γεννᾶται ςέθεν
Θηςεύς. πάλιν δὲ τῶνδ' ἄνειμί ςοι γένος·
Ἡρακλέης ἦν Ζηνὸς Ἀλκμήνης τε παῖς,   210
κείνη δὲ Πέλοπος θυγατρός· αὐτανεψίων
πατὴρ ἂν εἴη ςός τε χὠ τούτων γεγώς.
γένους μὲν ἥκεις ὧδε τοῖςδε, Δημοφῶν·
ἃ δ' ἐκτὸς ἤδη τοῦ προςήκοντός ςε δεῖ
τεῖςαι λέγω ςοι παιςί. φημὶ γάρ ποτε   215
ςύμπλους γενέςθαι τῶνδ' ὑπαςπίζων πατρὶ
ζωςτῆρα Θηςεῖ τὸν πολυκτόνον μέτα
⟨   ⟩
⟨   ⟩
Ἅιδου τ' ἐρεμνῶν ἐξανήγαγεν μυχῶν
πατέρα ςόν· Ἑλλὰς πᾶςα τοῦτο μαρτυρεῖ.
ὧν ἀντιδοῦναί ς' οἶδ' ἀπαιτοῦςιν χάριν,   220
μήτ' ἐκδοθῆναι μήτε πρὸς βίαν θεῶν
τῶν ςῶν ἀποςπαςθέντες ἐκπεςεῖν χθονός.
ςοὶ γὰρ τόδ' αἰςχρὸν χωρὶς ἐν πόλει τ' ἴςον,
ἱκέτας ἀλήτας ςυγγενεῖς—οἴμοι κακῶν·
βλέψον πρὸς αὐτούς, βλέψον—ἕλκεςθαι βίαι.   225
ἀλλ' ἄντομαί ςε καὶ καταςτέφων χεροῖν
καὶ πρὸς γενείου, μηδαμῶς ἀτιμάςῃς
τοὺς Ἡρακλείους παῖδας ἐς χέρας λαβεῖν·
γενοῦ δὲ τοῖςδε ςυγγενής, γενοῦ φίλος
πατὴρ ἀδελφὸς δεςπότης· ἅπαντα γὰρ   230
τἄλλ' ἐςτὶ κρείςςω πλὴν ὑπ' Ἀργείοις πεςεῖν.

Χο.   *ᾤκτιρ' ἀκούςας τούςδε ςυμφορᾶς, ἄναξ.*
      τὴν δ' εὐγένειαν τῆς τύχης νικωμένην

211 αὐτανεψίων Reisig: -ψίω L   212 χὠ Kirchhoff: καὶ L
217 post h.u. lac. indic. Dobree   218 ἐρεμνῶν Barnes: ἐρυμνῶν L
221–2 del. Pierson: cf. 97–8   223 ἐν πόλει τ' ἴςον Jackson: ἔν τε πόλει
κακόν L: ἔν τε τῆι πόλει [κακόν] Erfurdt   224 κακῶν Tr²: κακῶς L
226 καταςτέφων Diggle: -ςτέφω L   227 καὶ] ναὶ Tr², μὴ Kirchhoff
228 λαβεῖν Elmsley: λαβών L   231 τἄλλ' Häberlin: ταῦτ' L

νῦν δὴ μάλιστ' ἐcεῖδον· οἶδε γὰρ πατρὸς
ἐcθλοῦ γεγῶτεc δυcτυχοῦc' ἀναξίωc.   235

Δη. τριccαί μ' ἀναγκάζουcι cυννοίαc ὁδοί,
'Ιόλαε, τοὺc coὺc μὴ παρώcαcθαι λόγουc·
τὸ μὲν μέγιcτον Ζεὺc ἐφ' οὗ cὺ βώμιοc
θακεῖc νεοccῶν τήνδ' ἔχων πανήγυριν,
τὸ cυγγενέc τε καὶ τὸ προυφείλειν καλῶc   240
πράccειν παρ' ἡμῶν τοῦcδε πατρώιαν χάριν,
τό τ' αἰcχρόν, οὗπερ δεῖ μάλιcτα φροντίcαι·
εἰ γὰρ παρήcω τόνδε cυλᾶcθαι βίαι
ξένου πρὸc ἀνδρὸc βωμόν, οὐκ ἐλευθέραν
οἰκεῖν δοκήcω γαῖαν, 'Αργείων δ' ὄκνωι   245
ἱκέταc προδοῦναι· καὶ τάδ' ἀγχόνηc πέλαc.
ἀλλ' ὤφελεc μὲν εὐτυχέcτεροc μολεῖν,
ὅμωc δὲ καὶ νῦν μὴ τρέcηιc ὅπωc cέ τιc
cὺν παιcὶ βωμοῦ τοῦδ' ἀποcπάcει βίαι.
cὺ δ' "Αργοc ἐλθὼν ταῦτά τ' Εὐρυcθεῖ φράcον   250
πρὸc τοῖcδέ τ', εἴ τι τοιcίδ' ἐγκαλεῖ ξένοιc,
δίκηc κυρήcειν· τοῦcδε δ' οὐκ ἄξειc ποτέ.

Κη. οὐκ ἦν δίκαιον ἧι τι καὶ νικῶ λόγωι;
Δη. καὶ πῶc δίκαιον τὸν ἱκέτην ἄγειν βίαι;
Κη. οὔκουν ἐμοὶ τόδ' αἰcχρὸν ἀλλ' οὐ coὶ βλάβοc;   255
Δη. ἐμοί γ', ἐάν coι τοῦcδ' ἐφέλκεcθαι μεθῶ.
Κη. cὺ δ' ἐξόριζε κᾆτ' ἐκεῖθεν ἄξομεν.
Δη. cκαιὸc πέφυκαc τοῦ θεοῦ πλείω φρονῶν.
Κη. δεῦρ', ὡc ἔοικε, τοῖc κακοῖcι φευκτέον.
Δη. ἅπαcι κοινὸν ῥῦμα δαιμόνων ἕδρα.   260
Κη. ταῦτ' οὐ δοκήcει τοῖc Μυκηναίοιc ἴcωc.

236 cυννοίαc F. W. Schmidt: cυμφορᾶc L   237 λόγουc Kirchhoff:
ξένουc L   238 βώμιοc Stephanus: βωμίουc L   245 'Αργείων Dobree:
ἀργείοιc L   ὄκνωι Musgrave: ὀκνῶ L   246 τόδ' Elmsley
247 εὐτυχέcτεροc apogr. Par.: -τερον L   249 ἀποcπάcει Elmsley: -cη L
251 τοῖcδέ τ' Musgrave: τοῖcδ' ἔτ' L   252 κυρήcειν Bothe: -cειε ⟨L?⟩P:
-cει* Lᶜ   253 οὐδ' Nauck   255 ἀλλ' οὐ Musgrave: ἀλλὰ L   coὶ
apogr. Par.: cὺ L   260 ἔρυμα Diggle

ΗΡΑΚΛΕΙΔΑΙ

Δη.	οὔκουν ἐγὼ τῶν ἐνθάδ' εἰμὶ κύριος;
Κη.	βλάπτων ⟨γ'⟩ ἐκείνους μηδέν, ἢν σὺ σωφρονῆις.
Δη.	βλάπτεσθ', ἐμοῦ γε μὴ μιαίνοντος θεούς.
Κη.	οὐ βούλομαί σε πόλεμον 'Αργείοις ἔχειν. 265
Δη.	κἀγὼ τοιοῦτος· τῶνδε δ' οὐ μεθήσομαι.
Κη.	ἄξω γε μέντοι τοὺς ἐμοὺς ἐγὼ λαβών.
Δη.	οὐκ ἄρ' ἐς "Αργος ῥαιδίως ἄπει πάλιν.
Κη.	πειρώμενος δὴ τοῦτό γ' αὐτίκ' εἴσομαι.
Δη.	κλαίων ἄρ' ἄψηι τῶνδε κοὐκ ἐς ἀμβολάς. 270
Χο.	μὴ πρὸς θεῶν κήρυκα τολμήσηις θενεῖν.
Δη.	εἰ μή γ' ὁ κῆρυξ σωφρονεῖν μαθήσεται.
Χο.	ἄπελθε· καὶ σὺ τοῦδε μὴ θίγηις, ἄναξ.
Κη.	στείχω· μιᾶς γὰρ χειρὸς ἀσθενὴς μάχη.
	ἥξω δὲ πολλὴν "Αρεος 'Αργείου λαβὼν 275
	πάγχαλκον αἰχμὴν δεῦρο. μυρίοι δέ με
	μένουσιν ἀσπιστῆρες Εὐρυσθεύς τ' ἄναξ
	αὐτὸς στρατηγῶν· 'Αλκάθου δ' ἐπ' ἐσχάτοις
	καραδοκῶν τἀνθένδε τέρμασιν μένει.
	λαμπρὸς δ' ἀκούσας σὴν ὕβριν φανήσεται 280
	σοί καὶ πολίταις γῆι τε τῆιδε καὶ φυτοῖς·
	μάτην γὰρ ἥβην ὧδέ γ' ἂν κεκτήμεθα
	πολλὴν ἐν "Αργει, μή σε τιμωρούμενοι.
Δη.	φθείρου· τὸ σὸν γὰρ "Αργος οὐ δέδοικ' ἐγώ.
	ἐνθένδε δ' οὐκ ἔμελλες αἰσχύνας ἐμὲ 285
	ἄξειν βίαι τούσδ'· οὐ γὰρ 'Αργείων πόλιν
	ὑπήκοον τήνδ' ἀλλ' ἐλευθέραν ἔχω.
Χο.	ὥρα προνοεῖν, πρὶν ὅροις πελάσαι
	στρατὸν 'Αργείων·
	μάλα δ' ὀξὺς "Αρης ὁ Μυκηναίων, 290
	ἐπὶ τοῖσι δὲ δὴ μᾶλλον ἔτ' ἢ πρίν.

262 τῶν Reiske: τῶνδ' L: τῶν γ' Dobree   263 ⟨γ'⟩ Elmsley   ἢν
Matthiae: ἂν L   279 μένει Tr²: μένειν L   282 κεκτήμεθα Brunck:
-ώμεθα L   285 ἐνθένδε δ' L⁸ pot. qu. Tr²: ἐνθένδ' L   286 πόλιν
Elmsley: πόλει L   291 τοισίδε Madvig, τοῖσδε δὲ Wecklein (noluit
Paley)

πᾶςι γὰρ οὗτος κήρυξι νόμος,
δὶς τόςα πυργοῦν τῶν γιγνομένων.
πόςα νιν λέξειν βαςιλεῦςι δοκεῖς,
ὡς δείν' ἔπαθεν καὶ παρὰ μικρὸν   295
ψυχὴν ἦλθεν διακναῖςαι;

Ιο. οὐκ ἔςτι τοῦδε παιςὶ κάλλιον γέρας
ἢ πατρὸς ἐςθλοῦ κἀγαθοῦ πεφυκέναι
[γαμεῖν τ' ἀπ' ἐςθλῶν· ὃς δὲ νικηθεὶς πόθωι
κακοῖς ἐκοινώνηςεν οὐκ ἐπαινέςω,   300
τέκνοις ὄνειδος οὔνεχ' ἡδονῆς λιπεῖν]·
τὸ δυςτυχὲς γὰρ ηὐγένει' ἀμύνεται
τῆς δυςγενείας μᾶλλον· ἡμεῖς γὰρ κακῶν
ἐς τοὔςχατον πεςόντες ηὕρομεν φίλους
καὶ ξυγγενεῖς τούςδ', οἳ τοςῆςδ' οἰκουμένης   305
Ἑλληνίδος γῆς τῶνδε προύςτηςαν μόνοι.
δότ', ὦ τέκν', αὐτοῖς χεῖρα δεξιάν, δότε,
ὑμεῖς τε παιςί, καὶ πέλας προςέλθετε.
ὦ παῖδες, ἐς μὲν πεῖραν ἤλθομεν φίλων·
ἢν δ' οὖν ποθ' ὑμῖν νόςτος ἐς πάτραν φανῆι   310
καὶ δώματ' οἰκήςητε καὶ τιμὰς πατρὸς
⟨   ⟩
ςωτῆρας αἰεὶ καὶ φίλους νομίζετε,
καὶ μήποτ' ἐς γῆν ἐχθρὸν αἴρεςθαι δόρυ
μέμνηςθέ μοι τήνδ', ἀλλὰ φιλτάτην πόλιν
παςῶν νομίζετ'. ἄξιοι δ' ὑμῖν ςέβειν   315

297–304 citat Stob. 4. 29. 46; 297–8 Stob. 4. 25. 3 et Orio flor. Eur. 9
(qui post 298 habent καὶ τοῖς τεκοῦςιν ἀξίαν τιμὴν νέμειν [fr. 949 N]: uide
ad finem fab.) et apophth. Vindob. 141 Wachsmuth   297 τοῦδε παιςὶ
L et Stob. 4. 29. 46: παιςὶ τοῦδε Stob. 4. 25. 3 cod. A et Orio et apophth.
Vindob.: παιςὶ τούτου Stob. 4. 25. 3 codd. SM   299–301 del. Niejahr
299 γάμων Musgrave   310 ὑμῖν apogr. Par.: ἡμῖν L   311 post h.u.
lac. indic. Elmsley, e.g. ⟨πάλιν λάβητε, τῆςδε κοιράνους χθονὸς⟩   314 μέ-
μνηςθέ μοι Kirchhoff: μεμνημένοι L   τήνδ' Murray: τῶνδ' L
315 ςεβίζετ' Wecklein   ἄξιοι δ' Elmsley: ἄξιον L

οἳ γῆν τοσήνδε καὶ Πελασγικὸν λεὼν
ἡμῶν ἀπηλλάξαντο πολεμίους ἔχειν,
πτωχοὺς ἀλήτας εἰσορῶντες ἀλλ' ὅμως
[οὐκ ἐξέδωκαν οὐδ' ἀπήλασαν χθονός].
ἐγὼ δὲ καὶ ζῶν καὶ θανών, ὅταν θάνω,   320
πολλῶι σ' ἐπαίνωι Θησέως, ὦ τᾶν, πέλας
ὑψηλὸν ἀρῶ καὶ λέγων τάδ' εὐφρανῶ,
ὡς εὖ τ' ἐδέξω καὶ τέκνοισιν ἤρκεσας
τοῖς Ἡρακλείοις, εὐγενὴς δ' ἂν' Ἑλλάδα
σώιζεις πατρώιαν δόξαν, ἐξ ἐσθλῶν δὲ φὺς   325
οὐδὲν κακίων τυγχάνεις γεγὼς πατρός,
παύρων μετ' ἄλλων· ἕνα γὰρ ἐν πολλοῖς ἴσως
εὕροις ἂν ὅστις ἐστὶ μὴ χείρων πατρός.
Χο.   ἀεί ποθ' ἥδε γαῖα τοῖς ἀμηχάνοις
σὺν τῶι δικαίωι βούλεται προσωφελεῖν.   330
τοιγὰρ πόνους δὴ μυρίους ὑπὲρ φίλων
ἤνεγκε καὶ νῦν τόνδ' ἀγῶν' ὁρῶ πέλας.
Δη.   σοί τ' εὖ λέλεκται καὶ τὰ τῶνδ' αὐχῶ, γέρον,
τοιαῦτ' ἔσεσθαι· μνημονεύσεται χάρις.
κἀγὼ μὲν ἀστῶν σύλλογον ποιήσομαι,   335
τάξω δ' ὅπως ἂν τὸν Μυκηναίων στρατὸν
πολλῆι δέχωμαι χειρί· πρῶτα μὲν σκοποὺς
πέμψω πρὸς αὐτόν, μὴ λάθηι με προσπεσών·
ταχὺς γὰρ Ἄργει πᾶς ἀνὴρ βοηδρόμος·
μάντεις τ' ἀθροίσας θύσομαι. σὺ δ' ἐς δόμους   340
σὺν παισὶ χώρει, Ζηνὸς ἐσχάραν λιπών.
εἰσὶν γὰρ οἵ σου, κἂν ἐγὼ θυραῖος ὦ,
μέριμναν ἕξουσ'. ἀλλ' ἴθ' ἐς δόμους, γέρον.
Ιο.   οὐκ ἂν λίποιμι βωμόν, εὐξόμεσθα δὲ
ἱκέται μένοντες ἐνθάδ' εὖ πρᾶξαι πόλιν.   345

319 suspectum habuit Wecklein, del. Diggle   320 θάνω Brodaeus:
θάνηις L   322 ἀρῶ Elmsley: αἴρω L   324 εὐκλεὴς Wecklein cl. Ion
1575, Or. 250   336 θ' Elmsley   340 δ' Lenting   344 εὐξόμεσθα
Cobet: ἐξόμεσθα L: ἐξώμεσθα Elmsley: uide ICS 6.1 (1981) 87   δὲ
Kirchhoff: δὴ L

ὅταν δ' ἀγῶνος τοῦδ' ἀπαλλαχθῆις καλῶς,
ἵμεν πρὸς οἴκους. θεοῖσι δ' οὐ κακίοσιν
χρώμεσθα συμμάχοισιν Ἀργείων, ἄναξ·
τῶν μὲν γὰρ Ἥρα προστατεῖ, Διὸς δάμαρ,
ἡμῶν δ' Ἀθάνα. φημὶ δ' εἰς εὐπραξίαν   350
καὶ τοῦθ' ὑπάρχειν, θεῶν ἀμεινόνων τυχεῖν·
νικωμένη γὰρ Παλλὰς οὐκ ἀνέξεται.

Χο.   εἰ σὺ μέγ' αὐχεῖς, ἕτεροι   [στρ.
σοῦ πλέον οὐ μέλονται,
ξεῖν' ⟨ἀπ'⟩ Ἀργόθεν ἐλθών,   355
μεγαληγορίαισι δ' ἐμὰς φρένας οὐ φοβήσεις.
μήπω ταῖς μεγάλαισιν οὕ-
τω καὶ καλλιχόροις Ἀθά-
ναις εἴη. σὺ δ' ἄφρων ὅ τ' Ἄρ-   360
γει Σθενέλου τύραννος·

ὃς πόλιν ἐλθὼν ἑτέραν   [ἀντ.
οὐδὲν ἐλάσσον' Ἄργους
θεῶν ἱκτῆρας ἀλάτας
καὶ ἐμᾶς χθονὸς ἀντομένους ξένος ὢν βιαίως   365
ἕλκεις, οὐ βασιλεῦσιν εἴ-
ξας, οὐκ ἄλλο δίκαιον εἰ-
πών· ποῦ ταῦτα καλῶς ἂν εἴ-
η παρά γ' εὖ φρονοῦσιν;   370

εἰρήνα μὲν ἔμοιγ' ἀρέ-   [ἐπωιδ.
σκει· σοὶ δ', ὦ κακόφρων ἄναξ,
λέγω, εἰ πόλιν ἥξεις,
οὐχ οὕτως ἃ δοκεῖς κυρή-
σεις· οὐ σοὶ μόνωι ἔγχος οὐδ'   375

346 ἀπαλλαχθῆς Tr²: -χθῆ L   350 Ἀθάνα praemonente Porson
Elmsley: ἀθηνᾶ L   355 ⟨ἀπ'⟩ Erfurdt, qui etiam ⟨ὦ⟩ ξεῖν' coni.
359 ἀθάναις Tr²: ἀθήν- L   365 ἀντομένους Nauck: ἀντεχομένους L
372 σοὶ Canter: σὺ L: cf. Hec. 1232   κακόφρον Tr¹ uel Tr²

ΗΡΑΚΛΕΙΔΑΙ

ἰτέα κατάχαλκός ἐστιν.
ἀλλ', ὦ πολέμων ἐρα-
στά, μή μοι δορὶ cυνταρά-
ξῃc τὰν εὖ χαρίτων ἔχου-
cαν πόλιν, ἀλλ' ἀνάcχου.   380

Ιο. ὦ παῖ, τί μοι cύννοιαν ὄμμαcιν φέρων
ἥκειc; νέον τι πολεμίων λέξειc πέρι;
μέλλουcιν ἢ πάρειcιν ἢ τί πυνθάνῃ;
οὐ γάρ τι μὴ ψεύcῃc γε κήρυκοc λόγουc·
ὁ γὰρ cτρατηγὸc εὐτυχὴc τὰ πρόcθεν ὢν   385
εἶcιν, cάφ' οἶδα, καὶ μάλ' οὐ cμικρὸν φρονῶν
ἐc τὰc 'Αθήναc. ἀλλά τοι φρονημάτων
ὁ Ζεὺc κολαcτὴc τῶν ἄγαν ὑπερφρόνων.
Δη. ἥκει cτράτευμ' 'Αργεῖον Εὐρυcθεύc τ' ἄναξ·
ἐγώ νιν αὐτὸc εἶδον. ἄνδρα γὰρ χρεών,   390
ὅcτιc cτρατηγεῖν φηc' ἐπίcταcθαι καλῶc,
οὐκ ἀγγέλοιcι τοὺc ἐναντίουc ὁρᾶν.
πεδία μὲν οὖν γῆc ἐc τάδ' οὐκ ἐφῆκέ πω
cτρατόν, λεπαίαν δ' ὀφρύην καθήμενοc
cκοπεῖ (δόκηcιν δὴ τόδ' ἂν λέγοιμί cοι)   395
ποίαι προcάξει cτρατόπεδον †τὰ νῦν δορὸc†
ἐν ἀcφαλεῖ τε τῆcδ' ἱδρύcεται χθονόc.
καὶ τἀμὰ μέντοι πάντ' ἄραρ' ἤδη καλῶc·
πόλιc τ' ἐν ὅπλοιc cφάγιά θ' ἠτοιμαcμένα

376 ἐcτιν del. Blomfield   377 ὦ Canter: οὐ L   ἐραcτά Musgrave:
-cτάc L   378 cυνταράξῃc Barnes: -ξιc L   379 εὖ χαρίτων Elmsley:
εὐχαρίcτωc L   382 λέξειc Kirchhoff: λέγειc L   384 ψεύcῃc Murray:
ψεύcῃ (uel -cου) L: ψεύcῃι cε...λόγοc (λόγοc iam Stephanus) Elmsley
385 πρόcθεν ὢν Tyrwhitt: πρὸc θεῶν L: cf. 863   386 εἶcιν Elmsley:
ἔcτιν Lᶜ, -τι L   387 τοι Wecklein: τῶν L: uide Denniston, GP 549, et
A. Pe. 827   388 ὑπερκόπων Schroeder (~ Stob. 3. 22. 18): cf. A. Pe.
827–8 Ζεύc τοι κολαcτὴc τῶν ὑπερκόμπων (-κόπων Blomfield) ἄγαν / φρονη-
μάτων ἔπεcτιν   393 τάδ' Stephanus: τόδ' L   394 λεπαίαν Stiblinus:
λεπάραν L   396 τοὐνθένδ' ὅροιc dubitanter Diggle (ὅροιc iam Reiske)

173

ἕστηκεν οἷς χρὴ ταῦτα τέμνεσθαι θεῶν,　400
θυηπολεῖται δ' ἄστυ μάντεων ὕπο.　401
χρησμῶν δ' ἀοιδοὺς πάντας εἰς ἓν ἁλίσας　403
ἤλεγξα καὶ βέβηλα καὶ κεκρυμμένα
[λόγια παλαιὰ τῆιδε γῆι σωτήρια]·　405
καὶ τῶν μὲν ἄλλων διάφορ' ἐστὶ θεσφάτοις
πόλλ'· ἓν δὲ πᾶσι γνῶμα ταὐτὸν ἐμπρέπει·
σφάξαι κελεύουσίν με παρθένον κόρηι
Δήμητρος, ἥτις ἐστὶ πατρὸς εὐγενοῦς,　409
τροπαῖά τ' ἐχθρῶν καὶ πόλει σωτηρίαν.　402
ἐγὼ δ' ἔχω μέν, ὡς ὁρᾶις, προθυμίαν　410
τοσήνδ' ἐς ὑμᾶς· παῖδα δ' οὔτ' ἐμὴν κτενῶ
οὔτ' ἄλλον ἀστῶν τῶν ἐμῶν ἀναγκάσω
ἄκονθ'· ἑκὼν δὲ τίς κακῶς οὕτω φρονεῖ,
ὅστις τὰ φίλτατ' ἐκ χερῶν δώσει τέκνα;
καὶ νῦν πυκνὰς ἂν συστάσεις ἂν εἰσίδοις,　415
τῶν μὲν λεγόντων ὡς δίκαιος ἦ ξένοις
ἱκέταις ἀρήγειν, τῶν δὲ μωρίαν ἐμοῦ
κατηγορούντων· εἰ δὲ δὴ δράσω τόδε,
οἰκεῖος ἤδη πόλεμος ἐξαρτύεται.
ταῦτ' οὖν ὅρα σὺ καὶ συνεξεύρισχ' ὅπως　420
αὐτοί τε σωθήσεσθε καὶ πέδον τόδε,
κἀγὼ πολίταις μὴ διαβληθήσομαι.
οὐ γὰρ τυραννίδ' ὥστε βαρβάρων ἔχω·
ἀλλ', ἢν δίκαια δρῶ, δίκαια πείσομαι.

Χο.　ἀλλ' ἢ πρόθυμον οὖσαν οὐκ ἐᾶι θεὸς　425
ξένοις ἀρήγειν τήνδε χρήιζουσιν πόλιν;

---

402 uide post 409　405 del. Wilamowitz　κεχρησμένα Wecklein
406 θεσφάτοις Kirchhoff: θεσφάτων L　407 πᾶσι Σ Triclin. S. Ant.
174, Tr. 593: πάντων L　408 κόρηι Barnes: κόρην L　402 post 409
praemonente Murray trai. Diggle (similis fit orationi clausula 491); ceterum
post 400 trai. Tyrwhitt, del. Dindorf　σωτηρίαν Diggle: σωτήρια L: cf.
72　411 κτενῶ praemonente Porson Elmsley: κτανῶ L　415 πυκνὰς
Dobree: πικρὰς L: uide Dawe, Coll. and Invest. of mss of Aesch. 70
416 δίκαιος Dobree: -ον L, quo seruato ἢν Schaefer　417 ἐμοῦ
Elmsley: ἐμὴν L　426 χρήιζουσιν Herwerden: -ουσαν L

ΗΡΑΚΛΕΙΔΑΙ

Ιο. ὦ τέκν', ἔοιγμεν ναυτίλοισιν οἵτινες
χειμῶνος ἐκφυγόντες ἄγριον μένος
ἐς χεῖρα γῆι συνῆψαν, εἶτα χερσόθεν
πνοαῖσιν ἠλάθησαν ἐς πόντον πάλιν.　　　　430
οὕτω δὲ χἠμεῖς τῆσδ' ἀπωθούμεσθα γῆς
ἤδη πρὸς ἀκταῖς ὄντες ὡς σεσωμένοι.
οἴμοι· τί δῆτ' ἔτερψας ὦ τάλαινά με
ἐλπὶς τότ', οὐ μέλλουσα διατελεῖν χάριν;
συγγνωστὰ γάρ τοι καὶ τὰ τοῦδ', εἰ μὴ θέλει　　　　435
κτείνειν πολιτῶν παῖδας, αἰνέσαι δ' ἔχω
καὶ τἀνθάδ'· εἰ θεοῖσι δὴ δοκεῖ τάδε
πράσσειν ἔμ', οὔτοι σοί γ' ἀπόλλυται χάρις.
ὦ παῖδες, ὑμῖν δ' οὐκ ἔχω τί χρήσομαι.
ποῖ τρεψόμεσθα; τίς γὰρ ἄστεπτος θεῶν;　　　　440
ποῖον δὲ γαίας ἔρκος οὐκ ἀφίγμεθα;
ὀλούμεθ', ὦ τέκν', ἐκδοθησόμεσθα δή.
κἀμοῦ μὲν οὐδὲν εἴ με χρὴ θανεῖν μέλει,
πλὴν εἴ τι τέρψω τοὺς ἐμοὺς ἐχθροὺς θανών·
ὑμᾶς δὲ κλαίω καὶ κατοικτίρω, τέκνα,　　　　445
καὶ τὴν γεραιὰν μητέρ' Ἀλκμήνην πατρός.
ὦ δυστάλαινα τοῦ μακροῦ βίου σέθεν,
τλήμων δὲ κἀγὼ πολλὰ μοχθήσας μάτην.
χρῆν χρῆν ἄρ' ἡμᾶς ἀνδρὸς εἰς ἐχθροῦ χέρας
πεσόντας αἰσχρῶς καὶ κακῶς λιπεῖν βίον.　　　　450
ἀλλ' οἶσθ' ὅ μοι σύμπραξον· οὐχ ἅπασα γὰρ
πέφευγεν ἐλπὶς τῶνδέ μοι σωτηρίας.
ἔμ' ἔκδος Ἀργείοισιν ἀντὶ τῶνδ', ἄναξ,
καὶ μήτε κινδύνευε σωθήτω τέ μοι
τέκν'· οὐ φιλεῖν δεῖ τὴν ἐμὴν ψυχήν· ἴτω.　　　　455
μάλιστα δ' Εὐρυσθεύς με βούλοιτ' ἂν λαβὼν

427 ναυτίλοισιν apogr. Par., Aldina: -ίλλ- L　　　430 πνοαῖσιν ed.
Heruag.²: πνοιαῖσιν L　　　435 θέλει Elmsley: θέλοι L　　　436 αἰνέσαι
Valckenaer: -σας L　　　437 ⟨δὲ⟩ θεοῖσι Hermann　　　438 σή Elmsley, sed
cf. Rh. 338　　　443 κἀμοὶ Stephanus　　　451 ἅπασα Stephanus: ἅπασι L
454 κινδύνευε Tr¹: -εύω Lᵘᵛ　　　456 δ' ἐμὲ βούλοιτ' ἂν Εὐ- Bothe

τὸν Ἡράκλειον σύμμαχον καθυβρίσαι·
σκαιὸς γὰρ ἀνήρ. τοῖς σοφοῖς δ' εὐκτὸν σοφῶι
ἔχθραν συνάπτειν, μὴ ἀμαθεῖ φρονήματι·
πολλῆς γὰρ αἰδοῦς καὶ δίκης τις ἂν τύχοι.   460

Χο.   ὦ πρέσβυ, μή νυν τήνδ' ἐπαιτιῶ πόλιν·
       τάχ' ἂν γὰρ ἡμῖν ψευδὲς ἀλλ' ὅμως κακὸν
       γένοιτ' ὄνειδος ὡς ξένους προυδώκαμεν.

Δη.   γενναῖα μὲν τάδ' εἶπας ἀλλ' ἀμήχανα.
       οὐ σοῦ χατίζων δεῦρ' ἄναξ στρατηλατεῖ·   465
       τί γὰρ γέροντος ἀνδρὸς Εὐρυσθεῖ πλέον
       θανόντος; ἀλλὰ τούσδε βούλεται κτανεῖν.
       δεινὸν γὰρ ἐχθροῖς βλαστάνοντες εὐγενεῖς,
       νεανίαι τε καὶ πατρὸς μεμνημένοι
       λύμης· ἃ κεῖνον πάντα προσκοπεῖν χρεών.   470
       ἀλλ' εἴ τιν' ἄλλην οἶσθα καιριωτέραν
       βουλὴν ἑτοίμαζ', ὡς ἔγωγ' ἀμήχανος
       χρησμῶν ἀκούσας εἰμὶ καὶ φόβου πλέως.

ΠΑΡΘΕΝΟΣ

       ξένοι, θράσος μοι μηδὲν ἐξόδοις ἐμαῖς
       προσθῆτε· πρῶτον γὰρ τόδ' ἐξαιτήσομαι·   475
       γυναικὶ γὰρ σιγή τε καὶ τὸ σωφρονεῖν
       κάλλιστον εἴσω θ' ἥσυχον μένειν δόμων.
       τῶν σῶν δ' ἀκούσας, Ἰόλεως, στεναγμάτων
       ἐξῆλθον, οὐ ταχθεῖσα πρεσβεύειν γένους,
       ἀλλ', εἰμὶ γάρ πως πρόσφορος, μέλει δέ μοι   480
       μάλιστ' ἀδελφῶν τῶνδε κἀμαυτῆς πέρι,
       θέλω πυθέσθαι μὴ 'πὶ τοῖς πάλαι κακοῖς
       προσκείμενόν τι πῆμα σὴν δάκνει φρένα.

Ιο.   ὦ παῖ, μάλιστα σ' οὐ νεωστὶ δὴ τέκνων
       τῶν Ἡρακλείων ἐνδίκως αἰνεῖν ἔχω.   485

458 ἀνήρ Elmsley: ἀ- L   460 τύχοι Tyrwhitt: τύχῃ L   461 τῶνδ'
Valckenaer   462 ψευδὲς Nauck: ψεῦδος L   470 λύμης Elmsley:
λύμας L   474ⁿ Παρθένος praemonente Elmsley Diggle: μακαρία L hic
et ubique   477 θ' Elmsley: δ' L   481 post πέρι dist. Pearson cl.
532, post ἀδελφῶν uulgo

ἡμῖν δὲ δόξας εὖ προχωρῆσαι δρόμος
πάλιν μεθέστηκ' αὖθις ἐς τἀμήχανον·
χρησμῶν γὰρ ᾠδοὺς φησι σημαίνειν ὅδε
οὐ ταῦρον οὐδὲ μόσχον ἀλλὰ παρθένον
σφάξαι κόρηι Δήμητρος ἥτις εὐγενής,   490
εἰ χρὴ μὲν ἡμᾶς, χρὴ δὲ τήνδ' εἶναι πόλιν.
ταῦτ' οὖν ἀμηχανοῦμεν· οὔτε γὰρ τέκνα
σφάξειν ὅδ' αὑτοῦ φησιν οὔτ' ἄλλου τινός.
κἀμοὶ λέγει μὲν οὐ σαφῶς, λέγει δέ πως,
εἰ μή τι τούτων ἐξαμηχανήσομεν,   495
ἡμᾶς μὲν ἄλλην γαῖαν εὑρίσκειν τινά,
αὐτὸς δὲ σῶσαι τήνδε βούλεσθαι χθόνα.

Πα. ἐν τῶιδε κἀχόμεσθα σωθῆναι λόγωι;
Ιο. ἐν τῶιδε, τἄλλα γ' εὐτυχῶς πεπραγότες.
Πα. μή νυν τρέσηις ἔτ' ἐχθρὸν Ἀργείων δόρυ·   500
ἐγὼ γὰρ αὐτὴ πρὶν κελευσθῆναι, γέρον,
θνήισκειν ἑτοίμη καὶ παρίστασθαι σφαγῆι.
τί φήσομεν γάρ, εἰ πόλις μὲν ἀξιοῖ
κίνδυνον ἡμῶν οὕνεκ' αἴρεσθαι μέγαν,
αὐτοὶ δὲ προστιθέντες ἄλλοισιν πόνους,   505
παρόν σφε σῶσαι, φευξόμεσθα μὴ θανεῖν;
οὐ δῆτ', ἐπεί τοι καὶ γέλωτος ἄξια,
στένειν μὲν ἱκέτας δαιμόνων καθημένους,
πατρὸς δ' ἐκείνου φύντας οὗ πεφύκαμεν
κακοὺς ὁρᾶσθαι· ποῦ τάδ' ἐν χρηστοῖς πρέπει;   510
κάλλιον, οἶμαι, τῆσδ'—ὃ μὴ τύχοι ποτέ—
πόλεως ἁλούσης χεῖρας εἰς ἐχθρῶν πεσεῖν
κἄπειτ' ἄτιμα πατρὸς οὖσαν εὐγενοῦς

486 δρόμος Jacobs: δόμος L   490 κόρηι Δήμητρος Pierson: κελεύειν
μητρὸς L   491 χρὴ...χρὴ Hermann: χρῆν...χρῆν L   493 σφάξειν
Elmsley: σφάζειν L   494 δὲ post κἀμοὶ add. (ut uid.) Tr² pot. qu. L
497 βούλεσθαι Reiske: βούλεται L   498 κἀχόμεσθα Elmsley: κεὐχ- L
500 Ἀργείων Elmsley: ἀργεῖον L   502 ἔτοιμος Dobree
504 αἴρεσθαι Elmsley: αἱρεῖσθαι L   506 σφε σῶσαι Nauck: σεσῶσθαι L
511 ὃ Lenting: ἃ L: uide Studies 104   513 κἄπειτ' ἄτιμα Kirchhoff:
κἄπειτα τινὰ L: δὲ (ut uid.) super τι- scr. L° (h.e. δὲ τινὰ, non quod scr. Pᶜ
δεινὰ)

παθοῦσαν Ἅιδην μηδὲν ἧςςον εἰςιδεῖν.
ἀλλ' ἐκπεςοῦςα τῆςδ' ἀλητεύςω χθονός;   515
κοὐκ αἰςχυνοῦμαι δῆτ', ἐὰν δή τις λέγηι
Τί δεῦρ' ἀφίκεςθ' ἱκεςίοιςι ςὺν κλάδοις
αὐτοὶ φιλοψυχοῦντες; ἔξιτε χθονός·
κακοῖς γὰρ ἡμεῖς οὐ προςωφελήςομεν.
ἀλλ' οὐδὲ μέντοι, τῶνδε μὲν τεθνηκότων,   520
αὐτὴ δὲ ςωθεῖς', ἐλπίδ' εὖ πράξειν ἔχω·
πολλοὶ γὰρ ἤδη τῆιδε προύδοςαν φίλους.
τίς γὰρ κόρην ἔρημον ἢ δάμαρτ' ἔχειν
ἢ παιδοποιεῖν ἐξ ἐμοῦ βουλήςεται;
οὔκουν θανεῖν ἄμεινον ἢ τούτων τυχεῖν   525
ἀναξίαν; ἄλληι δὲ κἂν πρέποι τινὶ
μᾶλλον τάδ', ἥτις μὴ 'πίςημος ὡς ἐγώ.
ἡγεῖςθ' ὅπου δεῖ ςῶμα κατθανεῖν τόδε
καὶ ςτεμματοῦτε καὶ †κατάρχεςθ' εἰ δοκεῖ†·
νικᾶτε δ' ἐχθρούς· ἥδε γὰρ ψυχὴ πάρα   530
ἑκοῦςα κοὐκ ἄκουςα, κἀξαγγέλλομαι
θνήιςκειν ἀδελφῶν τῶνδε κἀμαυτῆς ὕπερ.
εὕρημα γάρ τοι μὴ φιλοψυχοῦς' ἐγὼ
κάλλιςτον ηὕρηκ', εὐκλεῶς λιπεῖν βίον.

Χο.   φεῦ φεῦ, τί λέξω παρθένου μέγαν λόγον   535
κλύων, ἀδελφῶν ἢ πάρος θέλει θανεῖν;
τούτων τίς ἂν λέξειε γενναίους λόγους
μᾶλλον, τίς ἂν δράςειεν ἀνθρώπων ἔτι;

Ιο.   ὦ τέκνον, οὐκ ἔςτ' ἄλλοθεν τὸ ςὸν κάρα
ἀλλ' ἐξ ἐκείνου· ςπέρμα τῆς θείας φρενὸς   540
πέφυκας Ἡράκλειον· οὐδ' αἰςχύνομαι
τοῖς ςοῖς λόγοιςι, τῆι τύχηι δ' ἀλγύνομαι.
ἀλλ' ἧι γένοιτ' ἂν ἐνδικωτέρως φράςω·
πάςας ἀδελφὰς τῆςδε δεῦρο χρὴ καλεῖν,

---

515 ἀλητεύςω Stephanus: -εύω L   519 κακοῖς Blaydes: κακοὺς L
526 κἂν Elmsley: καὶ L   πρέποι Scaliger: πρέπει L   528 ὅποι
Dobree   529 κατάρχετ' dubitanter Elmsley   u. del. Herwerden
540 post ἐκείνου dist. Pearson   541 Ἡράκλειον Hartung
(-ειος iam Elmsley): -ῃος L

  κᾱιθ' ἡ λαχοῦσα θνηισκέτω γένους ὑπερ·   545
  cὲ δ' οὐ δίκαιον κατθανεῖν ἄνευ πάλου.

Πα. οὐκ ἂν θάνοιμι τῆι τύχηι λαχοῦc' ἐγώ·
  χάρις γὰρ οὐ πρόcεcτι· μὴ λέξηις, γέρον.
  ἀλλ', εἰ μὲν ἐνδέχεcθε καὶ βούλεcθέ μοι
  χρῆcθαι προθύμωι, τὴν ἐμὴν ψυχὴν ἐγὼ   550
  δίδωμ' ἑκοῦcα τοῖcδ', ἀναγκαcθεῖcα δ' οὔ.

Ιο. φεῦ·
  ὅδ' αὖ λόγος cοι τοῦ πρὶν εὐγενέcτερος,
  κἀκεῖνος ἦν ἄριστος· ἀλλ' ὑπερφέρεις
  τόλμηι τε τόλμαν καὶ λόγωι χρηcτῶι λόγον.   555
  οὐ μὴν κελεύω γ' οὐδ' ἀπεννέπω, τέκνον,
  θνήιcκειν c'· ἀδελφοὺς ⟨δ'⟩ ὠφελεῖc θανοῦcα cούc.

Πα. cοφῶc †κελεύεις†· μὴ τρέcηις μιάcματος
  τοὐμοῦ μεταcχεῖν, ἀλλ' ἐλευθέρωc θάνω,   559
  ἐπεὶ cφαγῆc γε πρὸς τὸ δεινὸν εἶμ' ἐγώ,   562
  εἴπερ πέφυκα πατρὸς οὗπερ εὔχομαι.   563
  ἕπου δέ, πρέcβυ· cῆι γὰρ ἐνθανεῖν χερὶ   560
  θέλω, πέπλοις δὲ cῶμ' ἐμὸν κρύψον παρών.   561

Ιο. οὐκ ἂν δυναίμην cῶι παρεcτάναι μόρωι.   564

Πα. cὺ δ' ἀλλὰ τοῦδε χρῆιζε, μή μ' ἐν ἀρcένων 565
  ἀλλ' ἐν γυναικῶν χερcὶν ἐκπνεῦcαι βίον.

Δη. ἔcται τάδ', ὦ τάλαινα παρθένων, ἐπεὶ
  κἀμοὶ τόδ' αἰcχρόν, μή cε κοcμεῖcθαι καλῶc,
  πολλῶν ἕκατι, τῆς τε cῆς εὐψυχίας
  καὶ τοῦ δικαίου. τλημονεcτάτην δέ cε   570
  παcῶν γυναικῶν εἶδον ὀφθαλμοῖc ἐγώ.
  ἀλλ', εἴ τι βούληι, τούcδε τὸν γέροντά τε
  χώρει προcειποῦc' ὑcτάτοιc προcφθέγμαcιν.

---

549 βούλεcθέ Tr² : -οιcθέ L   550 προθύμωι Barnes : -μωc L
557 c' Reiske : γ' L   ⟨δ'⟩ Barnes   558[n] Πα.] μα. Tr¹ : om. L
558 ἔλεξαc Nauck, παραινεῖc Rauchenstein   562–3 post 559 trai.
Schenkl   564[n] ἰο. Tr¹ : om. L   564 cῶ Tr² : cὴν ⟨L⟩P   567[n] Δη.
Heath : ἰο. L   568 κοcμῆcαι Tr²   573 ὑcτάτοιc προcφθέγμαcιν
Blomfield : ὑcτατον πρόcφθεγμά μοι L

Πα. ὦ χαῖρε, πρέσβυ, χαῖρε καὶ δίδασκέ μοι
    τοιούςδε τούςδε παῖδας, ἐς τὸ πᾶν ςοφούς,   575
    ὥςπερ ςύ, μηδὲν μᾶλλον· ἀρκέςουςι γάρ.
    πειρῶ δὲ ςῶςαι μὴ θανεῖν, πρόθυμος ὤν·
    ςοὶ παῖδές ἐςμεν, ςαῖν χεροῖν τεθράμμεθα·
    ὁρᾶις δὲ κἀμὲ τὴν ἐμὴν ὥραν γάμου
    διδοῦςαν, ἀντὶ τῶνδε κατθανουμένην.   580
    ὑμεῖς τ', ἀδελφῶν ἡ παροῦς' ὁμιλία,
    εὐδαιμονοῖτε καὶ γένοιθ' ὑμῖν ὅςων
    ἡμὴ πάροιθε καρδία ςφαλήςεται.
    καὶ τὸν γέροντα τήν τ' ἔςω γραῖαν δόμων
    τιμᾶτε πατρὸς μητέρ' Ἀλκμήνην ἐμοῦ   585
    ξένους τε τούςδε. κἂν ἀπαλλαγὴ πόνων
    καὶ νόςτος ὑμῖν εὑρεθῆι ποτ' ἐκ θεῶν,
    μέμνηςθε τὴν ςώτειραν ὡς θάψαι χρεών·
    κάλλιςτά τοι δίκαιον· οὐ γὰρ ἐνδεὴς
    ὑμῖν παρέςτην ἀλλὰ προύθανον γένους.   590
    τάδ' ἀντὶ παίδων ἐςτί μοι κειμήλια
    καὶ παρθενείας, εἴ τι δὴ κατὰ χθονός.
    εἴη γε μέντοι μηδέν· εἰ γὰρ ἕξομεν
    κἀκεῖ μερίμνας οἱ θανούμενοι βροτῶν,
    οὐκ οἶδ' ὅποι τις τρέψεται· τὸ γὰρ θανεῖν   595
    κακῶν μέγιςτον φάρμακον νομίζεται.
Ιο. ἀλλ', ὦ μέγιςτον ἐκπρέπους' εὐψυχίαι
    παςῶν γυναικῶν, ἴςθι, τιμιωτάτη
    καὶ ζῶς' ὑφ' ἡμῶν καὶ θανοῦς' ἔςηι πολύ.
    καὶ χαῖρε· δυςφημεῖν γὰρ ἄζομαι θεὰν   600
    ἧι ςὸν κατῆρκται ςῶμα, Δήμητρος κόρην.
    ὦ παῖδες, οἰχόμεςθα· λύεται μέλη
    λύπηι· λάβεςθε κἀς ἕδραν μ' ἐρείςατε

576 ἀρκέςουςι Stephanus: ἀρέςκουςι L   583 ςφαλήςεται Badham:
ςφαγήςεται L   585 τιμᾶτε apogr. Flor., Scaliger: τιμῶτε L
592 κάτω Stob. 4. 52. 25   595 οἶδα πῆ Stob.   597 εὐψυχίαι Scaliger
(-ία P²): -ίας L   600 θεὰν Tr¹: θεὸν L   602 λύεται Milton: δύεται L

αὐτοῦ πέπλοισι τοῖςδε κρύψαντες, τέκνα.
ὡς οὔτε τούτοις ἥδομαι πεπραγμένοις 605
χρηςμοῦ τε μὴ κρανθέντος οὐ βιώςιμον·
μείζων γὰρ ἄτη· ςυμφορὰ δὲ καὶ τάδε.

Χο. οὔτινά φημι θεῶν ἄτερ ὄλβιον, οὐ βαρύποτμον, [ςτρ.
ἄνδρα γενέςθαι·
οὐδὲ τὸν αὐτὸν ἀεὶ 'μβεβάναι δόμον 610
εὐτυχίαι· παρὰ δ' ἄλλαν ἄλλα
μοῖρα διώκει.
τὸν μὲν ἀφ' ὑψηλῶν βραχὺν ὤικιςε,
τὸν δ' †ἀλήταν† εὐδαίμονα τεύχει.
μόρςιμα δ' οὔτι φυγεῖν θέμις, οὐ ςοφί- 615
αι τις ἀπώςεται, ἀλλὰ μάταν ὁ πρό-
θυμος ἀεὶ πόνον ἕξει.

ἀλλὰ ςὺ μὴ προπεςὼν τὰ θεῶν φέρε μηδ'
ὑπεράλγει [ἀντ.
φροντίδα λύπαι· 620
εὐδόκιμον γὰρ ἔχει θανάτου μέρος
ἁ μελέα πρό τ' ἀδελφῶν καὶ γᾶς,
οὐδ' ἀκλεής νιν
δόξα πρὸς ἀνθρώπων ὑποδέξεται·
ἁ δ' ἀρετὰ βαίνει διὰ μόχθων. 625
ἄξια μὲν πατρός, ἄξια δ' εὐγενί-
ας τάδε γίγνεται· εἰ δὲ ςέβεις θανά-
τους ἀγαθῶν, μετέχω ςοι.

604 τέκνα] κάρα Diggle: cf. Su. 111, 286, Herc. 1198, IT 1207, Ion 967,
S. Ai. 246   610 'μβεβάναι Pearson: βεβάναι L: ad aphaeresin uide CQ
n.s. 22 (1972) 244 n. 3   611 ἄλλαν Seidler: ἄλλον L   614 ἀλίταν uel
-έταν Tr²; ἀτίταν Lobeck, (δὲ) πένητ' Elmsley   615 οὔτε Stob. 1. 5. 6
619 προπεςὼν Kirchhoff: πρὸς πεςὼν L: πιτνῶν Tr²ˢ, unde προπίτνων
Elmsley   φέρε Elmsley: ὕπερ L   622 πρό τ' ἀδ- Barnes: πρός τ' ἀδ-
⟨L?⟩P: πρὸς ἀδ- Tr²   626 εὐγενίας Tr²: -είας L

ΕΥΡΙΠΙΔΟΥ

ΘΕΡΑΠΩΝ

  ὦ τέκνα, χαίρετ'· Ἰόλεως δὲ ποῦ γέρων   630
  μήτηρ τε πατρὸς τῆςδ' ἕδρας ἀποστατεῖ;
Ιο. πάρεςμεν, οἷα δή γ' ἐμοῦ παρουςία.
Θε. τί χρῆμα κεῖςαι καὶ κατηφὲς ὄμμ' ἔχεις;
Ιο. φροντίς τις ἦλθ' οἰκεῖος, ἧι συνειχόμην.
Θε. ἔπαιρέ νυν σεαυτόν, ὄρθωσον κάρα.   635
Ιο. γέροντές ἐσμεν κοὐδαμῶς ἐρρώμεθα.
Θε. ἥκω γε μέντοι χάρμα σοι φέρων μέγα.
Ιο. τίς δ' εἶ σύ; ποῦ σοι συντυχὼν ἀμνημονῶ;
Θε. Ὕλλου πενέστης· οὔ με γιγνώσκεις ὁρῶν;
Ιο. ὦ φίλταθ', ἥκεις ἆρα σωτὴρ νῷν βλάβης;   640
Θε. μάλιστα· καὶ πρός γ' εὐτυχεῖς τὰ νῦν τάδε.
Ιο. ὦ μῆτερ ἐσθλοῦ παιδός, Ἀλκμήνην λέγω,
  ἔξελθ', ἄκουσον τοῦδε φιλτάτους λόγους.
  πάλαι γὰρ ὠδίνουσα τῶν ἀφιγμένων
  ψυχὴν ἐτήκου νόστος εἰ γενήσεται.   645

ΑΛΚΜΗΝΗ

  τί χρῆμ' αὐτῆς πᾶν τόδ' ἐπλήςθη στέγος,
  Ἰόλαε; μῶν τίς ς' αὖ βιάζεται παρὼν
  κῆρυξ ἀπ' Ἄργους; ἀσθενὴς μὲν ἤ γ' ἐμὴ
  ῥώμη, τοσόνδε δ' εἰδέναι σε χρή, ξένε·
  οὐκ ἔστ' ἄγειν σε τοῦςδ' ἐμοῦ ζώςης ποτέ.   650
  ἦ τἄρ' ἐκείνου μὴ νομιζοίμην ἐγὼ
  μήτηρ ἔτ'· εἰ δὲ τῶνδε προςθίξηι χερί,
  δυοῖν γερόντοιν οὐ καλῶς ἀγωνιῆι.
Ιο. θάρσει, γεραιά, μὴ τρέσηις· οὐκ Ἀργόθεν
  κῆρυξ ἀφῖκται πολεμίους λόγους ἔχων.   655

631 τε Musgrave: δὲ L 634 ἦλθ' Barnes: ἦλθεν L συνειχόμην
Elmsley: -εςχόμην L 640 ἥκεις apogr. Par.: ἧκες L νῷν σωτὴρ
Porson 643 τοῦδε Elmsley: τούςδε L 646–7 sunt qui post ςτέγος
non post Ἰόλαε interrogationem statuant 649 τοςόνδε δ' Tr²: τοςόνδ' L
ςε χρή Dobree: ς' ἐχρῆν L 652 προςθίξηι Elmsley: -ξεις L

ΗΡΑΚΛΕΙΔΑΙ

Αλ.	τί γὰρ βοὴν ἔστησας ἄγγελον φόβου;
Ιο.	cὺ πρόcθε ναοῦ τοῦδ' ὅπωc βαίηc πέλαc.
Αλ.	οὐκ ἴcμεν ἡμεῖc ταῦτα· τίc γάρ ἐcθ' ὅδε;
Ιο.	ἥκοντα παῖδα παιδὸc ἀγγέλλει cέθεν.
Αλ.	ὦ χαῖρε καὶ cὺ τοῖcδε τοῖc ἀγγέλμαcιν. 660
	ἀτὰρ τί χώραι τῆιδε προcβαλὼν πόδα
	ποῦ νῦν ἄπεcτι; τίc νιν εἶργε cυμφορὰ
	cὺν coὶ φανέντα δεῦρ' ἐμὴν τέρψαι φρένα;
Θε.	cτρατὸν καθίζει τάccεταί θ' ὃν ἦλθ' ἔχων.
Αλ.	τοῦδ' οὐκέθ' ἡμῖν τοῦ λόγου μέτεcτι δή. 665
Ιο.	μέτεcτιν· ἡμῶν δ' ἔργον ἱcτορεῖν τάδε.
Θε.	τί δῆτα βούληι τῶν πεπραγμένων μαθεῖν;
Ιο.	πόcον τι πλῆθοc cυμμάχων πάρεcτ' ἔχων;
Θε.	πολλούc· ἀριθμὸν δ' ἄλλον οὐκ ἔχω φράcαι.
Ιο.	ἴcαcιν, οἶμαι, ταῦτ' Ἀθηναίων πρόμοι. 670
Θε.	ἴcαcι, καὶ δὴ λαιὸν ἔcτηκεν κέραc.
Ιο.	ἤδη γὰρ ὡc ἐc ἔργον ὥπλιcται cτρατόc;
Θε.	καὶ δὴ παρῆκται cφάγια τάξεων ἔκαc.
Ιο.	πόcον τι δ' ἔcτ' ἄπωθεν Ἀργεῖον δόρυ;
Θε.	ὥcτ' ἐξορᾶcθαι τὸν cτρατηγὸν ἐμφανῶc. 675
Ιο.	τί δρῶντα; μῶν τάccοντα πολεμίων cτίχαc;
Θε.	ἡικάζομεν ταῦτ'· οὐ γὰρ ἐξηκούcμεν.
	ἀλλ' εἶμ'· ἐρήμουc δεcπόταc τοὐμὸν μέροc
	οὐκ ἂν θέλοιμι πολεμίοιcι cυμβαλεῖν.
Ιο.	κἄγωγε cὺν coί· ταὐτὰ γὰρ φροντίζομεν, 680
	φίλοιc παρόντεc, ὡc ἔοιγμεν, ὠφελεῖν.
Θε.	ἥκιcτα πρὸc coῦ μῶρον ἦν εἰπεῖν ἔποc.

657-95, 714-18, 733-40 personarum uices paragrapho notat L, adhibita etiam paragr. ad 678 et 696, omissa ad 665 et 685   657 cὺ Brodaeus: cὲ L   664 cτρατὸν Tr[2]: -ὸc L   665[n] paragr. P[2]: om. L   673 τάξεων P[2]: τάξων L   678[n] nullam notam apogr. Par.: paragr. L   680 ταὐτὰ apogr. Par., Portus: ταῦτα L

183

Ιο.   καὶ μὴ μετασχεῖν γ' ἀλκίμου μάχης φίλοις.   683
Θε.   οὐκ ἔςτιν, ὦ τᾶν, ἤ ποτ' ἦν ῥώμη ςέθεν.   688
Ιο.   ἀλλ' οὖν μαχοῦμαί γ' ἀριθμὸν οὐκ ἐλάςςοςιν.   689
Θε.   ςμικρὸν τὸ ςὸν ςήκωμα προςτίθης φίλοις.   690
Ιο.   οὐδεὶς ἔμ' ἐχθρῶν προςβλέπων ἀνέξεται.   687
Θε.   οὐκ ἔςτ' ἐν ὄψει τραῦμα μὴ δρώςης χερός.   684
Ιο.   τί δ'; οὐ θένοιμι κἂν ἐγὼ δι' ἀςπίδος;   685
Θε.   θένοις ἄν, ἀλλὰ πρόςθεν αὐτὸς ἂν πέςοις.   686
Ιο.   μή τοί μ' ἔρυκε δρᾶν παρεςκευαςμένον.   691
Θε.   δρᾶν μὲν ςύ γ' οὐχ οἷός τε, βούλεςθαι δ' ἴςως.
Ιο.   ὡς μὴ μενοῦντι τἄλλα ςοι λέγειν πάρα.
Θε.   πῶς οὖν ὁπλίτης τευχέων ἄτερ φανῆι;
Ιο.   ἔςτ' ἐν δόμοιςιν ἔνδον αἰχμάλωθ' ὅπλα   695
      τοῖςδ', οἷςι χρηςόμεςθα· κἀποδώςομεν
      ζῶντες, θανόντας δ' οὐκ ἀπαιτήςει θεός.
      ἀλλ' εἴςιθ' εἴςω κἀπὸ παςςάλων ἑλὼν
      ἔνεγχ' ὁπλίτην κόςμον ὡς τάχιςτά μοι.
      αἰςχρὸν γὰρ οἰκούρημα γίγνεται τόδε,   700
      τοὺς μὲν μάχεςθαι, τοὺς δὲ δειλίαι μένειν.

Χο.   λῆμα μὲν οὔπω ςτόρνυςι χρόνος
      τὸ ςόν, ἀλλ' ἥβαι, ςῶμα δὲ φροῦδον.
      τί πονεῖς ἄλλως ἃ ςὲ μὲν βλάψει,
      ςμικρὰ δ' ὀνήςει πόλιν ἡμετέραν;   705
      χρὴ γνωςιμαχεῖν ςὴν ἡλικίαν,
      τὰ δ' ἀμήχαν' ἐᾶν· οὐκ ἔςτιν ὅπως
      ἥβην κτήςηι πάλιν αὖθις.

683–90 hoc ordine Zuntz; 684 post 687 traiciendum esse primus intellexit
Musgrave   690 προςτίθης Tr²: -τιθεὶς L   685ⁿ Ιο. Aldina:
om. L   685 θένοιμι Pierson: ςθέν- L   686 θένοις Pierson: ςθέν- L
693 μενοῦντι Diggle: μενοῦντα L, quo seruato μ' οὐ pro μὴ Kirchhoff (cf. Rh.
144–5): -τος Tr²   694 ὁπλίτης Elmsley: -ταις L   696ⁿ nullam
notam Aldina: paragr. L   696 τοῖςδ' οἷςι Tr²: τοῖς δ' οὖςι L
706 ςὴν Porson: τὴν L: cf. Su. 283

Αλ.   τί χρῆμα μέλλεις cῶν φρενῶν οὐκ ἔνδον ὤν
     λιπεῖν μ' ἔρημον cὺν ⟨τέκνου⟩ τέκνοις ἐμοῖς;   710
Ιο.   ἀνδρῶν γὰρ ἀλκή· coὶ δὲ χρὴ τούτων μέλειν.
Αλ.   τί δ'; ἢν θάνηις cύ, πῶς ἐγὼ cωθήcομαι;
Ιο.   παιδὸς μελήcει παιcὶ τοῖς λελειμμένοις.
Αλ.   ἢν δ' οὖν, ὃ μὴ γένοιτο, χρήcωνται τύχηι;
Ιο.   οἶδ' οὐ προδώcουcίν cε, μὴ τρέcηις, ξένοι.   715
Αλ.   τοcόνδε γάρ τοι θάρcος, οὐδὲν ἄλλ' ἔχω.
Ιο.   καὶ Ζηνὶ τῶν cῶν, οἶδ' ἐγώ, μέλει πόνων.
Αλ.   φεῦ·
     Ζεὺς ἐξ ἐμοῦ μὲν οὐκ ἀκούcεται κακῶc·
     εἰ δ' ἐcτὶν ὅcιος αὐτὸς οἶδεν εἰς ἐμέ.

Θε.   ὅπλων μὲν ἤδη τήνδ' ὁρᾶις παντευχίαν,   720
     φθάνοις δ' ἂν οὐκ ἂν τοῖcδε cὸν κρύπτων δέμαc·
     ὡς ἐγγὺς ἀγὼν καὶ μάλιcτ' Ἄρης cτυγεῖ
     μέλλοντας· εἰ δὲ τευχέων φοβῆι βάρος,
     νῦν μὲν πορεύου γυμνός, ἐν δὲ τάξεcιν
     κόcμωι πυκάζου τῶιδ'· ἐγὼ δ' οἴcω τέωc.   725
Ιο.   καλῶς ἔλεξαc· ἀλλ' ἐμοὶ πρόχειρ' ἔχων
     τεύχη κόμιζε, χειρὶ δ' ἔνθες ὀξύην,
     λαιόν τ' ἔπαιρε πῆχυν, εὐθύνων πόδα.
Θε.   ἦ παιδαγωγεῖν γὰρ τὸν ὁπλίτην χρεών;
Ιο.   ὄρνιθος οὕνεκ' ἀcφαλῶς πορευτέον.   730
Θε.   εἴθ' ἦcθα δυνατὸς δρᾶν ὅcον πρόθυμος εἶ.
Ιο.   ἔπειγε· λειφθεὶς δεινὰ πείcομαι μάχης.
Θε.   cύ τοι βραδύνεις, οὐκ ἐγώ, δοκῶν τι δρᾶν.
Ιο.   οὔκουν ὁρᾶις μου κῶλον ὡς ἐπείγεται;
Θε.   ὁρῶ δοκοῦντα μᾶλλον ἢ cπεύδοντά cε.   735

710 ⟨τέκνου⟩ Vitelli: cf. Andr. 584, 1063, Ba. 1327–8, IA 784
711 χρὴ apogr. Par.: χρῆν L   713 μελήcει Tr²: -cη L   παιcὶ Canter:
πᾶcι L   721 cὸν κρύπτων Dobree: cυγκρύπτων L   722 ἀγὼν
Elmsley: ἀγὼν L   733 δοκῶν Tyrwhitt: δοκῶ L

Ιο.   οὐ ταῦτα λέξεις ἡνίκ' ἂν λεύccηις μ' ἐκεῖ...
Θε.   τί δρῶντα; βουλοίμην δ' ἂν εὐτυχοῦντά γε.
Ιο.   δι' ἀcπίδοc θείνοντα πολεμίων τινά.
Θε.   εἰ δή ποθ' ἥξομέν γε· τοῦτο γὰρ φόβοc.
Ιο.   φεῦ·

εἴθ', ὦ βραχίων, οἷον ἡβήcαντά cε   740
μεμνήμεθ' ἡμεῖc, ἡνίκα ξὺν Ἡρακλεῖ
Cπάρτην ἐπόρθειc, cύμμαχοc γένοιό μοι
τοιοῦτοc· οἵαν ἂν τροπὴν Εὐρυcθέωc
θείμην· ἐπεί τοι καὶ κακὸc μένειν δόρυ.
ἔcτιν δ' ἐν ὄλβωι καὶ τόδ' οὐκ ὀρθῶc ἔχον,   745
εὐψυχίαc δόκηcιc· οἰόμεcθα γὰρ
τὸν εὐτυχοῦντα πάντ' ἐπίcταcθαι καλῶc.

Χο.   Γᾶ καὶ παννύχιοc cελά-   [cτρ. α
       να καὶ λαμπρόταται θεοῦ
       φαεcιμβρότου αὐγαί,   750
       ἀγγελίαν μοι ἐνέγκαι,
       ἰαχήcατε δ' οὐρανῶι
       καὶ παρὰ θρόνον ἀρχέταν
       γλαυκᾶc τ' ἐν Ἀθάναc·
       μέλλω τᾶc πατριώτιδοc   755
       γᾶc, μέλλω καὶ ὑπὲρ δόμων
       ἱκέταc ὑποδεχθεὶc
       κίνδυνον πολιῶι τεμεῖν cιδάρωι.

736 οὐ Reiske: cὺ L   738 θείνοντα Elmsley: θένοντα L   741 ξὺν Aldina: cὺν L   743 οἵαν Reiske: οἷοc L   744 θείμην Cobet: θείην L   745 ἔχον L^c uv et Stob. 4. 31. 40: ἔχων L^uv   747 ad πάντ' ἐπίcταcθαι cf. Rh. 105–7   καλῶc] χρεών Stob.   750 φαεcιμβρότου Musgrave: φαεcίβροτοι L (-ίμβ- apogr. Par.)   751 ἐνέγκαι Wilamowitz (uel ἐνεγκεῖν): ἐνέγκατ' L: uide Studies 10–11   754 γλαυκᾶc...Ἀθάναc Schaefer: γλαυκᾶ...ἀθάνα L   755–6 μέλλω...μέλλω Tr²: μέλω...μέλω L   756 ὑπὲρ Nauck: περὶ L

δεινὸν μὲν πόλιν ὡς Μυκή-   [ἀντ. α
  νας εὐδαίμονα καὶ δορὸς   760
πολυαίνετον ἀλκᾶι
μῆνιν ἐμᾶι χθονὶ κεύθειν·
κακὸν δ', ὦ πόλις, εἰ ξένους
ἱκτῆρας παραδώσομεν
κελεύσμασιν Ἄργους.   765
Ζεύς μοι σύμμαχος, οὐ φοβοῦ-
  μαι, Ζεύς μοι χάριν ἐνδίκως
ἔχει· οὔποτε θνατῶν
ἥσσους ⟨δαίμονες⟩ ἔκ γ' ἐμοῦ φανοῦνται.

ἀλλ', ὦ πότνια, σὸν γὰρ οὖ-   [στρ. β
  δας γᾶς καὶ πόλις, ἇς σὺ μά-   771
τηρ δέσποινά τε καὶ φύλαξ,
πόρευσον ἄλλαι τὸν οὐ δικαίως
τᾶιδ' ἐπάγοντα δορυσσοῦν
στρατὸν Ἀργόθεν· οὐ γὰρ ἐμᾶι γ' ἀρετᾶι   775
δίκαιός εἰμ' ἐκπεσεῖν μελάθρων.

ἐπεί σοι πολύθυτος ἀεὶ   [ἀντ. β
  τιμὰ κραίνεται οὐδὲ λά-
θει μηνῶν φθινὰς ἀμέρα
νέων τ' ἀοιδαὶ χορῶν τε μολπαί.   780
ἀνεμόεντι δ' ἐπ' ὄχθωι
ὀλολύγματα παννυχίοις ὑπὸ παρ-
θένων ἰαχεῖ ποδῶν κρότοισιν.

761 πολυαίνετον Scaliger: -αινέτου L   762 ἐμᾶι Canter (ἐμῆι iam
Stephanus): ἐμὲ L   765 κελεύσμασιν Ἄργους Reiske: καὶ λεύσιμον ἄργος
L   769 ⟨δαίμονες⟩ Kirchhoff   ἔκ γ' Reisig: εἴτ' L   771 γᾶς
Pearson: γᾶς σὸν L: σὸν Murray, sed requiratur σὰ (σῆ Wecklein)
773 ἄλλαι Canter: ἀλλὰ L   774 τᾶιδ' ed. Heruag.²: τάδ' L
δορυσσοῦν Kirchhoff: δορύσσοντα L   777 ἐπεί Bergk: ἐπὶ L   780 νέων
apogr. Flor., Barnes: ναῶν L (νεῶν Tr²)

ΕΥΡΙΠΙΔΟΥ

ΑΓΓΕΛΟΣ

δέσποινα, μύθους σοί τε †cυντομωτάτους
κλύειν ἐμοί τε τῶιδε καλλίcτους φέρω†·   785
νικῶμεν ἐχθροὺς καὶ τροπαῖ᾽ ἱδρύεται
παντευχίαν ἔχοντα πολεμίων cέθεν.

Αλ.   ὦ φίλταθ᾽, ἥδε c᾽ ἡμέρα †διήλασεν†·
ἠλευθέρωcαι τοῖcδε τοῖc ἀγγέλμαcιν.
μιᾶς δ᾽ ἔμ᾽ οὔπω cυμφορᾶς ἐλευθεροῖc·   790
φόβος γὰρ εἴ μοι ζῶcιν οὓc ἐγὼ θέλω.

Αγ.   ζῶcιν, μέγιcτόν γ᾽ εὐκλεεῖc κατὰ cτρατόν.

Αλ.   ὁ μὲν γέρων †οὐκ ἔcτιν Ἰόλεωc ὅδε†;

Αγ.   μάλιcτα, πράξαc γ᾽ ἐκ θεῶν κάλλιcτα δή.

Αλ.   τί δ᾽ ἔcτι; μῶν τι κεδνὸν ἠγωνίζετο;   795

Αγ.   νέοc μεθέcτηκ᾽ ἐκ γέροντοc αὖθιc αὖ.

Αλ.   θαυμάcτ᾽ ἔλεξαc· ἀλλά c᾽ εὐτυχῆ φίλων
μάχηc ἀγῶνα πρῶτον ἀγγεῖλαι θέλω.

Αγ.   εἷc μου λόγοc cοι πάντα cημανεῖ τάδε.
ἐπεὶ γὰρ ἀλλήλοιcιν ὁπλίτην cτρατὸν   800
κατὰ cτόμ᾽ ἐκτείνοντεc ἀντετάξαμεν,
ἐκβὰc τεθρίππων Ὕλλοc ἁρμάτων πόδα
ἔcτη μέcοιcιν ἐν μεταιχμίοιc δορόc.
κἄπειτ᾽ ἔλεξεν· Ὦ cτρατήγ᾽ ὃc Ἀργόθεν
ἥκειc, τί τήνδε γαῖαν οὐκ εἰάcαμεν   805
⟨   ⟩
⟨   ⟩

784[n] Ἄγγελοc Rassow: θερ. L hic et ubique (paragr. 796, 799)
784–5 cοί τε καλλίcτουc φέρω / κλύειν ἐμοί τε cυντομωτάτουc λέγειν Hartung,
cοί τε κ- φ- / κλύειν λέγειν τε τῶιδε (λ- τε τ- iam Jacobs) cυντομωτάτουc
Wecklein   788 διώλβιcεν dubitanter Diggle cl. Ph. 1689
789 ἠλευθέρωcαι Jackson: ἐλευθερῶcαι L: ἠλευθερῶcθαι L[s]: ἐλευθερῶ cε
Diggle   790 δ᾽ ἔμ᾽ Murray: δέ μ᾽ L   793 οὐκ...ὅδε] ἆρ᾽...ἔτι
Elmsley, cῶc (quod spreuit Elmsley) uel ἔτ᾽...; λέγε Diggle   794 γ᾽
Elmsley: δ᾽ L: uide ICS 6.1 (1981) 88   κάλλιcτα apogr. Par.:
μάλιcτα L   799 cημανεῖ Elmsley: cημαίνει L   805 τί Heath:
ἐπὶ L   εἰάcαμεν Elmsley: εἶα cὰ μὲν L   post h.u. lac. indic. Heath

καὶ τὰς Μυκήνας οὐδὲν ἐργάσηι κακὸν
ἀνδρὸς στερήσας· ἀλλ' ἐμοὶ μόνος μόνωι
μάχην cυνάψας, ἢ κτανὼν ἄγου λαβὼν
τοὺς Ἡρακλείους παῖδας ἢ θανὼν ἐμοὶ
τιμὰς πατρώιους καὶ δόμους ἔχειν ἄφες.   810
cτρατὸς δ' ἐπήινεc· ἔc τ' ἀπαλλαγὰς πόνων
καλῶς λελέχθαι μῦθον ἔc τ' εὐψυχίαν.
ὁ δ' οὔτε τοὺς κλύοντας αἰδεσθεὶς λόγων
οὔτ' αὐτὸς αὑτοῦ δειλίαν cτρατηγὸς ὢν
ἐλθεῖν ἐτόλμης· ἐγγὺς ἀλκίμου δορός,   815
ἀλλ' ἦν κάκιστος· εἶτα τοιοῦτος γεγὼς
τοὺς Ἡρακλείους ἦλθε δουλώcων γόνους;
Ὕλλος μὲν οὖν ἀπώιχετ' ἐς τάξιν πάλιν·
μάντεις δ', ἐπειδὴ μονομάχου δι' ἀcπίδος
διαλλαγὰς ἔγνωcαν οὐ τελουμένας,   820
ἔcφαζον, οὐκ ἔμελλον, ἀλλ' ἀφίεcαν
λαιμῶν βοείων εὐθὺς οὔριον φόνον.
οἱ δ' ἅρματ' εἰcέβαινον, οἱ δ' ὑπ' ἀcπίδων
πλευροῖς ἔχριμπτον πλεύρ'· Ἀθηναίων δ' ἄναξ
cτρατῶι παρήγγελλ' οἷα χρὴ τὸν εὐγενῆ·   825
Ὦ ξυμπολῖται, τῆι τε βοcκούcηι χθονὶ
καὶ τῆι τεκούcηι νῦν τιν' ἀρκέcαι χρεών.
ὁ δ' αὖ τό τ' Ἄργος μὴ καταιcχῦναι θέλειν
καὶ τὰς Μυκήνας cυμμάχους ἑλίccετο.
ἐπεὶ δ' ἐcήμην' ὄρθιον Τυρcηνικῆι   830
cάλπιγγι καὶ cυνῆψαν ἀλλήλοις μάχην,
πόcον τιν' αὐχεῖς πάταγον ἀcπίδων βρέμειν,
πόcον τινὰ cτεναγμὸν οἰμωγήν θ' ὁμοῦ;
τὰ πρῶτα μέν νυν πίτυλος Ἀργείου δορὸς

807 ἀνδρῶν Hartung   808 μάχην Reiske: μάχη L   813 λόγων ed.
Heruag.²: λόγω L   814 αὐτοῦ Barnes: αὑτοῦ L   817 interrogationis
notam add. Pearson   822 βοείων Helbig: βροτείων L: cf. Ph. 1255
824 πλευροῖς Elmsley: -αῖς L   ἔχριμπτον Diggle: ἔκρυπτον L
825 παρήγγειλ' P   828 ὁ δ' αὖ τό τ' Ἄργος ed. Commeliniana: ὅδ' αὐτὸ
τἄργος L   θέλειν Reiske: θέλων L

ἐρρήξαθ' ἡμᾶς, εἶτ' ἐχώρησαν πάλιν.   835
τὸ δεύτερον δὲ ποὺς ἐπαλλαχθεὶς ποδί,
ἀνὴρ δ' ἐπ' ἀνδρὶ στάς, ἐκαρτέρει μάχῃ·
πολλοὶ δ' ἔπιπτον. ἦν δὲ †τοῦ κελεύσματος†
Ὦ τὰς Ἀθήνας—Ὦ τὸν Ἀργείων γύην
σπείροντες—οὐκ ἀρήξετ' αἰσχύνην πόλει;   840
μόλις δὲ πάντα δρῶντες οὐκ ἄτερ πόνων
ἐτρεψάμεσθ' Ἀργεῖον ἐς φυγὴν δόρυ.
κἀνταῦθ' ὁ πρέσβυς Ὕλλον ἐξορμώμενον
ἰδών, ὀρέξας ἱκέτευσε δεξιὰν
Ἰόλαος ἐμβῆσαί νιν ἵππειον δίφρον.   845
λαβὼν δὲ χερσὶν ἡνίας Εὐρυσθέως
πώλοις ἐπεῖχε. τἀπὸ τοῦδ' ἤδη κλύων
λέγοιμ' ἂν ἄλλων, δεῦρό γ' αὐτὸς εἰσιδών.
Παλληνίδος γὰρ σεμνὸν ἐκπερῶν πάγον
δίας Ἀθάνας, ἅρμ' ἰδὼν Εὐρυσθέως,   850
ἠράσαθ' Ἥβῃ Ζηνί θ' ἡμέραν μίαν
νέος γενέσθαι κἀποτείσασθαι δίκην
ἐχθρούς. κλύειν δὴ θαύματος πάρεστί σοι·
δισσὼ γὰρ ἀστέρ' ἱππικοῖς ἐπὶ ζυγοῖς
σταθέντ' ἔκρυψαν ἅρμα λυγαίωι νέφει·   855
σὸν δὴ λέγουσι παῖδά γ' οἱ σοφώτεροι
Ἥβην θ'· ὁ δ' ὀρφνῆς ἐκ δυσαιθρίου νέων
βραχιόνων ἔδειξεν ἡβητὴν τύπον.
αἱρεῖ δ' ὁ κλεινὸς Ἰόλεως Εὐρυσθέως
τέτρωρον ἅρμα πρὸς πέτραις Σκιρωνίσιν,   860
δεσμοῖς τε δήσας χεῖρας ἀκροθίνιον
κάλλιστον ἥκει τὸν στρατηλάτην ἄγων

---

837 μάχῃ (non μάχῃ) L, sicut coni. Elmsley   838 δύο κελεύσματα L.
Dindorf, τὼ κελεύσματε Haupt, ὁμοῦ κελεύματα Murray   post h.u. lac.
indic. Kirchhoff   848 λέγοιμ' ἂν Valckenaer: λέγοι μὲν L   ἄλλων
Elmsley: ἄλλος L   γ' Fix: δ' L   854 ἐπὶ Reiske: ὑπὸ L   857 ἐκ
δυσαιθρίου Musgrave: ἐκδὺς αἰθρίου L   858 ἡβητὴν apogr. Par. et Flor.,
Aldina: ἥβῃ τὴν L: ἡβητὸν Tr²   859 αἱρεῖ Lʸᵖ et Tr²: αἴρει L
Ἰόλεως Victorius: πόλεως L   860 Σκιρωνίσιν Wecklein: σκειρ- L

τὸν ὄλβιον πάροιθε. τῆι δὲ νῦν τύχηι
βροτοῖς ἅπασι λαμπρὰ κηρύσσει μαθεῖν,
τὸν εὐτυχεῖν δοκοῦντα μὴ ζηλοῦν πρὶν ἂν   865
θανόντ᾽ ἴδηι τις· ὡς ἐφήμεροι τύχαι.

Χο. ὦ Ζεῦ τροπαῖε, νῦν ἐμοὶ δεινοῦ φόβου
ἐλεύθερον πάρεστιν ἦμαρ εἰσιδεῖν.

Αλ. ὦ Ζεῦ, χρόνωι μὲν τἄμ᾽ ἐπεσκέψω κακά,
χάριν δ᾽ ὅμως σοι τῶν πεπραγμένων ἔχω·   870
καὶ παῖδα τὸν ἐμὸν πρόσθεν οὐ δοκοῦς᾽ ἐγὼ
θεοῖς ὁμιλεῖν νῦν ἐπίσταμαι σαφῶς.
ὦ τέκνα, νῦν δὴ νῦν ἐλεύθεροι πόνων,
ἐλεύθεροι δὲ τοῦ κακῶς ὀλουμένου
Εὐρυσθέως ἔσεσθε καὶ πόλιν πατρὸς   875
ὄψεσθε, κλήρους δ᾽ ἐμβατεύσετε χθονὸς
καὶ θεοῖς πατρώιοις θύσεθ᾽, ὧν ἀπειργμένοι
ξένοι πλανήτην εἴχετ᾽ ἄθλιον βίον.
ἀτὰρ τί κεύθων Ἰόλεως σοφόν ποτε
Εὐρυσθέως ἐφείσαθ᾽ ὥστε μὴ κτανεῖν;   880
λέξον· παρ᾽ ἡμῖν μὲν γὰρ οὐ σοφὸν τόδε,
ἐχθροὺς λαβόντα μὴ ἀποτείσασθαι δίκην.

Αγ. τὸ σὸν προτιμῶν, ὥς νιν ὀφθαλμοῖς ἴδοις
†κρατοῦντα† καὶ σῆι δεσποτούμενον χερί.
οὐ μὴν ἑκόντα γ᾽ αὐτὸν ἀλλὰ πρὸς βίαν   885
ἔζευξ᾽ ἀνάγκηι· καὶ γὰρ οὐκ ἐβούλετο
ζῶν ἐς σὸν ἐλθεῖν ὄμμα καὶ δοῦναι δίκην.
ἀλλ᾽, ὦ γεραιά, χαῖρε καὶ μέμνησό μοι
ὃ πρῶτον εἶπας ἡνίκ᾽ ἠρχόμην λόγου,
ἐλευθερώσειν μ᾽· ἐν δὲ τοῖς τοιοῖσδε χρὴ   890
ἀψευδὲς εἶναι τοῖσι γενναίοις στόμα.

865 ζηλοῦτε πρὶν Stob. 4. 41. 26a   866 ἐφήμεραι Stob.
867 φόβου Tr¹: φόβον L   884 ταρβοῦντα Herwerden, πτήσσοντα Cobet
886 ἀνάγκηι Elmsley: -κη L   888 μοι Reiske: μου L
890 ἐλευθερώσειν Porson: ἐλευθέρωσόν L

ΕΥΡΙΠΙΔΟΥ

Χο.   ἐμοὶ χορὸς μὲν ἡδύς, εἰ λίγεια λω-   [στρ. α
τοῦ χάρις †ἐνὶ δαΐ†·
ἡδεῖα δ' εὔχαρις Ἀφροδί-
τα· τερπνὸν δέ τι καὶ φίλων   895
ἄρ' εὐτυχίαν ἰδέσθαι
τῶν πάρος οὐ δοκούντων.
πολλὰ γὰρ τίκτει Μοῖρα τελεσσιδώ-
τειρ' Αἰών τε Χρόνου παῖς.   900

ἔχεις ὁδόν τιν', ὦ πόλις, δίκαιον· οὐ   [ἀντ. α
χρή ποτε τοῦδ' ἀφέσθαι,
τιμᾶν θεούς· ὁ ⟨δὲ⟩ μή σε φά-
σκων ἐγγὺς μανιᾶν ἐλαύ-
νει, δεικνυμένων ἐλέγχων   905
τῶνδ'· ἐπίσημα γάρ τοι
θεὸς παραγγέλλει, τῶν ἀδίκων παραι-
ρῶν φρονήματος αἰεί.

ἔστιν ἐν οὐρανῶι βεβα-   [στρ. β
κὼς ὁ σὸς γόνος, ὦ γεραι-   911
ά· φεύγω λόγον ὡς τὸν Ἅι-
δα δόμον κατέβα, πυρὸς
δεινᾶι φλογὶ σῶμα δαισθείς·
Ἥβας τ' ἐρατὸν χροΐ-   915
ζει λέχος χρυσέαν κατ' αὐλάν.
ὦ Ὑμέναιε, δισ-
σοὺς παῖδας Διὸς ἠξίωσας.

892 ἡδὺ καὶ Haupt   εἰ] ὧι Page, ἇι Stinton (JHS 97 [1977] 141)
λωτοῦ Tr²: λοτοῦ L   ἐνδέδαεν Diggle, ἐν δ' ἀοιδαί Stinton
894 ἡδεῖα Madvig: εἴη L   896 ἄρ' Dindorf: ἄρ' L   899 τελεσσι-
Aldina: τελεσι- L   902 ἀφέσθαι Herwerden: ἀφελέσθαι L   903 ⟨δὲ⟩
Tr²   904 μανιᾶν Elmsley: -ιῶν L   906 ἐπίσημα Tr²: -σήματα L
909 αἰεί Tr²: ἀεί L   911 ὁ σὸς Wecklein: θεὸς L: θεὸς σὸς Kirchhoff
912 φεύγω Elmsley: φεύγει L   Ἅιδα Elmsley: ἀίδα L   913 πυρᾶς
Wecklein   915 ἐρατὸν apogr. Par., Aldina: ἐραστὸν L

συμφέρεται τὰ πολλὰ πολ-   [ἀντ. β
λοῖς· καὶ γὰρ πατρὶ τῶνδ' Ἀθά-   920
ναν λέγους' ἐπίκουρον εἶ-
ναι, καὶ τούςδε θεᾶς πόλις
καὶ λαὸς ἔςωςε κείνας·
ἔςχεν δ' ὕβριν ἀνδρὸς ὧι
θυμὸς ἦν πρὸ δίκας βίαιος.   925
μήποτ' ἐμοὶ φρόνη-
μα ψυχά τ' ἀκόρεςτος εἴη.

Θε. δέςποιν', ὁρᾶις μὲν ἀλλ' ὅμως εἰρήςεται·
Εὐρυςθέα ςοι τόνδ' ἄγοντες ἥκομεν,
ἄελπτον ὄψιν τῶιδέ τ' οὐχ ἧςςον τύχην·   930
οὐ γάρ ποτ' ηὔχει χεῖρας ἵξεςθαι ςέθεν,
ὅτ' ἐκ Μυκηνῶν πολυπόνωι ςὺν ἀςπίδι
ἔςτειχε μείζω τῆς δίκης φρονῶν, πόλιν
πέρςων Ἀθάνας. ἀλλὰ τὴν ἐναντίαν
δαίμων ἔθηκε καὶ μετέςτηςεν τύχην.   935
Ὕλλος μὲν οὖν ὅ τ' ἐςθλὸς Ἰόλεως βρέτας
Διὸς τροπαίου καλλίνικον ἵςταςαν·
ἐμοὶ δὲ πρὸς ςὲ τόνδ' ἐπιςτέλλους' ἄγειν,
τέρψαι θέλοντες ςὴν φρέν'· ἐκ γὰρ εὐτυχοῦς
ἥδιςτον ἐχθρὸν ἄνδρα δυςτυχοῦνθ' ὁρᾶν.   940
Αλ. ὦ μῖςος, ἥκεις; εἷλέ ς' ἡ Δίκη χρόνωι;
πρῶτον μὲν οὖν μοι δεῦρ' ἐπίςτρεψον κάρα
καὶ τλῆθι τοὺς ςοὺς προςβλέπειν ἐναντίον
ἐχθρούς· κρατῆι γὰρ νῦν γε κού κρατεῖς ἔτι.
ἐκεῖνος εἶ ςύ, βούλομαι γὰρ εἰδέναι,   945
ὃς πολλὰ μὲν τὸν ὄνθ' ὅπου 'ςτὶ νῦν ἐμὸν

919 τὰ] δὲ Paley   923 ἔςως' ἐκείνας apogr. Par., Aldina
924 ἔςχεν δ' ὕβριν Heath: ἔςχε δ' ὕβρεις L   925 βίαιος Musgrave:
βιαίως L   928[n] Θε. Rassow: ἄγγ(ελος) L hic et ubique   930 τῶιδέ
Canter: τῶνδέ L   τύχην Wecklein (qui Stephano perperam imputat):
τυχεῖν L   932 πολυπόνωι ςὺν ἀςπίδι Hermann: πολυπόνων ςὺν ἀςπίςιν L
933 πόλιν Jacobs: πολὺ L   934 Ἀθάνας Nauck: ἀθήνας L
937 ἵςταςαν Elmsley: ἔςταςαν L   943 ἐναντίον Elmsley: -τίους L

παῖδ᾽ ἀξιώσας, ὦ πανοῦργ᾽, ἐφυβρίσαι 947
ὕδρας λέοντάς τ᾽ ἐξαπολλύναι λέγων 950
ἔπεμπες; ἄλλα δ᾽ οἷ᾽ ἐμηχανῶ κακὰ 951
σιγῶ· μακρὸς γὰρ μῦθος ἂν γένοιτό μοι. 952
τί γὰρ σὺ κεῖνον οὐκ ἔτλης καθυβρίσαι; 948
ὃς καὶ παρ᾽ Ἅιδην ζῶντά νιν κατήγαγες. 949
κοὐκ ἤρκεσέν σοι ταῦτα τολμῆσαι μόνον, 953
ἀλλ᾽ ἐξ ἁπάσης κἀμὲ καὶ τέκν᾽ Ἑλλάδος
ἤλαυνες ἱκέτας δαιμόνων καθημένους, 955
τοὺς μὲν γέροντας, τοὺς δὲ νηπίους ἔτι.
ἀλλ᾽ ηὗρες ἄνδρας καὶ πόλισμ᾽ ἐλεύθερον,
οἵ σ᾽ οὐκ ἔδεισαν. δεῖ σε κατθανεῖν κακῶς,
καὶ κερδανεῖς ἅπαντα· χρῆν γὰρ οὐχ ἅπαξ
θνῄσκειν σε πολλὰ πήματ᾽ ἐξειργασμένον. 960

Θε. οὐκ ἔστ᾽ ἀνυστὸν τόνδε σοι κατακτανεῖν.
Αλ. ἄλλως ἄρ᾽ αὐτὸν αἰχμάλωτον εἵλομεν.
εἴργει δὲ δὴ τίς τόνδε μὴ θνῄσκειν νόμος;
Θε. τοῖς τῆσδε χώρας προστάταισιν οὐ δοκεῖ.
Αλ. τί δὴ τόδ᾽; ἐχθροὺς τοισίδ᾽ οὐ καλὸν κτανεῖν; 965
Θε. οὐχ ὅντιν᾽ ἄν γε ζῶνθ᾽ ἕλωσιν ἐν μάχηι.
Αλ. καὶ ταῦτα δόξανθ᾽ Ὕλλος ἐξηνέσχετο;
Θε. χρῆν αὐτόν, οἶμαι, τῆιδ᾽ ἀπιστῆσαι χθονί.
Αλ. χρῆν τόνδε μὴ ζῆν μηδ᾽ †ὁρᾶν φάος ἔτι†.
Θε. τότ᾽ ἠδικήθη πρῶτον οὐ θανὼν ὅδε. 970
Αλ. οὔκουν ἔτ᾽ ἐστὶν ἐν καλῶι δοῦναι δίκην;
Θε. οὐκ ἔστι τοῦτον ὅστις ἂν κατακτάνοι.
Αλ. ἔγωγε· καίτοι φημὶ κἄμ᾽ εἶναί τινα.

947 ἀξιώσας Jackson: ἠξίωσας L   950–2 post 947 trai. Wilamowitz (Hermes 62 [1927] 290–1), denuo Jackson   949 Ἅιδην Aldina: ἄδη L 959 χρῆν Reiske: χρὴ L   961, 964, 966, 968, 970, 972, 974 famulo (immo nuntio) trib. Tyrwhitt: choro L   962–3, 965, 967, 969, 971 Alcmenae trib. Barnes: nuntio L   962 interrogationis notam habet L   post h.u. famuli (nuntii) responsum excidisse coni. Kirchhoff 968 χρῆν Bothe: χρὴν δ᾽ L   969 ἔτ᾽ εἰσορᾶν φάος Erfurdt (cf. Alc. 18), ὁρᾶν φάος τόδε Lenting, φῶς ὁρᾶν ἔτι L. Dindorf, ὁρᾶν τὸ φῶς ἔτι Diggle (cf. Or. 1523, IA 1218–19)   973 καίτοι φημὶ κἄμ᾽ εἶναί Tyrwhitt: καὶ τί φημι κἂν μεῖναι L

ΗΡΑΚΛΕΙΔΑΙ

Θε. πολλὴν ἄρ' ἕξεις μέμψιν, εἰ δράσεις τόδε.
Αλ. φιλῶ πόλιν τήνδ'· οὐδὲν ἀντιλεκτέον.   975
    τοῦτον δ', ἐπείπερ χεῖρας ἦλθεν εἰς ἐμάς,
    οὐκ ἔστι θνητῶν ὅστις ἐξαιρήσεται.
    πρὸς ταῦτα τὴν θρασεῖαν ὅστις ἂν θέληι
    καὶ τὴν φρονοῦσαν μεῖζον ἢ γυναῖκα χρὴ
    λέξει· τὸ δ' ἔργον τοῦτ' ἐμοὶ πεπράξεται.   980
Χο. δεινόν τι καὶ cυγγνωcτόν, ὦ γύναι, c' ἔχει
    νεῖκος πρὸς ἄνδρα τόνδε, γιγνώcκω καλῶς.

ΕΥΡΥCΘΕΥC

    γύναι, cάφ' ἴcθι μή με θωπεύcοντά cε
    μηδ' ἄλλο μηδὲν τῆς ἐμῆς ψυχῆς πέρι
    λέξονθ' ὅθεν χρὴ δειλίαν ὀφλεῖν τινα.   985
    ἐγὼ δὲ νεῖκος οὐχ ἑκὼν τόδ' ἠράμην·
    ἤιδη γε coὶ μὲν αὐτανέψιος γεγώς,
    τῶι cῶι δὲ παιδὶ cυγγενὴς Ἡρακλέει.
    ἀλλ' εἴτ' ἔχρηιζον εἴτε μή—θεὸς γὰρ ἦν—
    Ἥρα με κάμνειν τήνδ' ἔθηκε τὴν νόcον.   990
    ἐπεὶ δ' ἐκείνωι δυcμένειαν ἠράμην
    κἄγνων ἀγῶνα τόνδ' ἀγωνιούμενος,
    πολλῶν cοφιcτὴς πημάτων ἐγιγνόμην
    καὶ πόλλ' ἔτικτον νυκτὶ cυνθακῶν ἀεί,
    ὅπως διώcας καὶ κατακτείνας ἐμοὺς   995
    ἐχθροὺς τὸ λοιπὸν μὴ cυνοικοίην φόβωι,
    εἰδὼς μὲν οὐκ ἀριθμὸν ἀλλ' ἐτητύμως
    ἄνδρ' ὄντα τὸν cὸν παῖδα· καὶ γὰρ ἐχθρὸς ὢν
    ἀκούcεταί †γ' ἐcθλὰ† χρηcτὸς ὢν ἀνήρ.
    κείνου δ' ἀπαλλαχθέντος οὐκ ἐχρῆν μ' ἄρα,   1000
    μιcούμενον πρὸς τῶνδε καὶ ξυνειδότα
    ἔχθραν πατρώιαν, πάντα κινῆcαι πέτρον

983 θωπεύcοντα Tr²: -cαντα Lᵘᵛ   987 ἤιδη Schaefer: ἤδη L
988 Ἡρακλέει Porson: -κλέι L   999 ⟨τά⟩ γ' ἐcθλὰ Canter, γ⟨οῦν⟩
ἐcθλὰ Headlam, γ' ἔcθλ' ⟨οἵ⟩α Diggle

κτείνοντα κἀκβάλλοντα καὶ τεχνώμενον;
τοιαῦτα δρῶντι τἄμ' ἐγίγνετ' ἀσφαλῆ.
οὔκουν σύ γ' ἀναλαβοῦσα τὰς ἐμὰς τύχας   1005
ἐχθροῦ λέοντος δυσμενῆ βλαστήματα
ἤλαυνες ἂν κακοῖσιν ἀλλὰ σωφρόνως
εἴασας οἰκεῖν Ἄργος· οὔτιν' ἂν πίθοις.
νῦν οὖν ἐπειδή μ' οὐ διώλεσαν τότε
πρόθυμον ὄντα, τοῖσιν Ἑλλήνων νόμοις   1010
οὐχ ἁγνός εἰμι τῶι κτανόντι κατθανών·
πόλις τ' ἀφῆκε σωφρονοῦσα, τὸν θεὸν
μεῖζον τίουσα τῆς ἐμῆς ἔχθρας πολύ.
προσεῖπας, ἀντήκουσας· ἐντεῦθεν δὲ χρὴ
τὸν προστρόπαιον †τόν τε γενναῖον† καλεῖν.   1015
οὕτω γε μέντοι τἄμ' ἔχει· θανεῖν μὲν οὐ
χρήιζω, λιπὼν δ' ἂν οὐδὲν ἀχθοίμην βίον.
Χο.   παραινέσαι σοι σμικρόν, Ἀλκμήνη, θέλω,
τὸν ἄνδρ' ἀφεῖναι τόνδ', ἐπεὶ δοκεῖ πόλει.
Αλ.   τί δ' ἦν θάνηι τε καὶ πόλει πιθώμεθα;   1020
Χο.   τὰ λῶιστ' ἂν εἴη· πῶς τάδ' οὖν γενήσεται;
Αλ.   ἐγὼ διδάξω ῥαιδίως· κτανοῦσα γὰρ
τόνδ' εἶτα νεκρὸν τοῖς μετελθοῦσιν φίλων
δώσω· τὸ γὰρ σῶμ' οὐκ ἀπιστήσω χθονί,
οὗτος δὲ δώσει τὴν δίκην θανὼν ἐμοί.   1025
Ευ.   κτεῖν', οὐ παραιτοῦμαί σε· τήνδε δὲ πτόλιν,
ἐπεί μ' ἀφῆκε καὶ κατηιδέσθη κτανεῖν,
χρησμῶι παλαιῶι Λοξίου δωρήσομαι,
ὃς ὠφελήσει μεῖζον' ἢ δοκεῖ χρόνωι.
θανόντα γάρ με θάψεθ' οὗ τὸ μόρσιμον,   1030

1004 δρῶντος Diggle   τἄμ' ἐγίγνετ' Musgrave: τἀμὰ γίγνετ' L
1006 δυσμενῆ Stephanus: -γενῆ L   1008 interrogationis notam quam
post Ἄργος habet L del. Elmsley   1014 προσεῖπας Elmsley: πρὸς ἇ (ἃ
γ' Lᶜ uel Tr¹) εἶπας L   1015 τὸν παλαμναῖον Kirchhoff   1016 ἔχει
apogr. Par., Aldina: ἔχεις L   1018ⁿ χο. L: ἦ ἄγγ. add. L¹ᶜ pot. qu. Tr
1020 ἦν...πιθώμεθα Elmsley: ἂν...πειθ- L   1025 αὐτὸς Haupt
1026 τήνδε δὲ πτόλιν Elmsley: τὴν δὲ δὴ πόλιν L   1029 δοκεῖ Wecklein:
δοκεῖν L   1030 θάψαθ' Dobree

δίας πάροιθε παρθένου Παλληνίδος·
καὶ coì μὲν εὔνους καὶ πόλει cωτήριος
μέτοικος αἰεὶ κείςομαι κατὰ χθονός,
τοῖς τῶνδε δ᾽ ἐκγόνοιςι πολεμιώτατος,
ὅταν μόλωςι δεῦρο cὺν πολλῆι χερὶ   1035
χάριν προδόντες τήνδε· τοιούτων ξένων
προύστητε. πῶς οὖν ταῦτ᾽ ἐγὼ πεπυςμένος
δεῦρ᾽ ἦλθον ἀλλ᾽ οὐ χρηςμὸν ἡζόμην θεοῦ;
Ἥραν νομίζων θεςφάτων κρείςςω πολὺ
κοὐκ ἂν προδοῦναί μ᾽. ἀλλὰ μήτε μοι χοὰς   1040
μήθ᾽ αἷμ᾽ ἐάςητ᾽ εἰς ἐμὸν ςτάξαι τάφον.
κακὸν γὰρ αὐτοῖς νόςτον ἀντὶ τῶνδ᾽ ἐγὼ
δώςω· διπλοῦν δὲ κέρδος ἕξετ᾽ ἐξ ἐμοῦ·
ὑμᾶς τ᾽ ὀνήςω τούςδε τε βλάψω θανών.

Αλ.   τί δῆτα μέλλετ᾽, εἰ πόλει cωτηρίαν   1045
κατεργάcαcθαι τοῖcί τ᾽ ἐξ ὑμῶν χρεών,
κτείνειν τὸν ἄνδρα τόνδ᾽, ἀκούοντες τάδε;
δείκνυςι γὰρ κέλευθον ἀςφαλεςτάτην·
ἐχθρὸς μὲν ἀνήρ, ὠφελεῖ δὲ κατθανών.
κομίζετ᾽ αὐτόν, δμῶες, εἶτα χρὴ κυςὶν   1050
δοῦναι κτανόντας· μὴ γὰρ ἐλπίςηις ὅπως
αὖθις πατρώιας ζῶν ἔμ᾽ ἐκβαλεῖς χθονός.
⟨   ⟩
⟨   ⟩
⟨   ⟩

Χο.   ταῦτα δοκεῖ μοι. ςτείχετ᾽, ὀπαδοί.
τὰ γὰρ ἐξ ἡμῶν
καθαρῶς ἔςται βαςιλεῦςιν.

1033 αἰεὶ Barnes: ἀεὶ L   1038 ἡζόμην Cobet: ἡρόμην L
1039 νομίζων Barnes: -ζω L   1041 ἐάςητ᾽ Reiske: ἐάςης L   τάφον
Heath: τόπον L: cf. Hel. 556   1046 ὑμῶν apogr. Par.: ἡμῶν L
1049 ἀνήρ Elmsley: ἀ- L   1052 post h.u. lac. indic. Hermann
1053-5 in suspicionem uocauit Barrett   1053 ταὐτὰ Heath
Subscriptio εὐριπίδου ἡρακλεῖδαι Tr¹

FRAGMENTA HERACLIDIS FALSO ADSCRIPTA

i [fr. 852 N]

ὅϲτιϲ δὲ τοὺϲ τεκόνταϲ ἐν βίωι ϲέβει,
ὅδ' ἐϲτὶ καὶ ζῶν καὶ θανὼν θεοῖϲ φίλοϲ.
ὅϲτιϲ δὲ †τοὺϲ φύϲανταϲ† μὴ τιμᾶν θέληι,
μή μοι γένοιτο μήτε ϲυνθύτηϲ θεοῖϲ
μήτ' ἐν θαλάϲϲηι κοινόπλουν ϲτέλλοι ϲκάφοϲ.   5

1–2 Stob. 4. 25. 2 cum lemmate Εὐριπίδου Ἡρακλείδαιϲ (M, -δῶν A, ἦρ S), 1–5 Orio flor. Eur. 7 sine fabulae nomine. cum Orionis codex eclogas non separet, parum caute agunt qui uu. 3–5 cum 1–2 uno tenore coniungunt 3 τὸν φύϲαντα Meineke, τὼ φύϲαντε Schneidewin   4 θεοῖϲ Schneidewin: τοῖϲ θ- Orio

ii [fr. 853 N]

τρεῖϲ εἰϲὶν ἀρεταὶ τὰϲ χρεών ϲ' ἀϲκεῖν, τέκνον·
θεούϲ τε τιμᾶν τούϲ τε θρέψανταϲ γονῆϲ
νόμουϲ τε κοινοὺϲ Ἑλλάδοϲ· καὶ ταῦτα δρῶν
κάλλιϲτον ἕξειϲ ϲτέφανον εὐκλείαϲ ἀεί.

Stob. 3. 1. 80 cum lemmate Εὐριπίδου Ἡρακλείδαιϲ MA, Εὐρ- Ἀντιόπη Trinc.   1 χρεών ϲ' Dindorf: χρή ϲ' A, χρήϲειϲ M   2 γονῆϲ Nauck: -εῖϲ MA

iii [fr. 854 N]

τὸ μὲν ϲφαγῆναι δεινόν, εὔκλειαν δ' ἔχει·
τὸ μὴ θανεῖν δ' οὐ δεινόν, ἡδονὴ δ' ἔνι.

Stob. 3. 7. 8 cum lemmate Εὐριπίδηϲ Ἡρακλεῖ A (Ἡρακλεί⟨δαιϲ⟩ Nauck), idem lemma omissa ecloga M; Plut. mor. 447 E (2 δὲ δειλόν pro δ' οὐ δεινόν) sine poetae nomine. uide ed. nostrae tom. ii p. 175

ΗΡΑΚΛΕΙΔΑΙ

iv [fr. 851 N]

τάραττε καὶ χόρδευ' ὁμοῦ τὰ πράγματα.

Ar. Equ. 214, ubi Σ uet. [p. 54 Jones] παρωιδίας τρόπον· παρώιδησε γὰρ τὸν
ἴαμβον ἐξ Ἡρακλειδῶν Εὐριπίδου

v [fr. 949 N]

καὶ τοῖς τεκοῦσιν ἀξίαν τιμὴν νέμειν.

uide ad 297-304

ΙΠΠΟΛΥΤΟC

CODICES

K   Berolinensis P. 5005 (uu. 243–459, 492–515) saec. vi–vii

Ω {
M   Marcianus gr. 471 (uu. 1–1234)   xi
B   Parisinus gr. 2713   xi
O   Laurentianus 31. 10   c. 1175
A   Parisinus gr. 2712   xiii ex.
}

Ω = MBOA (uel BOA, absente M); $\varOmega$ = MBA uel MOA

V   Vaticanus gr. 909   c. 1250–80

Λ {
$\varDelta$ {
H   Hierosolymitanus τάφου 36 (uu. 320–68,
       469–518, 1136–86, 1290–1336)   x–xi
C   Vaticanus gr. 910 (uu. 1–659, 688–1123,
       1365–1466)   xiv
D   Laurentianus 31. 15   xiv
E   Athous, Μονὴ Ἰβήρων 209 (olim 161)   xiv in.
}
L   Laurentianus 32. 2   xiv in.
P   Palatinus gr. 287   xiv in.
}

Λ = HCDELP (uel quotquot adsunt); $\varLambda$ = Λ minus aut C aut D
aut E

$\varDelta$ = HCDE (uel horum tres, uno absente)

raro memorantur
Pv   Palatinus gr. 343   xv ex.
Hn   Hauniensis 417   c. 1475
Ox   Oxoniensis, Bodl. Auct. T. 4. 10   xvi
Nv   Neapolitanus Vind. gr. 17   c. 1500
Va   Palatinus gr. 98 (cod. V apographum)   xiv

memoratur etiam in scholiis
N   Neapolitanus II. F. 41   xvi in.

PAPYRI ET OSTRACA

$Π^1$	P. Mil. Vogl. 44 [Pack² 398]: argumenti pars	i p.C.
$Π^2$	P. Sorbonne 2252 [Pack² 393]: uu. 1–57, 73–106	iii–ii a.C.
$Π^3$	P. Oxy. 3152: uu. 225–59, 269–87, 357–67, 371–94, 442–55	ii p.C.
$Π^4$	P. Berol. 9772 [Pack² 1568]: uu. 403–4, 406–10, 413–23	ii a.C.
$Π^5$	P. Oxy. 2224 [Pack² 395]: uu. 579–604[1]	ii p.C.
$Π^6$	Ostracon Berol. 4758 [Pack² 396]: uu. 616–24	ii a.C.
$Π^7$	P. Berol. 9773 [Pack² 1573]: uu. 664–8	ii a.C.
$Π^8$	P. Lit. Lond. 73 [Pack² 397]: uu. 1165–79, 1194–1204	iii a.C.

GNOMOLOGIA

gV	Vatopedianus 36	xii
gB	Vaticanus Barberini gr. 4	c. 1300
gE	Escorialensis gr. X. 1. 13	xiv. in.

[1] Vide etiam Oxyrhynchus Papyri 44 (1976) 34–5.

ΥΠΟΘΕCΙC ΙΠΠΟΛΥΤΟΥ

Θηcεὺc υἰὸc μὲν ἦν Αἴθρας καὶ Ποcειδῶνοc, βαcιλεὺc δὲ
Ἀθηναίων· γήμαc δὲ μίαν τῶν Ἀμαζονίδων Ἱππολύτην Ἱππό-
λυτον ἐγέννηcε, κάλλει τε καὶ cωφροcύνηι διαφέροντα. ἐπεὶ δὲ
ἡ cυνοικοῦcα τὸν βίον μετήλλαξεν, ἐπειcηγάγετο Κρητικὴν
5 γυναῖκα, τὴν Μίνω τοῦ Κρητῶν βαcιλέωc καὶ Παcιφάηc θυγατέρα
Φαίδραν. ὁ δὲ Θηcεὺc Πάλλαντα ἕνα τῶν cυγγενῶν φονεύcαc
φεύγει εἰc Τροιζῆνα μετὰ τῆc γυναικόc, οὗ cυνέβαινε τὸν Ἱππό-
λυτον παρὰ Πιτθεῖ τρέφεcθαι. θεαcαμένη δὲ τὸν νεανίcκον ἡ
Φαίδρα εἰc ἐπιθυμίαν ὤλιcθεν, οὐκ ἀκόλαcτοc οὖcα, πληροῦcα
10 δὲ Ἀφροδίτηc μῆνιν, ἣ τὸν Ἱππόλυτον διὰ cωφροcύνην ἀνελεῖν
κρίναcα τὴν Φαίδραν εἰc ἔρωτα παρώρμηcεν, τέλοc δὲ τοῖc προ-
τεθεῖcιν ἔθηκεν. cτέργουcα δὲ τὴν νόcον χρόνωι πρὸc τὴν τροφὸν
δηλῶcαι ἠναγκάcθη, ἥτιc κατεπαγγειλαμένη αὐτῆι βοηθήcειν
παρὰ τὴν προαίρεcιν λόγουc προcήνεγκε τῶι νεανίcκωι.
15 τραχυνόμενον δὲ αὐτὸν ἡ Φαίδρα καταμαθοῦcα τῆι μὲν τροφῶι

codd.: *Π*¹(1–17)MBOAVCDEP (25–30 etiam *Σ*ᵈ, qui cum B fere
congruit; 31–2 etiam Tr)

Inscriptio ἱππολύτου ὑπόθεcιc MP; om. C; [*Π*¹]   1 υἰόc DEP (bis
E): om. MBOAVC: [*Π*¹]   αἴθρας καὶ ποcειδῶνοc MVP: αἴ- ἱππολύτηc
καὶ π- ⟨Β⟩ΟΑC (αἴ- υἰὸc καὶ π- Β²): π- καὶ αἴ- D: π- E: [*Π*¹]   δὲ om.
ΒΕ; [*Π*¹]   2 ἀμαζόνων DE; [*Π*¹]   Ἱππολύτην ἀντιόπην DE et Β²;
[*Π*¹]   3 διαπρέποντα O; [*Π*¹]   5 τὴν om. DE; [*Π*¹]
μίνω ΜΟΑVC: μίνωος ΒDEP: μινω[*Π*¹   καὶ παcιφάηc VDEP: om.
ΜΒΟΑC et fort. *Π*¹ (etiam θυγατέρα om. C)   6 τὴν φαίδραν DE;]φαι-
*Π*¹   7 εἰc τὴν τ- DE; [*Π*¹]   8 τῶ(ι) πιτθεῖ ΟΑ; [*Π*¹]   inter 10
ανε[λειν et 12]την [νοcον textum nostro diuersum habuit *Π*¹ (in medio
legitur]θεληι[)   11 τὴν...παρώρμηcε(ν) DEP (τὴν om. P) et V³: om.
ΜΒΟΑVC: [*Π*¹]   δὲ om. ΒΑ; [*Π*¹]   11–12 τοῖc...χρόνωι om.
O; [*Π*¹]   11 προcτεθεῖcιν CDE; [*Π*¹]   12 ἐπέθηκε P; [*Π*¹]
cτέγουcα Valckenaer; [*Π*¹]   νόcον om. M; [*Π*¹]   χρόνον VC; [*Π*¹]
13 ἥτιc hoc loco Schwartz, post βοηθήcειν (-θῆcαι) codd.: [*Π*¹]: cf. Whittaker,
CR n.s. 21 (1971) 9   κατεπαγγειλαμένη]-ηγγ- CE; -μένην A; [*Π*¹]
βοηθήcειν MDEP; -θῆcαι ΒΟΑVC: [*Π*¹]   14 παρὰ Schwartz: καὶ παρὰ
DEP: κατὰ MBOAVC: [*Π*¹]   προcήνεγκε AVDEP: προή- MBO:
]ηνε[γκε *Π*¹: προcήγαγε C   15 καταμαθοῦcα] ἰδοῦcα O

ΙΠΠΟΛΥΤΟϹ

ἐπέπληξεν, ἑαυτὴν δὲ ἀνήρτηϲεν. καθ' ὃν καιρὸν φανεὶϲ Θηϲεὺϲ
καὶ καθελεῖν ϲπεύδων τὴν ἀπηγχονιϲμένην, εὗρεν αὐτῆι προϲ-
ηρτημένην δέλτον δι' ἧϲ Ἱππολύτου φθορὰν κατηγόρει καὶ
ἐπιβουλήν. πιϲτεύϲαϲ δὲ τοῖϲ γεγραμμένοιϲ τὸν μὲν Ἱππόλυτον
ἐπέταξε φεύγειν, αὐτὸϲ δὲ τῶι Ποϲειδῶνι ἀρὰϲ ἔθετο, ὧν 20
ἐπακούϲαϲ ὁ θεὸϲ τὸν Ἱππόλυτον διέφθειρεν. Ἄρτεμιϲ δὲ τῶν
γεγενημένων ἕκαϲτα διαϲαφήϲαϲα Θηϲεῖ, τὴν μὲν Φαίδραν οὐ
κατεμέμψατο, τοῦτον δὲ παρεμυθήϲατο υἱοῦ καὶ γυναικὸϲ
ϲτερηθέντα· τῶι δὲ Ἱππολύτωι τιμὰϲ ἔφη γῆι ἐγκαταϲτήϲεϲθαι.

⟨ΑΡΙϹΤΟΦΑΝΟΥϹ ΓΡΑΜΜΑΤΙΚΟΥ ΥΠΟΘΕϹΙϹ⟩

ἡ ϲκηνὴ τοῦ δράματοϲ ὑπόκειται ἐν †θήβαιϲ†. ἐδιδάχθη ἐπὶ 25
Ἐπαμείνονοϲ ἄρχοντοϲ ὀλυμπιάδι π̅ζ̅ ἔτει δ. πρῶτοϲ Εὐριπίδηϲ,
δεύτεροϲ Ἰοφῶν, τρίτοϲ Ἴων. ἔϲτι δὲ οὗτοϲ Ἱππόλυτοϲ δεύτεροϲ,
⟨ὁ⟩ καὶ ϲτεφανίαϲ προϲαγορευόμενοϲ. ἐμφαίνεται δὲ ὕϲτεροϲ
γεγραμμένοϲ· τὸ γὰρ ἀπρεπὲϲ καὶ κατηγορίαϲ ἄξιον ἐν τούτωι
διώρθωται τῶι δράματι. τὸ δὲ δρᾶμα τῶν πρώτων.   30

16 ἑαυτὴν DEP: αὐτὴν MBOAVC (αὐ- A²): [Π¹]   17 ϲπεύδων
MBOAVC: θέλων DEP: [Π¹]   18 δέλτον] βίβλον B   18–19 καὶ
ἐπιβουλήν om. DE; κατ' ἐπιβουλήν Wilamowitz   22 ἕκαϲτα OAV:
ἕκαϲτον MBCEP: ἑκάϲτω D   τῆϲ μὲν φαίδραϲ DE   22–3 οὐ
κατεμέμψατο OAD(E): οὐκ ἀπεπέμψατο M⟨B⟩VCP (ἀπεμέμ- Bᶜ)
24 γῆι Valckenaer: γῆϲ MBOAVCP: om. DE   ἐγκατα-] κατα- DE
-ϲτήϲεϲθαι Nauck: -ϲτήϲαϲθαι codd.

Inscriptionem add. Kirchhoff: om. codd.   25–30 hoc loco habent
CDE, post 32 MAV, in scholiis B, om. OP   25 ἡ...θήβαιϲ om. DE
ὑπόκειται ἐν θήβαιϲ BAV: ἐν θ- κεῖται MC: ὑ- ἐν Τροιζῆνι ed. Brubach., ὑ-
ἐν ⟨Τροιζῆνι καὶ οὐ καθάπερ τοῦ προτέρου ἐν⟩ Ἀθήναιϲ e.g. Schwartz
ἐδιδάχθη δὲ C   26 Ἐπαμείνονοϲ praeeunte Barnes Matthiae: ἀμείνονοϲ
fere codd. (-μείνων- A, -μήνοτ- C; -μήνον- M²)   ὀλυμπιάδοϲ V   π̅ζ̅
BDE: ἐπὶ π̅ζ̅ MAC: ἐπὶ ν̅ζ̅ V   27 καὶ δεύτεροϲ ἰο- V   οὗτοϲ ὁ BDE
28 ⟨ὁ⟩ Nauck   29 γεγραμμένον DE   κατηγορίαϲ CDE: κακη-
MBAV   30 διώριϲται C

ΕΥΡΙΠΙΔΟΥ

τὰ τοῦ δράματος πρόσωπα· Ἀφροδίτη, Ἱππόλυτος, οἰκέτης, τροφός, Φαίδρα, θεράπαινα, Θησεύς, ἄγγελος, Ἄρτεμις, χορός.

31–2 ἀφ- ἄγ- ἱπ- θη- οἰ- θε- τρ- ἄρ- φα- χο- MAVCP: ἀφ- φα- ἱπ- ἄγ- οἰ- θε- τρ- ἄρ- χο- D et (add. θη- post χο-) E: ἀφ- ἱπ- ἄγ- θη- θε- οἰ- τρ- ἄρ- φα- χο- B: ἀφ- ἱπ- χο- οἰ- φα- τρ- θη- ἄγ- ἄρ- O: ἀφ- ἱπ- χο- θε- τρ- φαίδρας φα- ἄγ- θη- ἕτερος ἄγ- ἄρ- Tr   post personarum indicem προλογίζει ἀφροδίτη E

fabula anno 428 a.C. acta

ΙΠΠΟΛΥΤΟΣ

ΑΦΡΟΔΙΤΗ

Πολλὴ μὲν ἐν βροτοῖcι κοὐκ ἀνώνυμος
θεὰ κέκλημαι Κύπρις οὐρανοῦ τ' ἔcω·
ὅcοι τε Πόντου τερμόνων τ' Ἀτλαντικῶν
ναίουcιν εἴcω, φῶc ὁρῶντεc ἡλίου,
τοὺc μὲν cέβονταc τἀμὰ πρεcβεύω κράτη,   5
cφάλλω δ' ὅcοι φρονοῦcιν εἰc ἡμᾶc μέγα.
ἔνεcτι γὰρ δὴ κἀν θεῶν γένει τόδε·
τιμώμενοι χαίρουcιν ἀνθρώπων ὕπο.
δείξω δὲ μύθων τῶνδ' ἀλήθειαν τάχα.
ὁ γάρ με Θηcέωc παῖc, Ἀμαζόνος τόκος,   10
Ἱππόλυτος, ἁγνοῦ Πιτθέως παιδεύματα,
μόνος πολιτῶν τῆcδε γῆς Τροζηνίας
λέγει κακίcτην δαιμόνων πεφυκέναι·
ἀναίνεται δὲ λέκτρα κοὐ ψαύει γάμων,
Φοίβου δ' ἀδελφὴν Ἄρτεμιν, Διὸc κόρην,   15
τιμᾶι, μεγίcτην δαιμόνων ἡγούμενος,
χλωρὰν δ' ἀν' ὕλην παρθένωι ξυνὼν ἀεὶ
κυcὶν ταχείαιc θῆραc ἐξαιρεῖ χθονός,
μείζω βροτείας προcπεcὼν ὁμιλίας.
τούτοιcι μέν νυν οὐ φθονῶ· τί γάρ με δεῖ;   20
ἃ δ' εἰc ἔμ' ἡμάρτηκε τιμωρήcομαι

codd.: *Π²*; *Ω* = MBOA; V; *Λ* = CDELP

Inscriptio ἱππόλυτος MBC: εὐριπίδου ἱ- VD: (εὐ-) ἱ- cτεφανηφόρος (*Π²*)AP
et Tr (εὐ- P et Tr, om. A; de *Π²* incertum): εὐ- φαίδρα L: om. OE
1ⁿ ἀφ- om. MCEL (∼ Tr); [*Π²*]   7 θε]ωγ γενει in fine uersus *Π²* (καὶ
τόδ' ἐν θε] uel τοῦτο κἀν θε] Barrett); (∼ gE)   12 Τροζ- Wilamowitz:
τροιζ- codd. (item 29, 373, 710, 1095, 1159, 1424)   17 παρθένων ⟨Β⟩Ο
(∼ Βᶜ)   18 ἐξαιρεῖ CP et Σ¹: ἐξαίρει ΩVDEL:]αιρει *Π²*
19 βροτείαις D et ¹Σᵃ (∼ D² et ¹Σᵐᵛ et gE); [*Π²*]   ὁμιλίαι L (∼ Tr);
-ίαις D (∼ D²); ι super ας Β²; (∼ gE)   20 τούτοις L et gE; [*Π²*]
νῦν Ω: οὖν VCD et Tr et gE: γὰρ E: γ' οὖν P: [*Π²*L]

Ἱππόλυτον ἐν τῆιδ' ἡμέραι· τὰ πολλὰ δὲ
πάλαι προκόψας', οὐ πόνου πολλοῦ με δεῖ.
ἐλθόντα γάρ νιν Πιτθέως ποτ' ἐκ δόμων
cεμνῶν ἐc ὄψιν καὶ τέλη μυcτηρίων   25
Πανδίονος γῆν πατρὸς εὐγενὴς δάμαρ
ἰδοῦca Φαίδρα καρδίαν κατέcχετο
ἔρωτι δεινῶι τοῖc ἐμοῖc βουλεύμαcιν.
καὶ πρὶν μὲν ἐλθεῖν τήνδε γῆν Τροζηνίαν,
πέτραν παρ' αὐτὴν Παλλάδος, κατόψιον   30
γῆc τῆcδε, ναὸν Κύπριδος ἐγκαθείcατο,
ἐρῶc' ἔρωτ' ἔκδημον, Ἱππολύτωι δ' ἔπι
τὸ λοιπὸν ὀνομάcουcιν ἱδρῦcθαι θεάν.
ἐπεὶ δὲ Θηcεὺc Κεκροπίαν λείπει χθόνα
μίαcμα φεύγων αἵματος Παλλαντιδῶν   35
καὶ τήνδε cὺν δάμαρτι ναυcτολεῖ χθόνα
ἐνιαυcίαν ἔκδημον αἰνέcαc φυγήν,
ἐνταῦθα δὴ cτένουca κἀκπεπληγμένη
κέντροιc ἔρωτος ἡ τάλαιν' ἀπόλλυται
cιγῆι, ξύνοιδε δ' οὔτιc οἰκετῶν νόcον.   40
ἀλλ' οὔτι ταύτηι τόνδ' ἔρωτα χρὴ πεcεῖν,
δείξω δὲ Θηcεῖ πρᾶγμα κἀκφανήcεται.
καὶ τὸν μὲν ἡμῖν πολέμιον νεανίαν

codd.: $Π^2$; $Ω$ = MBOA; V; $Λ$ = CDELP

30 πέτραν DLP: -ρην $Ω$VCE: [$Π^2$]   31 ἐγκαθείcατο AL et fort. $Π^2$:
-θίc- MBVDEP: -θίcτ- O: -θήc- C   32 ἔκδημον BAP et Tr et $^1Σ^n$ et
$^1Σ^{mnbv}$: ἔκδηλον MOV$Λ$L et B²: [$Π^2$]   ιππολ]υτου [δ επ]ι $Π^2$
33 ὀνομάcουcιν Jortin: ὠνόμαζεν codd.: [$Π^2$]   34 λίπε 〈L〉P (λίποι
Tr); λεῖπε C   36 τήνδε OA$Λ$ et B²V²: τῆ(ι)δε MBV et V³ʸʳ et $^1Σ^{nv}$:
[$Π^2$]   37 ἐνιαυcίαν ADLP: -αύciον MBOVCE et $^1Σ^n$: [$Π^2$]
40 ξύνοιδε δ' Tr: cύνοιδε δ' $Ω$V$Λ$ et gE: ξύνοιδεν 〈L²〉P: [$Π^2$]
οὐδεὶc O〈L〉 (~ Tr et gE)   ανθ[ρωπων $Π^2$ 41 ταύτη(ι) ($Π^2$)$Λ$ et
V³ʸʳ: ταύτης $Ω$VC   χρὴ LP: δεῖ $Ω$V$Λ$: δε]ι $Π^2$ μολειν $Π^2$
42 lectio suspecta   Θηcεῖ δὲ δείξω V   του]τοιc πρα[γμα $Π^2$ (suppl.
ed. pr.)   43 om. $Π^2$ νεανίαν $Ω$VCE: πεφυκότα LP et V⁸: νεανίαν
πεφυκότα D: cf. Chr. Pat. 745 τὸν μὲν γὰρ ἡμῶν δυcμενῆ βροτοκτόνον
(πεφυκότα pars codd.)

κτενεῖ πατὴρ ἀραῖcιν ἃc ὁ πόντιοc
ἄναξ Ποcειδῶν ὤπαcεν Θηcεῖ γέραc,　　　　　　45
μηδὲν μάταιον ἐc τρὶc εὔξαcθαι θεῶι·
ἡ δ' εὐκλεὴc μὲν ἀλλ' ὅμωc ἀπόλλυται
Φαίδρα· τὸ γὰρ τῆcδ' οὐ προτιμήcω κακὸν
τὸ μὴ οὐ παραcχεῖν τοὺc ἐμοὺc ἐχθροὺc ἐμοὶ
δίκην τοcαύτην ὥcτε μοι καλῶc ἔχειν.　　　　　50
ἀλλ' εἰcορῶ γὰρ τόνδε παῖδα Θηcέωc
cτείχοντα, θήραc μόχθον ἐκλελοιπότα,
Ἱππόλυτον, ἔξω τῶνδε βήcομαι τόπων.
πολὺc δ' ἅμ' αὐτῶι προcπόλων ὀπιcθόπουc
κῶμοc λέλακεν, Ἄρτεμιν τιμῶν θεὰν　　　　　55
ὕμνοιcιν· οὐ γὰρ οἶδ' ἀνεωιγμέναc πύλαc
Ἅιδου, φάοc δὲ λοίcθιον βλέπων τόδε.

ΙΠΠΟΛΥΤΟC

ἔπεcθ' ἄιδοντεc ἔπεcθε
τὰν Διὸc οὐρανίαν
Ἄρτεμιν, ἇι μελόμεcθα.　　　　　60

ΙΠ. ΚΑΙ ΘΕΡΑΠΟΝΤΕC

πότνια πότνια cεμνοτάτα,
Ζηνὸc γένεθλον,
χαῖρε χαῖρέ μοι, ὦ κόρα
Λατοῦc Ἄρτεμι καὶ Διόc,　　　　　65
καλλίcτα πολὺ παρθένων,

codd.: $Π^2$(-57); $Ω$ = MBOA; V; $Λ$ = CDELP

44 κτ✻νεῖ M (-ει- pot. qu. -α-? ~ M^2); [$Π^2$]　　46 ἐc LP: εἰc $Π^2ΩVΔ$
49 τὸ] τοῦ DP et V^3; [$Π^2$]　　50 ὥcτ' ἐμοὶ LP; ωcτε[μοι $Π^2$　　55 θεὸν
LP　　57 τε L; [$Π^2$]　　βλέπων τόδε MBOVCE: βλέπον τ- A: βλέπει τ-
D: τόδε βλέπων LP: το]δ̣ ειcορων $Π^2$　　58^n ἰπ. codd.: aut ἰπ. aut
θεράποντεc [1]Σmnbv　　58 ἀείδοντεc ⟨L⟩P (~ Tr) et M^2　　60 ἄρτεμιν
ἄρτεμιν LP (~Tr)　　61^n Ἱπ. καὶ Θεράποντεc Barrett: χο. fere codd.
(χορὸc τῶν κυνηγῶν D et B^2: cf. $Σ^{mnv}$ χορὸc νεανιῶν τῶν κυνηγῶν ἱππολύτου):
Θερ- fere edd., Χο. Κυνηγῶν Murray: uide ad 1102　　62　　ζηνὸc LP et
E^8: ζανὸc $ΩVΔ$ et Tr　　63 χαῖρε χαῖρε A: χαῖρε MBOVΛ, sed post
κόρα habent alterum χαῖρε C, alterum χαῖρέ μοι LP (~ Tr)　　65 λ- καὶ
δ- ἄ- A; λ- ἄ- παῖ δ- L (~ Tr)

ἃ μέγαν κατ' οὐρανὸν
ναίεις εὐπατέρειαν αὐ-
λάν, Ζηνὸς πολύχρυσον οἶκον.
χαῖρέ μοι, ὦ καλλίστα   70
καλλίστα τῶν κατ' Ὄλυμπον.   71

Ιπ.   σοὶ τόνδε πλεκτὸν στέφανον ἐξ ἀκηράτου   73
      λειμῶνος, ὦ δέσποινα, κοσμήσας φέρω,
      ἔνθ' οὔτε ποιμὴν ἀξιοῖ φέρβειν βοτὰ   75
      οὔτ' ἦλθέ πω σίδηρος, ἀλλ' ἀκήρατον
      μέλισσα λειμῶν' ἠρινὴ διέρχεται,
      Αἰδὼς δὲ ποταμίαισι κηπεύει δρόσοις,
      ὅσοις διδακτὸν μηδὲν ἀλλ' ἐν τῆι φύσει
      τὸ σωφρονεῖν εἴληχεν ἐς τὰ πάντ' ἀεί,   80
      τούτοις δρέπεσθαι, τοῖς κακοῖσι δ' οὐ θέμις.
      ἀλλ', ὦ φίλη δέσποινα, χρυσέας κόμης
      ἀνάδημα δέξαι χειρὸς εὐσεβοῦς ἄπο.
      μόνωι γάρ ἐστι τοῦτ' ἐμοὶ γέρας βροτῶν·
      σοὶ καὶ ξύνειμι καὶ λόγοις ἀμείβομαι,   85
      κλύων μὲν αὐδῆς, ὄμμα δ' οὐχ ὁρῶν τὸ σόν.
      τέλος δὲ κάμψαιμ' ὥσπερ ἠρξάμην βίου.

codd.: $Π^2$(73–); $Ω$ = MBOA; V; $Λ$ = CDELP

67–8 αἰ...ναίετ' ⟨L⟩P (~ Tr) et B^c 67 μεγάλαν Weil 70^n ἱπ.
hic (non ad 73) VCE et Tr   71–2 ὄλυμπον O, sicut coni. Nauck: ὄ-
παρθένων ἄρτεμι $ΩVΛ$ et O^c: ὄ- θεῶν PvHnOx   76 οὔτ' Orio flor. 3.
3: οὐδ' codd. et Plut. mor. 1094 A: [$Π^2$]   που Orio (~ Plut.); [$Π^2$]
σίδηρος OCLP et V^s et Orio: σίδαρος $Ω$VDE et O^c: utrumque Plut. codd.:
[$Π^2$]   ἀκήρατος ($Π^2$) et A^c 77 ἠρ- LP: ἐαρ- $ΩVΛ$ et Orio: [$Π^2$]
-ινὴ Valckenaer (cl. $Σ^{bv}$ ἐαρινὴν δὲ αὐτὴν εἶπεν κτλ.): -ινὸν codd. et Orio:
[$Π^2$]   79 ἀλλ' ἐν] ἀλλὰ ⟨L⟩ (~ Tr) et Orio; [$Π^2$]   80 εἴληχεν]
ἔνεστιν Ba. 316 (u. ex h.l. interpolatus) (~ Orio); [$Π^2$]   ἐς D: εἰς
$Π^2ΩVΛ$ πάντ' ἀεί LP et Ba. 316: πάνθ' ὁμῶς A et B^2E^2: πάνθ' ὅμως
MBOVCE et (-τ' ὅ-) Orio: πανθ ολως $Π^2$: πάντ' αἰεὶ ὅμως D
81 κακοῖσι δ'] κακοῖσιν CD (~ C^2 et Orio)   84 γέρας post βροτῶν O et
Chr. Pat. 2579, ante τοῦτ' C   85 λόγοις' M, -οις ς' O (~ Orio); [$Π^2$]
86 αὐδῆς D⟨L⟩P et A^s: -δὴν $Ω$VCE et Tr et Orio: [$Π^2$]   ὁρῶν
$Π^2$OCP et L^{1c} et Orio: ὁρῶ $Ω$VDE⟨L⟩   87 ηὐξάμην PvHnNv et Chr.
Pat. 2587 pars codd.;]μημ $Π^2$

ΘΕΡΑΠΩΝ

    ἄναξ, θεοὺς γὰρ δεcπότας καλεῖν χρεών,
    ἆρ' ἄν τί μου δέξαιο βουλεύcαντος εὖ;
Ιπ. καὶ κάρτα γ'· ἦ γὰρ οὐ cοφοὶ φαινοίμεθ' ἄν.   90
Θε. οἶcθ' οὖν βροτοῖcιν ὃc καθέcτηκεν νόμος;
Ιπ. οὐκ οἶδα· τοῦ δὲ καί μ' ἀνιcτορεῖc πέρι;
Θε. μιcεῖν τὸ cεμνὸν καὶ τὸ μὴ πᾶcι φίλον.
Ιπ. ὀρθῶc γε· τίc δ' οὐ cεμνὸc ἀχθεινὸc βροτῶν;
Θε. ἐν δ' εὐπροcηγόροιcίν ἐcτί τιc χάριc;   95
Ιπ. πλείcτη γε, καὶ κέρδοc γε cὺν μόχθωι βραχεῖ.
Θε. ἦ κἀν θεοῖcι ταὐτὸν ἐλπίζειc τόδε;
Ιπ. εἴπερ γε θνητοὶ θεῶν νόμοιcι χρώμεθα.
Θε. πῶc οὖν cὺ cεμνὴν δαίμον' οὐ προcεννέπειc;
Ιπ. τίν'; εὐλαβοῦ δὲ μή τί cου cφαλῆι cτόμα.   100
Θε. τήνδ' ἢ πύλαιcι caῖc ἐφέcτηκεν Κύπριc.
Ιπ. πρόcωθεν αὐτὴν ἁγνὸc ὢν ἀcπάζομαι.
Θε. cεμνή γε μέντοι κἀπίcημοc ἐν βροτοῖc.   103
Ιπ. οὐδείc μ' ἀρέcκει νυκτὶ θαυμαcτὸc θεῶν.   106
Θε. τιμαῖcιν, ὦ παῖ, δαιμόνων χρῆcθαι χρεών.   107
Ιπ. ἄλλοιcιν ἄλλοc θεῶν τε κἀνθρώπων μέλει.   104
Θε. εὐδαιμονοίηc, νοῦν ἔχων ὅcον cε δεῖ.   105
Ιπ. χωρεῖτ', ὀπαδοί, καὶ παρελθόντεc δόμουc   108
    cίτων μέλεcθε· τερπνὸν ἐκ κυναγίαc
    τράπεζα πλήρηc· καὶ καταψήχειν χρεών   110
    ἵππουc, ὅπωc ἂν ἅρμαcι ζεύξαc ὕπο
    βορᾶc κορεcθεὶc γυμνάcω τὰ πρόcφορα.
    τὴν cὴν δὲ Κύπριν πόλλ' ἐγὼ χαίρειν λέγω.

codd.: Π^2(-106); Ω = MBOA; V; Λ = CDELP

88–114ⁿ θεράπων ΒΑΛ (paragraphos 93–107 L): θερ- 88, οἰκέτηc 91–114
MV: θερ- 88–93, nullam notam 95, οἰκ- 97–114 O: [Π^2]   96 γε
alterum om. CE et gV ($\sim$ gB); [Π^2]   99 cὺ post cεμνὴν L, om. P
($\sim$ Suda iv. 340. 23 Adler); [Π^2]   100 cὸν AP ($\sim$ A^c et gE); [Π^2]
101 πύληcι LP ($\sim$ Tr); [Π^2]   κύπριν Β^{2}Α^s; π]ελαc Π^2, fort. recte
102 ἄπωθεν Plut. mor. 778 A ($\sim$ gV); [Π^2]   104–5 post 107 trai.
Gomperz   104 ἄλλοc] ἄλλωc O et $^1\Sigma^n$ ($\sim$ Eust. in Il. p. 245. 15)
105 cε δεῖ ΑΛ et gVgE: γε δεῖ V et Ε^2 et gB: γ' ἔδει MBO: [Π^2]
111 ἅρματι V

Θε. ἡμεῖς δέ, τοὺς νέους γὰρ οὐ μιμητέον
φρονοῦντας οὕτως, ὡς πρέπει δούλοις λέγειν   115
προσευξόμεςθα τοῖςι ςοῖς ἀγάλμαςιν,
δέςποινα Κύπρι· χρὴ δὲ ςυγγνώμην ἔχειν.
εἴ τίς ς' ὑφ' ἥβης ςπλάγχνον ἔντονον φέρων
μάταια βάζει, μὴ δόκει τούτου κλύειν·
ςοφωτέρους γὰρ χρὴ βροτῶν εἶναι θεούς.   120

ΧΟΡΟϹ

'Ωκεανοῦ τις ὕδωρ ςτάζουςα πέτρα λέγεται,   [ςτρ. α
βαπτὰν κάλπιςι πα-
γὰν ῥυτὰν προιεῖςα κρημνῶν.
τόθι μοί τις ἦν φίλα   125
πορφύρεα φάρεα
ποταμίαι δρόςωι
τέγγουςα, θερμᾶς δ' ἐπὶ νῶτα πέτρας
εὐαλίου κατέβαλλ'· ὅθεν μοι
πρῶτα φάτις ἦλθε δεςποίνας,   130

τειρομέναν νοςεραῖ κοίται δέμας ἐντὸς ἔχειν   [ἀντ. α
οἴκων, λεπτὰ δὲ φά-
ρη ξανθὰν κεφαλὰν ςκιάζειν·

codd.: Ω = MBOA; V; Λ = CDELP

115 φρονοῦντας LP et B² et ut uid. ¹Σ^mnbv: -οῦντες ΩVCE et L^c: -ῶντ'
D   116 προςευξ- Ω et ¹Σ^mnbv: προςευχ- VΛ et Σ^n   117 χρή ςε gV et
(cum u.l. δεῖ ςε) Chr. Pat. 1042   118 ς' ΩC: δ' L^uvP (γ' Tr^uv): om.
BVDE et gV et Chr. Pat. 1043   ἔντονον OVΔL et gV: εὔτ- ΩP et V^3γρ
et Chr. Pat.   φορῶν dubitanter Barrett   119 τούτου ΩC et Tr et
gV: τούτων VΛ et Chr. Pat. 1044   120 δεῖ LP (~ gE)
123 κάλπη(ι)ςι ⟨L⟩ (~ Tr) et E² et ¹Σ^n   123-4 παγὰν ῥυτὰν Willink
(CQ n.s. 18 [1968] 37): ῥ- π- codd.   125 τόθι ⟨L?⟩ et Tr: ὅθι ΩVΛ
126 φάρη Hartung   129 κατέβαλλ' Burges: -βαλλεν Δ: -βαλ'
Ω: -βαλεν VLP et C²uv (pot. qu. -λ- C, -λλ- C²)   130 πρῶτα
Pv: πρώτα codd.   δεςποίνας Ω: δέςποιναν OVΔ et B²A^s: δέςποινα C
131 τειρομέναν AVΛ (-ην C) et B²: -μένα MBO (-ᾳ O)   132 κοίτα(ι)
om. M, post ἔχειν habet O, post δεςποινα C   ἐντος VΛ et
Σ^mnbv: ἐντοςθεν ΩC   133 λεπτὰ δὲ OAVΛ et M² et ¹Σ^mnbv et Σ^mnbv:
δὲ λ- ⟨M⟩B   φάρη MA et ¹Σ^m: φάρεα BOVΛ et M² et ¹Σ^nb

τριτάταν δέ νιν κλύω   135
τάνδ' ἀβρωcίαι
cτόματος ἀμέραν
Δάματρος ἀκτᾶς δέμας ἁγνὸν ἴcχειν,
κρυπτῶι πάθει θανάτου θέλουcαν
κέλcαι ποτὶ τέρμα δύcτανον.   140

†cὺ γὰρ† ἔνθεος, ὦ κούρα,   [cτρ. β
εἴτ' ἐκ Πανὸς εἴθ' Ἑκάτας
ἢ cεμνῶν Κορυβάντων
φοιτᾶιc ἢ ματρὸς ὀρείας;
†cὺ δ'† ἀμφὶ τὰν πολύθη-   145
ρον Δίκτυνναν ἀμπλακίαιc
ἀνίεροc ἀθύτων πελανῶν τρύχηι;
φοιτᾶι γὰρ καὶ διὰ Λί-
μνας χέρcον θ' ὕπερ πελάγουc
δίναιc ἐν νοτίαιc ἅλμαc.   150

ἢ πόcιν, τὸν Ἐρεχθειδᾶν   [ἀντ. β
ἀρχαγόν, τὸν εὐπατρίδαν,
ποιμαίνει τιc ἐν οἴκοιc
κρυπτᾶι κοίται λεχέων cῶν;
ἢ ναυβάταc τιc ἔπλευ-   155
cεν Κρήταc ἔξορμος ἀνὴρ
codd.: Ω = MBOA; V; Λ = CDELP

136 τάνδ' ἀβρωcίαι Hartung: τάνδε κατ' ἀμβροcίου codd. (ἀμβρο- C, ἀβρο-
D) et gB   139 πάθει Burges: πένθει codd. et gB   140 δύcτανον ΒΛ:
-την- Ω(V)C et gB   141 ἢ γὰρ Nauck, ἢ cύ γ' Metzger, μὴ γὰρ Fitton
(Pegasus 8 [1967] 27)   ὦ κούρα] φοιτᾶιc Dʸʳ et ʸʳΣᵐⁿ; ὦ κούρα φοιτᾶ
E   144 φοιτᾶιc ἢ μ- ὀ- Bothe: ἢ μ- ο- φοιτᾶc Μ (φοιτᾶιc, incertum
quo loco positum, etiam Σᵐⁿᵇᵛ): ἢ μ- ο- φοιταλέου ΒΟΑVΛ (-τολ- D, -έαc
E): ἢ μ- ο- φοιταλέου φοιτᾶc PvHnOx: uide etiam ad 141   ὀρείαc
V: οὐρ- ΩΛ   145 ἀρ' Barrett, εἴτ' Nauck, μηδ' Fitton
146 δίκτυνναν ΩΡ et (Eᶜ): -νναν OVCD(E)L   147 πελανῶν Μ: πελάνων
ΒΟΑVΛ et Μ²   150 δίναιc ἐν Ω: -αιcι VΛ   151 τῶν OV
153 ποιμαίνει Μ⟨Α⟩C(D)E et ¹Σᵐⁿᵇᵛᵉ: πημ- BOVLP et AᶜE²   ἐν
οἴκοιc] ἔνοικοc V   155 τιc add. Lᶜ, om. L   156 ἔξορμοc] -όc τιc LP
(∼ Tr)

213

λιμένα τὸν εὐξεινότατον ναύταις
φήμαν πέμπων βασιλεί-
αι, λύπαι δ' ὑπὲρ παθέων
εὐναία δέδεται ψυχά;   160

φιλεῖ δὲ τᾶι δυστρόπωι γυναικῶν   [ἐπωιδ.
ἁρμονίαι κακὰ
δύστανος ἀμηχανία cυνοικεῖν
ὠδίνων τε καὶ ἀφροσύνας.

δι' ἐμᾶς ἦιξέν ποτε νηδύος ἄδ'   165
αὖρα· τὰν δ' εὔλοχον οὐρανίαν
τόξων μεδέουcαν ἀύτευν
Ἄρτεμιν, καί μοι πολυζήλωτος αἰεὶ
cὺν θεοῖcι φοιτᾶι.

ἀλλ' ἥδε τροφὸς γεραιὰ πρὸ θυρῶν   170
τήνδε κομίζουc' ἔξω μελάθρων.
cτυγνὸν δ' ὀφρύων νέφος αὐξάνεται·
τί ποτ' ἐcτὶ μαθεῖν ἔραται ψυχή,
τί δεδήληται
δέμας ἀλλόχροον βαcιλείας.   175

ΤΡΟΦΟΣ

ὦ κακὰ θνητῶν cτυγεραί τε νόcοι·
τί c' ἐγὼ δράcω, τί δὲ μὴ δράcω;
τόδε cοι φέγγος, λαμπρὸς ὅδ' αἰθήρ,

codd.: Ω = MBOA; V; Λ = CDELP

158 φήμαν BOVΛ: -μην MAC: φάμαν Dindorf   βαcιλεία(ι) AVΛ
(-ίλεια E, -ιλείᾳ E²) et M²B²: βαcίλειαν ⟨MB⟩O   160 εὐναία] -αίαι B;
et nom. et dat. Σ^mnbv   ψυχά ΩEL et V²: -άν CD et B^sV³: -â(ι) BVP:
et nom. et accus. Σ^mnv, tantum accus. Σ^b   161 δυcτρόπωι] δυcτρόφω L
(~ Tr); utrumque ¹Σ^mnbv   162 κακὰ EP et Tr et (M²B^c): κακᾶ(ι)
ΩVCDL   163 ἀμηχανίαι MO   167–8 ἀύτευν ἄρτεμιν Ω: ἄρ- ἀύ- VΛ
168 αἰεὶ ΩC⟨L⟩P et L^c: ἀεὶ OVDE   170 γηραιὰ CE   171 τήνδ'
ἐκκομίζουc' CP   172 post 180 trai. Wilamowitz   173 ἔραται
ADL(P): ἐρᾶται VCE et M²: ἐρᾶι τᾶι MBO   ψυχή C et V², -χά AΛ
(-χά* D), nom. Σ^mv: -χῆ V, -χᾶ(ι) MBO et E²   178 λαμπρὸς MA: -ρὸν
BOVΛ

ἔξω δὲ δόμων ἤδη νοϲερᾶϲ
δέμνια κοίτηϲ.   180
δεῦρο γὰρ ἐλθεῖν πᾶν ἔποϲ ἦν ϲοι,
τάχα δ' ἐϲ θαλάμουϲ ϲπεύϲειϲ τὸ πάλιν.
ταχὺ γὰρ ϲφάλληι κοὐδενὶ χαίρειϲ,
οὐδέ ϲ' ἀρέϲκει τὸ παρόν, τὸ δ' ἀπὸν
φίλτερον ἡγῆι.   185
κρεῖϲϲον δὲ νοϲεῖν ἢ θεραπεύειν·
τὸ μέν ἐϲτιν ἁπλοῦν, τῶι δὲ ϲυνάπτει
λύπη τε φρενῶν χερϲίν τε πόνοϲ.
πᾶϲ δ' ὀδυνηρὸϲ βίοϲ ἀνθρώπων
κοὐκ ἔϲτι πόνων ἀνάπαυϲιϲ.   190
ἀλλ' ὅτι τοῦ ζῆν φίλτερον ἄλλο
ϲκότοϲ ἀμφίϲχων κρύπτει νεφέλαιϲ.
δυϲέρωτεϲ δὴ φαινόμεθ' ὄντεϲ
τοῦδ' ὅτι τοῦτο ϲτίλβει κατὰ γῆν
δι' ἀπειροϲύνην ἄλλου βιότου   195
κοὐκ ἀπόδειξιν τῶν ὑπὸ γαίαϲ,
μύθοιϲ δ' ἄλλωϲ φερόμεϲθα.

ΦΑΙΔΡΑ

αἴρετέ μου δέμαϲ, ὀρθοῦτε κάρα·
λέλυμαι μελέων ϲύνδεϲμα φίλων.
λάβετ' εὐπήχειϲ χεῖραϲ, πρόπολοι.   200

codd.: Ω = MBOA; V; Λ = CDELP

180 κοίτηϲ MA: -ταϲ BOVΛ   183 γὰρ] δὲ B (~ gVgB)
184 οὐδέ Ω et gB: οὐδέν VΛ et gV   187 μέν] μὲν γάρ OD et gV
(~ gB)   τῶι] τὸ Vᵘᵛ et M² (~ Vᶜ et gVgB)   190 om. ELP (~ Lᶜ
et gVgBgE)   191–7 suspectos habuit Barrett, fort. recte   191 τοῦ
ζῆν] τούτου Σ Ar. Ran. 1082   192 ἀμφίϲχον LP et AˢE²   193 δὲ
ALP (~ Tr et Plut. mor. 764 E)   194 τοῦδ' VΛ et Bʸᵖ et Plut. mor.
1105 B: τοῦθ' Ω: ταῦθ' B et DʸᵖLᶜʸᵖ   τοῦτο] τόδε Plut. 1105   γῆν
VΛ et Plut. 764, 1105: γᾶν Ω   195 ἀπειροϲύνην VΛ et Plut. 764: -ναν
ΩLP   196 γαῖαν AC et Bˢ   198 αἴρετέ MBOD et AᶜTr et ¹Σᵐᵇ et
gB: ἄρατέ VΛ et ¹Σⁿᵛ: *ρετέ A   μοι E (~ gB)   199 φίλων MO et
(cum ϲυνδέϲμων) V³: φίλαι BAVΛ: φίλα gB   200 πρόπολοι Lᶜ: πρόϲπ-
codd.

βαρύ μοι κεφαλῆς ἐπίκρανον ἔχειν·
ἄφελ᾽, ἀμπέτασον βόστρυχον ὤμοις.

Τρ. θάρσει, τέκνον, καὶ μὴ χαλεπῶς
μετάβαλλε δέμας·
ῥᾷον δὲ νόσον μετά θ᾽ ἡσυχίας   205
καὶ γενναίου λήματος οἴσεις.
μοχθεῖν δὲ βροτοῖσιν ἀνάγκη.

Φα. αἰαῖ·
πῶς ἂν δροσερᾶς ἀπὸ κρηνῖδος
καθαρῶν ὑδάτων πῶμ᾽ ἀρυσαίμαν,
ὑπό τ᾽ αἰγείροις ἔν τε κομήτηι   210
λειμῶνι κλιθεῖσ᾽ ἀναπαυσαίμαν;

Τρ. ὦ παῖ, τί θροεῖς;
οὐ μὴ παρ᾽ ὄχλωι τάδε γηρύσηι,
μανίας ἔποχον ῥίπτουσα λόγον;

Φα. πέμπετέ μ᾽ εἰς ὄρος· εἶμι πρὸς ὕλαν   215
καὶ παρὰ πεύκας, ἵνα θηροφόνοι
στείβουσι κύνες
βαλιαῖς ἐλάφοις ἐγχριμπτόμεναι.
πρὸς θεῶν· ἔραμαι κυσὶ θωΰξαι
καὶ παρὰ χαίταν ξανθὰν ῥῖψαι   220
Θεσσαλὸν ὅρπακ᾽, ἐπίλογχον ἔχουσ᾽
ἐν χειρὶ βέλος.

Τρ. τί ποτ᾽, ὦ τέκνον, τάδε κηραίνεις;
τί κυνηγεσίων καὶ σοὶ μελέτη;

codd.: Ω = MBOA; V; Λ = CDELP

201 μου LP et ¹Σⁿ (~ ¹Σᵐᵇᵛ et Dion. Hal. comp. 108)   κεφαλᾶς
Dion. pars codd.   202 ὤμοις O; ὤμοι D et M² et ¹Σᵐᵛ; οἴμοι P; φεῦ
φεῦ ᵞʳΣᵐᵛ   208 αἶ αἶ (uel αἴ αἴ) ΩV: ἔ ἔ fere Λ   209 πῶμ᾽ M²,
πῶ* M: πόμ᾽ BOAVΛ   ἀρυσαίμαν L: -μην ΩVΛP   211 ἀναπαυσαίμαν
ODLP et C²: -μην ΩVCE   215 ὕλαν OAL: -ην MBVΛP
218-19 inuerso ordine, cum part. sing., Plut. mor. 52 B et 959 B
218 ἐγχριμπτ- MBOD: -ιπτ- AVCEL: om. P   220 χαίταν ΩVLP: -την
Λ   ξανθὰν L: -θὴν ΩVΛP   221 ὅρπακ᾽ MBVΛ: ὅρπηκ᾽ OA(C)
222 χειρὶ MBCL: χερὶ AVDP: χεροῖν OE   224 μελέτη AVE et D² (-η)
et ¹Σᵛ: -έτης MBOΛ (-ετής L) et V³ et ¹Σⁿᵇ et ¹Σᵐⁿᵇᵛ

τί δὲ κρηναίων ναcμῶν ἔραcαι;   225
πάρα γὰρ δροcερὰ πύργοιc cυνεχὴc
κλειτύc, ὅθεν cοι πῶμα γένοιτ' ἄν.

Φα.   δέcποιν' ἁλίαc Ἄρτεμι Λίμναc
καὶ γυμναcίων τῶν ἱπποκρότων,
εἴθε γενοίμαν ἐν cοῖc δαπέδοιc   230
πώλουc Ἐνετὰc δαμαλιζομένα.

Τρ.   τί τόδ' αὖ παράφρων ἔρριψαc ἔποc;
νῦν δὴ μὲν ὄροc βᾶc' ἐπὶ θήραc
πόθον ἐcτέλλου, νῦν δ' αὖ ψαμάθοιc
ἐπ' ἀκυμάντοιc πώλων ἔραcαι.   235
τάδε μαντείαc ἄξια πολλῆc,
ὅcτιc cε θεῶν ἀναcειράζει
καὶ παρακόπτει φρέναc, ὦ παῖ.

Φα.   δύcτηνοc ἐγώ, τί ποτ' εἰργαcάμην;
ποῖ παρεπλάγχθην γνώμηc ἀγαθῆc;   240
ἐμάνην, ἔπεcον δαίμονοc ἄτηι.
φεῦ φεῦ τλήμων.
μαῖα, πάλιν μου κρύψον κεφαλήν,

codd.: *Π*³(225–); Κ(243–); *Ω* = MBOA; V; *Λ* = CDELP

226 *πύργοιc Π*³*ΩLP* et V³ et ¹*Σ*ᵛ: -*γων* V*Δ* et ¹*Σ*ⁿ   227 *κλειτύc*
Wackernagel: *κλιτύc* codd.: [*Π*³]   *πῶμα Π*³M: *πόμα* BOAV*Λ*
228 *δέcποιν' ἁλίαc* (*Π*³)OAV*Δ* et B²Tr et ¹*Σ*ᵛⁿ: -*να δίαc* MBLᵘᵛP? et ¹*Σ*ᵛ:
-*ν' ὁμαλᾶc* Hartung cl. *Σ*ᵐⁿᵇᵛ *δέcποινα τῆc ἰcοπέδου λίμνηc   λι*]*μνηc Π*³
230 *γε*]*νοιμην Π*³   231 'Ἐνετὰc* Barrett: *ἐνάταc Π*³: *ἐνέταc ΩV*Λ*
*δαμαλιζομένα Π*³(-*νη*)ML et D²: *δαμαζο-* BAV*Δ*P: *θαυμαζο-* O
232 *παράφρων Π*³OV*Δ* et ¹*Σ*ᵐᵇ: -*φρον* MBLP et V⁸: -*φρον'* A: -*φορον* gB
233 *δὴ μὲν* (*Π*³)*ΩΔ* et ¹*Σ*ⁿᵇ et Phot. 451 Naber et Suda iii. 488. 18–19 Adler:
μὲν δὴ VC et ¹*Σ*ᵐᵛ: *μὲν* O   *θήραc* A*Δ* et M²BᶜV²: *θήραc* MBOV:
utrumque ¹*Σ*ᵐⁿᵇᵛ: *θηραc Π*³: *θήραιc* D   234 *πόθον* V*Δ*L et B²Aᶜ et
*Σ*ᵐⁿᵇᵛ et ᵞᵖ*Σ*ᵐⁿᵇᵛ: *πόθεν ΩP* et Phot. et (cum u.l. *πόθι*) Sud.: [*Π*³]   *δ'*
αὖ] *δὲ* C et Phot. et Sud.   *ψαμμάθοιc* CEP; *ψαμάθοιcιν* (om. *ἐπ'*) Phot.
et Sud.   235 *ἀκυμάντων* (*Π*³)O   *πώλοιc* M⟨B⟩ et ¹*Σ*ᵐ (~ *Σ*ᵐⁿᵇᵛ et
M²B²)   237 *cε*] *τε* A et gE;]ε *Π*³   238 *ὦ παῖ* om. C et gE
239 *δύcτηνοc* A*Δ* et gE: -*ταν*- MBOVLP et Aᶜ et gB: [*Π*³]   *εἰργαcάμαν*
B (~ gBgE)   240 *γνώμαc* B (~ gVgBgE)   241 *ἄτηι*] *αιcη Π*³
(~ gBgE)   242 *τλῆμον* MC et A⁸   243 *κεφαλήν Π*³VDE: -*λάν*
*Ω*CLP: [K]

ΕΥΡΙΠΙΔΟΥ

αἰδούμεθα γὰρ τὰ λελεγμένα μοι.
κρύπτε· κατ' ὄσσων δάκρυ μοι βαίνει   245
καὶ ἐπ' αἰσχύνην ὄμμα τέτραπται.
τὸ γὰρ ὀρθοῦσθαι γνώμην ὀδυνᾶι,
τὸ δὲ μαινόμενον κακόν· ἀλλὰ κρατεῖ
μὴ γιγνώσκοντ' ἀπολέσθαι.

Τρ.   κρύπτω· τὸ δ' ἐμὸν πότε δὴ θάνατος   250
σῶμα καλύψει;
πολλὰ διδάσκει μ' ὁ πολὺς βίοτος·
χρῆν γὰρ μετρίας εἰς ἀλλήλους
φιλίας θνητοὺς ἀνακίρνασθαι
καὶ μὴ πρὸς ἄκρον μυελὸν ψυχῆς,   255
εὔλυτα δ' εἶναι στέργηθρα φρενῶν
ἀπό τ' ὤσασθαι καὶ ξυντεῖναι·
τὸ δ' ὑπὲρ δισσῶν μίαν ὠδίνειν
ψυχὴν χαλεπὸν βάρος, ὡς κἀγὼ
τῆσδ' ὑπεραλγῶ.   260
βιότου δ' ἀτρεκεῖς ἐπιτηδεύσεις
φασὶ σφάλλειν πλέον ἢ τέρπειν
τῆι θ' ὑγιείαι μᾶλλον πολεμεῖν.
οὕτω τὸ λίαν ἧσσον ἐπαινῶ
τοῦ μηδὲν ἄγαν·   265
καὶ ξυμφήσουσι σοφοί μοι.

codd.: Π³(-259); K; Ω = MBOA; V; Λ = CDELP

244 αιδουμα]ι Π³; [K]   245 δάκρυ Π³D et Lᶜ et ¹Σⁿ: δάκρυά ΩVΛ
et ¹Σᵛ et gV: [K]   246 κἀπ' Barrett (∼ gV); κα[K
247 γνώμαν LP (∼ gV); [K]   ὀδυνᾶ(ι)] -νᾶι Π³; ὀδύνα (potius -νη)
Musgrave (∼ gV et Σ S. Ai. 265)   248 ἀλλά] αλλο Π³ (∼ gV); αλλ]α K
252 πολλὰ ΩV et gVgB: π- δὲ Λ et gE: [Π³K]   βίοτος Π³KΩVDE et
gB: βίος CLP et gVgE   253 χρὴ Plut. mor. 95 E (∼ gVgBgE); [Π³K]
253-4 μετρίαν...φιλίαν Plut. (∼ gVgBgE); [K]   254 θνατοὺς Plut.;
βροτοὺς V; (∼ gVgBgE); [Π³K]   ἀνακίρνασθαι Π³BOAΛ (-κιρνά- Π³,
-κιρνᾶ- OD) et V²E² et ¹Σᵐᵛ et gBgE: -κρίν- (L)MVE et gV: ἐντείνασθαι Plut.
(ἀντ- codd. plerique)   255 μυελὸν] φιλιας Π³ (∼ gB); [K]   ψυχῆς
Π³KΩVLP et gB et Plut.: -χᾶς Δ   256 στόργηθρα gB; θέλγητρα Π³ et
Plut.; ambiguum K (]ρ[)   257 ςυν- Π³   262 φασι(ν) τερπειν πλεον
η] ςφα[λλειν K (∼ gB)   263 δ' gB; [K]   ὑγεία(ι) VΔ (∼ gB); [K]

Χο.   γύναι γεραιά, βασιλίδος πιστὴ τροφέ,
       Φαίδρας ὁρῶμεν τάςδε δυςτήνους τύχας,
       ἄςημα δ' ἡμῖν ἥτις ἐςτὶν ἡ νόςος·
       coῦ δ' ἂν πυθέςθαι καὶ κλύειν βουλοίμεθ' ἄν.   270
Τρ.   οὐκ οἶδ', ἐλέγχους'· οὐ γὰρ ἐννέπειν θέλει.
Χο.   οὐδ' ἥτις ἀρχὴ τῶνδε πημάτων ἔφυ;
Τρ.   ἐς ταὐτὸν ἥκεις· πάντα γὰρ ςιγᾶι τάδε.
Χο.   ὡς ἀςθενεῖ τε καὶ κατέξανται δέμας.
Τρ.   πῶς δ' οὔ, τριταίαν γ' οὖς' ἄςιτος ἡμέραν;   275
Χο.   πότερον ὑπ' ἄτης ἢ θανεῖν πειρωμένη;
Τρ.   θανεῖν; ἀςιτεῖ γ' εἰς ἀπόςταςιν βίου.
Χο.   θαυμαςτὸν εἶπας, εἰ τάδ' ἐξαρκεῖ πόςει.
Τρ.   κρύπτει γὰρ ἥδε πῆμα κοὔ φηςιν νοςεῖν.
Χο.   ὁ δ' ἐς πρόςωπον οὐ τεκμαίρεται βλέπων;   280
Τρ.   ἔκδημος ὢν γὰρ τῆςδε τυγχάνει χθονός.
Χο.   cὺ δ' οὐκ ἀνάγκην προςφέρεις, πειρωμένη
       νόςον πυθέςθαι τῆςδε καὶ πλάνον φρενῶν;
Τρ.   ἐς πάντ' ἀφῖγμαι κοὐδὲν εἴργαςμαι πλέον.
       οὐ μὴν ἀνήςω γ' οὐδὲ νῦν προθυμίας,   285
       ὡς ἂν παροῦςα καὶ cύ μοι ξυμμαρτυρῆις
       οἷα πέφυκα δυςτυχοῦςι δεςπόταις.

codd.: *Π*³(269–87); K; *Ω* = MBOA; V; *Λ* = CDELP

268 τάςδε MB (~ M²); [KE]   δυςτήνους (K)*ΩVLP: -νου Δ*
269 ἐςτὶν ἥτις L   271ⁿ θεράπαινα M usque ad 433 (sed 310 τροφός),
tum τροφός 490–704   271 ἐλέγχους' *Π*³(-cα[)BAVΛ et ¹Σᵇ et Σᵐⁿᵛ et
¹Σᵐⁿᵇᵛ: ἐλέγχους O et ¹Σⁿ: ἐννέπουςα M: [K]   272 δωμάτων M (δειμ-
M²); ✱✱μάτων B (~ Bᶜ); [*Π*³]   273 ἥκεις AΛ et B¹ᶜ? et ¹Σⁿ: ἥκει
*Π*³KMB?OV et ¹Σᵛ: utrumque Σᵐⁿᵇᵛ   275 οὔ] οὖν *Π*³   γ' KBΛ:
om. *Ω*V: [*Π*³]   277 θανεῖν; Murray: θανεῖν codd.: οὐκ οἶδ' Wilam-
owitz, ἄδηλ' Musgrave: cf. Studies 50–2   γ' Purgold: δ' fere codd. (-εῖ
δ' V¹ᶜ, -εῖν V; [K])   278–9 inuerso ordine *Π*³   280 ὁ δ'] οὐδ'
*Π*³(ουδ)L (~ *Π*³ man. sec., Lᶜ)   281 ὢν γὰρ] γὰρ ὢν OP; ὢν C
282 αναγκης *Π*³   283 πλάνον (K)MBOVCLP (post φρενῶν O): πλάνην
ADE: [*Π*³]   284 ἐς L: εἰς *Π*³KΩVΔP   πάντ' KAΛ et gE: πᾶν
*Π*³MBOV   285 ἀνύςω DE (~ D²); ἀρήςω O; (~ gE); [*Π*³]   τὴν
ἐμὴν προθυμίαν ᵞᵖΣᵇ (~ gE); [*Π*³]   286 ξυμ- *ΩVLP: ςυμ- Δ: [*Π*³K]

ἄγ᾽, ὦ φίλη παῖ, τῶν πάροιθε μὲν λόγων
λαθώμεθ᾽ ἄμφω, καὶ σύ θ᾽ ἡδίων γενοῦ
στυγνὴν ὀφρῦν λύσασα καὶ γνώμης ὁδόν,   290
ἐγώ θ᾽ ὅπηι σοι μὴ καλῶς τόθ᾽ εἱπόμην
μεθεῖσ᾽ ἐπ᾽ ἄλλον εἶμι βελτίω λόγον.
κεἰ μὲν νοσεῖς τι τῶν ἀπορρήτων κακῶν,
γυναῖκες αἵδε συγκαθιστάναι νόσον·
εἰ δ᾽ ἔκφορός σοι συμφορὰ πρὸς ἄρσενας,   295
λέγ᾽, ὡς ἰατροῖς πρᾶγμα μηνυθῆι τόδε.
εἶέν, τί σιγᾶις; οὐκ ἐχρῆν σιγᾶν, τέκνον,
ἀλλ᾽ ἤ μ᾽ ἐλέγχειν, εἴ τι μὴ καλῶς λέγω,
ἢ τοῖσιν εὖ λεχθεῖσι συγχωρεῖν λόγοις.
φθέγξαι τι, δεῦρ᾽ ἄθρησον. ὦ τάλαιν᾽ ἐγώ,   300
γυναῖκες, ἄλλως τούσδε μοχθοῦμεν πόνους,
ἴσον δ᾽ ἄπεσμεν τῶι πρίν· οὔτε γὰρ τότε
λόγοις ἐτέγγεθ᾽ ἥδε νῦν τ᾽ οὐ πείθεται.
ἀλλ᾽ ἴσθι μέντοι—πρὸς τάδ᾽ αὐθαδεστέρα
γίγνου θαλάσσης—εἰ θανῆι, προδοῦσα σοὺς   305
παῖδας, πατρώιων μὴ μεθέξοντας δόμων,
μὰ τὴν ἄνασσαν ἱππίαν Ἀμαζόνα,
ἣ σοῖς τέκνοισι δεσπότην ἐγείνατο,
νόθον φρονοῦντα γνήσι᾽, οἶσθά νιν καλῶς,
Ἱππόλυτον... Φα. οἴμοι. Τρ. θιγγάνει σέθεν τόδε; 310
Φα.   ἀπώλεσάς με, μαῖα, καί σε πρὸς θεῶν
τοῦδ᾽ ἀνδρὸς αὖθις λίσσομαι σιγᾶν πέρι.

codd.: K; Ω = MBOA; V; Λ = CDELP

288 ἀλλ᾽ ⟨L⟩P et D²ʸʳ (~ Tr et gE); [K]   πάροιθεν MCD et gE;
[K]   291 θ᾽] δ᾽ CE (~ C²ᵘᵛ)   294 συγκαθιστάναι MP: -ίστανται
OAΔL et M²V³ʸʳ et ¹Σⁿ: -εστᾶναι V et B² et ¹Σᵛ: -έστανται B: indic. fut.
¹Σᵐⁿᵇᵛ:]θ[.]ς[τ- K   νόσων L? (~ Lᶜ); [K]   296 ἰατρῶ L (~ L⁸)
μηνύςω V⁸; [K]   298 εἰ KΩV⟨L⟩P: ἤν Δ et Tr et gE   301 λόγους
O   302 τῶι Scaliger (cf. Σᵐⁿᵇᵛ τοῖς πρὶν ῥήμαςιν): τῶν codd.: τοῖς B²
303 ἐτέγγεθ᾽ KΩCL et V³ʸʳTrʸʳ: ἐθέλγεθ᾽ VD(E)P et B²Tr et ¹Σ⁽ⁿ⁾ᵛ:
utrumque, una cum ἐπείθεθ᾽, Σᵐⁿᵇᵛ   τ᾽ BOVLP: δ᾽ KMAΔ
305 γενοῦ Σᵐᵇ (~ Σⁿᵛ)   307 ἱππείαν LP   312 αὖθις AVΔL (ante
ἀνδρὸς A) et K²M² et Σᵐⁿᵇᵛ: αὖθι KMBOP

Τρ.   ὁρᾶις; φρονεῖς μὲν εὖ, φρονοῦςα δ' οὐ θέλεις
      παῖδάς τ' ὀνῆςαι καὶ còν ἐκcῶcαι βίον.

Φα.   φιλῶ τέκν'· ἄλληι δ' ἐν τύχηι χειμάζομαι.   315

Τρ.   ἁγνὰc μέν, ὦ παῖ, χεῖραc αἵματος φορεῖς;

Φα.   χεῖρες μὲν ἁγναί, φρὴν δ' ἔχει μίαcμά τι.

Τρ.   μῶν ἐξ ἐπακτοῦ πημονῆc ἐχθρῶν τινος;

Φα.   φίλος μ' ἀπόλλυc' οὐχ ἑκοῦcαν οὐχ ἑκών.

Τρ.   Θηcεύc τιν' ἡμάρτηκεν ἐc c' ἁμαρτίαν;   320

Φα.   μὴ δρῶc' ἔγωγ' ἐκεῖνον ὀφθείην κακῶc.

Τρ.   τί γὰρ τὸ δεινὸν τοῦθ' ὅ c' ἐξαίρει θανεῖν;

Φα.   ἔα μ' ἁμαρτεῖν· οὐ γὰρ ἐc c' ἁμαρτάνω.

Τρ.   οὐ δῆθ' ἑκοῦcά γ', ἐν δὲ cοὶ λελείψομαι.

Φα.   τί δρᾶιc; βιάζηι, χειρὸc ἐξαρτωμένη;   325

Τρ.   καὶ cῶν γε γονάτων, κοὐ μεθήcομαί ποτε.

Φα.   κάκ' ὦ τάλαινά cοι τάδ', εἰ πεύcηι, κακά.

Τρ.   μεῖζον γὰρ ἤ cου μὴ τυχεῖν τί μοι κακόν;

Φα.   ὀλῆι. τὸ μέντοι πρᾶγμ' ἐμοὶ τιμὴν φέρει.

Τρ.   κἄπειτα κρύπτεις, χρήcθ' ἱκνουμένηc ἐμοῦ;   330

Φα.   ἐκ τῶν γὰρ αἰcχρῶν ἐcθλὰ μηχανώμεθα.

Τρ.   οὔκουν λέγουcα τιμιωτέρα φανῆι;

Φα.   ἄπελθε πρὸc θεῶν δεξιάν τ' ἐμὴν μέθεc.

codd.: K; Ω = MBOA; V; Λ = H(320–)CDELP

316 φορεῖc ΚΜΑ: φέρειc ΒΟΥΛ et gE et Chr. Pat. 703   317 ἔχεται μιάcματι V (μιάcματι etiam AD); ἔχει μιάcματα Athen. 530 D; (~ gBgE) 319 ἀπόλλυc' ΑΛ: -υcιν ΚΜΒΟV et gV   320 c' om. OV (~ V^c; εἴ c' D)   321 ἔγωγ' ἐκεῖνον OAVDELP et ¹Σᵛ: ἔγωγε κεῖνον ΜΒΗС et ¹Σⁿ: ambiguum K   322 τοῦδ' ὅ Η(C); τουτο Κ   323 c' om. V et gV (~ V^c; εἴ c' P)   324 ἑκοῦcά γ'] -οῦcαν γ' D; -οῦcαν C λελήψομαι V et A⁸E²; λελιψ- K   325 ἐξαρτωμένη ΚΩLP et V³: ἐξηρτημένη VΛ   326 τῶν B   γε om. AVE (~ E⁸)   κου K, καὶ οὐ M: οὐ ΒΟΑΥΛ   328 ἤ] εἴ M⟨B⟩ (~ M²B² et gV)   330 χρήcθ' KAHDEL: χρηcτὰ M: χρῆcτ' BOVCP et M²   ἱκνουμένηc ἐμοῦ BVΛ et M³: -ηc ἐμοί OA et M²: om. M: -ηc εμ[K   331 αἰcχρῶν ἐcθλὰ M² et ᵧᵣΣⁿᵇᵛ: ἐcθλῶν αἰcχρὰ ΚΩVHCEP et L^c et gV: αἰcθλῶν αἰcχρὰ D: ἐcθλῶν ***** L   333 δεξιάν τ' ἐμὴν Δ: δεξιὰν ἐμὴν O et B² et Σⁿ: δεξιᾶc τ' ἐμῆc (K)ΩVLP (δ' K, τ' K²) et Σᵇ

Τρ.   οὐ δῆτ', ἐπεί μοι δῶρον οὐ δίδως ὃ χρῆν.

Φα.   δώςω· ςέβας γὰρ χειρὸς αἰδοῦμαι τὸ ςόν.   335

Τρ.   ςιγῷμ' ἂν ἤδη· ςὸς γὰρ οὑντεῦθεν λόγος.

Φα.   ὦ τλῆμον, οἷον, μῆτερ, ἠράςθης ἔρον.

Τρ.   ὃν ἔςχε ταύρου, τέκνον; ἢ τί φῂς τόδε;

Φα.   ςύ τ', ὦ τάλαιν' ὅμαιμε, Διονύςου δάμαρ.

Τρ.   τέκνον, τί πάςχεις; ςυγγόνους κακορροθεῖς;   340

Φα.   τρίτη δ' ἐγὼ δύςτηνος ὡς ἀπόλλυμαι.

Τρ.   ἔκ τοι πέπληγμαι· ποῖ προβήςεται λόγος;

Φα.   ἐκεῖθεν ἡμεῖς, οὐ νεωςτί, δυςτυχεῖς.

Τρ.   οὐδέν τι μᾶλλον οἶδ' ἃ βούλομαι κλύειν.

Φα.   φεῦ·
      πῶς ἂν ςύ μοι λέξειας ἁμὲ χρὴ λέγειν;   345

Τρ.   οὐ μάντις εἰμὶ τἀφανῆ γνῶναι ςαφῶς.

Φα.   τί τοῦθ' ὃ δὴ λέγουςιν ἀνθρώπους ἐρᾶν;

Τρ.   ἥδιςτον, ὦ παῖ, ταὐτὸν ἀλγεινόν θ' ἅμα.

Φα.   ἡμεῖς ἂν εἶμεν θατέρωι κεχρημένοι.

Τρ.   τί φῄς; ἐρᾷς, ὦ τέκνον; ἀνθρώπων τίνος;   350

Φα.   ὅςτις ποθ' οὗτός ἐςθ', ὁ τῆς Ἀμαζόνος...

Τρ.   Ἱππόλυτον αὐδᾶις;   Φα. ςοῦ τάδ', οὐκ ἐμοῦ, κλύεις.

Τρ.   οἴμοι, τί λέξεις, τέκνον; ὥς μ' ἀπώλεςας.
      γυναῖκες, οὐκ ἀναςχέτ', οὐκ ἀνέξομαι
      ζῶς'· ἐχθρὸν ἦμαρ, ἐχθρὸν εἰςορῶ φάος.   355

codd.: K; Ω = MBOA; V; Λ = HCDELP

337 τλῆμον] μῆτερ VE (~ ¹Σᵐⁿᵇᵛ)   μῆτερ] τλῆμον V (~ ¹Σᵛ);
τλῆμον (pot. qu. -ων) E²   ερων K (~ K²)   338 ταύρου M (~ M²);
ταύρον O; ταύρον B²   339 τ' KVΛ: δ' Ω   343 οὐ κεῖθεν L (~ Lᶜ)
οὐ om. L (~ Lᶜ); ὁ M; οἱ M² et ᵞᵖΣᵇ; καὶ ᵞᵖΣᵐⁿᵛ et ¹Σᵐⁿᵇᵛ   345 ἁμὲ
χρὴ MBV et ¹Σᵇ (ἅμε MBV et ¹Σᵇ) et Ar. Equ. 16 et Olympiod. in Pl. Alc.
p. 75 Westerink: ἅμ' ἐχρῆν ΚΟΑΛ (οὖ μ' D) et gVgE: utrumque ut uid.
¹Σᵐⁿᵇᵛ   347 δὴ ΚΩVCLP et gE: om. HDE   348 ἀλγεινόν
ΩVHLP: ἀλγιςτόν CDE et gBgE: αλγ[K   349 εἶμεν fere KMBΔ et
¹Σⁿ: ἦμεν OAVE et ¹Σᵛ   κεχρημένοι ΩV: -μέναι ΟΛ: [K]
350 ἀνθρώπου C; [K]   351 ἔςθ' ΩVL: ἐςτὶν ΔP: [K]   353 ὅς μ'
DE   354ⁿ φα. CE (359ⁿ τρ. ante Κύπρις C); [D]   355 ἐχθρὸν
(prius)] ἐχθρῶν DL? (~ Lᶜ et Chr. Pat. 1010)   δ' (τ' M²) εἰςορῶ M
(~ Chr. Pat.); [K]

222

ῥίψω μεθήςω cῶμ', ἀπαλλαχθήςομαι
βίου θανοῦca· χαίρετ', οὐκέτ' εἴμ' ἐγώ.
οἱ cώφρονεc γάρ, οὐχ ἑκόντεc ἀλλ' ὅμωc,
κακῶν ἐρῶcι. Κύπριc οὐκ ἄρ' ἦν θεόc,
ἀλλ' εἴ τι μεῖζον ἄλλο γίγνεται θεοῦ,   360
ἢ τήνδε κἀμὲ καὶ δόμουc ἀπώλεcεν.

Χο. ἄιεc ὤ, ἔκλυεc ὤ,   [cτρ.
     ἀνήκουcτα τᾶc
     τυράννου πάθεα μέλεα θρεομέναc;
     ὀλοίμαν ἔγωγε πρὶν cᾶν, φίλα,
     κατανύcαι φρενῶν. ἰώ μοι, φεῦ φεῦ·   365
     ὦ τάλαινα τῶνδ' ἀλγέων·
     ὦ πόνοι τρέφοντεc βροτούc.
     ὄλωλαc, ἐξέφηναc ἐc φάοc κακά.
     τίc cε παναμέριοc ὅδε χρόνοc μένει;
     τελευτάcεταί τι καινὸν δόμοιc·   370
     ἄcημα δ' οὐκέτ' ἐcτὶν οἷ φθίνει τύχα
     Κύπριδοc, ὦ τάλαινα παῖ Κρηcία.

codd.: Π³(357–67, 371–); K; Ω = MBOA; V; Λ = H(–368)CDELP

359 κακῶν (Π³)KMVΛ et Σⁿᵇᵛ: κακῶc BOAD et V³Eᶜ et Σᵈ
361 ἀπώλεcεν ΩLP: διώλ- VΔ et fort. Π³ (δ[pot. qu. α[): [K]
363 θροουμέναc C; θροομ- D; θεομ- E; θρε͵[K?; [Π³]   364 cᾶν B,
sicut coni. Elmsley: cὰν ΩVΛ (cᾶν H) et B²: [Π³K]   φίλα Elmsley:
φίλαν BOC⟨L⟩P et Tr: φιλίαν MAVHDE et B¹ᶜC²: [Π³K]: cf. Σⁿᵇᵛ τὴν cὴν
φιλίαν, Σᵐⁿᵇᵛ cου τὰc προcφιλεῖc φρέναc   365 κατανύcαι fere KBOA et
H²Tr ([υ] K, -ῦ- A et Tr, -ῦ̈- H²) et ¹Σ⁽ʰ⁾ᵐⁿᵇᵛ (πληρῶcαι): καταλῦcαι fere MVΛ
(-ύ- CELP, -ῦ̈- H) et fort. ¹Σ⁽ʰ⁾ᵐⁿᵇᵛ (λῆξιν λαβεῖν): [Π³]   φρένα BO
(~ B²)   ἰώ μοι ⟨Π³?⟩Ω: ἰὼ μοι μοι KLP: οἴμοι οἴμοι VΔ
366–7 hoc ordine Π³ᵘᵛΩLP, inuerso VΔ (ὦ πόνοι post ἀλγέων iterat V):
[K]   368 ὤλωλαc CD; [K]   369 τί K?P   370 τελευτάcεται BVΔ:
-τήcεταί ALP: -τᾶcαί τε ⟨M⟩O: -τάccετέ M²: -ταc[K?   δόμοιc BOAP:
ἐν δόμοιc MVΔ: erasum in L: [K]   371 τύχη L; -χᾳ A; [Π³K]
372 κρηccία MO; [Π³K]

ΕΥΡΙΠΙΔΟΥ

Φα.　Τροζήνιαι γυναῖκες, αἳ τόδ' ἔσχατον
οἰκεῖτε χώρας Πελοπίας προνώπιον,
ἤδη ποτ' ἄλλως νυκτὸς ἐν μακρῶι χρόνωι　　　375
θνητῶν ἐφρόντιc' ἧι διέφθαρται βίοc.
καί μοι δοκοῦcιν οὐ κατὰ γνώμης φύcιν
πράccειν κακίον'· ἔcτι γὰρ τό γ' εὖ φρονεῖν
πολλοῖcιν· ἀλλὰ τῆιδ' ἀθρητέον τόδε·
τὰ χρήcτ' ἐπιcτάμεcθα καὶ γιγνώcκομεν,　　　380
οὐκ ἐκπονοῦμεν δ', οἱ μὲν ἀργίας ὕπο,
οἱ δ' ἡδονὴν προθέντες ἀντὶ τοῦ καλοῦ
ἄλλην τιν'· εἰcὶ δ' ἡδοναὶ πολλαὶ βίου,
μακραί τε λέcχαι καὶ cχολή, τερπνὸν κακόν,
αἰδώc τε· διccαὶ δ' εἰcίν, ἡ μὲν οὐ κακή,　　　385
ἡ δ' ἄχθοc οἴκων· εἰ δ' ὁ καιρὸc ἦν cαφήc,
οὐκ ἂν δύ' ἤcτην ταῦτ' ἔχοντε γράμματα.
ταῦτ' οὖν ἐπειδὴ τυγχάνω φρονοῦc' ἐγώ,
οὐκ ἔcθ' ὁποίωι φαρμάκωι διαφθερεῖν
ἔμελλον, ὥcτε τοὔμπαλιν πεcεῖν φρενῶν.　　　390
λέξω δὲ καί cοι τῆc ἐμῆc γνώμηc ὁδόν.
ἐπεί μ' ἔρωc ἔτρωcεν, ἐcκόπουν ὅπωc
κάλλιcτ' ἐνέγκαιμ' αὐτόν. ἠρξάμην μὲν οὖν

codd.: Π³; K; Ω = MBOA; V; Λ = CDELP

378 κακίον' man. sec. cod. Oxon. Cyrilli Alex. de ador. 6 p. 455, sicut coni. Herwerden (Exerc. crit. [1862] 135): κάκιον codd. (ambiguum K) et gV et Cyr.: [Π³]　　379 τάδε MP et gV (~ Cyr.); [Π³]　　380–1 τὰ...οὐκ ἐκ- δ' ΩLP (ἂ Bˢ) et gV et Stob. 3. 30. 2 et u.l. in Cyr.: ἆ...οὐκ ἐκ- (om. δ') fere VΔ (τὰ D, ἆ D²) et Π³ᵘᵛ (post εκπ[deest) et u.l. in Cyr.: τὰ...κοὐκ ἐκ- (om. δ') Lᶜ et u.l. in Cyr.: α...κουκ εκ- (om. δ') K: cf. Σⁿᵇᵛᵈ ἅτινα...χρηcτὰ...καθέcτηκεν ἴcμεν, ἐκπονεῖν δὲ αὐτὰ οὐ θέλομεν (τὰ ¹Σᵇ, ἆ ¹Σⁿᵛᵈ)　　382 προθέντεc ΚΑVΛ et Bᶜ et gV et ¹Σⁿᵇᵛ et ¹Σᵐᵇᵛ et Stob. et Cyr.: προcθ- M⟨B⟩O: [Π³]　　384 μακρή...λέcχη Olympiod. in Pl. Alc. p. 91 Westerink (~ Stob. et Cyr.)　　τε] δὲ Stob. (~ Olymp. et Cyr.); [Π³]　　385 α]λλωc τ[ε Π³ᶜ (α]λλ' ὡc τ[ε primitus uol. ut uid.) διcαὶ MC; [Π³]　　387 γράμματα MOVΛ et Bʸᵖ et Σⁿᵇᵛ et Eust. in Il. p. 723. 15: γραματα K: πράγματα BA et Dʸᵖ: [Π³]　　388 προγνοῦc' A; [Π³]　　389 διαφθαρεῖν M; -φθαρῆμαι C; [Π³]　　390 τοὔμπαλιν] ταμπ[αλιν Π³; γ εμπαλιν K (~ K²)

ΙΠΠΟΛΥΤΟC

ἐκ τοῦδε, cιγᾶν τήνδε καὶ κρύπτειν νόcον·
γλώccηι γὰρ οὐδὲν πιcτόν, ἢ θυραῖα μὲν   395
φρονήματ' ἀνδρῶν νουθετεῖν ἐπίcταται,
αὐτὴ δ' ὑφ' αὑτῆc πλεῖcτα κέκτηται κακά.
τὸ δεύτερον δὲ τὴν ἄνοιαν εὖ φέρειν
τῶι cωφρονεῖν νικῶcα προυνοηcάμην.
τρίτον δ', ἐπειδὴ τοιcίδ' οὐκ ἐξήνυτον   400
Κύπριν κρατῆcαι, κατθανεῖν ἔδοξέ μοι,
κράτιcτον (οὐδεὶc ἀντερεῖ) βουλευμάτων.
ἐμοὶ γὰρ εἴη μήτε λανθάνειν καλὰ
μήτ' αἰcχρὰ δρώcηι μάρτυραc πολλοὺc ἔχειν.
τὸ δ' ἔργον ἤιδη τὴν νόcον τε δυcκλεᾶ,   405
γυνή τε πρὸc τοῖcδ' οὖc' ἐγίγνωcκον καλῶc,
μίcημα πᾶcιν· ὡc ὄλοιτο παγκάκωc
ἥτιc πρὸc ἄνδραc ἤρξατ' αἰcχύνειν λέχη
πρώτη θυραίουc. ἐκ δὲ γενναίων δόμων
τόδ' ἦρξε θηλείαιcι γίγνεcθαι κακόν·   410
ὅταν γὰρ αἰcχρὰ τοῖcιν ἐcθλοῖcιν δοκῆι,
ἦ κάρτα δόξει τοῖc κακοῖc γ' εἶναι καλά.
μιcῶ δὲ καὶ τὰc cώφροναc μὲν ἐν λόγοιc,
λάθραι δὲ τόλμαc οὐ καλὰc κεκτημέναc·
αἳ πῶc ποτ', ὦ δέcποινα ποντία Κύπρι,   415
βλέπουcιν ἐc πρόcωπα τῶν ξυνευνετῶν
οὐδὲ cκότον φρίccουcι τὸν ξυνεργάτην

codd.: $Π^3$(-394); $Π^4$(403-4, 406-10, 413-); K; $Ω$ = MBOA; V;
$Λ$ = CDELP

397 ὑφ' αὑτῆc (K)AVΛ et gBgE: ὑφ' αὐ- MB: ὑπ' αὐ- O et gV
398 δὲ KVΛ et gB: τε $Ω$ εὔνοιαν VE (~ V^2 et gB)   400 τοιcίδ'
Valckenaer: τοῖcιν codd.   402 βουλευμάτων MBO: -εύμαcι(ν) AVΛ et
B^2: [K]   405 ἤ(ι)δη KΩD: ἤ(ι)δειν VΛ et B^2 406 τε $Π^4$LP: δὲ
KΩVΛ et L^c et $^1Σ^n$: om. O   407 ὡc VΛ et B^2 et gBgE: ὥcτ' $Π^4$KΩ et
$Σ^{nbv}$ 407a οτ εχροc ειην τοιc εμοιcι φιλτατοιc $Π^4$ 408 λέχοc $Π^4$C
(~ C^c et gBgE)   412 δόξει BOΛ et A^c et gB: δόξη(ι) MAV: δοκει K
γ' K^{uv}MBV: om. OAΛ et gB   415 αἳ] κᾳ[ι] $Π^4$ 416 πρόcωπα
$Π^4$KΩVLP: -πον $Δ$ ξυν- $Ω$VLP: cυν- $Π^4Δ$: [K]   417 cυν- $Π^4$CP

τέραμνά τ' οἴκων μή ποτε φθογγὴν ἀφῆι;
ἡμᾶς γὰρ αὐτὸ τοῦτ' ἀποκτείνει, φίλαι,
ὡς μήποτ' ἄνδρα τὸν ἐμὸν αἰσχύνασ' ἁλῶ,   420
μὴ παῖδας οὓς ἔτικτον· ἀλλ' ἐλεύθεροι
παρρησίαι θάλλοντες οἰκοῖεν πόλιν
κλεινῶν 'Αθηνῶν, μητρὸς οὕνεκ' εὐκλεεῖς.
δουλοῖ γὰρ ἄνδρα, κἂν θρασύσπλαγχνός τις ἦι,
ὅταν ξυνειδῆι μητρὸς ἢ πατρὸς κακά.   425
μόνον δὲ τοῦτό φασ' ἁμιλλᾶσθαι βίωι,
γνώμην δικαίαν κἀγαθὴν ὅτωι παρῆι·
κακοὺς δὲ θνητῶν ἐξέφην' ὅταν τύχηι,
προθεὶς κάτοπτρον ὥστε παρθένωι νέαι,
χρόνος· παρ' οἷσι μήποτ' ὀφθείην ἐγώ.   430
Χο. φεῦ φεῦ, τὸ σῶφρον ὡς ἁπανταχοῦ καλὸν
     καὶ δόξαν ἐσθλὴν ἐν βροτοῖς καρπίζεται.
Τρ. δέσποιν', ἐμοί τοι συμφορὰ μὲν ἀρτίως
     ἡ σὴ παρέσχε δεινὸν ἐξαίφνης φόβον·
     νῦν δ' ἐννοοῦμαι φαῦλος οὖσα, κἀν βροτοῖς   435
     αἱ δεύτεραί πως φροντίδες σοφώτεραι.
     οὐ γὰρ περισσὸν οὐδὲν οὐδ' ἔξω λόγου
     πέπονθας, ὀργαὶ δ' ἐς σ' ἀπέσκηψαν θεᾶς.

codd.: Π⁴(-423); K; Ω = MBOA; V; Λ = CDELP

418 τέραμνά Π⁴DEL: τέρεμνά ΚΩVCP   419 ἀποκτείνει
Π⁴(Κ)OALP: -κτενεῖ MBVΛ   422 οἰκεῖεν VE; οἰκοῖμε C; οἰκωσον Π⁴
πόλιν] πεδον Π⁴   424 θρασύστομόc Diog. Laert. 4. 51 (∼ gVgBgE et
Stob. 4. 30. 11 et Plut. mor. 1 C, 28 C et Aristid. ii. 628 Dindorf)
ἦ(ι) ΚΩVELP et gVgB et Plut. et Diog.: εἰ D et Stob. cod. S: εἴη C et gE:
om. Stob. codd. MA   425 πατρὸς ἢ μητρὸς Aristid. et Plut. pars codd.
(∼ gVgBgE et Plut. pars codd. et Stob.)   426 φασι τοῦτ' (uel τοῦθ')
Stob. (∼ gV)   427 ὅταν Stob. (∼ gV)   429 προθεὶς ΩVEL et ¹Σᵐᵛ
et gV: προσθ- OCDP et E²: utrumque Stob. codd.: [K]   παρθένοc νέα
⟨E⟩LP (∼ E² et gV et Stob.); [K]   430 -ποτ'] προc- K (∼ gV)
431 πῶc CLP et gE (∼ gVgB)   ἁπανταχῆ L (∼ gV(gB)gE et Chr.
Pat. 549); [K]   432 καρπίζεται ΩV et E² et gV: κομίζεται Λ et gBgE
et Chr. Pat.: [K]   438 ἀπέσκηψαν ΒΟΑΛ: ἐπ- MV et E²Tr: [K]

ΙΠΠΟΛΥΤΟC

ἐρᾶιc (τί τοῦτο θαῦμα;) cὺν πολλοῖc βροτῶν·
κᾇπειτ᾽ ἔρωτοc οὕνεκα ψυχὴν ὀλεῖc;   440
οὐ τᾇρα λύει τοῖc ἐρῶcι τῶν πέλαc,
ὅcοι τε μέλλουc᾽, εἰ θανεῖν αὐτοὺc χρεών.
Κύπριc γὰρ οὐ φορητὸν ἦν πολλὴ ῥυῆι,
ἢ τὸν μὲν εἴκονθ᾽ ἡcυχῆι μετέρχεται,
ὃν δ᾽ ἂν περιccὸν καὶ φρονοῦνθ᾽ εὕρηι μέγα,   445
τοῦτον λαβοῦcα πῶc δοκεῖc καθύβριcεν.
φοιτᾶι δ᾽ ἀν᾽ αἰθέρ᾽, ἔcτι δ᾽ ἐν θαλαccίωι
κλύδωνι Κύπριc, πάντα δ᾽ ἐκ ταύτηc ἔφυ·
ἥδ᾽ ἐcτὶν ἡ cπείρουcα καὶ διδοῦc᾽ ἔρον,
οὗ πάντεc ἐcμὲν οἱ κατὰ χθόν᾽ ἔκγονοι.   450
ὅcοι μὲν οὖν γραφάc τε τῶν παλαιτέρων
ἔχουcιν αὐτοί τ᾽ εἰcὶν ἐν μούcαιc ἀεὶ
ἴcαcι μὲν Ζεὺc ὥc ποτ᾽ ἠράcθη γάμων
Cεμέληc, ἴcαcι δ᾽ ὡc ἀνήρπαcέν ποτε
ἡ καλλιφεγγὴc Κέφαλον ἐc θεοὺc Ἔωc   455
ἔρωτοc οὕνεκ᾽· ἀλλ᾽ ὅμωc ἐν οὐρανῶι
ναίουcι κοὐ φεύγουcιν ἐκποδὼν θεούc,
cτέργουcι δ᾽, οἶμαι, ξυμφορᾶι νικώμενοι.
cὺ δ᾽ οὐκ ἀνέξηι; χρῆν c᾽ ἐπὶ ῥητοῖc ἄρα
πατέρα φυτεύειν ἢ ᾽πὶ δεcπόταιc θεοῖc   460
ἄλλοιcιν, εἰ μὴ τούcδε γε cτέρξειc νόμουc.
πόcουc δοκεῖc δὴ κᾇρτ᾽ ἔχονταc εὖ φρενῶν

codd.: Π³(442–55); Κ(–459); Ω = MBOA; V; Λ = CDELP

441 οὔτ᾽ ἄρα fere BOAΛ et V³: οὐκ ἄρα MV et E²: [K]   λύει
Valckenaer (cl. Σᵐᵉᵇᵛ λυcιτελεῖ): γ᾽ οὐ δεῖ codd.: [K]   443 φορητὸν
Stob. 4. 20. 5: -τὸc codd. et (gE) et Σ Tr. 990: [Π³K]   444 ἢ ΩVLP
et Stob.: ἢ C: ἦν D: om. E et gE: [Π³K]   445 ἂν MBOV⟨L⟩P et Aᶜ
et Stob.: αὖ AΛ et Tr et gE: [Π³K]   περιccὰ Stob. (~ gE); [Π³K]
446 πῶc δοκεῖc] οὕτω πῶc (uel πωc) Stob. (~ gE); [K]   447 ἀν᾽] ἐν D
et ¹Σⁿ; [Π³K]   449 ἔρων Π³ et pars codd. Plut. mor. 756 E; [K]
450 ἔκγονοι Πᵃᵐᵃⁿ·ˢᵉᶜ·BVL et Plut. et Chr. Pat. 50: ἔγγ- Π³ΩΔP: [K]
456 εἴνεκ᾽ KE   458 ξυμ- KΛ et gE: cυμ- ΩV et Chr. Pat. 1065
461 cτέρξειc ΩV: cτέργειc Λ et Σᵇ   462 φρενῶν ADLP: φρονεῖν
MBOVCE

νοσοῦνθ᾽ ὁρῶντας λέκτρα μὴ δοκεῖν ὁρᾶν;
πόσους δὲ παισὶ πατέρας ἡμαρτηκόσιν
συνεκκομίζειν Κύπριν; ἐν σοφοῖσι γὰρ   465
τόδ᾽ ἐστὶ θνητῶν, λανθάνειν τὰ μὴ καλά.
οὐδ᾽ ἐκπονεῖν τοι χρὴ βίον λίαν βροτούς·
οὐδὲ στέγην γὰρ ἧι κατηρεφεῖς δόμοι
καλῶς ἀκριβώσαις ἄν· ἐς δὲ τὴν τύχην
πεσοῦσ᾽ ὅσην σύ, πῶς ἂν ἐκνεῦσαι δοκεῖς;   470
ἀλλ᾽ εἰ τὰ πλείω χρηστὰ τῶν κακῶν ἔχεις,
ἄνθρωπος οὖσα κάρτα γ᾽ εὖ πράξειας ἄν.
ἀλλ᾽, ὦ φίλη παῖ, λῆγε μὲν κακῶν φρενῶν,
λῆξον δ᾽ ὑβρίζους᾽, οὐ γὰρ ἄλλο πλὴν ὕβρις
τάδ᾽ ἐστί, κρείσσω δαιμόνων εἶναι θέλειν,   475
τόλμα δ᾽ ἐρῶσα· θεὸς ἐβουλήθη τάδε·
νοσοῦσα δ᾽ εὖ πως τὴν νόσον καταστρέφου.
εἰσὶν δ᾽ ἐπωιδαὶ καὶ λόγοι θελκτήριοι·
φανήσεταί τι τῆσδε φάρμακον νόσου.
ἦ τἄρ᾽ ἂν ὀψέ γ᾽ ἄνδρες ἐξεύροιεν ἄν,   480
εἰ μὴ γυναῖκες μηχανὰς εὑρήσομεν.
Χο.   Φαίδρα, λέγει μὲν ἥδε χρησιμώτερα
πρὸς τὴν παροῦσαν ξυμφοράν, αἰνῶ δὲ σέ.
ὁ δ᾽ αἶνος οὗτος δυσχερέστερος λόγων
τῶν τῆσδε καί σοι μᾶλλον ἀλγίων κλύειν.   485
Φα.   τοῦτ᾽ ἔσθ᾽ ὃ θνητῶν εὖ πόλεις οἰκουμένας
δόμους τ᾽ ἀπόλλυσ᾽, οἱ καλοὶ λίαν λόγοι·

codd.: Ω = MBOA; V; Λ = H(469–)CDELP

464 ἡμαρτηκότας MO (∼ M²)   466 τόδ᾽ Wilamowitz: τάδ᾽ codd. et
gV   467 χρὴ Λ et ¹Σⁿ et ¹Σⁿᵇᵛ: χρῆν ΩV et ¹Σᵇ⁽ᵛ⁾   λίαν ante βίον
V; post βροτοὺς O   468 ἧι Valckenaer: ἧς codd.   469 ἀκριβώσαις
ἄν Hadley: ἀκριβώσειαν fere codd.   470 ἐκνεῦσαι B⁷ΟΑΛ et Vᶜ et
¹Σⁿᵇᵛ: ἐκπν- MV et B²H²   472 κάρτ᾽ εὖ L (∼ Lᶜ et gV); κάρτ᾽ ἂν εὖ
Elmsley   473 φρενῶν κακῶν H (∼ gE)   474 πλὴν] πρὶν BC (∼ B⁸)
480 τἄρ᾽ ἂν Hᶜ, sicut coni. Brunck: τἄρα γ᾽ fere ⟨H⟩BCDLP et gB et ¹Σⁿᵇ:
γὰρ ἂν ΩVE et ¹Σᵛ: τ᾽ ἄρ᾽ gE   483 ξυμ- BΛ et gE: συμ- ΩV
484 δυσχερ- VLP: δυστυχ- ΩΔ et Σⁿᵇᵛ   485 σοῦ M; σὺ OC   ἀλγιον
MO; ἀλγίω H   486 τόδ᾽ gB (∼ gVgE)   487 καλλοὶ VD
(∼ gVgBgE)

οὐ γάρ τι τοῖσιν ὠcὶ τερπνὰ χρὴ λέγειν
ἀλλ' ἐξ ὅτου τιc εὐκλεὴc γενήcεται.

Τρ. τί cεμνομυθεῖc; οὐ λόγων εὐcχημόνων   490
δεῖ c' ἀλλὰ τἀνδρόc. ὡc τάχοc διcτέον,
τὸν εὐθὺν ἐξειπόνταc ἀμφὶ cοῦ λόγον.
εἰ μὲν γὰρ ἦν cοι μὴ 'πὶ cυμφοραῖc βίοc
τοιαῖcδε, cώφρων δ' οὖc' ἐτύγχανεc γυνή,
οὐκ ἄν ποτ' εὐνῆc οὕνεχ' ἡδονῆc τε cῆc   495
προῆγον ἄν cε δεῦρο· νῦν δ' ἀγὼν μέγαc,
cῶcαι βίον cόν, κοὐκ ἐπίφθονον τόδε.

Φα. ὦ δεινὰ λέξαc', οὐχὶ cυγκλήιcειc cτόμα
καὶ μὴ μεθήcειc αὖθιc αἰcχίcτουc λόγουc;

Τρ. αἴcχρ', ἀλλ' ἀμείνω τῶν καλῶν τάδ' ἐcτί cοι·   500
κρεῖccον δὲ τοὔργον, εἴπερ ἐκcώcει γέ cε,
ἢ τοὔνομ', ὧι cὺ κατθανῆι γαυρουμένη.

Φα. ἃ μή cε πρὸc θεῶν, εὖ λέγειc γὰρ αἰcχρὰ δέ,
πέρα προβῆιc τῶνδ'· ὡc ὑπείργαcμαι μὲν εὖ
ψυχὴν ἔρωτι, τἀιcχρὰ δ' ἢν λέγηιc καλῶc   505
ἐc τοῦθ' ὃ φεύγω νῦν ἀναλωθήcομαι.

Τρ. εἴ τοι δοκεῖ cοι, χρῆν μὲν οὔ c' ἁμαρτάνειν,
εἰ δ' οὖν, πιθοῦ μοι· δευτέρα γὰρ ἡ χάριc.

codd.: K(492–); Ω = MBOA; V; Λ = HCDELP

488 τι ΩΡ et Lᶜ et gVgB: τοι VΔ⟨L⟩ et ¹Σⁿ   χρή ΩV et gV: δεῖ ΒΛ
et gB   491 διcτέον BOVCDEL et ᴵᴵΣⁿᵇᵛ: διοιcτέον MAHP
496 προῆγον Scaliger et ¹Σᵗʰ (προετρεπόμην): προcῆγον codd.: [K]
498 cυγκλή(ι)cειc (K)A: -κλείcειc MBOVΛ (-cηc C) et gVgE et Chr. Pat. 111,
439   499 μεθήcειc (K)ΩDELP et Hˢ et ¹Σⁿᵇ et gVgE: -cηc VHC et Tr
et ¹Σᵛ   500 καλῶν BACLP et M²V²H²E² et Σⁿᵇᵛ: κακῶν KMOVHDE
τάδ' ΚΩVCLP et Bˢ: τῶνδ' ΒΕ: δ' H²ᵘᵛ: om. HD   501 ἐκcώcει γέ cε
ΩVHDE: -cει cέ γε C et gE: -cειέ cε LP: [K]   503 ἃ μή cε Nauck (cε
iam Porson): καὶ μή γε fere codd. (μήν H, μή Hᶜᵘᵛ; τε C): [K]
γὰρ om. MVH (∼ ¹Σᵗᵇᵛ); μὲν V²   δέ] τάδε M; [K]   505 δ' ἢν] δ' ἢ
M, δη̄ H (∼ M²H²ᶜ)   λέγη(ι)c ΚΩCDEP et Lᶜ: λέγειc VH⟨L⟩
506 φεύγων AP   ἀναλωθήcομαι OAHL: αναλ- K: ἀν ἀλ- fere MBCDP:
ἀλ- VE   507 τοι BOAHEL et Pᶜ et ¹Σᵗᵇ: τι MVCDP et E² et ¹Σⁿᵛ: [K]
χρή H (∼ ¹Σᵐʰᶜ et ¹Σⁿᵇᵛ); χρῆν MV   c'] με K

ἔςτιν κατ᾽ οἴκους φίλτρα μοι θελκτήρια
ἔρωτος, ἦλθε δ᾽ ἄρτι μοι γνώμης ἔςω,   510
ἅ ς᾽ οὔτ᾽ ἐπ᾽ αἰςχροῖς οὔτ᾽ ἐπὶ βλάβηι φρενῶν
παύςει νόςου τῆςδ᾽, ἢν ςὺ μὴ γένηι κακή.
δεῖ δ᾽ ἐξ ἐκείνου δή τι τοῦ ποθουμένου
ςημεῖον, ἢ πλόκον τιν᾽ ἢ πέπλων ἄπο,
λαβεῖν, ςυνάψαι τ᾽ ἐκ δυοῖν μίαν χάριν.   515

Φα.   πότερα δὲ χριςτὸν ἢ ποτὸν τὸ φάρμακον;
Τρ.   οὐκ οἶδ᾽· ὄναςθαι, μὴ μαθεῖν, βούλου, τέκνον.
Φα.   δέδοιχ᾽ ὅπως μοι μὴ λίαν φανῆις ςοφή.
Τρ.   πάντ᾽ ἂν φοβηθεῖς᾽ ἴςθι. δειμαίνεις δὲ τί;
Φα.   μή μοί τι Θηςέως τῶνδε μηνύςηις τόκωι.   520
Τρ.   ἔαςον, ὦ παῖ· ταῦτ᾽ ἐγὼ θήςω καλῶς.

    μόνον ςύ μοι, δέςποινα ποντία Κύπρι,
    ςυνεργὸς εἴης· τἄλλα δ᾽ οἳ᾽ ἐγὼ φρονῶ
    τοῖς ἔνδον ἡμῖν ἀρκέςει λέξαι φίλοις.

Χο.   Ἔρως Ἔρως, ὁ κατ᾽ ὀμμάτων   [ςτρ. α
    ςτάζων πόθον, εἰςάγων γλυκεῖαν   526
    ψυχᾶι χάριν οὓς ἐπιςτρατεύςηι,
    μή μοί ποτε ςὺν κακῶι φανείης
    μηδ᾽ ἄρρυθμος ἔλθοις.

    οὔτε γὰρ πυρὸς οὔτ᾽ ἄςτρων ὑπέρτερον βέλος   530
    οἷον τὸ τᾶς Ἀφροδίτας ἵηςιν ἐκ χερῶν
    Ἔρως ὁ Διὸς παῖς.

codd.: K(–515); Ω = MBOA; V; Λ = H(–518)CDELP

510 αρτι δ ηλθε K   512 παύςη CP   514 πλόκον Reiske: λόγον
KΩΛ et ¹Σ^{nb}: λόγων V et ¹Σ^v   515 δυεῖν HC; [K]   518 ςοφῆι
φανῆς M; φανῆς ςοφῆ C   520 τέκνω L   525 ὁ M: ὁ BΔ et M² et
Σ^{nbv} (ὃ ἀντὶ τοῦ ὃς) et gB: ὃς OAVLP et B² et Eust. in Il. p. 432. 7
526 ςτάζων Paley: ςτάξεις BOAVΛ et gB et Eust.: ὅςτις ςτάξεις M (-ζ-
M²)   εἰςάγων τε M (~ gB)   527 ψυχᾶι(ι) AVΛ et E^c et Σ^v et fort.
Σ^m: -χᾶς M: -χαῖς BO⟨E⟩ et M² et gB: ῆ super -αῖς B²   οἷς B? et
M²B² (ὧν B^{g1}); αἷς ⟨E⟩; ἃς E^c; (~ gB)   529 ἄρρ- BOL⟨P?⟩ et M²:
ἄρ- MAVΛ et B²P^{e?} et gB   ἔλθης C⟨L?⟩ et Tr et gB   532 τᾶς
BOVΛ: τῆς MA   533 χερῶν Aldina: χειρῶν codd.

ἄλλωc ἄλλωc παρά τ' Ἀλφεῶι   [ἀντ. α
Φοίβου τ' ἐπὶ Πυθίοιc τεράμνοιc   536
βούταν φόνον Ἑλλὰc ⟨αἴ⟩ ἀέξει,
Ἔρωτα δέ, τὸν τύραννον ἀνδρῶν,
τὸν τᾶc Ἀφροδίταc
φιλτάτων θαλάμων κλῃδοῦχον, οὐ cεβίζομεν,   540
πέρθοντα καὶ διὰ πάcαc ἰέντα cυμφορᾶc
θνατοὺc ὅταν ἔλθηι.

τὰν μὲν Οἰχαλίαι   [cτρ. β
πῶλον ἄζυγα λέκτρων,   546
ἄνανδρον τὸ πρὶν καὶ ἄνυμφον, οἴκων
ζεύξαc' ἀπ' Εὐρυτίων
δρομάδα ναΐδ' ὅπωc τε βάκ-   550
   χαν cὺν αἵματι, cὺν καπνῶι,
φονίοιcι νυμφείοιc
Ἀλκμήναc τόκωι Κύπριc ἐξέδωκεν· ὦ
τλάμων ὑμεναίων.

ὦ Θήβαc ἱερὸν   [ἀντ. β
τεῖχοc, ὦ cτόμα Δίρκαc,   556
cυνείποιτ' ἂν ἁ Κύπριc οἷον ἕρπει·

codd.: Ω = MBOA; V; Λ = CDELP

535 ἀλφεῶ P: -φειῶ(ι) ΩVΛL   537 ⟨αἴ⟩ Hermann   541 κλη(ι)δ-
BΛ et ¹Σⁿᵇ: κλειδ- ΩVD et ¹Σᵛ et gE   cεβάζομεν C et gE
542 πάcαc BOAVC: πάcηc Λ: πλείcταc Μ   543–4 ἰέντα...θνατοὺc
Dobree: ἰόντα...θνατοῖc codd. (θνα- BLP, θνη- ΩVΛ)   545 inter h.u.
et 546 habebat A duo uu., priorem παρθένον τ' ἄπειρον γάμων (cf. Vᵍˡ ἄπειρον
γάμων, Bᵍˡ παρθένον ἀπειρόγαμον), alterum fere xvi litt. nunc erasum;
habebat ibidem V unum u. fere xiii litt. nunc erasum   549 ἀπ'
Εὐρυτίων Buttmann: ἀπειρεcίαν codd.: ἀπ' ut. uid. ¹Σⁿᵇᵛ, sed quid legerit pro
ειρεcίαν non apparet   552 φονίοιcι νυμφείοιc Barrett: φονίοιc θ' ὑμεν-
αίοιc fere codd. (φοινίοιc C; φονία P, -ίαν Pᶜ)   553 ἐξέδωκεν BΛ:
ἔδωκεν ΩV   554 τλάμων C, sicut coni. Heath: τλάμον MV: τλᾶμον
ΒΟΑΛ   556 δίρκηc M⟨L²⟩ (~ Tr) et B²   557 cυνείποιτ' ΒΑΛ et
Μ²: -πετ' MOV   558 ἁ Κύπριc οἷον Monk: οἷον ἁ κ- fere codd.
(οἷα Bᶜ, οἵαν B²; ἡ VD, om. C)

βρονται γὰρ ἀμφιπύρωι
τοκάδα τὰν διγόνοιο Βάκ-   560
χου νυμφευσαμένα πότμωι
φονίωι κατηύνασεν.
δεινὰ γὰρ τὰ πάντ' ἐπιπνεῖ, μέλισσα δ' οἷ-
α τις πεπόταται.

Φα.   σιγήσατ', ὦ γυναῖκες· ἐξειργάσμεθα.   565
Χο.   τί δ' ἐστί, Φαίδρα, δεινὸν ἐν δόμοισί σοι;
Φα.   ἐπίσχετ', αὐδὴν τῶν ἔσωθεν ἐκμάθω.
Χο.   σιγῶ· τὸ μέντοι φροίμιον κακὸν τόδε.
Φα.   ἰώ μοι, αἰαῖ·
       ὦ δυστάλαινα τῶν ἐμῶν παθημάτων.   570
Χο.   τίνα θροεῖς αὐδάν; τίνα βοᾶις λόγον;
       ἔνεπε, τίς φοβεῖ σε φήμα, γύναι,
       φρένας ἐπίσσυτος;
Φα.   ἀπωλόμεσθα· ταῖσδ' ἐπίστασαι πύλαις   575
       ἀκούσαθ' οἷος κέλαδος ἐν δόμοις πίτνει.
Χο.   σὺ παρὰ κλῆιθρα, σοὶ μέλει πομπίμα
       φάτις δωμάτων·
       ἔνεπε δ' ἔνεπέ μοι, τί ποτ' ἔβα κακόν;   580
Φα.   ὁ τῆς φιλίππου παῖς Ἀμαζόνος βοᾶι
       Ἱππόλυτος, αὐδῶν δεινὰ πρόσπολον κακά.

codd.: Π⁵(579–); Ω = MBOA; V; Λ = CDELP

560 διγόνοιο ʸᵖΣᵇ, sicut coni. Scaliger: διογόνοιο codd. (δισο- C)
561 νυμφευσαμένα Kirchhoff: -μέναν codd.   562 κατηύν-] κατεύν- codd.
563 τὰ πάντ' Tr: πάντ' M: πάντα BDE: πάντα γ' fere OAV (γε A, γ OV:
uide infra): πάντα τ' ⟨L⟩P: πάντ' ἐστ' C   ἐπιπνεῖ MBΛ et A²: ἐπιπιτνεῖ
A: (πάντα γ)ε πιτνεῖ OV   οἷα VΛ: οἷά ΩC   564 πεπόταται BΛ:
-τηται ΩV   566 σοι Elmsley: σοῖς ΩVΛ: om. E   567 ὡς μάθω V
(-ης V³) et Tr   569 ἰώ μοι μοι BP (~ ¹Σⁿᵇᵛ)   αἶ αἶ OLP: αἶ αἶ αἶ
A: αἶ αἶ αἶ αἶ MBVΛ et Tr   572 βοὰν λόγου DE (~ Chr. Pat. 134)
573 ἔνεπε Aldina: ἔνν- codd.   φάμα Monk   577 κλῆ(ι)θρα MBΛ et
¹Σᵇ: κλεῖθρα OAV et ¹Σⁿᵛ   578 μέλλει MC   580 ἔνεπε δ' ἔνεπέ Ox:
ενεπε[Π⁵: ἔννεπε δ' ἔννεπέ ΩVΛ

ΙΠΠΟΛΥΤΟΣ

Χο.　ἰὰν μὲν κλύω, cαφὲc δ' οὐκ ἔχω·　　　　　585
　　　γεγώνει δ' οἷα διὰ πύλαc ἔμολεν
　　　ἔμολέ cοι βοά.

Φα.　καὶ μὴν cαφῶc γε τὴν κακῶν προμνήcτριαν,
　　　τὴν δεcπότου προδοῦcαν ἐξαυδᾶι λέχοc.　　590

Χο.　ὤμοι ἐγὼ κακῶν· προδέδοcαι, φίλα.
　　　τί cοι μήcομαι;
　　　τὰ κρυπτὰ γὰρ πέφηνε, διὰ δ' ὄλλυcαι,
　　　αἰαῖ ἒ ἔ, πρόδοτοc ἐκ φίλων.　　　　　595

Φα.　ἀπώλεcέν μ' εἰποῦcα cυμφορὰc ἐμάc,
　　　φίλωc καλῶc δ' οὐ τήνδ' ἰωμένη νόcον.

Χο.　πῶc οὖν; τί δράcειc, ὦ παθοῦc' ἀμήχανα;

Φα.　οὐκ οἶδα πλὴν ἕν, κατθανεῖν ὅcον τάχοc,
　　　τῶν νῦν παρόντων πημάτων ἄκοc μόνον.　　600

Ιπ.　ὦ γαῖα μῆτερ ἡλίου τ' ἀναπτυχαί,
　　　οἵων λόγων ἄρρητον εἰcήκουc' ὄπα.

Τρ.　cίγηcον, ὦ παῖ, πρίν τιν' αἰcθέcθαι βοῆc.

Ιπ.　οὐκ ἔcτ' ἀκούcαc δείν' ὅπωc cιγήcομαι.

Τρ.　ναί, πρόc cε τῆcδε δεξιᾶc εὐωλένου.　　　605

codd.: Π⁵(-604); Ω = MBOA; V; Λ = CDELP

584 ιαν Π⁵, sicut coni. Weil: ἰωὰν ᵞᴾΣⁿᵇ: ἰαχὰν ΩVΛ　　　585 cαφῶc
BO; [Π⁵]　　586 γεγώνει δ' Lloyd-Jones (JHS 85 [1965] 168): γεγωνεῖν
ΩVΛ: γεγω[Π⁵　　οἷα nescioquis ap. Valckenaer: ὄπα(ι) BΔ et AᶜTr et
Σⁿᵇ: ὄπα ΩVLP: [Π⁵]　　589ⁿ Φα. om. MO; [D]　　591-2ⁿ φα. ante
ὤμοι et χο. ante προδέδοcαι MO; [D]　　593 μήcομαι (Π⁵)BΛ et V³ et
¹Σⁿ: μνήc- A: μητίc- MOV et A²　　594 κ]ρυπτα[(non κ]ρυπτ'α[)
Π⁵; κρύπτ' ἀμπέφηνε Weil (ἐκπέφηνε Barthold); cf. Studies 19
595 interiectiones choro contin. C: Phaedrae trib. Π⁵ΩVELP: [D]　　αἲ
αἲ ἒ ἔ fere MALP: αἲ αἲ fere OV: ἒ ἔ uel ἒ ἔ Π⁵BΔ　　597 φίλωc
Π⁵OA⟨L⟩P: φίλωc μὲν MBVΔ et Tr (etiam οὐ καλῶc Tr) et ¹Σⁿᵇᵛ et gE
ακαλωc Π⁵? (~ gE)　　δ' om. Π⁵ (~ Π⁵ man. sec. et gE)　　598 πῶc
οὖν] τί γοῦν Chr. Pat. 610, 1830 (~ gE); τί οὖν Kirchhoff　　ποθοῦc' LP
(~ Tr et gE et Chr. Pat.); [Π⁵]　　602 οἷον λόγον Trᵘᵛ et gB; οἴω[ν in
οἰο[ν uel uersa uice mutatum Π⁵ᵘᵛ; (~ gE et Chr. Pat. 268)
605 τῆcδε V: τῆc C: τῆc cῆc Π⁵ΩΛ　　δεξιᾶc τ' B et Lᶜ

Ιπ.   οὐ μὴ προσοίςεις χεῖρα μηδ' ἅψηι πέπλων;
Τρ.   ὦ πρός ςε γονάτων, μηδαμῶς μ' ἐξεργάςηι.
Ιπ.   τί δ', εἴπερ, ὡς φήις, μηδὲν εἴρηκας κακόν;
Τρ.   ὁ μῦθος, ὦ παῖ, κοινὸς οὐδαμῶς ὅδε.
Ιπ.   τά τοι κάλ' ἐν πολλοῖςι κάλλιον λέγειν.   610
Τρ.   ὦ τέκνον, ὅρκους μηδαμῶς ἀτιμάςηις.
Ιπ.   ἡ γλῶςς' ὀμώμοχ', ἡ δὲ φρὴν ἀνώμοτος.
Τρ.   ὦ παῖ, τί δράςεις; ςοὺς φίλους διεργάςηι;
Ιπ.   ἀπέπτυς'· οὐδεὶς ἄδικός ἐςτί μοι φίλος.
Τρ.   ςύγγνωθ'· ἁμαρτεῖν εἰκὸς ἀνθρώπους, τέκνον.   615
Ιπ.   ὦ Ζεῦ, τί δὴ κίβδηλον ἀνθρώποις κακὸν
       γυναῖκας ἐς φῶς ἡλίου κατώικιςας;
       εἰ γὰρ βρότειον ἤθελες ςπεῖραι γένος,
       οὐκ ἐκ γυναικῶν χρῆν παραςχέςθαι τόδε,
       ἀλλ' ἀντιθέντας ςοῖςιν ἐν ναοῖς βροτοὺς   620
       ἢ χαλκὸν ἢ ςίδηρον ἢ χρυςοῦ βάρος
       παίδων πρίαςθαι ςπέρμα του τιμήματος,
       τῆς ἀξίας ἕκαςτον, ἐν δὲ δώμαςιν
       ναίειν ἐλευθέροιςι θηλειῶν ἄτερ.
       [νῦν δ' ἐς δόμους μὲν πρῶτον ἄξεςθαι κακὸν   625
       μέλλοντες ὄλβον δωμάτων ἐκτίνομεν.]
       τούτωι δὲ δῆλον ὡς γυνὴ κακὸν μέγα·
       προσθεὶς γὰρ ὁ ςπείρας τε καὶ θρέψας πατὴρ

codd.: Π⁶(616–24); Ω = MBOA; V; Λ = CDELP

606 προσοίςεις VEP et ¹Σⁿᵛ: -οίςη(ι)ς ΩCDL et Eˢ: -οίςηι B et ¹Σᵗᵇ
607 μ' om. BO   610 τοι] τε OC et gE (~ gV)   614 ἔςται ELP
(~ gVgE)   616 δὴ om. CE et gE (~ gVgB et Stob. 4. 22. 189)
619 χρη π- τεκνα Π⁶ (~ gB et Stob.)   620 ἀντ-] ἐντ- Π⁶ et Stob. codd.
ATr (~ gB et Stob. cod. S)   -τας ςοίςιν] -τας ςοῖς DE; -ταςοιςιν Π⁶;
(~ gB et Stob.)   621 χαλκὸν...χρυςοῦ ΒΛ (-ςὸν C) et gB et Stob.:
χρυςὸν...χαλκοῦ Π⁶ΩV (-κοῦν A) et ¹Σⁿᵇᵛ   622 του Stinton (JHS 97
[1977] 141–2): τοῦ codd. (ambiguum Π⁶)   625–6 del. Nauck
625 ἐς ¹Σᵗᵇ: εἰς codd.   ἄξεςθαι ACP et gE: ἄ*ξεςθαι VL: ἄξαςθαι
MBODE et V³   626 ἐκτείνομεν MP (~ gE)   627 τοῦτο MP
(~ M²Pᶜ et gE)   628 καὶ θρέψας MAVLP: κἀκθρέψας ΒΟΔ et (cum
θρέψας pro ςπείρας) gE

φερνὰς ἀπώικιϲ', ὡς ἀπαλλαχθῆι κακοῦ.
ὁ δ' αὖ λαβὼν ἀτηρὸν ἐς δόμους φυτὸν   630
γέγηθε κόϲμον προϲτιθεὶς ἀγάλματι
καλὸν κακίϲτωι καὶ πέπλοιϲιν ἐκπονεῖ
δύϲτηνοϲ, ὄλβον δωμάτων ὑπεξελών.
[ἔχει δ' ἀνάγκην· ὥϲτε κηδεύϲαϲ καλῶϲ
γαμβροῖϲι χαίρων ϲώιζεται πικρὸν λέχοϲ,   635
ἢ χρηϲτὰ λέκτρα πενθεροὺϲ δ' ἀνωφελεῖϲ
λαβὼν πιέζει τἀγαθῶι τὸ δυϲτυχέϲ.]
ῥᾶιϲτον δ' ὅτωι τὸ μηδέν· ἀλλ' ἀνωφελὴϲ
εὐηθίαι κατ' οἶκον ἵδρυται γυνή.
ϲοφὴν δὲ μιϲῶ· μὴ γὰρ ἔν γ' ἐμοῖϲ δόμοιϲ   640
εἴη φρονοῦϲα πλεῖον' ἢ γυναῖκα χρή.
τὸ γὰρ κακοῦργον μᾶλλον ἐντίκτει Κύπριϲ
ἐν ταῖϲ ϲοφαῖϲιν· ἡ δ' ἀμήχανοϲ γυνὴ
γνώμηι βραχείαι μωρίαν ἀφηιρέθη.
χρῆν δ' ἐς γυναῖκα πρόϲπολον μὲν οὐ περᾶν,   645
ἄφθογγα δ' αὐταῖϲ ϲυγκατοικίζειν δάκη
θηρῶν, ἵν' εἶχον μήτε προϲφωνεῖν τινα
μήτ' ἐξ ἐκείνων φθέγμα δέξαϲθαι πάλιν.
νῦν δ' †αἱ μὲν ἔνδον δρῶϲιν αἱ κακαὶ† κακὰ
βουλεύματ', ἔξω δ' ἐκφέρουϲι πρόϲπολοι.   650
ὡϲ καὶ ϲύ γ' ἡμῖν πατρόϲ, ὦ κακὸν κάρα,
λέκτρων ἀθίκτων ἦλθεϲ ἐϲ ϲυναλλαγάϲ·
ἁγὼ ῥυτοῖϲ ναϲμοῖϲιν ἐξομόρξομαι

codd.: Ω = MBOA; V; Λ = CDELP

630 ἐν δόμοιϲ M^γρ (~ gE)   φυτὸν Ω et V^3γρ: κακὸν ΟVΛ et M^γρ et
gE   634–7 del. Barthold   634 καλῶϲ Kirchhoff: καλοῖϲ codd. et
Eust. in Il. p. 572. 44   639 οἶκον ΩVP et L^c: οἴκουϲ Δ⟨L^?⟩
641 πλείον' PvOxNvHn²: πλεῖον codd. (πλέον Ο) et gVgE   χρή Ω et
gV: χρήν V: χρὴν ΒΛ et gE   642 κακοῦργον ΩVC et ¹Σ^v et Σ^bv et
gVgE: πανοῦργον Λ et V^γρ et ¹Σ^b et Σ^men   645 χρῆν Λ et ¹Σ^n et ¹Σ^nbv
et gE: χρὴν VC et ¹Σ^v: χρὴ Ω et ¹Σ^b   γυναῖκα ΜΑ: -καϲ ΒΟVΛ et
¹Σ^nbv et gE   647 μήτε ΩV: μηδὲ Λ et gE   649 om. LP (~ gE)
ἔνδον om. V (~ ¹Σ^v et V² et gE)   δ' αἱ μὲν ἐννοοῦϲιν Wecklein, δ'
ἔνδον ἐννοοῦϲιν Heiland   651 ὡϲ ΩVCE et Tr et ¹Σ^nv et gE: εἰ LP et
γρΣ^b: om. D

ἐς ὦτα κλύζων. πῶς ἂν οὖν εἴην κακός,
ὃς οὐδ' ἀκούσας τοιάδ' ἀγνεύειν δοκῶ;   655
εὖ δ' ἴσθι, τοὐμόν c' εὐσεβὲς σώιζει, γύναι·
εἰ μὴ γὰρ ὅρκοις θεῶν ἄφαρκτος ἡιρέθην,
οὐκ ἄν ποτ' ἔσχον μὴ οὐ τάδ' ἐξειπεῖν πατρί.
νῦν δ' ἐκ δόμων μέν, ἔστ' ἂν ἐκδημῆι χθονὸς
Θησεύς, ἄπειμι, σῖγα δ' ἕξομεν στόμα·   660
θεάσομαι δὲ σὺν πατρὸς μολὼν ποδὶ
πῶς νιν προσόψηι, καὶ σὺ καὶ δέσποινα σή.
[τῆς σῆς δὲ τόλμης εἴσομαι γεγευμένος.]
ὄλοισθε. μισῶν δ' οὔποτ' ἐμπλησθήσομαι
γυναῖκας, οὐδ' εἴ φησί τίς μ' ἀεὶ λέγειν·   665
ἀεὶ γὰρ οὖν πώς εἰσι κἀκεῖναι κακαί.
ἢ νῦν τις αὐτὰς σωφρονεῖν διδαξάτω
ἢ κἄμ' ἐάτω ταῖσδ' ἐπεμβαίνειν ἀεί.

Φα.   τάλανες ὦ κακοτυχεῖς   [ἀντ.
        γυναικῶν πότμοι·
        τίν' ἢ νῦν τέχναν ἔχομεν ἢ λόγον   670
        σφαλεῖσαι κάθαμμα λύειν λόγου;

codd.: *Π*⁷(664–8); *Ω* = MBOA; V; *Λ* = C(–659)DELP

656 σώζειν V   657 ἄφαρκτος Dindorf: ἄφρακτος codd. (εὔφ- Ε)
ἡιρέθην Pierson (cl. *Σ*ⁿᵇᵛ ἐλήφθην): εὑρέθην codd.   658 ἔσχον ΟΑΛ et
(Chr. Pat. 203): ἐπέσχον MBV   οὐ *Ω*V: om. ΟΛ et Chr. Pat.
πατρί] κακά Μ (~ Μʸʳ)   659 ἐκδημῆι D et Β², sicut coni. Hermann:
ἔκδημος *Ω*V*Λ*   660 ἕξομαι ΒΕ et ¹*Σ*ⁿ   663 quem in suspicionem
uocauit Herwerden del. Barrett   664–8 in suspicionem uocauit Val-
ckenaer: certe ex Hippolyti sententia (79 seqq.) σωφροσύνη non discendo
capitur   666 οὖν πως] οὕτως Stob. 4. 22. 138 (~ gV)   669ⁿ φα. Α
et in ras. Β: χο. (et 672ⁿ φα.) MOVELP: [D]   669 τάλανες AᶜLᶜ et
¹*Σ*ⁿ: τάλαινες codd. et ¹*Σ*ᵇᵛ   670 τίν' ἢ νῦν Page, Conomis (Hermes 92
[1964] 36): τίνα νῦν ἢ *Λ* et *Σ*ⁿᵇᵛ: τίνα νῦν *Ω*V et Β¹ᶜLᶜ et ¹*Σ*ᵇᵛ: τίνας νῦν ⟨Β²⟩
et Β⁸   τέχνας ⟨Β²⟩ et Β⁸ (~ Β¹ᶜ)   λόγον ⟨Β²⟩ΟΛ et Β⁸V³ et *Σ*ⁿᵇᵛ:
λόγους MAV et Β¹ᶜTr   671 κάθαμμα ¹*Σ*ⁿᵇᵛ⁽¹⁾: καθ' ἄμμα OAVDP et
¹*Σ*ⁿᵇᵛ et ¹*Σ*ⁿᵇᵛ⁽²⁾ et Β²Tr: καθ' ἅμα BEL²: κάθμα Μ: καθάπαξ V³   λύειν
Musgrave: λύσιν ΟΛ et Β²V³ et ¹*Σ*ⁿ: λύσειν *Ω*V (-σσ- Μ², -σ- Μ²²) et E⁸Tr
et ¹*Σ*ᵛ   λόγου ΒΟΑΛ et ¹*Σ*ⁿᵇᵛ⁽¹⁾ (τῶν ἐγκλημάτων): λόγους MV et ¹*Σ*ᵛ
et ¹*Σ*ⁿᵇᵛ⁽²⁾: λόγων Β¹ᶜ

ΙΠΠΟΛΥΤΟС

ἐτύχομεν δίκας. ἰὼ γᾶ καὶ φῶς·
πᾶι ποτ' ἐξαλύξω τύχας;
πῶς δὲ πῆμα κρύψω, φίλαι;
τίς ἂν θεῶν ἀρωγὸς ἢ τίς ἂν βροτῶν   675
πάρεδρος ἢ ξυνεργὸς ἀδίκων ἔργων
φανείη; τὸ γὰρ παρ' ἡμῖν πάθος
πέραν δυσεκπέρατον ἔρχεται βίου.
κακοτυχεστάτα γυναικῶν ἐγώ.

Χο.   φεῦ φεῦ, πέπρακται, κοὐ κατώρθωνται τέχναι,   680
     δέσποινα, τῆς σῆς προσπόλου, κακῶς δ' ἔχει.
Φα.   ὦ παγκακίστη καὶ φίλων διαφθορεῦ,
     οἷ' εἰργάσω με. Ζεύς σε γεννήτωρ ἐμὸς
     πρόρριζον ἐκτρίψειεν οὐτάσας πυρί.
     οὐκ εἶπον, οὐ σῆς προυνοησάμην φρενός,   685
     σιγᾶν ἐφ' οἷσι νῦν ἐγὼ κακύνομαι;
     σὺ δ' οὐκ ἀνέσχου· τοιγὰρ οὐκέτ' εὐκλεεῖς
     θανούμεθ'. ἀλλὰ δεῖ με δὴ καινῶν λόγων·
     οὗτος γὰρ ὀργῆι συντεθηγμένος φρένας
     ἐρεῖ καθ' ἡμῶν πατρὶ σὰς ἁμαρτίας,   690
     ἐρεῖ δὲ Πιτθεῖ τῶι γέροντι συμφοράς,
     πλήσει τε πᾶσαν γαῖαν αἰσχίστων λόγων.
     ὄλοιο καὶ σὺ χὤστις ἄκοντας φίλους
     πρόθυμός ἐστι μὴ καλῶς εὐεργετεῖν.

codd.: Ω = MBOA; V; Λ = C(688–)DELP

672 ἔτυχον LP   ἰὼ Heath: ὦ codd.   673 πᾶι] πῶ D, πώ E
674 πῆμα hoc loco ΩV: post φίλαι ΒΛ   675 ἂν βροτῶν VΛ: ἀνθρώπων
Ω   678 πέραν Wilamowitz: παρὸν codd.   δυσεκπέρατον ΒΑΛ: -αντον
MOV: -αστον E   βίον A⁸; -ου in -ον aut -ον in -ου mut. Lᶜ
680 κατώρθ- BOLP et Aᶜ: κατόρθ- MAVDE   -ωνται τέχναι] -ωται
τέχνη A et Σᵇᵛ (∼ ¹Σᵇᵛ); -ωται τέχνης V (∼ V²); -ωται τέχναι Μ²
682 διαφθορὰ E et Tr   683 Ζεύς σε Wolff: ζεύς σ' ὁ ΩΕ et Tr: ζεύς' ὁ
V: ζεὺς ὁ DLP   688 δεῖ με δὴ ΩΕLP et Oᶜ: δεῖ με δεῖ O: δεῖ μοι δεῖ
V: δεῖ CD   689 συντεθηγμένας MC (∼ gE)   690 σὰς ΩΔ et BˢV³ʸʳ
(cf. Chr. Pat. 209): τὰς BVLP   691 quem om. A del. Brunck
πιτθεῖ om. CD (∼ C²)   692 τε ΒVΛ et gE et Chr. Pat. 213, 965: δὲ Ω
γαῖαν πᾶσαν C; πᾶσαν αἶαν O; (∼ gE et Chr. Pat.)

Τρ.   δέςποιν', ἔχεις μὲν τἀμὰ μέμψαςθαι κακά,   695
       τὸ γὰρ δάκνον ςου τὴν διάγνωςιν κρατεῖ·
       ἔχω δὲ κἀγὼ πρὸς τάδ', εἰ δέξηι, λέγειν.
       ἔθρεψά ς' εὔνους τ' εἰμί· τῆς νόςου δέ ςοι
       ζητοῦςα φάρμαχ' ηὗρον οὐχ ἀβουλόμην.
       εἰ δ' εὖ γ' ἔπραξα, κάρτ' ἂν ἐν ςοφοῖςιν ἦ·   700
       πρὸς τὰς τύχας γὰρ τὰς φρένας κεκτήμεθα.
Φα.   ἦ γὰρ δίκαια ταῦτα κἀξαρκοῦντά μοι,
       τρώςαςαν ἡμᾶς εἶτα ςυγχωρεῖν λόγοις;
Τρ.   μακρηγοροῦμεν· οὐκ ἐςωφρόνουν ἐγώ.
       ἀλλ' ἔςτι κἀκ τῶνδ' ὥςτε ςωθῆναι, τέκνον.   705
Φα.   παῦςαι λέγουςα· καὶ τὰ πρὶν γὰρ οὐ καλῶς
       παρήινεςάς μοι κἀπεχείρηςας κακά.
       ἀλλ' ἐκποδὼν ἄπελθε καὶ ςαυτῆς πέρι
       φρόντιζ'· ἐγὼ δὲ τἀμὰ θήςομαι καλῶς.
       ὑμεῖς δέ, παῖδες εὐγενεῖς Τροζήνιαι,   710
       τοςόνδε μοι παράςχετ' ἐξαιτουμένηι·
       ςιγῆι καλύψαθ' ἁνθάδ' εἰςηκούςατε.
Χο.   ὄμνυμι ςεμνὴν Ἄρτεμιν, Διὸς κόρην,
       μηδὲν κακῶν ςῶν ἐς φάος δείξειν ποτέ.
Φα.   καλῶς ἐλέξαθ'· ἓν δὲ †προτρέπους' ἐγώ†   715
       εὕρημα δή τι τῆςδε ςυμφορᾶς ἔχω,
       ὥςτ' εὐκλεᾶ μὲν παιςὶ προςθεῖναι βίον
       αὐτή τ' ὄναςθαι πρὸς τὰ νῦν πεπτωκότα.
       οὐ γάρ ποτ' αἰςχυνῶ γε Κρηςίους δόμους

codd.: Ω = MBOA; V; Λ = CDELP

699 -λόμην] -λοίμην C et gE   700 κάρτα γ' ἐν A   ἦ Nauck: ἦν
codd.   701 γὰρ] δὲ C et gE et Philoponus in Arist. de an. p. 486
(~ gV et Stob. 1. 7. 7b)   702 γὰρ BVΛ: καὶ M²OA   703 λόγους
MO (~ M²)   709 δὲ ΩV (cf. Chr. Pat. 230): γὰρ BΛ
712 καλύψαθ' LP: καλύπτειν ΩV: καλύψειν BΛ et Vˢ   714 ἐς P: εἰς
ΩVΛL   δεῖξαι O   715 ἔλεξας O et V³   προτρέπους' ΩVEP et Tr
et ¹Σᵐᵇᵛ: προςτρέπους' D⟨L⟩ et Bᶜ: πρέπους' C: πρὸς τούτοις (cum
ἐρῶ) Barrett, fort. recte   ἐγώ] ἐρῶ Hadley   716 δή τι BΛ: δῆτα ΩV
719 κρηςίου LP

οὐδ' ἐc πρόcωπον Θηcέωc ἀφίξομαι   720
αἰcχροῖc ἐπ' ἔργοιc οὕνεκα ψυχῆc μιᾶc.
Χο.   μέλλειc δὲ δὴ τί δρᾶν ἀνήκεcτον κακόν;
Φα.   θανεῖν· ὅπωc δέ, τοῦτ' ἐγὼ βουλεύcομαι.
Χο.   εὔφημοc ἴcθι. Φα. καὶ cύ γ' εὖ με νουθέτει.
ἐγὼ δὲ Κύπριν, ἥπερ ἐξόλλυcί με,   725
ψυχῆc ἀπαλλαχθεῖcα τῆιδ' ἐν ἡμέραι
τέρψω· πικροῦ δ' ἔρωτοc ἡccηθήcομαι.
ἀτὰρ κακόν γε χἀτέρωι γενήcομαι
θανοῦc', ἵν' εἰδῆι μὴ 'πὶ τοῖc ἐμοῖc κακοῖc
ὑψηλὸc εἶναι· τῆc νόcου δὲ τῆcδέ μοι   730
κοινῆι μεταcχὼν cωφρονεῖν μαθήcεται.

Χο.   ἠλιβάτοιc ὑπὸ κευθμῶcι γενοίμαν,   [cτρ. α
ἵνα με πτεροῦccαν ὄρνιν
θεὸc ἐν ποταναῖc
   ἀγέλαιc θείη·
ἀρθείην δ' ἐπὶ πόντιον   735
κῦμα τᾶc Ἀδριηνᾶc
ἀκτᾶc Ἠριδανοῦ θ' ὕδωρ,
ἔνθα πορφύρεον cταλάc-
   coυc' ἐc οἶδμα τάλαιναι
κόραι Φαέθοντοc οἴκτωι δακρύων   740
τὰc ἠλεκτροφαεῖc αὐγάc·

codd.: Ω = MBOA; V; Λ = CDELP

722 δὴ τί Λ: δή τι MBOV: τί AC   723 δὲ τοῦτ' ἐγὼ ΩVC (γε C):
δ' ἐγὼ τοῦτο Λ   728 αὐτὰρ CE   γε ΩV et [1]Σ[mbv] et B[2]L[c]: τε C: δὲ
ΒΛ   χ' ἀτέρω(ι) ΒΛ et [1]Σ[n]: θ' ἀτέρω(ι) ΩVC (θατ- AC et V[2])
733 πτεροῦccαν V[3]: -οῦcαν codd. et gB   734 ποταναῖcιν L (~ gB)
ἀγέλαιc Musgrave: -αιcι BOAVP et Tr et gB: -η(ι)cι ΜΛL   736 κῦμα
BOVΛ et gB: κῦμα κῦμα MAC   τᾶc BOVΛ et A[c] et gB: τῆc MAC
738 πορφύριον CP (~ gB)   cταλάccουc' Barnes: -άccουcιν ΩVΛP et L[c]:
-ά***cι L (fort. -άcουcι): -άcουcιν gB   739 ἐc DL: εἰc ΩVEP: om. C
οἶδμα Barthold: οἶδμα πατρὸc codd. et gB   τάλαιναι τάλαιναι MC
(~ gB)   740 κόραι ΒΛ et gB: κοῦραι ΩC: κούραι V

Ἑσπερίδων δ' ἐπὶ μηλόσπορον ἀκτὰν   [ἀντ. α
ἀνύσαιμι τᾶν ἀοιδῶν,
ἵν' ὁ πορφυρέας ποντομέδων λίμνας
ναύταις οὐκέθ' ὁδὸν νέμει,   745
σεμνὸν τέρμονα κυρῶν
οὐρανοῦ, τὸν Ἄτλας ἔχει,
κρῆναί τ' ἀμβρόσιαι χέον-
ται Ζηνὸς παρὰ κοίταις,
ἵν' ὀλβιόδωρος αὔξει ζαθέα   750
χθὼν εὐδαιμονίαν θεοῖς.

ὦ λευκόπτερε Κρησία   [στρ. β
πορθμίς, ἃ διὰ πόντιον
κῦμ' ἁλίκτυπον ἅλμας
ἐπόρευσας ἐμὰν ἄνασσαν ὀλβίων ἀπ' οἴκων   755
κακονυμφοτάταν ὄνασιν·
ἢ γὰρ ἀπ' ἀμφοτέρων οἱ Κρησίας ⟨τ'⟩ ἐκ γᾶς
δυσόρνις
ἔπτατο κλεινὰς Ἀθήνας Μουνίχου τ' ἀ-   760
κταῖσιν ἐκδήσαντο πλεκτὰς πεισμάτων ἀρ-
χὰς ἐπ' ἀπείρου τε γᾶς ἔβασαν.

codd.: Ω = MBOA; V; Λ = CDELP

743 τᾶν BAVLP: τὰν MOΔ   ἀοιδῶν LP et Σ^nb: -δᾶν BOAVD: -δὰν
MCE et ¹Σ^v: et -δᾶν et -δὰν Tr   744 πορφυρέας ποντομέδων Maas:
ποντ- πορφ- codd.   745 νέμει BAVΛ: νέμειν D: νέμοι MO
746 κυρῶν DLP et B²V^γρ: ναίων ΩVE: γυιῶν C: κραίνων Wecklein (cf. Hec.
219 κρανθεῖσαν] κυρωθεῖσαν M^g¹O^g¹)   749 Ζηνὸς Barthold: ζηνὸς
μελάθρων codd.   κοίταις BOAVDE⟨L⟩P et M²: -τας MC et Tr:
incertum quid uoluerit Σ^nbv (ἐκ τῶν κοιτῶν τῶν οἴκων τοῦ Διός)
750 ἵν' ὀλβιόδωρος fere MBOVΛ (ἵν' BOVDE et Tr, ἵνα MC⟨L⟩P): ἵνα
βιόδωρος A et ¹Σ^bv: ἵν' ἁ βιόδωρος Valckenaer   758 ἢ MBOΔ et ¹Σ^nb
et ¹Σ^nbv: ἢ V et C² et ¹Σ^v: ἢ AC   759 οἱ Willink: ἢ B²OCD⟨L⟩P et
Tr et Σ^m: ἢ AVE et B²?: [M]: δὴ Weil   ⟨τ'⟩ Weil   760 ἔπτατο Λ:
ἔπτατ' ἐπὶ ΩV: ἔπτατ' ἐς Seidler   761 Μουνίχου Weil (Μουννίχου iam
Hermann): μουνιχίου L: μουννυχίου fere ΩVΔP   τ' Weil: δ' codd.
ἀκταῖσιν Ω: ἐπ' ἀκταῖσιν VΛ

ἀνθ' ὧν οὐχ ὁcίων ἐρώ-   [ἀντ. β

των δεινᾶι φρένας 'Αφροδί-   765

τας νόcωι κατεκλάcθη·

χαλεπᾶι δ' ὑπέραντλος οὖcα cυμφορᾶι τεράμνων

ἄπο νυμφιδίων κρεμαcτὸν

ἅψεται ἀμφὶ βρόχον λευκᾶι καθαρμόζουcα δειρᾶι,   770

δαίμονα cτυγνὸν καταιδεcθεῖcα τάν τ' εὔ-

δοξον ἀνθαιρουμένα φήμαν ἀπαλλάc-

cουcά τ' ἀλγεινὸν φρενῶν ἔρωτα.   775

Τρ.   (ἔcωθεν)

    ἰοὺ ἰού·

    βοηδρομεῖτε πάντεc οἱ πέλαc δόμων·

    ἐν ἀγχόναιc δέcποινα, Θηcέωc δάμαρ.

Χο.   φεῦ φεῦ, πέπρακται· βαcιλὶc οὐκέτ' ἔcτι δὴ

    γυνή, κρεμαcτοῖc ἐν βρόχοιc ἠρτημένη.

Τρ.   οὐ cπεύcετ'; οὐκ οἴcει τιc ἀμφιδέξιον   780

    cίδηρον, ὧι τόδ' ἅμμα λύcομεν δέρης;

Χο.   φίλαι, τί δρῶμεν; ἦ δοκεῖ περᾶν δόμουc

    λῦcαί τ' ἄναccαν ἐξ ἐπιcπαcτῶν βρόχων;

  — τί δ'; οὐ πάρειcι πρόcπολοι νεανίαι;

    τὸ πολλὰ πράccειν οὐκ ἐν ἀcφαλεῖ βίου.   785

codd.: Ω = MBOA; V; Λ = CDELP

765 δεινᾶ(ι) ΩVC et Eᶜ: -νᾶ Λ   770 ἅψεται ΩV et (ἄ- β- ἀμφὶ) Tr: ἅψετ' ΔP et ¹Σⁿ: ἅψ⋆τ' L (fort. -η-)   771 δειρᾶ(ι) Markland: δέρα(ι) codd. (-ρη M et Eˢ)   772 cτυγνᾶν M   773 τ' om. M ἔνδοξον DE   774 ἀνθαιρουμέναν MP? (~ Pᶜ?)   φήμαν ΜΛ (-ην C): φάμαν BOAV   775 φρενῶν ἔρωτα φρεcίν M; φρεcὶν ἔρωτα O 776ⁿ (ante ἰοὺ ἰού) τροφόc O²: θεράπαινα Λ: ἄγγελοc MBO: ἐξάγγελοc AV et B²: et τρ. et ἐξάγ. agnoscit Σⁿᵇᵛ   (ante βοηδρομεῖτε) nullam notam ΒΟΑΛ: τρ. MV   776 δόμων ΩVL et B² et gB: δρόμω(ι) DEP et Bʸᵖ Tr: δρόμον C: δρόμων B   778ⁿ τρ. A   778 πέπρακται om. DE 780ⁿ τρ. MV: ἄγ. ΒΛ: ἡμιχόριον O: om. A   781 ἅμα CD   782ⁿ χο. VΛ: ἡμιχ. ΩD: om. O   782 ἦ ADEP et Tr: ἢ MBOVC: [L] 784ⁿ ἡμιχ. MBVΛ: ἕτερον ἡμιχ. A: om. O   785 τὸ] τὰ M⟨L⟩P et App. prou. Vat. 4. 83 (~ Lᶜ et gV et Macarius 8. 48)   πράccειν Λ et gV: πράττειν ΩV et Mac. et App. prou.

ΕΥΡΙΠΙΔΟΥ

Τρ. ὀρθώσατ' ἐκτείναντες ἄθλιον νέκυν·
πικρὸν τόδ' οἰκούρημα δεσπόταις ἐμοῖς.

Χο. ὄλωλεν ἡ δύστηνος, ὡς κλύω, γυνή·
ἤδη γὰρ ὡς νεκρόν νιν ἐκτείνουσι δή.

ΘΗCΕΥC

γυναῖκες, ἴστε τίς ποτ' ἐν δόμοις βοὴ   790
†ἠχὼ βαρεῖα προσπόλων† ἀφίκετο;
οὐ γάρ τί μ' ὡς θεωρὸν ἀξιοῖ δόμος
πύλας ἀνοίξας εὐφρόνως προσεννέπειν.
μῶν Πιτθέως τι γῆρας εἴργασται νέον;
πρόσω μὲν ἤδη βίοτος, ἀλλ' ὅμως ἔτ' ἂν   795
λυπηρὸς ἡμῖν τούσδ' ἂν ἐκλίποι δόμους.

Χο. οὐκ ἐς γέροντας ἥδε σοι τείνει τύχη,
Θησεῦ· νέοι θανόντες ἀλγύνουσί σε.

Θη. οἴμοι, τέκνων μοι μή τι συλᾶται βίος;

Χο. ζῶσιν, θανούσης μητρὸς ὡς ἄλγιστά σοι.   800

Θη. τί φῄς; ὄλωλεν ἄλοχος; ἐκ τίνος τύχης;

Χο. βρόχον κρεμαστὸν ἀγχόνης ἀνήψατο.

Θη. λύπηι παχνωθεῖς' ἢ ἀπὸ cυμφορᾶς τίνος;

Χο. τοσοῦτον ἴcμεν· ἄρτι γὰρ κἀγὼ δόμους,
Θησεῦ, πάρειμι cῶν κακῶν πενθήτρια.   805

Θη. αἰαῖ, τί δῆτα τοῖcδ' ἀνέcτεμμαι κάρα
πλεκτοῖcι φύλλοις, δυστυχὴς θεωρὸς ὤν;

codd.: Ω = MBOA; V; Λ = CDELP

786[n] τρ. MOV: ἄγ. ΒΛ: om. A   786 ἐκτείναντες ΩVE et fere Chr.
Pat. 1476: -νοντες ΒΛ et Chr. Pat. cod. A   νέκυν ΩV: νεκρόν Λ
788 ὤλωλεν CD   791 ἠχὼ βαρεία MP[ac?]; ἠχοῖ βαρείαι Musgrave
προσπόλων μ' Markland, διὰ πύλας e.g. Barrett   u. del. Barthold
793 πύλας ΒVΛ et A[s]: -λαις Ω et V[3]   ἀνοίξαντ' OE: -ξαc τ' A
795 ἔτ' BOALP et V[3]: ἔcτ' MVΛ et gE   796 ἐκλίποι BVΛL: -πη(ι)
ΩP et gE   798 ἀλγύνουcί AC et gE: ἀλγυνοῦcί MBOVΛ (-γειν- V)
799 οἴμοι ΒΛ: ὤμοι ΩV (ὤιμ- OA)   μοι] μου D; om. C; (~ ¹Σ[n])
800 θανοῦcι LP (~ L[c])   803 ἢ 'πὸ ALP; ὑπὸ (om. ἢ) gB   τίνος M
et gB: τινόc BOAVΛ et gB[c]   804 δόμους ΑΛ: δόμοιc MBOV et A²

242

χαλᾶτε κλῆιθρα, πρόσπολοι, πυλωμάτων,
ἐκλύεθ' ἁρμούς, ὡς ἴδω πικρὰν θέαν
γυναικός, ἥ με κατθανοῦς' ἀπώλεσεν.　　　　810

Χο. ἰὼ ἰὼ τάλαινα μελέων κακῶν·
ἔπαθες, εἰργάσω
τοcοῦτον ὥcτε τούcδε cυγχέαι δόμουc,
αἰαῖ τόλμαc,
βιαίωc θανοῦc' ἀνοcίωι τε cυμ-
φορᾶι, cᾶc χερὸc πάλαιcμα μελέαc.　　　　815
τίc ἄρα cάν, τάλαιν', ἀμαυροῖ ζόαν;

Θη. ὤμοι ἐγὼ πόνων· ἔπαθον, ὦ τάλαc,　　　　[cτρ.
τὰ μάκιcτ' ἐμῶν κακῶν. ὦ τύχα,
ὥc μοι βαρεῖα καὶ δόμοιc ἐπεcτάθηc,
κηλὶc ἄφραcτοc ἐξ ἀλαcτόρων τινόc·　　　　820
κατακονὰ μὲν οὖν ἀβίοτοc βίου.
κακῶν δ', ὦ τάλαc, πέλαγοc εἰcορῶ
τοcοῦτον ὥcτε μήποτ' ἐκνεῦcαι πάλιν

codd.: Ω = MBOA; V; Λ = CDELP

808 κλῆ(ι)θρα BEL: κλεῖθρα ΩVCDP　　　809 ἐκλύεθ' ἁρμοὺc ὡc ἴδω
πικρὰν θέαν post 824 habent BVΛ (non Ω): hoc loco habent codd. omnes
ἐκλύcαθ' ἁρμοὺc ὡc ἴδω δυcδαίμονα (τὸν δαίμονα OV)　　　814-17 siglo M²
notaui quae in imagine legi non possunt, in codice legi posse affirmant
Wecklein (814, 817) et Wilamowitz (817)　　　814 βιαίω D, sicut coni.
Elmsley; ὦ βιαίωc M²Tr　　　816 cὴν CD　　　τάλαιναν CP　　　ζόαν
Monk: ζοάν P: ζωάν ΩCL et P²: ζώαν E: ζωήν VD　　　817ⁿ θη. om. M²
817 ὤμοι ΒΟΑΛ (ὤιμ- ΒΟΑ) et gB: οἴμοι V: ἰώ μοι D: [M]　　　πόνων
M²AV: παθέων ΒΟΛ et V³ et gB　　　ἔπαθον PvHnOx: ὦν ἔπαθον
M²ΒΟVΛ et gB: ὦ ἔπαθον A　　　τάλαc L: τάλαινα BVΛP et gB: πόλιc Ω
et V³ʸʳ　　　818 τύχα BΛ et gB: -χη ΩV　　　821 κατακονὰ fere ΜΒΟΔP
et V² et ¹Σⁿᵇ et ¹Σⁿᵇᵛ: -νᾶ(ι) AVL et M² et ¹Σᵛ et ʸʳΣⁿᵇᵛ: utrumque agnoscit
Eust. in Il. p. 381. 21　　　οὖν ΩVLP: om. Δ　　　ἀβίοτοc ΩC: ἀβίωτοc
BVΛ　　　822 ὦ ΒΟΛ et V³ʸʳ et gB: ὁ MAV (cf. Chr. Pat. 420)
823 ὥcτε BΛ et gB et Chr. Pat. 421: ὡc ΩV　　　ἐκπνεῦcαι (M)O (∼ gB
et Chr. Pat.)

ΕΥΡΙΠΙΔΟΥ

μηδ' ἐκπερᾶσαι κῦμα τῆςδε ςυμφορᾶς.   824
τίνι λόγωι, τάλας, τίνι τύχαν ςέθεν   826
βαρύποτμον, γύναι, προςαυδῶν τύχω;
ὄρνις γὰρ ὥς τις ἐκ χερῶν ἄφαντος εἶ,
πήδημ' ἐς Ἅιδου κραιπνὸν ὁρμήςαςά μοι.
αἰαῖ αἰαῖ, μέλεα μέλεα τάδε πάθη·   830
πρόςωθεν δέ ποθεν ἀνακομίζομαι
τύχαν δαιμόνων ἀμπλακίαιςι τῶν
    πάροιθέν τινος.

Χο. οὐ ςοὶ τάδ', ὦναξ, ἦλθε δὴ μόνωι κακά,
     πολλῶν μετ' ἄλλων δ' ὤλεςας κεδνὸν λέχος.   835

Θη. τὸ κατὰ γᾶς θέλω, τὸ κατὰ γᾶς κνέφας   [ἀντ.
     μετοικεῖν ςκότωι θανών, ὦ τλάμων,
     τῆς ςῆς ςτερηθεὶς φιλτάτης ὁμιλίας·
     ἀπώλεςας γὰρ μᾶλλον ἢ κατέφθιςο.
     †τίνος κλύω† πόθεν θανάςιμος τύχα,   840
     γύναι, ςὰν ἔβα, τάλαινα, κραδίαν;
     εἴποι τις ἂν τὸ πραχθέν, ἢ μάτην ὄχλον
     ςτέγει τυραννὸν δῶμα προςπόλων ἐμῶν;
     ὤμοι μοι ⟨   ⟩ ςέθεν,

codd.: Ω = MBOA; V; Λ = CDELP

824 μηδ' ΒΛ et gB et Chr. Pat. 422: μήτ' ΩV   825 uide ad 809
826 τίνι λόγωι...τίνι Diggle: τίνα λόγον...τίνα codd.   827 γύναι ΩV:
τλῆμον Λ: τλήμων ΒΕ   828 ὥς τις] ὅςτις VD (~ V²Dᶜ) et ¹Σⁿᵛ
(~ ¹Σⁿᵇᵛ et ¹Σᵇ et ¹Σᵛ post corr.)   829 ἐς ΩV et Tr: εἰς ΒΛ
κραιπνὸν ΩV (κρεπ- Μ) et Chr. Pat. 233: πικρὸν Λ   μοι] που V
(~ V³ᵧᵖ); μὲν C (~ Cᶜ)   830 αἶ αἶ αἶ αἶ ΩV et Tr: αἶ αἶ fere ΒΛ
μέλεα semel V (~ V³)   πάθη τάδε V   834ⁿ χο. om. Μ   834 τόδ'
(~ V³) et κακόν V   ὦναξ ΒΟVΛ: ἄναξ ΜΑ   ἐπῆλθε ΜΟ   835 δ'
Ω et V³: om. VΛ   836ⁿ θη. om. ΜΕ   837 θανεῖν LP (~ L⁸ et gB)
ὦ τλάμων Elmsley: ὁ τλάμων ΩΕ: ὁ τλήμων LP et V²: ὦ τλῆμον VCD
840 τίς desiderat Barrett   841 ἔβα VΛ: ἐπέβα Ω et V³ᵧᵖ   κραδίαν
Kirchhoff: καρδίαν codd., quo seruato τάλαιν', ἔβα Elmsley   844 ὤμοι
μοι Ω (ὤμ- ΟΑ) et V³ᵧᵖ: ἰώ μοι μοι fere ΒVΕLP: ἰώ μοι CD   lac.
indic. Seidler (ἰώ μοι ⟨τάλας, ἰώ μοι⟩ ςέθεν)

244

μέλεος, οἷον εἶδον ἄλγος δόμων,   845
οὐ τλητὸν οὐδὲ ῥητόν. ἀλλ' ἀπωλόμην·
ἔρημος οἶκος, καὶ τέκν' ὀρφανεύεται.
⟨αἰαῖ αἰαῖ,⟩ ἔλιπες ἔλιπες, ὦ φίλα
γυναικῶν ἀρίστα θ' ὁπόσας ὁρᾶι
φέγγος θ' ἁλίοιο καὶ νυκτὸς ἀ-   850
ςτερωπὸν ςέλας.

Χο.   ὦ τάλας, ὅσον κακὸν ἔχει δόμος·
δάκρυςί μου βλέφαρα καταχυθέντα τέγ-
γεται ςᾶι τύχαι.
τὸ δ' ἐπὶ τῶιδε πῆμα φρίςςω πάλαι.   855

Θη.   ἔα ἔα·
τί δή ποθ' ἥδε δέλτος ἐκ φίλης χερὸς
ἠρτημένη; θέλει τι ςημῆναι νέον;
ἀλλ' ἦ λέχους μοι καὶ τέκνων ἐπιστολὰς
ἔγραψεν ἡ δύστηνος, ἐξαιτουμένη;
θάρςει, τάλαινα· λέκτρα γὰρ τὰ Θηςέως   860
οὐκ ἔςτι δῶμά θ' ἥτις εἴςειςιν γυνή.
καὶ μὴν τύποι γε ςφενδόνης χρυςηλάτου
τῆς οὐκέτ' οὔςης οἵδε προςςαίνουςί με.
φέρ' ἐξελίξας περιβολὰς ςφραγιςμάτων
ἴδω τί λέξαι δέλτος ἥδε μοι θέλει.   865

codd.: Ω = MBOA; V; Λ = CDELP

845 ἄλγος εἶδον VD; [M]   848ⁿ nullam notam M: χο. BOAVΛ
848 ⟨αἰαῖ αἰαῖ⟩ Kirchhoff   849 ὁπόςαις VDP; [M]   ὁρᾶι Nauck:
ἐφορᾶ(ι) codd.: [M]   850 θ' ἁλίοιο Kirchhoff: ἀελίου τε codd. et gB:
[M]   850–1 ἀςτερωπὸν ςέλας Jacobs: ἀςτερωπὸς ςελάνα fere codd. et gB
(-ωπὸς BVCDP, -οπὸς ΩEL et gB)   852ⁿ Χο. Musgrave: ἡμιχ. BVΛ:
θη. M (item O, sed ante βλέφαρα 853): om. AD   852 ὦ τάλας
Dindorf: ὦ τάλας ὦ τάλας Ω (prius ὦ τ- in fine u. 851 MO, ita ut personae
notam antecedat in M): ἰὼ τάλας ὦ τάλας BVΛ et Mʸᵖ   854 ςᾶ(ι) ΩC
et Tr: ςᾶ(ι) ςᾶ(ι) BVΛ   856ⁿ θη. om. MO   856 δή BVΛ: om. ΩE
ἥδε] ἡ LP (~ Tr)   857 ςημῆναι Ω: ςημᾶναι VΛ et Chr. Pat. 128
863 οἵδε Wilamowitz: τῆςδε codd.   προς- ΩDEL: προ- OVCP

Χο.   φεῦ φεῦ, τόδ' αὖ νεοχμὸν ἐκδοχαῖc
ἐπειcφρεῖ θεὸc κακόν· †ἐμοὶ [μὲν οὖν ἀβίοτοc βίου]
τύχα πρὸc τὸ κρανθὲν εἴη τυχεῖν·†
ὀλομένουc γάρ, οὐκέτ' ὄνταc, λέγω,
φεῦ φεῦ, τῶν ἐμῶν τυράννων δόμουc.   870
[ὦ δαῖμον, εἴ πωc ἔcτι, μὴ cφήληιc δόμουc,
αἰτουμένηc δὲ κλῦθί μου· πρὸc γάρ τινοc
οἰωνὸν ὥcτε μάντιc εἰcορῶ κακόν.]

Θη.   οἴμοι, τόδ' οἷον ἄλλο πρὸc κακῶι κακόν,
οὐ τλητὸν οὐδὲ λεκτόν· ὦ τάλαc ἐγώ.   875

Χο.   τί χρῆμα; λέξον, εἴ τί μοι λόγου μέτα.

Θη.   βοᾶι βοᾶι δέλτοc ἄλαcτα· πᾶι φύγω
βάροc κακῶν; ἀπὸ γὰρ ὀλόμενοc οἴχομαι,
οἷον οἷον εἶδον γραφαῖc μέλοc
φθεγγόμενον τλάμων.   880

Χο.   αἰαῖ, κακῶν ἀρχηγὸν ἐκφαίνειc λόγον.

Θη.   τόδε μὲν οὐκέτι cτόματοc ἐν πύλαιc
καθέξω δυcεκπέρατον ὀλοὸν
κακόν· ἰὼ πόλιc.
Ἱππόλυτοc εὐνῆc τῆc ἐμῆc ἔτλη θιγεῖν   885

codd.: Ω = MBOA; V; Λ = CDELP

---

867 ἐπειcφρεῖ J. U. Powell (CR 17 [1903] 266): ἐπειcφέρει BVΛ: ἐπιφέρει
Ω et V³   κακόν ΩV et Tr: om. Λ   aliquid ex 821 irrepsisse uidit
Maas   ἀβίοτοc MOCP: ἀβίωτοc BAVDEL   869 ὀλουμένουc BV et
Tr et ¹Σᵇ et Σᵇ (∼ Σⁿ)   871–3 del. Nauck (cl. Σᵇ ἔν τιcιν οὐ φέρονται
οὗτοι)   871 δαίμων MC   cφήληιc BVΛ: cφάλη(ι)c Ω et V³
δόμουc ΩVLP et ¹Σⁿ: δόμον BΛ   872 δὲ ΩVC: γὰρ Λ   873 οἰωνῶν
V (∼ V³) et M² et Σᵛ; -νὸc C   κακοῦ ELP et B⁸   874 κακῶ κακῶν
C; κακὸν κακῶν O; (∼ Chr. Pat. 142)   875 del. Wilamowitz, uix
recte   877 πᾶ(ι) ΩC: ποῦ BVΛ   878 κακῶν ΩVDL: κακόν BCEP
879 γραφαῖc Wilamowitz: ἐν γ- codd.   880 τλάμων ΩC: τλήμων BVEP
et Dᶜ: τλήμον DL   881 κακὸν OP (∼ gB)   ἐκφέρειc gB (∼ gV et
Chr. Pat. 419)   882 τόδε μὲν BAVΛ et Σⁿᵇᵛ et gB: τόδ' ἐμὸν MOC et
V³ʸʳ   883 δυcεκπέρατον BAVDLP et gB: -αντον MOC: -αcτον E
ὀλοὸν ΩC: ὀλοὸν ὀλοὸν BVΛ et gB   884 ἰὼ Elmsley: ὦ codd.   πόλιc
Ω: πόλιc πόλιc BVΛ: πόλιc ὦ πόλιc C   885 εὐνῆc τῆc ἐμῆc ΩC et Tr:
τῆc ἐμῆc εὐνῆc VΛ

ΙΠΠΟΛΥΤΟC

βίαι, τὸ cεμνὸν Ζηνὸς ὄμμ' ἀτιμάcαc.
ἀλλ', ὦ πάτερ Πόcειδον, ἃc ἐμοί ποτε
ἀρὰc ὑπέcχου τρεῖc, μιᾶι κατέργαcαι
τούτων ἐμὸν παῖδ', ἡμέραν δὲ μὴ φύγοι
τήνδ', εἴπερ ἡμῖν ὤπαcαc cαφεῖc ἀράc.   890

Χο. ἄναξ, ἀπεύχου ταῦτα πρὸc θεῶν πάλιν,
γνώcηι γὰρ αὖθιc ἀμπλακών· ἐμοὶ πιθοῦ.

Θη. οὐκ ἔcτι. καὶ πρόc γ' ἐξελῶ cφε τῆcδε γῆc,
δυοῖν δὲ μοίραιν θατέραι πεπλήξεται·
ἢ γὰρ Ποcειδῶν αὐτὸν εἰc Ἅιδου δόμουc   895
θανόντα πέμψει τὰc ἐμὰc ἀρὰc cέβων
ἢ τῆcδε χώραc ἐκπεcὼν ἀλώμενοc
ξένην ἐπ' αἶαν λυπρὸν ἀντλήcει βίον.

Χο. καὶ μὴν ὅδ' αὐτὸc παῖc cὸc ἐc καιρὸν πάρα
Ἱππόλυτοc· ὀργῆc δ' ἐξανεὶc κακῆc, ἄναξ   900
Θηcεῦ, τὸ λῶιcτον cοῖcι βούλευcαι δόμοιc.

Ιπ. κραυγῆc ἀκούcαc cῆc ἀφικόμην, πάτερ,
cπουδῆι· τὸ μέντοι πρᾶγμ' ὅτωι cτένειc ἔπι
οὐκ οἶδα, βουλοίμην δ' ἂν ἐκ cέθεν κλύειν.
ἔα, τί χρῆμα; cὴν δάμαρθ' ὁρῶ, πάτερ,   905
νεκρόν· μεγίcτου θαύματοc τόδ' ἄξιον·
ἦν ἀρτίωc ἔλειπον, ἢ φάοc τόδε
οὔπω χρόνοc παλαιὸc εἰcεδέρκετο.
τί χρῆμα πάcχει; τῶι τρόπωι διόλλυται;
πάτερ, πυθέcθαι βούλομαι cέθεν πάρα.   910

codd.: Ω = MBOA; V; Λ = CDELP

888 κατείργαcαι MO   889 φύγη C (φυγή Cᵃᶜ?); φύγ E; φύγω O
(~ O⁸)   891 ἀνεύχου Valckenaer   894 μοῖραν M (~ Mᶜ); μοῖραι C
πληγήcεται DE   895 πύλαc M   896 κλύων C   899 καινὸν MO
(~ M²)   903 ὅτωι cτένειc ἔπι Diggle: ἐφ' ὧ(ι)τινι cτένειc fere codd. et
Chr. Pat. 844 (ὧ(ι)τινι uel ὧτινι ΩVCL, ὧτι νῦν DE, ὧτινιν P, ὧτινι νῦν D²Pᶜ,
ὧι τὰ νῦν et ὧν τὰ νῦν codd. Chr. Pat.)   907 ἔλειπον ΩELP et
Priscianus 18. 167: ἔλιπον OVCD (-ῐ- D)   ἢ fere Ω (ἢ MA, ~ M²) et
V³ʸᵖ et Prisc. (cf. Chr. Pat. 860 ὅc): εἰc BVΛ   908 χρόνοc παλαιὸc
Lehrs: χρόνον παλαιὸν codd. et Prisc. et Chr. Pat. 861

ϲιγᾶιϲ; ϲιωπῆϲ δ' οὐδὲν ἔργον ἐν κακοῖϲ.
[ἡ γὰρ ποθοῦϲα πάντα καρδία κλύειν
κἄν τοῖϲ κακοῖϲι λίχνοϲ οὖϲ' ἁλίϲκεται.]
οὐ μὴν φίλουϲ γε, κἄτι μᾶλλον ἢ φίλουϲ,
κρύπτειν δίκαιον ϲάϲ, πάτερ, δυϲπραξίαϲ.   915

Θη. ὦ πόλλ' ἁμαρτάνοντεϲ ἄνθρωποι μάτην,
τί δὴ τέχναϲ μὲν μυρίαϲ διδάϲκετε
καὶ πάντα μηχανᾶϲθε κἀξευρίϲκετε,
ἓν δ' οὐκ ἐπίϲταϲθ' οὐδ' ἐθηράϲαϲθέ πω,
φρονεῖν διδάϲκειν οἷϲιν οὐκ ἔνεϲτι νοῦϲ;   920

Ιπ. δεινὸν ϲοφιϲτὴν εἶπαϲ, ὅϲτιϲ εὖ φρονεῖν
τοὺϲ μὴ φρονοῦνταϲ δυνατόϲ ἐϲτ' ἀναγκάϲαι.
ἀλλ' οὐ γὰρ ἐν δέοντι λεπτουργεῖϲ, πάτερ,
δέδοικα μή ϲου γλῶϲϲ' ὑπερβάλληι κακοῖϲ.

Θη. φεῦ, χρῆν βροτοῖϲι τῶν φίλων τεκμήριον   925
ϲαφέϲ τι κεῖϲθαι καὶ διάγνωϲιν φρενῶν,
ὅϲτιϲ τ' ἀληθήϲ ἐϲτιν ὅϲ τε μὴ φίλοϲ,
διϲϲάϲ τε φωνὰϲ πάνταϲ ἀνθρώπουϲ ἔχειν,
τὴν μὲν δικαίαν τὴν δ' ὅπωϲ ἐτύγχανεν,
ὡϲ ἡ φρονοῦϲα τἄδικ' ἐξηλέγχετο   930
πρὸϲ τῆϲ δικαίαϲ, κοὐκ ἂν ἠπατώμεθα.

Ιπ. ἀλλ' ἦ τιϲ ἐϲ ϲὸν οὖϲ με διαβαλὼν ἔχει
φίλων, νοϲοῦμεν δ' οὐδὲν ὄντεϲ αἴτιοι;

codd.: Ω = MBOA; V; Λ = CDELP

911 δ' om. V et gV (~ ¹Σ^{nb} et gBgE)   912–13 del. Barrett
913 κακοῖϲι] κακοῖϲ D; κακοῖϲ γὰρ gB; (~ gVgE et Chr. Pat. 865)
914 φίλουϲ (prius)] -οιϲ OE; -οϲ V (~ V^c et gV et Eust. in Il. p. 156.
15)   φίλουϲ (alterum)] -οιϲ E (~ gV et Eust.)   919 οὐδ' ἐθηράϲαϲθέ
Ω⟨L⟩P et V^{3γρ} et gV (οὐδὲ θηρ- O et V^{3γρ}): οὐδὲ θηραϲθέ fere VΛ et L^c (οὐδὲ
δὴ Tr) et gB et Stob. 2. 31. 8 et Orio flor. Eur. 18   πω] in ras. L^c; δή
πω Orio (~ gVgB)   920 ἔϲτι A et gB (~ gV)   921 δεινὸν] μέγαν
DE (~ D² et ¹Σ^{nbvd} et gVgE)   924 ὑπερβάλληι Barrett: -βάλη(ι) AL
et V³P^c et gV: -βάλλοι MOC: -βάλοι BVD: -βάλει EP^?: -βαλλ gE
927 τ' om. DE et ¹Σ^n (~ ¹Σ^{bv} et gVgBgE)   ὅϲ τε] ὅϲτιϲ OL et gV
(~ gBgE)   928 τε ΩEL et gV: δὲ VCDP et gBgE   932 ἢ A et ¹Σ^n
et ¹Σ^{nbv}: ἢ BDE et ¹Σ^b: ἢ gB^c: εἴ MOVCLP et B^s et ¹Σ^v et gB
933 δ' ΩCDP et V³Tr: om. OVE et L^? et gB

ἔκ τοι πέπληγμαι· coὶ γὰρ ἐκπλήccουcί με
λόγοι, παραλλάccοντεc ἔξεδροι φρενῶν.   935

Θη. φεῦ τῆc βροτείαc—ποῖ προβήcεται;—φρενόc.
τί τέρμα τόλμηc καὶ θράcουc γενήcεται;
εἰ γὰρ κατ' ἀνδρὸc βίοτον ἐξογκώcεται,
ὁ δ' ὕcτεροc τοῦ πρόcθεν εἰc ὑπερβολὴν
πανοῦργοc ἔcται, θεοῖcι προcβαλεῖν χθονὶ   940
ἄλλην δεήcει γαῖαν ἢ χωρήcεται
τοὺc μὴ δικαίουc καὶ κακοὺc πεφυκόταc.
cκέψαcθε δ' ἐc τόνδ', ὅcτιc ἐξ ἐμοῦ γεγὼc
ἤιcχυνε τἀμὰ λέκτρα κἀξελέγχεται
πρὸc τῆc θανούcηc ἐμφανῶc κάκιcτοc ὤν.   945
δεῖξον δ', ἐπειδή γ' ἐc μίαcμ' ἐλήλυθα,
τὸ còν πρόcωπον δεῦρ' ἐναντίον πατρί.
cὺ δὴ θεοῖcιν ὡc περιccὸc ὢν ἀνὴρ
ξύνει; cὺ cώφρων καὶ κακῶν ἀκήρατοc;
οὐκ ἂν πιθοίμην τοῖcι cοῖc κόμποιc ἐγὼ   950
θεοῖcι προcθεὶc ἀμαθίαν φρονεῖν κακῶc.
ἤδη νυν αὔχει καὶ δι' ἀψύχου βορᾶc
cίτοιc καπήλευ' Ὀρφέα τ' ἄνακτ' ἔχων
βάκχευε πολλῶν γραμμάτων τιμῶν καπνούc·
ἐπεί γ' ἐλήφθηc. τοὺc δὲ τοιούτουc ἐγὼ   955
φεύγειν προφωνῶ πᾶcι· θηρεύουcι γὰρ
cεμνοῖc λόγοιcιν, αἰcχρὰ μηχανώμενοι.
τέθνηκεν ἤδε· τοῦτό c' ἐκcώcειν δοκεῖc;
ἐν τῶιδ' ἀλίcκηι πλεῖcτον, ὦ κάκιcτε cύ·
ποῖοι γὰρ ὅρκοι κρείccονεc, τίνεc λόγοι   960
τῆcδ' ἂν γένοιντ' ἄν, ὥcτε c' αἰτίαν φυγεῖν;
μιcεῖν cε φήcειc τήνδε, καὶ τὸ δὴ νόθον

codd.: Ω = MBOA; V; Λ = CDELP

934 ἔκ] ἤ A (~ gB)   936 φεῦ φεῦ C et gE   946 ἐc Ω: εἰc VΛ
ἐλήλυθα Musgrave: -θαc codd.   949 κακῶν τ' CEP? (~ Pᶜ)
950 πιθοίμην BOVΛ et M²: πυθ- MAD   954 γραμμάτων]
***γραμμάτων B; πραγμάτων C (~ Cᶜ)   958 ἐκcώζειν A; ἐκcῶcαι E
(~ Eˢ)   959 πλεῖcτον] μᾶλλον C et V³   961 γένοιντ' BAVCDL
et gE: γένοιτ' MOEP   962 cε] γε ⟨L⟩P (~ Tr)

ΕΥΡΙΠΙΔΟΥ

τοῖς γνησίοισι πολέμιον πεφυκέναι;
κακὴν ἄρ' αὐτὴν ἔμπορον βίου λέγεις
εἰ δυσμενείαι σῆι τὰ φίλτατ' ὤλεσεν.   965
ἀλλ' ὡς τὸ μῶρον ἀνδράσιν μὲν οὐκ ἔνι,
γυναιξὶ δ' ἐμπέφυκεν· οἶδ' ἐγὼ νέους
οὐδὲν γυναικῶν ὄντας ἀσφαλεστέρους,
ὅταν ταράξηι Κύπρις ἡβῶσαν φρένα·
τὸ δ' ἄρσεν αὐτοὺς ὠφελεῖ προσκείμενον.   970
νῦν οὖν—τί ταῦτα σοῖς ἀμιλλῶμαι λόγοις
νεκροῦ παρόντος μάρτυρος σαφεστάτου;
ἔξερρε γαίας τῆσδ' ὅσον τάχος φυγάς,
καὶ μήτ' Ἀθήνας τὰς θεοδμήτους μόληις
μήτ' εἰς ὅρους γῆς ἧς ἐμὸν κρατεῖ δόρυ.   975
εἰ γὰρ παθών γέ σου τάδ' ἡσσηθήσομαι,
οὐ μαρτυρήσει μ' Ἴσθμιος Σίνις ποτὲ
κτανεῖν ἑαυτὸν ἀλλὰ κομπάζειν μάτην,
οὐδ' αἱ θαλάσσηι σύννομοι Σκιρωνίδες
φήσουσι πέτραι τοῖς κακοῖς μ' εἶναι βαρύν.   980
Χο. οὐκ οἶδ' ὅπως εἴποιμ' ἂν εὐτυχεῖν τινα
θνητῶν· τὰ γὰρ δὴ πρῶτ' ἀνέστραπται πάλιν.
Ιπ. πάτερ, μένος μὲν ξύντασίς τε σῶν φρενῶν
δεινή· τὸ μέντοι πρᾶγμ', ἔχον καλοὺς λόγους,
εἴ τις διαπτύξειεν οὐ καλὸν τόδε.   985
ἐγὼ δ' ἄκομψος εἰς ὄχλον δοῦναι λόγον,
ἐς ἥλικας δὲ κὠλίγους σοφώτερος·

codd.: Ω = MBOA; V; Λ = CDELP

965 εἶ] ἡ MO; ἦ M² δυσμ-] δυσγ- M (~ M²) et V³ -ενεία(ι)
σῆ(ι) BAVΛ et D² (σὴ V, ~ V³): -ένεια σὴ MOD (σῆι O) ὤλεσεν ΩP et
(D²)Lᶜ: ἀπώλ- VΛL 973 φυγὰς τάχος MO (~ gB) 975 ὅρον V
(~ V³) 977 οὐ] οὐ γὰρ MC (~ M²) 978 γε αὐτὸν A 979 οὐδ'
αἱ BAVΛP et Lᶜ et ¹Σⁿⁿ: οὐδ' ἐν MO et V³: οὐδὲ L² θαλάσσηι MO et
V³: -σσης BAVΛ et ¹Σⁿⁿ σκιρ- O²V et ¹Σᵇᵛ: σκειρ- ΩΛ⟨L²⟩P et V²:
σκιρρ- Lᶜ 980 μ' om. DE 983 ξύντασις Herwerden: ξύστ- codd. et
gE 984 καλοὺς Ω et V³ʸʳ et ¹Σⁿᵇᵛ: πολλοὺς VΛ et gE 986 λόγους
M et AᶜV³ et gV et anecd. Par. i. 292 (~ gE et Plut. mor. 6 B)
987 ἥλικα (C) et gE (~ gV)

ἔχει δὲ μοῖραν καὶ τόδ'· οἱ γὰρ ἐν cοφοῖc
φαῦλοι παρ' ὄχλωι μουcικώτεροι λέγειν.
ὅμωc δ' ἀνάγκη, ξυμφορᾶc ἀφιγμένηc,   990
γλῶccάν μ' ἀφεῖναι. πρῶτα δ' ἄρξομαι λέγειν
ὅθεν μ' ὑπῆλθεc πρῶτον ὡc διαφθερῶν
οὐκ ἀντιλέξοντ'. εἰcορᾶιc φάοc τόδε
καὶ γαῖαν· ἐν τοῖcδ' οὐκ ἔνεcτ' ἀνὴρ ἐμοῦ,
οὐδ' ἢν cὺ μὴ φῆιc, cωφρονέcτεροc γεγώc.   995
ἐπίcταμαι γὰρ πρῶτα μὲν θεοὺc cέβειν
φίλοιc τε χρῆcθαι μὴ ἀδικεῖν πειρωμένοιc
ἀλλ' οἷcιν αἰδὼc μήτ' ἐπαγγέλλειν κακὰ
μήτ' ἀνθυπουργεῖν αἰcχρὰ τοῖcι χρωμένοιc,
οὐκ ἐγγελαcτὴc τῶν ὁμιλούντων, πάτερ,   1000
ἀλλ' αὐτὸc οὐ παροῦcι κἀγγὺc ὢν φίλοιc.
ἑνὸc δ' ἄθικτοc, ὧι με νῦν ἔχειν δοκεῖc·
λέχουc γὰρ ἐc τόδ' ἡμέραc ἁγνὸν δέμαc.
οὐκ οἶδα πρᾶξιν τήνδε πλὴν λόγωι κλύων
γραφῆι τε λεύccων· οὐδὲ ταῦτα γὰρ cκοπεῖν   1005
πρόθυμόc εἰμι, παρθένον ψυχὴν ἔχων.
καὶ δὴ τὸ cῶφρον τοὐμὸν οὐ πείθει c'· ἴτω·
δεῖ δή cε δεῖξαι τῶι τρόπωι διεφθάρην.
πότερα τὸ τῆcδε cῶμ' ἐκαλλιcτεύετο
παcῶν γυναικῶν; ἢ cὸν οἰκήcειν δόμον   1010
ἔγκληρον εὐνὴν προcλαβὼν ἐπήλπιcα;

codd.: Ω = MBOA; V; Λ = CDELP

990 ξυμ- A: cυμ- MBOVΛ et gE et Chr. Pat. 518   992 πρῶτον Ω et
V³ʸᵖD² et Σⁿᵇᵛᵈ et Chr. Pat. 520: πρότερον VΛ   993 οὐκ Markland
(cf. Σⁿᵇᵛ ὡc διαφθερῶν ἀπολογίαν οὐκ ἔχοντα): κοὐκ codd. et Σᵇᵛ (περιc-
cὸc ὁ καί)   997 μὴ 'δικεῖν LP; μηδ' ἀδ- V² et gB (~ gVgE)
998 ἐπαγγέλλειν Milton: ἀπαγγ- codd. (-έλειν MEL) et gVgBgE
1000 κοὐκ V (~ gVgE)   1001 αὐτὸc Σⁿᵇᵛ: αὐ- codd. et ¹Σⁿᵛ et gVgE
φίλοιc VΛ et Bʸᵖ et Σⁿᵇᵛ et gE: φίλοc ΩE et gV   1002 ἔχειν VDL:
ἑλεῖν ΩCEP et V³ʸᵖ et gE   1004 οὐκ Ω: κοὐκ BVΛ et gE: utrumque
codd. Chr. Pat. 522   1007 κεἰ μὴ AD; εἰ δὴ Tr (~ ⟨L⟩)   ἴτω
Murray: ἴcωc codd.   1011 εὐνῆι M et V³ʸᵖ

251

μάταιος ἄρ' ἦν, οὐδαμοῦ μὲν οὖν φρενῶν.
ἀλλ' ὡς τυραννεῖν ἡδὺ τοῖσι σώφροσιν;
†ἥκιστά γ', εἰ μή† τὰς φρένας διέφθορεν
θνητῶν ὅσοισιν ἀνδάνει μοναρχία.   1015
ἐγὼ δ' ἀγῶνας μὲν κρατεῖν Ἑλληνικοὺς
πρῶτος θέλοιμ' ἄν, ἐν πόλει δὲ δεύτερος
σὺν τοῖς ἀρίστοις εὐτυχεῖν ἀεὶ φίλοις·
πράσσειν τε γὰρ πάρεστι, κίνδυνός τ' ἀπὼν
κρείσσω δίδωσι τῆς τυραννίδος χάριν.   1020
ἓν οὐ λέλεκται τῶν ἐμῶν, τὰ δ' ἄλλ' ἔχεις·
εἰ μὲν γὰρ ἦν μοι μάρτυς οἷός εἰμ' ἐγὼ
καὶ τῆςδ' ὁρώσης φέγγος ἠγωνιζόμην,
ἔργοις ἂν εἶδες τοὺς κακοὺς διεξιών·
νῦν δ' ὅρκιόν σοι Ζῆνα καὶ πέδον χθονὸς   1025
ὄμνυμι τῶν σῶν μήποθ' ἄψασθαι γάμων
μηδ' ἂν θελῆσαι μηδ' ἂν ἔννοιαν λαβεῖν.
ἦ τἄρ' ὀλοίμην ἀκλεὴς ἀνώνυμος
[ἄπολις ἄοικος, φυγὰς ἀλητεύων χθόνα,]
καὶ μήτε πόντος μήτε γῆ δέξαιτό μου   1030
σάρκας θανόντος, εἰ κακὸς πέφυκ' ἀνήρ.
τί δ' ἥδε δειμαίνους' ἀπώλεσεν βίον
οὐκ οἶδ', ἐμοὶ γὰρ οὐ θέμις πέρα λέγειν·
ἐσωφρόνησε δ' οὐκ ἔχουσα σωφρονεῖν,
ἡμεῖς δ' ἔχοντες οὐ καλῶς ἐχρώμεθα.   1035

codd.: Ω = MBOA; V; Λ = CDELP

1012-15 in suspicionem uocauit Barrett (1012 iam Wecklein, 1014-15
Weil et Nauck); 1012, 1014-15 del. Kells, CQ n.s. 17 (1967) 181-3
1012 κοὐδαμοῦ L (~ gE)   οὖν BVΔL et gE: ἦν Ω et in fine u. V³: om.
P   φρενῶν Markland (cl. Σⁿᵇᵛ οὐδαμοῦ συνέσεως ἦν): φρονῶν codd. et
gE   1014 ἥκιστ', ἐπεί τοι Barrett (modo ne u. spurius sit)
διέφθειρεν MO (~ gE)   1016 κρατεῖν μὲν C et gE   1018 ἀεὶ
εὐτυχεῖν C et gE   1019 τε γὰρ MBO: γὰρ εὖ AVΛ et ᴵᴵΣⁿᵇᵛ et B² et
gE   τ' Ω: δ' VΛ et gE   1025 χθονὸς πέδον MO   1028 ὀλοίμαν
CP   1029 del. Valckenaer   1032 τί Nauck: εἰ codd.   1033 πέρα
ante θέμις A et pars codd. Chr. Pat. 532, post λέγειν Tr
1034 ἐσωφρόνησε δ' ΩE et V² et ᴵΣᵇ: -ησεν VΛ et V³ et ᴵΣⁿᵛ et gE
οὐχ ἑκοῦσα ᵞʳΣᵇᵛ (~ gE)

Χο.   ἀρκοῦσαν εἶπας αἰτίας ἀποστροφὴν
      ὅρκους παρασχών, πίστιν οὐ cμικράν, θεῶν.

Θη.   ἆρ᾽ οὐκ ἐπωιδὸς καὶ γόης πέφυχ᾽ ὅδε,
      ὃc τὴν ἐμὴν πέποιθεν εὐοργηcίαι
      ψυχὴν κρατήcειν, τὸν τεκόντ᾽ ἀτιμάcας;   1040

Ιπ.   καὶ cοῦ γε ταὐτὰ κάρτα θαυμάζω, πάτερ·
      εἰ γὰρ cὺ μὲν παῖc ἦcθ᾽, ἐγὼ δὲ cὸc πατήρ,
      ἔκτεινά τοί c᾽ ἂν κοὐ φυγαῖc ἐζημίουν,
      εἴπερ γυναικὸc ἠξίους ἐμῆc θιγεῖν.

Θη.   ὡς ἄξιον τόδ᾽ εἶπας. οὐχ οὕτω θανῆι,   1045
      ὥcπερ cὺ cαυτῶι τόνδε προύθηκας νόμον·
      ταχὺc γὰρ Ἅιδης ῥᾶιστος ἀνδρὶ δυστυχεῖ·
      ἀλλ᾽ ἐκ πατρώιας φυγὰc ἀλητεύων χθονὸc
      ξένην ἐπ᾽ αἶαν λυπρὸν ἀντλήcειc βίον.
      [μισθὸc γὰρ οὗτός ἐcτιν ἀνδρὶ δυccεβεῖ.]   1050

Ιπ.   οἴμοι, τί δράcειc; οὐδὲ μηνυτὴν χρόνον
      δέξηι καθ᾽ ἡμῶν, ἀλλά μ᾽ ἐξελᾶιc χθονός;

Θη.   πέραν γε Πόντου καὶ τόπων Ἀτλαντικῶν,
      εἴ πως δυναίμην, ὡς cὸν ἐχθαίρω κάρα.

Ιπ.   οὐδ᾽ ὅρκον οὐδὲ πίcτιν οὐδὲ μάντεων   1055
      φήμαc ἐλέγξαc ἄκριτον ἐκβαλεῖc με γῆc;

Θη.   ἡ δέλτοc ἥδε κλῆρον οὐ δεδεγμένη
      κατηγορεῖ cου πιcτά· τοὺς δ᾽ ὑπὲρ κάρα
      φοιτῶνταc ὄρνιc πόλλ᾽ ἐγὼ χαίρειν λέγω.

codd.: Ω = MBOA; V; Λ = CDELP

1038 καὶ] οὐ A (∼ gE)   πέφυκ᾽ MAC, -φυγ᾽ D (∼ gE)
1039 εὐοργηcία(ι) fere ΩVC⟨LP⟩ (-γέ(*)ια M, εὐεργεcίαν O) et ¹Σ^nbv et gE:
εὐορκηcία(ι) DE et B²A²V²L⁸TrP^c: εὐορκία M²   1041 ταὐτὰ κάρτα
Barrett: ταῦτα κάρτα L: κάρτα ταῦτα ΩVDE: κάρτα ταῦτα P
1042 μὲν] μοι Barrett (μου iam Markland)   1044 ἠξίουc VΛ et M²L^c:
-ουc γ᾽ B²O: -ουc c᾽ A: -ουν c᾽ ⟨L⟩P et B²V³ (etiam γ᾽ V³ˢ): -ουν M: aut -ουν
aut -ουν c᾽ ¹Σ^nbv   1047 ῥᾶcτον CE et ¹Σ^n (∼ ¹Σ^b et gB)   δυcτυχεῖ
BVΛ et C² et gB: δυccεβεῖ ΩC et ¹Σ^nbv   1050 del. Nauck (cl. Σ^nb ἐν
πολλοῖc οὐ φέρεται οὗτος ὁ ἴαμβος)   οὗτός ἐcτιν ΩC: ἐcτιν οὗτος VΛ
δυcμενεῖ E   1053 καὶ τόπων fere VΛ et (τόπων) A²ʸᵖ: τερμόνων τ᾽
OAC: τερμόνων MB et V³ʸᵖ   1056 ἐλέγξαc MOVΛ: ἐλέγχων BA et V³
1059 ὄρνιc BAΛ et V^c: ὄρνειc MOVE

253

Ιπ.   ὦ θεοί, τί δῆτα τοὐμὸν οὐ λύω στόμα,   1060
       ὅστις γ' ὑφ' ὑμῶν, οὓς σέβω, διόλλυμαι;
       οὐ δῆτα· πάντως οὐ πίθοιμ' ἂν οὕς με δεῖ,
       μάτην δ' ἂν ὅρκους συγχέαιμ' οὓς ὤμοσα.
Θη.   οἴμοι, τὸ σεμνὸν ὥς μ' ἀποκτενεῖ τὸ σόν.
       οὐκ εἶ πατρώιας ἐκτὸς ὡς τάχιστα γῆς;   1065
Ιπ.   ποῖ δῆθ' ὁ τλήμων τρέψομαι; τίνος ξένων
       δόμους ἔσειμι, τῆιδ' ἐπ' αἰτίαι φυγών;
Θη.   ὅστις γυναικῶν λυμεῶνας ἥδεται
       ξένους κομίζων καὶ ξυνοικούρους κακῶν.
Ιπ.   αἰαῖ, πρὸς ἧπαρ· δακρύων ἐγγὺς τόδε,   1070
       εἰ δὴ κακός γε φαίνομαι δοκῶ τε σοί.
Θη.   τότε στενάζειν καὶ προγιγνώσκειν σ' ἐχρῆν
       ὅτ' ἐς πατρώιαν ἄλοχον ὑβρίζειν ἔτλης.
Ιπ.   ὦ δώματ', εἴθε φθέγμα γηρύσαισθέ μοι
       καὶ μαρτυρήσαιτ' εἰ κακὸς πέφυκ' ἀνήρ.   1075
Θη.   ἐς τοὺς ἀφώνους μάρτυρας φεύγεις σοφῶς·
       τὸ δ' ἔργον οὐ λέγον σε μηνύει κακόν.
Ιπ.   φεῦ·
       εἴθ' ἦν ἐμαυτὸν προσβλέπειν ἐναντίον
       στάνθ', ὡς ἐδάκρυσ' οἷα πάσχομεν κακά.
Θη.   πολλῶι γε μᾶλλον σαυτὸν ἤσκησας σέβειν   1080
       ἢ τοὺς τεκόντας ὅσια δρᾶν δίκαιος ὤν.

codd.: Ω = MBOA; V; Λ = CDELP

1060 λύω Elmsley: λύεω codd.   1061 ὑμῶν BACEL: ἡμῶν MOVDP
1062 πείθοιμ' CE et M²; πύθ- A   1064 ἀποκτενεῖ BVΛ: -κτείνει Ω(C) et
V³ʸʳ et gE   1065 ὡς τ- γῆς ἐκτός LP   1066 δῆθ' ὁ ΩC et V³: δῆτα
VΛ   τλήμον VD (~ V¹ᶜ)   1067 εἴσειμι O²LP (~ Oᶜ?)
1069 ξυν- DLP: συν- ΩVCE   -οικούρους LP: -οικουροὺς ΩVΛ: -εργάτας
Σⁿᵇ   1070 ἧπαρ· δακρύων HnOx, sicut coni. Wilamowitz: ἦπαρ
δακρύων τ' fere codd. et gV   1071 γε ΩC et V³ et gV: τε VΛ
1072 τότε δὴ V   σ' ἐχρῆν Ω et V³: σε χρῆν C: ἐχρῆν VΛ
1074 γηρύσαισθέ Lᶜ (γηρ✱✱✱ισθέ Lᵘᵛ): -ύσεσθέ MBOVCP: -ύεσθέ ADE et
¹Σⁿᵇᵛ   1075 μαρτυρήσαιτ' Lᶜ: -σετ' MBOVΛ et Σᵛ: -σατ' ALP et (ἐμ-)
Σⁿᵇ   1076 ἀφώνους BAVΛ et ¹Σⁿᵇᵛ: ἀφθόγγους MOC   σοφῶς
C et ᵞʳΣⁿᵇᵛ et B²: σαφῶς ΩVΛ et (qui post φεύγεις dist.) Σⁿᵇᵛ
1077 δεικνύει V (~ V³ʸʳ)

Ιπ.   ὦ δυστάλαινα μῆτερ, ὦ πικραὶ γοναί·
      μηδείς ποτ' εἴη τῶν ἐμῶν φίλων νόθος.

Θη.   οὐχ ἕλξετ' αὐτόν, δμῶες; οὐκ ἀκούετε
      πάλαι ξενοῦcθαι τόνδε προυννέποντά με;   1085

Ιπ.   κλαίων τις αὐτῶν ἄρ' ἐμοῦ γε θίξεται·
      cὺ δ' αὐτός, εἴ coι θυμός, ἐξώθει χθονός.

Θη.   δράcω τάδ', εἰ μὴ τοῖc ἐμοῖc πείcηι λόγοιc·
      οὐ γάρ τιc οἶκτοc cῆc μ' ὑπέρχεται φυγῆc.

Ιπ.   ἄραρεν, ὡc ἔοικεν. ὦ τάλαc ἐγώ,   1090
      ὡc οἶδα μὲν ταῦτ', οἶδα δ' οὐχ ὅπωc φράcω.
      ὦ φιλτάτη μοι δαιμόνων Λητοῦc κόρη,
      cύνθακε, cυγκύναγε, φευξούμεcθα δὴ
      κλεινὰc Ἀθήναc. ἀλλὰ χαιρέτω πόλιc
      καὶ γαῖ' Ἐρεχθέωc· ὦ πέδον Τροζήνιον,   1095
      ὡc ἐγκαθηβᾶν πόλλ' ἔχειc εὐδαίμονα,
      χαῖρ'· ὕcτατον γάρ c' εἰcορῶν προcφθέγγομαι.
      ἴτ', ὦ νέοι μοι τῆcδε γῆc ὁμήλικεc,
      προcείπαθ' ἡμᾶc καὶ προπέμψατε χθονόc·
      ὡc οὔποτ' ἄλλον ἄνδρα cωφρονέcτερον   1100
      ὄψεcθε, κεἰ μὴ ταῦτ' ἐμῶι δοκεῖ πατρί.

ΘΕΡΑΠΟΝΤΕC
      ἦ μέγα μοι τὰ θεῶν μελεδήμαθ', ὅταν φρέναc   [cτρ. α
      ἔλθηι,
      λύπαc παραιρεῖ· ξύνεcιν δέ τιν' ἐλπίδι κεύθων   1105
      λείπομαι ἔν τε τύχαιc θνατῶν καὶ ἐν ἔργμαcι
      λεύccων·

codd.: Ω = MBOA; V; Λ = CDELP

1085 τῶδε LP (∼ Pᶜ)   προυνν-] προυν- OVCL   1086 ἐμοῦ
τεθίξεται M   1089 ὑπέρχεται BVΛ: ἐπ- ΩC   1092 κόρη ΩC: κόρα
BVΛ   1093 cυγκ- BAE⟨L⟩P et D²: cυνκ- MOVCD et Tr
φευξούμε(c)θα ΩVCD et ¹Σⁿᵛ: -όμε(c)θα ELP   1095 γαῖ' BVΛ: γᾶ ΩC
1097 c' BVDLP et Chr. Pat. 1316, 1636: om. ΩCE   1102 seqq.
strophas famulorum (uide ad 61), antistrophos mulierum choro trib.
Verrall: omnes mulierum choro trib. codd. et Σⁿᵇᵛ: uide Bond, Hermathena
129 (1980) 59–63   1104 παραινεῖ BO (∼ B²)   1107 βλέπων V
(∼ V³)

255

ΕΥΡΙΠΙΔΟΥ

ἄλλα γὰρ ἄλλοθεν ἀμείβεται, μετὰ δ' ἵςταται
ἀνδράςιν αἰὼν
πολυπλάνητος αἰεί.   1110

Χο. εἴθε μοι εὐξαμέναι θεόθεν τάδε μοῖρα   [ἀντ. α
παράςχοι,
τύχαν μετ' ὄλβου καὶ ἀκήρατον ἄλγεςι θυμόν·
δόξα δὲ μήτ' ἀτρεκὴς μήτ' αὖ παράςημος   1115
ἐνείη,
ῥάιδια δ' ἤθεα τὸν αὔριον μεταβαλλομένα χρόνον αἰεὶ
βίον ςυνευτυχοίην.   1119

Θε. οὐκέτι γὰρ καθαρὰν φρέν' ἔχω, παρὰ δ' ἐλπίδ'   [ςτρ. β
ἃ λεύςςω·
ἐπεὶ τὸν Ἑλλανίας φανερώτατον ἀςτέρ' Ἀφαίας   1123
εἴδομεν εἴδομεν ἐκ πατρὸς ὀργᾶς
ἄλλαν ἐπ' αἶαν ἱέμενον.   1125
ὦ ψάμαθοι πολιήτιδος ἀκτᾶς,
ὦ δρυμὸς ὄρεος ὅθι κυνῶν

codd.: Ω = MBOA; V; Λ = C(–1123)DELP

1108 ἄλλοτ' LP   1109 ἵςταται Ω⟨L⟩P: ἵςτατ' VΔ et
Tr   1110 πολύπλανον C   αἰεί MBVDEL?P: ἀεί OA et Lᶜ?:
γὰρ C   1111 εὐξαμένωι D   1114 ἀκήρατον Ω et Vᵃʸᵖ: ἀγήραον BVΛ
1118 αἰεὶ MBC et Tr: ἀεὶ OAVΔ   1119 βίω(ι) VE (∼ V³)
1121 παρὰ δ' ἐλπίδ' ἃ Musgrave: παρὰ δ' ἐλπίδα BVDE: παρ' ἐλπίδα ΩCLP
(παρελ- MP): τὰ παρ' ἐλπίδα (tum λεύςςων) Hartung   λεύς(ς)ω BVΔ:
λεύς(ς)ων ΩD et V³Tr   1123 Ἀφαίας Fitton (Pegasus 8 [1967] 33–4),
Huxley (GRBS 12 [1971] 331–3): ἀθάνας V et Eust. in Il. p. 513. 42: ἀθήνας
AΛ et V³: ἀθήνης B: ἀθήναις MO: gen. sing. Σ⁽¹⁾ (Σⁿᵇ τῆς Ἀττικῆς, cl. Od.
7. 80 εὐρυάγυιαν Ἀθήνην): quid legerit Σ⁽²⁾ incertum (Σⁿ⁽ᵇᵛ⁾ ἐπειδὴ τὸν τῆς
Ἑλληνικῆς γῆς φανερώτατον ἀςτέρα, καὶ τὰ ἑξῆς; unde ἀςτέρα γαίας Hartung):
cf. etiam Hdt. 3. 59. 3 (Ἀφαίης pro Ἀθηναίης H. Kurz; cf. Furtwaengler,
Aegina 7), et uide 1459   1126 ψάμμαθοι VE   1127 ὄρεος (gen.
sing.) Diggle (cf. Andr. 849): ὄρειος codd.: ὄρεος (adiect.) Wilamowitz: uide
ICS 6.1 (1981) 85

ΙΠΠΟΛΥΤΟC

ὠκυπόδων μέτα θῆρας ἔναιρεν
Δίκτυνναν ἀμφὶ cεμνάν.   1130

Χο.   οὐκέτι cυζυγίαν πώλων Ἐνετᾶν ἐπιβάcηι   [ἀντ. β
      τὸν ἀμφὶ Λίμνας τρόχον κατέχων ποδὶ
         γυμνάδος ἵππου·
      μοῦcα δ' ἄυπνος ὑπ' ἄντυγι χορδᾶν   1135
      λήξει πατρῶιον ἀνὰ δόμον·
      ἀcτέφανοι δὲ κόρας ἀνάπαυλαι
      Λατοῦc βαθεῖαν ἀνὰ χλόαν·
      νυμφιδία δ' ἀπόλωλε φυγᾶι cᾶι   1140
      λέκτρων ἄμιλλα κούραιc.

      ἐγὼ δὲ cᾶι δυcτυχίαι   [ἐπωιδ.
      δάκρυcιν διοίcω
      πότμον ἄποτμον. ὦ τάλαινα μᾶτερ,
      ἔτεκεc ἀνόνατα· φεῦ,   1145
      μανίω θεοῖcιν.
      ἰὼ ἰώ·
      cυζύγιαι Χάριτεc, τί τὸν τάλαν' ἐκ πατρίαc γᾶc
      οὐδὲν ἄταc αἴτιον
      πέμπετε τῶνδ' ἀπ' οἴκων;   1150

codd.: Ω = MBOA; V; Λ = H(1136–)DELP

1128–9 μέτα θῆρας ἔναιρεν Blomfield: ἐπέβαc (-βα LP) θεᾶc μέτα θῆρac
ἐναίρων (ἀν- D) codd.   1130 δίκτυνναν BAEP: -νναν MOVD: -ννac L
(ναν Tr⁸)   1131 cυζυγία MO et Tr (~ Tr⁸)   1133 λήμνηc DE
1134 γυμνάδοc ἵππου Reiske: -δαc ἵππουc codd.   1138 χλόαν om. ⟨L⟩P
(~ Trᵞᴾ; etiam ἀν' ὕλαν Tr); χθόνα V³ᵞᴾ   1139 νυμφιδία δ' ἀπόλωλε
MO (-ίᾳ O) et ut uid. ¹Σⁿᵇ: νυμφίδια δ' ἀπόλωλε λέχη BAVΛ (ἀπώλ- DEL;
~ Tr)   1141 κούραιc ΩV: κόραιc Λ   1143 δάκρυcιν Barthold: -cι
codd.   1145 ἀνόνατα Ω: ἀνόνητα BVΛ: αἰνότατα V³ᵞᴾ   1146 μανίω
BAVLP: μᾶν ἰὼ MO: μηνίω HD et V³TrP²: μηνίὼ B²: om. (cum θεοῖcιν)
E   1147 ἰώ O   1148 τάλαν' Tr: τάλαν A⟨E²L⟩P et B³: τάλαιν'
MBOVHᵘᵛD et Eᶜ?   πατρώαc V et Tr   γᾶc om. LP (~ Tr); γῆc
⟨B⟩ (~ Bᶜ)   1150 πέμπεται MH (~ H²)

257

καὶ μὴν ὀπαδὸν Ἱππολύτου τόνδ᾽ εἰςορῶ
cπουδῆι cκυθρωπὸν πρὸς δόμους ὁρμώμενον.

ΑΓΓΕΛΟC ποῖ γῆς ἄνακτα τῆσδε Θηςέα μολὼν
εὕροιμ᾽ ἄν, ὦ γυναῖκες; εἴπερ ἴστε μοι
ςημήνατ᾽· ἆρα τῶνδε δωμάτων ἔсω;   1155
Χο.   ὅδ᾽ αὐτὸς ἔξω δωμάτων πορεύεται.
Αγ.   Θηςεῦ, μερίμνης ἄξιον φέρω λόγον
coὶ καὶ πολίταις οἵ τ᾽ Ἀθηναίων πόλιν
ναίουςι καὶ γῆς τέρμονας Τροζηνίας.
Θη.   τί δ᾽ ἔστι; μῶν τις ςυμφορὰ νεωτέρα   1160
διccὰς κατείληφ᾽ ἀςτυγείτονας πόλεις;
Αγ.   Ἱππόλυτος οὐκέτ᾽ ἔστιν, ὡς εἰπεῖν ἔπος·
δέδορκε μέντοι φῶς ἐπὶ ςμικρᾶς ῥοπῆς.
Θη.   πρὸς τοῦ; δι᾽ ἔχθρας μῶν τις ἦν ἀφιγμένος
ὅτου κατήιςχυν᾽ ἄλοχον ὡς πατρὸς βίαι;   1165
Αγ.   οἰκεῖος αὐτὸν ὦλες᾽ ἁρμάτων ὄχος
ἀραί τε τοῦ coῦ ςτόματος, ἃς cὺ cῶι πατρὶ
πόντου κρέοντι παιδὸς ἠράсω πέρι.
Θη.   ὦ θεοί, Πόсειδόν θ᾽· ὡς ἄρ᾽ ἦсθ᾽ ἐμὸς πατὴρ
ὀρθῶς, ἀκούсας τῶν ἐμῶν κατευγμάτων.   1170
πῶς καὶ διώλετ᾽; εἰπέ, τῶι τρόπωι Δίκης
ἔπαισεν αὐτὸν ῥόπτρον αἰσχύναντά με;
Αγ.   ἡμεῖς μὲν ἀκτῆς κυμοδέγμονος πέλας
ψήκτραιсιν ἵππων ἐκτενίζομεν τρίχας
κλαίοντες· ἦλθε γάρ τις ἄγγελος λέγων   1175

codd.: Π⁸(1165–); Ω = MBOA; V; Λ = HDELP

1151ⁿ nullam notam Ω: ἡμιχ. VΛ: χο. M²   1153 ποῦ M   τόνδε
MO; τῆς τε H   1158 πύλην D⟨L.²⟩ (∼ Lᶜ)   1165 ὡс] ἐκ VP; ὡс
τοῦ V³   1166 ὦλεс᾽ ΩP: -сεν VΔL: [Π⁸]   1172 ῥόπτον
(Π⁸)BO (∼ ¹Σᵇ) et Chr. Pat. 1436 cod. B (∼ Eust. in Il. p. 501.
20)   αἰсχύναντά με BVΛ et (-αντα[..]) Π⁸ et M²: -αντ᾽ ἐμέ Ω
1175 κλαίοντες ΩVE: κλάοντες BΛ:[Π⁸]

258

ὡς οὐκέτ' ἐν γῆι τῆιδ' ἀναστρέψοι πόδα
Ἱππόλυτος, ἐκ σοῦ τλήμονας φυγὰς ἔχων.
ὁ δ' ἦλθε ταὐτὸν δακρύων ἔχων μέλος
ἡμῖν ἐπ' ἀκτάς, μυρία δ' ὀπισθόπους
φίλων ἅμ' ἔστειχ' ἡλίκων ⟨θ'⟩ ὁμήγυρις.   1180
χρόνωι δὲ δή ποτ' εἶπ' ἀπαλλαχθεὶς γόων·
Τί ταῦτ' ἀλύω; πειστέον πατρὸς λόγοις.
ἐντύναθ' ἵππους ἅρμασι ζυγηφόρους,
δμῶες, πόλις γὰρ οὐκέτ' ἔστιν ἥδε μοι.
τοὐνθένδε μέντοι πᾶς ἀνὴρ ἠπείγετο,   1185
καὶ θᾶσσον ἢ λέγοι τις ἐξηρτυμένας
πώλους παρ' αὐτὸν δεσπότην ἐστήσαμεν.
μάρπτει δὲ χερσὶν ἡνίας ἀπ' ἄντυγος,
αὐταῖς ἐν ἀρβύλαισιν ἁρμόσας πόδας.
καὶ πρῶτα μὲν θεοῖς εἶπ' ἀναπτύξας χέρας·   1190
Ζεῦ, μηκέτ' εἴην εἰ κακὸς πέφυκ' ἀνήρ·
αἴσθοιτο δ' ἡμᾶς ὡς ἀτιμάζει πατὴρ
ἤτοι θανόντας ἢ φάος δεδορκότας.
κἂν τῶιδ' ἐπῆγε κέντρον ἐς χεῖρας λαβὼν
πώλοις ἁμαρτῆι· πρόσπολοι δ' ὑφ' ἅρματος   1195
πέλας χαλινῶν εἱπόμεσθα δεσπότηι

codd.: Π⁸(-1179, 1194-); Ω = MBOA; V; Λ = H(-1186)DELP

1176 ἀναστρέψοι ΒΔΡ: -ψει L: -φοι Π⁸ΩV et fort. ¹Σᵇᵛ (φεύγει)
1178 ταυτὸν D⟨L⟩P: ταὐτὸ uel ταυτὸ ΩVHE et Lᶜ: [Π⁸]   1179 ἀκτάς
Kirchhoff: ἀκταῖc codd.: [Π⁸]   1180 ⟨θ'⟩ Markland
1181 ἀποπλαχθεὶς B(O); ἀπαλλαγεὶς B² (cf. Chr. Pat. 1234); ἀλλαχθεὶς
O¹ᶜ   1182 πειστέον ΑΗ²ELP et B² et Chr. Pat. 1235: πιcτέον MBOVD
1183 ἐντύναθ' ΩV: -νεθ' fere Λ   1186 λέγει VP   1189 αὐταῖς ἐν
Valckenaer: αὐταῖcεν cod. unus Et. Ma. 135. 12: αὐταῖcιν codd. et Eust. in
Il. p. 599. 22 et Et. Ma. codd. cett.: αὐτῆ(ι)cιν Σᵗᵇᵛ Ph. 3, -οῖcιν Σᵐ Ph.
ἀρβύλαιcιν ΩVL et Σᵐᵗ Ph.: -λη(ι)cιν ΒΕ(P) et Σᵇᵛ Ph. et Eust. et Et. Ma.:
-λοιcιν D   πόδαc DE et Lᶜ?: πόδα ΩVL²P et Σᵇᵗ Ph. et Eust. et Et.
Ma.: πόδ Σᵐᵛ Ph.   1190 θεοῖc ΟΛ et ¹Σⁿᵇ et fort. ¹Σⁿᵇ: θεοὺς Ω et
V³: om. V   1194 υπηγ[Π⁸ (∼ Eust. in Il. p. 719. 35)
1195 πώλοις ΑVΛ (dat. etiam Eust.): πώλους Π⁸ΜΒΟ et V³   ἁμαρτηι
Π⁸: ὁμ- ΩVΛ   ὑφ' ἅρματος Λ: ἐφ' ἅρματος ΟV (ἐμφ' Ο) et M²: ἐφ'
ἅρματι ΒΑ et V³: ἐφάσκομε Μ?: [Π⁸]

τὴν εὐθὺς Ἄργους κἀπιδαυρίας ὁδόν.
ἐπεὶ δ' ἔρημον χῶρον εἰσεβάλλομεν,
ἀκτή τις ἔστι τοὐπέκεινα τῆσδε γῆς
πρὸς πόντον ἤδη κειμένη Σαρωνικόν.   1200
ἔνθεν τις ἠχὼ χθόνιος, ὡς βροντὴ Διός,
βαρὺν βρόμον μεθῆκε, φρικώδη κλύειν·
ὀρθὸν δὲ κρᾶτ' ἔστησαν οὖς τ' ἐς οὐρανὸν
ἵπποι, παρ' ἡμῖν δ' ἦν φόβος νεανικὸς
πόθεν ποτ' εἴη φθόγγος. ἐς δ' ἁλιρρόθους   1205
ἀκτὰς ἀποβλέψαντες ἱερὸν εἴδομεν
κῦμ' οὐρανῶι στηρίζον, ὥστ' ἀφηιρέθη
Σκίρωνος ἀκτὰς ὄμμα τοὐμὸν εἰσορᾶν,
ἔκρυπτε δ' Ἰσθμὸν καὶ πέτραν Ἀσκληπιοῦ.
κἄπειτ' ἀνοιδῆσάν τε καὶ πέριξ ἀφρὸν   1210
πολὺν καχλάζον ποντίωι φυσήματι
χωρεῖ πρὸς ἀκτὰς οὗ τέθριππος ἦν ὄχος.
αὐτῶι δὲ σὺν κλύδωνι καὶ τρικυμίαι
κῦμ' ἐξέθηκε ταῦρον, ἄγριον τέρας·
οὗ πᾶσα μὲν χθὼν φθέγματος πληρουμένη   1215
φρικῶδες ἀντεφθέγγετ', εἰσορῶσι δὲ
κρεῖσσον θέαμα δεργμάτων ἐφαίνετο.
εὐθὺς δὲ πώλοις δεινὸς ἐμπίπτει φόβος·
καὶ δεσπότης μὲν ἱππικοῖσιν ἤθεσιν
πολὺς ξυνοικῶν ἥρπασ' ἡνίας χεροῖν,   1220
ἕλκει δὲ κώπην ὥστε ναυβάτης ἀνήρ,
ἱμᾶσιν ἐς τοὔπισθεν ἀρτήσας δέμας·
αἱ δ' ἐνδακοῦσαι στόμια πυριγενῆ γνάθοις
βίαι φέρουσιν, οὔτε ναυκλήρου χερὸς

codd.: Π⁸(-1204); Ω = MBOA; V; Λ = DELP

1198 χῶρον (Π⁸)ΒΛ et V²: χώραν M: χώραν OAV   1203 δὲ Π⁸ΩV:
τε Λ   τ' VDEL: δ' ΩΡ: [Π⁸]   ἐς Ω: εἰς VΛ: [Π⁸]
1208 σκίρωνος O: σκείρωνος fere ΩVΛ (σκείρρ- L, [M]; -ωνας D, -ωνος δ'
M)   1216 ἀντεφθέγγετ' AVΛ (ἀντιφθ- L): -φθέγξατ' MBO et Chr. Pat.
858   1218 ἐνπίτνει M (~ M²)   1219 ἱππικοῖσιν Valckenaer: -οῖς ἐν
codd.   1223 γνάθοις ΒVΛ: γναθμοῖς Ω

ΙΠΠΟΛΥΤΟΣ

οὔθ' ἱπποδέσμων οὔτε κολλητῶν ὄχων   1225
μεταστρέφουσαι. κεἰ μὲν ἐς τὰ μαλθακὰ
γαίας ἔχων οἴακας εὐθύνοι δρόμον,
προυφαίνετ' ἐς τὸ πρόσθεν, ὥστ' ἀναστρέφειν,
ταῦρος, φόβωι τέτρωρον ἐκμαίνων ὄχον·
εἰ δ' ἐς πέτρας φέροιντο μαργῶσαι φρένας,   1230
σιγῆι πελάζων ἄντυγι ξυνείπετο,
ἐς τοῦθ' ἕως ἔσφηλε κἀνεχαίτισεν
ἁψῖδα πέτρωι προσβαλὼν ὀχήματος.
σύμφυρτα δ' ἦν ἅπαντα· σύριγγές τ' ἄνω
τροχῶν ἐπήδων ἀξόνων τ' ἐνήλατα,   1235
αὐτὸς δ' ὁ τλήμων ἡνίαισιν ἐμπλακεὶς
δεσμὸν δυσεξέλικτον ἕλκεται δεθείς,
σποδούμενος μὲν πρὸς πέτραις φίλον κάρα
θραύων τε σάρκας, δεινὰ δ' ἐξαυδῶν κλύειν·
Στῆτ', ὦ φάτναισι ταῖς ἐμαῖς τεθραμμέναι,   1240
μή μ' ἐξαλείψητ'. ὦ πατρὸς τάλαιν' ἀρά·
τίς ἄνδρ' ἄριστον βούλεται σῶσαι παρών;
πολλοὶ δὲ βουληθέντες ὑστέρωι ποδὶ
ἐλειπόμεσθα. χὠ μὲν ἐκ δεσμῶν λυθεὶς
τμητῶν ἱμάντων οὐ κάτοιδ' ὅτωι τρόπωι   1245
πίπτει, βραχὺν δὴ βίοτον ἐμπνέων ἔτι·
ἵπποι δ' ἔκρυφθεν καὶ τὸ δύστηνον τέρας
ταύρου λεπαίας οὐ κάτοιδ' ὅποι χθονός.
δοῦλος μὲν οὖν ἔγωγε σῶν δόμων, ἄναξ,

codd.: Ω = M(-1234)BOA; V; Λ = DELP

1226 ἐс ΒΑ: εἰc ΜΟVΛ   1227 οἴακας ΜΟV: οἴηκας ΒΑΛ
εὐθύνοι] εὐθ- Ω: ἰθ- VΛ   -νη ⟨L?⟩P (∼ Lᶜ)   1228 τὸ πρόσθεν ΩV:
τοὔμπροσθεν ΒΛ (τ✱✱π- L, τοὔμπ- Lᶜ)   1230 πέτρας ΜΒVΛ: -αν ΟΑ et
V³   1232 κἀναχαίτισεν ΕL   1237 -έλικτον AᵍˡV³: -ήνυτον fere codd.
et Eust. in Il. p. 384. 5: -ήνυστον Heath   1238 πέτραις Ω: -ας VΛ
1239 τε Elmsley: δὲ codd.   σάρκα V (∼ V³)   1244 ἔκλειπ- Ε, ἐκλιπ-
D, ἐλιπ-V³   1246 δὴ] δὲ L; om. ΒP (∼ Β²)   προσπνέων DE
1247 τέρας ΟΑV et ¹Σⁿᵇᵛ: κάρα ΒΛ   1248 ὅποι ΒΟ: ὅπη V: ὅπου
ADEL et ¹Σⁿ: ὅπως P

ἀτὰρ τοσοῦτόν γ' οὐ δυνήσομαί ποτε,   1250
τὸν còν πιθέσθαι παῖδ' ὅπως ἐστὶν κακός,
οὐδ' εἰ γυναικῶν πᾶν κρεμασθείη γένος
καὶ τὴν ἐν Ἴδηι γραμμάτων πλήσειέ τις
πεύκην· ἐπεί νιν ἐσθλὸν ὄντ' ἐπίσταμαι.

Χο. αἰαῖ, κέκρανται συμφορὰ νέων κακῶν,   1255
οὐδ' ἔστι μοίρας τοῦ χρεών τ' ἀπαλλαγή.

Θη. μίσει μὲν ἀνδρὸς τοῦ πεπονθότος τάδε
λόγοισιν ἤσθην τοῖσδε· νῦν δ' αἰδούμενος
θεούς τ' ἐκεῖνόν θ', οὕνεκ' ἐστὶν ἐξ ἐμοῦ,
οὔθ' ἥδομαι τοῖσδ' οὔτ' ἐπάχθομαι κακοῖς.   1260

Αλ. πῶς οὖν; κομίζειν, ἢ τί χρὴ τὸν ἄθλιον
δράσαντας ἡμᾶς σῆι χαρίζεσθαι φρενί;
φρόντιζ'· ἐμοῖς δὲ χρώμενος βουλεύμασιν
οὐκ ὠμὸς ἐς còν παῖδα δυστυχοῦντ' ἔσηι.

Θη. κομίζετ' αὐτόν, ὡς ἰδὼν ἐν ὄμμασιν   1265
λόγοις τ' ἐλέγξω δαιμόνων τε συμφοραῖς   1267
τὸν τἄμ' ἀπαρνηθέντα μὴ χρᾶναι λέχη.   1266

Χο. σὺ τὰν θεῶν ἄκαμπτον φρένα καὶ βροτῶν
ἄγεις, Κύπρι, σὺν δ' ὁ ποι-
κιλόπτερος ἀμφιβαλὼν   1270
ὠκυτάτωι πτερῶι·
ποτᾶται δὲ γαῖαν εὐάχητόν θ'
ἁλμυρὸν ἐπὶ πόντον,
θέλγει δ' Ἔρως ὧι μαινομέναι κραδίαι

codd.: Ω = ΒΟΑ; V; Λ = DELP

1250 γ' Ω: om. VΛ et Chr. Pat. 1290   1251 τὸν OELP et Vᶜ: τὸ
BAVD: utrumque codd. Chr. Pat. 1291   1254 νιν ΩV: μιν Λ et Chr.
Pat. 325, 1294   1255 συμφορὰ Ο, sicut coni. Elmsley: -ραὶ BAVΛ
1257 τάδε BVΛ et gV: τόδε OA et V³   1259 τ' Λ: om. ΩV
1260 οὔτ' ἐπάχθομαι Ω et V³ et ¹Σⁿᵇᵛ: οὔτ' ἀπέχθ- VΛ et (¹Σⁿ): οὔτεπέχθ-
gV   1267–6 hoc ordine OAV: inuerso BΛ   1267 τ' BΛ: om. OAV
1271 πτέρυγι L (~ Tr)   1272 δὲ Seidler: δ' ἐπὶ ΩΛ: ἐπὶ V
1274 φλέγει V (~ V³ʸʳ et gB)   κραδίαι Aldina: καρδία(ι) codd. et gB

πτανὸς ἐφορμάςηι χρυςοφαής,   1275
φύςιν ὀρεςκόων ςκύμνων πελαγίων θ'
ὅςα τε γᾶ τρέφει
τά τ' αἰθόμενος ἅλιος δέρκεται
ἄνδρας τε· ςυμπάντων βαςιληίδα τι-   1280
μάν, Κύπρι, τῶνδε μόνα κρατύνεις.

ΑΡΤΕΜΙC

ςὲ τὸν εὐπατρίδην Αἰγέως κέλομαι
παῖδ' ἐπακοῦςαι·
Λητοῦς δὲ κόρη ς' Ἄρτεμις αὐδῶ.   1285
Θηςεῦ, τί τάλας τοῖςδε ςυνήδηι,
παῖδ' οὐχ ὁςίως ςὸν ἀποκτείνας
ψεύδεςι μύθοις ἀλόχου πειςθεὶς
ἀφανῆ; φανερὰν δ' ἔςχεθες ἄτην.
πῶς οὐχ ὑπὸ γῆς τάρταρα κρύπτεις   1290
δέμας αἰςχυνθείς,
ἢ πτηνὸν ἄνω μεταβὰς βίοτον
πήματος ἔξω πόδα τοῦδ' ἀνέχεις;
ὡς ἔν γ' ἀγαθοῖς ἀνδράςιν οὔ ςοι
κτητὸν βιότου μέρος ἐςτίν.   1295

codd.: Ω = BOA; V; Λ = H(1290–)DELP

1275 ἐφορμάςη(ι) BODL et (V³) et gB, -ςει AP: ἐφαρμόςη E, -ςει V
χρυςοφαὴς ⟨ςτίλβων⟩ Diggle   1277 ὀρεςκόων L: -κώ(ι)ων ΩVDEP
ςκύμνων Wilamowitz: ςκυλάκων codd.   πελαγίων VΛ: -γέων Ω
1279 τά τ' Wecklein: τὰν codd.   αἰθόμενος ἅλιος Wilamowitz: ἅλιος
αἰθόμενος fere codd. (ἀλ- ΩLP, ἀέλ- VDE; -όμενος BVΛ, -ομέναν OA, -ομένην
V³)   1280 ἀνδρῶν B²A²V³   ςυμπάντων Dindorf: -ων δὲ VDEL: -ων
τε Ω: -ων γε P   1283 εὐπατρίδην Barthold: -δαν ΩΛ et V³: -δα V
κέλλομαι AVE? et B²   1285 αὐδῶ OV: αὐδᾶ(ι) BALP: αὐδὰν D: [E]
1288 ἀλόχου πειςθεὶς Ω: π- ἀ- VΛ   1289 ἀφανῶς L⁸   ἔςχεθες
Markland: ἔςχες codd.   ἄτην VΛ: ἄταν Ω   1290 οὐχ BADLP et
¹Σⁿᵇ et gV: δ' οὐχ O et ¹Σᵛ: δ' V: [HE]   1292 πτηνὸν Valckenaer:
πτηνὸς ΩVLP et gV: πτανὸς Δ   1293 πόδα τοῦδ' Oᶜ?, sicut coni.
Wakefield: πόδα τόνδ' O?AVΛ: πόδ' B   ἀνέχεις BVΛ et A²ᵞᵖ: ἀπέχεις
OA et V³ᵞᵖ   1294 ἔν γ' Musgrave: ἔν τ' OA et V³: ἐν BVΛ et gV
1295 βίου O et gV

ΕΥΡΙΠΙΔΟΥ

ἄκουε, Θησεῦ, cῶν κακῶν κατάcταcιν.
καίτοι προκόψω γ' οὐδέν, ἀλγυνῶ δέ cε·
ἀλλ' ἐc τόδ' ἦλθον, παιδὸc ἐκδεῖξαι φρένα
τοῦ cοῦ δικαίαν, ὡc ὑπ' εὐκλείαc θάνηι,
καὶ cῆc γυναικὸc οἶcτρον ἢ τρόπον τινὰ   1300
γενναιότητα. τῆc γὰρ ἐχθίcτηc θεῶν
ἡμῖν ὅcαιcι παρθένειοc ἡδονὴ
δηχθεῖcα κέντροιc παιδὸc ἠράcθη cέθεν·
γνώμηι δὲ νικᾶν τὴν Κύπριν πειρωμένη
τροφοῦ διώλετ' οὐχ ἑκοῦcα μηχαναῖc,   1305
ἢ cῶι δι' ὅρκων παιδὶ cημαίνει νόcον.
ὁ δ', ὥcπερ οὖν δίκαιον, οὐκ ἐφέcπετο
λόγοιcιν, οὐδ' αὖ πρὸc cέθεν κακούμενοc
ὅρκων ἀφεῖλε πίcτιν, εὐcεβὴc γεγώc·
ἡ δ' εἰc ἔλεγχον μὴ πέcηι φοβουμένη   1310
ψευδεῖc γραφὰc ἔγραψε καὶ διώλεcεν
δόλοιcι cὸν παῖδ', ἀλλ' ὅμωc ἔπειcέ cε.

Θη. οἴμοι.

Αρ. δάκνει cε, Θηcεῦ, μῦθοc; ἀλλ' ἔχ' ἥcυχοc,
τοὐνθένδ' ἀκούcαc ὡc ἂν οἰμώξηιc πλέον.
ἆρ' οἶcθα πατρὸc τρεῖc ἀρὰc ἔχων cαφεῖc;   1315
ὧν τὴν μίαν παρεῖλεc, ὦ κάκιcτε cύ,
ἐc παῖδα τὸν cόν, ἐξὸν εἰc ἐχθρῶν τινα.
πατὴρ μὲν οὖν cοι πόντιοc φρονῶν καλῶc
ἔδωχ' ὅcονπερ χρῆν, ἐπείπερ ἤινεcεν·
cὺ δ' ἔν τ' ἐκείνωι κἂν ἐμοὶ φαίνηι κακόc,   1320

codd.: Ω = BOA; V; Λ = HDELP

1297 γ'] δ' H   1299 θάνοι LP et Hˢ ᵘᵛ   1300 οἶcτρον] ψεῦcτιν
ᵞʳΣᵇ   1302 παρθένειοc ΩH et V²Lᶜ (fort. etiam L) et Eust. in Il. p.
502. 32: -νιοc VDEL?P   1303 δηχθεῖcα ΩP (-cαν A) et D²Lᶜ: δειχθ-
Lᵘᵛ: διχθ- VDEᵘᵛ et Aˢ: aut δηχθ- aut διχθ- H   1307 οὖν δίκαιον LP:
ὧν δίκαιοc ΩVΔ   ἐφέcπετο BOVHD: ἐφείπ- A: ἐφείcπ- E: ἐπέcπ- LP
1311 ἔταξε A   1314 οἰμώξη(ι)c ΩVHE et Tr et (-ζηc) Σᵛ: -ξη(ι) P et
Σᵇ et (-ζη) Σⁿ: -ξειc DL?   1315 ἔχων cαφεῖc AH: c- ἔ- BOVDELP
1317 ἐχθρῶν V³, sicut coni. Elmsley: -ρόν codd.   1319 χρῆν fere Λ:
ἐχρῆν ΩV

264

ὃς οὔτε πίστιν οὔτε μάντεων ὄπα
ἔμεινας, οὐκ ἤλεγξας, οὐ χρόνωι μακρῶι
σκέψιν παρέσχες, ἀλλὰ θᾶσσον ἤ σ' ἐχρῆν
ἀρὰς ἐφῆκας παιδὶ καὶ κατέκτανες.

Θη. δέσποιν', ὀλοίμην. Αρ. δείν' ἔπραξας, ἀλλ' ὅμως   1325
ἔτ' ἔστι καί σοι τῶνδε συγγνώμης τυχεῖν·
Κύπρις γὰρ ἤθελ' ὥστε γίγνεσθαι τάδε,
πληροῦσα θυμόν. θεοῖσι δ' ὧδ' ἔχει νόμος·
οὐδεὶς ἀπαντᾶν βούλεται προθυμίαι
τῆι τοῦ θέλοντος, ἀλλ' ἀφιστάμεσθ' ἀεί.   1330
ἐπεί, σάφ' ἴσθι, Ζῆνα μὴ φοβουμένη
οὐκ ἄν ποτ' ἦλθον ἐς τόδ' αἰσχύνης ἐγὼ
ὥστ' ἄνδρα πάντων φίλτατον βροτῶν ἐμοὶ
θανεῖν ἐᾶσαι. τὴν δὲ σὴν ἁμαρτίαν
τὸ μὴ εἰδέναι μὲν πρῶτον ἐκλύει κάκης·   1335
ἔπειτα δ' ἡ θανοῦσ' ἀνήλωσεν γυνὴ
λόγων ἐλέγχους, ὥστε σὴν πεῖσαι φρένα.
μάλιστα μέν νυν σοὶ τάδ' ἔρρωγεν κακά,
λύπη δὲ κἀμοί· τοὺς γὰρ εὐσεβεῖς θεοὶ
θνήισκοντας οὐ χαίρουσι· τούς γε μὴν κακοὺς   1340
αὐτοῖς τέκνοισι καὶ δόμοις ἐξόλλυμεν.

Χο. καὶ μὴν ὁ τάλας ὅδε δὴ στείχει,
σάρκας νεαρὰς ξανθόν τε κάρα

codd.: Ω = BOA; V; Λ = H(-1336)DELP

1322 οὐκ OAV: οὐδ' ΒΛ   μακρῶ(ι) ΩVLP (ante χρόνωι OV) et
Eust. in Il. p. 488. 16: μακρὰν Δ   1323 παρέσχες ΩV: ἔνειμας DLP (γ'
ante ἔν- in ras. P, et Lᶜ pot. qu. L) et Eust.: ἔμεινας HE   σε χρῆν L
1324 ἐφῆκας Δ: ἀφ- ΩVLP   1325 ὀλοίμαν OP   1326 ἔτ' ἔστι] ἔνεστι
A (~ Chr. Pat. 816)   συγγνώμην ἔχειν O (~ Chr. Pat.)   1327 τάδε
ΔP et Lᶜ: τόδε ΩV⟨L⟩   1331 οἶσθα L   1333 βροτῶν ἐμοὶ ΩVHᵘᵛ:
ἐ- β- DELP   1336 ἀνήλωσεν Elmsley: ἀνάλωσε(ν) ΩVΔ et Dʸᴾ: ἀπώλεσεν
D   1337 λόγοις L   ἐλέγχους BVP: -ους' OAΔL et B³   1338 μὲν
νῦν σοὶ ΩDE: μέν σοι νῦν V: νῦν δή σοι L: νῦν σοι P   1340 γε μὴν ΒΑΛ:
δὲ μὴν O et gV: δέ γε V (μὴν V³⁸)

διαλυμανθείς. ὦ πόνος οἴκων,
οἷον ἐκράνθη δίδυμον μελάθροις   1345
πένθος θεόθεν καταληπτόν.

Ιπ.   αἰαῖ αἰαῖ·
δύστηνος ἐγώ, πατρὸς ἐξ ἀδίκου
χρησμοῖς ἀδίκοις διελυμάνθην.
ἀπόλωλα τάλας, οἴμοι μοι.   1350
διά μου κεφαλῆς ἄισσους' ὀδύναι
κατά τ' ἐγκέφαλον πηδᾷ σφάκελος·
σχές, ἀπειρηκὸς σῶμ' ἀναπαύσω.
ἒ ἔ·
ὦ στυγνὸν ὄχημ' ἵππειον, ἐμῆς   1355
βόσκημα χερός,
διά μ' ἔφθειρας, κατὰ δ' ἔκτεινας.
φεῦ φεῦ· πρὸς θεῶν, ἀτρέμα, δμῶες,
χροὸς ἑλκώδους ἅπτεσθε χεροῖν.
τίς ἐφέστηκεν δεξιὰ πλευροῖς;   1360
πρόσφορά μ' αἴρετε, σύντονα δ' ἕλκετε
τὸν κακοδαίμονα καὶ κατάρατον
πατρὸς ἀμπλακίαις. Ζεῦ Ζεῦ, τάδ' ὁρᾷς;
ὅδ' ὁ σεμνὸς ἐγὼ καὶ θεοσέπτωρ,
ὅδ' ὁ σωφροσύνῃ πάντας ὑπερσχών,   1365
προῦπτον ἐς Ἅιδην στείχω, κατ' ἄκρας
ὀλέσας βίοτον, μόχθους δ' ἄλλως

codd.: Ω = ΒΟΑ; V; Λ = C(1365-)DELP

1350 οἴμοι μοι] οἴμοι οἴμοι AL   1351 κεφαλῆς Ω: -λὰς VΔL: -λᾶς P
et D²Tr et gB   1352 τ' ELP et gB: δ' ΩVD   1353 χθὲς E; cχθὲς P
1354 ἒ ἔ VDEL: ἒ ἒ BP et Tr: om. OA (et ἒ ἒ primitus del. Tr)
1356 βόσκημα χερός VDE et Tr: β- χειρός Ω: om. LP   1357 δ' Ω: τ'
VΛ   1358 ἀτρέμα δμῶες Ω et Tr (-μας O et Tr): δ- ἀτρέμας VΛ (-μα
V³ʸᵖD²)   1359 ἅπτεσθαι AD et Eᶜ?   1360 ἐφέστηκεν δεξιὰ fere
ΒΟVΛ (-κε VEL, ~ Tr; -ιᾶ(ι) ΒΟΕΡ): ἐφέστηκ' ἐνδέξια A et V³ et ʸᵖΣⁿᵇ
1362 καὶ] τὸν V (~ V³ʸᵖ)   1363 ἀμπλακία(ι) E⟨L⟩P (~ Tr)
1365 ὑπερσχών Valckenaer: ὑπερεχών V: ὑπερέχων ΩΛ et Vᶜ   1366 ἐς
Β²Tr: εἰς codd.   ἄδην VΛ: ἀίδαν Ω: ἀίδην Tr   κατ' ἄκρας VΛ et
Βʸᵖ: κατὰ γᾶς Ω et Vʸᵖ et (γᾶν) Tr

τῆς εὐσεβίας
εἰς ἀνθρώπους ἐπόνησα.

αἰαῖ αἰαῖ·   1370
καὶ νῦν ὀδύνα μ' ὀδύνα βαίνει·
μέθετέ με τάλανα,
καί μοι θάνατος παιὰν ἔλθοι.
†προσαπόλλυτέ μ' ὄλλυτε τὸν δυσδαί-
   μονα·† ἀμφιτόμου λόγχας ἔραμαι,   1375
διαμοιρᾶσαι κατά τ' εὐνᾶσαι
τὸν ἐμὸν βίοτον.
ὦ πατρὸς ἐμοῦ δύστανος ἀρά·
μιαιφόνον τι σύγγονον
παλαιῶν προγεννη-   1380
   τόρων ἐξορίζεται
κακὸν οὐδὲ μένει,
ἔμολέ τ' ἐπ' ἐμέ—τί ποτε, τὸν οὐ-
   δὲν ὄντ' ἐπαίτιον κακῶν;
ἰώ μοί μοι.
τί φῶ; πῶς ἀπαλλά-   1385
   ξω βιοτὰν ἐμὰν
τοῦδ' ἀνάλγητον πάθους;

codd.: Ω = ΒΟΑ; V; Λ = CDELP

1368 εὐσεβίας Tr: -βείας codd. et gE   1370 αἰ αἰ αἰ αἰ fere ΒΟΛ:
αἰ αἰ αἰ ΑΕ: αἰ αἰ V   1372 με om. LP (με τὸν add. Tr, sed με
postmodo del.)   τάλανα OADEL et Pᶜ: τάλαν Β: τάλαινα VCPᵘᵛ
1374 προσαπόλλυτ' ἀπόλλυτε Wilamowitz   1374-5 δυσδαίμονα Α:
δυσδαίμον' ΒΟVΛ: δυσδαίμονά μ' cum Markland Wilamowitz, δυσδαίμον',
⟨ὃς⟩ Page, -μον'· ⟨ὑπ'⟩ Willink (CQ n.s. 18 [1968] 43) et 1376 διαμοιρᾶσθαι
(Valckenaer)   1375 ἀμφιστόμου V³; διστόμου ΒʸᵖDʸᵖ   1376 κατά
Herwerden: διά codd.   εὐνᾶσαι fere AVΛ: εὐνῆσαι ΒΟ
1378 δύστανος ΩV: -την- Λ   1379 μιαιφόνον ΒΟ: -φόνων AVΛ et Β²
τι Weil: τε codd.   σύγγονον Β et V³: συγγόνων OAVΛ et Β²
1381 ἐξορίζετε CE   μένει Wilamowitz: μέλλει codd. (μέλι C)
1382 ἔμολέ τ' ΒΡ: ἐμόλετ' ΔL: ἔμολ' AV: ἔμολ' ἔμολ' Ο   1384 ἰώ μοι
μοι ΩELP: ἰώ μοι VCD   1385 πῶς ΩVE: πῶς δ' Λ   ἐμὰν ΩVDP:
om. CEL   1386 ἀνάλγητον Weil: ἀναλγήτου codd.

εἴθε με κοιμάσειε τὸν
δυςδαίμον' Ἅιδα μέλαι-
να νύκτερός τ' ἀνάγκα.

Αρ. ὦ τλῆμον, οἷαι ςυμφορᾶι ςυνεζύγης·
τὸ δ' εὐγενές ςε τῶν φρενῶν ἀπώλεςεν. 1390

Ιπ. ἔα·
ὦ θεῖον ὀςμῆς πνεῦμα· καὶ γὰρ ἐν κακοῖς
ὢν ἠιςθόμην ςου κἀνεκουφίςθην δέμας.
ἔςτ' ἐν τόποιςι τοιςίδ' Ἄρτεμις θεά.

Αρ. ὦ τλῆμον, ἔςτι, ςοί γε φιλτάτη θεῶν.

Ιπ. ὁρᾶις με, δέςποιν', ὡς ἔχω, τὸν ἄθλιον; 1395

Αρ. ὁρῶ· κατ' ὄςςων δ' οὐ θέμις βαλεῖν δάκρυ.

Ιπ. οὐκ ἔςτι ςοι κυναγὸς οὐδ' ὑπηρέτης.

Αρ. οὐ δῆτ'· ἀτάρ μοι προςφιλής γ' ἀπόλλυςαι.

Ιπ. οὐδ' ἱππονώμας οὐδ' ἀγαλμάτων φύλαξ.

Αρ. Κύπρις γὰρ ἡ πανοῦργος ὧδ' ἐμήςατο. 1400

Ιπ. οἴμοι, φρονῶ δὴ δαίμον' ἥ μ' ἀπώλεςεν.

Αρ. τιμῆς ἐμέμφθη, ςωφρονοῦντι δ' ἤχθετο.

Ιπ. τρεῖς ὄντας ἡμᾶς ὤλες', ἤιςθημαι, μία.

Αρ. πατέρα γε καὶ ςὲ καὶ τρίτην ξυνάορον.

Ιπ. ὤιμωξα τοίνυν καὶ πατρὸς δυςπραξίας. 1405

codd.: Ω = BOA; V; Λ = CDELP

1387 μοι VC (~ gB) κοιμάσειε Λ et V³ et gB: -μής- BO: -μίς- AV
1388 Ἅιδα Diggle: -δ* L: -δου ΩVΔP et Tr et gB ἅδου τε νυκτὸς
δυςτάλαιν' ἀνάγκα A (~ gB) 1389 οἶα(ι) ςυμφορᾶ(ι) Λ et gBgE et Chr.
Pat. 803: οἷαις ςυμφοραῖς ΩV et gV ςυνεζύγης ΩVL et gV (-εις) et
Chr. Pat.: προςεζ- fere ΔP et gBgE 1390 ἀπώλεςεν ΩV et gV: διώλ- Λ
1391 ὀςμῆς Barrett: ὀδμῆς codd. et Chr. Pat. 1326 1393 τόποιςι
OAV: δόμοιςι BΛ τοῖςιδ' OAV: τοῖςιν B: τοῖςδέ γ' L: τοῖςδ' EP et C²:
τίς δ' C²: τὶς D 1398 μοι προςφιλής γ' ΩV: τοι δύςποτμός τ' LP: τοι
δύςποτμος CD: μοι δύςποτμος E 1399 ἱππονώμας ΩDL et V³: -νόμας
VCEP 1401 οἴμοι OA: ὤμοι BVΛ (ὤιμ- B) δὲ V (~ V³)
1402 ἐμέμφθη OALP et Vᶜ et ¹Σᵛ: -φθης BVΔ et ¹Σⁿ: utrumque Σⁿᵇᵛ
1403 ὤλες', ἤιςθημαι, μία Valckenaer: ὤλες' ἥ(ι)ςθημαι κύπρις ΩΔ(P) et
V³ʸʳ: ὤλες' ἵςημι κύπρις V: ὤλεςεν μία κύπρις L 1404 γε Kirchhoff: τε
OAVΛ: om. B 1405 ὤ(ι)μοξα (A)EP (-οξε A, -ωξα Aᶜ) et V³

ΙΠΠΟΛΥΤΟC

Αρ. ἐξηπατήθη δαίμονος βουλεύμασιν.

Ιπ. ὦ δυστάλας cὺ τῆcδε cυμφορᾶc, πάτερ.

Θη. ὄλωλα, τέκνον, οὐδέ μοι χάρις βίου.

Ιπ. cτένω cε μᾶλλον ἢ 'μὲ τῆc ἁμαρτίαc.

Θη. εἰ γὰρ γενοίμην, τέκνον, ἀντὶ cοῦ νεκρόc.   1410

Ιπ. ὦ δῶρα πατρὸc cοῦ Ποcειδῶνοc πικρά.

Θη. ὡc μήποτ' ἐλθεῖν ὤφελ' ἐc τοὐμὸν cτόμα.

Ιπ. τί δ'; ἔκτανέc τἂν μ', ὡc τότ' ἦcθ' ὠργιcμένοc.

Θη. δόξηc γὰρ ἦμεν πρὸc θεῶν ἐcφαλμένοι.

Ιπ. φεῦ·
     εἴθ' ἦν ἀραῖον δαίμοcιν βροτῶν γένοc.   1415

Αρ. ἔαcον· οὐ γὰρ οὐδὲ γῆc ὑπὸ ζόφον
     θεᾶc ἄτιμοι Κύπριδοc ἐκ προθυμίαc
     ὀργαὶ καταcκήψουcιν ἐc τὸ cὸν δέμαc,
     cῆc εὐcεβείαc κἀγαθῆc φρενὸc χάριν·
     ἐγὼ γὰρ αὐτῆc ἄλλον ἐξ ἐμῆc χερὸc   1420
     ὃc ἂν μάλιcτα φίλτατοc κυρῆι βροτῶν
     τόξοιc ἀφύκτοιc τοῖcδε τιμωρήcομαι.
     cοὶ δ', ὦ ταλαίπωρ', ἀντὶ τῶνδε τῶν κακῶν
     τιμὰc μεγίcταc ἐν πόλει Τροζηνίαι
     δώcω· κόραι γὰρ ἄζυγεc γάμων πάροc   1425
     κόμαc κεροῦνταί cοι, δι' αἰῶνοc μακροῦ
     πένθη μέγιcτα δακρύων καρπουμέναι·
     ἀεὶ δὲ μουcοποιὸc ἐc cὲ παρθένων
     ἔcται μέριμνα, κοὐκ ἀνώνυμοc πεcὼν
     ἔρωc ὁ Φαίδραc ἐc cὲ cιγηθήcεται.   1430
     cὺ δ', ὦ γεραιοῦ τέκνον Αἰγέωc, λαβὲ

codd.: Ω = BOA; V; Λ = CDELP

1406 βουλήμαcιν CD   1410 γενοίμαν OP   1413 μ' ΒΛ et V³D²:
om. OAVD   1415 φεῦ om. OA (~ A²)   1416 οὐ BAP et Tr: οὐδὲ
OVΛL   ζόφον OVΛ et Chr. Pat. 1920: ζόφω(ι) BA et V³
1418 καταcκήψουcιν ΩV (fut. etiam Chr. Pat. 1921): -cκηπτ- fere Λ
1421 κυρεῖ Ε ⟨P⟩(~ Pᶜ)   1422 τόξοιc ΩVP: -οιcιν ΔL   1423 cοὶ
BAVDP: cὺ OCEL   1427 καρπουμένωι Valckenaer: -ούμεναι ΩΛ:
-ουμένα V

269

ΕΥΡΙΠΙΔΟΥ

σὸν παῖδ' ἐν ἀγκάλαισι καὶ προσέλκυσαι·
ἄκων γὰρ ὤλεσάς νιν, ἀνθρώποισι δὲ
θεῶν διδόντων εἰκὸς ἐξαμαρτάνειν.
καὶ σοὶ παραινῶ πατέρα μὴ στυγεῖν σέθεν,   1435
Ἱππόλυτ'· ἔχεις γὰρ μοῖραν ἧι διεφθάρης.
καὶ χαῖρ'· ἐμοὶ γὰρ οὐ θέμις φθιτοὺς ὁρᾶν
οὐδ' ὄμμα χραίνειν θανασίμοισιν ἐκπνοαῖς·
ὁρῶ δέ σ' ἤδη τοῦδε πλησίον κακοῦ.

Ιπ.   χαίρουσα καὶ σὺ στεῖχε, παρθέν' ὀλβία·   1440
  μακρὰν δὲ λείπεις ῥαιδίως ὁμιλίαν.
  λύω δὲ νεῖκος πατρὶ χρηιζούσης σέθεν·
  καὶ γὰρ πάροιθε σοῖς ἐπειθόμην λόγοις.
  αἰαῖ, κατ' ὄσσων κιγχάνει μ' ἤδη σκότος·
  λαβοῦ πάτερ μου καὶ κατόρθωσον δέμας.   1445

Θη.   οἴμοι, τέκνον, τί δρᾶις με τὸν δυσδαίμονα;

Ιπ.   ὄλωλα καὶ δὴ νερτέρων ὁρῶ πύλας.

Θη.   ἦ τὴν ἐμὴν ἄναγνον ἐκλιπὼν χέρα;

Ιπ.   οὐ δῆτ', ἐπεί σε τοῦδ' ἐλευθερῶ φόνου.

Θη.   τί φήις; ἀφίης αἵματός μ' ἐλεύθερον;   1450

Ιπ.   τὴν τοξόδαμνον Ἄρτεμιν μαρτύρομαι.

Θη.   ὦ φίλταθ', ὡς γενναῖος ἐκφαίνηι πατρί.

Ιπ.   ὦ χαῖρε καὶ σύ, χαῖρε πολλά μοι, πάτερ.

Θη.   οἴμοι φρενὸς σῆς εὐσεβοῦς τε κἀγαθῆς.

Ιπ.   τοιῶνδε παίδων γνησίων εὔχου τυχεῖν.   1455

codd.: Ω = BOA; V; Λ = CDELP

1432 ἀγκάλαισι OAVL et B⁸: -λη(ι)σι ΔP et L⁸: -λεσι B   προσέλκυσον
C²L (~ C² et Chr. Pat. 1302)   1437 φθιτοὺς Λ: νεκροὺς ΩV (cf. Suda
iv. 722. 24 Adler)   1438 χαίρειν VE (~ V³ et Sud.)   1442 λύω A
(~ Chr. Pat. 821)   πατρὶ Ω et V³: πατρὸς VΛ et B³   1443 πάροιθεν
L   1444 κιγχάνει Va et Chr. Pat. 900 cod. A: κιχάνει BAVΛ et gB et
Chr. Pat. codd. cett.: με τυγχάνει O   1446 οἴμοι ΩC: ὤμοι VΛ
1448 χέρα BOV et A²ʸʳDʸʳ: φρένα ΑΛ et Bʸʳ: φέραν V³   1450 ἀφίης
Λ: ἀφήσεις ΩV   1453 et 1455 inter se trai. Wilamowitz: uide Segal,
GRBS 11 (1970) 101-7   1454 οἴμοι ΩV: ὤμοι Λ et Chr. Pat. 802,
829

ΙΠΠΟΛΥΤΟC

Θη.   μή νυν προδῶιc με, τέκνον, ἀλλὰ καρτέρει.
Ιπ.   κεκαρτέρηται τἄμ'· ὄλωλα γάρ, πάτερ.
     κρύψον δέ μου πρόcωπον ὡc τάχοc πέπλοιc.
Θη: ὦ κλείν' Ἀφαίαc Παλλάδοc θ' ὁρίcματα,
     οἵου cτερήcεcθ' ἀνδρόc. ὦ τλήμων ἐγώ,   1460
     ὡc πολλά, Κύπρι, cῶν κακῶν μεμνήcομαι.

Χο.   κοινὸν τόδ' ἄχοc πᾶcι πολίταιc
     ἦλθεν ἀέλπτωc.
     πολλῶν δακρύων ἔcται πίτυλοc·
     τῶν γὰρ μεγάλων ἀξιοπενθεῖc   1465
     φῆμαι μᾶλλον κατέχουcιν.

codd.: Ω = BOA; V; Λ = CDELP

1459 Ἀφαίαc Fitton: ἀθῆναι BAV: ἀθηνῶν ΟΛ et Vˢ: uide 1123
1460 τλήμων BOLP: τλῆμον AVΔ et B²   1462–6 suspectos habuit
Barrett   1464 δακρύων OAVΔ et Tr et gVgB: δ- δ' B: om. LP
post 1466 habet A (quae postmodo deleta sunt) ὦ μέγα cεμνὴ νίκη, τὸν ἐμὸν
/ βίοτον κατέχοιc / καὶ μὴ λήγοιc cτεφανοῦcα (= ΙΤ 1497–9, Ph. 1764–6, Or.
1691–3); item V³ (τινὲc καὶ τούτουc τῶι τέλει προcάπτουcι· ὦ μέγα...
cτεφανοῦcα)   Subscriptio ἱππόλυτοc cτεφανηφό(ροc) B: τέλοc ἱππολύτ(ου)
cτεφανηφό(ρου) O: τέλοc ἱππολύτου AV: τέλοc εὐριππίδου ἱππολύτου C: τέλοc·
εὐρ- ἱππόλυτοc cτεφανηφόροc D: τέλοc εὐρ- ἱππολύτηc cτεφανηφόροc E: εὐρ-
ἱππόλυτοc cτεφανηφόροc LP

ΑΝΔΡΟΜΑΧΗ

CODICES

U	Louaniensis deperditus (uu. 1082–1102, 1113–33, 1280–8)	saec. vi–vii ?
H	Hierosolymitanus τάφου 36 (uu. 80–169, 778–830, 887–986, 1042–91)	x–xi
M	Marcianus gr. 471	xi
B	Parisinus gr. 2713 (uu. 1–956, 1212–35, 1250–71)	xi
O	Laurentianus 31. 10	c. 1175
D	Laurentianus 31. 15 (desunt uu. 1129–1219; adhibetur ubi deficit B)	xiv
A	Parisinus gr. 2712	xiii ex.
V	Vaticanus gr. 909	c. 1250–80
W	Ambrosianus F 205 inf. (uu. 1–102)	xiii
L	Laurentianus 32. 2	xiv in.
P	Palatinus gr. 287	xiv in.

raro memorantur

Va	Palatinus gr. 98 (cod. V apographum)	xiv
Hn	Hauniensis 417 (cod. Va apographum)	c. 1475
N	Neapolitanus II. F. 41	xvi in.

memoratur etiam in scholiis

Y	Vaticanus Ottob. gr. 339	xvi

PAPYRI

Π¹	P. Oxy. 3650 [ed. Coles, BICS Suppl. 32 (1974) 66–70]: argumenti pars	ii p.C.
Π²	P. Oxy. 449 [Pack² 379]: uu. 5–28, 30–6, 39–48	iii p.C.
Π³	P. Oxy. 2543: uu. 346–68	ii p.C.
Π⁴	P. Harris 39 [Pack² 380]: uu. 907–14	iii p.C.
Π⁵	P. Oxy. 2335 [Pack² 381]: uu. 954–1022	ii p.C.
Π⁶	P. Ross.-Georg. 8 [Pack² 382]: uu. 957–9, 988–90, 1239–42, 1273–6	viii p.C.
Π⁷	P. Berol. 13418 [Pack² 383]: uu. 1134–42, 1164–72	v p.C.
Π⁸	P. Oxy. inv. 18 2B.64/D(7)b (ined.): uu. 46–62	iv p.C.
Π⁹	P. Berol. 17021 [ed. Müller, Staatl. Mus. Berl., Forsch. u. Ber. 6 (1964) 8]: uu. 1009–17, 1061–2	v p.C.

GNOMOLOGIA

gV	Vatopedianus 36	xii
gB	Vaticanus Barberini gr. 4	c. 1300
gE	Escorialensis gr. X. 1. 13	xiv in.

ΥΠΟΘΕCΙC ΑΝΔΡΟΜΑΧΗC

Νεοπτόλεμος ἐν τῆι Τροίαι γέρας λαβὼν ᾽Ανδρομάχην, τὴν
῞Εκτορος γυναῖκα, παῖδα ἔτεκεν ἐξ αὐτῆς. ὕστερον δὲ ἐπέγημεν
῾Ερμιόνην, τὴν Μενελάου θυγατέρα. δίκας δὲ πρῶτον ἠιτηκὼς
τῆς ᾽Αχιλλέως ἀναιρέσεως τὸν ἐν Δελφοῖς ᾽Απόλλωνα, πάλιν
ἀπῆλθεν ἐπὶ τὸ χρηστήριον μετανοήσας, ἵνα τὸν θεὸν ἐξιλάσηται. 5
ζηλοτύπως δὲ ἔχουσα πρὸς τὴν ᾽Ανδρομάχην ἡ βασιλὶς ἐβουλεύετο
κατ᾽ αὐτῆς θάνατον, μεταπεμψαμένη τὸν Μενέλαον. ἡ δὲ τὸ
παιδίον μὲν ὑπεξέθηκεν, αὐτὴ δὲ κατέφυγεν ἐπὶ τὸ ἱερὸν τῆς
Θέτιδος. οἱ δὲ περὶ τὸν Μενέλαον καὶ τὸ παιδίον ἀνεῦρον καὶ
ἐκείνην ἀπατήσαντες †ἤγειραν†· καὶ σφάττειν μέλλοντες ἀμφο- 10
τέρους ἐκωλύθησαν Πηλέως ἐπιφανέντος. Μενέλαος μὲν οὖν
ἀπῆλθεν εἰς Cπάρτην, ῾Ερμιόνη δὲ μετενόησεν εὐλαβηθεῖσα τὴν
παρουσίαν τοῦ Νεοπτολέμου. παραγενόμενος δὲ ᾽Ορέστης ταύτην
μὲν ἀπήγαγε πείσας, Νεοπτολέμωι δὲ ἐπεβούλευσεν· †ὃν καὶ
φονευθέντα παρῆσαν οἱ φέροντες†. Πηλεῖ δὲ μέλλοντι τὸν νεκρὸν 15
θρηνεῖν Θέτις ἐπιφανεῖσα τοῦτον μὲν ἐπέταξεν ἐν Δελφοῖς θάψαι,
τὴν δὲ ᾽Ανδρομάχην εἰς Μολοσσοὺς ἀποστεῖλαι μετὰ τοῦ παιδός,

codd.: (1–19) *Π*(*πά*]*λιν* 4–)MBOAVLP (20–6) AVLP (post 27–9
P) (27–9) MBOAVWLP (argumentum in L utrum a Tr an ab
alia manu scriptum sit incertum)

Inscriptio ὑπόθεσις ἀνδρομάχης MOAVL: ὑπ- εὐριπίδου ἀν- B: εὐ- ἀν-
ὑπ- P 1 τῆι om. P λαχὼν O ἀνδρομάχην LP: τὴν ἀ- MBOAV
τὴν MLP: τὴν τοῦ AV: om. BO 2 αὐτῆς τὸν μολοττόν P δὲ om.
OVL (∼ L*c*) ἔγημεν P 3 ἑρμιόνην MBOP: τὴν ἑ-AVL μενέλεω
V 4 τῆς...᾽Απόλλωνα] τὸν ἐν δελφοῖς ἀπόλλωνα περὶ τῆς ἀχιλλέως
ἀναιρέσεως BO ἀχιλέως V, et ita fere semper 6 ἡ βασιλὶς
πρὸς τὴν ἀνδρομάχην (*Π*¹)A ἐβουλεύσατο O; ἐβούλετο P 7 κατὰ
ταύτης P; κα[*Π* 8 εξεθηκ[εν *Π* 8–9 τὸ Θέτιδος ἱερόν
Barrett; [*Π*¹] 9 καὶ τὸ π- ἀν-] ἀν- καὶ τὸ π- A; τὸ π- ἀν- V; [*Π*¹]
10 ἀπαντήσαντες V ἀνήγειραν L; [*Π*¹]; ἀνέστησαν Barrett 11 τοῦ
πηλέως P;]πηλε[*Π* 13 ὀρέστης BP: ὁ ὀ- MOAVL: [*Π*¹]
14 ἀπήγαγε AV: ἀν- MBOLP et A⁸: [*Π*¹] πείσας] εἰς σπάρτην P; [*Π*¹]
δὲ om. V; [*Π*¹] ὃν ALP et V*c*: οἳ MBO: οἱ V: [*Π*¹] 15 δὲ om. O;
[*Π*¹] 15–17 (Πηλεῖ...παιδός) textum diuersum ut uid. habuit *Π*
15 τον] νεκρο[ν μελλοντι fort. *Π* 16 θάψαι] μένειν V (∼ V⁸); [*Π*¹]
17 ᾽Ανδρομαχην] δε με[τα του παιδος εἰς Μολοσσους] αποστ[ειλαι fort. *Π*
ἀποστεῖλαι Lascaris et fort. *Π*¹: ἀπέστειλε(ν) MBOAVLP

ΕΥΡΙΠΙΔΟΥ

αὐτὸν δὲ ἀθανασίαν προсδέχεсθαι. [τυχὼν δὲ αὐτῆс εἰс μακάρων
νήсουс ᾤκηсεν.]

⟨ΑΡΙϹΤΟΦΑΝΟΥϹ ΓΡΑΜΜΑΤΙΚΟΥ ΥΠΟΘΕϹΙϹ⟩

20 ἡ μὲν сκηνὴ τοῦ δράματοс ὑπόκειται ἐν Φθίαι, ὁ δὲ χορὸс
сυνέсτηκεν ἐκ Φθιωτίδων γυναικῶν. προλογίζει δὲ 'Ανδρομάχη.
τὸ δὲ δρᾶμα τῶν δευτέρων. ⟨ὁ⟩ πρόλογοс сαφῶс καὶ εὐλόγωс
εἰρημένοс. †ἔсτι† δὲ καὶ τὰ ἐλεγεῖα τὰ ἐν τῶι θρήνωι τῆс
'Ανδρομάχηс. ἐν τῶι δευτέρωι μέρει ῥῆсιс 'Ερμιόνηс τὸ βαсιλικὸν
25 ὑποφαίνουсα καὶ ὁ πρὸс 'Ανδρομάχην λόγοс οὐ κακῶс ἔχων· εὖ
δὲ καὶ ὁ Πηλεὺс ὁ τὴν 'Ανδρομάχην ἀφελόμενοс.

τὰ τοῦ δράματοс πρόсωπα· 'Ανδρομάχη, θεράπαινα, χορόс,
'Ερμιόνη, Μενέλαοс, Μολοττόс, Πηλεύс, τροφόс, 'Ορέсτηс,
ἄγγελοс, Θέτιс.

18 δὲ] δὲ εἶπεν P; [Π¹]   18–19 τυχών...ᾤκηсεν del. Zuntz, neque
habuit ut uid. Π¹   αὐτῆс] ταύτηс L; [Π¹]   19 ὤκιсεν L; [Π¹]
τυχόντα δὲ ταύτηс μακάρων νήсουс οἰκήсειν Hermann   in Π¹ sequuntur
initia lin. ix, quae incertum an ad hoc argumentum pertineant
Inscriptionem add. Kirchhoff: om. codd.   20 ὑπόκειται Wilamo-
witz: κεῖται codd.   21 сυνέсτηκεν LP: om. AV   δὲ AP: om. VL
22 δὲ om. A   ⟨ὁ⟩ Lascaris   сαφὴс P   23 ἔсτι] ἔτι Hermann,
εὖ Trendelenburg   24 τῆс ἑρμιόνηс A   25 ὑποφαίνουсα Lascaris:
ὑφαίνουсα VLP: ἐμφαίνουсα A   κακῶс AV: καλῶс LP   ἔχων VLP:
εἰρημένοс A   26 δὲ καὶ V: δὲ ἔχων καὶ A: δὲ LP   27–9 ita L, nisi
quod θεράπων pro τροφόс habet (uide ad 802 seqq.): ἀν- θερ- ἑρ- ὀρ- χο-
(χο- ὀρ- P) πη- με- (με- πη- P) τρ- μο- ἄγ- θέτ- (θέτ- om. M) MAVP: ἀν- θερ-
ἑρ- με- μο- χο- ὀρ- πη- τρ- ἄγ- θέτ- BO: ἀν- θερ- ἑρ- [/] με- τρ- μο- [W
Μολοττόс] παῖс 'Ανδρομάχηс Murray   post personarum indicem
προλογίζει ἀνδρομάχη A

fabula fort. circa annum 425 a.C. acta. cf. Σᵐⁿʸ ad 445 εἰλικρινῶс δὲ τοὺс
τοῦ δράματοс χρόνουс οὐκ ἔсτι λαβεῖν· οὐ δεδίδακται (Cobet: δέδεικται codd.)
γὰρ 'Αθήνηсιν. ὁ δὲ Καλλίμαχοс (fr. 451 Pf.) ἐπιγραφῆναί φηсι τῆι
τραγωιδίαι Δημοκράτην (est poeta tragicus nomine Democrates ap. Snell,
TrGF i. p. 284)...(Σᵛⁿʸ) φαίνεται δὲ γεγραμμένον τὸ δρᾶμα ἐν ἀρχαῖс τοῦ
Πελοποννηсιακοῦ πολέμου

276

ΑΝΔΡΟΜΑΧΗ

ΑΝΔΡΟΜΑΧΗ

'Ασιάτιδος γῆς cχῆμα, Θηβαία πόλιc,
ὅθεν ποθ' ἕδνων cὺν πολυχρύcωι χλιδῆι
Πριάμου τύραννον ἑcτίαν ἀφικόμην
δάμαρ δοθεῖcα παιδοποιὸc Ἕκτορι,
ζηλωτὸc ἔν γε τῶι πρὶν 'Ανδρομάχη χρόνωι,　　　5
νῦν δ', εἴ τιc ἄλλη, δυcτυχεcτάτη γυνή
[ἐμοῦ πέφυκεν ἢ γενήcεταί ποτε]·
ἥτιc πόcιν μὲν Ἕκτορ' ἐξ 'Αχιλλέωc
θανόντ' ἐcεῖδον, παῖδά θ' ὃν τίκτω πόcει
ῥιφθέντα πύργων 'Αcτυάνακτ' ἀπ' ὀρθίων,　　　10
ἐπεὶ τὸ Τροίαc εἷλον Ἕλληνεc πέδον·
αὐτὴ δὲ δούλη τῶν ἐλευθερωτάτων
οἴκων νομιcθεῖc' Ἑλλάδ' εἰcαφικόμην
τῶι νηcιώτηι Νεοπτολέμωι δορὸc γέραc
δοθεῖcα λείαc Τρωϊκῆc ἐξαίρετον.　　　15
Φθίαc δὲ τῆcδε καὶ πόλεωc Φαρcαλίαc
cύγχορτα ναίω πεδί', ἵν' ἡ θαλαccία
Πηλεῖ ξυνώικει χωρὶc ἀνθρώπων Θέτιc
φεύγουc' ὅμιλον· Θεccαλὸc δέ νιν λεὼc
Θετίδειον αὐδᾶι θεᾶc χάριν νυμφευμάτων.　　　20
ἔνθ' οἶκον ἔcχε τόνδε παῖc 'Αχιλλέωc,

codd.: *Π²*(5–)MBOAVWLP

Inscriptio εὐριπίδου ἀνδρομάχη MVWLP: om. BOA　　　1 πόλιc VP:
πόλι WL et V³ʸʳ et ¹Σⁿʸ: πτόλι MBOA et ¹Σᵇ　　　2 τόθ' W　　　5 χρόνωι
om. BO (∼ B⁴, fort. man. Iani Lascaris)　　　6 δ' εἴ τιc MBOALP et V³
et Σᵐᵛʸ: δ' οὕτιc V et Tr: δὴ τίc histriones sec. Σᵐᵛʸ (uide ad 7): [Π²W]
7 om. Π², iam del. Valckenaer cl. Σᵐᵛʸ (οἱ ὑποκριταὶ τὸν ἴαμβον προcέθηκαν
ὑπονοήcαντεc εἶναι τὴν γραφὴν δὴ τίc κτλ.)　　　9 παῖδά θ' MBOAL: παῖδα
δ' VW et Aᴦ: παῖδ' A: [Π²]　　　10 ῥιφθέντα LP: ῥιφέντα Π²MBOAV et
¹Σᵐᵛʸ: [W]　　　17 cύγχορτ[α ναίω . . . . . .] . ρ ιν ἡ θαλαccια Π² sec. edd.
pr. (μέλα]θρ' suppl. Mekler)　　　19 λαὸc δέ νιν BO

Πηλέα δ' ἀνάccειν γῆc ἐὰι Φαρcαλίαc,
ζῶντοc γέροντοc cκῆπτρον οὐ θέλων λαβεῖν.
κἀγὼ δόμοιc τοῖcδ' ἄρcεν' ἐντίκτω κόρον,
πλαθεὶc 'Αχιλλέωc παιδί, δεcπότηι δ' ἐμῶι.   25
καὶ πρὶν μὲν ἐν κακοῖcι κειμένην ὅμωc
ἐλπίc μ' ἀεὶ προῆγε cωθέντοc τέκνου
ἀλκήν τιν' εὑρεῖν κἀπικούρηcιν κακῶν·
ἐπεὶ δὲ τὴν Λάκαιναν 'Ερμιόνην γαμεῖ
τοὐμὸν παρώcαc δεcπότηc δοῦλον λέχοc,   30
κακοῖc πρὸc αὐτῆc cχετλίοιc ἐλαύνομαι.
λέγει γὰρ ὥc νιν φαρμάκοιc κεκρυμμένοιc
τίθημ' ἄπαιδα καὶ πόcει μιcουμένην,
αὐτὴ δὲ ναίειν οἶκον ἀντ' αὐτῆc θέλω
τόνδ', ἐκβαλοῦcα λέκτρα τἀκείνηc βίαι·   35
ἁγὼ τὸ πρῶτον οὐχ ἑκοῦc' ἐδεξάμην,
νῦν δ' ἐκλέλοιπα· Ζεὺc τάδ' εἰδείη μέγαc,
ὡc οὐχ ἑκοῦcα τῶιδ' ἐκοινώθην λέχει.
ἀλλ' οὔ cφε πείθω, βούλεται δέ με κτανεῖν,
πατήρ τε θυγατρὶ Μενέλεωc cυνδρᾶι τάδε.   40
καὶ νῦν κατ' οἴκουc ἔcτ', ἀπὸ Cπάρτηc μολὼν
ἐπ' αὐτὸ τοῦτο· δειματουμένη δ' ἐγὼ
δόμων πάροικον Θέτιδοc εἰc ἀνάκτορον
θάccω τόδ' ἐλθοῦc', ἤν με κωλύcηι θανεῖν.
Πηλεύc τε γάρ νιν ἔκγονοί τε Πηλέωc   45
cέβουcιν, ἑρμήνευμα Νηρῆιδοc γάμων.

codd.: *Π²*(–28, 30–6, 39–)*Π³*(46–)MBOAVWLP

23 om. M   24 ἄρcεν' ἐντίκτω (*Π²*)MBOA(W)P et V²: -εν' ἐκτίκτω
V: -ενα τίκτω L   25 πλαθεὶc' (M)BOAL: πλαcθεὶc' VP: [*Π²*W]   δ'
Elmsley: τ' codd.: [*Π²*W]: γ' Brunck   27 προῆγε Reiske: προcῆγε
codd.: [*Π²*]: uide Barrett ad Hi. 496   τ]εχθεντ[οc *Π²*   28 -κούρηcιν]
-κουρήcειν M³BO (~ M²);]κουρ[*Π²*   κακῶν] δόμων BO (~ Bᵞᵖ); [*Π²*]
31 αὐτοῖc M(W) (~ Mᶜ); [*Π²*]   36 πρῶτον MBOLP et V³ᵞᵖ: πρόcθεν
AV: [*Π²*W]   37 τάδ' MBOLP et V²: τά γ' AV: τα[W   38 del.
Nauck   40 μενέλεωc MBOLP: -λαοc AVW: [*Π²*]   41 Cπάρτηc]
πάτραc BO; [W]   43 δόμων MBOL et V³: δόμον AVP: [*Π²*W]
44 ἄν VP (~ V¹ᶜ); [*Π²*W]

ΑΝΔΡΟΜΑΧΗ

ὃς δ' ἔςτι παῖς μοι μόνος, ὑπεκπέμπω λάθραι
ἄλλους ἐς οἴκους, μὴ θάνηι φοβουμένη.
ὁ γὰρ φυτεύςας αὐτὸν οὔτ' ἐμοὶ πάρα
προςωφελῆςαι παιδί τ' οὐδέν ἐςτ', ἀπὼν   50
Δελφῶν κατ' αἶαν, ἔνθα Λοξίαι δίκην
δίδωςι μανίας, ἧι ποτ' ἐς Πυθὼ μολὼν
ἤιτηςε Φοῖβον πατρὸς οὗ κτείνει δίκην,
εἴ πως τὰ πρόςθε ςφάλματ' ἐξαιτούμενος
θεὸν παράςχοιτ' ἐς τὸ λοιπὸν εὐμενῆ.   55

ΘΕΡΑΠΑΙΝΑ

δέςποιν', ἐγώ τοι τοὔνομ' οὐ φεύγω τόδε
καλεῖν ς', ἐπείπερ καὶ κατ' οἶκον ἠξίουν
τὸν ςόν, τὸ Τροίας ἡνίκ' ὠικοῦμεν πέδον,
εὔνους δ' ἐκεῖ ςοι ζῶντί τ' ἦ τῶι ςῶι πόςει·
καὶ νῦν φέρουςά ςοι νέους ἥκω λόγους,   60
φόβωι μέν, εἴ τις δεςποτῶν αἰςθήςεται,
οἴκτωι δὲ τῶι ςῶι· δεινὰ γὰρ βουλεύεται
Μενέλαος ἐς ςὲ παῖς θ', ἅ ςοι φυλακτέα.

Αν.   ὦ φιλτάτη ςύνδουλε (ςύνδουλος γὰρ εἶ
τῆι πρόςθ' ἀνάςςηι τῆιδε, νῦν δὲ δυςτυχεῖ),   65
τί δρῶςι; ποίας μηχανὰς πλέκουςιν αὖ,
κτεῖναι θέλοντες τὴν παναθλίαν ἐμέ;

codd.: Π²(-48)Π⁸(-62)MBOAVWLP

51 λοξ[ι]ας Π⁸   52 ἧι Reiske: ἤν codd. (ἤν M) et ¹Σᵐᵇᵛʸ: [Π⁸W]
ποτ' AVL et Σᵐᵛᵘʸ: τότ' MBOP:]τ Π⁸: [W]   ἐς Tr: εἰς codd.: [W]
53 κτείνει MBVWL et ¹Σᵐᵛʸ: τείνει Π⁸Ο: τίνει AP et ᵞᵖΣᵐᵛʸ: 'κτίνει B³
οὗ 'κτίνειν Hermann (τίνειν iam Scaliger), sed οὗ superuacaneum est; melius
οἱ τίνειν (οὐκτίνειν Badham, sed crasi offendimur)   54 πρόςθε MBOAV
et Σᵛⁿʸ: -θεν LP et ¹Σʸ et Σᵐ: [Π⁸W]   ἐξαιρούμενος Broadhead
(noluit Lenting) cl. Med. 904   57 ς' om. WL (~ ¹Σᵐᵛʷ); [Π⁸]
58 τὸν] τὸ AP (~ Aˢ) et ᵞᵖΣᵐⁿʸ; [Π⁸]   59 δ' ἐκεῖ Badham: δὲ καὶ
codd.: [Π⁸]: δ' ἀεί Hartung   τ'] δ Π⁸   ἤ] ἤν codd.   60 νεο]υς
ςτηςω[Π⁸   62 βούλεται VP   63 παῖς θ' MALP: παῖδά θ' V: παῖδ'
BOW   66 αὖ] om. LP? (-ςι νῦν P, sed ὖν scr. Pᶜ ut uid.); δή Aˢ
67 θέλουςι Va   u. del. Cobet

Θε.   τὸν παῖδά σου μέλλουσιν, ὦ δύστηνε σύ,
     κτείνειν, ὃν ἔξω δωμάτων ὑπεξέθου·   69
     φροῦδος δ' ἐπ' αὐτὸν Μενέλεως δόμων ἄπο.   73

Αν.   οἴμοι· πέπυσται τὸν ἐμὸν ἔκθετον γόνον;   70
     πόθεν ποτ'; ὦ δύστηνος, ὡς ἀπωλόμην.

Θε.   οὐκ οἶδ', ἐκείνων δ' ἡισθόμην ἐγὼ τάδε.   72

Αν.   ἀπωλόμην ἄρ'. ὦ τέκνον, κτενοῦσί σε   74
     δισσοὶ λαβόντες γῦπες, ὁ δὲ κεκλημένος   75
     πατὴρ ἔτ' ἐν Δελφοῖσι τυγχάνει μένων.

Θε.   δοκῶ γὰρ οὐκ ἂν ὧδέ σ' ἂν πράσσειν κακῶς
     κείνου παρόντος· νῦν δ' ἔρημος εἶ φίλων.

Αν.   οὐδ' ἀμφὶ Πηλέως ἦλθεν ὡς ἥξοι φάτις;

Θε.   γέρων ἐκεῖνος ὥστε σ' ὠφελεῖν παρών.   80

Αν.   καὶ μὴν ἔπεμψ' ἐπ' αὐτὸν οὐχ ἅπαξ μόνον.

Θε.   μῶν οὖν δοκεῖς σου φροντίσαι τιν' ἀγγέλων;

Αν.   πόθεν; θέλεις οὖν ἄγγελος σύ μοι μολεῖν;

Θε.   τί δῆτα φήσω χρόνιος οὒσ' ἐκ δωμάτων;

Αν.   πολλὰς ἂν εὕροις μηχανάς· γυνὴ γὰρ εἶ.   85

Θε.   κίνδυνος· Ἑρμιόνη γὰρ οὐ σμικρὸν φύλαξ.

Αν.   ὁρᾶις; ἀπαυδᾶις ἐν κακοῖς φίλοισι σοῖς.

Θε.   οὐ δῆτα· μηδὲν τοῦτ' ὀνειδίσηις ἐμοί.
     ἀλλ' εἶμ', ἐπεί τοι κοὐ περίβλεπτος βίος
     δούλης γυναικός, ἤν τι καὶ πάθω κακόν.   90

Αν.   χώρει νυν· ἡμεῖς δ' οἷσπερ ἐγκείμεσθ' ἀεὶ

codd.: H(80–)MBOAVWLP

69 κτενεῖν Wecklein   73 huc trai. Radermacher   αὐτὸ W
μενέλαος AV   72 ἐκεῖνον L; ἐκείνου fort. $^{1}\Sigma^{v}$ (ἐκ τούτου) ($\sim {}^{1}\Sigma^{v}$); [W]
74 κτείνουσι L ($\sim$ L^{s})   77 οὐκ ἄν] οὐδὲν Σ^{y} ($\sim {}^{1}\Sigma^{y}$) et Va   79^{n} θε.
V^{3} et Σ^{mvy} 79 ἥξει V et Σ^{v} ($\sim \Sigma^{mby}$)   80 γέρων γ' WL
82 δοκεῖς σου HMW et (σού) V^{2}: δοκεῖς σοι V: δοκεῖ σου L: δοκεῖ σοι
BOAP   83 θέλοις L ($\sim$ Tr); [H]   μολεῖν σύ μοι BOP   86 σμικρὸν
tamquam e W Kirchhoff: σμικρὸς W: σμικρὰ HMBOAVLP et Orio et. 26.
6 Sturz   φύλαξ] φίλα W^{uv} (pot. qu. φίλου); ($\sim$ Orio)   89 τοι] μοι
BO et $^{1}\Sigma^{y}$ κοὐ] καὶ $^{γρ}\Sigma^{mvy}$; [W]   90 κακὸν πάθω B(O)   91 νυν
P et Tr: νῦν HMBOAVL et Σ^{hmb}: [W]

ΑΝΔΡΟΜΑΧΗ

θρήνοιςι καὶ γόοιςι καὶ δακρύμαςιν
πρὸς αἰθέρ' ἐκτενοῦμεν· ἐμπέφυκε γὰρ
γυναιξὶ τέρψιc τῶν παρεςτώτων κακῶν
ἀνὰ ςτόμ' αἰεὶ καὶ διὰ γλώccηc ἔχειν.   95
πάρεcτι δ' οὐχ ἓν ἀλλὰ πολλά μοι cτένειν,
πόλιν πατρῴαν τὸν θανόντα θ' Ἕκτορα
cτερρόν τε τὸν ἐμὸν δαίμον' ὧι cυνεζύγην
δούλειον ἦμαρ ἐcπεcοῦc' ἀναξίωc.
χρὴ δ' οὔποτ' εἰπεῖν οὐδέν' ὄλβιον βροτῶν,   100
πρὶν ἂν θανόντοc τὴν τελευταίαν ἴδηιc
ὅπωc περάcαc ἡμέραν ἥξει κάτω.

Ἰλίωι αἰπεινᾶι Πάριc οὐ γάμον ἀλλά τιν' ἄταν
ἀγάγετ' εὐναίαν ἐc θαλάμουc Ἑλέναν.
ἇc ἕνεκ', ὦ Τροία, δορὶ καὶ πυρὶ δηϊάλωτον   105
εἷλέ c' ὁ χιλιόναυc Ἑλλάδοc ὠκὺc Ἄρηc
καὶ τὸν ἐμὸν μελέαc πόcιν Ἕκτορα, τὸν περὶ τείχη
εἵλκυcε διφρεύων παῖc ἁλίαc Θέτιδοc·
αὐτὰ δ' ἐκ θαλάμων ἀγόμαν ἐπὶ θῖνα θαλάccαc,
δουλοcύναν cτυγερὰν ἀμφιβαλοῦcα κάραι.   110
πολλὰ δὲ δάκρυά μοι κατέβα χροόc, ἁνίκ' ἔλειπον
ἄcτυ τε καὶ θαλάμουc καὶ πόcιν ἐν κονίαιc.
ὤμοι ἐγὼ μελέα, τί μ' ἐχρῆν ἔτι φέγγοc ὁρᾶcθαι
Ἑρμιόναc δούλαν; ἇc ὕπο τειρομένα

codd.: HMBOAVW(-102)LP

95 αἰεὶ P: ἀεὶ HMBOAVWL et Stob. 4. 22. 162   100ⁿ χορόc M
103ⁿ ἀν. ML   103 αἰπεινᾶ(ι) HBOAP et V²Lᶜ et ¹Σ°: -νὰι M: -νὰ VL
104 ἀγάγετ' Dindorf: ἠγ- codd.   105 τροία HB(O)ALP et V²: τροίαν
Mⁱ'V: τροῖαι M²   δηιάλωτον fere LP (δηι- e διη- corr. L) et Vᶜ: δὴ
ἁλωτὸν HMBOAV (ἀλ- MAV)   106 ὀξὺc Schaefer (cf. Hcld. 290,
H. Il. 7. 330 et alibi)   107 τὸν (alterum)] τρὶc Page cl. Σᵐᵇᵛⁿʸ
108 παῖc ἀλ- θέ- εἶ- δι- L (∼ Tr)   109 ἀγόμαν (M)ALP et H¹ᶜ: ἄγομαι
HBOV   θαλάccαc BOV: -ηc HMALP   110 κάραι L. Dindorf: κάρα
codd.: [H]   111 ἔλειπον TrPᶜ: ἔλιπον codd.   113 μ' ἐχρῆν HBOAP
et V²: μ' ἐχρῆν M: με χρῆν L: μὲ χρῆν V   114 ὕπο τειρ- MBV: ὑποτειρ-
HALP: ἀποτειρ- O

ΕΥΡΙΠΙΔΟΥ

πρὸς τόδ' ἄγαλμα θεᾶς ἱκέτιc περὶ χεῖρε βαλοῦcα   115
τάκομαι ὡς πετρίνα πιδακόεccα λιβάc.

ΧΟΡΟC

ὦ γύναι, ἃ Θέτιδος δάπεδον καὶ ἀνάκτορα   [cτρ. α
θάccειc
δαρὸν οὐδὲ λείπειc,
Φθιὰc ὅμωc ἔμολον ποτὶ cὰν 'Αcιήτιδα γένναν,
εἴ τί cοι δυναίμαν   120
ἄκοc τῶν δυcλύτων πόνων τεμεῖν,
οἵ cε καὶ 'Ερμιόναν ἔριδι cτυγερᾶι cυνέκληιcαν,
τλᾶμον, ἀμφὶ λέκτρων
διδύμων, ἐπίκοινον ἔχουcαν
ἄνδρα, παῖδ' 'Αχιλλέωc.   125

γνῶθι τύχαν, λόγιcαι τὸ παρὸν κακὸν εἰc ὅπερ   [ἀντ. α
ἥκειc.
δεcπόταιc ἁμιλλᾶι
'Ιλιὰc οὖcα κόρα Λακεδαίμονοc ἐγγενέταιcιν;
λεῖπε δεξίμηλον
δόμον τᾶc ποντίαc θεοῦ. τί cοι   130
καιρὸc ἀτυζομέναι δέμαc αἰκέλιον καταλείβειν
δεcποτᾶν ἀνάγκαιc;

codd.: HMBOAVLP

115 χεῖρα BO   λαβοῦcα A   117 ἀνάκτορον L   119 ἀcιάτιδα L
121 ἄκοc post πόνων P; πόνων post τεμεῖν BO   τεμεῖν] εὑρεῖν HᵍˡTr
(cf. Σʰᵐʸ); [L]   122 cυνέκληιcαν M: cυνέκλειcαν L et ¹Σʸ: cυνεκλήϊcαν
HBOAVP   123 τλᾶμον Aldina: τλάμον' P: τλάμονα HMBOAV:
τλάμων L   124–5 ἔχουcαν ἄνδρα praeeunte Herwerden (ἐχούcα ἄνδρα)
Diggle: ἐούcαν ἀμφὶ codd. (οὖcαν H) et ¹Σʰᵐᵇᵛʸ: ad structuram cf. 750–1
125 ἀχιλλέωc HMLP et (V³): ἀχιλλῆοc BOA(V)   128 ἐγγεν- MAV:
ἐνγεν- BO: ἐκγεν- LP: εὐγεν- H   -έταιcι HMAP et V²: -εταῖcι V:
-έτη(ι)cι BOL   130 ποντίαc MBOAVP et Σᵐ: ποντίου HL et Σʸ
θεοῦ HMBOAV et Pˢ et Σᵐʸ: θεᾶc LP   τί Musgrave: τίc codd. et ¹Σʸ
131 ἀτυζομέναν H   αἰκέλιον Barnes: ἀεικ- codd.   132 δεcποτᾶν
Diggle: -τῶν codd.   ἀνάγκη V (∼ V³)

ΑΝΔΡΟΜΑΧΗ

τὸ κρατοῦν δέ c' ἔπεισι· τί μόχθον
οὐδὲν οὖcα μοχθεῖc;

ἀλλ' ἴθι λεῖπε θεᾶc Νηρηίδοc ἀγλαὸν ἕδραν,   [cτρ. β
γνῶθι δ' οὖc' ἐπὶ ξέναc   136
δμωὶc ἀπ' ἀλλοτρίαc
πόλεοc, ἔνθ' οὐ φίλων τιν' εἰcορᾶιc
cῶν, ὦ δυcτυχεcτάτα,
⟨ὦ⟩ παντάλαινα νύμφα.   140

οἰκτροτάτα γὰρ ἔμοιγ' ἔμολεc, γύναι 'Ιλιάc,   [ἀντ. β
οἴκουc
δεcποτᾶν ἐμῶν· φόβωι δ'
ἡcυχίαν ἄγομεν
(τὸ δὲ cὸν οἴκτωι φέρουcα τυγχάνω)
μὴ παῖc τᾶc Διὸc κόραc   145
cοί μ' εὖ φρονοῦcαν εἰδῆι.

ΕΡΜΙΟΝΗ

κόcμον μὲν ἀμφὶ κρατὶ χρυcέαc χλιδῆc
cτολμόν τε χρωτὸc τόνδε ποικίλων πέπλων
οὐ τῶν 'Αχιλλέωc οὐδὲ Πηλέωc ἀπὸ
δόμων ἀπαρχὰc δεῦρ' ἔχουc' ἀφικόμην,   150
ἀλλ' ἐκ Λακαίνηc Cπαρτιάτιδοc χθονὸc

codd.: HMBOAVLP

133 κρατοῦν HAVL et ¹Σʸ: κράτοc MBOP et V³ʸʳ   c' ἔπεισι
Hermann cl. Σᵐᵛʸ: cε πείcει codd. et ʸʳΣᵐᵛ   135 ἴcθι H   ἀγλαὴν
P et HᵇBᵍ¹Vˢ (~ Hesychius A 601)   ἕδοc Lʸʳ (~ Hesych.)   137 ἀπ'
Murray: ἐπ' codd. et Σᵐᵛʸ   138 πόλεοc Hermann: πόλεωc codd.
φίλων] -ον Lᶜ; [L]   140 ⟨ὦ⟩ παντάλαινα Tr: παντάλαινα codd. (τάλαινα
P et fort. Aᵃᶜ), quo seruato cοί 146 del. Hartung: παcᾶν, τάλαινα Wilamo-
witz   142 δεcποτᾶν Diggle: -τῶν codd.   ἐμῶν· φόβωι δ' Nauck: δ'
ἐμῶν φόβω(ι) codd. et ¹Σᵐᵛʸ   146 uide ad 140   εἰδῆι Musgrave:
*ἴδη A: ἴδη(ι) fere HMBOVLP   post 146 lac. indic. Musgrave: uide
154   148 cτολμόν HMAV(P) et Hesych. C 1903: cτόλον BOL
τόνδε HMBOL: τῶνδε AVP   151 cπαρτιάδοc BL (~ Tr)

ΕΥΡΙΠΙΔΟΥ

Μενέλαος ἡμῖν ταῦτα δωρεῖται πατὴρ
πολλοῖς σὺν ἔδνοις, ὥστ' ἐλευθεροστομεῖν.
[ὑμᾶς μὲν οὖν τοῖσδ' ἀνταμείβομαι λόγοις.]
σὺ δ' οὖσα δούλη καὶ δορίκτητος γυνὴ   155
δόμους κατασχεῖν ἐκβαλοῦσ' ἡμᾶς θέλεις
τούσδε, στυγοῦμαι δ' ἀνδρὶ φαρμάκοισι σοῖς,
νηδὺς δ' ἀκύμων διὰ σέ μοι διόλλυται·
δεινὴ γὰρ ἠπειρῶτις ἐς τὰ τοιάδε
ψυχὴ γυναικῶν· ὧν ἐπισχήσω σ' ἐγώ,   160
κοὐδέν σ' ὀνήσει δῶμα Νηρῇδος τόδε,
οὐ βωμὸς οὐδὲ ναός, ἀλλὰ κατθανῇ.
ἢν δ' οὖν βροτῶν τίς σ' ἢ θεῶν σῶσαι θέλῃ,
δεῖ σ' ἀντὶ τῶν πρὶν ὀλβίων φρονημάτων
πτῆξαι ταπεινὴν προσπεσεῖν τ' ἐμὸν γόνυ,   165
σαίρειν τε δῶμα τοὐμὸν ἐκ χρυσηλάτων
τευχέων χερὶ σπείρουσαν Ἀχελώιου δρόσον
γνῶναί θ' ἵν' εἶ γῆς. οὐ γάρ ἐσθ' Ἕκτωρ τάδε,
οὐ Πρίαμος οὐδὲ χρυσός, ἀλλ' Ἑλλὰς πόλις.
ἐς τοῦτο δ' ἥκεις ἀμαθίας, δύστηνε σύ,   170
ἢ παιδὶ πατρὸς ὃς σὸν ὤλεσεν πόσιν
τολμᾷς ξυνεύδειν καὶ τέκν' αὐθεντῶν πάρα
τίκτειν. τοιοῦτον πᾶν τὸ βάρβαρον γένος·
πατήρ τε θυγατρὶ παῖς τε μητρὶ μείγνυται
κόρη τ' ἀδελφῶι, διὰ φόνου δ' οἱ φίλτατοι   175
χωροῦσι, καὶ τῶνδ' οὐδὲν ἐξείργει νόμος.
ἃ μὴ παρ' ἡμᾶς ἔσφερ'· οὐδὲ γὰρ καλὸν

codd.: H(-169)MBOAVLP

154 del. Hunger (RhM 15 [1952] 369–73): uide ad 146   τοῖσδ' L:
τοιοῖσδ' HMBOAVP   ἀμείβομαι P   159 ἠπειρῶτις BOL et fort. ¹Σ^y;
[H]   163 θεῶν...ἢ βροτῶν P   τίς σ' BOVLP et ¹Σ^y: τί σ' M: τίς
HA   θέλοι BL² (~ L^c)   167 χερὶ HMBL: χειρὶ O^uvA^uvV et ¹Σ^y:
περι- P   σπείρασαν L (~ Tr)   168 ἵν' εἶ HMLP: ἵν' ἢ(ι) BOV: ἵνα A
170 ὦ δύστηνε BO   172 αὐθεντῶν Heiland: αὐθέντου codd.: cf. 403, Tr.
660   173 τοιοῦτον BOLP: -το MAV   γὰρ πᾶν BO   175 τ'] δ' A

δυοῖν γυναικοῖν ἄνδρ' ἕν' ἡνίας ἔχειν,
ἀλλ' ἐς μίαν βλέποντες εὐναίαν Κύπριν
στέργουσιν, ὅστις μὴ κακῶς οἰκεῖν θέληι.   180

Χο. ἐπίφθονόν τι χρῆμα θηλείας φρενὸς
καὶ ξυγγάμοισι δυςμενὲς μάλιστ' ἀεί.

Αν. φεῦ φεῦ·
κακόν γε θνητοῖς τὸ νέον ἕν τε τῶι νέωι
τὸ μὴ δίκαιον ὅστις ἀνθρώπων ἔχει.   185
ἐγὼ δὲ ταρβῶ μὴ τὸ δουλεύειν μέ σοι
λόγων ἀπώςηι πόλλ' ἔχουσαν ἔνδικα,
ἢν δ' αὖ κρατήςω, μὴ 'πὶ τῶιδ' ὄφλω βλάβην·
οἱ γὰρ πνέοντες μεγάλα τοὺς κρείςςους λόγους
πικρῶς φέρουσι τῶν ἐλαςςόνων ὕπο·   190
ὅμως δ' ἐμαυτὴν οὐ προδοῦς' ἁλώςομαι.
εἴπ', ὦ νεᾶνι, τῶι σ' ἐχεγγύωι λόγωι
πειςθεῖς' ἀπωθῶ γνηςίων νυμφευμάτων;
ὡς ἡ Λάκαινα τῶν Φρυγῶν μείων πόλις
†τύχηι θ' ὑπερθεῖ† κἄμ' ἐλευθέραν ὁρᾶις;   195
ἢ τῶι νέωι τε καὶ σφριγῶντι ςώματι
πόλεως τε μεγέθει καὶ φίλοις ἐπηρμένη
οἶκον κατασχεῖν τὸν σὸν ἀντὶ σοῦ θέλω;
πότερον ἵν' αὐτὴ παῖδας ἀντὶ σοῦ τέκω
δούλους ἐμαυτῆι τ' ἀθλίαν ἐφολκίδα;   200

codd.: MBOAVLP

178 γυναικοῖν] γ- κακοῖν A (~ Stob. 4. 23. 19)   180 θέληι Diggle
cum Stob. 4. 23. 19 cod. S (-η): θέλοι MBAVLP et Oˢ et Vaˢ: θέλει O et
Va et Stob. codd. MA   181 τι] τοι Dobree, τὸ Valckenaer
(~ gVgBgE): uide Bergson, Eranos 66 (1967) 99   θηλείας φρενὸς Σᵐᵇᵛ
et Stob. 4. 22. 164: θηλειῶν ἔφυ fere codd. et gVgBgE   184 τε] δὲ
Stob. 4. 11. 1 (~ gVgB)   185 τὸ] καὶ τὸ BO (μὴ om. O) et gV (~ gB
et Stob.)   188 τῶ(ι)δ' BOALP et M²V³ et gB: τῶι M: τόδ' V
190 ἄπο Hermann (~ gVgBgE et Stob. 3. 22. 15)   194 τῶν] τῆς
Scaliger (~ Phryn. ecl. p. 94. 78 Fischer)   195 τύχηι MO et ¹Σᵐᵇ: -η
BAVLP et ¹Σᵐᵇ   θ'] δ' O   κἄμ' fere MBOAV: καί μ' LP
ἐλεύθερον BO   199 αὐτὴ MOLP et B³ et ¹Σᵞ: -τῆ BAV   200 τ'] γ'
Hermann   τ' ἀθλίαν τ' BO (~ gB)

ΕΥΡΙΠΙΔΟΥ

ἢ τοὺς ἐμούς τις παῖδας ἐξανέξεται
Φθίας τυράννους ὄντας, ἢν cὺ μὴ τέκηις;
φιλοῦςι γάρ μ' Ἕλληνες Ἑκτορός γ' ὕπερ;
αὐτή τ' ἀμαυρὰ κοὐ τύραννος ἦ Φρυγῶν;
οὐκ ἐξ ἐμῶν ce φαρμάκων cτυγεῖ πόcιc   205
ἀλλ' εἰ ξυνεῖναι μὴ 'πιτηδεία κυρεῖc.
φίλτρον δὲ καὶ τόδ'· οὐ τὸ κάλλος, ὦ γύναι,
ἀλλ' ἀρεταὶ τέρπουcι τοὺς ξυνευνέταc.
cὺ δ' ἤν τι κνιcθῆιc, ἡ Λάκαινα μὲν πόλιc
μέγ' ἐcτί, τὴν δὲ Cκῦρον οὐδαμοῦ τίθηc,   210
πλουτεῖc δ' ἐν οὐ πλουτοῦcι, Μενέλεωc δέ cοι
μείζων Ἀχιλλέωc. ταῦτά τοί c' ἔχθει πόcιc.
χρὴ γὰρ γυναῖκα, κἂν κακῶι πόcει δοθῆι,
cτέργειν ἅμιλλάν τ' οὐκ ἔχειν φρονήματοc.
εἰ δ' ἀμφὶ Θρήικην τὴν χιόνι κατάρρυτον   215
τύραννον ἔcχεc ἄνδρ', ἵν' ἐν μέρει λέχοc
δίδωcι πολλαῖc εἷc ἀνὴρ κοινούμενοc,
ἔκτειναc ἂν τάcδ'; εἶτ' ἀπληcτίαν λέχουc
πάcαιc γυναιξὶ προcτιθεῖc' ἂν ηὑρέθηc.
αἰcχρόν γε· καίτοι χείρον' ἀρcένων νόcον   220
ταύτην νοcοῦμεν, ἀλλὰ προύcτημεν καλῶc.
ὦ φίλταθ' Ἕκτορ, ἀλλ' ἐγὼ τὴν cὴν χάριν
cοὶ καὶ ξυνήρων, εἴ τί cε cφάλλοι Κύπριc,
καὶ μαcτὸν ἤδη πολλάκις νόθοιcι cοῖc
ἐπέcχον, ἵνα cοι μηδὲν ἐνδοίην πικρόν.   225
καὶ ταῦτα δρῶcα τῆι ἀρετῆι προcηγόμην

codd.: MBOAVLP

201 ἢ Vᶜ   203 γ' Jacobs: τ' codd.   ὕπερ Dawe: ἄπο codd.
204 ἦ] ἦν fere codd.   210 τίθηc AL et V³Pˢ: -ηιc MBO: -ειc P: τιθεῖc
V   211 μενέλαος M   212 τοι om. L   213 δοθῆ(ι) πόcει (B)O et
gE (~ gB)   215 τὴν χιόνι Blaydes (dubitanter iam Hermann): χιόνι
τὴν MBOVLP: χιόνι A: uide CQ n.s. 33 (1983) 353   217 κοινούμενος
AVP et ¹Σᵐᵇᵛʸ: κοιμώμενος MBOL et (V³)   220 χεῖρον A
ἀρcένων MAVP et Σᵐᵛʸ: ἀνθρώπων BOL   223 cε cφάλλοι A⟨L⟩: cε
cφάλοι MBOP et V³Tr: c' ἐcφάλη V   225 ἐπεῖχον Nauck

ΑΝΔΡΟΜΑΧΗ

πόcιν· cὺ δ' οὐδὲ ῥανίδ' ὑπαιθρίας δρόcου
τῶι cῶι προcίζειν ἀνδρὶ δειμαίνουc' ἔαιc.
μὴ τὴν τεκοῦcαν τῆι φιλανδρίαι, γύναι,
ζήτει παρελθεῖν· τῶν κακῶν γὰρ μητέρων   230
φεύγειν τρόπουc χρὴ τέκν' ὅcοιc ἔνεcτι νοῦc.

Χο.   δέcποιν', ὅcον cοι ῥαιδίωc †προcίcταται†,
τοcόνδε πείθου τῆιδε cυμβῆναι λόγοιc.

Ερ.   τί cεμνομυθεῖc κὰc ἀγῶν' ἔρχηι λόγων,
ὡc δὴ cὺ cώφρων, τἀμὰ δ' οὐχὶ cώφρονα;   235

Αν.   οὔκουν ἐφ' οἷc γε νῦν καθέcτηκαc λόγοιc.

Ερ.   ὁ νοῦc ὁ cόc μοι μὴ ξυνοικοίη, γύναι.

Αν.   νέα πέφυκαc καὶ λέγειc αἰcχρῶν πέρι.

Ερ.   cὺ δ' οὐ λέγειc γε, δρᾶιc δέ μ' εἰc ὅcον δύναι.

Αν.   οὐκ αὖ cιωπῆι Κύπριδοc ἀλγήcειc πέρι;   240

Ερ.   τί δ'; οὐ γυναιξὶ ταῦτα πρῶτα πανταχοῦ;

Αν.   ναί,
κἀκεῖ τά γ' αἰcχρὰ κἀνθάδ' αἰcχύνην ἔχει.

Ερ.   οὐ βαρβάρων νόμοιcιν οἰκοῦμεν πόλιν.

Αν.   κἀκεῖ τά γ' αἰcχρὰ κἀνθάδ' αἰcχύνην ἔχει.

Ερ.   cοφὴ cοφὴ cύ· κατθανεῖν δ' ὅμωc cε δεῖ.   245

Αν.   ὁρᾶιc ἄγαλμα Θέτιδοc ἐc c' ἀποβλέπον;

Ερ.   μιcοῦν γε πατρίδα cὴν 'Αχιλλέωc φόνωι.

Αν.   'Ελένη νιν ὦλεc', οὐκ ἐγώ, μήτηρ γε cή.

codd.: MBOAVLP

230 γὰρ] δὲ Elmsley (~ gVgBgE et Stob. 4. 23. 21)   231 τέκν' ὅcοιc
Tr: τέκνα οἷc MBO et gV: τέκν' οἷc AVLP et gBgE: τέκνα αἷc Stob.
(codd. SM, φ- τέκνα χρὴ τρόπουc αἷc κτλ. cod. A)   νοῦc οἷc ἔνεcτι
χρὴ τρόπουc φεύγειν τέκνα Jackson   232 παρίcταται P (cf. Σ^mby)
233 τῆcδε Wecklein   237 γύναι] ποτέ gV   239 γε] μέν gV (~ gE)
δύναι Porson: δύνη(ι) codd. et gVgE   240 αὖ OA et ¹Σ^m: ἀν
M^uvBVLP et ¹Σ^bv et gV   241 ταῦτα πρῶτα MAVP: πρ- τ- BOL
πανταχῆ P   242 ναί om. P (del. Tr tum supra lin. scr.) et del. edd.
plerique   καλά MAVP: καλῶc BOL   244 τά γ'] τάδ' OP   245 δ'
MBOLP et V³ et gE: om. AV   246 ἀποβλέπον BOVP et L^c: -βλέπων
M⟨L?⟩: ἐπιβλέπον A   248 ἑλένη νιν BOAP et L^c: ἑλένην νιν V: ἑλένην
ML?   γε Aldina: δὲ codd.

Ερ.   ἦ καὶ πρόςω γὰρ τῶν ἐμῶν ψαύςεις κακῶν;
Αν.   ἰδοὺ ςιωπῶ κἀπιλάζυμαι ςτόμα.   250
Ερ.   ἐκεῖνο λέξον οὗπερ οὕνεκ' ἐςτάλην.
Αν.   λέγω ς' ἐγὼ νοῦν οὐκ ἔχειν ὅςον ς' ἔδει.
Ερ.   λείψεις τόδ' ἁγνὸν τέμενος ἐναλίας θεοῦ;
Αν.   εἰ μὴ θανοῦμαί γ'· εἰ δὲ μή, οὐ λείψω ποτέ.
Ερ.   ὡς τοῦτ' ἄραρε κοὐ μενῶ πόςιν μολεῖν.   255
Αν.   ἀλλ' οὐδ' ἐγὼ μὴν πρόςθεν ἐκδώςω μέ ςοι.
Ερ.   πῦρ ςοι προςοίςω, κοὐ τὸ ςὸν προςκέψομαι,...
Αν.   ςὺ δ' οὖν κάταιθε· θεοὶ γὰρ εἴςονται τάδε.
Ερ.   καὶ χρωτὶ δεινῶν τραυμάτων ἀλγηδόνας.
Αν.   ςφάζ', αἵματου θεᾶς βωμόν, ἣ μέτειςί ςε.   260
Ερ.   ὦ βάρβαρον ςὺ θρέμμα καὶ ςκληρὸν θράςος,
      ἐγκαρτερεῖς δὴ θάνατον; ἀλλ' ἐγώ ς' ἕδρας
      ἐκ τῆςδ' ἑκοῦςαν ἐξαναςτήςω τάχα·
      τοιόνδ' ἔχω ςου δέλεαρ. ἀλλὰ γὰρ λόγους
      κρύψω, τὸ δ' ἔργον αὐτὸ ςημανεῖ τάχα.   265
      κάθης' ἑδραία· καὶ γὰρ εἰ πέριξ ς' ἔχοι
      τηκτὸς μόλυβδος, ἐξαναςτήςω ς' ἐγὼ
      πρὶν ὧι πέποιθας παῖδ' Ἀχιλλέως μολεῖν.
Αν.   πέποιθα. δεινὸν δ' ἑρπετῶν μὲν ἀγρίων
      ἄκη βροτοῖςι θεῶν καταςτῆςαί τινα,   270
      ὃ δ' ἔςτ' ἐχίδνης καὶ πυρὸς περαιτέρω
      οὐδεὶς γυναικὸς φάρμακ' ἐξηύρηκέ πω
      [κακῆς· τοςοῦτόν ἐςμεν ἀνθρώποις κακόν].

codd.: MBOAVLP

249 ἦ AL et VᶜP²: ἦ MBOVP et ¹Σᵛʸ   251 οὕνεκ' MBOL: ἔνεκ'
VP et Aᵞᵖ: om. A   ἐςτάλην MBOLP et AᵞᵖVᵞᵖ: ἐνθάδ' ἱκάνω AV
252 ς' ἔδει Barrett: ςε δεῖ codd.   255 μενῶ A: μένω MBOVLP et Aʳ
μολεῖν πόςιν BO   258 τόδε A   266 ς' MBOVL: om. AP et gE
ἔχοι Hermann: ἔχει MBOALP et V³ et gE: -η V   267 μόλιβδος L et
¹Σʸ et Σᵐᵛʸ (∼ gE)   268 ὃν P   269 δεινὰ gE (∼ gB et Stob. 4.
22. 166)   270 βροτοῖς P (∼ gBgE et Stob.)   καταςτῆςαι Stob. et P²
et Σᵐᵇᵃᵛʸ: ἐγκατα- codd. et gBgE   271 ὃ Dobree: ἃ codd. et ¹Σᵐᵇᵃᵛ
et gBgE et Stob.   273 (quem non agnoscit Σᵐᵇᵃᵛʸ) del. Cobet
τοιοῦτον P (∼ gE et Stob.)

Χο. ἦ μεγάλων ἀχέων ἄρ' ὑπῆρξεν, ὅτ' Ἰδαίαν   [στρ. α
  ἐς νάπαν ἦλθ', ὁ Μαί-   275
  ας τε καὶ Διὸς τόκος,
  τρίπωλον ἅρμα δαιμόνων
  ἄγων τὸ καλλιζυγές,
  ἔριδι στυγερᾶι κεκορυθμένον εὐμορφίας,
  σταθμοὺς ἔπι βούτας   280
  βοτῆρά τ' ἀμφὶ μονότροπον νεανίαν
  ἔρημόν θ' ἑστιοῦχον αὐλάν.

  ταὶ δ' ἐπεὶ ὑλόκομον νάπος ἤλυθον οὐρειᾶν   [ἀντ. α
  πιδάκων νίψαν αἰ-   285
  γλᾶντα σώματα ῥοαῖς,
  ἔβαν δὲ Πριαμίδαν ὑπερ-
  βολαῖς λόγων δυσφρόνων
  παραβαλλόμεναι, δολίοις δ' ἕλε Κύπρις λόγοις,
  τερπνοῖς μὲν ἀκοῦσαι,   290
  πικρὰν δὲ σύγχυσιν βίου Φρυγῶν πόλει
  ταλαίναι περγάμοις τε Τροίας.

  εἰ γὰρ ὑπὲρ κεφαλὰν ἔβαλεν κακὸν   [στρ. β
  ἁ τεκοῦσά νιν μόρον

codd.: MBOAVLP

275 ἐς AVP: εἰς MBOL   ἦλθ' Tr: ἦλθεν codd.   276 τόκος
BOAVL: τέκος M: γόνος P   280 βούτας Schoene et fort. ¹Σ^mb (τὰς
ποιμενικὰς ἐπαύλεις): βούτα fere codd. et ¹Σ^mvy (τὰς ἐπαύλεις τοῦ βουκόλου
Πάριδος), quod iuxta βοτῆρα stare nequit   281 βοτῆρ' ἀμφὶ Α⟨L⟩
(∼ Tr)   284 ταῖδε δ' L   οὐρειᾶν M et Β³: -είαν BOAVP: -είων L et
Α^r et ¹Σ^y   285 νίψαν Hermann: νίψαντο LP: ἔνιψαν Β(O): ἔνιψάν τ' M:
ἐνίψαντ' A: ἐνίψαν≉≉τ' V^uv   αἰγλᾶντα Musgrave: αἰγλάεντα codd. (ἀγ-
MBO)   288 δυσφόρων P et ^γρΣ^mvy   289 δολίοις δ' ἕλε Κύπρις λόγοις
Murray: κύπρις ἕλε λόγοις δολίοις fere codd. (δὲ κύπρις BO, κύπρις δ' V³)
291 βίου σύγχυσιν A   292 ταλαίνα(ι) VL et (post Τροίας) A: τάλαινα
BOP: τάλαιναν M   293 εἰ γὰρ Paley: ἀλλ' εἴθ' fere codd.: εἴθε δ' Tr
κεφαλὰν BOAL et M²V²: -ᾶν MV et ¹Σ^v: -ᾶς P et ¹Σ^y: genet. ¹Σ^mba
294 μόρον Hermann: πάριν codd.: cf. Σ^mb(a) εἴθε ὑπὲρ κεφαλῆς Πάριδος
(πατρίδος Jackson) ἔβαλεν θάνατον ἡ τεκοῦσα τὸν Πάριν

πρὶν Ἰδαῖον κατοικίσαι λέπας,   295
ὅτε νιν παρὰ θεσπεσίωι δάφναι
βόασε Κασσάνδρα κτανεῖν,
μεγάλαν Πριάμου πόλεως λώβαν.
τίν' οὐκ ἐπῆλθε, ποῖον οὐκ ἐλίσσετο
δαμογερόντων βρέφος φονεύειν;   300

οὔτ' ἂν ἐπ' Ἰλιάσι ζυγὸν ἤλυθε   [ἀντ. β
δούλιον cύ τ' ἄν, γύναι,
τυράννων ἔcχεc ἂν δόμων ἕδραc·
παρέλυcε δ' ἂν Ἑλλάδος ἀλγεινοὺς
†μόχθους οὓς ἀμφὶ Τροίαν†   305
δεκέτεις ἀλάληντο νέοι λόγχαις,
λέχη τ' ἔρημ' ἂν οὔποτ' ἐξελείπετο
καὶ τεκέων ὀρφανοὶ γέροντες.

ΜΕΝΕΛΑΟC

ἥκω λαβὼν cὸν παῖδ', ὃν εἰς ἄλλους δόμους
λάθραι θυγατρὸς τῆς ἐμῆς ὑπεξέθου.   310
cὲ μὲν γὰρ ηὔχεις θεᾶς βρέτας cώcειν τόδε,
τοῦτον δὲ τοὺς κρύψαντας· ἀλλ' ἐφηυρέθης
ἥccον φρονοῦcα τοῦδε Μενέλεω, γύναι.
κεἰ μὴ τόδ' ἐκλιποῦc' ἐρημώσεις πέδον,
ὅδ' ἀντὶ τοῦ coῦ cώματος cφαγήσεται.   315

codd.: MBOAVLP

295 κατοικίcαι V et M²Tr: -κῆcαι MBOALP et V²   297 βόαcε AVL:
βόαccε MBO: βόηcε P   κασσάνδρα BOL et Σ^y: καcά- MAVP
301 ζυγὸς P et Tr   ἦλθε AV   302 δούλιον V: -ειον MBOAL et V²:
-ειος P et (-ειός γ') Tr   cύ τ' ἄν Pflugk: οὔτ' ἄν cὺ codd.
303 τυράννων] τυράννων τάcδ' L; τύραννον P   δόμων BOLP et M²V³:
δόμον MV: δόμους A   ἕδραν P et Tr   305 μόχθους MBOAV et ¹Σ^y:
πόνους P et Tr: cf. Σ^mby περὶ οὓς πόνους (πολέμους Σ^m) κτλ.   οὓς ἀμφὶ
Τρωίαν πόνους post Headlam (μόγους) Murray   306 δεκέτεις AL et
¹Σ^m: δέκ' ἔτ' εἰc fere MBOVP   307 οὔποτ' MBOL: οὐπώποτ' AV: οὐκ
ἂν P   ἐξελίπετο AV   311 cώcειν Dobree: cῶcαι codd.   313 ἥccων
(M)BO (~ B³)

ταῦτ' οὖν λογίζου, πότερα κατθανεῖν θέλεις
ἢ τόνδ' ὀλέσθαι cῆς ἁμαρτίας ὕπερ,
ἣν εἰς ἔμ' ἔc τε παῖδ' ἐμὴν ἁμαρτάνεις.

Αν. ὦ δόξα δόξα, μυρίοιcι δὴ βροτῶν
οὐδὲν γεγῶcι βίοτον ὤγκωcας μέγαν.   320
[εὔκλεια δ' οἷc μέν ἐcτ' ἀληθείαc ὕπο
εὐδαιμονίζω· τοὺc δ' ὑπὸ ψευδῶν ἔχειν
οὐκ ἀξιώcω, πλὴν τύχηι φρονεῖν δοκεῖν.]
cὺ δὴ cτρατηγῶν λογάcιν Ἑλλήνων ποτὲ
Τροίαν ἀφείλου Πρίαμον, ὧδε φαῦλοc ὤν;   325
ὅcτιc θυγατρὸc ἀντίπαιδοc ἐκ λόγων
τοcόνδ' ἔπνευcαc καὶ γυναικὶ δυcτυχεῖ
δούληι κατέcτηc εἰc ἀγῶν'· οὐκ ἀξιῶ
οὔτ' οὖν cὲ Τροίαc οὔτε coῦ Τροίαν ἔτι.
[ἔξωθέν εἰcιν οἱ δοκοῦντεc εὖ φρονεῖν   330
λαμπροί, τὰ δ' ἔνδον πᾶcιν ἀνθρώποιc ἴcοι,
πλὴν εἴ τι πλούτωι· τοῦτο δ' ἰcχύει μέγα.
Μενέλαε, φέρε δὴ διαπεράνωμεν λόγουc.]
⟨   ⟩
τέθνηκα τῆι cῆι θυγατρὶ καί μ' ἀπώλεcεν·
μιαιφόνον μὲν οὐκέτ' ἂν φύγοι μύcοc.   335
ἐν τοῖc δὲ πολλοῖc καὶ cὺ τόνδ' ἀγωνιῆι
φόνον· τὸ cυνδρῶν γάρ c' ἀναγκάcει χρέοc.

codd.: MBOAVLP

316 πότερον L   320 μέγαν MBOLP et Vᶜ et gBgE et Boeth. cons.
3. 6: μέγα AV et gV   321–3 del. Hartung: neque in τοὺc... ἀξιώcω
structura uerborum probabilis neque in πλὴν... δοκεῖν sensus contextui
accommodatus inest   321 ἔcτ' L: ἐcτιν fere MBOAVP et gVgBgE
323 ἀξιῶ 'γὼ Hirzel (~ gVgBgE)   φρονεῖν δοκεῖν MBOAVP et Tr et
gBgE: δ- φ- L et gV   324 ἀργείων V   326 ἀντίπαιδοc L et V²: ἀντὶ
παιδὸc MBOAVP   330–2 (quorum 330–1 Menandro [fr. 627 Koerte]
trib. Stob. 4. 40. 14) reprehendit Didymus ap. Σᵛ, del. Dobree (332 iam del.
Brunck)   330 εὐτυχεῖν Stob. (~ gV)   331 τὰ δ' ἔνδον εἰcὶ πᾶcιν κτλ.
(om. λαμπροί) Stob. (~ gV)   333 del. Wilamowitz   post h.u. lac.
indic. Diggle (iam loco uu. 330–2 Bergk) praeeunte Wilamowitz, qui huius
u. loco εἰέν reposuit   334 τῆι] δὴ Reiske

ἦν δ' οὖν ἐγὼ μὲν μὴ θανεῖν ὑπεκδράμω,
τὸν παῖδά μου κτενεῖτε; κᾆτα πῶς πατὴρ
τέκνου θανόντος ῥαιδίως ἀνέξεται;   340
οὐχ ὧδ' ἄνανδρον αὐτὸν ἡ Τροία καλεῖ·
ἀλλ' εἰσιν οἳ χρή, Πηλέως γὰρ ἄξια
πατρός τ' Ἀχιλλέως ἔργα δρῶν φανήσεται,
ὥσει δὲ σὴν παῖδ' ἐκ δόμων· σὺ δ' ἐκδιδοὺς
ἄλλωι τί λέξεις; πότερον ὡς κακὸν πόσιν   345
φεύγει τὸ ταύτης σῶφρον; ἀλλ' οὐ πείσεται.
γαμεῖ δὲ τίς νιν; ἤ σφ' ἄνανδρον ἐν δόμοις
χήραν καθέξεις πολιόν; ὦ τλήμων ἀνήρ,
κακῶν τοσούτων οὐχ ὁρᾶις ἐπιρροάς;
πόσας ἂν εὐνὰς θυγατέρ' ἠδικημένην   350
βούλοι' ἂν εὑρεῖν ἢ παθεῖν ἀγὼ λέγω;
οὐ χρὴ 'πὶ μικροῖς μεγάλα πορσύνειν κακὰ
οὐδ', εἰ γυναῖκές ἐσμεν ἀτηρὸν κακόν,
ἄνδρας γυναιξὶν ἐξομοιοῦσθαι φύσιν.
ἡμεῖς γὰρ εἰ σὴν παῖδα φαρμακεύομεν   355
καὶ νηδὺν ἐξαμβλοῦμεν, ὡς αὐτὴ λέγει,
ἑκόντες οὐκ ἄκοντες, οὐδὲ βώμιοι
πίτνοντες, αὐτοὶ τὴν δίκην ὑφέξομεν
ἐν σοῖσι γαμβροῖς, οἷσιν οὐκ ἐλάσσονα
βλάβην ὀφείλω προστιθεὶς ἀπαιδίαν.   360
ἡμεῖς μὲν οὖν τοιοίδε· τῆς δὲ σῆς φρενός,

codd.: *Π*³(346-)MBOAVLP

341 καλεῖ MBO⟨A?⟩LP: κάλει V et B^cA^e? (cf. Σ^mb et V³ (ἀντὶ τοῦ) ἐκάλει):
'κάλει Naber   344 σὺ] σοὶ MBO (∼ B³)   346 ἀλλ' οὐ πείσεται
Pflugk: ἀλλὰ ψεύσεται codd. et ¹Σ^bny: [*Π*³]: cf. Σ^mbny ψευδῆ σε νομίσει ὁ
ἀκούων καὶ οὐ πεισθήσεται   348 τλήμων *Π*³?BOLP: τλῆμον MAV
ἀνήρ Dindorf: ἄνερ codd.: [*Π*³]   350 πόσας δ' LP; [*Π*³]
351 βούλοι' BOALP (-οιο BA) et ¹Σ^y: βούλει V: βούλοιμ' M: [*Π*³]   ἂν
εὑρεῖν MBOAP et V^c et ¹Σ^y: ἀνευρεῖν VL: [*Π*³]   356 αὐτὴ A; [*Π*³]
358 πίτνοντες Elmsley: -όντες MV: -οῦντες LP: -ῶντες A: πίπτοντες BO:
[*Π*³]   360 ἀπαιδίαν ALP et B^γρV^γρ: ἀβουλίαν *Π*³MBOV
361-3 quos reprehendit Didymus ap. Σ^vny delere paene malit Diggle

ἕν cου δέδοικα· διὰ γυναικείαν ἔριν
καὶ τὴν τάλαιναν ὤλεсας Φρυγῶν πόλιν.

Χο. ἄγαν ἔλεξας ὡς γυνὴ πρὸς ἄρсενας
 ⟨   ⟩
 καί cου τὸ cῶφρον ἐξετόξευcεν φρενός.   365

Με. γύναι, τάδ' ἐcτὶ cμικρὰ καὶ μοναρχίας
 οὐκ ἄξι', ὡς φήις, τῆς ἐμῆς οὐδ' Ἑλλάδος.
 εὖ δ' ἴcθ', ὅτου τις τυγχάνει χρείαν ἔχων,
 τοῦτ' ἔcθ' ἑκάcτωι μεῖζον ἢ Τροίαν ἑλεῖν.
 κἀγὼ θυγατρί (μεγάλα γὰρ κρίνω τάδε,   370
 λέχους cτέρεcθαι) cύμμαχος καθίcταμαι.
 τὰ μὲν γὰρ ἄλλα δεύτερ' ἂν πάcχηι γυνή,
 ἀνδρὸς δ' ἁμαρτάνουc' ἁμαρτάνει βίου.
 δούλων δ' ἐκεῖνον τῶν ἐμῶν ἄρχειν χρεὼν
 καὶ τῶν ἐκείνου τοὺς ἐμοὺς ἡμᾶς τε πρός·   375
 φίλων γὰρ οὐδὲν ἴδιον, οἵτινες φίλοι
 ὀρθῶς πεφύκαc', ἀλλὰ κοινὰ χρήματα.
 μένων δὲ τοὺς ἀπόντας, εἰ μὴ θήcομαι
 τἄμ' ὡς ἄριcτα, φαῦλός εἰμι κοὐ cοφός.
 ἀλλ' ἐξανίcτω τῶνδ' ἀνακτόρων θεᾶς·   380
 ὡς, ἢν θάνηις cύ, παῖς ὅδ' ἐκφεύγει μόρον,
 cοῦ δ' οὐ θελούcης κατθανεῖν τόνδε κτενῶ.
 δυοῖν δ' ἀνάγκη θατέρωι λιπεῖν βίον.

codd.: *Π*³(–368)MBOAVLP

363 πόλιν φρυγῶν A (~ gBgE)   364 ἄγαν γ' gV (~ gBgE); [*Π*³]
post h.u. lac. indic. Page: desideratur e.g. ⟨τὸ δ' ὀξύθυμον τὴν διάγνωcιν
κρατεῖ⟩   365 ἐξετόξευcε(ν) codd. et gVgBgE et Hesych. *E* 3791: [*Π*³]:
ἐξετοξεύθη 'recentior liber' sec. Wecklein (quis sit nescio; habet autem
Nᵍ¹)   366 cμικρά] μι- *Π*³ (~ *Π*ᵃᶜ man. pr. et ¹Σʸ)   368 δ' om. BO
(~ Bᶜ); [*Π*³]   370 γὰρ om. A   372 ἂν Musgrave: ἀν codd. et gBgE
et Georg. Cedren. 302 d: om. Stob. 4. 23. 23   πάcχοι Pˢ et gE et Stob.
et Georg. Cedren. (~ gB)   374 δ' om. M   376 φίλοι] φίλοις A
(~ gVgE)   380 τῶν θεᾶc ἀνακτόρων BO   382 κτανῶ OP
383 ἀνάγκη L et VʸᵖP² et ¹Σʸ et Σᵐᵇᵛ: -καιν ⟨P⟩: -καιν ἢ MBOAV
(ἢ V³): -καῖον ἢ (M²)B³ (ἢ M²)

293

Αν. οἴμοι, πικρὰν κλήρωσιν αἵρεσίν τέ μοι
βίου καθίςτης· καὶ λαχοῦςά γ' ἀθλία   385
καὶ μὴ λαχοῦςα δυςτυχὴς καθίςταμαι.
ὦ μεγάλα πράςςων αἰτίας ςμικρᾶς πέρι,
πιθοῦ· τί καίνεις μ'; ἀντὶ τοῦ; ποίαν πόλιν
προύδωκα; τίνα ςῶν ἔκτανον παίδων ἐγώ;
ποῖον δ' ἔπρηςα δῶμ'; ἐκοιμήθην βίαι   390
ςὺν δεςπόταιςι· κᾆτ' ἔμ', οὐ κεῖνον κτενεῖς,
τὸν αἴτιον τῶνδ', ἀλλὰ τὴν ἀρχὴν ἀφεὶς
πρὸς τὴν τελευτὴν ὑςτέραν οὖςαν φέρηι;
οἴμοι κακῶν τῶνδ'· ὦ τάλαιν' ἐμὴ πατρίς,
ὡς δεινὰ πάςχω. τί δέ με καὶ τεκεῖν ἐχρῆν   395
ἄχθος τ' ἐπ' ἄχθει τῶιδε προςθέςθαι διπλοῦν;
[ἀτὰρ τί ταῦτ' ὀδύρομαι, τὰ δ' ἐν ποςὶν
οὐκ ἐξικμάζω καὶ λογίζομαι κακά;]
ἥτις ςφαγὰς μὲν Ἕκτορος τροχηλάτους
κατεῖδον οἰκτρῶς τ' Ἴλιον πυρούμενον,   400
αὐτὴ δὲ δούλη ναῦς ἐπ' Ἀργείων ἔβην
κόμης ἐπιςπαςθεῖς· ἐπεὶ δ' ἀφικόμην
Φθίαν, φονεῦςιν Ἕκτορος νυμφεύομαι.
τί δῆτά μοι ζῆν ἡδύ; πρὸς τί χρὴ βλέπειν;
πρὸς τὰς παρούςας ἢ παρελθούςας τύχας;   405
εἰς παῖς ὅδ' ἦν μοι λοιπός, ὀφθαλμὸς βίου·
τοῦτον κτανεῖν μέλλουςιν οἷς δοκεῖ τάδε.
οὐ δῆτα τοὐμοῦ γ' οὕνεκ' ἀθλίου βίου·
ἐν τῶιδε μὲν γὰρ ἐλπίς, εἰ ςωθήςεται,

codd.: MBOAVLP

384 τέ AVLP et gE: γέ MBO   387 ςμικρᾶς gE: μι- codd.
397–8 del. Hartung   hi uu. aut spurii sunt aut suo loco non stant (hos
et 404–5 inuicem trai. Musgrave)   397 ταῦτα ὀδύρομαι Porson (∼ gBgE
et Σᵐᵛⁿᵖʸ), recte dummodo hi uu. Euripidis sint   398 ἐξικμάζω nemo
aut explicauit aut emendauit   399 τροχηλάτου MO
402 ἀποςπαςθεὶς LP   404 δῆτά μοι ¹Σʸ et Σʸ, sicut coni. Rader-
macher: δῆτ' ἐμοὶ codd. et ¹Σᵇᵛ et Σᵛ et gVgE   405 τύχας] λύπας V
(∼ V³ʸʳ et gVgE)   406 λοιπὸν L   407 κτενεῖν P

ἐμοὶ δ' ὄνειδος μὴ θανεῖν ὑπὲρ τέκνου.　　　410
ἰδού, προλείπω βωμὸν ἥδε χειρία
cφάζειν φονεύειν δεῖν ἀπαρτῆcαι δέρην.
ὦ τέκνον, ἡ τεκοῦcά c', ὡc cὺ μὴ θάνηιc,
cτείχω πρὸc "Αιδην· ἢν δ' ὑπεκδράμηιc μόρον,
μέμνηcο μητρόc, οἷα τλᾶc' ἀπωλόμην,　　　415
καὶ πατρὶ τῶι cῶι διὰ φιλημάτων ἰὼν
δάκρυά τε λείβων καὶ περιπτύccων χέραc
λέγ' οἷ' ἔπραξα. πᾶcι δ' ἀνθρώποιc ἄρ' ἦν
ψυχὴ τέκν'· ὅcτιc δ' αὔτ' ἄπειροc ὢν ψέγει,
ἧccον μὲν ἀλγεῖ, δυcτυχῶν δ' εὐδαιμονεῖ.　　　420
Χο.　ὤικτιρ' ἀκούcαc'· οἰκτρὰ γὰρ τὰ δυcτυχῆ
βροτοῖc ἅπαcι, κἂν θυραῖοc ὢν κυρῆι.
ἐc ξύμβαcιν δ' ἐχρῆν cε παῖδα cὴν ἄγειν,
Μενέλαε, καὶ τήνδ', ὡc ἀπαλλαχθῆι πόνων.
Με.　λάβεcθέ μοι τῆcδ', ἀμφελίξαντεc χέραc,　　　425
δμῶεc· λόγουc γὰρ οὐ φίλουc ἀκούcεται.
ἔχω c'· ἵν' ἁγνὸν βωμὸν ἐκλίποιc θεᾶc,
προύτεινα παιδὸc θάνατον, ὧι c' ὑπήγαγον
ἐc χεῖραc ἐλθεῖν τὰc ἐμὰc ἐπὶ cφαγήν.
καὶ τἀμφὶ coῦ μὲν ὧδ' ἔχοντ' ἐπίcταcο·　　　430
τὰ δ' ἀμφὶ παιδὸc τοῦδε παῖc ἐμὴ κρινεῖ,
ἤν τε κτανεῖν νιν ἤν τε μὴ κτανεῖν θέληι.
ἀλλ' ἔρπ' ἐc οἴκουc τούcδ', ἵν' εἰc ἐλευθέρουc
δούλη γεγῶcα μήποθ' ὑβρίζειν μάθηιc.

codd.: MBOAVLP

414 μόρον] μόνοc L (~ Σ^{vny})　　　419 ψέγει MBOAVP et Σ^{mbvny} et
gV: λέγει L et gE et Stob. 4. 24. 19　　　423 δ' ἐχρῆν L: δὲ χρῆν
M^{uv}BOA: δὲ χρήν V et B³ et M^{c uv}: δὲ χρή P　　　παῖδα cὴν Kirchhoff: cὴν
παῖδ' MBOVL: cήν γε παῖδ' A: καὶ cὴν παῖδ' P: cήν τε παῖδ' Elmsley
ἐξάγειν BO　　　425 χέραc AVLP: χεῖραc M: δέμαc BO　　　426 οὐκ
ἀκούcεται φίλουc BO　　　427 ἔχω Jackson: ἐγώ codd. (non ἔγωγ' sed ἐγώ
coι V³)　　　ἐκλίποιc Brunck: -λίπηc VLP: -λίπη A: -λείπη(ι) MBO
429 cφαγάν AV　　　432 κτανεῖν (prius)] κτανεῖ A　　　νιν om. MBO
κτανεῖν (alterum) L et V^{3yr}: κτείνειν MBOAV: κτεῖναι P　　　433 ἐc
BOAVP et Tr: εἰc ML　　　434 μηκέθ' Paley

Αν.	οἴμοι· δόλωι μ' ὑπῆλθες, ἠπατήμεθα.	435
Με.	κήρυσσ' ἅπασιν· οὐ γὰρ ἐξαρνούμεθα.	
Αν.	ἦ ταῦτ' ἐν ὑμῖν τοῖς παρ' Εὐρώται σοφά;	
Με.	καὶ τοῖς γε Τροίαι, τοὺς παθόντας ἀντιδρᾶν.	
Αν.	τὰ θεῖα δ' οὐ θεῖ' οὐδ' ἔχειν ἡγῆι δίκην;	
Με.	ὅταν τάδ' ἦι, τότ' οἴσομεν· σὲ δὲ κτενῶ.	440
Αν.	ἦ καὶ νεοσσὸν τόνδ', ὑπὸ πτερῶν σπάσας;	
Με.	οὐ δῆτα· θυγατρὶ δ', ἢν θέληι, δώσω κτανεῖν.	
Αν.	οἴμοι· τί δῆτά σ' οὐ καταστένω, τέκνον;	
Με.	οὔκουν θρασεῖά γ' αὐτὸν ἐλπὶς ἀμμένει.	
Αν.	ὦ πᾶσιν ἀνθρώποισιν ἔχθιστοι βροτῶν	445

Σπάρτης ἔνοικοι, δόλια βουλευτήρια,
ψευδῶν ἄνακτες, μηχανορράφοι κακῶν,
ἑλικτὰ κοὐδὲν ὑγιὲς ἀλλὰ πᾶν πέριξ
φρονοῦντες, ἀδίκως εὐτυχεῖτ' ἀν' Ἑλλάδα.
τί δ' οὐκ ἐν ὑμῖν ἐστιν; οὐ πλεῖστοι φόνοι;   450
οὐκ αἰσχροκερδεῖς, οὐ λέγοντες ἄλλα μὲν
γλώσσηι, φρονοῦντες δ' ἄλλ' ἐφευρίσκεσθ' ἀεί;
ὄλοισθ'. ἐμοὶ μὲν θάνατος οὐχ οὕτω βαρὺς
ὅς σοι δέδοκται· κεῖνα γάρ μ' ἀπώλεσεν,
ὅθ' ἡ τάλαινα πόλις ἀνηλώθη Φρυγῶν   455
πόσις θ' ὁ κλεινός, ὅς σε πολλάκις δορὶ

codd.: MBOAVLP

437 εὐρώταις BO (~ Bᶜ)   438 κἂν Kirchhoff   γε Tr: τε L: γ' ἐν P: τ' ἐν BOAV: ἐν M: cf. 462   439 οὐδ' ἔχειν] οὐ δίκην dubitanter Diggle (~ Σᵐᵇᵛⁿʸ)   440 lectio non adeo certa est   τάδ' LP et ¹Σʸ: τόδ' MBOAV et ¹Σᵐᵇᵛ   ἦ(ι) OAVLP et Bᶜ ᵘᵛ et ¹Σᵛʸ: ἦ MBᵘᵛ et ¹Σᵐᵇ   τότ' LP et ¹Σᵐᵇᵛ: τάδ' MBOAV et ¹Σᵐᵇ   441 ἦ AL et B²Vᶜ: ἦ MBOVP   443 τί om. BO (~ Bᶜ)   c' οὐ VL et Bᶜ: cου MBOP: cοῦ A et V³ʸᵖ   444 ἀμμένει Nauck: ἀναμένει codd. (-μενεῖ BO)   446 βουλεύματα P et gE (~ gVgB et Σ Or. 371 et Σ Ar. Ach. 308, Pax 1068 et Tzetz. in Lyc. 1123)   448 πᾶν MBOAV et gVgB et Plut. mor. 863 E, 1073 C, 1102 C: πάντα LP et gB¹ᶜgE   450 οὐ BOAVL et P² et gE: οἱ MP et V³ʸᵖ   453 μὲν θάνατος M: δὲ θά- μὲν AV: δὲ θά- BOLP   454 ὅς Lenting: ὡς codd.   455 ἀνηλώθη Wecklein: ἀναλ- codd.   456 θ'] δ' V

ΑΝΔΡΟΜΑΧΗ

ναύτην ἔθηκεν ἀντὶ χερσαίου κακόν.
νῦν δ' ἐς γυναῖκα γοργὸς ὁπλίτης φανεὶς
κτείνεις μ'· ἀπόκτειν'· ὡς ἀθώπευτόν γέ σε
γλώςςης ἀφήςω τῆς ἐμῆς καὶ παῖδα ςήν.   460
ἐπεὶ ςὺ μὲν πέφυκας ἐν Cπάρτηι μέγας,
ἡμεῖς δὲ Τροίαι γ'. εἰ δ' ἐγὼ πράςςω κακῶς,
μηδὲν τόδ' αὔχει· καὶ ςὺ γὰρ πράξειας ἄν.

Χο.   οὐδέποτε δίδυμα λέκτρ' ἐπαινέςω βροτῶν   [cτρ. α
        οὐδ' ἀμφιμάτορας κόρους,   466
        †ἔριδας† οἴκων δυςμενεῖς τε λύπας·
        μίαν μοι ςτεργέτω πόςις †γάμοις
        ἀκοινώνητον ἀνδρὸς† εὐνάν.   470

        †οὐδὲ γὰρ ἔν† πόλεςι δίπτυχοι τυραννίδες   [ἀντ. α
        μιᾶς ἀμείνονες φέρειν,
        ἄχθος τ' ἐπ' ἄχθει καὶ ςτάςιν πολίταις·   475
        τεκόντοιν θ' ὕμνον ἐργάταιν δυοῖν
        ἔριν Μοῦςαι φιλοῦςι κραίνειν.

codd.: MBOAVLP

459 κτενεῖc Porson (~ gE)   ἀπόκτεινον L (~ gE)   462 δὲ AVP
et Tr: δ' ἐν MBOL: cf. 438   πράςςω] πάςχω P (~ Stob. 4. 48. 8)
463 γὰρ] τοι Stob.   466 ἀμφιμ- MP et Vᶜ et ¹Σ^y: ἀμφὶ μ- BOAVL et
¹Σᵐᵛ] -άτορας ALP et ¹Σ^y: -ατέρας MBOV et ¹Σᵐᵛ: μάτρας sscr. V³ʸʳ
467 utrum hic an 475 numeri laborent incertum   δήριας Schroeder
470 εὐνὰν ἀνδρός P   471 οὐδέ γ' ἄρα Stinton, οὐδ' ἐν πόλεςι γὰρ J. H. H.
Schmidt   πόλεςι MBOLP et ¹Σ^y: -εςςι A: -αιςι V   474 ἀμείνονες
φέρειν VLP: ἄμεινον ἐςφ- MBOA   475 τ' MBOP et Vᶜ: om. AVL:
uide ad 467   ςτάςιν Diggle: ςτάςις codd.: uide PCPS n.s. 28 (1982)
60   476 τεκόντοιν Goram: τεκτόνοιν codd. (-ων L) et ¹Σᵐᵇ   θ'
om. BO   ὕμνον Goram: ὕμνοιν MBOAV et Tr: ὕμνοι L et Pᶜ: ὕμνοις P²
ἐργάται P et Tr

ΕΥΡΙΠΙΔΟΥ

πνοαὶ δ' ὅταν φέρωσι ναυτίλους θοαί,   [cτρ. β
κατὰ πηδαλίων διδύμα πραπίδων γνῶμα   480
cοφῶν τε πλῆθος ἀθρόον ἀcθενέcτερον
φαυλοτέραc φρενὸc αὐτοκρατοῦc.
ἑνὸc ἄρ' ἄνυcιc ἀνά τε μέλαθρα
κατά τε πόλιαc, ὁπόταν εὑ-
ρεῖν θέλωcι καιρόν.   485

ἔδειξεν ἁ Λάκαινα τοῦ cτρατηλάτα   [ἀντ. β
Μενέλα· διὰ γὰρ πυρὸc ἦλθ' ἑτέρωι λέχει,
κτείνει δὲ τὰν τάλαιναν 'Ιλιάδα κόραν
παῖδά τε δύcφρονοc ἔριδοc ὕπερ.   490
ἄθεοc ἄνομοc ἄχαριc ὁ φόνοc·
ἔτι cε, πότνια, μετατροπὰ
τῶνδ' ἔπειcιν ἔργων.

καὶ μὴν ἐcορῶ τόδε cύγκρατον
ζεῦγοc πρὸ δόμων ψήφωι θανάτου   495
κατακεκριμένον.
δύcτηνε γύναι, τλῆμον δὲ cὺ παῖ,
μητρὸc λεχέων ὃc ὑπερθνήιcκειc

codd.: MBOAVLP

479 πνοαὶ V: πνοιαὶ MBOALP et ¹Σᵞ   ναυτίλουc MVP et Lᶜ: -λοιc
BO: -λλουc A: -λ∗ L   480 διδύμα...γνῶμα AVLP (δίδυμα L): δίδυμαι...
γνῶμαι MBO et V³   481 cοφόν P et fort. ¹Σᵐᵇᵛⁿʸ (∼ ¹Σᵐᵛʸ)
483 ἄρ' ἄνυcιc Diggle: ἁ δύναcιc codd. (ὁ P)   εὖ ῥεῖν ¹Σᵖʸ (etiam εὑρεῖν
¹Σᵐᵇᵛⁿʸ)   486ⁿ nullam notam AVLP: χο. MBO   486 ἁ Diggle: ἡ
codd.   cτρατηλάτα MBOV et Choerob. in Theod. i. 121: -του LP: -τα
in -του uel -του in -τα mut. A   487 μενέλα MBOV et Choerob.: -λαε
ALP   λέκτρωι Lenting: ad corruptelam cf. Hel. 59 (Eust.), S. OT
976, Tr. 791   489 κτενεῖ Nauck   τὰν Diggle: τὴν codd.
492 μετατροπαὶ L   494ⁿ nullam notam OVLP: ἡμιχόριον MA et V³:
χορόc B   494 cύγκρατον MBOV: cύγκροτον ALP et ¹Σᵐᵇ
496 κατακεκριμένον MOV et AᶜLᶜPᶜ: -ιμμένον B⟨ALP⟩ et V³
497 δύcτηνε AV: -τανε BOLP: -τυνε M   τλῆμον MAL et Bᶜ ᵘᵛ: τλήμων
BOVP

οὐδὲν μετέχων
οὐδ' αἴτιος ὢν βασιλεῦςιν.　　　　　　　　500

Αν.　ἅδ' ἐγὼ χέρας αἱματη-　　　　　　　　[ςτρ.
　　ρὰς βρόχοιςι κεκλιμένα
　　πέμπομαι κατὰ γαίας.

ΠΑΙϹ

　　μᾶτερ μᾶτερ, ἐγὼ δὲ ϲᾶι
　　πτέρυγι ςυγκαταβαίνω.　　　　　　　　505
Αν.　θῦμα δάιον, ὦ χθονὸς
　　Φθίας κράντορες.　Πα. ὦ πάτερ,
　　μόλε φίλοις ἐπίκουρος.
Αν.　κείςηι δή, τέκνον ὦ φίλος,　　　　　　510
　　μαστοῖς ματέρος ἀμφὶ ςᾶς
　　νεκρὸς ὑπὸ χθονὶ ςὺν νεκρῶι ⟨τε⟩.
Πα.　ὤμοι μοι, τί πάθω; τάλας
　　δῆτ' ἐγὼ ςύ τε, μᾶτερ.

Με.　ἴθ' ὑποχθόνιοι· καὶ γὰρ ἀπ' ἐχθρῶν　　515
　　ἥκετε πύργων, δύο δ' ἐκ διςςαῖν
　　θνήιςκετ' ἀνάγκαιν· ςὲ μὲν ἡμετέρα
　　ψῆφος ἀναιρεῖ, παῖδα δ' ἐμὴ παῖς
　　τόνδ' Ἑρμιόνη. καὶ γὰρ ἀνοία
　　μεγάλη λείπειν ἐχθροὺς ἐχθρῶν,　　　520
　　ἐξὸν κτείνειν
　　καὶ φόβον οἴκων ἀφελέςθαι.

codd.: MBOAVLP

502 κεκλημένα V siue V² (η in ει uel ει in η mutatum): -κλειμένα BOALP
et V siue V²: -κλιμένα M et V³　　503 γαῖαν B^{yp}　　504ⁿ Παῖς Murray:
μολοττός codd. hic et ubique　　506ⁿ 'Αν. Hermann: om. codd.
507ⁿ Πα. Hermann: om. codd.　　510ⁿ ἀν. MAV: χο. BOLP
510 κείςηι δή Musgrave: κεῖς' ἤδη codd.: utrumque agnoscit Σ^{mvn} (uide ICS
6.1 [1981] 93-4)　　φίλος] τάλας Jackson　　512 ςὺν om. A　　⟨τε⟩
Aldina　　νεκρῶι ⟨τ'⟩ et 534 τάλαιν' edd. plerique, uix recte
520 λείπειν ed. Brubach.: λιπεῖν codd. et gB　　522 οἴκων MAV et
B²Tr et gB^c: οἶκων BOLP et gB

Αν.   ὦ πόcιc πόcιc, εἴθε cὰν   [ἀντ.
        χεῖρα καὶ δόρυ cύμμαχον
        κτηcαίμαν, Πριάμου παῖ.   525
Πα.   δύcτανοc, τί δ' ἐγὼ μόρου
        παράτροπον μέλοc εὕρω;
Αν.   λίccου γούναcι δεcπότου
        χρίμπτων, ὦ τέκνον.   Πα. ὦ φίλοc   530
        φίλοc, ἄνεc θάνατόν μοι.
Αν.   λείβομαι δάκρυcιν κόραc,
        cτάζω λιccάδοc ὡc πέτραc
        λιβὰc ἀνάλιοc, ἀ τάλαινα.
Πα.   ὤμοι μοι, τί δ' ἐγὼ κακῶν   535
        μῆχοc ἐξανύcωμαι;

Με.   τί με προcπίτνειc, ἀλίαν πέτραν
        ἢ κῦμα λιταῖc ὡc ἱκετεύων;
        τοῖc γὰρ ἐμοῖcιν γέγον' ὠφελία,
        coὶ δ' οὐδὲν ἔχω φίλτρον, ἐπεί τοι   540
        μέγ' ἀναλώcαc ψυχῆc μόριον
        Τροίαν εἷλον καὶ μητέρα cήν·
        ἧc ἀπολαύων
        Ἄιδην χθόνιον καταβήcῃ.

Χο.   καὶ μὴν δέδορκα τόνδε Πηλέα πέλαc,   545
        cπουδῇ τιθέντα δεῦρο γηραιὸν πόδα.

codd.: MBOAVLP

527 μέλοc BOLP: τέλοc MAV   εὕροιμ' ἄν A   528 λίccου MV et
¹Σ^my: λίccου δὲ BOLP: λίccουcι A   531 φίλοc N, sicut coni. Matthiae:
ὦ φίλοc MBOVLP: om. A   532 τήκομαι gB et M^gl   δάκρυcι MAV
et ¹Σ^y et gB: δακρύοιcι BO⟨L⟩P: δακρύοιc Tr   533 cτάζω MBOAV et
Tr et ¹Σ^y et gB: -ων ⟨L⟩P   534 ἀνάλιοc Dindorf: ἀνήλιοc codd. et gB
τάλαινα (-λανα A) non τάλαιν' codd. et gB: uide ad 512   535ⁿ Πα.] μο.
OAV: om. MBLP   535 τί δ' ἐγὼ κακῶν MAV: κακῶν τί δ' ἐγὼ
BOLP   536 ἐξανύcωμαι MOV et ¹Σ^m: -ύcομαι BALP: -οίcομαι V³
537 προcπίτνειc] -πιτνεῖc MAV et gB: -πίπτειc BOLP   539 ἐμοῖcιν
Brunck (-cι Aldina): ἐμοῖc codd.   ὠφελία AV: ὠφέλεια MBOLP (-εία
M) et V³

ΠΗΛΕΥΣ

ὑμᾶς ἐρωτῶ τόν τ' ἐφεστῶτα σφαγῆι,
τί ταῦτα, πῶς ταῦτ'; ἐκ τίνος λόγου νοσεῖ
δόμος; τί πράσσετ' ἄκριτα μηχανώμενοι;
Μενέλα', ἐπίσχες· μὴ τάχυν' ἄνευ δίκης.   550
ἡγοῦ σὺ θᾶσσον· οὐ γὰρ ὡς ἔοικέ μοι
σχολῆς τόδ' ἔργον, ἀλλ' ἀνηβητηρίαν
ῥώμην με καὶ νῦν λαμβάνειν, εἴπερ ποτέ.
πρῶτον μὲν οὖν κατ' οὖρον ὥσπερ ἱστίοις
ἐμπνεύσομαι τῆιδ'· εἰπέ, τίνι δίκηι χέρας   555
βρόχοισιν ἐκδήσαντες οἵδ' ἄγουσί σε
καὶ παῖδ'; ὕπαρνος γάρ τις οἶς ἀπόλλυσαι,
ἡμῶν ἀπόντων τοῦ τε κυρίου σέθεν.

Αν.   οἶδ', ὦ γεραιέ, σὺν τέκνωι θανουμένην
ἄγουσί μ' οὕτως ὡς ὁρᾶις. τί σοι λέγω;   560
οὐ γὰρ μιᾶς σε κληδόνος προθυμίαι
μετῆλθον ἀλλὰ μυρίων ὑπ' ἀγγέλων.
ἔριν δὲ τὴν κατ' οἶκον οἶσθά που κλύων
τῆς τοῦδε θυγατρός, ὧν τ' ἀπόλλυμαι χάριν.
καὶ νῦν με βωμοῦ Θέτιδος, ἢ τὸν εὐγενῆ   565
ἔτικτέ σοι παῖδ', ἣν σὺ θαυμαστὴν σέβεις,
ἄγουσ' ἀποσπάσαντες, οὔτε τωι δίκηι
κρίναντες οὔτε τοὺς ἀπόντας ἐκ δόμων
μείναντες, ἀλλὰ τὴν ἐμὴν ἐρημίαν

codd.: MBOAVLP

548 πῶς ταῦτ' ἐκ LP: καὶ πῶς τ' ἐκ MAV: καὶ πῶς κἀκ BO: πῶς τε κἀκ
Hermann   551 ἔοικέ] γέροντί M²; [M]   ἔοικ', ἐμοὶ Wilamowitz uix
recte: nam uel encliticum μοι cum sequentibus accipi potest (cf. Cycl. 676,
Hi. 1154), ut accipi debet in eadem locutione Men. mis. fr. 10 Koerte
553 με καὶ νῦν Platt (CR 10 [1896] 382): μ' ἐπαινῶ MAV et ¹Σᵛ et gB: ἐπαινῶ
BOLP et ¹Σᵐʸ et gV: cf. Sapph. 1. 5 et 25 LP, S. OT 164-7, Ar. Equ.
594   554 οὖν om. LP   556 ἐνδήσαντες Pierson   557 οἶς Hartung
et fort. ¹Σᵐ (ὡς ὕπαρνον πρόβατον): ὡς MBOA: ὡς VLP   ἀπόλλυται A
558 ὑμῶν L   561 προθυμίαν ⟨B⟩O (∼ B³)   566 σέβεις] ἄγεις Mʸᵖ
et ʸᵖΣᵛ   568 οὔτε Lenting: οὐδὲ codd.

ΕΥΡΙΠΙΔΟΥ

γνόντες τέκνου τε τοῦδ', ὃν οὐδὲν αἴτιον   570
μέλλουσι σὺν ἐμοὶ τῆι ταλαιπώρωι κτανεῖν.
ἀλλ' ἀντιάζω σ', ὦ γέρον, τῶν σῶν πάρος
πίτνουσα γονάτων—χειρὶ δ' οὐκ ἔξεστί μοι
τῆς σῆς λαβέσθαι φιλτάτης γενειάδος—
ῥῦσαί με πρὸς θεῶν· εἰ δὲ μή, θανούμεθα   575
αἰσχρῶς μὲν ὑμῖν, δυστυχῶς δ' ἐμοί, γέρον.

Πη.   χαλᾶν κελεύω δεσμὰ πρὶν κλαίειν τινά,
      καὶ τῆσδε χεῖρας διπτύχους ἀνιέναι.

Με.   ἐγὼ δ' ἀπαυδῶ, τἄλλα τ' οὐχ ἥσσων σέθεν
      καὶ τῆσδε πολλῶι κυριώτερος γεγώς.   580

Πη.   πῶς; ἦ τὸν ἁμὸν οἶκον οἰκήσεις μολὼν
      δεῦρ'; οὐχ ἅλις σοι τῶν κατὰ Σπάρτην κρατεῖν;

Με.   εἷλόν νιν αἰχμάλωτον ἐκ Τροίας ἐγώ.

Πη.   οὑμὸς δέ γ' αὐτὴν ἔλαβε παῖς παιδὸς γέρας.

Με.   οὔκουν ἐκείνου τἀμὰ τἀκείνου τ' ἐμά;   585

Πη.   ναί,
      δρᾶν εὖ, κακῶς δ' οὔ, μηδ' ἀποκτείνειν βίαι.

Με.   ὡς τήνδ' ἀπάξεις οὔποτ' ἐξ ἐμῆς χερός.

Πη.   σκήπτρωι γε τῶιδε σὸν καθαιμάξας κάρα.

Με.   ψαῦσόν θ', ἵν' εἰδῆις, καὶ πέλας πρόσελθ' ἐμοῦ.

Πη.   σὺ γὰρ μετ' ἀνδρῶν, ὦ κάκιστε κἀκ κακῶν;   590
      σοὶ ποῦ μέτεστιν ὡς ἐν ἀνδράσιν λόγου;

codd.: MBOAVLP

571 κτενεῖν Aldina   573 πίπτουσα ¹Σʸ   577 κλαίειν MBOAV:
κλάειν LP   579 τἄλλα τ' Nauck: γ' ἄλλος codd.: cf. Med. 263–4,
Ba. 770–1   ἥσσων Brunck: ἥττων MBOAP et V³Lᶜ: ἥττον V: ἥ**** L
581 ἦ LP et Bᶜ: ἢ MBOAV   ἁμὸν L: ἐμὸν MBOAVP   586 ναί del.
Lascaris; tum δρᾶν ⟨γ'⟩ Lenting   588 γε Lenting: δὲ MBALP et V³:
τε O: om. V   σὴν...κάραν B, σὴν...χέρα O (σὴν etiam V³)
καθαιμάξας Pflugk: -ξω codd. (-ξω* B)   589 θ' MBOP et AᶜVᶜ: δ' L:
γ' A? et Va: om. V et gB   -θ' ἐμοῦ Diggle: -θέ μου MBOAVP et gB:
-θέ μοι L et gBˢ   590 κἀκ fere MBO et LᶜPP² et Σᵐᵇ et gVgE et gBᶜ:
κἀ- uel κα- LP et gB: om. V et Σᵛⁿʸ: [A]   591 λόγου* AV (~ AˢV² et
gVgBgE)   u. del. Herwerden

ὅστις πρὸς ἀνδρὸς Φρυγὸς ἀπηλλάγης λέχους,
ἄκλησι' †ἄδουλα δώμαθ' ἑστίας† λιπών,
ὡς δὴ γυναῖκα σώφρον' ἐν δόμοις ἔχων
πασῶν κακίστην. οὐδ' ἂν εἰ βούλοιτό τις   595
σώφρων γένοιτο Σπαρτιατίδων κόρη·
αἳ ξὺν νέοισιν ἐξερημοῦσαι δόμους
γυμνοῖσι μηροῖς καὶ πέπλοις ἀνειμένοις
δρόμους παλαίστρας τ' οὐκ ἀνασχετῶς ἐμοὶ
κοινὰς ἔχουσι. κᾆτα θαυμάζειν χρεὼν   600
εἰ μὴ γυναῖκας σώφρονας παιδεύετε;
Ἑλένην ἐρέσθαι χρὴ τάδ', ἥτις ἐκ δόμων
τὸν σὸν λιποῦσα Φίλιον ἐξεκώμασεν
νεανίου μετ' ἀνδρὸς εἰς ἄλλην χθόνα.
κἄπειτ' ἐκείνης οὕνεχ' Ἑλλήνων ὄχλον   605
τοσόνδ' ἀθροίσας ἤγαγες πρὸς Ἴλιον;
ἣν χρῆν σ' ἀποπτύσαντα μὴ κινεῖν δόρυ,
κακὴν ἐφευρόντ', ἀλλ' ἐᾶν αὐτοῦ μένειν
μισθόν τε δόντα μήποτ' εἰς οἴκους λαβεῖν.
ἀλλ' οὔτι ταύτηι σὸν φρόνημ' ἐπούρισας,   610
ψυχὰς δὲ πολλὰς κἀγαθὰς ἀπώλεσας
παίδων τ' ἄπαιδας γραῦς ἔθηκας ἐν δόμοις
πολιούς τ' ἀφείλου πατέρας εὐγενῆ τέκνα.
ὧν εἷς ἐγὼ δύστηνος· αὐθέντην δέ σε
μιάστορ' ὥς τιν' ἐσδέδορκ' Ἀχιλλέως.   615
ὃς οὐδὲ τρωθεὶς ἦλθες ἐκ Τροίας μόνος,
κάλλιστα τεύχη δ' ἐν καλοῖσι σάγμασιν

codd.: MBOAVLP

592 λέχους LP et gE: λέχος MBOAV   593 ἄκλη(ι)στ' MBOLP
et ¹Σᵐ: ἄκλειστ' AV et ¹Σᵛʸ   ἄδουλα] ἄιδου Ο   596 γένοιτ' ἄν
Diggle (~ gE)   597 ξὺν νέοισιν ALP et BᶜOᶜ et gE et (σὺν) Plut. uit.
76 F: ξυννέοισιν M et V³: ξυνέοισιν BO: ξυννέουσιν V: ξυνέουσιν gV
599 ἀνασχετῶς Naber: -ετοὺς MBOLP (-έτους MBO) et V³: -ετὰς V
et gVgE: [Α]: adiect. Σᵐᵇᵛⁿʸ   602 χρὴ V: χρῆν MBOALP (χρὴν BO)
et V³ et gE   603 τὸν MBOALP et V³ et gBgE et ¹Σʸ: τὸ V et Bʸᵖ
et ¹Σᵛ: utrumque agnoscit Σᵐⁿᵛⁿʸ   φίλιον BOAVLP et gB: φίλον
M et V³ et gE   606 ἀθρήσας A et Lᶜ   ἤγαγες MVP et B²Lᶜ:
ἤγαγε BOAL   609 οἶκον L

ὄμοι' ἐκεῖcε δεῦρό τ' ἤγαγεc πάλιν.
κἀγὼ μὲν ηὔδων τῶι γαμοῦντι μήτε coì
κῆδοc cυνάψαι μήτε δώμαcιν λαβεῖν   620
κακῆc γυναικὸc πῶλον· ἐκφέρουcι γὰρ
μητρῶι' ὀνείδη. τοῦτο καὶ cκοπεῖτέ μοι,
μνηcτῆρεc, ἐcθλῆc θυγατέρ' ἐκ μητρὸc λαβεῖν.
πρὸc τοῖcδε δ' εἰc ἀδελφὸν οἷ' ἐφύβριcαc,
cφάξαι κελεύcαc θυγατέρ' εὐηθέcτατα·   625
οὕτωc ἔδειcαc μὴ οὐ κακὴν δάμαρτ' ἔχοιc;
ἑλὼν δὲ Τροίαν (εἷμι γὰρ κἀνταῦθά coι)
οὐκ ἔκτανεc γυναῖκα χειρίαν λαβών,
ἀλλ', ὡc ἐcεῖδεc μαcτόν, ἐκβαλὼν ξίφοc
φίλημ' ἐδέξω, προδότιν αἰκάλλων κύνα,   630
ἥccων πεφυκὼc Κύπριδοc, ὦ κάκιcτε cύ.
κἄπειτ' ἐc οἴκουc τῶν ἐμῶν ἐλθὼν τέκνων
πορθεῖc ἀπόντων, καὶ γυναῖκα δυcτυχῆ
κτείνειc ἀτίμωc παῖδά θ', ὃc κλαίοντά cε
καὶ τὴν ἐν οἴκοιc cὴν καταcτήcει κόρην,   635
κεἰ τρὶc νόθοc πέφυκε· πολλάκιc δέ τοι
ξηρὰ βαθεῖαν γῆν ἐνίκηcε cποράι,
νόθοι τε πολλοὶ γνηcίων ἀμείνονεc.
ἀλλ' ἐκκομίζου παῖδα. κύδιον βροτοῖc
πένητα χρηcτὸν ἢ κακὸν καὶ πλούcιον   640
γαμβρὸν πεπᾶcθαι καὶ φίλον· cὺ δ' οὐδὲν εἶ.

Χο. cμικρᾶc ἀπ' ἀρχῆc νεῖκοc ἀνθρώποιc μέγα

codd.: MBOAVLP

619 ηὔδων] ἤιδον B(O); ηὔδουν P   626 ἔχοιc Brunck: ἔχηc L et B²:
ἔχειc MBOAVP: et -ηιc et -ειc ¹Σᵐᵇᵛⁿʸ   629 ἀλλ'] cὺ δ' Galen. plac.
p. 272 de Lacy et Clem. Alex. strom. 2. 107. 1   636 τρὶc MBO et
AᵍʸᵖV³ʸᵖ: τιc AVLP   637 cποράι Vᶜ (~ gB)   638 ἀμείνονεc BOALP
et M²V³ et gB: ἀμείμ- V: ἀμύμ- M?   639 κύδιον LP et Stob. 4. 22.
133: κύδιcτον MBOAV et gVgB (sed αἱρετώτερον glossa in BAV et gB: cf.
Hesych. K 4417 κύδιον·...αἱρετώτερον): κέρδιον Wecklein: cf. Alc. 960
640 καὶ om. gVgE (~ gB et Stob.)   641 καὶ φίλον om. V et Stob.
cod. S (~ gVgBgE et Stob. codd. MA)

γλῶcc' ἐκπορίζει· τοῦτο δ' οἱ coφοὶ βροτῶν
ἐξευλαβοῦνται, μὴ φίλοιc τεύχειν ἔριν.

Με. τί δῆτ' ἂν εἴποιc τοὺc γέρονταc ὡc coφοὶ   645
καὶ τοὺc φρονεῖν δοκοῦνταc Ἕλληcίν ποτε;
ὅτ' ὢν cὺ Πηλεὺc καὶ πατρὸc κλεινοῦ γεγώc,
κῆδοc cυνάψαc, αἰcχρὰ μὲν cαυτῶι λέγειc
ἡμῖν δ' ὀνείδη διὰ γυναῖκα βάρβαρον
τήνδ', ἣν ἐλαύνειν χρῆν c' ὑπὲρ Νείλου ῥοὰc   650
ὑπέρ τε Φᾶcιν, κἀμὲ παρακαλεῖν ἀεί,
οὖcαν μὲν ἠπειρῶτιν, οὗ πεcήματα
πλεῖcθ' Ἑλλάδοc πέπτωκε δοριπετῆ νεκρῶν,
τοῦ cοῦ τε παιδὸc αἵματοc κοινουμένην.
Πάριc γάρ, ὃc cὸν παῖδ' ἔπεφν' Ἀχιλλέα,   655
Ἕκτοροc ἀδελφὸc ἦν, δάμαρ δ' ἥδ' Ἕκτοροc.
καὶ τῆιδέ γ' εἰcέρχηι cὺ ταὐτὸν ἐc cτέγοc
καὶ ξυντράπεζον ἀξιοῖc ἔχειν βίον,
τίκτειν δ' ἐν οἴκοιc παῖδαc ἐχθίcτουc ἐᾶιc.
κἀγὼ προνοίαι τῆι τε cῆι κἀμῆι, γέρον,   660
κτανεῖν θέλων τήνδ' ἐκ χερῶν ἁρπάζομαι.
καίτοι φέρ'· ἅψαcθαι γὰρ οὐκ αἰcχρὸν λόγου·
ἢν παῖc μὲν ἡμὴ μὴ τέκηι, ταύτηc δ' ἄπο
βλάcτωcι παῖδεc, τούcδε γῆc Φθιώτιδοc
cτήcειc τυράννουc, βάρβαροι δ' ὄντεc γένοc   665
Ἕλληcιν ἄρξουc'; εἶτ' ἐγὼ μὲν οὐ φρονῶ
μιcῶν τὰ μὴ δίκαια, cοὶ δ' ἔνεcτι νοῦc;

codd.: MBOAVLP

post 647 lac. indic. Jacobs   650 τήνδ', ἣν...χρῆν c' Jackson: ἢν χρῆν
c'...τήνδ' fere codd.: nisi mauis τήνδ', ἢν c'...χρῆν   651 κἀμὲ] καὶ Α
ἀεί] ἅμα Schenkl   653 δορι-] δορυ- L et pars codd. Choerob. in Theod.
ii. 143 et anecd. Ox. iv. 418; δουρι- P   654 τε] om. Α; δὲ Brunck
655-6 del. Nauck   657 τέγος MB   659 δ' AVLP et Bˢ: om. MBO
et ¹Σʸ: τ' Wecklein   660 κἀγὼ Kirchhoff: ἀγὼ fere codd. et ¹Σᵐᵇᵛ
cῆι] coὶ P (~ Pᶜ)   κἀμῆι(ι) BOAVL: καλῆι M: κἀμοὶ P   661 θανεῖν
Α   664 τούcδε Brunck: τῆιcδε codd.   665 cτήcειc MBOAV et P²:
cτήcει LP: θήcειc Bʸᵖ

ΕΥΡΙΠΙΔΟΥ

[κἀκεῖνο νῦν ἄθρησον· εἰ cὺ παῖδα cὴν
δούς τωι πολιτῶν, εἶτ' ἔπαϲχε τοιάδε,
ϲιγῆι καθῆϲ' ἄν; οὐ δοκῶ· ξένηϲ δ' ὕπερ   670
τοιαῦτα λάϲκειϲ τοὺϲ ἀναγκαίουϲ φίλουϲ;
καὶ μὴν ἴϲον γ' ἀνήρ τε καὶ γυνὴ ϲτένει
ἀδικουμένη πρὸϲ ἀνδρόϲ· ὡϲ δ' αὔτωϲ ἀνὴρ
γυναῖκα μωραίνουϲαν ἐν δόμοιϲ ἔχων.
καὶ τῶι μὲν ἔϲτιν ἐν χεροῖν μέγα ϲθένοϲ,   675
τῆι δ' ἐν γονεῦϲι καὶ φίλοιϲ τὰ πράγματα.
οὔκουν δίκαιον τοῖϲ γ' ἐμοῖϲ ἐπωφελεῖν;]
γέρων γέρων εἶ. τὴν δ' ἐμὴν ϲτρατηγίαν
λέγων ἔμ' ὠφελοῖϲ ἂν ἢ ϲιγῶν πλέον.
Ἑλένη δ' ἐμόχθηϲ'· οὐχ ἑκοῦϲ' ἀλλ' ἐκ θεῶν,   680
καὶ τοῦτο.πλεῖϲτον ὠφέληϲεν Ἑλλάδα·
ὅπλων γὰρ ὄντεϲ καὶ μάχηϲ ἅιϲτορεϲ
ἔβηϲαν ἐϲ τἀνδρεῖον· ἡ δ' ὁμιλία
πάντων βροτοῖϲι γίγνεται διδάϲκαλοϲ.
εἰ δ' ἐϲ πρόϲοψιν τῆϲ ἐμῆϲ ἐλθὼν ἐγὼ   685
γυναικὸϲ ἔϲχον μὴ κτανεῖν, ἐϲωφρόνουν.
οὐδ' ἂν cὲ Φῶκον ἤθελον κατακτανεῖν.
ταῦτ' εὖ φρονῶν ϲ' ἐπῆλθον, οὐκ ὀργῆϲ χάριν·
ἢν δ' ὀξυθυμῆι, ϲοὶ μὲν ἡ γλωϲϲαλγία
μείζων, ἐμοὶ δὲ κέρδοϲ ἡ προμηθία.   690
Χο. παύϲαϲθον ἤδη—λῶιϲτα γὰρ μακρῶι τάδε—
λόγων ματαίων, μὴ δύο ϲφαλῆθ' ἅμα.

codd.: MBOAVLP

668–77 del. Hirzel   671 τοῖϲ ἀναγκαίοιϲ φίλοιϲ Et. Gud. 363. 15
Sturz et Et. Pa. 84. 75 Pintaudi (∼ Choerob. epim. p. 80 et Orio et. 95. 13
Sturz et Et. Ma. 555. 37 et Et. Gud. 361. 32 et exc. Par. 187)   672 γ'
MAP et Stob. 4. 23. 24: τ' BO et ¹Σ^v: om. VL et ¹Σ^m   ϲτένει Dobree
et fort. M (ϲѡένει): ϲθένει codd. et M^c et ¹Σ^m et ¹Σ^mbv et Stob.
677 γ'] τ' V^c; om. Stob.   ἐπωφελεῖν] γ' ἐπωφ- V; ἔμ' ὠφ- Stob.; μ'
ἐπωφ- Reiske   679 ὠφελοῖϲ BAV et O^sTrP²: -λεῖϲ MO⟨L⟩P
682 ἅιϲτορεϲ LP: ἀνίϲτ- MBOAV: ἀείϲτ- Hesych. A 1319   686 κτανεῖν
MAVL: θανεῖν BOP   689 ὀξυθυμῆι Cobet: -θυμῆ(ι)ϲ codd. et gB
γλωϲϲαργία gB

306

ΑΝΔΡΟΜΑΧΗ

Πη.   οἴμοι, καθ' Ἑλλάδ' ὡς κακῶς νομίζεται·
ὅταν τροπαῖα πολεμίων στήσηι στρατός,
οὐ τῶν πονούντων τοὔργον ἡγοῦνται τόδε,   695
ἀλλ' ὁ στρατηγὸς τὴν δόκησιν ἄρνυται,
ὃς εἷς μετ' ἄλλων μυρίων πάλλων δόρυ,
οὐδὲν πλέον δρῶν ἑνός, ἔχει πλείω λόγον.
[σεμνοὶ δ' ἐν ἀρχαῖς ἥμενοι κατὰ πτόλιν
φρονοῦσι δήμου μεῖζον, ὄντες οὐδένες·   700
οἱ δ' εἰσὶν αὐτῶν μυρίωι σοφώτεροι,
εἰ τόλμα προσγένοιτο βούλησίς θ' ἅμα.]
ὡς καὶ σὺ σός τ' ἀδελφὸς ἐξωγκωμένοι
Τροίαι κάθησθε τῆι τ' ἐκεῖ στρατηγίαι,
μόχθοισιν ἄλλων καὶ πόνοις ἐπηρμένοι.   705
δείξω δ' ἐγώ σοι μὴ τὸν Ἰδαῖον Πάριν
μείζω νομίζειν Πηλέως ἐχθρόν ποτε,
εἰ μὴ φθερῆι τῆσδ' ὡς τάχιστ' ἀπὸ στέγης
καὶ παῖς ἄτεκνος, ἣν ὅ γ' ἐξ ἡμῶν γεγὼς
ἐλᾶι δι' οἴκων τῶνδ' ἐπισπάσας κόμης·   710
ἢ στερρὸς οὖσα μόσχος οὐκ ἀνέξεται
τίκτοντας ἄλλους, οὐκ ἔχους' αὐτὴ τέκνα.
ἀλλ', εἰ τὸ κείνης δυστυχεῖ παίδων πέρι,
ἄπαιδας ἡμᾶς δεῖ καταστῆναι τέκνων;
φθείρεσθε τῆσδε, δμῶες, ὡς ἂν ἐκμάθω   715
εἴ τίς με λύειν τῆσδε κωλύσει χέρας.
ἔπαιρε σαυτήν· ὡς ἐγὼ καίπερ τρέμων
πλεκτὰς ἱμάντων στροφίδας ἐξανήσομαι.

codd.: MBOAVLP

693 ὤμοι gV   694 τρόπαιον Iulian. 331 B (~ gV)   698 ἔχει
MAVL et gV: -ηι BO: -εις P   699–702 del. Busche (701–2 iam
Hartung)   699 πόλιν A (~ gV)   700 οὐδένες AVLP et Μ^γρ: -δενός
MBO et V^a: -δέν gV   702 βούλευσις u.l. in Σ^mvny (~ gV)
707 μείζω P: ἥσσω MBOAVL et Σ^mbvny: κρείσσω Paley   ποτε] τε ποτὲ
M   709 ὅ γ' L. Dindorf: ὅδ' codd.   710 τῶνδ' Musgrave: τήνδ'
MBOAVL: τῆσδ' P   711 στερρὸς MBO et ¹Σ^m: στεῖρος AVLP et ¹Σ^v
et Σ^mv   716 τήνδε L

ὦδ', ὦ κάκιστε, τῆcδ' ἐλυμήνω χέρας;
βοῦν ἢ λέοντ' ἤλπιζες ἐντείνειν βρόχοις;   720
ἢ μὴ ξίφος λαβοῦc' ἀμυνάθοιτό cε
ἔδεισας; ἕρπε δεῦρ' ὑπ' ἀγκάλας, βρέφος,
ξύλλυε δεcμὰ μητρός· ἐν Φθίαι c' ἐγὼ
θρέψω μέγαν τοῖcδ' ἐχθρόν. εἰ δ' ἀπῆν δορὸς
τοῖc Cπαρτιάταις δόξα καὶ μάχης ἀγών,   725
τἄλλ' ὄντες ἴcτε μηδενὸς βελτίονες.

Χο.   ἀνειμένον τι χρῆμα πρεσβυτῶν γένος
καὶ δυcφύλακτον ὀξυθυμίας ὕπο.

Με.   ἄγαν προνωπὴς ἐc τὸ λοιδορεῖν φέρηι·
ἐγὼ δὲ πρὸς βίαν μὲν ἐc Φθίαν μολὼν   730
οὔτ' οὖν τι δράcω φλαῦρον οὔτε πείcομαι.
καὶ νῦν μέν (οὐ γὰρ ἄφθονον cχολὴν ἔχω)
ἄπειμ' ἐc οἴκους· ἔcτι γάρ τις οὐ πρόcω
Cπάρτης πόλις τις, ἣ πρὸ τοῦ μὲν ἦν φίλη,
νῦν δ' ἐχθρὰ ποιεῖ· τῆιδ' ἐπεξελθεῖν θέλω   735
cτρατηλατήcας χὐποχείριον λαβεῖν.
ὅταν δὲ τἀκεῖ θῶ κατὰ γνώμην ἐμήν,
ἥξω· παρὼν δὲ πρὸς παρόντας ἐμφανῶς
γαμβροὺς διδάξω καὶ διδάξομαι λόγους.
κἂν μὲν κολάζηι τήνδε καὶ τὸ λοιπὸν ἦι   740
cώφρων καθ' ἡμᾶς, cώφρον' ἀντιλήψεται,
θυμούμενος δὲ τεύξεται θυμουμένων

codd.: MBOAVLP

722 ἀγκάλας BOLP: -αιc MAV   723 ξύλλ- AVLP: ξύνλ- MBO
δεcμὰ μητρός Heath: μητρὸς δεcμά codd. (δέcμ' L): μ- δέcμ'· ἔτ' Hermann,
μ- δεcμόν Murray (noluit Hermann)   ἐν Φ- c' ἐγὼ] ἐγώ c' ἐν τῆ φθία L
727 γένος MLP et V³ʸᵖ et Σᵐᵇᵛⁿʸ et gBgE et Stob. 4. 50. 73 et anecd. Ox.
ii. 427: ἔφυ BOAV: cf. 181   728 ὕπο MBOAVP et gBgE et Stob.:
ὕπερ L: ἄπο anecd. Ox.   731 φαῦλον A   οὔτε MBOLP: οὐδὲ AV
733-4 τιc duplicatum agnoscit Σᵛ   735 τῆιδ' Diggle: τήνδ' codd.
ἐπεξελθεῖν] ἐπελθεῖν οὖν BO   736 χ' ὑπο- λαβεῖν LP: καὶ ὑπο- λ- MAV:
καὶ λ- ὑπο- BO   738 δὲ] δὲ καὶ BO   741 cώφρον'] cώφρον τ' AV
(ν super τ V³)   742 θυμουμένων] -νουc BO (~ gB)

[ἔργοισι δ' ἔργα διάδοχ' ἀντιλήψεται].
τοὺς σοὺς δὲ μύθους ῥαιδίως ἐγὼ φέρω·
σκιὰ γὰρ ἀντίστοιχος ὡς φωνὴν ἔχεις,   745
ἀδύνατος οὐδὲν ἄλλο πλὴν λέγειν μόνον.

Πη.   ἡγοῦ τέκνον μοι δεῦρ' ὑπ' ἀγκάλαις σταθείς,
σύ τ', ὦ τάλαινα· χείματος γὰρ ἀγρίου
τυχοῦσα λιμένας ἦλθες εἰς εὐηνέμους.

Αν.   ὦ πρέσβυ, θεοί σοι δοῖεν εὖ καὶ τοῖσι σοῖς,   750
σώσαντι παῖδα κἀμὲ τὴν δυσδαίμονα.
ὅρα δὲ μὴ νῶιν εἰς ἐρημίαν ὁδοῦ
πτήξαντες οἷδε πρὸς βίαν ἄγωσί με,
γέροντα μὲν σ' ὁρῶντες, ἀσθενῆ δ' ἐμὲ
καὶ παῖδα τόνδε νήπιον· σκόπει τάδε,   755
μὴ νῦν φυγόντες εἶθ' ἁλῶμεν ὕστερον.

Πη.   οὐ μὴ γυναικῶν δειλὸν εἰσοίσεις λόγον·
χώρει· τίς ὑμῶν ἅψεται; κλαίων ἄρα
ψαύσει. θεῶν γὰρ οὕνεχ' ἱππικοῦ τ' ὄχλου
πολλῶν θ' ὁπλιτῶν ἄρχομεν Φθίαν κάτα·   760
ἡμεῖς δ' ἔτ' ὀρθοὶ κοὐ γέροντες, ὡς δοκεῖς,
ἀλλ' ἔς γε τοιόνδ' ἄνδρ' ἀποβλέψας μόνον
τροπαῖον αὐτοῦ στήσομαι, πρέσβυς περ ὤν.
πολλῶν νέων γὰρ κἂν γέρων εὔψυχος ἦι
κρείσσων· τί γὰρ δεῖ δειλὸν ὄντ' εὐσωματεῖν;   765

codd.: MBOAVLP

743 del. Valckenaer   ἀνταμείψεται Diggle   745 σκιὰ BOAVLP et
¹Σ^{mvny} et gB: σκιᾶ M: σκιᾶς anecd. Ox. ii. 463 et Et. Ma. 114. 46 et Et. Gud.
154. 15 de Stefani   746 λέγει L (~ Tr et gB)   750 θεοί σοι OAV
et B^cL^cP²: θεοῖσι M: θεοῖσι BLP   εὖ om. BO (~ B⁸)   752 νῶιν]
νῦν P   753 ἄγωσί MALP et V³: ἄγουσί BOV   757 δειλὸν MBOAL
et V⁸: δειλῶν VP: δηλὸν gB   759 θεῶν MBOAV: θεοῦ LP   760 θ'
om. L^{uv}P (~ L^{c uv})   ἄρχομαι BO   761 δ' ἔτ' MA: δέ τ' BOLP et
V³: δὲ κ V   u. del. Czwalina   762 ἔς] εἰς MAVL et B²P²: εἴ BOP
763 αὐτὸς Wilamowitz   πρέσβυς περ ὤν AVLP et B²: πρεσβυτέρων
MBO   764-5 (quos citat Stob. 4. 10. 20) suspectos habuit Wecklein,
del. Reeve (GRBS 14 [1973] 147)   764 κἂν...ἦι] καὶ...ὢν Wecklein
(~ gVgBgE et Stob.)

ΕΥΡΙΠΙΔΟΥ

Χο. ἦ μὴ γενοίμαν ἢ πατέρων ἀγαθῶν   [στρ.
    εἴην πολυκτήτων τε δόμων μέτοχος.
    εἴ τι γὰρ πάσχοι τις ἀμήχανον, ἀλκὰς   770
    οὐ σπάνις εὐγενέταις,
    κηρυσσομένοισι δ' ἀπ' ἐσθλῶν δωμάτων
    τιμὰ καὶ κλέος· οὗτοι λείψανα τῶν ἀγαθῶν
    ἀνδρῶν ἀφαιρεῖται χρόνος· ἁ δ' ἀρετὰ   775
    καὶ θανοῦσι λάμπει.

    κρεῖσσον δὲ νίκαν μὴ κακόδοξον ἔχειν   [ἀντ.
    ἢ ξὺν φθόνωι σφάλλειν δυνάμει τε δίκαν.   780
    ἡδὺ μὲν γὰρ αὐτίκα τοῦτο βροτοῖσιν,
    ἐν δὲ χρόνωι τελέθει
    ξηρὸν καὶ ὀνείδεσιν ἔγκειται δόμος.
    ταύταν ἤινεσα ταύταν καὶ †φέρομαι† βιοτάν,   785
    μηδὲν δίκας ἔξω κράτος ἐν θαλάμοις
    καὶ πόλει δύνασθαι.

    ὦ γέρον Αἰακίδα,   [ἐπωιδ.
    πείθομαι καὶ σὺν Λαπίθαισί σε Κενταύ-   791
    ροις ὁμιλῆσαι δορὶ
    κλεινοτάτωι, καὶ ἐπ' Ἀργώιου δορὸς ἄξενον ὑγρὰν

codd.: H(778–)MBOAVLP

770 εἴ τι] εἰςὶ B^{uv}O (~ B³)   γὰρ Dindorf: γὰρ ἂν codd. et gB
πάςχοι MVLP et gB: -ηι BO: -οιτο A   771 εὐεργέταις BO et ¹Σ^y
(~ gB)   772 κηρυσσομένοισι L. Dindorf: -οις A: -ων MBOVLP et gB
779 ἔχειν om. L (~ gB)   780 φόνω H (~ H² et gB)   τὸ σφ- H
(~ gB)   781 ἁδὺ Dindorf (~ gB)   784 ὀνείδεσιν ἔγκειται HAVLP
et B² et gB: ὀνείδεσι νείκη τε MBO   δόμος Diggle: δόμων codd. et gB
785 ταύταν (prius) HMAVL (fort. e -την mut. A) et gB: -την BOP
σέβομαι Herwerden   787 κράτος HMBOVP et gB: κράτους AL
791 cὺν] ἐν H   λαπίθαισί HMBLP: -αισσι A: -εσί V   σε Musgrave: σε
καὶ HMVLP: τε καὶ B: καὶ O²: om. A   κενταύροις BOAV et H²^{uv}M²:
-οιν H: -οι M: -ων LP et V³   794 ἄξενον Tr: ἄξεινον codd.

310

ἐκπερᾶσαι ποντιᾶν Ξυμπληγάδων   795
κλεινὰν ἐπὶ ναυστολίαν,
Ἰλιάδα τε πόλιν ὅτε ⟨τὸ⟩ πάρος
εὐδόκιμον ὁ Διὸς ἶνις ἀμφέβαλε φόνωι
κοινὰν τὰν εὔκλειαν ἔχοντ᾽   800
Εὐρώπαν ἀφικέσθαι.

ΤΡΟΦΟΣ

ὦ φίλταται γυναῖκες, ὡς κακὸν κακῶι
διάδοχον ἐν τῆιδ᾽ ἡμέραι πορςύνεται.
δέςποινα γὰρ κατ᾽ οἶκον, Ἑρμιόνην λέγω,
πατρός τ᾽ ἐρημωθεῖςα ςυννοίαι θ᾽ ἅμα   805
οἷον δέδρακεν ἔργον, Ἀνδρομάχην κτανεῖν
καὶ παῖδα βουλεύςαςα, κατθανεῖν θέλει,
πόςιν τρέμουςα, μὴ ἀντὶ τῶν δεδραμένων
ἐκ τῶνδ᾽ ἀτίμως δωμάτων ἀποςταλῆι
[ἢ κατθάνηι κτείνουςα τοὺς οὐ χρὴ κτανεῖν].   810
μόλις δέ νιν θέλουςαν ἀρτῆςαι δέρην
εἴργουςι φύλακες δμῶες ἔκ τε δεξιᾶς
ξίφη καθαρπάζουςιν ἐξαιρούμενοι.
οὕτω μεταλγεῖ καὶ τὰ πρὶν δεδραμένα
ἔγνωκε πράξας᾽ οὐ καλῶς. ἐγὼ μὲν οὖν   815
δέςποιναν εἴργους᾽ ἀγχόνης κάμνω, φίλαι·
ὑμεῖς δὲ βᾶςαι τῶνδε δωμάτων ἔςω

codd.: HMBOAVLP

795 ποντιᾶν Ξυμπληγάδων Hermann: ποντίαν ξυμπληγάδα codd. (τὴν π-
BO; ςυμ- L)   797 ⟨τὸ⟩ Hermann   799 εὐδόκιμον Hermann: -μος
codd., quo seruato ὁ del. olim Hermann   ἀμφέβαλε HMALP: -βαλλε
BOV: -βαλλεν Wilamowitz (ὁ deleto)   801 εὐρώπαν L et V²: -ταν
HMBOAVP   802ⁿ τροφός BO: θε. HMAVLP   802 φίλτατε VP
(∼ P²)   κακῶ(ι) HMBOA: -ῶν V: -ῶς LP: -οῦ Wecklein   810 del.
Cobet   κτείνουςα HMOAVP: κτείναςα BL   χρῆν Elmsley, recte
dummodo h.u. Euripidis sit   κτανεῖν MBAV et Oᵐ: θανεῖν HOLP et
V³ʸʳ   812 δμῶες φύλακες L   814 μεταλγεῖ ʸʳΣᵛ et ¹Σʰᵇ, sicut coni.
Nauck: μέγ᾽ ἀλγεῖ codd.: cf. Med. 291   817 ὑμεῖς HMBOAV: ἡμεῖς
LP

ΕΥΡΙΠΙΔΟΥ

θανάτου νιν ἐκλύσασθε· τῶν γὰρ ἠθάδων
φίλων νέοι μολόντες εὐπιθέστεροι.
Χο.   καὶ μὴν ἐν οἴκοις προσπόλων ἀκούομεν   820
βοὴν ἐφ' οἷσιν ἦλθες ἀγγέλλουσα σύ.
δείξειν δ' ἔοικεν ἡ τάλαιν' ὅσον στένει
πράξασα δεινά· δωμάτων γὰρ ἐκπερᾶι
φεύγουσα χεῖρας προσπόλων πόθωι θανεῖν.

Ερ.   ἰώ μοί μοι·   [στρ. α
σπάραγμα κόμας ὀνύχων τε   826
δάϊ' ἀμύγματα θήσομαι.

Τρ.   ὦ παῖ, τί δράσεις; σῶμα σὸν καταικίηι;

Ερ.   αἰαῖ αἰαῖ·   [ἀντ. α
ἔρρ' αἰθέριον πλοκαμῶν ἐ-   830
μῶν ἄπο, λεπτόμιτον φάρος.

Τρ.   τέκνον, κάλυπτε στέρνα, σύνδησον πέπλους.

Ερ.   τί δὲ στέρνα δεῖ καλύπτειν πέπλοις;   [στρ. β
δῆλα καὶ ἀμφιφανῆ καὶ ἄκρυπτα δε-
δράκαμεν πόσιν.   835

codd.: H(-830)MBOAVLP

819 εὐπιθέστεροι Blomfield: εὐπειθ- ⟨Η⟩MAVLP et B² (et gV?): εὐτυ-
χέστεροι BO   821 ἀγγέλλουσα HAP et Lᶜ: ἀγγέλουσα MBOVL: ἀγγε-
λοῦσα Dobree   822 δεῖξαι BO   στένει MBOA et V³: σθένει HᵘᵛVLP
824 πόθωι θανεῖν HMVLP: π- κτανεῖν A: θ- π- BO   826 κόμας
HMBOAV: -ης LP   828ⁿ τρ. BOA: θε. HMVL: χο. P   829 αἴ (uel
αἶ) quater HBOLP et V³: ter MAV   832ⁿ τρ. BOA: θε. MVL: χο. P
832 σύνδησον A: σύνδησαι MBOVLP   πέπλους O, sicut coni. Reiske:
πέπλοις MBAVLP   833 στέρνα δεῖ Diggle: με δεῖ στέρνα MAVLP:
με στέρνα BO: uide CQ n.s. 33 (1983) 353   πέπλους O, quo accepto
scripseris τί δέ με δεῖ στέρνοις κτλ.

Τρ.   ἀλγεῖc φόνον ῥάψαca cυγγάμωι cέθεν;

Ερ.   κατὰ μὲν οὖν τόλμαc cτένω δαΐαc,   [ἀντ. β
      ἃν ῥέξ' ἁ κατάρατοc ἐγὼ κατά-
      ρατοc ἀνθρώποιc.

Τρ.   cυγγνώccεταί coι τήνδ' ἁμαρτίαν πόcιc.   840

Ερ.   τί μοι ξίφοc ἐκ χερὸc ἠγρεύcω;
      ἀπόδοc, ὦ φίλοc, ἀπόδοc, ἵν' ἀνταίαν
      ἐρείcω πλαγάν· τί με βρόχων εἴργειc;

Τρ.   ἀλλ' εἴ c' ἀφείην μὴ φρονοῦcαν, ὡc θάνηιc;   845

Ερ.   οἴμοι πότμου.
      ποῦ μοι πυρὸc φίλα φλόξ;
      ποῦ δ' ἐκ πέτραc ἀερθῶ,
      ⟨ἢ⟩ κατὰ πόντον ἢ καθ' ὕλαν ὀρέων,
      ἵνα θανοῦca νερτέροιcιν μέλω;   850

Τρ.   τί ταῦτα μοχθεῖc; cυμφοραὶ θεήλατοι
      πᾶcιν βροτοῖcιν ἢ τότ' ἦλθον ἢ τότε.

codd.: MBOAVLP

836ⁿ τρ. ΒΟΑ: θε. MVL: χο. Ρ   836 φόνον] μόρον L   837 τόλμαc
cτένω δαΐαc Diggle: cτένω δ- τόλμαc codd.: cτένω τόλμαc δ- Stinton: nisi
praeferendum casu accus. τόλμαν et δαΐαν (Burges)   δαΐαc MAVLP:
δικαίαc ΒΟ: δὲ βίαc fort. uol. Β² (δεμίαc D)   838 ῥέξ' Burges: ἔρεξ'
codd.: ἔρξ' Stinton   ἁ V: ἡ A: ὦ MBOLP   840ⁿ τρ. ΒΟ: θε.
MAVL: χο. Ρ   840 τὴν A   841 τὸ ξίφοc A   χερὸc Brunck: χειρὸc
codd.   842 φίλοc LP: φίλ' MBOAV: φιλία Tr   844 πληγάν L
845ⁿ τρ. ΒΟ: θε. MAV et Tr: χο. Ρ: om. L   845 θάνη(ι)c MBOAVL:
-ειc Ρ: -οιc Aldina   848 ἐκ Usener (cl. Anacr. 31 Ρ): εἰc codd., quo
seruato praeferendum πῶc (Busche) uel ποῖ   849 ⟨ἢ⟩ Seidler
850 μέλω MAVL: μέλλω ΒΟΡ: μένω V³   851ⁿ τρ. Σᵐᵇⁿ: θε. ΑV: χο.
MBOLP

313

Ερ.   ἔλιπες ἔλιπες, ὦ πάτερ, ἐπακτίαν
      μονάδ' ἔρημον οὖσαν ἐνάλου κώπας.   855
      ὀλεῖ μ' ὀλεῖ με δηλαδὴ
      πόσις· οὐκέτι τᾶιδ' ἐνοικήσω
      νυμφιδίωι στέγαι.
      τίνος ἄγαλμα θεῶν ἱκέτις ὁρμαθῶ;
      ἢ δούλα δούλας γόνασι προσπέσω;   860
      Φθιάδος ἐκ γᾶς
      κυανόπτερος ὄρνις εἴθ' εἴην,
      πευκᾶεν σκάφος ἆι διὰ κυανέ-
      ας ἐπέρασεν ἀκτάς,
      πρωτόπλοος πλάτα.   865

Τρ.   ὦ παῖ, τὸ λίαν οὔτ' ἐκεῖν' ἐπήινεσα,
      ὅτ' ἐς γυναῖκα Τρωιάδ' ἐξημάρτανες,
      οὔτ' αὖ τὸ νῦν σου δεῖμ' ὃ δειμαίνεις ἄγαν.
      οὐχ ὧδε κῆδος σὸν διώσεται πόσις
      φαύλοις γυναικὸς βαρβάρου πεισθεὶς λόγοις.   870
      οὐ γάρ τί σ' αἰχμάλωτον ἐκ Τροίας ἔχει,
      ἀλλ' ἀνδρὸς ἐσθλοῦ παῖδα σὺν πολλοῖς λαβὼν

codd.: MBOAVLP

854-7 uide Di Benedetto, ASNP 35 (1966) 313-20   854 ἔλειπες
ἔλειπες BO   ἐπακτίαν P et Tr: μ' ἐπ- MBOAV: om. L   855 μονάδ'
Seidler: ὡςεὶ μονάδ' codd. (om. cum ἔρημον οὖσαν P, ~ P²): μ' ὁλκάδ'
praeeunte Jacobs Wecklein, μ' ὡςεὶ μονάδ' ἔρημον (del. οὖσαν) Diggle
ἐνάλου Seidler: ἐναλίου codd.   856-7 τᾶ(ι)δ' MOAV et TrP²:
τάδ' LP: τῶδ' B   ὀλεῖ ὀλεῖ με· τᾶιδ' οὐκέτ' ἐνοικήσω Seidler
(δηλαδὴ πόςις iam del. Tr)   858 ςτέγα LP: ςτέγη(ι) MBOAV
859 ἄγαλμα θεῶν Jacobs: ἀγαλμάτων codd.   ἱκέτις MBOAL et V³:
ἱκέτης VP   860 δούλα] δούλας M   δούλας] δούλοις L (~ Tr); -ης
¹Σʸ   γόνασι MBOAV: γούνασι LP   προπέςω M (~ ¹Σᵐ)
861 γαίας Hermann   862 κυαν- MBOAL et V² et ¹Σᵛʸ et gB: κυν- VP
εἴθ' εἴην codd. et gB: ἀερθείην Seidler (melius ἀρθείην Stevens), sed ἐκ
γᾶς...ὄρνις fort. defendit El. 459-60   863 πευκᾶεν Stevens: ἢ π- codd.
et Σᵐᵛⁿʸ et gB   ἆι Stevens (ἧι iam Lenting): ᾶ A: ἧ BOV et P²: ἢ
MLP et gB   κυανέας BOALP et gB: κυν- MV   864 ἀκτάς L et gB:
ἀκτᾶς MBOAVP et Tr   866ⁿ τρ. BO: θε. MAVLP   868 αὖ τὸ OL
et Vᶜ: αὐτὸ MAVP: αὐτὸ* B   870 φαύλοις MBOAL: -ης VP et gE

ΑΝΔΡΟΜΑΧΗ

ἔδνοισι πόλεώς τ' οὐ μέςως εὐδαίμονος.
πατὴρ δέ ς' οὐχ ὧδ' ὡς cὺ δειμαίνεις, τέκνον,
προδοὺς ἐάσει δωμάτων τῶνδ' ἐκπεςεῖν.   875
ἀλλ' εἴςιθ' εἴςω μηδὲ φαντάζου δόμων
πάροιθε τῶνδε, μή τιν' αἰςχύνην λάβῃς
[πρόςθεν μελάθρων τῶνδ' ὁρωμένη, τέκνον].

Χο. καὶ μὴν ὅδ' ἀλλόχρως τις ἔκδημος ξένος
cπουδῆι πρὸς ἡμᾶς βημάτων πορεύεται.   880

ΟΡΕCΤΗC

ξέναι γυναῖκες, ἦ τάδ' ἔςτ' Ἀχιλλέως
παιδὸς μέλαθρα καὶ τυραννικαὶ ςτέγαι;
Χο. ἔγνως· ἀτὰρ δὴ πυνθάνηι τίς ὢν τάδε;
Ορ. Ἀγαμέμνονός τε καὶ Κλυταιμήςτρας τόκος,
ὄνομα δ' Ὀρέςτης· ἔρχομαι δὲ πρὸς Διὸς   885
μαντεῖα Δωδωναῖ'. ἐπεὶ δ' ἀφικόμην
Φθίαν, δοκεῖ μοι ξυγγενοῦς μαθεῖν περὶ
γυναικός, εἰ ζῆι κεὐτυχοῦσα τυγχάνει
ἡ Cπαρτιᾶτις Ἑρμιόνη· τηλουρὰ γὰρ
ναίους' ἀφ' ἡμῶν πεδί' ὅμως ἐςτὶν φίλη.   890
Ερ. ὦ ναυτίλοιςι χείματος λιμὴν φανεὶς
Ἀγαμέμνονος παῖ, πρός ςε τῶνδε γουνάτων
οἴκτιρον ἡμᾶς ὧν ἐπιςκοπεῖς τύχας,
πράςςοντας οὐκ εὖ. ςτεμμάτων δ' οὐχ ἥςςονας
ςοῖς προςτίθημι γόναςιν ὠλένας ἐμάς.   895
Ορ. ἔα·
τί χρῆμα; μῶν ἐςφάλμεθ' ἢ ςαφῶς ὁρῶ
δόμων ἄναςςαν τήνδε Μενέλεω κόρην;

codd.: H(887-)MBOAVLP

878 suspectum habuit Dindorf, del. Nauck   880 βημάτων Brunck:
δωμάτων codd. et gB   883 πυνθάνη τίς ὢν V³: τίς ὢν π- codd.
884 Κλυταιμήςτρας Wecklein: -μνήςτρας codd.   γόνος ΒΟ
892 γουνάτων ΒΟΡ: γον- ΗΜΑVL   894 δ' ΜΒVΡ et Ηᶜ ᵘᵛ: τῶνδ' Α:
om. HL   895 γόναςιν ΜVLP: γούναςιν ΒΟΑ: γόνας' Η   τ' ἐμάς ΒΟ
897 τῶνδε Brunck

Ερ. ἥνπερ μόνην γε Τυνδαρὶς τίκτει γυνὴ
     Ἑλένη κατ' οἴκους πατρί· μηδὲν ἀγνόει.
Ορ. ὦ Φοῖβ' ἀκέστορ, πημάτων δοίης λύcιν.   900
     τί χρῆμα; πρὸς θεῶν ἢ βροτῶν πάcχεις κακά;
Ερ. τὰ μὲν πρὸς ἡμῶν, τὰ δὲ πρὸς ἀνδρὸς ὅc μ' ἔχει,
     τὰ δ' ἐκ θεῶν του· πανταχῆι δ' ὀλώλαμεν.
Ορ. τίς οὖν ἂν εἴη μὴ πεφυκότων γέ πω
     παίδων γυναικὶ cυμφορὰ πλὴν ἐc λέχος;   905
Ερ. τοῦτ' αὐτὸ καὶ νοcοῦμεν· εὖ μ' ὑπηγάγου.
Ορ. ἄλλην τιν' εὐνὴν ἀντὶ cοῦ cτέργει πόcιc;
Ερ. τὴν αἰχμάλωτον Ἕκτορος ξυνευνέτιν.
Ορ. κακόν γ' ἔλεξαc, δίcc' ἕν' ἄνδρ' ἔχειν λέχη.
Ερ. τοιαῦτα ταῦτα. κᾆτ' ἔγωγ' ἠμυνάμην.   910
Ορ. μῶν ἐc γυναῖκ' ἔρραψαc οἷα δὴ γυνή;
Ερ. φόνον γ' ἐκείνηι καὶ τέκνωι νοθαγενεῖ.
Ορ. κἄκτεινας, ἤ τιc cυμφορά c' ἀφείλετο;
Ερ. γέρων γε Πηλεύc, τοὺc κακίονας cέβων.
Ορ. cοὶ δ' ἦν τιc ὅcτιc τοῦδ' ἐκοινώνει φόνου;   915
Ερ. πατήρ γ' ἐπ' αὐτὸ τοῦτ' ἀπὸ Cπάρτηc μολών.
Ορ. κἄπειτα τοῦ γέροντοc ἡccήθη χερί;
Ερ. αἰδοῖ γε· καί μ' ἔρημον οἴχεται λιπών.
Ορ. cυνῆκα· ταρβεῖc τοῖc δεδραμένοιc πόcιν.
Ερ. ἔγνωc· ὀλεῖ γάρ μ' ἐνδίκωc. τί δεῖ λέγειν;   920
     ἀλλ' ἄντομαί cε Δία καλοῦc' ὁμόγνιον,
     πέμψον με χώραc τῆcδ' ὅποι προcωτάτω
     ἢ πρὸc πατρῶιον μέλαθρον· ὡc δοκοῦcί γε

codd.: Π⁴(907-14)HMBOAVLP

898ⁿ ἐρ. HAVLP: χο. MBO   898 μόνην HAVP et B²Lᶜ et ¹Σᵖʸ:
μόνη MBOL et ¹Σᵐ   γυνὴ] κόρη L   899 μηκέτ' Dawe cl. S. El.
1225, 1474   900 ἀκέcτορ HMA?VL et ¹Σᵐʸ: -τωρ BOP: -των ᵞᵖΣᵐⁿʸ
901 πάcχει BO   κακά HLP et V³: κακόν MBOAV et Σʰᵐᵇⁿʸ
908 τήν ⟨γ'⟩ Diggle: uide Denniston, GP 134   909 γ' om. H; [Π⁴]
δίcc' ἕν' ἄνδρ' Grotius: ἕν' ἄνδρα δίcc' HMBOVP: ἄνδρ' ἕνα δίcc' L:
ἄνδρα δίcc' A: α]νδρα διccα Π⁴   910 εμηναμην Π⁴   913 cυμφορά
c' A et V²: -âc HMBOVLP: [Π⁴]   922 προcωτάτωι MB (∼ gB)

δόμοι τ' ἐλαύνειν φθέγμ' ἔχοντες οἵδε με,
μιcεῖ τε γαῖα Φθιάς. εἰ δ' ἥξει πάρος 925
Φοίβου λιπὼν μαντεῖον ἐc δόμους πόcιc,
κτενεῖ μ' ἐπ' αἰcχίcτοιcιν, ἢ δουλεύcομεν
νόθοιcι λέκτροιc ὧν ἐδέcποζον πρὸ τοῦ.
πῶς οὖν τάδ', ὡς εἴποι τις, ἐξημάρτανον;
κακῶν γυναικῶν εἴcοδοί μ' ἀπώλεcαν, 930
αἵ μοι λέγουcαι τούcδ' ἐχαύνωcαν λόγουc·
Cὺ τὴν κακίcτην αἰχμάλωτον ἐν δόμοιc
δούλην ἀνέξηι cοι λέχουc κοινουμένην;
μὰ τὴν ἄναccαν, οὐκ ἂν ἔν γ' ἐμοῖc δόμοιc
βλέπουc' ἂν αὐγὰc τἄμ' ἐκαρποῦτ' ἂν λέχη. 935
κἀγὼ κλύουcα τούcδε Cειρήνων λόγουc
[cοφῶν πανούργων ποικίλων λαλημάτων]
ἐξηνεμώθην μωρίαι. τί γάρ μ' ἐχρῆν
πόcιν φυλάccειν, ἧι παρῆν ὅcων ἔδει;
πολὺς μὲν ὄλβος, δωμάτων δ' ἠνάccομεν, 940
παῖδας δ' ἐγὼ μὲν γνηcίους ἔτικτον ἄν,
ἡ δ' ἡμιδούλους τοῖc ἐμοῖc νοθαγενεῖc.
ἀλλ' οὔποτ' οὔποτ' (οὐ γὰρ εἰcάπαξ ἐρῶ)
χρὴ τούς γε νοῦν ἔχοντας, οἷc ἔcτιν γυνή,
πρὸc τὴν ἐν οἴκοιc ἄλοχον ἐcφοιτᾶν ἐᾶν 945
γυναῖκας· αὗται γὰρ διδάcκαλοι κακῶν·
ἡ μέν τι κερδαίνουcα cυμφθείρει λέχος,
ἡ δ' ἀμπλακοῦcα cυννοcεῖν αὐτῆι θέλει,

codd.: HMBOAVLP

924 τ' Matthiae: γ' HMAVLP et ¹Σ^y: μ' BO   φθέγματ' V
929 Hermionae contin. Lenting: Orestae trib. codd.   ad ἄν cum εἴποι
omissum cf. Hi. 1186   ἐξημάρτανον Vitelli: -τανεc codd. et Σ^hmbvny
932 αἰχμαλώτων Η   933 λέχους BOAVLP et M^s: λέχος HM
935 βλέπουc' ἂν HP et B²V²: βλέπουcαν MBOAVL et ¹Σ^y et ¹Σ^hmbvlny
ἂν ἐκαρποῦτο Η   937 del. Nauck   939 φυλάccειν Hermann: -ττειν
codd.   ὅcων MBOALP et V³: ὅcον HV   941 γνηcίους μὲν H
945 ἐcφοιτᾶν Α: εἰcφ- HMBOVLP et gVgB   947 cυμφέρει BO (∼ gB
et Stob. 4. 23. 4)   948 αὐτῆι Hn et ¹Σ^mbvy: αὐ- codd. (-τὴν Η) et ¹Σ^y
et gB et Stob.

πολλαὶ δὲ μαργότητι· κἀντεῦθεν δόμοι
νοσοῦσιν ἀνδρῶν. πρὸς τάδ' εὖ φυλάccετε　　　　950
κλήιθροιcι καὶ μοχλοῖcι δωμάτων πύλαc·
ὑγιὲc γὰρ οὐδὲν αἱ θύραθεν εἴcοδοι
δρῶcιν γυναικῶν, ἀλλὰ πολλὰ καὶ κακά.
Χο.　ἄγαν ἐφῆκαc γλῶccαν ἐc τὸ cύμφυτον.
　　cυγγνωcτὰ μέν νυν coὶ τάδ', ἀλλ' ὅμωc χρεὼν　　955
　　κοcμεῖν γυναῖκαc τὰc γυναικείαc νόcουc.
Ορ.　cοφόν τι χρῆμα τοῦ διδάξαντοc βροτοὺc
　　λόγουc ἀκούειν τῶν ἐναντίων πάρα.
　　ἐγὼ γὰρ εἰδὼc τῶνδε cύγχυcιν δόμων
　　ἔριν τε τὴν cὴν καὶ γυναικὸc Ἕκτοροc　　　　960
　　φυλακὰc ἔχων ἔμιμνον, εἴτ' αὐτοῦ μενεῖc
　　εἴτ' ἐκφοβηθεῖc' αἰχμαλωτίδοc φόνωι
　　γυναικὸc οἴκων τῶνδ' ἀπηλλάχθαι θέλειc.
　　ἦλθον δὲ càc μὲν οὐ cέβων ἐπιcτολάc,
　　εἰ δ' ἐνδιδοίηc, ὥcπερ ἐνδίδωc, λόγον　　　　965
　　πέμψων c' ἀπ' οἴκων τῶνδ'. ἐμὴ γὰρ οὖcα πρὶν
　　cὺν τῶιδε ναίειc ἀνδρὶ coῦ πατρὸc κάκηι,
　　ὃc πρὶν τὰ Τροίαc ἐcβαλεῖν ὁρίcματα
　　γυναῖκ' ἐμοί cε δοὺc ὑπέcχεθ' ὕcτερον
　　τῶι νῦν c' ἔχοντι, Τρωιάδ' εἰ πέρcοι πόλιν.　　970
　　ἐπεὶ δ' Ἀχιλλέωc δεῦρ' ἐνόcτηcεν γόνοc,
　　cῶι μὲν cυνέγνων πατρί, τὸν δ' ἐλιccόμην
　　γάμουc ἀφεῖναι coύc, ἐμὰc λέγων τύχαc

codd.: Πᵇ(954-)Π⁶(957-9)HMB(-956)OD(957-)AVLP

951 κλήιθροιcι HM: κλείθ- BOAVLP et gB et Stob.　　953 πολλὰ καὶ]
πόλλ' ἄγαν gV (∼ gB et Stob.)　　955 νυν Canter: οὖν codd. et gB: [Πᵇ]
956 γυναικείαc MAVL et gB: -είουc fere ΠᵇHBOP　　νόcουc] φύcειc Bʸʳ
(∼ gB)　　961 μενεῖc HALP et V²: μένειc MODV: ambiguum Πᵇ
962 φόνωι H, sicut coni. Lenting: φ]θονω Πᵇ: φόβω(ι) MODAVLP et Hᶜ:
cf. 1059　　964 fort. corruptus　　μὲν οὐ cέβων] οὐ μένων P; [Πᵇ]
965 ἐνδίκωc OD; [Πᵇ]　　λόγουc P　　966 πέμψων Heath: πέμψω
codd.: [Πᵇ]　　970 πέρcοι L: πέρcει HMODAVP: [Πᵇ]

ΑΝΔΡΟΜΑΧΗ

καὶ τὸν παρόντα δαίμον', ὡς φίλων μὲν ἂν
γήμαιμ' ἀπ' ἀνδρῶν, ἔκτοθεν δ' οὐ ῥαιδίως,   975
φεύγων ἀπ' οἴκων ἃς ἐγὼ φεύγω φυγάς.
ὁ δ' ἦν ὑβριστὴς ἔς τ' ἐμῆς μητρὸς φόνον
τάς θ' αἱματωποὺς θεὰς ὀνειδίζων ἐμοί.
κἀγὼ ταπεινὸς ὢν τύχαις ταῖς οἴκοθεν
ἤλγουν μὲν ἤλγουν, ευμφορὰς δ' ἠνειχόμην,   980
cῶν δὲ στερηθεὶς ᾠχόμην ἄκων γάμων.
νῦν οὖν, ἐπειδὴ περιπετεῖς ἔχεις τύχας
καὶ ξυμφορὰν τήνδ' ἐcπεcοῦc' ἀμηχανεῖς,
ἄξω c' ἐς οἴκους καὶ πατρὸς δώcω χερί.
τὸ cυγγενὲς γὰρ δεινόν, ἔν τε τοῖc κακοῖc   985
οὐκ ἔcτιν οὐδὲν κρεῖccον οἰκείου φίλου.

Ερ.   νυμφευμάτων μὲν τῶν ἐμῶν πατὴρ ἐμὸς
μέριμναν ἕξει, κοὐκ ἐμὸν κρίνειν τόδε.
ἀλλ' ὡς τάχιcτα τῶνδέ μ' ἔκπεμψον δόμων,
μὴ φθῆι cε προcβὰc δῶμα καί μ' ἑλὼν πόcιc   990
ἢ πρέcβυc οἴκους μ' ἐξερημοῦcαν μαθὼν
Πηλεὺc μετέλθηι πωλικοῖc διώγμαcιν.

Ορ.   θάρcει γέροντος χεῖρα· τὸν δ' Ἀχιλλέως
μηδὲν φοβηθῆιc παῖδ', ὅc' εἰc ἔμ' ὕβριcεν.

codd.: *Π⁵Π⁶*(988-90)H(-986)MODAVLP

975 γήμαιμ' HVLP: γῆμαί μ' fere MODA et Vᶜ et ¹Σʸ: [*Π⁵*]
ἔκτοcθεν D et Vᶜ; [*Π⁵*]   δ' HMVLP: om. ODA et ¹Σʰᵛⁿʸ: [*Π⁵*]
ῥα(ι)δίωc *Π⁵*MODAVP et ¹Σʰᵛⁿʸ: ῥάδιον HL et V³   980 cυμφορὰc
Scaliger: -αῖc codd.   981 cῶν] cοῦ V (~ V³); [*Π⁵*]   ἄκων] ὄγκων V
(~ V³ʸʳ)   tantum]ειν domum in fine *Π⁵*   983 τήνδ'] τίν' OD; [*Π⁵*]
984 εc οικ[ουc (uel οικ[ον) *Π⁵*: ἀπ' οἴκων HMODAVLP: ἐπ' οἴκων Diggle,
ἐπ' οἴκουc uel οἶκον Blaydes   χεροῖν OD; [*Π⁵*]   985 τε] δὲ gV, sicut
coni. Blaydes (~ gBgE); [*Π⁵*]   988 ἐμοὶ V (~ Vᶜ); [*Π⁵Π⁸*]   τόδε
MODLP et Vᶜ: τάδε AV: [*Π⁵Π⁸*]   990 cε Stevens: με codd.: [*Π⁸*]
δῶμα om. A; [*Π⁵Π⁸*]   μ' ἑλὼν F. W. Schmidt: μολὼν codd.: [*Π⁵Π⁸*]
991 ἢ πρέcβυc (*Π⁵*)OD: om. MAVLP   ἐκμαθὼν M; [*Π⁵*]
992 μετέλθη A⟨L?⟩: -οι MODVP et AᶜLᶜ: [*Π⁵*]   πωλικοῖc MAVL et
Hesych. *Π* 4497: πολικοῖc P: ποικίλοιc OD: [*Π⁵*]   994 φοβηθῆιc DAP
et V³Tr: -θεὶc MOVL: [*Π⁵*]   ὅc' Lobeck: ὃc codd.: [*Π⁵*]

τοία γὰρ αὐτῶι μηχανὴ πεπλεγμένη   995
βρόχοις ἀκινήτοισιν ἔστηκεν φόνου
πρὸς τῆσδε χειρός· ἦν πάρος μὲν οὐκ ἐρῶ,
τελουμένων δὲ Δελφὶς εἴσεται πέτρα.
ὁ μητροφόντης δ', ἦν δορυξένων ἐμῶν
μείνωσιν ὅρκοι Πυθικὴν ἀνὰ χθόνα,   1000
δείξω γαμεῖν cφε μηδέν' ὧν ἐχρῆν ἐμέ.
πικρῶς δὲ πατρὸς φόνιον αἰτήσει δίκην
ἄνακτα Φοῖβον· οὐδέ νιν μετάcταcιc
γνώμης ὀνήσει θεῶι διδόντα νῦν δίκας,
ἀλλ' ἔκ τ' ἐκείνου διαβολαῖc τε ταῖc ἐμαῖc   1005
κακῶς ὀλεῖται· γνώσεται δ' ἔχθραν ἐμήν.
ἐχθρῶν γὰρ ἀνδρῶν μοῖραν εἰς ἀναστροφὴν
δαίμων δίδωcι κοὐκ ἐᾶι φρονεῖν μέγα.

Χο.   ὦ Φοῖβε πυργώcαc τὸν ἐν Ἰλίωι εὐτειχῆ πάγον   [cτρ. α
    καὶ πόντιε κυανέαιc ἵπποιc διφρεύ-   1011
      ων ἅλιον πέλαγος,
    τίνος οὕνεκ' ἄτιμον ὄργα-
      νον χεροτεκτοcύναc Ἐ-   1015
      νυαλίωι δοριμήcτορι προcθέν-
      τεc τάλαιναν τάλαι-
      ναν μεθεῖτε Τροίαν;

codd.: *Π⁵ Π⁹* (1009–17) MODAVLP

---

999 δ' om. OD; [*Π⁵*]   1001 δείξω Herwerden: δείξει codd.
μηδέν' V: μὴ δ' ἐν M: μηδὲν ODALP et Vᶜ: [*Π⁵*]   1002 πικρῶc
(*Π⁸*)ODAV et LᶜP²: πικρὸc M⟨L⟩P: πικρὰν Cobet   1005 τε κείνου A
1006 ἐμήν MODVP: ἐμοί AL: [*Π⁵*]   1007–8 del. Hartung
1009 ω *Π⁵Π⁹*, sicut coni. Aldina: ἰὼ MODAVLP et ¹Σᵐᵛⁿʸ   εὐτυχῆ
A⟨P?⟩(~ Pᶜ) et Σᵐ et anecd. Bachmann i. 324. 8   1011 ἵπποιc
Aldina: -οιcι codd.: [*Π⁵Π⁹*]   1014 ὄργανον Carey (PCPS n.s. 23 [1977]
16): ὀργάναν MAV(L)P (-άνναν L) et ¹Σᵐᵛʸ et Σᵐ: ὀργάνων OD et
(Tr) et ¹Σᵖʸ: οργαν]αλ[*Π⁵*:]ναν *Π⁹*   1015 χεροτεκτοcύναc Carey: χέρα
τεκτοcύναc codd. (χερα[*Π⁹*] et Σᵐᵛⁿʸ: [*Π⁵*]   1016 δοριμήcτορι ed.
Heruag.²·: δορὶ μήcτορι codd. (-ωρι VL): [*Π⁵Π⁹*]   προcθέντεc Aldina:
προθ- codd.: [*Π⁵Π⁹*]

πλείϲτουϲ δ' ἐπ' ἀκταῖϲιν Ϲιμοεντίϲιν εὐίππουϲ   [ἀντ. α
  ὄχουϲ
ἐζεύξατε καὶ φονίουϲ ἀνδρῶν ἁμίλ-   1020
  λαϲ ἔθετ' ἀϲτεφάνουϲ·
ἀπὸ δὲ φθίμενοι βεβᾶϲιν
  Ἰλιάδαι βαϲιλῆεϲ,
οὐδ' ἔτι πῦρ ἐπιβώμιον ἐν Τροί-   1025
  αι θεοῖϲιν λέλαμ-
πεν καπνῶι θυώδει.

βέβακε δ' Ἀτρείδαϲ ἀλόχου παλάμαιϲ,   [cτρ. β
αὐτά τ' ἐναλλάξαϲα φόνον θανάτου
  πρὸϲ τέκνων ἐπηῦρεν.   1030
θεοῦ θεοῦ νιν κέλευϲμ' ἐπεϲτράφη
μαντόϲυνον, ὅτε νιν Ἄργοϲ ἐμπορευθεὶϲ
  Ἀγαμεμνόνιοϲ κέλωρ, ἀδύτων ἀποβάϲ,
ἔκταν', ὦν ματρὸϲ φονεύϲ.   1035
ὦ δαῖμον, ὦ Φοῖβε, πῶϲ πείθομαι;

πολλαὶ δ' ἀν' Ἑλλάνων ἀγόρουϲ ϲτοναχαὶ   [ἀντ. β
μέλποντο δυϲτάνων τεκέων, ἄλοχοι δ'
  ἐξέλειπον οἴκουϲ   1040

codd.: Π⁵(–1022)MODAVLP

1025 οὐδ' ἔτι M: οὐδέ τι ODAVLP   1026 λάμπει A
1029 θανάτου Stevens: -τω(ι) codd.   1030 ἐπηῦρεν Herwerden: ἀπηύρα
codd. et ¹Σʸ (-ηῦ-VP et ¹Σʸ): cf. Hes. op. 240   1031 κέλευϲμ'
ODALP: κέλευμ' MV   1032 Ἄργοϲ ἐμπορευθεὶϲ Lenting: ἄργοϲ
πορευθεὶϲ V: ἀργόθεν πορ- MODALP   1034 ἀγαμεμνόνιοϲ MD et ¹Σʸ:
-νειοϲ OAVLP   ἀποβάϲ Wecklein: ἐπιβὰϲ codd.   1035 ἔκταν' ὦν
Burges, Seidler: κτεάνων codd.: ἔκτανεν Heath   1037 ἀγόρουϲ
Musgrave: ἀγορὰϲ A: ἀχόρουϲ V: ἀγοραὶ ἀχόρουϲ M²ODLP et V³ (-αὶ M²,
-ὰϲ Mᶜ): cf. Σᵛ⁽ᵈ⁾ⁿʸ ἀνὰ τὰϲ ἀγοράϲ   ϲτοναχαὶ Morel et fort. ¹Σᵐⁿʸ
(ϲυνεχεῖϲ θρήνουϲ): -ὰϲ codd.   1039 τεκέων MODLP et ¹Σʸ et u.l. ut
uid. in Σᵐⁿʸ: τοκέων AV et ¹Σᵐᵛ et Σᵐ⁽ᵛ⁾ⁿʸ   1039–40 ἄλοχοι δ' ἐξ-
Burges: ἄλοχοι· ἐκ δ' codd. (ἄλοχον κτλ. L)   -έλειπον] ἔλειπον MOD et
Σⁿʸ: ἔλιπον (A)VLP et ¹Σᵐ et Σᵐ

321

πρὸς ἄλλον εὐνάτορ'. οὐχὶ σοὶ μόναι
δύσφρονες ἐνέπεσον, οὐ φίλοισι, λῦπαι·
νόσον Ἑλλὰς ἔτλα, νόσον· διέβα δὲ Φρυγῶν
καὶ πρὸς εὐκάρπους γύας   1045
σκηπτὸς σταλάσσων Δαναΐδαις φόνον.

Πη.   Φθιώτιδες γυναῖκες, ἱστοροῦντί μοι
σημήνατ'· ἠισθόμην γὰρ οὐ σαφῆ λόγον
ὡς δώματ' ἐκλιποῦσα Μενέλεω κόρη
φρούδη τάδ'· ἥκω δ' ἐκμαθεῖν σπουδὴν ἔχων   1050
εἰ ταῦτ' ἀληθῆ· τῶν γὰρ ἐκδήμων φίλων
δεῖ τοὺς κατ' οἶκον ὄντας ἐκπονεῖν τύχας.

Χο.   Πηλεῦ, σαφῶς ἤκουσας· οὐδ' ἐμοὶ καλὸν
κρύπτειν ἐν οἷς παροῦσα τυγχάνω κακοῖς·
βασίλεια γὰρ τῶνδ' οἴχεται φυγὰς δόμων.   1055

Πη.   τίνος φόβου τυχοῦσα; διαπέραινέ μοι.

Χο.   πόσιν τρέμουσα, μὴ δόμων νιν ἐκβάληι.

Πη.   μῶν ἀντὶ παιδὸς θανασίμων βουλευμάτων;

Χο.   ναί, καὶ γυναικὸς αἰχμαλωτίδος φόνωι.

Πη.   σὺν πατρὶ δ' οἴκους ἢ τίνος λείπει μέτα;   1060

Χο.   Ἀγαμέμνονός νιν παῖς βέβηκ' ἄγων χθονός.

Πη.   ποίαν περαίνων ἐλπίδ'; ἢ γῆμαι θέλων;

Χο.   καὶ σῶι γε παιδὸς παιδὶ πορσύνων μόρον.

Πη.   κρυπτὸς καταστὰς ἢ κατ' ὄμμ' ἐλθὼν μάχηι;

Χο.   ἁγνοῖς ἐν ἱεροῖς Λοξίου Δελφῶν μέτα.   1065

codd.: Π⁹(1061-2) H(1042-)MODAVLP

1041 μόνα ὦ ἑρμιόνη A (ὦ ἐρ- etiam Vᵍˡ)   1042 ἐνέπεσον Mess:
ἔ*νεπον L (ἐνν- Tr): ἔπεσον HMODAVP: ἐπέπεσον Aldina (cf. Σᵛ
ἐπεγένοντο)   1044-5 φρυγῶν καὶ HMAVLP: καὶ φρυγῶν OD
1045 γύας L: γυίας HMODAVP   1046 Δαναΐδαις Campbell (CR 46
[1932] 196-7): ἀίδα MODAP (-αι O): αἶδα H: ἄδα VL: ⟨τὸν⟩ Ἄιδα
Hermann, ⟨ὅδ'⟩ Wilamowitz   1049 μενέλεως AV et Oᶜ
1053 σαφῶς πηλεῦ OD   1054 οἷς παροῦσα Wecklein: οἷσπερ οὖσα codd.
1055 φυγὰς τῶνδ' οἴχεται AV   1059 φόνωι Lenting: φόβω(ι) codd. et
Σᵛⁿ: cf. 962   1062 ἢ] ἦ codd.: [Π⁹]   1063 σῶι Lobeck: σοῦ codd.: uide
ad Hcld. 710   1064 ὄμματ' H

ΑΝΔΡΟΜΑΧΗ

Πη.   οἴμοι· τόδ' ἤδη δεινόν. οὐχ ὅσον τάχος
χωρήσεταί τις Πυθικὴν πρὸς ἑστίαν
καὶ τἀνθάδ' ὄντα τοῖς ἐκεῖ λέξει φίλοις,
πρὶν παῖδ' Ἀχιλλέως κατθανεῖν ἐχθρῶν ὕπο;

ΑΓΓΕΛΟΣ

ὤμοι μοι·
οἵας ὁ τλήμων ἀγγελῶν ἥκω τύχας   1070
σοί τ', ὦ γεραιέ, καὶ φίλοισι δεσπότου.

Πη.   αἰαῖ· πρόμαντις θυμὸς ὥς τι προσδοκᾷ.

Αγ.   οὐκ ἔστι σοι παῖς παιδός, ὡς μάθῃς, γέρον
Πηλεῦ· τοιάσδε φασγάνων πληγὰς ἔχει
Δελφῶν ὑπ' ἀνδρῶν καὶ Μυκηναίου ξένου.   1075

Χο.   ἆ ἆ, τί δράσεις, ὦ γεραιέ; μὴ πέσῃς·
ἔπαιρε σαυτόν. *Πη.* οὐδέν εἰμ'· ἀπωλόμην.
φρούδη μὲν αὐδή, φροῦδα δ' ἄρθρα μου κάτω.

Αγ.   ἄκουσον, εἰ καὶ σοῖς φίλοις ἀμυναθεῖν
χρῄζεις, τὸ πραχθέν, σὸν κατορθώσας δέμας.   1080

Πη.   ὦ μοῖρα, γήρως ἐσχάτοις πρὸς τέρμασιν
οἵα με τὸν δύστηνον ἀμφιβᾶσ' ἔχεις.
πῶς δ' οἴχεταί μοι παῖς μόνου παιδὸς μόνος;
σήμαιν'· ἀκοῦσαι δ' οὐκ ἀκούσθ' ὅμως θέλω.

Αγ.   ἐπεὶ τὸ κλεινὸν ἤλθομεν Φοίβου πέδον,   1085
τρεῖς μὲν φαεννὰς ἡλίου διεξόδους
θέαι διδόντες ὄμματ' ἐξεπίμπλαμεν.

codd.: U(1082–)HMODAVLP

1067 πρὸς ἑστίαν] ἀνὰ χθόνα AV (∼ V³ʸᵖ)   1070 ὤμοι HMODAV:
ἰώ μοι LP et V²   ἀγγελῶν HLP et Vᶜ: -έλων MV: -έλλων ODA
1074 ἔχων AV   1075 om. MOD, del. Wecklein   1076 αἰ αἰ M
1078 μὲν] γὰρ gB   1079 ἀμυναθεῖν H, sicut coni. Elmsley: -άθειν
(M)ODAVLP   1080 χρῄζει AV (∼ V²)   1083 δ' om. ULP: uide
Denniston, GP 175   μου AV (∼ V³); [U]   1084 ἀκούσθ' fere
HAV: ἀκοῦσ' MO(D)LP: ἀκούστ' M²: [U]   1087 ἐξεπίμπλαμεν OAVL
et H⁸P² et gB: -επίπλ- HP: -εμπίπλ- D: -επίπλαμμεν M: [U]

323

EΥΡΙΠΙΔΟΥ

καὶ τοῦθ' ὕποπτον ἦν ἄρ'· ἔς τε ϲυϲτάϲειϲ
κύκλουϲ τ' ἐχώρει λαὸϲ οἰκήτωρ θεοῦ.
Ἀγαμέμνονοϲ δὲ παῖϲ διαϲτείχων πόλιν   1090
ἐϲ οὓϲ ἑκάϲτωι δυϲμενεῖϲ ηὔδα λόγουϲ·
Ὁρᾶτε τοῦτον, ὃϲ διαϲτείχει θεοῦ
χρυϲοῦ γέμοντα γύαλα, θηϲαυροὺϲ βροτῶν,
τὸ δεύτερον παρόνθ' ἐφ' οἷϲι καὶ πάροϲ
δεῦρ' ἦλθε, Φοίβου ναὸν ἐκπέρϲαι θέλων;   1095
κἀκ τοῦδ' ἐχώρει ῥόθιον ἐν πόλει κακόν,
ἀρχαῖϲί τ' ἐπληροῦτο βουλευτήρια
ἰδίαι θ' ὅϲοι θεοῦ χρημάτων ἐφέϲταϲαν
φρουρὰν ἐτάξαντ' ἐν περιϲτύλοιϲ δόμοιϲ.
ἡμεῖϲ δὲ μῆλα, φυλλάδοϲ Παρναϲίαϲ   1100
παιδεύματ', οὐδὲν τῶνδέ πω πεπυϲμένοι,
λαβόντεϲ ἦιμεν ἐϲχάραιϲ τ' ἐφέϲταμεν
ϲὺν προξένοιϲι μάντεϲίν τε Πυθικοῖϲ.
καί τιϲ τόδ' εἶπεν· Ὦ νεανία, τί ϲοι
θεῶι κατευξώμεϲθα; τίνοϲ ἥκειϲ χάριν;   1105
ὁ δ' εἶπε· Φοίβωι τῆϲ πάροιθ' ἁμαρτίαϲ
δίκαϲ παραϲχεῖν βουλόμεϲθ'· ἤιτηϲα γὰρ
πατρόϲ ποτ' αὐτὸν αἵματοϲ δοῦναι δίκην.
κἀνταῦθ' Ὀρέϲτου μῦθοϲ ἰϲχύων μέγα
ἐφαίνεθ', ὡϲ ψεύδοιτο δεϲπότηϲ ἐμόϲ,   1110
ἥκων ἐπ' αἰϲχροῖϲ. ἔρχεται δ' ἀνακτόρων
κρηπῖδοϲ ἐντόϲ, ὡϲ πάροϲ χρηϲτηρίων
εὔξαιτο Φοίβωι, τυγχάνει δ' ἐν ἐμπύροιϲ·
τῶι δὲ ξιφήρηϲ ἄρ' ὑφειϲτήκει λόχοϲ

codd.: U(–1102, 1113–)H(–1091)MODAVLP

1088 τε Bothe: δὲ codd.   1093 γύαλα ODL et Pᶜ: γύαλλα M: γνίαλα
A(V)P: [U]   1097 ἀρχαῖϲί τ' ἐπληροῦτο Diggle: ἀρχαί τ' ἐπληροῦντ' εἴϲ
τε fere codd. (ἀρχαῖ' τ' A; αρχα. θ' επληρο[U)   τ'] δ' Blaydes
1099 ἐτάξαντ' MODVL et P²: ἔταξάν τ' fere AP et Lᶜ: [U]   δρόμοιϲ
MO; [U]   1100 Παρναϲίαϲ L. Dindorf: παρνηϲίαϲ codd. (-νηϲϲ- L et
Dᵍ): [U]   1102 ἦιμεν Heath: ἤμεν codd.: [U]   1103 πυθικοῖϲ
MODL et P²: -κῆϲ AV⟨P?⟩   1105 κατευξώμε(ϲ)θα MODP: -όμε(ϲ)θα
AVL et ¹Σʸ   1114 ἄρ' A: ἄρ' MODVLP: ἀεὶ V³ʸʳ: [U]

324

δάφνηι cκιαcθείc, ὧν Κλυταιμήcτραc τόκοc   1115
εἷc ἦν, ἁπάντων τῶνδε μηχανορράφοc.
χὠ μὲν κατ' ὄμμα cτὰc προcεύχεται θεῶι,
οἱ δ' ὀξυθήκτοιc φαcγάνοιc ὡπλιcμένοι
κεντοῦc' ἀτευχῆ παῖδ' Ἀχιλλέωc λάθραι.
χωρεῖ δὲ πρύμναν· οὐ γὰρ ἐc καιρὸν τυπεὶc   1120
ἐτύγχαν'· ἐξέλκει δὲ καὶ παραcτάδοc
κρεμαcτὰ τεύχη παccάλων καθαρπάcαc
ἔcτη 'πὶ βωμοῦ γοργὸc ὁπλίτηc ἰδεῖν,
βοᾶι δὲ Δελφῶν παῖδαc ἱcτορῶν τάδε·
Τίνοc μ' ἔκατι κτείνετ' εὐcεβεῖc ὁδοὺc   1125
ἥκοντα; ποίαc ὄλλυμαι πρὸc αἰτίαc;
τῶν δ' οὐδὲν οὐδεὶc μυρίων ὄντων πέλαc
ἐφθέγξατ', ἀλλ' ἔβαλλον ἐκ χειρῶν πέτροιc.
πυκνῆι δὲ νιφάδι πάντοθεν cποδούμενοc
προύτεινε τεύχη κἀφυλάccετ' ἐμβολὰc   1130
ἐκεῖcε κἀκεῖc' ἀcπίδ' ἐκτείνων χερί.
ἀλλ' οὐδὲν ἦνον, ἀλλὰ πόλλ' ὁμοῦ βέλη,
οἰcτοί, μεcάγκυλ' ἔκλυτοί τ' ἀμφώβολοι
cφαγῆc ἐχώρουν βουπόροι ποδῶν πάροc.
δεινὰc δ' ἂν εἶδεc πυρρίχαc φρουρουμένου   1135
βέλεμνα παιδόc. ὡc δέ νιν περιcταδὸν
κύκλωι κατεῖχον οὐ διδόντεc ἀμπνοάc,
βωμοῦ κενώcαc δεξίμηλον ἐcχάραν,
τὸ Τρωϊκὸν πήδημα πηδήcαc ποδοῖν

codd.: *Π*ʳ(1134-)U(-1133)MOD(-1128)AVLP

1115 πυκαcθείc OD   Κλυταιμήcτραc Wecklein: -μνήcτραc codd.: [U]
1120 κρούει Scaliger; [U]   1121 ἐξέλκει suspectum; [U]   κἀκ
Wecklein; [U]   1123 ἰδεῖν] φανείc V³ʸʳ   1128 χερῶν U
1130 κἀφυλάccετ' V³P²: καὶ φυλ- codd.   1132 ἦνον Borthwick
(JHS 90 [1970] 15-17): ἦνεν M: ἤνυεν OAVLP: ἦμεν V³ʸʳ: [U]
1133 μεcάγκυλ' MO⟨L⟩P et (V³) et ¹Σᵐʸ et Σᵐᵛⁿʸ: -κυλοι AV et Tr et ¹Σᵛˡ:
[U]   1134 cφαγῆc *Π*ʳMOP et ¹Σᵐ et ¹Σᵛ: cφαγεῖc AVL et ¹Σᵛʸ: uide
Borthwick l.c.   1135 δ' om. AV (∼ Vᶜ)   1136 παιδόc *Π*ʳAVP:
ποδόc MOL   νιν *Π*ʳL et V³: μιν MOAVP   1137 ἀναπνοάc (*Π*ʳ)L

ΕΥΡΙΠΙΔΟΥ

χωρεῖ πρὸς αὐτούς· οἱ δ' ὅπως πελειάδες   1140
ἱέρακ' ἰδοῦσαι πρὸς φυγὴν ἐνώτισαν.
πολλοὶ δ' ἔπιπτον μιγάδες ἔκ τε τραυμάτων
αὐτοί θ' ὑφ' αὑτῶν στενοπόρους κατ' ἐξόδους.
κραυγὴ δ' ἐν εὐφήμοισι δύσφημος δόμοις
πέτραισιν ἀντέκλαγξ'· ἐν εὐδίαι δέ πως   1145
ἔστη φαεννοῖς δεσπότης στίλβων ὅπλοις,
πρὶν δή τις ἀδύτων ἐκ μέσων ἐφθέγξατο
δεινόν τι καὶ φρικῶδες, ὦρσε δὲ στρατὸν
στρέψας πρὸς ἀλκήν. ἔνθ' Ἀχιλλέως πίτνει
παῖς ὀξυθήκτωι πλευρὰ φασγάνωι τυπεὶς   1150
[Δελφοῦ πρὸς ἀνδρὸς ὅσπερ αὐτὸν ὤλεσεν]
πολλῶν μετ' ἄλλων· ὡς δὲ πρὸς γαῖαν πίτνει,
τίς οὐ σίδηρον προσφέρει, τίς οὐ πέτρον,
βάλλων ἀράσσων; πᾶν δ' ἀνήλωται δέμας
τὸ καλλίμορφον τραυμάτων ὕπ' ἀγρίων.   1155
νεκρὸν δὲ δή νιν κείμενον βωμοῦ πέλας
ἐξέβαλον ἐκτὸς θυοδόκων ἀνακτόρων.
ἡμεῖς δ' ἀναρπάσαντες ὡς τάχος χεροῖν
κομίζομέν νίν σοι κατοιμῶξαι γόοις
κλαῦσαί τε, πρέσβυ, γῆς τε κοσμῆσαι τάφωι.   1160
τοιαῦθ' ὁ τοῖς ἄλλοισι θεσπίζων ἄναξ,
ὁ τῶν δικαίων πᾶσιν ἀνθρώποις κριτής,
δίκας διδόντα παῖδ' ἔδρασ' Ἀχιλλέως.

codd.: Π(-1142)MOAVLP

1140 οἱ uel οἳ MOLP et V³ et gB: τοὶ Π?AV   1142 τε] δε Π;
om. A   1143 ὑφ' αὑτῶν Scaliger: ὑπ' αὐτῶν codd.
1145 ἀντέκλαγξ'· ἐν Reiske: ἀντέκλαγξεν MAV: -αξεν P: -αζεν OL et ¹Σʸ:
-αζ'· ἐν Lenting: aor. ¹Σᵐᵛⁿʸ, aor. et imperf. ¹Σᵖʸ   1147 ἐκ μέσον V
(~ V³); ἐς μέσον A   1148 τι Lenting: τε codd.   1149 πίτνει O:
πιτνεῖ MAVLP   1150-2 om. V (~ V marg.)   1150 πλευρὰ OA:
-ρᾶ MVL: -ρὰ∗ P   δαμεὶς O   1151 del. Hartung (ὅσπερ...ἄλλων
del. Herwerden)   αὐτὸν] τ' (spatio ante hanc litt. uac. relicto) V
(~ V³)   1152 πίτνει O: πιτνεῖ MAVLP et gE   1153 τίς (alterum)]
τίς∗ L   1154 ἀνήλωται Nauck: ἀνάλ- codd.   1159 γόοις MOLP et
V³ʸʳ: γόους A: γέρον V   1161 Ἕλλησι Dobree (~ gE)   κοσμίζων O
(~ gE)

ἐμνημόνευσε δ' ὥσπερ ἄνθρωπος κακὸς
παλαιὰ νείκη· πῶς ἂν οὖν εἴη σοφός;　　　　　1165

Χο.　καὶ μὴν ὅδ' ἄναξ ἤδη φοράδην
Δελφίδος ἐκ γῆς δῶμα πελάζει.
τλήμων ὁ παθών, τλήμων δέ, γέρον,
καὶ σύ· δέχηι γὰρ τὸν Ἀχίλλειον
σκύμνον ἐς οἴκους οὐχ ὡς σὺ θέλεις,　　　　　1170
αὐτὸς δὲ κακοῖς
εἰς ἓν μοίρας συνέκυρσας.

Πη.　ὤμοι ἐγώ, κακὸν οἷον ὁρῶ τόδε　　　　　[στρ. α
καὶ δέχομαι χερὶ δώμασιν ἁμοῖς.
ἰώ μοί μοι, αἰαῖ·　　　　　　　　　　　　1175
ὦ πόλι Θεσσαλίας, διολώλαμεν,
οἰχόμεθ'· οὐκέτι μοι γένος, οὐ τέκνα λείπεται οἴκοις.
ὦ σχέτλιος παθέων ἐγώ· †εἰς τίνα
δὴ φίλον αὐγὰς βαλὼν τέρψομαι;†　　　　　1180
ὦ φίλιον στόμα καὶ γένυ καὶ χέρες,
εἴθε σ' ὑπ' Ἰλίωι ἤναρε δαίμων
Σιμοεντίδα παρ' ἀκτάν.

codd.: Π'(1164-72)MOAVLP

1166 ἤδη om. Π'P　　　1168 ὁ] δ' ο Π'　　　δέ] δ' ὁ Α; τε συ Π' (om.
καὶ σύ)　　γέρων V (~ V³)　　1170 εἰς οἶκον Π'　　1171 δὲ Lenting:
τε codd.: [Π']　　κακοῖς Koerner: κακοῖς πήμασι κύρσας AVLP: κ-
πήμασιν ἔκυρσας ΜΟ: [δη πη]μασι κυρσας Π' sec. ed. pr.　　1172 om. Ο
1174 χεροῖν L (~ gB)　　　δώμασιν ἁμοῖς LP (ά- L? et P², ά- P et Tr):
-cιν ἐμοῖς gB: -cί θ' ἁμοῖς MOV (α- Μ, ά- Vᶜ): -cί τ' ἐμοῖς Α　　　iunge
κακὸν...δώμασιν, ut Herc. 1020, A. ScT 994-6　　　1175-7 rescr. Μ²;
[Μ]　　1176 πόλι Aldina: πόλις codd.　　Θεσσαλίας Hermann: -ία codd.
et ¹Σ^γ et ¹Σ^mνηy　　　1177 οἰχόμεθ' L. Dindorf: ὠ(ι)χ- ⟨Μ⟩Μ²OALP et
V²: ὁχ- V: del. Hermann, seruatis οὐκέτι μοι τέκνα　　οὐ τέκνα Nauck:
οὐκέτι μοι τέκνα AVL et (οὐκ ἔςτι) Μ²: οὐκέτι fere OP: [Μ]
1178 λείπεται MOV: λείπετ' ἐν ALP et V³　　1179-80 σχέτλιος παθέων
MOAV: σχέτλια παθῶν LP et V³　　φίλον V et A⁸: φίλων MOALP
βάλλων Aldina　　παθέων ⟨ἄρ'⟩ ἐγώ· φίλον / ἐς τίνα βάλλων τέρψομαι
αὐγάς Hermann: uide Parker, CQ n.s. 16 (1966) 23　　　1182 ἐπ' L?
(~ Lᶜ)　　ἤπαφε V^γρ　　1183 et 1196 numeri suspicionem mouent

Χο.   οὕτως ἂν ὡς ἐκ τῶνδ' ἐτιμᾶτ' ἄν, γέρον,
      θανών, τὸ σὸν δ' ἦν ὧδ' ἂν εὐτυχέστερον.   1185

Πη.   ὦ γάμος, ὦ γάμος, ὃς τάδε δώματα   [ἀντ. α
      καὶ πόλιν ὤλεσας ὤλεσας ἀμάν.
      αἰαῖ, ἒ ἔ, ὦ παῖ·
      †μήποτε σῶν λεχέων τὸ δυσώνυμον
      ὤφελ' ἐμὸν γένος εἰς τέκνα καὶ δόμον   1190
      ἀμφιβαλέσθαι
      Ἑρμιόνας Ἀίδαν ἐπὶ σοί, τέκνον,†
      ἀλλὰ κεραυνῶι πρόσθεν ὀλέσθαι·
      μηδ' ἐπὶ τοξοσύναι φονίωι πατρὸς
      αἷμα τὸ διογενὲς ποτε Φοῖβον   1195
      βροτὸς ἐς θεὸν ἀνάψαι.

Χο.   ὀττοτοτοτοῖ, θανόντα δεσπόταν γόοις   [στρ. β
      νόμωι τῶι νερτέρων κατάρξω.
Πη.   ὀττοτοτοτοῖ, διάδοχά ⟨σοι⟩ τάλας ἐγὼ   1200
      γέρων καὶ δυστυχὴς δακρύω.
Χο.   θεοῦ γὰρ αἶσα, θεὸς ἔκρανε συμφοράν.
Πη.   ὦ φίλος, δόμον ἔλιπες ἔρημον,   1205

codd.: MOAVLP

1184 οὕτως Holzner: οὕτως τ' A: οὗτός τ' fere MOVL et ¹Σ^mvny: [P]
(μὲν οὖν κὰ- loco τ' ἂν ὡς ἐ- in ras.): οὕτως γ' Hermann, οὗτός γ' Porson
1186 ὃς] ὡς V   1187 καὶ πόλιν bis O   ὤλεσας ὤλεσας ἀμάν
Hermann: ἐμὰν ὤλεσας codd.   1190 ὤφελ' A et Tr²:
ὤφειλ' MOVL²P   1192 ἑρμιόναν V³   1195 Φοῖβον ed. Heruag.²:
φοίβου codd. et ut uid. ¹Σ^mvny   1197 et 1200 ὀττοτοτοτοῖ MV (-οί M):
ὀττοτοτοῖ L: ὀττοτοῖ ὀττοτοῖ P: ὀττοττοῖ O: ὀττοτοῖ bis 1197, semel
1200 A   δεσπόταν MOV: -την ALP   1199 τῶι(ι) AV: τῶν MOLP
κατάρξω MOV: -ξομαι ALP et V³   1200 uide ad 1197
διάδοχά ⟨σοι⟩ Wilamowitz: διάδοχα MO⟨V⟩VaLP et ¹Σ^v: δι- δ' ὦ A: δι- δ'
αὖ Blaydes   1201 δακρύω L? (~ L^c)   1204 συμφοράς P   1205 ὦ
P: ἰὼ MOA⟨V⟩VaL   ἔλιπες AVL²: ἔλειπες MOP et L^c?

[ὤμοι μοι, ταλαίπωρον ἐμὲ]
γέροντ' ἄπαιδα νοσφίcαc.

Χο. θανεῖν θανεῖν cε, πρέcβυ, χρῆν πάροc τέκνων.
Πη. οὐ cπαράξομαι κόμαν,
οὐκ ἐμῶι 'πιθήcομαι   1210
κάραι κτύπημα χειρὸc ὀλοόν; ὦ πόλιc,
διπλῶν τέκνων μ' ἐcτέρηcε Φοῖβοc.

Χο. ὦ κακὰ παθὼν ἰδών τε δυcτυχὲc γέρον,   [ἀντ. β
τίν' αἰὼν' ἐc τὸ λοιπὸν ἕξειc;   1215
Πη. ἄτεκνοc ἔρημοc, οὐκ ἔχων πέραc κακῶν
διαντλήcω πόνουc ἐc ᾿Αιδαν.
Χο. μάτην δέ c' ἐν γάμοιcιν ὤλβιcαν θεοί.
Πη. ἀμπτάμενα φροῦδα πάντ' ἐκεῖνα
κόμπων μεταρcίων πρόcω.   1220
Χο. μόνοc μόνοιcιν ἐν δόμοιc ἀναcτρέφηι.
Πη. οὐκέτ' ἐcτί μοι πόλιc,
cκῆπτρά τ' ἐρρέτω τάδε·
cύ τ', ὦ κατ' ἄντρα νύχια Νηρέωc κόρα,
πανώλεθρόν μ' ὄψεαι πίτνοντα.   1225

codd.: MB(1212-)OAVLP

1206 del. Matthiae   ὤμοι μοι fere MAVL: ἰώ μοι μοι P: om. O
1208 θανεῖν θανεῖν A: θανεῖν MO⟨V⟩VaLP   χρὴ L   τέκνων ML et
A²V³: τέκνον AV: τῶν cῶν τέκνων P: πηλεῦ τέκνων O   1210 ἐμῶι
'πιθήcομαι Murray: ἐπιθήcομαι ἐμῶ(ι) codd. (-θήcω V) et gB
1211 χειρὸc Hermann: χερὸc codd. et gB   1212 ἐcτέρηc' ὁ L
1214 δυcτυχὲc A: -χὴc MBOVLP et gE   1216 κακῶν πέραc BO
(~ gBgE)   1217 ἐc A et gB: εἰc MBOVLP et gE   ᾿Αιδαν
Hermann: ἀίδαν codd. et gBgE   1218 γάμοιcιν P et Tr: -οιc
MBOAVL   1219 πάντα φροῦδα P   πάντ' ἐκεῖνα post Dobree (πάντα
κεῖνα) Diggle: πάντα κεῖται codd. (φροῦδα κ- P): cf. Herc. 69   post h.u.
lac. indic. plerique: uide 1206   1220 κόμπων μεταρcίων Reiske:
κόμπω(ι) μεταρcίω(ι) codd.   1221 ἀναcτρέφων V (~ V³)
1222 οὐκέτ' ἐcτί μοι Hermann: οὐκέτι μοι fere AP: οὔτε μοι MBOVL (οὔτ'
ἐμοὶ BO): οὐκέτ' εἴμ', οἴμοι Jackson   πόλιc Hermann: πόλιc πόλιc
codd.   1223 τάδε praeeunte Burges Kirchhoff: τάδ' ἐπὶ γαῖαν codd.
1224 βύθια BᵞᵖAᵍˡ   κόρα L: κόρη MBOAVP et Tr   1225 πίτνοντα
Seidler: πίτνοντα πρὸc γᾶν fere codd. (πίτνοντα BO: -όντα MVP?: -οῦντα LP
uel Pᶜ et V³: -ῶντα A)

ΕΥΡΙΠΙΔΟΥ

Χο. ἰὼ ἰώ·
τί κεκίνηται, τίνος αἰσθάνομαι
θείου; κοῦραι, λεύσσετ' ἀθρήσατε·
δαίμων ὅδε τις λευκὴν αἰθέρα
πορθμευόμενος τῶν ἱπποβότων
Φθίας πεδίων ἐπιβαίνει.   1230

ΘΕΤΙΣ

Πηλεῦ, χάριν σοι τῶν πάρος νυμφευμάτων
ἥκω Θέτις λιποῦσα Νηρέως δόμους.
καὶ πρῶτα μέν σοι τοῖς παρεστῶσιν κακοῖς
μηδέν τι λίαν δυσφορεῖν παρήινεσα·
κἀγὼ γάρ, ἣν ἄκλαυτ' ἐχρῆν τίκτειν τέκνα,   1235
θεὰν γεγῶσαν καὶ θεοῦ πατρὸς τέκος,   1254
ἀπώλεσ' ἐκ σοῦ παῖδα τὸν ταχὺν πόδας   1236
Ἀχιλλέα τεκοῦσα πρῶτον Ἑλλάδος.
ὧν δ' οὕνεκ' ἦλθον σημανῶ, σὺ δ' ἐνδέχου.
τὸν μὲν θανόντα τόνδ' Ἀχιλλέως γόνον
θάψον πορεύσας Πυθικὴν πρὸς ἐσχάραν,   1240
Δελφοῖς ὄνειδος, ὡς ἀπαγγέλληι τάφος
φόνον βίαιον τῆς Ὀρεστείας χερός·
γυναῖκα δ' αἰχμάλωτον, Ἀνδρομάχην λέγω,
Μολοσσίαν γῆν χρὴ κατοικῆσαι, γέρον,

codd.: Π⁶(1239-42)MB(-1235)OD(1236-)AVLP

1227 κοῦραι V et M²: κούρα* M: κόραι ALP et V³: κόρα BO
ἀθροίσατε M(P) (~ M²)   1228 λευκὸν Bᵞᵖ et ᵞᵖΣᵛ (~ Tzetz. exeg. in
Il. 811 Bachmann); λευκὸν ἐς Klotz   1231-2 rescr. M², 1232 etiam
M³; [M]   1231 σοι Platt (CR 10 [1896] 382): σῶν codd.
1232 ἦλθον M³; [M et M²]   1233 σοι] δὴ L   1234 συμφορεῖν A
ἐπήνεσα P   1235 ἄκλαυτ' MBO: ἄκλαυστ' AVLP   1254 huc trai.
Jackson (ἐν τοῖς πολλοῖς τῶν ἀντιγράφων οὐ φέρεται ὁ ἴαμβος οὗτος fere
Σᵐᵛⁿ𝐲)   θεὰν γεγῶσαν Jackson: θεὰ γεγῶσα codd. et ¹Σᵞ (θεᾶ L et ¹Σᵞ)
τέκος MBOAV: τόκος LP   1240 πρὸς] ἐπ' A; [Π⁶]
1241 ἀπαγγέλλη(ι) A et Lᶜ: -έλῃ(ι) MODP et V³: -έλει V: -έλ* L: [Π⁶]
1244 χρὴ ODAL et V³: χρὴν V: χρῆν MP et V²Lᶜ   κατοικίσαι L

330

Ἑλένωι ξυναλλαχθεῖσαν εὐναίοις γάμοις,   1245
καὶ παῖδα τόνδε, τῶν ἀπ' Αἰακοῦ μόνον
λελειμμένον δή. βασιλέα δ' ἐκ τοῦδε χρὴ
ἄλλον δι' ἄλλου διαπερᾶν Μολοσσίας
εὐδαιμονοῦντας· οὐ γὰρ ὧδ' ἀνάστατον
γένος γενέσθαι δεῖ τὸ σὸν κἀμόν, γέρον,   1250
Τροίας τε· καὶ γὰρ θεοῖσι κἀκείνης μέλει,
καίπερ πεσούσης Παλλάδος προθυμίαι.
σὲ δ', ὡς ἂν εἰδῆις τῆς ἐμῆς εὐνῆς χάριν,   1253
κακῶν ἀπαλλάξασα τῶν βροτησίων   1255
ἀθάνατον ἄφθιτόν τε ποιήσω θεόν.
κἄπειτα Νηρέως ἐν δόμοις ἐμοῦ μέτα
τὸ λοιπὸν ἤδη θεὸς ξυνοικήσεις θεᾶι·
ἔνθεν κομίζων ξηρὸν ἐκ πόντου πόδα
τὸν φίλτατόν σοι παῖδ' ἐμοί τ' Ἀχιλλέα   1260
ὄψηι δόμους ναίοντα νησιωτικοὺς
Λευκὴν κατ' ἀκτὴν ἐντὸς ἀξένου πόρου.
ἀλλ' ἕρπε Δελφῶν ἐς θεόδμητον πόλιν
νεκρὸν κομίζων τόνδε, καὶ κρύψας χθονὶ
ἐλθὼν παλαιᾶς χοιράδος κοῖλον μυχὸν   1265
Σηπιάδος ἵζου· μίμνε δ' ἔστ' ἂν ἐξ ἁλὸς
λαβοῦσα πεντήκοντα Νηρήιδων χορὸν
ἔλθω κομιστήν σου· τὸ γὰρ πεπρωμένον
δεῖ σ' ἐκκομίζειν, Ζηνὶ γὰρ δοκεῖ τάδε.
παῦσαι δὲ λύπης τῶν τεθνηκότων ὕπερ·   1270
πᾶσιν γὰρ ἀνθρώποισιν ἥδε πρὸς θεῶν
ψῆφος κέκρανται κατθανεῖν τ' ὀφείλεται.

codd.: MB(1250–71)OD(–1249, 1272–)AVLP

1246 τῶν Scaliger: τὸν MAVLP: τῶνδ' OD   1247 δή] δεῖ A   δ'
ἐκ] κἀκ L   1248 Μολοσσίας Lenting (uel -ίαι): -ίαν codd.   1249 οὐ]
οὐδὲ A   1251 κἀκείνοις A; τἀκείνης Lenting   1252 προθυμία(ι)
MBOAV: προμηθία LP et V³   1254 uide post 1235   1256 τε] σε V
1257 ἐμοῦ AVLP: ὁμοῦ MBO   1258 θεᾶι] θεῶ L (~ Lᶜ)
1261 ναίοντας L(P) (~ TrP²)   1262 ἀξένου Cobet: εὐξείνου codd.
πόρου] πόντου OV et V³ (~ OᵍV²)   1266 μεῖνε BO   1268 κομιστήρ
V (~ V³)   1272 κέκρανται MAVL et gE: κέκραται ODP et V² et
Stob. 4. 56. 28   τ' MODVP et Tr et Stob.: δ' gE: om. AL

Πη.　ὦ πότνι', ὦ γενναῖα συγκοιμήματα,
　　　Νηρέως γένεθλον, χαῖρε· ταῦτα δ' ἀξίως
　　　σαυτῆς τε ποιεῖς καὶ τέκνων τῶν ἐκ σέθεν.　　　　1275
　　　παύω δὲ λύπην σοῦ κελευούσης, θεά,
　　　καὶ τόνδε θάψας εἶμι Πηλίου πτυχάς,
　　　οὗπερ σὸν εἷλον χερσὶ κάλλιστον δέμας.
　　　[κᾆτ' οὐ γαμεῖν δῆτ' ἔκ τε γενναίων χρεὼν
　　　δοῦναί τ' ἐς ἐσθλούς, ὅστις εὖ βουλεύεται,　　　　1280
　　　κακῶν δὲ λέκτρων μὴ 'πιθυμίαν ἔχειν,
　　　μηδ' εἰ ζαπλούτους οἴσεται φερνὰς δόμοις;
　　　οὐ γάρ ποτ' ἂν πράξειαν ἐκ θεῶν κακῶς.]

Χο.　πολλαὶ μορφαὶ τῶν δαιμονίων,
　　　πολλὰ δ' ἀέλπτως κραίνουσι θεοί·　　　　1285
　　　καὶ τὰ δοκηθέντ' οὐκ ἐτελέσθη,
　　　τῶν δ' ἀδοκήτων πόρον ηὗρε θεός.
　　　τοιόνδ' ἀπέβη τόδε πρᾶγμα.

codd.: Π⁶(1273–6)U(1280–)MODAVLP

1274 ταῦτα δ'] κᾳι ταδ' Π⁶　　　　　　　　1276 παύσω Μ²ᶜ; [Π⁶]
1277 πηλίου MDLP et V²: πυλίου OAV　　　　1279–82 (quos citat Stob.
4. 22. 120) del. Stevens　　　　1279 ἀλλ' εἰ γαμεῖν δεῖ τ' κτλ. gV; εἰ χρὴ
γαμεῖν χρὴ τὰ (A: δῆτα S: δὴ τὰ M, δεῖ τὰ Μ²) ἔκ τε γενναίων γαμεῖν Stob.
1280 ἐς ἐσθλοὺς MAP et Stob. codd. MA: ἐσθλοὺς V et gV et Stob. cod. S:
ἐςεθλοὺς L: ἐπ' ἐσθλοὺς OD: [U]　　　　　βούλεται A et V³ʸʳ (~ gV et
Stob.); [U]　　　　1282 ζαχρύσους Stob. (~ gVgE)　　　　εἴσεται L et gE
(~ gV et Stob.)　　　　　δόμους V (~ V³ et gVgE et Stob.); [U]　　　　1283 (quem Antiopae fragmento 215 N subiungit Stob. 4. 22. 100) del.
Hartung　　　　ἐκ θεῶν] ἐς τέλος Stob. (~ gV); [U]　　　　1284–8 del.
Hartung　　　de testimoniis uide ad Alc. 1159–63　　　1284 δαιμόνων LP
(~ Tr) et ¹Σʸ; [U]　　　　1288 τόδε τὸ AV (~ gE)　　　　Subscriptio
Ἀνδρομάχης τέλος V: τ- ἀ- AO: τ- εὐριπίδου ἀ- P: εὐ- τ- ἀ- L: τ- σὺν θεῶι
εὐ- ἀ- D: in M aut omissa aut euanida: [U]

EKABH

CODICES

I: separatim memorantur

(a)

H	Hierosolymitanus *τάφου* 36	saec. x–xi
M	Marcianus gr. 471	xi
B	Parisinus gr. 2713	xi
O	Laurentianus 31.10	c. 1175
A	Parisinus gr. 2712	xiii ex.
F	Marcianus gr. 468	xiii ex.
G	Ambrosianus L 39 sup.	c. 1320
K	Laurentianus conv. soppr. 66	c. 1291
L	Laurentianus 32.2	xiv in.
P	Laurentianus conv. soppr. 172	xiv in.
Pa	Parisinus gr. 2801	c. 1335
R	Vaticanus gr. 1135	xiii ex.
Sa	Vaticanus gr. 1345	xiii ex.
V	Vaticanus gr. 909	c. 1250–80
Va	Palatinus gr. 98 (adhibetur ubi deficit V)	xiv
Ω	horum codicum (uel quotquot adsunt) consensus	
Ω̧	horum codicum pars maior, exceptis qui disertim memorantur	

(b)

cum scholiis Moschopuli

X	Oxoniensis Bodl. Auct. F.3.25	c. 1330–40
Xa	Oxoniensis Bodl. Barocci 120	c. 1320–30
Xb	Laurentianus conv. soppr. 71	xiv in.
ξ	horum codicum consensus	

(c)

cum scholiis Thomae Magistri

Z	Cantabrigiensis Nn.3.14	c. 1330–50
Zc	Hauniensis 3549	xiv in.
Zm	Ambrosianus I 47 sup.	xiv
ζ	horum codicum consensus	

(d)

recensio Triclinii

T	Angelicus gr. 14	1300–25
T^z	manus prima, T^t manus Triclinii	

II: raro memorantur

Ad	Athous Dionysii 334	saec. xv
Ae	Escorialensis *Ω*.1.9 (adhibetur 90–362, ubi deficit A)	xvi in.
Cr	Cremonensis 130	c. 1335
Dr	Dresdensis Da.22	xv
Es	Estensis *γ*.L.11.23	c. 1490
Hl	Harleianus 6300	xvi
Hn	Hauniensis 417	c. 1475
J	Cantabrigiensis Nn.3.13	xv
Le	Leidensis Vossianus Q.33	c. 1500
Lv	Leouardensis 34	xvi
Ml	Marcianus lat. XIV.232	xiv
Mo	Mosquensis 480	xvii
Ms	Mosquensis 508	xv
Ox	Oxoniensis Bodl. Auct. T.4.10	1438
Pb	Parisinus gr. 2810	xv ex.
Pg	Parisinus Sanctae Genoueuae 3400	xiv in.
Pl	Heidelbergensis Pal. 18	xiv
Pr	Remensis 1306	xiii ex.
Ra	Vaticanus gr. 1325	xv in.
Rf	Laurentianus 32.33	c. 1300
Rw	Vindobonensis phil. gr. 119	c. 1300
S	Salamantinus 31	1326
Si	Athous Iberorum 185	xv
U	Harleianus 5725	c. 1500
Vb	Vaticanus gr. 53	xv ex.
Yn	Neapolitanus II.F.37	xiv
Yv	Marcianus gr. 469	1413
Za	Arundelianus 540	xv
Zb	Vaticanus gr. 51	xiv in.
Zd	Cantabrigiensis Nn.3.14	xv
Zo	Ottobonianus gr. 346	xv ex.
Zu	Uppsaliensis gr. 15	1300–50

PAPYRI ET OSTRACA

*Π*¹	P. Oxy. 876 [Pack² 389]: uu. 701–4, 737–40	v p.C.
*Π*²	P. Oxy. 877 [Pack² 390]: uu. 1252–69, 1271–80	iii p.C.
*Π*³	Ostracon Berol. 12319 [Pack² 1567]: uu. 254–6	iii a.C.
*Π*⁴	P. Hamburg. 118b col. i [Pack² 434]: uu. 28–44	iii–ii a.C.
*Π*⁵	P. Oxy. 3215 fr. 2: uu. 223–7	ii p.C.
*Π*⁶	P. Oxy. 93/Dec. 15/C.3 (ined.): uu. 604–7	iii p.C.
*Π*⁷	P. Oxy. 26 3B. 48/C(1–2)a (ined.): uu. 651–69, 710–73	ii p.C.
*Π*⁸	P. Oxy. 18 2B. 66/F(2–3)b (ined.): uu. 739–87	iii p.C.
*Π*⁹	P. Oxy. 48 5B. 26/G(a) (ined.): uu. 765–83	iii p.C.
*Π*¹⁰	P. Oxy. 15 2B. 32/B(a) (ined.): uu. 1256–69	iii p.C.
*Π*¹¹	P. Tebt. 683 [Pack² 2456]: uu. 216–32[1]	i p.C.

GNOMOLOGIVM

gV	Vatopedianus 36	xii

[1] papyri lectiones cum me beneuole communicauit W. S. Barrett, qui Hecubae uersus primus agnouit. uide etiam F. Montanari, RFIC 115 (1987) 24–32, 441–3.

EKABH

ΥΠΟΘΕCΙC ΕΥΡΙΠΙΔΟΥ ΕΚΑΒΗC ·

Μετὰ τὴν Ἰλίου πολιορκίαν οἱ μὲν Ἕλληνες εἰς τὴν ἀντιπέραν
τῆς Τρωιάδος Χερρόνησον καθωρμίςθηςαν· Ἀχιλλεὺς δὲ νυκτὸς
ὁραθεὶς ςφάγιον ᾔτει μίαν τῶν Πριάμου θυγατέρων. οἱ μὲν οὖν
Ἕλληνες τιμῶντες τὸν ἥρωα Πολυξένην ἀποςπάςαντες Ἑκάβης
ἐςφαγίαςαν. Πολυμήςτωρ δὲ ὁ τῶν Θραικῶν βαςιλεὺς ἕνα τῶν 5
Πριαμιδῶν Πολύδωρον ἔςφαξεν. εἰλήφει δὲ τοῦτον παρὰ τοῦ
Πριάμου ὁ Πολυμήςτωρ εἰς παρακαταθήκην μετὰ χρημάτων.
ἁλούςης δὲ τῆς πόλεως καταςχεῖν αὐτοῦ βουλόμενος τὸν πλοῦτον
φονεύειν ὥρμηςε καὶ φιλίας δυςτυχούςης ὠλιγώρηςεν. ἐκριφέντος
δὲ τοῦ ςώματος εἰς τὴν θάλαςςαν κλύδων πρὸς τὰς τῶν αἰχ- 10
μαλωτίδων ςκηνὰς αὐτὸν ἐξέβαλεν. Ἑκάβη δὲ τὸν νεκρὸν
θεαςαμένη ἐπέγνω, κοινωςαμένη δὲ τὴν γνώμην Ἀγαμέμνονι
Πολυμήςτορα ςὺν τοῖς παιςὶν αὐτοῦ ὡς ἑαυτὴν μετεπέμψατο,

codd.: (1–18) AFGPaPlRRwSa, ξ = XXaXb, Yv (1–3 Πριάμου bis:
= YvᵃYvᵇ), Zc; uaria quae habent PZZmTᵗ et B² non notantur   (19–21
Πολυδώρου) FSaYvZc (19–20 Χερρ- etiam ZTᵗ)   (21b–22) Σ MSaYv
ad u. 1   (23–5) AFGPPaPlRRwSaVa, ξ = XXaXb, YvZZc, Tᵗ

Inscriptio ὑπ- εὐρ- ἐκ- FRwYv: ὑπ- ἐκ- εὐρ- PlR: εὐρ- ὑπ- ἐκ- GXXb: ὑπ-
τοῦ δράματος εὐρ- ἐκ- Zc: αὕτη δέ ἐςτιν ἡ ὑπ- Sa: om. PaXaYv: [A]
1 ἰλίου AGRwξ: τῆς ἰλ- cett.   τὴν AGξ: τὸ FRwYvZc: τὰ PaPlSa: τον
Rᵘᵛ   ἀντιπέραν AGξZc: ἀντίπερα cett.   2 τῆς om. AGPaξ
χερρόνηςον AGξ et Plˢ: -ήςου cett.   καθώρμιςαν FYvᵇ: -ώρμηςαν YvᵃZc
3 ςφάγιον ᾔτει PaRRwSaYvZc: c- ἤτοι FPl: ςφαγήςιον ἠξίου AGξ
πριάμου θυγατέρων AGξ: θ- π- FPlRYvZc: θ- τοῦ π- PaRwSa   οἱ μὲν
οὖν] οἱ μὲν SaXa; καὶ οἱ μὲν YvZc; καὶ οἱ F   5 ὁ AGPlSaξ: om. cett.
6 κατέςφαξεν AGξ   7 εἰς παρακαταθήκην AFGξYvZc: ἐν -θήκηι
PaPlRRwSa   8 πόλεως] τροίας RXa; π- τ- Pl   αὐτοῦ βουλόμενος τὸν
πλοῦτον AGPaRwSaξ: β- αὐ- τ- π- PlR: τὸν χρυςὸν β- FYvZc (βουλευόμενος
F)   9 φονεύειν] τοῦ φ- τὸν παῖδα FYvZc   δυςτυχούςης PaPlRwSa:
δυςτυχοῦς AGRξ: ὁ δύςτηνος FYvZc   10 ςώματος] πτώματος FYvZc
κλύδων FPaRwSaZc: ὁ κλ- PlR: τὸ κλυδώνιον AGξYv   10–11 αἰχμαλ-
ωτίδων AGPaSaξYv: -ώτων FPlRRwZc   11 αὐτὸν] ante ςκηνὰς Pa;
om. RwZc   13 ὡς AGRRwSaξ: ὡς εἰς Pa: εἰς Pl: πρὸς FYvZc
αὐτὴν FYvZc

337

ΕΥΡΙΠΙΔΟΥ

κρύπτουσα τὸ γεγονός, ὡς ἵνα θησαυροὺς ἐν Ἰλίωι μηνύσηι
15 αὐτῶι. παραγενομένων δὲ τοὺς μὲν υἱοὺς ἔσφαξεν, αὐτὸν δὲ τῆς
ὁράσεως ἐστέρησεν. ἐπὶ δὲ τῶν Ἑλλήνων λέγουσα τὸν κατήγορον
ἐνίκησεν· ἐκρίθη γὰρ οὐκ ἄρξαι ὠμότητος ἀλλ' ἀμύνασθαι τὸν
κατάρξαντα.

⟨ΑΡΙΣΤΟΦΑΝΟΥΣ ΓΡΑΜΜΑΤΙΚΟΥ ΥΠΟΘΕΣΙΣ⟩

ἡ μὲν σκηνὴ τοῦ δράματος ὑπόκειται ἐν τῆι ἀντιπέραν Τροίας
20 Χερρονήσωι· ὁ δὲ χορὸς συνέστηκεν ἐκ γυναικῶν αἰχμαλωτίδων·
προλογίζει δὲ εἴδωλον Πολυδώρου. τὰ περὶ τὴν Πολυξένην ἔστι
καὶ παρὰ Σοφοκλεῖ εὑρεῖν ἐν Πολυξένηι.

τὰ τοῦ δράματος πρόσωπα· Πολυδώρου εἴδωλον, Ἑκάβη,
χορὸς αἰχμαλωτίδων γυναικῶν, Πολυξένη, Ὀδυσσεύς, Ταλ-
25 θύβιος, θεράπαινα, Ἀγαμέμνων, Πολυμήστωρ.

14 κρύπτουσα GPaPlRSaξ: κ- δὲ Rw: κρύψασα FYv: κρύψαντα Zc: om.
(cum τὸ γεγονός) A   ὡς ἵνα] ὡς AR; ἵνα Sa   15 παραγενο-
μένων FYv: -ου Χα (qui αὐτοῦ post δὲ add.): -ωι cett.   μὲν AGSaξYv:
om. cett.   post υἱοὺς add. πολυμήστορος FYv, τοῦ π- Zc   ἔσφαξεν
SaZc: κατέσφ- AGξ: ἀπέσφ- FPaPlRRwYv   15–16 τῆς ὁράσεως] τῶν
ὀφθαλμῶν AGξ   17 γὰρ] δὲ PlR   ἄρξαι Schwartz: ἄρξειν Sa:
ἄρχειν cett.   ἀλλ' om. PlRSa   τὸν om. FPaSaYvZc
Inscriptionem add. Matthiessen: om. codd.   19 τῆι SaZTᵗ: γῆι
FYvZc   ἀντιπέραν Tᵗ: ἀντίπερα cett.   τροίας FSaYv: τῆς τ- ZZcTᵗ
20 χερρονήσωι ZTᵗ: τῆς -ου FYvZc: om. Sa   21 δὲ FYv: δὲ τὸ SaZc
εἴδωλον πολυδώρου FSaYv: π- εἴ- Zc   21b–22 ε Σ ad argumentum
rettulit Wilamowitz   21 τὴν Πολυξένην Cobet: πολ- Sa: τῆι πολυξένη
Yv: τὴν ξένην M   22 ἐν Πολυξένηι Wilamowitz: ἐν δὲ π- Yv: ἐν καὶ
πολυξέναις Sa: καὶ περὶ πολυξένην M   23–5 personas hoc ordine fere
AFGPPaξYvZZcTᵗ (ὀδ- πολυξ- θε- τα- FYvZc; ἀγ- πολυμ- om. Ζ): πο- εἴ-
ἐκ- πολυξ- τα- χο- θε- ὀδ- πολυμ- ἀγ- fere PlRRwSa (πολυξ- post πολυμ-
RwSa): εἴ- πο- ἐκ- θε- χ- τρωιάδων γ- τα- ὀδ- ἀγ- πολυμ- πολυξ- Va
23 εἴδωλον πολυδώρου VaXaZTᵗ   24 χορὸς αἰχμαλωτίδων γυναικῶν
AFGξ: χ- γ- αἰ- ἐκ τροίας Pa: χ- ἐκ τρωιάδων αἰ- ZTᵗ (αἰχμαλώτων Ζ): χ-
τρωιάδων γ- Va: χορὸς PPlRRwSaYvZc   24–5 Ταλθύβιος] ἄγγελος
RwSa; τ- ἄ- Pa   25 θεράπαινα] θ- ἑκάβης XaZTᵗ   post personarum
indicem προλογίζει εἴδωλον πολυδώρου Χα

fabula circa annum 424 a.C. acta

338

ΕΚΑΒΗ

ΠΟΛΥΔΩΡΟΥ ΕΙΔΩΛΟΝ

Ἥκω νεκρῶν κευθμῶνα καὶ σκότου πύλας
λιπών, ἵν᾽ Ἅιδης χωρὶς ὤικισται θεῶν,
Πολύδωρος, Ἑκάβης παῖς γεγὼς τῆς Κισσέως
Πριάμου τε πατρός, ὅς μ᾽, ἐπεὶ Φρυγῶν πόλιν
κίνδυνος ἔσχε δορὶ πεσεῖν Ἑλληνικῶι,   5
δείσας ὑπεξέπεμψε Τρωϊκῆς χθονὸς
Πολυμήστορος πρὸς δῶμα Θρηικίου ξένου,
ὃς τήνδ᾽ ἀρίστην Χερσονησίαν πλάκα
σπείρει, φίλιππον λαὸν εὐθύνων δορί.
πολὺν δὲ σὺν ἐμοὶ χρυσὸν ἐκπέμπει λάθραι   10
πατήρ, ἵν᾽, εἴ ποτ᾽ Ἰλίου τείχη πέσοι,
τοῖς ζῶσιν εἴη παισὶ μὴ σπάνις βίου.
νεώτατος δ᾽ ἦ Πριαμιδῶν, ὃ καί με γῆς
ὑπεξέπεμψεν· οὔτε γὰρ φέρειν ὅπλα
οὔτ᾽ ἔγχος οἷός τ᾽ ἦ νέωι βραχίονι.   15
ἕως μὲν οὖν γῆς ὄρθ᾽ ἔκειθ᾽ ὁρίσματα
πύργοι τ᾽ ἄθραυστοι Τρωϊκῆς ἦσαν χθονὸς
Ἕκτωρ τ᾽ ἀδελφὸς οὑμὸς εὐτύχει δορί,
καλῶς παρ᾽ ἀνδρὶ Θρηικὶ πατρώιωι ξένωι

codd.: Ω = MOAFGKLPPaRSa; ξ = XXaXb; ζ = ZZcZm; T^t

Inscriptio εὐριπίδου ἑκάβη ΩΧbζT^t: πολυδωρ[L^r: om. AFGKRXXa
1 σκότους M^γρXa^γρ (~ Dem. 18. 267, Strab. 14. 5. 4, Luc. nec. 1, Hermog.
id. 2. 4, Lib. decl. 23. 61, alii)   3 κισσίας Yv^γρ et uoluit ^γρΣ^m
5 δουρὶ GPRSaζ (~ G^c)   8 τήνδ᾽ Hermann: τὴν codd. et Steph. Byz.
691 Meineke: uide Barrett ad Hi. 12   Χερσονησίαν Steph. Byz., sicut
coni. Brunck: χερρο- codd.   11 πέσηι P et Zc^c (~ P^s)   13 νεώτερος
O et F^s   ἦ Didymus ap. Σ cod. Sa: ἦν codd. hic et 15, 284, 359, 809
δ] ὦι FSa et R^γρξ^sZ²   15 οἷός] οἷς MR (~ M²R^c)   16 ἔκειτ᾽
ἐρείσματα Scaliger, sed uide 963, Barrett ad Hi. 1159   18 ηὐτύχει
FGLPPaζ   19 ξένωι] φίλωι LP et M^g1F^g1G^g1R^g1

339

τροφαῖσιν ὥς τις πτόρθος ηὐξόμην τάλας·   20
ἐπεὶ δὲ Τροία θ' Ἕκτορός τ' ἀπόλλυται
ψυχὴ πατρῴα θ' ἑστία κατεσκάφη
αὐτός τε βωμῶι πρὸς θεοδμήτωι πίτνει
σφαγεὶς Ἀχιλλέως παιδὸς ἐκ μιαιφόνου,
κτείνει με χρυσοῦ τὸν ταλαίπωρον χάριν   25
ξένος πατρῷος καὶ κτανὼν ἐς οἶδμ' ἁλὸς
μεθῆχ', ἵν' αὐτὸς χρυσὸν ἐν δόμοις ἔχηι.
κεῖμαι δ' ἐπ' ἀκταῖς, ἄλλοτ' ἐν πόντου σάλωι,
πολλοῖς διαύλοις κυμάτων φορούμενος,
ἄκλαυτος ἄταφος· νῦν δ' ὑπὲρ μητρὸς φίλης   30
Ἑκάβης ἀίσσω, σῶμ' ἐρημώσας ἐμόν,
τριταῖον ἤδη φέγγος αἰωρούμενος,
ὅσονπερ ἐν γῆι τῆιδε Χερσονησίαι
μήτηρ ἐμὴ δύστηνος ἐκ Τροίας πάρα.
πάντες δ' Ἀχαιοὶ ναῦς ἔχοντες ἥσυχοι   35
θάσσουσ' ἐπ' ἀκταῖς τῆσδε Θρηικίας χθονός.
ὁ Πηλέως γὰρ παῖς ὑπὲρ τύμβου φανεὶς
κατέσχ' Ἀχιλλεὺς πᾶν στράτευμ' Ἑλληνικόν,
πρὸς οἶκον εὐθύνοντας ἐναλίαν πλάτην·
αἰτεῖ δ' ἀδελφὴν τὴν ἐμὴν Πολυξένην   40
τύμβωι φίλον πρόσφαγμα καὶ γέρας λαβεῖν.
καὶ τεύξεται τοῦδ' οὐδ' ἀδώρητος φίλων
ἔσται πρὸς ἀνδρῶν· ἡ πεπρωμένη δ' ἄγει

codd.: Π⁴ (28–); Ω = MOAFGKLPPaRSa(V 32–);
ξ = XXaXb; ζ = ZZcZm; T⁴

21 ἀπόλλυται Ωζ et Eust. in Il. pp. 545. 29, 850. 52, 958. 59, 1271. 63 et
maior pars codd. Thom. Mag. 404. 3: ἀπώλετο GPaξT⁴ et P²Z² et Σʳᵉᶜ· ad
177: ἀπώλλυται Lᶜ: ἀπόλλετο Thom. Mag. cod. Lb   23 τε] δὲ
AFPaξT⁴   λιθοδμήτωι M (~ Mᵧʳ)   26 ξεῖνος APRSa   28 ἀκτῆς
MOZm; [Π⁴]   30 ἄκλαυτος LPa: -αυστος ΩξζT⁴: [Π⁴]   ἄκλ- ἄτ-
MAFGKξT⁴: ἄτ- ἄκλ- Ωζ: [Π⁴]   33 Χερσονησίαι Brunck: χερρο- codd.:
[Π⁴]   34 ἐμὴ ΩξZcZmT⁴ et Paᶜ: ἐμὰ RSa: ἐμοῦ Z: ἐμοὶ Pa: [Π⁴]
35 δ'] τ' MFG; [Π⁴]   36 Θρηικίας] τρωϊκῆς RSa (~ RᵧʳSaᵧʳ); [Π⁴]
38 Ἑλληνικόν] ἀχαϊκόν Mᵧʳ   39 ἐναλίαν MV: εἰν- ΩξζT⁴ et M³: [Π⁴]

EKABH

θανεῖν ἀδελφὴν τῶιδ' ἐμὴν ἐν ἤματι.
δυοῖν δὲ παίδοιν δύο νεκρὼ κατόψεται   45
μήτηρ, ἐμοῦ τε τῆς τε δυστήνου κόρης.
φανήςομαι γάρ, ὡς τάφου τλήμων τύχω,
δούλης ποδῶν πάροιθεν ἐν κλυδωνίωι.
τοὺς γὰρ κάτω cθένοντας ἐξηιτηςάμην
τύμβου κυρῆςαι κὰς χέρας μητρὸς πεςεῖν.   50
τοὐμὸν μὲν οὖν ὅςονπερ ἤθελον τυχεῖν
ἔςται· γεραιᾶι δ' ἐκποδὼν χωρήςομαι
'Εκάβηι· περᾶι γὰρ ἤδ' ὑπὸ ςκηνῆς πόδα
'Αγαμέμνονος, φάνταςμα δειμαίνουϲ' ἐμόν.
φεῦ·
ὦ μῆτερ, ἥτις ἐκ τυραννικῶν δόμων   55
δούλειον ἦμαρ εἶδεϲ, ὡς πράϲϲειϲ κακῶϲ
ὅϲονπερ εὖ ποτ'· ἀντιϲηκώϲαϲ δέ ϲε
φθείρει θεῶν τιϲ τῆϲ πάροιθ' εὐπραξίαϲ.

EKABH

ἄγετ', ὦ παῖδεϲ, τὴν γραῦν πρὸ δόμων,
ἄγετ' ὀρθοῦϲαι τὴν ὁμόδουλον,   60
Τρωιάδεϲ, ὑμῖν, πρόϲθε δ' ἄναϲϲαν,

codd.: Π⁴(-44); Ω = MOAFGKLPPaRSaV; ξ = XXaXb;
ζ = ZZcZm; Tᵗ

44 τῶιδ' ἐμὴν ἐν ἤματι OAV? et MʸᵖRʸᵖSaʸᵖ: τὴν ἐμὴν τῆιδ' ἡμέραι ΩξζTᵗ
et V³? et (τῆδ' ἡμέρα in ras.) Lᶜ: [Π⁴L]   45 δύο MOGKPPaξTᵗ
et ZcᵃZmᶜ: δύω AFLRSaVζ et O¹ᶜ   46 τε alterum om. SaXa
(~ Xaᵃ)   50 τάφου K et Mᵍˡ   χέραϲ ΩXXbTᵗ et Xaᶜ: χείραϲ
MKRSaVXaζ et Paʳ: χείραϲ Pa   52 γεραιᾶϲ GLPa (~ GᶜLᶜPaᶜ et
Thom. Mag. 107. 1)   53 ἑκάβηϲ GL et Paᵃ (~ GᶜLᶜ et Thom. Mag.)
ϲκηνῆϲ ΩξTᵗ et Pᶜ et Σᵐᵛ: -ὴν FLPζ et Σʳᵉᶜ· ad 762   55 φεῦ om. GX
(~ GʳXᵃ et Ios. Rhacend. iii. 510. 30 Walz)   56 δούλειον ΩξTᵗ et
Rhacend.: δούλιον MFSaVζ et R¹ᶜ   εἶδεϲ ἦμαρ V et Zb (~ Rhacend.)
58 τῆϲ om. FZc (~ F¹ᶜZcᶜ)   60 ὁμόδουλον νῦν LXaζ (~ Xa¹ᶜ); [K]
61 πρόϲθεν δ' FGLPaRζ; πρόϲθ' A

341

ΕΥΡΙΠΙΔΟΥ

[λάβετε φέρετε πέμπετ' ἀείρετέ μου]
γεραιᾶς χειρὸς προσλαζύμεναι·
κἀγὼ σκολιῶι σκίπωνι χερὸς   65
διερειδομένη σπεύσω βραδύπουν
ἤλυσιν ἄρθρων προτιθεῖσα.

ὦ στεροπὰ Διός, ὦ σκοτία νύξ,
τί ποτ' αἴρομαι ἔννυχος οὕτω
δείμασι φάσμασιν; ὦ πότνια Χθών,   70
μελανοπτερύγων μᾶτερ ὀνείρων,
ἀποπέμπομαι ἔννυχον ὄψιν
[ἣν περὶ παιδὸς ἐμοῦ τοῦ σωιζομένου κατὰ Θρήικην
ἀμφὶ Πολυξείνης τε φίλης θυγατρὸς δι' ὀνείρων   75
†εἶδον γὰρ φοβερὰν ὄψιν ἔμαθον ἐδάην†].

ὦ χθόνιοι θεοί, σώσατε παῖδ' ἐμόν,
ὃς μόνος οἴκων ἄγκυρ' ἔτ' ἐμῶν   80
τὴν χιονώδη Θρήικην κατέχει
ξείνου πατρίου φυλακαῖσιν.

codd.: Ω = MOAFGKLPPaRSaV; ξ = XXaXb; ζ = ZZcZm; Tᵗ

62-3 del. Hartung   μου Ωξ: με O: μου δέμας FLζ (μοι δ- Zc)
et G²PaʳV² (cf. Σᵐᵛ λείπει τὸ σῶμα): om. Tᵗ et RwZdZu: [K]
64 γεραιᾶς ΩXaXbZcZmTᵗ et Saˢ et Eust. in Il. p. 249. 39: γηρ- LRSa:
γερεᾶς XZ   65 σκίπωνι ΩξZc et Lᶜ et (Eust. in Od. p. 1815. 11):
σκίμπωνι L(P)ZZmTᵗ   χειρὸς A   66 -μένη LPξZc et Vᶜ: -μένα
ΩZZmTᵗ   68 στεροπὴ ξ (~ Σᵛᵉᵗ· Ar. Ran. 1331)   69 αἴρομ'
GVξZZc   ἐννυχίοις αἴρομαι post Hartung (αἴ- ἐνν-) Menzer   οὕτωσί
Tᵗ   70 Χθών] νύξ Mʸᵖ; utrumque Σᵐᵛ   71 μᾶτερ OGLPSaζTᵗ:
μῆτερ Ωξ   73-8 del. Baier, Wilamowitz: uide Bremer, Mnem. 24
(1971) 232 seqq.   73 ἣν] τὴν Tᵗ   74 θράκην GZ   75 -ξείνης
MXXbZcZmTᵗ: -ξένης ΩXaZ   φίλης εἶδον Tᵗ   77 εἶδον γὰρ ΩζTᵗ
et lex. Vind. 131. 9: εἶδον· εἶδον γὰρ Pξ et G²Paʳ: εἶδον A   φοβερὰν
ἐδάην (ceteris deletis) post Matthiae Bothe   80 ἄγκυρ' ἔτ' Hlᶜ: ἄγκυρά
τ' ΩξζTᵗ: ἄγκυρ' ἔστ' Sa et Hl: cf. Σᵐᵛ ἐπὶ (om. Σᵛ; ἔτι Murray) τῶν ἐμῶν
οἴκων ἄγκυρα ὑπολειπόμενος   ἄγκυρ' ἀμῶν Matthiae   81 θράκην R et
Z²   82 πατρίου MFKPa: -ώιου ΩξζTᵗ et Fˢ

ἔcται τι νέον·
ἥξει τι μέλοc γοερὸν γοεραῖc.
οὔποτ' ἐμὰ φρὴν ὧδ' ἀλίαcτον   85
φρίccει ταρβεῖ.
ποῦ ποτε θείαν Ἑλένου ψυχὰν
καὶ Καccάνδραν ἐcίδω, Τρωιάδεc,
ὥc μοι κρίνωcιν ὀνείρουc;

[εἶδον γὰρ βαλιὰν ἔλαφον λύκου αἵμονι χαλᾶι   90
cφαζομέναν, ἀπ' ἐμῶν γονάτων cπαcθεῖcαν ἀνοίκτωc.
καὶ τόδε δεῖμά μοι·
ἦλθ' ὑπὲρ ἄκραc τύμβου κορυφᾶc
φάνταcμ' Ἀχιλέωc· ἤιτει δὲ γέραc
τῶν πολυμόχθων τινὰ Τρωϊάδων.   95
ἀπ' ἐμᾶc οὖν ἀπ' ἐμᾶc τόδε παιδὸc
πέμψατε, δαίμονεc, ἱκετεύω.]

ΧΟΡΟC

Ἑκάβη, cπουδῆι πρὸc c' ἐλιάcθην
τὰc δεcποcύνουc cκηνὰc προλιποῦc',

codd.: Ω = MOAFGKLPPaRSaV; ξ = XXaXb; ζ = ZZcZm; T^t

---

85 ἀλίαcτον Nauck: -οc codd. et ¹Σ^{mv}: cf. anecd. Bekker i. 383. 8 (= fr.
1123 N)   87 ψυχὴν SaV et R^s (~ Σ Tzetz. in Ar. Ran. 1340)
88 καὶ] ἢ V et G² (~ Tzetz.)   κακc- O et RwZb et Tzetz.: κac- ΩξζT^t
-άνδραν PZcZmT^t et G^sZ²: -άνδραc ΩξZ et Tzetz., fort. recte
89 κρίνωcιν AKT^t et F¹ᶜG^c: -ωc' Ωξζ et M³ et Tzetz.: -ουcιν F: -ουc' M:
διακρίνωcιν G   90–7 del. Baier, Wilamowitz (uide ad 73–8); de 92–7
haereo   90 χηλᾶι XXbZ et P^s; χαλῆ Sa   91 cφαζομένην ξ   ἀπ'
ΩξZZmT^t et L^cZc^c: κάπ' FLPSaZc   ἀνοίκτωc Porson et interpr.
M^{g1}V^{g1} (ἀνηλεῶc): ἀνάγκαι (-ηι) οἰκτρῶc codd. (-αι MOAGPaVξζT^t et P^c:
-ηι FKLPRSa et V³) et ¹Σ^{mv}: [A]   92 τό γε FPa (~ F^c)   93 ἦλθ'
MOAV: ἤλυθ' ΩξζT^t et V³   94 ἀχιλέωc GPaT^t: -λλέωc Ωζ: -λήοc ξ
96 ἀπ' ἐμᾶc ἀπ' ἐμᾶc οὖν Bothe (~ Eust. Macr. 6. 10 et Σ Tzetz. ad
Ar. Ran. 1340)   97 ad numeros cf. IT 215; IA 123 certe spurius,
fort. etiam corruptus est   98 c' om. MLPPaRVZm (~ M²L^cP¹ᶜ)
99 δεcποcύναc OKZ (~ Z² et lex. Vind. 52. 10)

ἵν' ἐκληρώθην καὶ προσετάχθην 100
δούλη, πόλεως ἀπελαυνομένη
τῆς Ἰλιάδος, λόγχης αἰχμῆι
δοριθήρατος πρὸς Ἀχαιῶν,
οὐδὲν παθέων ἀποκουφίζουσ'
ἀλλ' ἀγγελίας βάρος ἀραμένη 105
μέγα σοί τε, γύναι, κῆρυξ ἀχέων.
ἐν γὰρ Ἀχαιῶν πλήρει ξυνόδωι
λέγεται δόξαι σὴν παῖδ' Ἀχιλεῖ
σφάγιον θέσθαι. τύμβου δ' ἐπιβὰς
οἶσθ' ὅτε χρυσέοις ἐφάνη σὺν ὅπλοις, 110
τὰς ποντοπόρους δ' ἔσχε σχεδίας
λαίφη προτόνοις ἐπερειδομένας,
τάδε θωύσσων· Ποῖ δή, Δαναοί,
τὸν ἐμὸν τύμβον
στέλλεσθ' ἀγέραστον ἀφέντες; 115
πολλῆς δ' ἔριδος συνέπαισε κλύδων,
δόξα δ' ἐχώρει δίχ' ἀν' Ἑλλήνων
στρατὸν αἰχμητήν, τοῖς μὲν διδόναι
τύμβωι σφάγιον, τοῖς δ' οὐχὶ δοκοῦν.
ἦν δὲ τὸ μὲν σὸν σπεύδων ἀγαθὸν 120
τῆς μαντιπόλου Βάκχης ἀνέχων
λέκτρ' Ἀγαμέμνων· τὼ Θησείδα δ',
ὄζω Ἀθηνῶν, δισσῶν μύθων
ῥήτορες ἦσαν, γνώμηι δὲ μιᾶι
συνεχωρείτην τὸν Ἀχίλλειον 125
τύμβον στεφανοῦν αἵματι χλωρῶι,
τὰ δὲ Κασσάνδρας λέκτρ' οὐκ ἐφάτην

codd.: Ω = MOAFGKLPPaRSaV; ξ = XXaXb; ζ = ZZcZm; Tᵗ

105 ἀραμένη LPaRξ et SaˢZ², -α MOASa: αἱραμένα Fᶜ: αἱρομένη PζTᵗ
et Lᶜ, -α FGK: ἀρομένη V   108 ἀχιλεῖ MGξTᵗ et Kᶜ: -λλ- Ωζ
113 ποῖ] πῆι LRZm   116 πολὺς FRSaZc (∼ SaˢZcᵞᵖ) et V²Zʳ
συνέπαισε KXb (cf. ξᵍˡ συνέκρουσε): -πεσε ΩΧΧaζ (ξυν- A): -πεσσε Tᵗ
117 ἑλλήνων ξ et PˢSaˢVᶜ: -άνων ΩζTᵗ   120 δὲ ΩξΖ: δ' ὁ LPZcZmTᵗ:
δὲ *** F   127 κασσ- OK et RwZb: κασ- ΩξζTᵗ

344

τῆς Ἀχιλείας
πρόσθεν θήcειν ποτὲ λόγχης.
cπουδαὶ δὲ λόγων κατατεινομένων　　　　130
ἦcαν ἴcαι πως, πρὶν ὁ ποικιλόφρων
κόπις ἡδυλόγος δημοχαριcτὴς
Λαερτιάδης πείθει cτρατιὰν
μὴ τὸν ἄριcτον Δαναῶν πάντων
δούλων cφαγίων οὕνεκ' ἀπωθεῖν,　　　　135
μηδέ τιν' εἰπεῖν παρὰ Φερcεφόνηι
cτάντα φθιμένων ὡς ἀχάριcτοι
Δαναοὶ Δαναοῖc τοῖc οἰχομένοιc
ὑπὲρ Ἑλλήνων
Τροίαc πεδίων ἀπέβηcαν.　　　　140
ἤξει δ' Ὀδυcεὺc ὅcον οὐκ ἤδη
πῶλον ἀφέλξων cῶν ἀπὸ μαcτῶν
ἔκ τε γεραιᾶc χερὸc ὁρμήcων.
ἀλλ' ἴθι ναούc, ἴθι πρὸc βωμούc,
[ἵζ' Ἀγαμέμνονοc ἱκέτιc γονάτων,]　　　　145
κήρυccε θεοὺc τούc τ' οὐρανίδαc
τούc θ' ὑπὸ γαίαc. ἢ γάρ cε λιταὶ
διακωλύcουc' ὀρφανὸν εἶναι
παιδὸc μελέαc ἢ δεῖ c' ἐπιδεῖν
τύμβωι προπετῆ φοινιccομένην　　　　150
αἵματι παρθένον ἐκ χρυcοφόρου
δειρῆc ναcμῶι μελαναυγεῖ.

codd.: Ω = MOAFGKLPPaRSaV; ξ = XXaXb; ζ = ZZcZm; Tᵗ

128 ἀχιλείαc GKTᵗ: -λλ- Ωξζ　　133 πείθοι KPa et Vˢ　　135 εἴνεκ'
LPZ (~ Zʳ) et Zmᶜ　　136 φερcεφ- M: περcεφ- ΩξζTᵗ et M³
141 ὀδυcεὺc GKPaTᵗ: -cc- Ωξζ et lex. Vind. 133. 8　　142 ἀφέξων LSa
μαcτῶν ΩZZc et L²: μαζῶν 〈L〉Pa ξZmTᵗ et G²Zcˢ　　143 γηραιᾶc SaVZ
(~ Saˢ)　　χερὸc MFKPPaSaXXbZmTᵗ: χειρὸc OAGLRVXaZZc et
Saˢ　　145 del. Heimsoeth: uide Studies 45　　146 οὐρανίουc LSaV
(~ LᶜSaˢV²)　　147 γαίαc Porson: γαῖαν codd. et L²: [L]: uide
Studies 97　　148 ὀρφανὸν ΩξZmTᵗ et Σᵛ: -àν AFGZZc et L² et lex.
Vind. 134.13: -ὴν Pa et M²V²XbˢZ²: -ὴ μὴ Sa　　150 τύμβωι GSaV
et F¹ᶜ: -ου ΩξζTᵗ et G²V² et ¹Σᵐᵛ ut uid. et Lacap. epim. p. 56. 14 Lindstam

Εκ. οἳ ἐγὼ μελέα, τί ποτ' ἀπύcω;   [cτρ.
      ποίαν ἀχώ, ποῖον ὀδυρμόν,   155
      δειλαία δειλαίου γήρωc
      ⟨καὶ⟩ δουλείαc τᾶc οὐ τλατᾶc,
      τᾶc οὐ φερτᾶc; ὤμοι μοι.
      τίc ἀμύνει μοι; ποία γενεά,
      ποία δὲ πόλιc; φροῦδοc πρέcβυc,   160
      φροῦδοι παῖδεc.
      ποίαν ἢ ταύταν ἢ κείναν
      cτείχω; ποῖ δὴ cωθῶ; ποῦ τιc
      θεῶν ἢ δαίμων ἐπαρωγόc;
      ὢ κάκ' ἐνεγκοῦcαι   165
      Τρωιάδεc, ὢ κάκ' ἐνεγκοῦcαι
      πήματ', ἀπωλέcατ' ὠλέcατ'· οὐκέτι μοι βίοc
      ἀγαcτὸc ἐν φάει.

codd.: Ω = MOAFGKLPPaRSaV; ξ = XXaXb; ζ = ZZcZm; Tᵗ

154 seqq. cum 197 seqq. in responsionem redegerunt Hermann aliique;
satis perspicua sunt responsionis uestigia in 165-9 et 207-10, nec magnae
molis est responsionem inter 154-64 et 197-206 restituere; de 170 seqq. et
211 seqq. uide ad 170 adnotationem   155 ἀχὼ Σᵐᵛ et Ad
157 ⟨καὶ⟩ Tᵗ   158 φευκτᾶc Campbell (Hermes 86 [1958] 172) cl. S.
Ai. 224 ἄτλατον οὐδὲ φευκτάν (φερτάν P)   ὤμοι μοι Ωξ: οἴμοι μοι Z:
ὤμοι ὤμοι P: οἴμοι οἴμοι ZcTᵗ: οἴμοι MLZm   159 ἀμύνει ΩXaXbζTᵗ:
-η MFKRVX   γενεά Porson: γέννα codd.: uide Studies 97   160 δὲ
om. FSa   162-3 cf. Dion. Hal. comp. 17 (= TrGF adesp. 137) ποίαν
δῆθ' ὁρμάcω, ταύταν / ἢ κείναν, κείναν ἢ ταύταν;, Alex. iii. 12 Spengel ποίαν
ἔλθω, ταύταν ἢ κείναν;   162 ἢ (prius) om. L (~ Lᶜ) et Saᶜ   ταύτην
KL (~ K¹ᶜLᶜ)   κείνην KL (~ K¹ᶜ)   post κείναν add. ὁδὸν FGVZ et
ξᵍ¹Zmᵍ¹   163 ποῖ] πῆ MOFKLVXZm   δὴ cωθῶ Diggle (cf. Σᵐᵛ εἰc
ποίαν ὁδὸν βοηθείαc παραγένωμαι;): δ' ἤcω codd.: ὁρμήcω Mᵍ¹AʳXˢXbˢζˢ et
Σᵛ (cf. Dion. Hal.)   164 θεὸc Tᵗ   δαίμων Tᵗ: δαιμόνων Ωξζ
ἐπαρωγόc MOAKRVξ: ἐπ' ἀρωγόc GL: ἐπαρωγὸc ἔcται PZZm et Zcʸᵖ: ἔcτ'
ἀρωγόc PaZc et Xa²: ἔcτ' ἐπαρωγόc Tᵗ: ἀρωγόc FSa   167 ἀπωλέcατ(ε)
ὠλέcατ(ε) MGPPaRVZcZmTᵗ et AˢFˢξˢ: ἀπολ- ὀλ- OAFXbZ et KᶜZcˢ et
Plan. ap. Σʳᵉᶜ·: ἀπολ- ὠλ- XXa: ἀπωλ- ὀλ- KSa: ἀπωλ- ἀπωλ- L: ἀπολ- ἀπολ-
L²   168 οὐδ' ἔτι M

ὦ τλάμων ἄγησαί μοι πούς,   170
ἄγησαι τᾶι γηραιᾶι
πρὸς τάνδ' αὐλάν. ὦ τέκνον, ὦ παῖ
†δυςτανοτάτας ματέρος, ἔξελθ'
ἔξελθ' οἴκων, ἄιε ματέρος αὐδάν.†

ἰὼ τέκνον [ὡς εἰδῆις οἵαν οἵαν   175
ἀίω φάμαν περὶ cᾶς ψυχᾶς].

ΠΟΛΥΞΕΝΗ

μᾶτερ μᾶτερ, τί βοᾶις; τί νέον
καρύξας' οἴκων μ' ὥςτ' ὄρνιν
θάμβει τῶιδ' ἐξέπταξας;
Εκ. οἴμοι τέκνον.   180
Πο. τί με δυcφημεῖc; φροίμιά μοι κακά.
Εκ. αἰαῖ cᾶc ψυχᾶc.
Πο. ἐξαύδα· μὴ κρύψηις δαρόν.
δειμαίνω δειμαίνω, μᾶτερ,
τί ποτ' ἀναcτένειc.   185

codd.: *Ω* = MOAFGKLPPaRSaV; ξ = XXaXb; ζ = ZZcZm; T^t

170–4 ad stropham non pertinent, si 211–15 spurii sunt
170 τλάμων MOKPaZT^t et R^s: τλήμων L^c: τλᾶμον AFRVξZc et Pa^cZ^s:
τλῆμον GLPSaZm   πούς *Ωξζ*T^t et F^1c: πού AF: πού KRSaV: πούς et
πού Pa   171 ἄγηςαι] ἄγηςαί μοι FVT^t (~ F^1c)   τῆι RV (~ V^2)
γηραιᾶι Hermann: γραίαι codd.   172 seqq. cf. Ar. Nub. 1165–6 ὦ
τέκνον, ὦ παῖ, ἔξελθ' οἴκων, ἄιε coῦ πατρόc, ubi *Σ*^rec· adfert tamquam ex Hec.
ὦ παῖ παῖ, ἔξελθ' ἔξελθ' οἴκων   173 μητέροc Sa; ματρὸc OPa et Sa^s;
μ̄ρ̄c̄ V   173–4 aut ἔξελθ' ἔξελθ' οἴκων, ματρόc / δυcτανοτάτας ἄι' αὐδάν
aut δυcτανοτάτας ματέρος, ἔξελθ' / ἔξελθ' οἴκων, ἄι' αὐδάν Diggle
175 ἰὼ Reisig: ὦ codd.: cf. 1091–2, Ba. 576–7, Phaeth. 286–7, Ar. Nub.
1170   175–6 ὡc…ψυχᾶc (una cum ὦ τέκνον) del. Hartung
175 εἰδῆιc T^t et McAd: ἴδηιc *Ωξζ* et Ae et *Σ*^v: [A]   177 μᾶτερ μᾶτερ
Reisig: ἰὼ μ- μ- *Ωξζ*T^t: ἰὼ μ- R: ἰὼ μ- ἰώ G   178 καρύξας'] κηρ-
MFGPRSaξZm (~ M^a)   -ύξουc' F^1c et PgPrS   180 οἴμοι *Ωζ*: ὤμοι
Vξ et Ae: οἴμοι μοι T^t: ἰώ μοι Sa^s: [A]: ὤμοι μοι Hermann   181 με
*Ω*ξT^t: μοι LPζ: om. OFV: δὲ Blaydes   μοι om. AZ (~ A^s) et ^1*Σ*^v; μὲν
Murray   182 αἰαῖ αἰαῖ GKZcT^t   ψυχᾶc πέρι FPZZmT^t et Zc^1c (περί
etiam M^g1K^g1V^g1)

347

ΕΥΡΙΠΙΔΟΥ

Εκ.   τέκνον τέκνον μελέας ματρός...

Πο.   τί τόδ' ἀγγέλλεις;

Εκ.   cφάξαι c' 'Αργείων κοινὰ
cυντείνει πρὸς τύμβον γνώμα
Πηλείαι γένναι.   190

Πο.   οἴμοι, μᾶτερ, πῶc φθέγγηι;
ἀμέγαρτα κακῶν μάνυcόν μοι,
μάνυcον, μᾶτερ.

Εκ.   αὐδῶ, παῖ, δυcφήμους φήμαc,
ἀγγέλλους' 'Αργείων δόξαι   195
ψήφωι τᾶς cᾶς περὶ μοίρας.

Πο.   ὦ δεινὰ παθοῦc', ὦ παντλάμων,   [ἀντ.
ὦ δυcτάνου, μᾶτερ, βιοτᾶc,
οἵαν οἵαν αὖ cοι λώβαν
†ἐχθίcταν ἀρρήταν τ'   200
ὦρcέν τιc δαίμων†.
οὐκέτι cοι παῖc ἅδ' οὐκέτι δὴ

codd.: Ω = MOAFGKLPPaRSaV; ξ = XXaXb; ζ = ZZcZm; T^t

186 τέκνον τέκνον Hermann: ὦ τ- τ- Ωξζ: ὦ τ- ὦ παῖ T^t: τ- ὦ τ- Dindorf:
cf. 694   μητρός AKL (~ A^{1c}K^{1c}); ματέρος T^t   187 τί ⟨δὲ⟩
Hermann   ἀγγέλλεις] -έλεις MOFZc (~ M^3); -ελεῖς Hermann
188 κοινὰ GPaξ   189 γνώμη PSaZ; -αι GPaξ   190 Πηλείαι Paley:
πηλείδα(ι) ΩξζZmT^t: -είδου PaZZc et Zm^s   191 οἴμοι] ὤμοι OP
(~ O^s); οἴμοι μοι SaT^t   πῶc] πῇ πῶc V (~ V^2) et Σ^{s, sa, v}; παῖ
M^{yp}Sa^{yp} (uol. fort. πᾶι)   191-2 interrogationem post φθέγγηι indic.
Page: post κακῶν edd.   193 μάνυcον Ω: μ- μοι LPaVξζT^t et A^sSa^s: μ-
με Sa: [K]   194 φήμαc MFLSa: φάμ- ΩξζT^t, quo accepto δυcφάμουc
Bothe   195 ἀγγέλλουc' MFZcT^t (~ M^3F^{1c})   196 ψήφοιc MR
(~ R^s); et -ωι et -οιc Σ^{mv}   μοίραc Page (cl. Hel. 213, S. OT 1302):
μοι ψυχᾶc ΩξζT^t et F^2Sa^{1c}V^2: ψυχᾶc FSaV   197 παντλάμων MOPa
(R)T^t et K^c: -τλᾶμον Ωξζ et McPa^{1c}(R^s)   198 τᾶc δυcτάνου Hermann,
ὦ δύcτανοc Wecklein, sed cf. Hel. 211-12   μῆτερ XXb   βιοτῆc
FSaZc   200-1 excidisse uidentur nonnulla: e.g. ⟨λώβαν⟩ ἐχθ- Her-
mann, tum δαίμων· ⟨ὤμοι⟩ Diggle   200 ἐχθίcταν] αἰcχίcταν V et M^s;
om. (cum τ') T^t   201 ὦρcέν OT^t: -cέ Ωξζ   202 οὐκέτι prius] οὐκ
ἔcτι OSa et L^c

γήραι δειλαία δειλαίωι
cυνδουλεύcω.
cκύμνον γάρ μ' ὥcτ' οὐριθρέπταν   205
μόcχον δειλαία δειλαίαν
⟨   ⟩ ἐcόψηι
χειρὸc ἀναρπαcτὰν
cᾶc ἄπο λαιμότομόν θ' ⁕Αιδαι
γᾶc ὑποπεμπομέναν cκότον, ἔνθα νεκρῶν μέτα
τάλαινα κείcομαι.   210

[καὶ cοῦ μέν, μᾶτερ, δυcτάνου
κλαίω πανδύρτοιc θρήνοιc,
τὸν ἐμὸν δὲ βίον λώβαν λύμαν τ'
οὐ μετακλαίομαι, ἀλλὰ θανεῖν μοι
ξυντυχία κρείccων ἐκύρηcεν.]   215

Χο.   καὶ μὴν 'Οδυccεὺc ἔρχεται cπουδῆι ποδόc,
       'Εκάβη, νέον τι πρὸc cὲ cημανῶν ἔποc.

codd.: Π¹¹(216–); Ω= MOAFGKLPPaRSa(V–211; Va 212–); ξ= XXaXb;
ζ= ZZcZm; Tᵗ

203 δειλαία δειλαίωι A et PgRw: -ωι -α ΩξζTᵗ   204 cυνδουλεύcω FXb
(∼ Fˢ)   205 οὐρειθρέπταν Porson (∼ Hesych. O 1855)
206 displicent μόcχον iuxta cκύμνον positum et δειλαία δειλαίαν post 203
repetitum; del. Sakorraphos, Wilamowitz   lac. indic. Murray
εἰcόψει PTᵗ   207 ἀναρπαcτὴν OLξZm et Mˢ   208 θ' ⁕Αιδαι
Hermann: τ' ἀίδαι fere codd. (-δαν MR, ∼ Mᶜ; -δου Z²)   209 ὕπο
πεμπ- Reiske (ὑπὸ πεμπ- MoMs)   cκότον Ωξ et Z²ZmˢTᵗˢ et F¹ᶜ:
cκότοc M: cκότωι LPaζTᵗ et PˢSaˢ: cκότ⁕⁕ F   210 τάλαινα Vb, sicut
coni. Seidler: ά τ- fere codd. (ή τ- PaXa)   211-15 del. Wilamowitz
211 cοῦ Heimsoeth e Σᵐ: cὲ codd.   ὦ μᾶτερ Tᵗ   δυcτάνου
M et Zo: δ- βίου LPaZcZm: δύcτανε ΩξTᵗ et M³: δύcτηνε GKVZ
212 πανδύρτοιc Blomfield: πανοδ- codd.   215 numeri abnormes
ξυντυχίαι M (∼ Mᶜ)   κρείccον Z (∼ Zʳ) et Zmˢ   ἐκύρηcε(ν)
ΩXbZmTᵗ et A²GᶜX¹ᶜZʳ: -ηccε Zc: ἐκήρυcεν AX: -ήρυccε(ν) GSaXaZ
217 ἔποc] χρέοc (Π¹¹)Zmʸᵖ et Mᵍ¹Zbʸᵖ; χρόοc Zʳʸᵖ

ΟΔΥССΕΥС

γύναι, δοκῶ μέν с' εἰδέναι γνώμην стρατοῦ
ψῆφόν τε τὴν κρανθεῖсαν· ἀλλ' ὅμως φράсω.
ἔδοξ' Ἀχαιοῖс παῖδα сὴν Πολυξένην   220
сφάξαι πρὸс ὀρθὸν χῶμ' Ἀχιλλείου τάφου.
ἡμᾶс δὲ πομποὺс καὶ κομιстῆραс κόρηс
τάссουсιν εἶναι· θύματοс δ' ἐπιстάτηс
ἱερεύс τ' ἐπέсται τοῦδε παῖс Ἀχιλλέωс.
οἶсθ' οὖν ὃ δρᾶсον· μήτ' ἀποсπαсθῆιс βίαι   225
μήτ' ἐс χερῶν ἅμιλλαν ἐξέλθηιс ἐμοί,
γίγνωсκε δ' ἀλκὴν καὶ παρουсίαν κακῶν
τῶν сῶν· сοφόν τοι κἂν κακοῖс ἃ δεῖ φρονεῖν.

Εκ.   αἰαῖ· παρέстηχ', ὡс ἔοικ', ἀγὼν μέγαс,
πλήρηс стεναγμῶν οὐδὲ δακρύων κενόс.   230
κἄγωγ' ἄρ' οὐκ ἔθνηιсκον οὗ μ' ἐχρῆν θανεῖν,
οὐδ' ὤλεсέν με Ζεύс, τρέφει δ' ὅπωс ὁρῶ
κακῶν κάκ' ἄλλα μείζον' ἡ τάλαιν' ἐγώ.
εἰ δ' ἔстι τοῖс δούλοιсι τοὺс ἐλευθέρουс
μὴ λυπρὰ μηδὲ καρδίαс δηκτήρια   235
ἐξιстορῆсαι, †сοὶ μὲν εἰρῆсθαι† χρεών,
ἡμᾶс δ' ἀκοῦсαι τοὺс ἐρωτῶνταс τάδε.

Οδ.   ἔξεст', ἐρώτα· τοῦ χρόνου γὰρ οὐ φθονῶ.

Εκ.   οἶсθ' ἡνίκ' ἦλθεс Ἰλίου κατάсκοποс
δυсχλαινίαι τ' ἄμορφοс ὀμμάτων τ' ἄπο   240
φόνου сταλαγμοὶ сὴν κατέсταζον γένυν;

codd.: Π⁵(223–7); Π¹¹(–232); Ω=MOAFGKLPPaRSaVa; ξ=XXaXb; ζ=ZZcZm; Tᵗ

219 κραθεῖсαν FPaRSa (~F¹ᶜ); [Π¹¹]   220 сὴν παῖδα FPaSa; [Π¹¹]   224 ἱρεύс ΟΑ; [Π⁵Π¹¹]   ἐπέсται Nauck: ἐπέстη codd.: [Π¹¹]   225 δράсον (Π⁵)MPRTᵗ et O²ʸᵖ et Σᵐ (τὰ καλὰ τῶν ἀντιγράφων δρᾶсον ἔχει) et Greg. Cor. p. 18 Schaefer: δράсειс Ωξζ et Mˢ et Π⁵ᶜᵘᵛ: [Π¹¹] μήποτ' GXZm (~G²ʸᵖXᶜZmᶜ); [Π¹¹]   ἀποсπαсθῆιс] -αсθ.[Π⁵; -αθηι Π¹¹; -άсηс L   226 χειρῶν LXaZc; [Π⁵Π¹¹]   ἐξέλθοιс ξZm; εξελθ[Π⁵   228 τοι MOFKP: τι ΩξζTᵗ et gV et Orio flor. 1. 4: γὰρ Kˢ: γάρ τοι (γάρ τι pars codd.) Eust. Macr. 4. 24: [Π¹¹]   231 κἄγωγ' ἄρ' L. Dindorf: κἀγὼ γὰρ codd.: [Π¹¹]   236 сὲ μὲν ἐρωτᾶσθαι Weil, сὲ μὲν ἀμείβεσθαι Herwerden   240 τ' alterum] δ' L; om. ΜΑ (~Mˢ)

ΕΚΑΒΗ

Οδ. οἶδ'· οὐ γὰρ ἄκρας καρδίας ἔψαυσέ μου.
Εκ. ἔγνω δέ c' Ἑλένη καὶ μόνηι κατεῖπ' ἐμοί;
Οδ. μεμνήμεθ' ἐς κίνδυνον ἐλθόντες μέγαν.
Εκ. ἦψω δὲ γονάτων τῶν ἐμῶν ταπεινὸς ὤν;   245
Οδ. ὥcτ' ἐνθανεῖν γε coῖc πέπλοιcι χεῖρ' ἐμήν.   246
Εκ. τί δῆτ' ἔλεξας δοῦλος ὢν ἐμὸc τότε;   249
Οδ. πολλῶν λόγων εὑρήμαθ' ὥcτε μὴ θανεῖν.   250
Εκ. ἔcωcα δῆτά c' ἐξέπεμψά τε χθονός;   247
Οδ. ὥcτ' εἰcορᾶν γε φέγγος ἡλίου τόδε.   248
Εκ. οὔκουν κακύνηι τοῖcδε τοῖc βουλεύμαcιν,   251
    ὃc ἐξ ἐμοῦ μὲν ἔπαθες οἷα φὴιc παθεῖν,
    δρᾶιc δ' οὐδὲν ἡμᾶc εὖ, κακῶc δ' ὅcον δύναι;
    ἀχάριcτον ὑμῶν cπέρμ', ὅcοι δημηγόρουc
    ζηλοῦτε τιμάc· μηδὲ γιγνώcκοιcθέ μοι,   255
    οἳ τοὺc φίλουc βλάπτοντεc οὐ φροντίζετε,
    ἢν τοῖc πολλοῖc πρὸc χάριν λέγητέ τι.
    ἀτὰρ τί δὴ cόφιcμα τοῦθ' ἡγούμενοι
    ἐc τήνδε παῖδα ψῆφον ὥριcαν φόνου;
    πότερα τὸ χρή cφ' ἐπήγαγ' ἀνθρωποcφαγεῖν   260
    πρὸc τύμβον, ἔνθα βουθυτεῖν μᾶλλον πρέπει;
    ἢ τοὺc κτανόνταc ἀνταποκτεῖναι θέλων
    ἐc τήνδ' Ἀχιλλεὺc ἐνδίκωc τείνει φόνον;

codd.: Π³(254–6); Ω = MOAFGKLPPaRSa(Va –256; V 257–);
ξ = XXaXb; ζ = ZZcZm; Tᵗ

243 κατεῖπ' ἐμοί Brunck: -πέ μοι codd.   245 δὲ] τε MR
246 ὥcτε θανεῖν F et RwS   ὥcτ' ἐντακῆναι Brunck   πέπλοιc
FKSaXa   249–50, 247–8 R et HnMsPbPlRaS: 247–8, 249–50 ΩξζTᵗ
et Aʳ: 249–50 (om. 247–8) AVa: 247–8 (om. 249–50, add. Gᵐ) G
248 γε] τε FSa; om. AʳR; [AVa]   253 κακὸν ⟨F?⟩Z (∼ F¹ᶜ et gV)
δύναι Porson: -η(ι) codd. et gV   255 ζητεῖτε Π³ (∼ gV)
γιγνώcκοιcθ' ἐμοί Π³   256 φροντίζετε Π³OGLPRVaξZZmTᵗ et
PaʸᵖSaʸᵖZcˢ et gV et Chr. Pat. 1060 et lex. Vind. 192. 12: γι(γ)νώcκετε
MAFKPaSaZc et L²ʸᵖ   257 λέγοιτέ FGSaZZc (∼ Gᶜ et gV et lex.
Vind.)   258 δὴ om. LZ   260 χρή Nauck: χρῆν codd. et Eust. in Il.
p. 1179. 38, Od. p. 1647. 38 et Thom. Mag. 395. 1: χρεών Scaliger
ἀνθρωποcφαγεῖν ΩζTᵗ et Eust. in Od. et Thom. Mag.: -κτονεῖν Pξ et Eust.
in Il. (cf. Σᵐᵛ)   263 τίνει MAR

ἀλλ' οὐδὲν αὐτὸν ἥδε γ' εἴργασται κακόν.
Ἑλένην νιν αἰτεῖν χρῆν τάφωι προσφάγματα·   265
κείνη γὰρ ὤλεςέν νιν ἐς Τροίαν τ' ἄγει.
εἰ δ' αἰχμαλώτων χρή τιν' ἔκκριτον θανεῖν
κάλλει θ' ὑπερφέρουσαν, οὐχ ἡμῶν τόδε·
ἡ Τυνδαρὶς γὰρ εἶδος ἐκπρεπεστάτη,
ἀδικοῦςά θ' ἡμῶν οὐδὲν ἧςςον ηὑρέθη.   270
τῶι μὲν δικαίωι τόνδ' ἁμιλλῶμαι λόγον·
ἃ δ' ἀντιδοῦναι δεῖ ς' ἀπαιτούςης ἐμοῦ
ἄκουςον. ἥψω τῆς ἐμῆς, ὡς φήις, χερὸς
καὶ τῆςδε γραίας προςπίτνων παρηίδος·
ἀνθάπτομαί ςου τῶνδε τῶν αὐτῶν ἐγὼ   275
χάριν τ' ἀπαιτῶ τὴν τόθ' ἱκετεύω τέ ςε,
μή μου τὸ τέκνον ἐκ χερῶν ἀποςπάςηις
μηδὲ κτάνητε· τῶν τεθνηκότων ἅλις.
ταύτηι γέγηθα κἀπιλήθομαι κακῶν·
ἥδ' ἀντὶ πολλῶν ἐςτί μοι παραψυχή,   280
πόλις, τιθήνη, βάκτρον, ἡγεμὼν ὁδοῦ.
οὐ τοὺς κρατοῦντας χρὴ κρατεῖν ἃ μὴ χρεὼν
οὐδ' εὐτυχοῦντας εὖ δοκεῖν πράξειν ἀεί·
κἀγὼ γὰρ ἦ ποτ' ἀλλὰ νῦν οὐκ εἴμ' ἔτι,

codd.: Ω = MOAFGKLPPaRSaV; ξ = XXaXb; ζ = ZZcZm; Tᵗ

264 οὐδέν γ' AR   ἥδε γ' ΩξΖΖmTᵗ et Pa¹ᶜ: ἥδ' MFKPaSaZc
265 χρῆν ΩΧΧaΖcΖm: χρὴ XbΖTᵗ et AeΖm¹ᶜ: [A]   προσφάγματα
OGKPPaSaξΖTᵗ: πρόσφαγμα MFLRΖcΖm et Ae: -μά τι V et F²: [A]
266 ἄγοι F et A²   267 αἰχμαλώτων OALPaRSaζ et Fʳ: -άλωτον
MFGKPVξTᵗ et (Rˢ)Saˢ   χρῆν K; χρήν V   269 ἐκπρεπεςτάτη
M et V²: εὐπρ- ΩξζTᵗ et Mᶜ   270 ἧςςον Ω: ἧττον OAPRVξζTᵗ
274 om. L (∼ L²)   γραίας Valckenaer: γεραιὰς ΩξTᵗ et AePaᶜ: γηρ-
PaSaζ et L²: [AL]   παρηίδος OKξTᵗ et AeFᶜ: -ηιάδος ⟨F⟩ et Vb:
-ειάδος Ωζ et L²: [AL]   275 τ' ἐγώ FSa   276 τ'] δ' MK (∼ Kᶜ)
277 χερῶν ΩξζTᵗ et AeL²: χειρῶν GPa et Zʳ: χερὸς Aeˢ: χειρὸς V: aut
χερὸς aut χειρὸς L: [A]   278 τεθνεώτων KP (∼ Kˢ)   279 del.
Hartung cl. Or. 66   283 πράξειν ΩΖΖm et gV et Stob. 4. 41. 20:
πράςςειν VZc: πράττειν GξTᵗ et F²Paᵍʳ

τὸν πάντα δ' ὅλβον ἦμαρ ἕν μ' ἀφείλετο.　　285
ἀλλ', ὦ φίλον γένειον, αἰδέcθητί με,
οἴκτιρον· ἐλθὼν δ' εἰc Ἀχαιικὸν cτρατὸν
παρηγόρηcον ὡc ἀποκτείνειν φθόνοc
γυναῖκαc, ἃc τὸ πρῶτον οὐκ ἐκτείνατε
βωμῶν ἀποcπάcαντεc ἀλλ' ὠικτίρατε.　　290
νόμοc δ' ἐν ὑμῖν τοῖc τ' ἐλευθέροιc ἴcοc
καὶ τοῖcι δούλοιc αἵματοc κεῖται πέρι.
τὸ δ' ἀξίωμα, κἂν κακῶc λέγηιc, τὸ cὸν
πείcει· λόγοc γὰρ ἔκ τ' ἀδοξούντων ἰὼν
κἀκ τῶν δοκούντων αὐτὸc οὐ ταὐτὸν cθένει.　　295

Χο.　　οὐκ ἔcτιν οὕτω cτερρὸc ἀνθρώπου φύcιc
ἥτιc γόων cῶν καὶ μακρῶν ὀδυρμάτων
κλύουcα θρήνουc οὐκ ἂν ἐκβάλοι δάκρυ.

Οδ.　　Ἑκάβη, διδάcκου, μηδὲ τῶι θυμουμένωι
τὸν εὖ λέγοντα δυcμενῆ ποιοῦ φρενόc.　　300
ἐγὼ τὸ μὲν cὸν cῶμ' ὑφ' οὗπερ εὐτύχουν
cώιζειν ἕτοιμόc εἰμι κοὐκ ἄλλωc λέγω·

codd.: Ω = MOAFGKLPPaRSaV; ξ = XXaXb; ζ = ZZcZm; Tᵗ

---

285 μ' om. FK　　287 ἀχαιικὸν OKXXaTᵗ et Xbᶜ: -αικὸν ΩXbζ
291 ἡμῖν LZZm (~ Zʳ) et SaˢZcˢ　　τ' om. KTᵗ (~ Tᵗᶜ)　　292 τοῖcι
δούλοιc ΩξTᵗ: τοῖc δ- MF: τοῖc γε δ- P: τοῖc δούλοιcι(ν) LPaζ
293 λέγηιc uertit Enn. scaen. 172 Jocelyn ('etsi peruerse dices'), coni.
Muretus: -ηι codd. et gV et Σᵐᵛ et Gell. 11. 4. 2 et Stob. 4. 4. 6 et interpr.
Tzetz. exeg. in Il. 747. 24 Bachmann　　τὸ cὸν λ- OA (~ gV et Gell. et
Stob.)　　294 πείcει ΩξζTᵗ et V³ʸᵖ et Σᵐᵛ et Stob.: πείθει OAV et Gˢ et
gV: νικᾶι Gell.　　295 κἀκ] καὶ Stob. cod. S (~ codd. MA et gV et
Gell. et Eust. in Il. p. 209. 11 et Niceph. Greg. hist. i. 311. 22 Schopen),
non minus bene　　αὐτὸc uertit Enn. 174 ('eadem dicta eademque
oratio'), interpr. Eust. et Niceph., coni. Porson: ὠὑτὸc P: αὐτὸc ΩξζTᵗ et gV
et Stob.　　ταὐτὸ OPa (~ gV et Stob. et Gell. et Eust. et Niceph.)
296 οὐκ] τίc Greg. Cor. p. 64 Schaefer (~ id. p. 110 cod. c)　　οὕτωc
MAF (~ Greg.)　　ἀνθρώπων AZm (~ Greg. et anon. ap. Walz iii.
585. 19)　　298 ἐκβάλοι ΩξZcZmTᵗ et PaᶜSaˢ et Greg. p. 64: -ληι KPaZ
et Greg. p. 110: -ληι FGSa　　300 φρενόc Murray (cl. Σᵐ⁽ᵛ⁾
τῶι θυμουμένωι μέρει τῆc ψυχῆc): φρενί codd. et lex. Vind. 160. 7
301 εὐτύχουν GK et YnZd: ηὐτ- ΩξζTᵗ

ἃ δ' εἶπον εἰς ἅπαντας οὐκ ἀρνήσομαι,
Τροίας ἁλούσης ἀνδρὶ τῶι πρώτωι στρατοῦ
cὴν παῖδα δοῦναι cφάγιον ἐξαιτουμένωι.   305
ἐν τῶιδε γὰρ κάμνουσιν αἱ πολλαὶ πόλεις,
ὅταν τις ἐcθλὸς καὶ πρόθυμος ὢν ἀνὴρ
μηδὲν φέρηται τῶν κακιόνων πλέον.
ἡμῖν δ' Ἀχιλλεὺς ἄξιος τιμῆς, γύναι,
θανὼν ὑπὲρ γῆς Ἑλλάδος κάλλιcτ' ἀνήρ.   310
οὔκουν τόδ' αἰcχρόν, εἰ βλέποντι μὲν φίλωι
χρώμεcθ', ἐπεὶ δ' ὄλωλε μὴ χρώμεcθ' ἔτι;
εἶέν· τί δῆτ' ἐρεῖ τις, ἤν τις αὖ φανῆι
cτρατοῦ τ' ἄθροιcις πολεμίων τ' ἀγωνία;
πότερα μαχούμεθ' ἢ φιλοψυχήcομεν,   315
τὸν κατθανόνθ' ὁρῶντες οὐ τιμώμενον;
καὶ μὴν ἔμοιγε ζῶντι μὲν καθ' ἡμέραν
κεἰ cμίκρ' ἔχοιμι πάντ' ἂν ἀρκούντως ἔχοι·
τύμβον δὲ βουλοίμην ἂν ἀξιούμενον
τὸν ἐμὸν ὁρᾶcθαι· διὰ μακροῦ γὰρ ἡ χάρις.   320
εἰ δ' οἰκτρὰ πάcχειν φήις, τάδ' ἀντάκουέ μου·
εἰσὶν παρ' ἡμῖν οὐδὲν ἧcσον ἄθλιαι
γραῖαι γυναῖκες ἠδὲ πρεcβῦται cέθεν,
νύμφαι τ' ἀρίcτων νυμφίων τητώμεναι,
ὧν ἥδε κεύθει cώματ' Ἰδαία κόνις.   325
τόλμα τάδ'. ἡμεῖς δ', εἰ κακῶς νομίζομεν
τιμᾶν τὸν ἐcθλόν, ἀμαθίαν ὀφλήcομεν·
οἱ βάρβαροι δὲ μήτε τοὺς φίλους φίλους
ἡγεῖcθε μήτε τοὺς καλῶς τεθνηκότας

codd.: Ω = MOAFGKLPPaRSaV; ξ = XXaXb; ζ = Z(Zc –322)Zm; T^t

306 πάcχουcιν Eustrat. in EN p. 3. 10 Heylbut (~ gV et Stob. 4. 1. 18 et Aristid. ii. 704 Dindorf et lex. Vind. 72. 14, 187. 15; cf. Chor. 20. 40) πόλεις] πόλλεις MK (~ K^c et gV)   312 ὄλωλε] ἄπεcτι A (~ gV) 318 cμικρὸν Oξ et (G^c) (~ gV)   ἔχηι ALZm (~ A^sL^c et gV) 322 ἧττον PaR   323 πρεcβύτις SaV (~ Sa^s)   329 μὴ δὲ OGK et L^c

θαυμάζεθ', ὡς ἂν ἡ μὲν Ἑλλὰς εὐτυχῆι,   330
ὑμεῖς δ' ἔχηθ' ὅμοια τοῖς βουλεύμασιν.

Χο. αἰαῖ· τὸ δοῦλον ὡς κακὸν πέφυκ' ἀεὶ
τολμᾶι θ' ἃ μὴ χρή, τῆι βίαι νικώμενον.

Εκ. ὦ θύγατερ, οὑμοὶ μὲν λόγοι πρὸς αἰθέρα
φροῦδοι μάτην ῥιφθέντες ἀμφὶ σοῦ φόνου·   335
σὺ δ', εἴ τι μείζω δύναμιν ἢ μήτηρ ἔχεις,
σπούδαζε πάσας ὥστ' ἀηδόνος στόμα
φθογγὰς ἱεῖσα, μὴ στερηθῆναι βίου.
πρόσπιπτε δ' οἰκτρῶς τοῦδ' Ὀδυσσέως γόνυ
καὶ πεῖθ' (ἔχεις δὲ πρόφασιν· ἔστι γὰρ τέκνα   340
καὶ τῶιδε) τὴν σὴν ὥστ' ἐποικτῖραι τύχην.

Πο. ὁρῶ σ', Ὀδυσσεῦ, δεξιὰν ὑφ' εἵματος
κρύπτοντα χεῖρα καὶ πρόσωπον ἔμπαλιν
στρέφοντα, μή σου προσθίγω γενειάδος.
θάρσει· πέφευγας τὸν ἐμὸν Ἱκέσιον Δία·   345
ὡς ἕψομαί γε τοῦ τ' ἀναγκαίου χάριν
θανεῖν τε χρήιζους'· εἰ δὲ μὴ βουλήσομαι,
κακὴ φανοῦμαι καὶ φιλόψυχος γυνή.
τί γάρ με δεῖ ζῆν; ἧι πατὴρ μὲν ἦν ἄναξ
Φρυγῶν ἁπάντων· τοῦτό μοι πρῶτον βίου.   350
ἔπειτ' ἐθρέφθην ἐλπίδων καλῶν ὕπο

codd.: Ω = MOAFGKLPPaRSaV; ξ = XXaXb; ζ = ZZm; Tᵗ

330 θαυμάζεσθ' ALRSaV (∼ L²)   331 ἔχηθ' ΩξTᵗ: ἔχοιθ' O(A)
GLRSaζ et F¹ᶜV²   332 πέφυκ' ἀεὶ GPZmTᵗ et O²ʸᵖFᵀKʸᵖL²ʸᵖξʸᵖZᵀʸᵖ
ZaʸᵖZbZdZu et Σᵗ (ἔν τινι λίαν παλαιῶν τῶν ἀντιγράφων εὕρηται) et Stob.
4. 19. 28: πέφυκεν ἀεὶ Zaʸᵖ et nouit Σᵗ: πέφυκεν αἱ Zᵀʸᵖ (αἱ super -κ' ἀεὶ Pʸᵖ):
-κεν αἱ K: -κεν ἂν et -κ' ἔτι Zbʸᵖ: -κέ τι Tʸʸᵖ et nouit Σᵗ: -κέ πως MsʸᵖPbʸᵖ:
πεφυκέναι ΩξZ et GᵀʸᵖKᶜMsPb et Σᵛ et nouit Σᵗ et gV et Eust. Macr. 8. 12
333 νικώμενον ΩξζTᵗ et O²ʸᵖG⁸ et gV et Eust. Macr.: κρατούμενον
OGK et Saʸᵖ et Stob.   334 θύγατερ] τέκνον FGK et M⁸LᶜSaʸᵖ
335 ῥιφθέντες GK et Va: ῥιφέντες ΩξζTᵗ: ῥηθέντες O   340-1 ita dist.
Σᵐᵛ   340 δὲ MFLPRξ et Pa⁸: γὰρ ΩZTᵗ et L²Zm¹ᶜ: om. Zm
τέκνον K et S⁸   346 γε Ω: σοι FGξζTᵗ et Vᶜ: cf. Cleanth. SVF i.
fr. 527. 3 ὡς ἕψομαί γ' ἄοκνος   351 ἐτράφην PaR

βασιλεῦcι νύμφη, ζῆλον οὐ cμικρὸν γάμων
ἔχουc', ὅτου δῶμ' ἑcτίαν τ' ἀφίξομαι.
δέcποινα δ' ἡ δύcτηνοc 'Ιδαίαιcιν ἦ,
γυναιξὶ παρθένοιc τ' ἀπόβλεπτοc μέτα,   355
ἴcη θεοῖcι πλὴν τὸ κατθανεῖν μόνον.
νῦν δ' εἰμὶ δούλη. πρῶτα μέν με τοὔνομα
θανεῖν ἐρᾶν τίθηcιν οὐκ εἰωθὸc ὄν·
ἔπειτ' ἴcωc ἂν δεcποτῶν ὠμῶν φρέναc
τύχοιμ' ἄν, ὅcτιc ἀργύρου μ' ὠνήcεται,   360
τὴν "Εκτορόc τε χἀτέρων πολλῶν κάcιν,
προcθεὶc δ' ἀνάγκην cιτοποιὸν ἐν δόμοιc
cαίρειν τε δῶμα κερκίcιν τ' ἐφεcτάναι
λυπρὰν ἄγουcαν ἡμέραν μ' ἀναγκάcει·
λέχη δὲ τἀμὰ δοῦλοc ὠνητόc ποθεν   365
χρανεῖ, τυράννων πρόcθεν ἠξιωμένα.
οὐ δῆτ'· ἀφίημ' ὀμμάτων ἐλευθέρων
φέγγοc τόδ', "Αιδηι προcτιθεὶc ἐμὸν δέμαc.
ἄγ' οὖν μ', 'Οδυccεῦ, καὶ διέργαcαί μ' ἄγων·
οὔτ' ἐλπίδοc γὰρ οὔτε του δόξηc ὁρῶ   370
θάρcοc παρ' ἡμῖν ὥc ποτ' εὖ πρᾶξαί με χρή.
μῆτερ, cὺ δ' ἡμῖν μηδὲν ἐμποδὼν γένηι
λέγουcα μηδὲ δρῶcα, cυμβούλου δέ μοι
θανεῖν πρὶν αἰcχρῶν μὴ κατ' ἀξίαν τυχεῖν.

codd.: Ω = MOAFGKLPPaRSaV; ξ = XXaXb; ζ = Z(Zc 353–)Zm; T^t

352 cμικρὸν ΩξT^t et L^c: μι- GLPRζ   γάμων AGKLPPaζ et Σ^{mv}:
γάμου OFRξT^t et V^s: βίου MSaV   353 δῶμ' ΩξζT^t et Ae: δόμον θ'
KRSa: δῶμά θ' Pa: [A]   355 παρθένοιc τ' APPaZZmT^t et M^2: -οιcί τ'
ΩZc: -οιc MLξ   μέγα Rw^m, sicut coni. Canter, sed cf. fr. 360. 26
356 θεοῖcι MOGKVξT^t et AeP^s: θεῆιcι Ωζ et G^{c}K^{s}Xb^{γρ}: [A]
359 δεcποτῶν γ' LZcZm (~ Eust. in Il. p. 359. 60)   363 ἐφιcτάναι FL
et pars codd. Thom. Mag. 333. 15   365 δὲ] τε FGK; om. R
367 ἐλευθέρων Blomfield: ἐλεύθερον codd. et Σ^v 368 ἅ(ι)δηι ΩΖΤ^t et
L^{z}Zm^c: ἀίδηι LξZcZm: ἤδη M^{γρ} 369 ἄγ' οὖν μ' PRSaζ et F^{1c}Pa^r et
Thom. Mag. 81. 14 cod. Ra: ἄγ' οὖν S et Thom. Mag. codd. cett.: ἀγοῦ μ'
ΩξT^t: ἄγου μ' MLPa: cf. Cleanth. SVF i. fr. 527. 1 ἄγου δέ μ', ὦ Ζεῦ
371 ὑμῖν ZZc (~ Z^r et gV)   373 μήτε Brunck

ὅςτις γὰρ οὐκ εἴωθε γεύεςθαι κακῶν   375
φέρει μέν, ἀλγεῖ δ' αὐχέν' ἐντιθεὶς ζυγῶι·
θανὼν δ' ἂν εἴη μᾶλλον εὐτυχέςτερος
ἢ ζῶν· τὸ γὰρ ζῆν μὴ καλῶς μέγας πόνος.

Χο.   δεινὸς χαρακτὴρ κἀπίςημος ἐν βροτοῖς
ἐςθλῶν γενέςθαι, κἀπὶ μεῖζον ἔρχεται   380
τῆς εὐγενείας ὄνομα τοῖςιν ἀξίοις.

Εκ.   καλῶς μὲν εἶπας, θύγατερ, ἀλλὰ τῶι καλῶι
λύπη πρόςεςτιν. εἰ δὲ δεῖ τῶι Πηλέως
χάριν γενέςθαι παιδὶ καὶ ψόγον φυγεῖν
ὑμᾶς, Ὀδυςςεῦ, τήνδε μὲν μὴ κτείνετε,   385
ἡμᾶς δ' ἄγοντες πρὸς πυρὰν Ἀχιλλέως
κεντεῖτε, μὴ φείδεςθ'· ἐγὼ 'τεκον Πάριν,
ὃς παῖδα Θέτιδος ὤλεςεν τόξοις βαλών.

Οδ.   οὐ c', ὦ γεραιά, κατθανεῖν Ἀχιλλέως
φάνταςμ' Ἀχαιοὺς ἀλλὰ τήνδ' ἠιτήςατο.   390

Εκ.   ὑμεῖς δέ μ' ἀλλὰ θυγατρὶ cυμφονεύcατε,
καὶ δὶς τόςον πῶμ' αἵματος γενήςεται
γαίαι νεκρῶι τε τῶι τάδ' ἐξαιτουμένωι.

Οδ.   ἅλις κόρης ςῆς θάνατος, οὐ προςοιςτέος
ἄλλος πρὸς ἄλλωι· μηδὲ τόνδ' ὠφείλομεν.   395

Εκ.   πολλή γ' ἀνάγκη θυγατρὶ cυνθανεῖν ἐμέ.

Οδ.   πῶς; οὐ γὰρ οἶδα δεςπότας κεκτημένος.

codd.: Ω = MOAFGKLPPaRSaV; ξ = XXaXb; ζ = ZZcZm; Tᵗ

375 κακῶν] πόνων Stob. 3. 30. 3 (~ gV et Eust. Macr. 8. 14)
378 μὴ καλῶς] οὐ καλῶς Stob. 4. 53. 20; ἐν κακοῖς Stob. 3. 30. 3; (~ gV et
Σ A. ScT 702) πόνος μέγας Stob. 3. 30. 3 et cod. A 4. 53. 20 (~ cod.
S); (~ gV et Σ A.) 380 ἐςθλὸν LvOx et Stob. 4. 29. 45 codd. MA
(~ Oxᶜ et Stob. cod. S et gV) μεῖζον ΩξζTᵗ et Stob. cod. S: πλεῖον
OSaV et gV: πλεῖςτον Stob. codd. MA 381 ὄνομα MOLSaVξZm et
gV: τοὔνομα ΩZZcTᵗ et Stob. cod. S: οὔνομα Zd et Stob. codd. MA
382 ὦ θύγατερ APSaV 384 φυγεῖν ψόγον OSaV 387 κτενεῖτε SaV
(~ Saᵞᵖ) et O²ᵞᵖ; κτείνετε R (~ Rᵞᵖ) et Xaᵍˡ; κτείνατε G 392 πῶμ'
Porson: πόμ' codd. 393 τε] ante νεκρῶι L; om. P 394 ςῆς] εἰς
M¹ᶜAd; om. OLPZZm (~ L²) 395 ὀφείλομεν FGLR (~ Gᶜ)
396 γ'] δ' ZcZm et M²; τ' FKSa; γὰρ M? cυνθανεῖν ἐμὲ θυγατρὶ LZm
397 οἶδας...κεκτημένη P

Εκ.   ὅμοια· κιccὸc δρυὸc ὅπωc τῆcδ' ἕξομαι.

Οδ.   οὔκ, ἤν γε πείθηι τοῖcι cοῦ cοφωτέροιc.

Εκ.   ὡc τῆcδ' ἑκοῦcα παιδὸc οὐ μεθήcομαι.   400

Οδ.   ἀλλ' οὐδ' ἐγὼ μὴν τήνδ' ἄπειμ' αὐτοῦ λιπών.

Πο.   μῆτερ, πιθοῦ μοι· καὶ cύ, παῖ Λαερτίου,
      χάλα τοκεῦcιν εἰκότωc θυμουμένοιc,
      cύ τ', ὦ τάλαινα, τοῖc κρατοῦcι μὴ μάχου.
      βούληι πεcεῖν πρὸc οὖδαc ἑλκῶcαί τε cὸν   405
      γέροντα χρῶτα πρὸc βίαν ὠθουμένη
      ἀcχημονῆcαί τ' ἐκ νέου βραχίονοc
      cπαcθεῖc', ἃ πείcηι; μὴ cύ γ'· οὐ γὰρ ἄξιον.
      ἀλλ', ὦ φίλη μοι μῆτερ, ἡδίcτην χέρα
      δὸc καὶ παρειὰν προcβαλεῖν παρηίδι·   410
      ὡc οὔποτ' αὖθιc ἀλλὰ νῦν πανύcτατον
      ἀκτῖνα κύκλον θ' ἡλίου προcόψομαι.
      τέλοc δέχηι δὴ τῶν ἐμῶν προcφθεγμάτων·
      ὦ μῆτερ ὦ τεκοῦc', ἄπειμι δὴ κάτω.   414

Εκ.   οἰκτρὰ cύ, τέκνον, ἀθλία δ' ἐγὼ γυνή.   417

Πο.   ἐκεῖ δ' ἐν Ἅιδου κείcομαι χωρὶc cέθεν.   418

Εκ.   οἴμοι· τί δράcω; ποῖ τελευτήcω βίον;   419

Πο.   δούλη θανοῦμαι, πατρὸc οὖc' ἐλευθέρου...   420

Εκ.   ὦ θύγατερ, ἡμεῖc δ' ἐν φάει δουλεύcομεν.   415

Πο.   ἄνυμφοc ἀνυμέναιοc ὢν μ' ἐχρῆν τυχεῖν.   416

Εκ.   ἡμεῖc δὲ πεντήκοντά γ' ἄμμοροι τέκνων.   421

codd.: Ω = MOAFGKLPPaRSaV; ξ = XXaXb; ζ = ZZcZm; Tᵗ

398 ὅμοια Reiske: ὁποῖα codd. et Thom. Mag. 254. 13   u. dist.
Jackson   401 μὴν ΩξζTᵗ et Paˢ: μιν OPaRSaV   402 πειθοῦ KR
(∼ KᶜR²)   404 τ' ΩξζTᵗ: δ' PaRSaV   407 ἐκ β- νέου OSaVZm
410 παρειάδι R (∼ Rˢ); -ειῆιcι Zm et Zcʸᵖ   412 om. MO
(∼ M¹ᶜO¹ᶜ), del. Wecklein: cf. Alc. 207–8   413 δέχηι ΩξZcZmTᵗ et
Zᶜ et pars codd. Eust. Macr. 6. 7: δ' ἔχηι Z et MᶜAʸᵖ: *ἔχη M: δέχει pars
codd. Eust. Macr.: δ' ἔχει Aʸᵖξʸᵖ: δέχοι Saˢ: δέχου AGPa et FˢV²   δή]
νῦν GK et pars codd. Eust. Macr.   415–16 post 420 trai. Diggle
421 γ' om. FSaξ et Tᵗᶜ et ¹Σᵛ (∼ Eust. in Il. p. 639. 58 et Hesych. Γ 122);
[Tᵗ]   ἄμμοροι MOKLPZm et Eust. et Hesych.: ἄμμοιροι AZc: ἄμοροι
O¹ᶜ: ἀμοιροι FGPaRVSaZ et O²: ἄμοιροι δὴ ξ et Tᵗᶜ: [Tᵗ]

EKABH

Πο. τί coι πρὸς Ἕκτορ' ἢ γέροντ' εἴπω πόcιν;
Εκ. ἄγγελλε παcῶν ἀθλιωτάτην ἐμέ.
Πο. ὦ cτέρνα μαcτοί θ', οἵ μ' ἐθρέψαθ' ἡδέωc.
Εκ. ὦ τῆc ἀώρου θύγατερ ἀθλία τύχηc. 425
Πο. χαῖρ', ὦ τεκοῦcα, χαῖρε Καccάνδρα τέ μοι...
Εκ. χαίρουcιν ἄλλοι, μητρὶ δ' οὐκ ἔcτιν τόδε.
Πο. ὅ τ' ἐν φιλίπποιc Θρῃξὶ Πολύδωροc κάcιc.
Εκ. εἰ ζῆι γ'· ἀπιcτῶ δ'· ὧδε πάντα δυcτυχῶ.
Πο. ζῆι καὶ θανούcηc ὄμμα cυγκλήιcει τὸ cόν. 430
Εκ. τέθνηκ' ἔγωγε πρὶν θανεῖν κακῶν ὕπο.
Πο. κόμιζ', Ὀδυccεῦ, μ' ἀμφιθεὶc κάραι πέπλουc,
ὡc πρὶν cφαγῆναί γ' ἐκτέτηκα καρδίαν
θρήνοιcι μητρὸc τήνδε τ' ἐκτήκω γόοιc.
ὦ φῶc· προcειπεῖν γὰρ cὸν ὄνομ' ἔξεcτί μοι, 435
μέτεcτι δ' οὐδὲν πλὴν ὅcον χρόνον ξίφουc
βαίνω μεταξὺ καὶ πυρᾶc Ἀχιλλέωc.
Εκ. οἲ 'γώ, προλείπω, λύεται δέ μου μέλη.
ὦ θύγατερ, ἅψαι μητρόc, ἔκτεινον χέρα,
δόc, μὴ λίπηιc μ' ἄπαιδ'. ἀπωλόμην, φίλαι. 440
[ὡc τὴν Λάκαιναν cύγγονον Διοcκόροιν
Ἑλένην ἴδοιμι· διὰ καλῶν γὰρ ὀμμάτων
αἴcχιcτα Τροίαν εἷλε τὴν εὐδαίμονα.]

codd.: Ω = MOAFGKLPPaRSaV; ξ = XXaXb; ζ = ZZcZm; Tᵗ

423 ἄγγελλε MFVZc (~ Mᶜ) et Xaᶜ   424 μαcθοί MAR (~ Rᶦᶜ et
Σʳᵉᶜ· ad 144 et Thom. Mag. 232. 17)   425 ἀθλία Markland: -ίαc
ΩξζTᵗ: -ίου M   426 χαῖρε alterum] χαῖρ' ὦ XaZZc et Pᶦᶜ   καcc-
OKLξ et Pᶦᶜ: καc- ΩζTᵗ   τέ μοι Sa, sicut coni. Matthiae: τ' ἐμοί ΩξTᵗ
et Zmˢ: τ' ἐμή PaRζ   427 τόδε ΩZm et Mʸᵖ: χαρά MALPPaξZZcTᵗ
et FʸᵖO²ʸᵖZmˢ   428 Θρῃξὶ Hermann: θραξὶ codd.   429 γ'] δ' V et
PrS   δ'] γ' L et Vᶦᶜ; [V]   430 cυγκλήιcει Dindorf: -είcει codd.
432 μ' MFPRξZcZmTᵗ: om. ΩZ   κάραι πέπλουc Kirchhoff: κάρα
πέπλοιc ΩξζTᵗ: κάρα πέπλον K   434 τήνδε τ'] -δε γ' L; -δ' OSa
435 γὰρ cὸν] cὸν γὰρ F et Pr; cὸν A   438 δέ om. ARSa   μοι
OKSaV et Zcˢ   440 φίλαι ΩξTᵗ et Zmˢ: -η Z et Zcˢ: -a ZcZm et Rˢ
441-3 del. Dindorf, choro trib. Hermann; cf. Tr. 772-3
441 διοcκόροιν MALPPaVXXbZmTᵗ: -κόρων G: -κούροιν RSaXaZZc:
-κούρων OᶦᶜFᶜ: [OFK]   443 τὴν] τὴν δ' M (~ Mᶜ); πρὶν R (~ Rʸᵖ);
(~ Eust. in Il. pp. 206. 5, 397. 40, Od. p. 1401. 27)

359

Χο. αὔρα, ποντιὰς αὔρα,   [στρ. α
    ἅτε ποντοπόρους κομί-   445
    ζεις θοὰς ἀκάτους ἐπ' οἶδμα λίμνας,
    ποῖ με τὰν μελέαν πορεύ-
    ceις; τῶι δουλόcυνος πρὸς οἶ-
    κον κτηθεῖc' ἀφίξομαι; ἢ
    Δωρίδος ὅρμον αἶας,   450
    ἢ Φθιάδος ἔνθα τὸν
    καλλίcτων ὑδάτων πατέρα
    φαcὶν 'Απιδανὸν πεδία λιπαίνειν,

    ἢ νάcων, ἁλιήρει   [ἀντ. α
    κώπαι πεμπομέναν τάλαι-   456
    ναν, οἰκτρὰν βιοτὰν ἔχουσαν οἴκοις,
    ἔνθα πρωτόγονός τε φοῖ-
    νιξ δάφνα θ' ἱεροὺς ἀνέ-
    cχε πτόρθους Λατοῖ φίλον ὠ-   460
    δῖνος ἄγαλμα Δίας;
    cὺν Δηλιάcιν τε κού-
    ραιcιν 'Αρτέμιδος θεᾶς
    χρυσέαν τ' ἄμπυκα τόξα τ' εὐλογήcω;   465

    ἢ Παλλάδος ἐν πόλει   [στρ. β
    τὰς καλλιδίφρους 'Αθα-
    ναίας ἐν κροκέωι πέπλωι

codd.: Ω = MOAFGKLPPaRSaV; ξ = XXaXb; ζ = ZZcZm; Tᵗ

446 λίμνης AFLZcTᵗ   447 μελέαν] τάλαιναν ZZc (~ Zᵞᵖ)
451 τῶν APZZm   453 λιπαίνειν πεδία GK; τὰς γυίας λ- Tᵗ
455 νάcων Ω et Rˢ et Σᵐᵛ: νάcον Zc: νᾶcον KPaRξZZm et A²: νᾶcόν γ'
Tᵗ   459 δάφνη FGPa   460 φίλον Wecklein: φίλα(ι) codd.: cf. Σᵛ
ad 444 τῆι Λητοῖ φίλα ἀγάλματα, IT 1102   462 κούραιc ALPPaXZ
464–5 θεᾶc χρυσέαν τ' (F)L et PgPr: τε θ- χ- ΩξζTᵗ: τε θ- χ- τ' Pa: θ- χ- O:
uide CQ n.s. 33 (1983) 353   467 τὰc RZZcTᵗ et M³ et ¹Σᵐ: τὰc
ΩξZm: τῆc VSa   καλλιδίφρουc M et AdZb et ¹Σᵐ: -ου ΩξζTᵗ et Σᵛ
ad 444   ἀθηναίαc OFPPaSaZ   468 κροκαίωι OLSaVZcZm

ζεύξομαι ἆρα πώ-
λους ἐν δαιδαλέαισι ποι-   470
κίλλους' ἀνθοκρόκοισι πή-
ναις ἢ Τιτάνων γενεάν,
τὰν Ζεὺς ἀμφιπύρωι κοιμί-
ζει φλογμῶι Κρονίδας;

ὤμοι τεκέων ἐμῶν,   [ἀντ. β
ὤμοι πατέρων χθονός θ',   476
ἃ καπνῶι κατερείπεται
τυφομένα δορί-
κτητος Ἀργείων· ἐγὼ
δ' ἐν ξείναι χθονὶ δὴ κέκλη-   480
μαι δούλα, λιποῦσ' Ἀσίαν,
Εὐρώπας θεραπνᾶν ἀλλά-
ξασ' Ἅιδα θαλάμους.

ΤΑΛΘΥΒΙΟC
      ποῦ τὴν ἄνασσαν δή ποτ' οὖσαν Ἰλίου
      Ἑκάβην ἂν ἐξεύροιμι, Τρωιάδες κόραι;   485
Χο.   αὕτη πέλας σοῦ νῶτ' ἔχουσ' ἐπὶ χθονί,
      Ταλθύβιε, κεῖται συγκεκλημένη πέπλοις.

codd.: Ω = MOAFGKLPPaRSaV; ξ = XXaXb; ζ = ZZcZm; Tᵗ

469 ἆρα O: ἄρα M et Pgᵘᵛ: ἅρματι ΩξζTᵗ et VˢPg¹ᶜ: ἅρματα V
470 ἐν om. LPa et Xaᶜ   δαιδαλέαισι MOAGKPaξZZc: -έηισι LPZm:
-αίαισι RSa et V²: -έαις Tᵗ: -έοισι F: -αίοις V   475–83 Hecubae trib. ξ
(~ Xaᶜ)   475 τοκέων K et PgPr et ¹Σᵛ ad 444 (γονέων); [A]
477 καπνῶι] post κατερείπεται Sa; om. V (~ Vˢ)   478 τυφομένη
SaXXb(Z)   δορίκτητος Ωξ et Mᶜ: δορή- M: δορύ- Gζ et Xaᶜ: δορί-
ληπτος Tᵗ   479 ante ἀργείων add. ἀπ' GK, ὑπ' F et R¹ᶜ   480 ξείνωι
KSa (~ Kˢ)   482 εὐρώπης FZ   θεραπνᾶν Purgold: θεράπναν O et
MᶜAᵞʸᴾ: θεράπαιναν ΩξζTᵗ et M³ˢOˢ et Σᵐ et Σᵛ ad 444   483 Ἅιδα
Canter: ἀίδα ΩξζTᵗ: ἀίδη R   487 συγκεκλημένη M: -κλιμένη OV et
Mᶜ: -κλεισμένη ΩξζTᵗ et Vᶜ: -καλυμμένη K et Mᵍ¹Rᵍ¹Zcᵍ¹

Τα.　ὦ Ζεῦ, τί λέξω; πότερά c' ἀνθρώπους ὁρᾶν
　　ἢ δόξαν ἄλλως τήνδε κεκτῆcθαι μάτην
　　[ψευδῆ, δοκοῦντας δαιμόνων εἶναι γένος],　　490
　　τύχην δὲ πάντα τὰν βροτοῖc ἐπιcκοπεῖν;
　　οὐχ ἥδ' ἄναccα τῶν πολυχρύcων Φρυγῶν,
　　οὐχ ἥδε Πριάμου τοῦ μέγ' ὀλβίου δάμαρ;
　　καὶ νῦν πόλιc μὲν πᾶc' ἀνέcτηκεν δορί,
　　αὐτὴ δὲ δούλη γραῦc ἄπαιc ἐπὶ χθονὶ　　495
　　κεῖται, κόνει φύρουcα δύcτηνον κάρα.
　　φεῦ φεῦ· γέρων μέν εἰμ', ὅμωc δέ μοι θανεῖν
　　εἴη πρὶν αἰcχρᾶι περιπεcεῖν τύχηι τινί.
　　ἀνίcταc', ὦ δύcτηνε, καὶ μετάρcιον
　　πλευρὰν ἔπαιρε καὶ τὸ πάλλευκον κάρα.　　500
Εκ.　ἔα· τίc οὗτοc cῶμα τοὐμὸν οὐκ ἐᾶι
　　κεῖcθαι; τί κινεῖc μ', ὅcτιc εἶ, λυπουμένην;
Τα.　Ταλθύβιοc ἥκω, Δαναϊδῶν ὑπηρέτηc
　　['Αγαμέμνονοc πέμψαντοc, ὦ γύναι, μέτα].
Εκ.　ὦ φίλτατ', ἆρα κἄμ' ἐπιcφάξαι τάφωι　　505
　　δοκοῦν 'Αχαιοῖc ἦλθεc; ὡc φίλ' ἂν λέγοιc.
　　cπεύδωμεν, ἐγκονῶμεν· ἡγοῦ μοι, γέρον.
Τα.　cὴν παῖδα κατθανοῦcαν ὡc θάψηιc, γύναι,
　　ἥκω μεταcτείχων cε· πέμπουcιν δέ με
　　διccοί τ' 'Ατρεῖδαι καὶ λεὼc 'Αχαικόc.　　510
Εκ.　οἴμοι, τί λέξειc; οὐκ ἄρ' ὡc θανουμένουc
　　μετῆλθεc ἡμᾶc ἀλλὰ cημανῶν κακά;
　　ὄλωλαc, ὦ παῖ, μητρὸc ἁρπαcθεῖc' ἄπο,
　　ἡμεῖc δ' ἄτεκνοι τοὐπὶ c'· ὦ τάλαιν' ἐγώ.
　　πῶc καί νιν ἐξεπράξατ'; ἆρ' αἰδούμενοι;　　515

codd.: Ω = MOAFGKLPPaRSaV; ξ = XXaXb;
　　　ζ = ZZcZm; Τᵗ

490 del. Nauck　　495 αὐτὴ V: αὕτη ΩξζΤᵗ　　497 θανεῖν δέ μοι OV
(~ gV)　　501 ὠή Μᵞᵖ　cῶμ' ἐμὸν ⟨L?⟩Zm (~ L²Zmᶦᶜ)　　504 del.
Jenni: cf. Alc. 66　　πέμψαντόc c' L et PrS (cf. Σᵐ)　　506 λέγηιc
PXaXbΤᵗ　　510 λαὸc Z et PgPrS　　ἀχαικόc MOGKξΤᵗᶜ: -αικὸc
ΩζΤᵗ　　511 ὤμοι GKSa　　θανομένουc MR　　512 cημαίνων
MOKRSa　　515 ἐξεπράξετ' FZZc

ἢ πρὸς τὸ δεινὸν ἦλθεθ' ὡς ἐχθράν, γέρον,
κτείνοντες; εἰπέ, καίπερ οὐ λέξων φίλα.

Τα. διπλᾶ με χρῄζεις δάκρυα κερδᾶναι, γύναι,
σῆς παιδὸς οἴκτωι· νῦν τε γὰρ λέγων κακὰ
τέγξω τόδ' ὄμμα πρὸς τάφωι θ' ὅτ' ὤλλυτο.   520
παρῆν μὲν ὄχλος πᾶς Ἀχαιικοῦ στρατοῦ
πλήρης πρὸ τύμβου σῆς κόρης ἐπὶ σφαγάς,
λαβὼν δ' Ἀχιλλέως παῖς Πολυξένην χερὸς
ἔστης' ἐπ' ἄκρου χώματος, πέλας δ' ἐγώ·
λεκτοί τ' Ἀχαιῶν ἔκκριτοι νεανίαι,   525
σκίρτημα μόσχου σῆς καθέξοντες χεροῖν,
ἕσποντο. πλῆρες δ' ἐν χεροῖν λαβὼν δέπας
πάγχρυσον αἴρει χειρὶ παῖς Ἀχιλλέως
χοὰς θανόντι πατρί· σημαίνει δέ μοι
σιγὴν Ἀχαιῶν παντὶ κηρῦξαι στρατῶι.   530
κἀγὼ καταστὰς εἶπον ἐν μέσοις τάδε·
Σιγᾶτ', Ἀχαιοί, σῖγα πᾶς ἔστω λεώς,
σῖγα σιώπα. νήνεμον δ' ἔστης' ὄχλον.
ὁ δ' εἶπεν· Ὦ παῖ Πηλέως, πατὴρ δ' ἐμός,
δέξαι χοάς μοι τάσδε κηλητηρίους,   535
νεκρῶν ἀγωγούς· ἐλθὲ δ', ὡς πίηις μέλαν
κόρης ἀκραιφνὲς αἷμ' ὅ σοι δωρούμεθα
στρατός τε κἀγώ· πρευμενὴς δ' ἡμῖν γενοῦ
λῦσαί τε πρύμνας καὶ χαλινωτήρια
νεῶν δὸς ἡμῖν †πρευμενοῦς† τ' ἀπ' Ἰλίου   540

codd.: Ω = M(B 523–)OAFGKLPPaRSaV; ξ = XXaXb;
ζ = ZZcZm; T¹(–520)T²(521–)

517 κτείναντες Zc et Gᶜ   521 ἀχαιικοῦ GOKξT¹: -αικοῦ ΩζT²
522 σφαγᾶς OF (~ Fᶜ); -ῆς R   527 ἔποντο SaZ (~ Saᵞʳ); εἰπ- PPa
528 αἴρει MBO et Saᵞʳ: ἔρρει ΩξζT² et M⁴B³ et ¹Σᵛ   531 καταστὰς
MBFRSaZc et Gˢ: παραστὰς ΩξZZmT² et B³   ἐν μέσοις] ἀργείοις O
(~ Oᵍʸʳ) et EsLvPg (~ EsˢLvᵍʸʳ): cf. Σᵛ λείπει τὸ Ἀργείοις   532 σῖγα
uel σίγα ΩξZT² et O²ᵞʳZm² et ps.-Draco metr. p. 83. 15 Hermann: σιγᾷ(ι)
OPRZc et MᶜB³: -ῆ SaZm   535 μοι JU: μου codd.: cf. KG i. 419
539 δὲ GK   540 δὸς ΩZZcT²: δὸς δ' GKVξZm et B³Pa⁸   εὐμαροῦς
Heimsoeth   τ' om. PaVξT²

νόστου τυχόντας πάντας ἐς πάτραν μολεῖν.
τοςαῦτ' ἔλεξε, πᾶς δ' ἐπηύξατο στρατός.
εἶτ' ἀμφίχρυσον φάςγανον κώπης λαβὼν
ἐξεῖλκε κολεοῦ, λογάςι δ' Ἀργείων ςτρατοῦ
νεανίαις ἔνευςε παρθένον λαβεῖν.   545
ἡ δ', ὡς ἐφράςθη, τόνδ' ἐςήμηνεν λόγον·
Ὦ τὴν ἐμὴν πέρςαντες Ἀργεῖοι πόλιν,
ἑκοῦςα θνήιςκω· μή τις ἅψηται χροὸς
τοὐμοῦ· παρέξω γὰρ δέρην εὐκαρδίως.
ἐλευθέραν δέ μ', ὡς ἐλευθέρα θάνω,   550
πρὸς θεῶν, μεθέντες κτείνατ'· ἐν νεκροῖςι γὰρ
δούλη κεκλῆςθαι βαςιλὶς οὖς' αἰςχύνομαι.
λαοὶ δ' ἐπερρόθηςαν Ἀγαμέμνων τ' ἄναξ
εἶπεν μεθεῖναι παρθένον νεανίαις.
[οἱ δ', ὡς τάχιςτ' ἤκουςαν ὑςτάτην ὄπα,   555
μεθῆκαν, οὗπερ καὶ μέγιςτον ἦν κράτος.]
κἀπεὶ τόδ' εἰςήκουςε δεςποτῶν ἔπος,
λαβοῦςα πέπλους ἐξ ἄκρας ἐπωμίδος
ἔρρηξε λαγόνας ἐς μέςας παρ' ὀμφαλὸν
μαςτούς τ' ἔδειξε ςτέρνα θ' ὡς ἀγάλματος   560
κάλλιςτα, καὶ καθεῖςα πρὸς γαῖαν γόνυ
ἔλεξε πάντων τλημονέςτατον λόγον·
Ἰδού, τόδ', εἰ μὲν ςτέρνον, ὦ νεανία,

codd.: Ω = MBOAFGKLPPaRSaV; ξ = XXaXb;
ζ = Z(-551)Z³(552-)ZcZm; Tᶻ

541 πάτρας MA (nisi Mᶜ)   544 ἐξεῖλε Zc (~ Zcᶜ) et RwZb
κολεοῦ ΩξZZcTᶻ: κουλ- OAFGSaZm et B³Pa¹ᶜZcˢ   546 ἐςήμανε(ν) PZ;
-μαινεν Gξ   547 πόλιν] χθόνα GKSa (~ Saᵞᵖ)   548 ἅψεται FR;
ἅψαιτο pars codd. Philonis vi. 33 Cohn-Wendland   549 γὰρ] δὲ ML
(~ M²) et pars codd. Philon.   550 ἐλευθέρα] -αν PXa (~ Philo)
551 κτείνετ' MPaξTᶻ et Σᵐ (~ Σᵇᵛ et Philo)   553 τ' MBAFPa
RξZ³Zc: δ' ΩZmTᶻ   555-6 del. Jacobs   555 ὑςτέραν M et Bᵞᵖ
(~ Eust. in Il. p. 25. 42 et Σ Luc. p. 236 Jacobitz)   559 λαγόνος Paξ
et Gᶜ   μέςας Brunck: μέςον codd.   560 ἀγάλματα Fξ (~ FˣXˣXbˣ);
-μάτων P   561 καθεῖςα ΩξTᶻ et L²: καθ- AGLPVζ et F¹ᶜ: κταθ- Pa:
καταθ- F²

παίειν προθυμῆι, παῖϲον, εἰ δ' ὑπ' αὐχένα
χρήιζειϲ πάρεϲτι λαιμὸϲ εὐτρεπὴϲ ὅδε.　　　　　565
ὁ δ' οὐ θέλων τε καὶ θέλων οἴκτωι κόρηϲ
τέμνει ϲιδήρωι πνεύματοϲ διαρροάϲ·
κρουνοὶ δ' ἐχώρουν. ἡ δὲ καὶ θνήιϲκουϲ' ὅμωϲ
πολλὴν πρόνοιαν εἶχεν εὐϲχήμων πεϲεῖν,
κρύπτουϲ' ἃ κρύπτειν ὄμματ' ἀρϲένων χρεών.　　570
ἐπεὶ δ' ἀφῆκε πνεῦμα θαναϲίμωι ϲφαγῆι,
οὐδεὶϲ τὸν αὐτὸν εἶχεν Ἀργείων πόνον,
ἀλλ' οἱ μὲν αὐτῶν τὴν θανοῦϲαν ἐκ χερῶν
φύλλοιϲ ἔβαλλον, οἱ δὲ πληροῦϲιν πυρὰν
κορμοὺϲ φέροντεϲ πευκίνουϲ, ὁ δ' οὐ φέρων　　575
πρὸϲ τοῦ φέροντοϲ τοιάδ' ἤκουεν κακά·
Ἕϲτηκαϲ, ὦ κάκιϲτε, τῆι νεάνιδι
οὐ πέπλον οὐδὲ κόϲμον ἐν χεροῖν ἔχων;
οὐκ εἶ τι δώϲων τῆι περίϲϲ' εὐκαρδίωι
ψυχήν τ' ἀρίϲτηι; τοιάδ' ἀμφὶ ϲῆϲ λέγων　　580
παιδὸϲ θανούϲηϲ εὐτεκνωτάτην τέ ϲε

codd.: *Ω* = MBOAFGKLPPaRSaV; *ξ* = XXaXb;
ζ = Z³ZcZm; T^z

564 *παίειν*] *τέμνειν* OPSa (~ O²ᵞᵖSaᵞᵖ) et Pa⁸; om. Zc (~ Zc^c)
565 *εὐτρεπὴϲ* *Ω*XZcZmT^z et B^cP^c: *εὐπρ-* BLPRSaXaXbZ³　　568 *πίπτ-
ουϲ'* Hermog. inu. 4. 12 maior pars codd. (~ Luc. Dem. enc. 47 et Galen.
xiv p. 236 et xviii. 2 p. 8 Kühn et Clem. Alex. strom. 2. 23 et P. Herc. 831
ap. SWien 80 [1876] 757)　　569 *εὐϲχήμων* Plin. ep. 4. 11 et Luc.
codd. *ΓB* (cf. P. Herc. *μήποτ' ἀϲχήμων*): *-μωϲ Ω*ξζT^z et O^m et Luc. cod. *Φ*
et Galen. p. 8 et Hermog. pars codd.: *-μόνωϲ* OGKV et B^m et Galen.
p. 236 et Clem. et Hermog. pars codd.: cf. Hierocl. ap. BKT 4 (1906)
25　　570 *κρύπτουϲ'* ἃ PPa et B³ᵞᵖO²ᵞᵖK^ᵞᵖ et Clem. et *Σ* Clem. paed.
2. 10 (i. 332 Stählin) et Hermog. et Eust. in Il. p. 216. 7: *-ουϲα* B³F²ᵞᵖSa⁸:
-ουϲά θ' ἃ A: *-ειν θ'* ἃ *Ωξζ*T^z et ¹*Σ*Pa　　*ἀρ(ρ)ένων* PaR et Clem. et *Σ*
Clem. (~ Hermog.); om. Eust.　　*ἐχρῆν* Clem. (~ *Σ* Clem. et Hermog.
et Eust.)　　u. del. grammatici quidam teste *Σ*ʳᵉᶜ.　　573 *αὐτὴν ξ*
574 δ' *ἐπληροῦϲαν* O et Choerob. in Theod. ii. 64. 25 et (δὲ πλ-) anecd. Ox.
iv. 182. 17; δ' *ἐπλήρουν* Sa　　580 *λέγων* MB et V² et ¹*Σ*^m: *λέγον Ωξζ*T^z
et M²B^c: *κλύων* Wecklein　　581 *εὐτεκνωτάτην Ω*XaXbT^z et X^c et
Choerob. 76. 36: *-οτάτην* BAFRVXζ et G^c et anecd. Ox. iv. 414. 17:
εὐγονωτάτην P　　*τέ* Reiske: *δέ* codd. et Choerob. et anecd.

πασῶν γυναικῶν δυστυχεστάτην θ' ὁρῶ.

Χο. δεινόν τι πῆμα Πριαμίδαις ἐπέζεσεν
πόλει τε τῆμῆι θεῶν ἀνάγκαισιν τόδε.

Εκ. ὦ θύγατερ, οὐκ οἶδ' εἰς ὅτι βλέψω κακῶν,   585
πολλῶν παρόντων· ἢν γὰρ ἅψωμαί τινος,
τόδ' οὐκ ἐᾶι με, παρακαλεῖ δ' ἐκεῖθεν αὖ
λύπη τις ἄλλη διάδοχος κακῶν κακοῖς.
καὶ νῦν τὸ μὲν σὸν ὥστε μὴ στένειν πάθος
οὐκ ἂν δυναίμην ἐξαλείψασθαι φρενός·   590
τὸ δ' αὖ λίαν παρεῖλες ἀγγελθεῖσά μοι
γενναῖος. οὔκουν δεινόν, εἰ γῆ μὲν κακὴ
τυχοῦσα καιροῦ θεόθεν εὖ στάχυν φέρει,
χρηστὴ δ' ἁμαρτοῦσ' ὧν χρεὼν αὐτὴν τυχεῖν
κακὸν δίδωσι καρπόν, ἄνθρωποι δ' ἀεὶ   595
ὁ μὲν πονηρὸς οὐδὲν ἄλλο πλὴν κακός,
ὁ δ' ἐσθλὸς ἐσθλὸς οὐδὲ συμφορᾶς ὕπο
φύσιν διέφθειρ' ἀλλὰ χρηστός ἐστ' ἀεί;
[ἆρ' οἱ τεκόντες διαφέρουσιν ἢ τροφαί;
ἔχει γε μέντοι καὶ τὸ θρεφθῆναι καλῶς   600
δίδαξιν ἐσθλοῦ· τοῦτο δ' ἤν τις εὖ μάθηι,
οἶδεν τό γ' αἰσχρὸν κανόνι τοῦ καλοῦ μαθών.]

codd.: Ω = MBOAFGKLPPaRSaV; ξ = XXaXb;
ζ = Z³(−592)Z(593−)ZcZm; T^z

582 θ' om. FGPaξ et Choerob. pars codd. et anecd.   584 ἀνάγκαισιν
Herwerden: ἀναγκαῖον codd. et ¹Σ^m   585 κακόν O et V² et gV^s
589 πάθος] πένθος Sa^γρ (~ gV)   593 εὖ στάχυν KP et S et (ut uid.)
¹Σ^mbv: εὔσταχυν ΩξζT^z et gV   595 ἄνθρωποι Hermann: -οις codd. et
gV: cf. KG i. 287   599–602 del. Sakorraphos   600 ἔχοι KXb
(~ gV et Stob. 2. 31. 1 et Σ H. Od. 3. 43 et Pachym. p. 171 Bois-
sonade)   γε μέντοι ΩZcZmT^z et gV et Σ H.: γε μέν τι Κ: μέντοι Z:
μέν τι Pachym.: γε τοί τι MBRξ et (sscr. μέν) F et L^c: γέ τοι A: γέ τι
Stob.   θρεφθῆναι Ωξζ et Zm² et gV et Σ H. et Eust. in Il. p. 519. 41 et
Hesych. Θ 726: τρεφθ- F et T^t: τραφῆναι GLPaZcZmT^z et Stob. et
Pachym.   601 μάθοι GPaRV (~ gV et Stob.)   602 γ'] δ' FR
(~ F³ et gV et Stob. et Σ^t H. Il. 6. 351)   σταθμῶν Wakefield, μετρῶν
Porson

καὶ ταῦτα μὲν δὴ νοῦς ἐτόξευcεν μάτην·
cὺ δ' ἐλθὲ καὶ cήμηνον Ἀργείοιc τάδε,
μὴ θιγγάνειν μοι μηδέν' ἀλλ' εἴργειν ὄχλον   605
τῆc παιδόc. ἔν τοι μυρίωι cτρατεύματι
ἀκόλαcτοc ὄχλοc ναυτική τ' ἀναρχία
κρείccων πυρόc, κακὸc δ' ὁ μή τι δρῶν κακόν.
cὺ δ' αὖ λαβοῦcα τεῦχοc, ἀρχαία λάτρι,
βάψαc' ἔνεγκε δεῦρο ποντίαc ἁλόc,   610
ὡc παῖδα λουτροῖc τοῖc πανυcτάτοιc ἐμήν,
νύμφην τ' ἄνυμφον παρθένον τ' ἀπάρθενον,
λούcω προθῶμαί θ'—ὡc μὲν ἀξία, πόθεν;
οὐκ ἂν δυναίμην· ὡc δ' ἔχω (τί γὰρ πάθω;),
κόcμον γ' ἀγείραc' αἰχμαλωτίδων πάρα,   615
αἵ μοι πάρεδροι τῶνδ' ἔcω cκηνωμάτων
ναίουcιν, εἴ τιc τοὺc νεωcτὶ δεcπόταc
λαθοῦc' ἔχει τι κλέμμα τῶν αὑτῆc δόμων.
ὦ cχήματ' οἴκων, ὦ ποτ' εὐτυχεῖc δόμοι,
ὦ πλεῖcτ' ἔχων μάλιcτά τ' εὐτεκνώτατε   620
Πρίαμε, γεραιά θ' ἥδ' ἐγὼ μήτηρ τέκνων,
ὡc ἐc τὸ μηδὲν ἥκομεν, φρονήματοc

codd.: Π⁶(604–7); Ω = MBOAFGKLPPaRSaV; ξ = XXaXb;
ζ = ZZcZm; Tᶻ

603 δὴ om. P   ἐξετόξευcε(ν) PPaR et Fᶜ (∼ Eust. in Il. p. 930. 42
et anecd. Par. iv. 347. 17)   604 cήμανον FSa; [Π⁶]   605 μοι Dr,
sicut coni. Schaefer: μου ΩξζTᶻ et Lᶜ et Σᵐᵇ: om. L: [Π⁶]   606 τοι]
γὰρ LV (∼ Vʸᵖ) et GʳK⁸; [Π⁶]   607 ἀταξία Dio Chrys. 32. 86
(∼ Eust. in Il. p. 55. 19 et Eust. Macr. 7. 13)   609 τεῦχοc MBOGRξ
et K²ʸᵖTᵗ: τᾶγγοc fere ΩζTᶻ et M³B³ (ἄγγοc etiam O²ᵍ¹Saᵍ¹, ἀγγεῖον Mᵍ¹):
τέγγοc Rʸᵖ   λάτριc VZc (∼ Vᶜ)   610 ἔνεγκαι KPξ et Pa¹ᶜ
613 ἀξίαν BFPSaζ et Thom. Mag. 274. 17   πόθεν] τυχεῖν O et MʸᵖSaᵍ¹
615 γ' Wakefield: τ' codd. et Σᵐᵇᵛ   616 τῶνδ'] τῶν MSaV (∼ V²)
617 θάccουcιν OGKV (∼ O²ʸᵖ)   618 αὑτῆc Kᶜ: αὐτῆc codd.
620 μάλιcτά τ' Harry: κάλλιcτά τ' FGPPaRζTᵗ et B³K¹ᶜV³: -τα κ' MBKVTᶻ
et O⁸A¹ᶜ: -τ(α) OALξ   εὐτεκνώτατε ΩξZcZm et Tᵗ: -ότατε FRSaVZ et
BᶜA⁸: εὐγονώτατε PZcTᶻ   621 γηραιά FPaRZZm   622 ἐc (εἰc) om.
RSa (∼ gV et Orio flor. 8. 14)

τοῦ πρὶν cτερέντεc. εἶτα δῆτ' ὀγκούμεθα,
ὁ μέν τιc ἡμῶν πλουcίοιcι δώμαcιν,
ὁ δ' ἐν πολίταιc τίμιοc κεκλημένοc;　　　　　　625
τὰ δ' οὐδέν, ἄλλωc φροντίδων βουλεύματα
γλώccηc τε κόμποι. κεῖνοc ὀλβιώτατοc
ὅτωι κατ' ἦμαρ τυγχάνει μηδὲν κακόν.

Χο.　ἐμοὶ χρῆν cυμφοράν,　　　　　　　　　　[cτρ.
　　ἐμοὶ χρῆν πημονὰν γενέcθαι,　　　　　　630
　　'Ιδαίαν ὅτε πρῶτον ὕλαν
　　'Αλέξανδροc εἰλατίναν
　　ἐτάμεθ', ἄλιον ἐπ' οἶδμα ναυcτολήcων
　　'Ελέναc ἐπὶ λέκτρα, τὰν　　　　　　　　635
　　　καλλίcταν ὁ χρυcοφαὴc
　　"Αλιοc αὐγάζει.

　　πόνοι γὰρ καὶ πόνων　　　　　　　　　　[ἀντ.
　　ἀνάγκαι κρείccονεc κυκλοῦνται·
　　κοινὸν δ' ἐξ ἰδίαc ἀνοίαc　　　　　　　640
　　κακὸν τᾶι Cιμουντίδι γᾶι
　　ὀλέθριον ἔμολε cυμφορᾶι τ' ἐπ' ἄλλων,
　　ἐκρίθη δ' ἔριc, ἃν ἐν "Ι-
　　　δαι κρίνει τριccὰc μακάρων　　　　　　645
　　παῖδαc ἀνὴρ βούταc,

codd.: Ω = MBOAFGKLPPaRSaV; ξ = XXaXb;
　　ζ = ZZcZm; Tᶻ(–628)Tᵗ(629–)

624 πλουcίοιcι Bothe: -ίοιc ἐν fere codd. et gV　　　　629–30 cυμ-
φοράν...πημονὰν] π-...c- Sa et SSi　　　635 ἐλένηc LSa　　　637 ἥλιοc
FPV et Eust. in Il. p. 397. 37　　　638 καὶ om. L　　　639 κρείccονεc fere
ΩξζζTᵗ et Saᵞᵖ et Eust. in Il. p. 55. 17: μείζονεc OSaV: cf. Σᵐᵇᵛ μείζονεc
καὶ χείρονεc　　641 τῆι FXaXb　　　cιμουντίδι ΩξZZcTᵗ et Zm¹ᶜ et Σᵛ:
-ίδαι BALPZm　　　γῆι FPXaXb　　　643 cυμφορᾶι τ' ἐπ' Stinton: -ά τ'
ἀπ' codd. et Σᵛ　　　644 ἴδη FSa (∼ Saˢ)　　　645 κρίνοι FGKP

ἐπὶ δορὶ καὶ φόνωι καὶ ἐμῶν μελάθρων λώβαι·   [ἐπωιδ.

στένει δὲ καί τις ἀμφὶ τὸν εὔροον Εὐρώταν   650
Λάκαινα πολυδάκρυτος ἐν δόμοις κόρα,
πολιόν τ' ἐπὶ κρᾶτα μάτηρ τέκνων θανόντων
τίθεται χέρα δρύπτεταί τε ⟨   ⟩ παρειάν,   655
δίαιμον ὄνυχα τιθεμένα σπαραγμοῖς.

ΘΕΡΑΠΑΙΝΑ

γυναῖκες, Ἑκάβη ποῦ ποθ' ἡ παναθλία,
ἡ πάντα νικῶσ' ἄνδρα καὶ θῆλυν σποράν
κακοῖσιν; οὐδεὶς στέφανον ἀνθαιρήσεται.   660

Χο.   τί δ', ὦ τάλαινα σῆς κακογλώσσου βοῆς;
ὡς οὔποθ' εὕδει λυπρά μοι κηρύγματα.

Θε.   Ἑκάβηι φέρω τόδ' ἄλγος· ἐν κακοῖσι δὲ
οὐ ῥάιδιον βροτοῖσιν εὐφημεῖν στόμα.

Χο.   καὶ μὴν περῶσα τυγχάνει δόμων ὕπο   665
ἥδ', ἐς δὲ καιρὸν σοῖσι φαίνεται λόγοις.

Θε.   ὦ παντάλαινα κἄτι μᾶλλον ἢ λέγω,
δέσποιν', ὄλωλας κοὐκέτ' εἶ, βλέπουσα φῶς,
ἄπαις ἄνανδρος ἄπολις ἐξεφθαρμένη.

Εκ.   οὐ καινὸν εἶπας, εἰδόσιν δ' ὠνείδισας.   670

codd.: Π⁷(651–69); Ω = MBOAFGKLPPaRSaV; ξ = XXaXb;
    ζ = ZZcZm; T¹

650 εὔροον Hermann: εὔρροον Sa: εὔρρον SSi: εὔρουν ΩξζT¹ et Saᵞᵖ: εὔρρουν
FPPaV et Sˢ   654 πολιόν ΩξT¹ et V²: -άν LVζ et Σᵛ: [Π⁷]   τ'] δ'
LPVZZm; [Π⁷]   μάτηρ MOASaZcZmT¹: μή- Ωξ: μηρ Z: [Π⁷]
655 τε AFGKPPaξZm et Zc¹ᶜ et fort. Π⁷: δὲ V: om. MBOLRSaZZcT¹
lac. indic. Diggle, quoniam τε, quamquam numeros corrumpit, uix abesse
potest; suppleueris e.g. τ' ⟨ἀθλίαν⟩ uel τε ⟨δίπτυχον⟩ (cf. Tr. 280, ad numeros
Med. 647 ∼ 656, Hi. 755 ∼ 767)   656 δίδυμον BᵞᵖB³ᵞᵖO²ᵞᵖ; [Π⁷]
σπαραγμοῖς fort. om. Π⁷   662 μοι Herwerden: σου codd.   663 δὲ]
γαρ Π⁷   665 ὕπο Zm et B³ et Zb: ὕπερ Π⁷Ω et XᵐZ⁷ᵞᵖZcᵐZmᶜ: ἀπο
FPPaSaVξZZcT¹ et B³ᵞᵖO¹ᶜA²: [B]: cf. 53   666 δὲ καιρὸν ΩZcT¹ et
Zm¹ᶜ: κ- δὲ ALPaξZ: κ- MGRZm: [Π⁷]   668 οὐκέτ' FLXaZZm
(∼ LᶜZmᶜ); [Π⁷]   κοὐκέτι βλέπεις φάος O; [Π⁷]

ἀτὰρ τί νεκρὸν τόνδε μοι Πολυξένης
ἥκεις κομίζουσ᾽, ἧς ἀπηγγέλθη τάφος
πάντων Ἀχαιῶν διὰ χερὸς σπουδὴν ἔχειν;
Θε. ἥδ᾽ οὐδὲν οἶδεν, ἀλλά μοι Πολυξένην
θρηνεῖ, νέων δὲ πημάτων οὐχ ἅπτεται.   675
Εκ. οἲ ᾽γὼ τάλαινα· μῶν τὸ βακχεῖον κάρα
τῆς θεσπιωιδοῦ δεῦρο Κασσάνδρας φέρεις;
Θε. ζῶσαν λέλακας, τὸν θανόντα δ᾽ οὐ στένεις
τόνδ᾽· ἀλλ᾽ ἄθρησον σῶμα γυμνωθὲν νεκροῦ,
εἴ σοι φανεῖται θαῦμα καὶ παρ᾽ ἐλπίδας.   680
Εκ. οἴμοι, βλέπω δὴ παῖδ᾽ ἐμὸν τεθνηκότα,
Πολύδωρον, ὅν μοι Θρῆιξ ἔσωιζ᾽ οἴκοις ἀνήρ.
ἀπωλόμην δύστηνος, οὐκέτ᾽ εἰμὶ δή.
ὦ τέκνον τέκνον,
αἰαῖ, κατάρχομαι νόμον   685
βακχεῖον, ἐξ ἀλάστορος
ἀρτιμαθὴς κακῶν.
Χο. ἔγνως γὰρ ἄτην παιδός, ὦ δύστηνε σύ;
Εκ. ἄπιστ᾽ ἄπιστα, καινὰ καινὰ δέρκομαι.
ἕτερα δ᾽ ἀφ᾽ ἑτέρων κακὰ κακῶν κυρεῖ,   690
οὐδέ ποτ᾽ ἀστένακτος ἀδάκρυτος ἁ-
μέρα ᾽πισχήσει.

codd.: Ω = MBOAFGKLPPaRSaV;   ξ = XXaXb;
ζ = ZZcZm; Tᶻ(671–)

672 ἀπηγγέλη APaξ (~ XaˢXbᶜ)   673 χειρὸς AG   ἔχων SaV
(~ V²ʸᵖ)   677 κασς- MBOKPVXXbZ et Paᶜ: κας- ΩXaZcZmTᶻ
679–80 om. P (~ P²)   680 ἐλπίδα FLZ et BᶜP²; [P]   682 ἔσωζεν
F; -ζ᾽ ἐν R   684 ὦ τέκνον τέκνον ΩZcZmTᶻ: ὦ τ- Paξ et Tᵗ: ὦ τ- ὦ τ-
OZ   685 νόμον B et M²F²SaʸᵖV²Tᵗ et Σᵐᵇᵛᵗ et Eust. in Il. p. 241.
23: νόμων MAFPaVξζ et B³GʸᵖKʸᵖL²: γόον O et Bʸᵖ: γόων GKPRSa et Tᶻ ᵘᵛ
et MʸᵖB³ʸᵖL²ʸᵖZᵀʸᵖZmʸᵖ et Σᵛ: [L]   686 βακχεῖον MBOR
SaVZm et F²Tᵗ et Σᵐᵇᵛ et Eust.: -είων ΩξZZcTᶻ et MʸᵖM²B³V²Zm¹ᶜ
687 ἀρτιμαθὴς κακῶν] -θη νόμον MʸᵖKʸᵖVʸᵖ   iunge κακῶν et ἐξ
ἀλάστορος: cf. Hi. 820   690 δ᾽ om. KV   ἀφ᾽] ἐφ᾽ BOPSa; ἄμφ᾽
ZZm; ἔμ᾽ ἀφ᾽ B³   691 ἀστ- ἀδ- Hermann: ἀδ- ἀστ- codd.   -ος -ος
ΩζTᶻ et Lᶜξˢ et ¹Σᵐᵛ: -ον -ον FLPPaξ   692 ᾽πισχήσει Hermann: μ᾽ ἐπ-
codd.

Χο. δείν', ὦ τάλαινα, δεινὰ πάσχομεν κακά.

Εκ. ὦ τέκνον τέκνον ταλαίνας ματρός,
 τίνι μόρωι θνήισκεις, τίνι πότμωι κεῖσαι,   695
 πρὸς τίνος ἀνθρώπων;

Θε. οὐκ οἶδ᾽· ἐπ᾽ ἀκταῖς νιν κυρῶ θαλασσίαις.

Εκ. ἔκβλητον ἢ πέσημα φοινίου δορὸς
 ἐν ψαμάθωι λευρᾶι;   700

Θε. πόντου νιν ἐξήνεγκε πελάγιος κλύδων.

Εκ. ὤμοι αἰαῖ,
 ἔμαθον ἐνύπνιον ὀμμάτων
 ἐμῶν ὄψιν (οὔ με παρέβα φάντα-
 cμα μελανόπτερον),   705
 ἃν ἐсεῖδον ἀμφὶ cοῦ,
 ὦ τέκνον, οὐκέτ᾽ ὄντος Διὸς ἐν φάει.

Χο. τίς γάρ νιν ἔκτειν'; οἶcθ᾽ ὀνειρόφρων φράcαι;

Εκ. ἐμὸς ἐμὸς ξένος, Θρήικιος ἱππότας,   710
 ἵν᾽ ὁ γέρων πατὴρ ἔθετό νιν κρύψας.

codd.: Π¹(701–4); Π⁷(710–); Ω = MBOAFGKLPPaRSaV;
 ξ = XXaXb; ζ = ZZcZm; Tᶻ

693ⁿ χο. ΩΧαζTᶻ: θε. FLSaXXb et V²: θε. χο. B   694 ὦ τ- ὦ τ- Sa
et SSi   μητρός APaVξ (∼ A¹ᶜ); μ̄ρ̄c̄ ZZm   697 ἀνθρώπου LZ
698 θαλασσίοιc Hartung   699 φοινίου GLPVZcZmTᶻ et K²: φον- ΩξΖ
700 Hecubae contin. Z et 'quidam' ap. Σᵐᵇ: famulae trib. codd. et Z²
ψαμάθωι ΩξζTᶻ: ψαμμ- KSaV et B³F¹ᶜ: ψάμμωι R et F²   701 θαλάσσιοc
LSaZm (∼ Zmᵞᵖ)   702 ὤμοι] ἰώ μοι OP; οἰώ μοι μοι Z; [Π¹]
703–7 lectio incerta est   703 ἔνυπνον Hermann; [Π¹]   ὀμμάτων τ᾽
F et B²   704 ὄψιν ante ὀμμάτων trai. Seidler   με om. A; [Π¹]
φάντασμα Matthiae: φάcμα codd., quo seruato οὐδὲ παρέβα με Hermann, οὐ
παρέβα με Seidler: [Π¹]   706 ad numeros (lekythion inter dochmios)
cf. Ph. 317, 1286 ∼ 1298, 1288 ∼ 1299, Or. 1361 ∼ 1545   ἃν] ἦν V et
Saᵞᵖ; ὃ R; ὅτ᾽ Sa et K²ᵞᵖ   εἰcεῖδον PaXXbTᶻ   706–7 cοῦ...ὄντος
post Wecklein (qui etiam ὦ del.) Diggle: c᾽...ὄντα fere codd. (ἐόντα ORTᶻ,
∼ T⁴): minus bene coί (Hermann)...ὄντι   707 τέκνον] τ- τ- ⟨Zm⟩
(∼ Zmᶜ); τ- ὡc Zc (cf. Σᵐᵇᵛ)   708ⁿ χο. AFGRSVXa: θε. ΩXXbζTᶻ
et V²   708 ἔκταν᾽ KSa (∼ lex. Vind. 136. 14)   ὀνειρόφρων ΩXbZZc
et B²Sa⁸ et lex. Vind.: -όφρον OAPSaVXXaZmTᶻ et M²B³: ὀνείρων B
φράcον ALSa (∼ A¹ᶜ); -cων Sa⁸; om. lex. Vind.   709 ἐμὸς semel
OPaSaξΖ

ΕΥΡΙΠΙΔΟΥ

Χο. οἴμοι, τί λέξεις; χρυσὸν ὡς ἔχοι κτανών;

Εκ. ἄρρητ' ἀνωνόμαστα, θαυμάτων πέρα,
     οὐχ ὅσι' οὐδ' ἀνεκτά. ποῦ δίκα ξένων;   715
     ὦ κατάρατ' ἀνδρῶν, ὡς διεμοιράσω
     χρόα, σιδαρέωι τεμὼν φασγάνωι
     μέλεα τοῦδε παιδὸς οὐδ' ὤικτισας.   720

Χο. ὦ τλῆμον, ὥς σε πολυπονωτάτην βροτῶν
     δαίμων ἔθηκεν ὅστις ἐστί σοι βαρύς.
     ἀλλ' εἰσορῶ γὰρ τοῦδε δεσπότου δέμας
     Ἀγαμέμνονος, τοὐνθένδε σιγῶμεν, φίλαι.   725

ΑΓΑΜΕΜΝΩΝ

     Ἑκάβη, τί μέλλεις παῖδα σὴν κρύπτειν τάφωι
     ἐλθοῦσ' ἐφ' οἷσπερ Ταλθύβιος ἤγγειλέ μοι
     μὴ θιγγάνειν σῆς μηδέν' Ἀργείων κόρης;
     ἡμεῖς μὲν οὖν εἰῶμεν οὐδ' ἐψαύομεν·
     σὺ δὲ σχολάζεις, ὥστε θαυμάζειν ἐμέ.   730
     ἥκω δ' ἀποστελῶν σε· τἀκεῖθεν γὰρ εὖ
     πεπραγμέν' ἐστίν, εἴ τι τῶνδ' ἐστὶν καλῶς.
     ἔα· τίν' ἄνδρα τόνδ' ἐπὶ σκηναῖς ὁρῶ
     θανόντα Τρώων; οὐ γὰρ Ἀργεῖον πέπλοι
     δέμας περιπτύσσοντες ἀγγέλλουσί μοι.   735

codd.: *Π*; *Ω* = MBOAFGKLPPaRSaVa;
     ξ = XXaXb; ζ = ZZcZm; T^z

---

713 ὤμοι Pξ   λέγεις L (∼ L²) et AˢFˢKˢPaˢξˢ   ἔχοι *Ω*ZZcT^z: -η
GξZm et PaʳSa¹ᶜ: -ει PPa: [*Π*]   714–15 choro trib. Sa et T^t; [*Π*]
714 ἀνονόμαστα AG   715 ὅσι'] ὅσα M (∼ Mˢ); ὅσιά τ' GK; ὅσιά γ' Z
et T^t   716 ὦ Λ et T^t et ¹Σ^t: ἰὼ *Π*Ω*ξζT^z   718 σιδαρέωι *Π*
BOAKPaSaξζT^z et L²: σιδηρ- *Ω* et Zmˢ   720 ὤικτισας *Ω*ζT^z: ὠικτίσω
PaRξ et MᶜFˢT^t: οἰκτίσω M: ωκ[uel οικ[*Π*: ἐποικτίσω fere GK et Sa^γρ
724 τοῦδε] τοῦ PaZm (∼ PaᶜZm¹ᶜ); τοῦτο Va; τοῦ γε Vaˢ   729 εἰ-
ῶμεν Nauck: ἐῶμεν codd.   οὐδ' ἐψαύομεν Bothe: οὐδὲ ψ- codd.:
οὐδὲ θάψομεν Sa^γρ: [*Π*]   733 σκηνῆς GKVa (∼ G²); -αῖσιν lex. Vind.
69. 7; [*Π*]   734 ἀργεῖον LPVaZZcT^z et F¹ᶜK²Zmˢ: -είων APAξZm et
GˢR²γ^ρVaˢT^t: -εῖοι MBOGKRSa et F^uv: [*Π*]   735 περιστέλλοντες B^γρ
(et M^g¹B^g¹K^g¹)   ἀγγέλλουσί GKLPPaVaξZT^z et AᶜZcᶜZmᶜ: -έλουσί
*Ω*ZcZm: [*Π*]

372

Εκ. δύστην', ἐμαυτὴν γὰρ λέγω λέγουσα σέ,
Ἑκάβη, τί δράσω; πότερα προσπέσω γόνυ
Ἀγαμέμνονος τοῦδ' ἢ φέρω σιγῆι κακά;

Αγ. τί μοι προσώπωι νῶτον ἐγκλίνασα σὸν
δύρηι, τὸ πραχθὲν δ' οὐ λέγεις; τίς ἔσθ' ὅδε; 740

Εκ. ἀλλ' εἴ με δούλην πολεμίαν θ' ἡγούμενος
γονάτων ἀπώσαιτ', ἄλγος ἂν προσθείμεθ' ἄν.

Αγ. οὔτοι πέφυκα μάντις, ὥστε μὴ κλύων
ἐξιστορῆσαι σῶν ὁδὸν βουλευμάτων.

Εκ. ἆρ' ἐκλογίζομαί γε πρὸς τὸ δυσμενὲς 745
μᾶλλον φρένας τοῦδ', ὄντος οὐχὶ δυσμενοῦς;

Αγ. εἴ τοί με βούληι τῶνδε μηδὲν εἰδέναι,
ἐς ταὐτὸν ἥκεις· καὶ γὰρ οὐδ' ἐγὼ κλύειν.

Εκ. οὐκ ἂν δυναίμην τοῦδε τιμωρεῖν ἄτερ
τέκνοισι τοῖς ἐμοῖσι. τί στρέφω τάδε; 750
τολμᾶν ἀνάγκη, κἂν τύχω κἂν μὴ τύχω.
Ἀγάμεμνον, ἱκετεύω σε τῶνδε γουνάτων
καὶ σοῦ γενείου δεξιᾶς τ' εὐδαίμονος.

Αγ. τί χρῆμα μαστεύουσα; μῶν ἐλεύθερον
αἰῶνα θέσθαι; ῥάιδιον γάρ ἐστί σοι. 755

[Εκ. οὐ δῆτα· τοὺς κακοὺς δὲ τιμωρουμένη

codd.: Π¹(737–40); Πᵧ; Π⁸(739–); Ω = MBOAFGKLPPaRSaVa;
ξ = XXaXb; ζ = ZZcZm; Tᶻ

737 ἐκάβη om. Sa et RwS   740 δύρηι MBOF et Σᵐᵇ: ὀδύρηι ΩξζTᶻ
et B³O²: [ΠᵧΠᵧΠ⁸]   πραχθὲν ΩξζTᶻ et B³: κρανθὲν GᵞᵖK¹ᶜ: κραθὲν Π¹
BK: [ΠᵧΠ⁸]: uide Bain, Actors and audience 14 n. 1   742 -θείμεθ' ἄν
ΩξZZcTᶻ (-θώ- G, -θοί- Va) et Zmᶜ: -θείμεθα BOPZm et Paˢ: -θείμεθ' ἄλγει
LF (-θώ- F): π]ροσθειμ[Π⁸: -θήμεσθ' ἂν ἄλγει Sa: [Πᵧ]: cf. G^{g1}K^{g1} τῶι
ἄλγει   743 οὔτι R et Zm¹ᶜ; [Π⁸]   745 γε] τε Va; om. R; [Π⁸]
747 τοι (Πᵧ)MBOPaξTᶻ et Va¹ᶜZm¹ᶜ: τι Ωζ: [Π⁸]   750 ἐμοῖς LR;
[ΠᵧΠ⁸]   τί] ποῖ Nauck cl. A. Pe. 787; [ΠᵧΠ⁸]   752 γουνάτων
MOKLPaSaξZcZmTᶻ et Va²: γον- ΩZ et Va²ᵞᵖ: [ΠᵧΠ⁸]   756–7 del.,
759–8 hoc ordine Diggle (759–8 hoc ordine iam Hirzel, lac. post 757
indicans): 756–9 om. Πᵧ: 756–8 om., 759 habent MBOFGKRTᶻ (756–8
add. B²ᵐF²ᵐGᵐKᵐTᵗᵐ et post 779 habet F): 756–7 om., 758–9 habent
RfRw (756–7 add Rfʳ, 756 Rwᵐ): 756–9 habent ALPPaSaVaξζ: quid
habuerit Π⁸ incertum: 756–8 del. Nauck, 759 Hartung

αἰῶνα τὸν σύμπαντα δουλεύειν θέλω.]

Εκ. οὐδέν τι τούτων ὧν σὺ δοξάζεις, ἄναξ. 759

Αγ. καὶ δὴ τίν' ἡμᾶς εἰς ἐπάρκεσιν καλεῖς; 758

Εκ. ὁρᾶις νεκρὸν τόνδ' οὗ καταστάζω δάκρυ; 760

Αγ. ὁρῶ· τὸ μέντοι μέλλον οὐκ ἔχω μαθεῖν.

Εκ. τοῦτόν ποτ' ἔτεκον κἄφερον ζώνης ὕπο.

Αγ. ἔστιν δὲ τίς σῶν οὗτος, ὦ τλῆμον, τέκνων;

Εκ. οὐ τῶν θανόντων Πριαμιδῶν ὑπ' Ἰλίωι.

Αγ. ἢ γάρ τιν' ἄλλον ἔτεκες ἢ κείνους, γύναι; 765

Εκ. ἀνόνητά γ', ὡς ἔοικε, τόνδ' ὃν εἰσορᾶις.

Αγ. ποῦ δ' ὢν ἐτύγχαν', ἡνίκ' ὤλλυτο πτόλις;

Εκ. πατήρ νιν ἐξέπεμψεν ὀρρωδῶν θανεῖν.

Αγ. ποῖ τῶν τότ' ὄντων χωρίσας τέκνων μόνον;

Εκ. ἐς τήνδε χώραν, οὗπερ ηὑρέθη θανών. 770

Αγ. πρὸς ἄνδρ' ὃς ἄρχει τῆσδε Πολυμήστωρ χθονός;

Εκ. ἐνταῦθ' ἐπέμφθη πικροτάτου χρυσοῦ φύλαξ.

Αγ. θνήισκει δὲ πρὸς τοῦ καὶ τίνος πότμου τυχών;

Εκ. τίνος γ' ὑπ' ἄλλου; Θρήιξ νιν ὤλεσε ξένος.

Αγ. ὦ τλῆμον· ἦ που χρυσὸν ἠράσθη λαβεῖν; 775

Εκ. τοιαῦτ', ἐπειδὴ συμφορὰν ἔγνω Φρυγῶν.

Αγ. ηὗρες δὲ ποῦ νιν; ἢ τίς ἤνεγκεν νεκρόν;

Εκ. ἥδ', ἐντυχοῦσα ποντίας ἀκτῆς ἔπι.

Αγ. τοῦτον ματεύουσ' ἢ πονοῦσ' ἄλλον πόνον;

codd.: Π'(-773); Π⁸; Π⁹(765-); Ω = MBOAFGKLPPaRSaVa;
ξ = XXaXb; ζ = ZZcZm; Tᶻ

757 δουλεύειν FLPVaζ et GᵐTᵗᵐ: -εύσειν ASa et Kᵐ: -εῦσαι Paξ et
B²ᵐF²ᵐ: [Π⁸]   758 ἐπάρκειαν Aξ et B²ᵐF²ᵐTᵗᵐ; [Π⁸]   761 om. Π'
(in marg. infer. add. ut uid.)   μαθεῖν Π'?MAFLPPaξζTᶻ et Oʸᴾ:
φράσαι Ω et ZʸᴾZmʸᴾ: [Π⁸]   764 ὑπ'] ἐν OSa et F²Xa⁸Xb⁸; [Π⁸]
767 πτόλις Π⁹MBPPaξZZc et G²Zm¹ᶜT': πόλις ΩZmTᶻ; [Π'Π⁸]
769 τέκνων] παίδων GKR; [Π'Π⁸Π⁹]   771 πολυμήστωρ (Π⁹)
ΩXXbZTᶻ: -τορα FLPaRSVaXaZcZm et B³Z²; [Π'Π⁸]   774 γ'
Ωξζ'Tᶻ et AᴿL¹ᶜ: δ' GKR: om. AL: [Π⁸Π⁹]   778 ἀκτῆς] ἀκτὶς O
(∼ Oᶜ) et Zᵀʸᴾ; ἁλὸς LPZ; [Π⁹]   779 ματεύουσ' BALPVaξTᶻ et Kᶜ:
μαστ- Ωζ et B³: [Π⁸Π⁹]

Eκ.	λούτρ' ὤιχετ' οἴcουc' ἐξ ἁλὸc Πολυξένηι.	780
Aγ.	κτανών νιν, ὡc ἔοικεν, ἐκβάλλει ξένοc.	
Eκ.	θαλαccόπλαγκτόν γ', ὧδε διατεμὼν χρόα.	
Aγ.	ὦ cχετλία cὺ τῶν ἀμετρήτων πόνων.	
Eκ.	ὄλωλα κοὐδὲν λοιπόν, 'Αγάμεμνον, κακῶν.	
Aγ.	φεῦ φεῦ· τίc οὕτω δυcτυχὴc ἔφυ γυνή;	785
Eκ.	οὐκ ἔcτιν, εἰ μὴ τὴν Τύχην αὐτὴν λέγοιc.	

ἀλλ' ὧνπερ οὕνεκ' ἀμφὶ cὸν πίπτω γόνυ
ἄκουcον. εἰ μὲν ὅcιά cοι παθεῖν δοκῶ,
cτέργοιμ' ἄν· εἰ δὲ τοὔμπαλιν, cύ μοι γενοῦ
τιμωρὸc ἀνδρόc, ἀνοcιωτάτου ξένου,   790
ὃc οὔτε τοὺc γῆc νέρθεν οὔτε τοὺc ἄνω
δείcαc δέδρακεν ἔργον ἀνοcιώτατον
[κοινῆc τραπέζηc πολλάκιc τυχὼν ἐμοὶ
ξενίαc τ' ἀριθμῶι πρῶτα τῶν ἐμῶν φίλων·
τυχὼν δ' ὅcων δεῖ καὶ λαβὼν προμηθίαν   795
ἔκτεινε· τύμβου δ', εἰ κτανεῖν ἐβούλετο,
οὐκ ἠξίωcεν ἀλλ' ἀφῆκε πόντιον].
ἡμεῖc μὲν οὖν δοῦλοί τε κἀcθενεῖc ἴcωc·
ἀλλ' οἱ θεοὶ cθένουcι χὡ κείνων κρατῶν
νόμοc· νόμωι γὰρ τοὺc θεοὺc ἡγούμεθα   800

codd.: *Π*⁸(−787); *Π*⁹(−783); *Ω* = MBOAFGKLPPaRSaVa;
ξ = XXaXb; ζ = ZZcZm; T^z

782 -πλαγκτόν BOAGPaVaXXbZm et K^s: -πλακτόν MFLPRSaXa
ZZcT^z: -πληκτόν K: [*Π*⁸*Π*⁹]   γ' om. PaRξ; [*Π*⁸*Π*⁹]   784 κακῶν
*Ω*ξZcZmT^z et A¹ᶜK¹ᶜZ¹ᶜ: κακόν AKLZ et ξ^sZm^sT^t: [*Π*⁸]   785 οὕτωc
MAPaRξ (~ Xa^c); [*Π*⁸]   ἔφη MA⟨K⟩L (~ M¹ᶜK¹ᶜL^c)
786 λέγοιc *Π*⁸?MBAGLR et K^c: -εic *Ω*ξζT^z et L¹ᶜ et Eust. in Il. p. 651.
29: -ηc Va^s   788 δοκῶ παθεῖν OGKSa   789 μου M   791 τοὺc
(prius) *Ω*ξζT^z et A¹ᶜK¹ᶜPa^cR²Va¹ᶜ: τῆc AKPaSaVa: om. R   ἔνερθεν
MFSa (~ M^c)   793-7 del. Nauck (iam 794-5 Matthiae, 794-7 Din-
dorf)   794 ξενίά Musgrave   τὰ πρῶτα ASa (τὰ etiam Z^gl)   φίλων
MLPRZm et B³ʸᵖPa^rT^t et Σ^mb: ξένων *Ω*ξZZcT^z et M^yᵖZm^yᵖ   795 δ']
θ' O; om. M (~ M²)   ὅcων *Ω*ξZZcT^z et B³F¹ᶜSa¹ᶜZm¹ᶜ: ὅcον
MBFPaSaZm et O²R^s   796 ἠβούλετο BFVa   797 sententiae inep-
tias tollas interrogationis nota distinguendo

ΕΥΡΙΠΙΔΟΥ

καὶ ζῶμεν ἄδικα καὶ δίκαι' ὡρισμένοι·
ὃς ἐς ϲ' ἀνελθὼν εἰ διαφθαρήσεται
καὶ μὴ δίκην δώϲουϲιν οἵτινεϲ ξένουϲ
κτείνουϲιν ἢ θεῶν ἱερὰ τολμῶϲιν φέρειν,
οὐκ ἔϲτιν οὐδὲν τῶν ἐν ἀνθρώποιϲι ϲῶν.   805
ταῦτ' οὖν ἐν αἰϲχρῶι θέμενος αἰδέϲθητί με,
οἴκτιρον ἡμᾶς, ὡς γραφεύς τ' ἀποϲταθεὶϲ
ἰδοῦ με κἀνάθρηϲον οἷ' ἔχω κακά.
τύραννος ἦ ποτ' ἀλλὰ νῦν δούλη ϲέθεν,
εὔπαιϲ ποτ' οὖϲα, νῦν δὲ γραῦϲ ἄπαιϲ θ' ἅμα,   810
ἄπολιϲ ἔρημος ἀθλιωτάτη βροτῶν.
οἴμοι τάλαινα, ποῖ μ' ὑπεξάγειϲ πόδα;
ἔοικα πράξειν οὐδέν· ὦ τάλαιν' ἐγώ.
τί δῆτα θνητοὶ τἆλλα μὲν μαθήματα
μοχθοῦμεν ὡς χρὴ πάντα καὶ ματεύομεν,   815
πειθὼ δὲ τὴν τύραννον ἀνθρώποιϲ μόνην
οὐδέν τι μᾶλλον ἐς τέλος ϲπουδάζομεν
μιϲθοὺς διδόντες μανθάνειν, ἵν' ἦν ποτε
πείθειν ἅ τιϲ βούλοιτο τυγχάνειν θ' ἅμα;
τί οὖν ἔτ' ἄν τιϲ ἐλπίϲαι πράξειν καλῶς;   820
οἱ μὲν γὰρ ὄντες παῖδες οὐκέτ' εἰϲί μοι,
αὐτὴ δ' ἐπ' αἰϲχροῖϲ αἰχμάλωτος οἴχομαι,
καπνὸν δὲ πόλεωϲ τόνδ' ὑπερθρώιϲκονθ' ὁρῶ.

codd.: Ω = MBOAFGKLPPaRSaVa; ξ = XXaXb; ζ = ZZcZm; Tᶻ

802 ϲ' om. PaXaTᶻ (~ Pa²Xa¹ᶜT⁴)   805 ἀνθρώποιϲι ϲῶν Kayser:
-οιϲ ἴϲον codd. et Stob. 4. 41. 34 (etiam 4. 1. 13 [= fr. 1048. 1])
807 βραβεύς M? (~ M³ et Σᵐᵇ et Thom. Mag. 74. 12)   810 τότ' O,
sicut coni. Hoffmann   812 ποῦ LZm (~ Zm⁸) et R⁸; πῆ Va
813 πράϲϲειν GKSa   815 ματεύομεν MᵘᵛL: μαϲτ- ΩξζTᶻ et M³ et gV
817 οὐδέν τι] οὐ δῆτα R et Saᵞʳ (~ gV)   818 μιϲθὸν R (~ gV)
ἦν Elmsley: ἦι Ωξζ et M³B³T⁴: εἴ PaVaTᶻ et gV: ✱✱ MB: [A]
819 τυγχάνῃ O et gV; [A]   820 τί MBO et Σᵐᵇ: τίϲ Va: πῶϲ ΩξζTᶻ
et M⁸ᴵB³   ἐλπίϲῃ GKL (~ Gʳ)   821 γὰρ ὄντες ΩζTᶻ et Vaᵐ:
τοϲοῦτοι APPaξ et F²GᵞʳG²Va²ᵞʳT⁴: τοϲοίδε BFVa   822 αὐτὴ MA
(~ Mᶜ)   ἐχθροῖϲ R et OᵞʳSaᵞʳ   ὄλλυμαι O (~ O²ᵞʳ)   823 τόνδ']
τόν θ' FK (~ Kᶜ); τῆϲδ' Sa   ὑπερτέλλοντα B³ᵞʳ

καὶ μήν (ἴcωc μὲν τοῦ λόγου ξένον τόδε,
Κύπριν προβάλλειν, ἀλλ' ὅμωc εἰρήcεται)   825
πρὸc coῖcι πλευροῖc παῖc ἐμὴ κοιμίζεται
ἡ φοιβάc, ἣν καλοῦcι Καccάνδραν Φρύγεc.
ποῦ τὰc φίλαc δῆτ' εὐφρόναc λέξειc, ἄναξ;
ἢ τῶν ἐν εὐνῆι φιλτάτων ἀcπαcμάτων
χάριν τιν' ἕξει παῖc ἐμή, κείνηc δ' ἐγώ;   830
[ἐκ τοῦ cκότου τε τῶν τε νυκτερηcίων
φίλτρων μεγίcτη γίγνεται βροτοῖc χάριc.]
ἄκουε δή νυν. τὸν θανόντα τόνδ' ὁρᾶιc;
τοῦτον καλῶc δρῶν ὄντα κηδεcτὴν cέθεν
δράcειc. ἑνόc μοι μῦθοc ἐνδεήc ἔτι.   835
εἴ μοι γένοιτο φθόγγοc ἐν βραχίοcιν
καὶ χερcὶ καὶ κόμαιcι καὶ ποδῶν βάcει
ἢ Δαιδάλου τέχναιcιν ἢ θεῶν τινοc,
ὡc πάνθ' ἁμαρτῆι cῶν ἔχοιτο γουνάτων
κλαίοντ', ἐπιcκήπτοντα παντοίουc λόγουc.   840

codd.: Ω = MBOAFGKLPPaRSaVa; ξ = XXaXb; ζ = ZZcZm; T^z

824 ξένον Nauck: κενὸν codd.   826 coῖcι πλευροῖc MOAKξT^z et
Zc⁸: caῖcι -αῖc BFSaVa: coῖcι -αῖc Z: cῆιcι -αῖc LPPaZcZm et Sa^c: cῆιcι -ῆιc(ι)
GR   ἐμὴ] ἐμοὶ AKLPaVa (~ K^1cL^1cPa^cVa²)   827 καcc- BKOPPa
VaξZ et T^t: καc- ΩZcZmT^z   828 λέξειc Diggle: δείξειc codd. et Σ S.
Ai. 520 et Et. Gen. ap. Miller mél. p. 137   829 ἢ Diggle: ἦ codd.
830 τιν' Porson: τίν' codd.   831-2 del. Matthiae   cκότου
MOAGK: -ουc ΩξζT^z et G^1c et Orio flor. 8. 17 et Tzetz. exeg. in Il. 798.
31 Bachmann   τε (prius) Ω et Orio et Tzetz.: γὰρ ALPaξT^z et
B³ᵞᵖF²G^1c: τοι O   νυκτερηcίων Nauck: νυκτέρων Zo et Tzetz.: νυκτέρων
βροτοῖc Ωξ et Orio: ν- πάνυ APaξT^z et B²G²Va⁸: ν- τ' ἀcπαcμάτων (om. τῶν
τε) Sa: ν- ἀcπαcμάτων (om. τῶν τε) R: cf. Σ H. Od. 10. 481 ἐκ νυκτέρων δὲ
μεγίcτη κτλ.   832 μεγίcτη γίγνεται βροτοῖc fere MBAGKPaξZ et Va⁸T^t
et Σ H. Od. et (χάριc ante μεγίcτη) Tzetz.: μ- γ- θνητοῖc OLPSaVaZcZmT^z
et M³G²K² et Orio: μ- γ- F: ὁμοῦ τε τοῖc βροτοῖc πολλὴ R   833 δή νυν
Matthiae: δὴ νῦν codd.   835 εὖ δράcειc Sa et Thom. Mag. 196. 14,
362. 12   837 ποδῶν βάcει] βαδίcμαcιν O (~ O²ᵞᵖ) et Bᵞᵖ (~ Et. Ma.
26. 57 et Tzetz. chil. 1. 515 et App. prou. 3. 38)   839 ἁμαρτῆι
Wackernagel: ὁμ- codd.: uide ad Hcld. 138   ἔχοιτο ΩXbζT^z: ἔχοιντο
ASaXXa et B³F²G^r   γουνάτων ΩξZcT^z et K^1c: γον- AKPPaSaZZm

377

ὦ δέςποτ᾽, ὦ μέγιστον Ἕλληςιν φάος,
πιθοῦ, παράςχες χεῖρα τῆι πρεςβύτιδι
τιμωρόν, εἰ καὶ μηδέν ἐςτιν ἀλλ᾽ ὅμως.
ἐςθλοῦ γὰρ ἀνδρὸς τῆι δίκηι θ᾽ ὑπηρετεῖν
καὶ τοὺς κακοὺς δρᾶν πανταχοῦ κακῶς ἀεί.   845

Χο. δεινόν γε, θνητοῖς ὡς ἅπαντα ςυμπίτνει
καὶ τῆς ἀνάγκης οἱ νόμοι διώριςαν,
φίλους τιθέντες τούς γε πολεμιωτάτους
ἐχθρούς τε τοὺς πρὶν εὐμενεῖς ποιούμενοι.

Αγ. ἐγώ ςε καὶ ςὸν παῖδα καὶ τύχας ςέθεν,   850
Ἑκάβη, δι᾽ οἴκτου χεῖρά θ᾽ ἱκεςίαν ἔχω,
καὶ βούλομαι θεῶν θ᾽ οὕνεκ᾽ ἀνόςιον ξένον
καὶ τοῦ δικαίου τήνδε ςοι δοῦναι δίκην,
εἴ πως φανείη γ᾽ ὥςτε ςοί τ᾽ ἔχειν καλῶς
ςτρατῶι τε μὴ δόξαιμι Καςςάνδρας χάριν   855
Θρήικης ἄνακτι τόνδε βουλεῦςαι φόνον.
ἔςτιν γὰρ ἧι ταραγμὸς ἐμπέπτωκέ μοι·
τὸν ἄνδρα τοῦτον φίλιον ἡγεῖται ςτρατός,
τὸν κατθανόντα δ᾽ ἐχθρόν· εἰ δὲ ςοὶ φίλος
ὅδ᾽ ἐςτί, χωρὶς τοῦτο κοὐ κοινὸν ςτρατῶι.   860
πρὸς ταῦτα φρόντιζ᾽· ὡς θέλοντα μέν μ᾽ ἔχεις
ςοὶ ξυμπονῆςαι καὶ ταχὺν προςαρκέςαι,
βραδὺν δ᾽, Ἀχαιοῖς εἰ διαβληθήςομαι.

codd.: Ω = MBOAFGKLPPaRSaVa; ξ = XXaXb; ζ = ZZcZm; Tᶻ

842 παράςχες MOP: πάραςχε Ωξζ et M³A¹ᶜPᶜT†: πάρεχε A: πάρ****
Tᶻ   845 πανταχῆ GK (~ Stob. 3. 9. 3 et Orio flor. 6. 2, 8. 19)
847 τῆς ἀνάγκης Busche: τὰς ἀνάγκας codd. et Σᵐᵇ et Orio 8. 20 et lex. Vind.
44. 15   850 ἐγὼ ςὲ Ωξ et T† et Σᵐᵇ: ἔγωγε LPζTᶻ   τύχαν R
851 ἱκεςίαν fere ΩξZZcTᶻ et B³ et Σᵇ: ἱκέςιον BFZm et Σᵐ   852 θ᾽
om. GK   853 τόνδε P et Lˢ   δίκην OLPPaSaVaξζ et A²F²G²K⁸T†
et Σᵐ: χάριν ΩTᶻ et L²ʸᵖPa⁸Saʸᵖ   854 φανείη MBOAGξ et Σᵐᵇ: -ην
ΩζTᶻ et B³   γ᾽ om. GKRSa   καλῶς ἔχειν (om. τ᾽) R   855 καςς-
BOKPXXbZ et Va⁸: κας- ΩXaZcZmTᶻ   858 φίλιον MBOK et B³:
φίλον ΩXaZZcTᶻ et BᶜZm²: φίλον XXbZm   859 δ᾽ ἐμοὶ Elmsley
861 ἐθέλοντα PaSa   862 ξυμ-] ςυμ- ξZ et T†

Εκ. φεῦ.
οὐκ ἔςτι θνητῶν ὅςτις ἔςτ' ἐλεύθερος·
ἢ χρημάτων γὰρ δοῦλός ἐςτιν ἢ τύχης 865
ἢ πλῆθος αὐτὸν πόλεος ἢ νόμων γραφαὶ
εἴργουςι χρῆςθαι μὴ κατὰ γνώμην τρόποις.
ἐπεὶ δὲ ταρβεῖς τῶι τ' ὄχλωι πλέον νέμεις,
ἐγώ ςε θήςω τοῦδ' ἐλεύθερον φόβου.
ςύνιςθι μὲν γάρ, ἤν τι βουλεύςω κακὸν 870
τῶι τόνδ' ἀποκτείναντι, ςυνδράςηις δὲ μή.
ἢν δ' ἐξ 'Αχαιῶν θόρυβος ἢ 'πικουρία
πάςχοντος ἀνδρὸς Θρηικὸς οἷα πείςεται
φανῆι τις, εἶργε μὴ δοκῶν ἐμὴν χάριν.
τὰ δ' ἄλλα—θάρςει—πάντ' ἐγὼ θήςω καλῶς. 875
Αγ. πῶς οὖν; τί δράςεις; πότερα φάςγανον χερὶ
λαβοῦςα γραίαι φῶτα βάρβαρον κτενεῖς
ἢ φαρμάκοιςιν ἢ 'πικουρίαι τίνι;
τίς ςοι ξυνέςται χείρ; πόθεν κτήςηι φίλους;
Εκ. ςτέγαι κεκεύθας' αἵδε Τρωιάδων ὄχλον. 880
Αγ. τὰς αἰχμαλώτους εἶπας, Ἑλλήνων ἄγραν;
Εκ. ςὺν ταῖςδε τὸν ἐμῶν φονέα τιμωρήςομαι.

codd.: Ω = H(869–)MBOAFGKLPPaRSaVa; ξ = XXaXb;
ζ = ZZcZm; Τᶻ

864 θνητῶν] θνητὸς gV et PgS; ἀνδρῶν Arist. rhet. 1394 b; (~ Lib. or. 25.
3 et Doxop. ii. 291. 25, 298. 8 Walz et Orio flor. 8. 21)   865 γὰρ om.
GSaZc (~ GᶦᶜZcᶦᶜ et gV et Arist. et Lib. et Orio)   ἐςτι δοῦλος GK
(~ gV et testes)   866 πόλεος XXaTᶻ et K²Xbᶜ: -εως ΩXbζ et gV:
-εων Lib.   νόμων] δήμου gV (~ Lib.)   868 πλέον ΩTᶻ: πλεῖον
OGKLSaξZ et Tᵗ: τὸ πλεῖον ZcZm   870 ἤν] εἴ HLSa (~ Lᶜ)
871 ςυνδράςηις] -ςεις R et B³; -ςον B³; -c** Sa; -μηις P   875 dist.
Reiske   876 πότερον MAPaSa   877 γραίαι φῶτα FPZZm et M²B³
Va¹ᶜTᵗ: γραία φ- ΩξZcTᶻ et F²: φ- γραῖα GK: φῶτα H   κτανεῖς HPa
(~ Paᶜ)   878 τίνι Barnes: τινί codd.   879 τί HSa   ξυνέςται
ΩZZm et M³Tᵗ: ςυν- ξ: ξύνεςτι MᵘᵛZcTᶻ   880 κεκεύθας' ΩξZcTᶻ et
LᶜVa¹ᶜ: κεκεύθους' PPaVaZZm et Tᵗ: κεύθους' L: κεύθουςιν Gʳ, γὰρ κ- G:
καὶ κεύθουςαι Sa   882 ἐμῶν Scaliger: ἐμὸν codd.: cf. 750

Αγ.   καὶ πῶς γυναιξὶν ἀρςένων ἔςται κράτος;
Εκ.   δεινὸν τὸ πλῆθος cὺν δόλωι τε δύςμαχον.
Αγ.   δεινόν· τὸ μέντοι θῆλυ μέμφομαι cθένος.   885
Εκ.   τί δ'; οὐ γυναῖκες εἶλον Αἰγύπτου τέκνα
       καὶ Λῆμνον ἄρδην ἀρςένων ἐξώικιcαν;
       ἀλλ' ὣς γενέςθω· τόνδε μὲν μέθες λόγον,
       πέμψον δέ μοι τήνδ' ἀςφαλῶς διὰ cτρατοῦ
       γυναῖκα. καὶ cὺ Θρηικὶ πλαθεῖcα ξένωι   890
       λέξον· Καλεῖ c' ἄναcca δή ποτ' Ἰλίου
       Ἑκάβη, cὸν οὐκ ἔλαccον ἢ κείνης χρέος,
       καὶ παῖδας, ὡς δεῖ καὶ τέκν' εἰδέναι λόγους
       τοὺς ἐξ ἐκείνης. τὸν δὲ τῆς νεοcφαγοῦς
       Πολυξένης ἐπίcχες, Ἀγάμεμνον, τάφον,   895
       ὡς τώδ' ἀδελφὼ πληςίον μιᾶι φλογί,
       διccὴ μέριμνα μητρί, κρυφθῆτον χθονί.
Αγ.   ἔςται τάδ' οὕτω· καὶ γὰρ εἰ μὲν ἦν cτρατῶι
       πλοῦς, οὐκ ἂν εἶχον τήνδε cοι δοῦναι χάριν·
       νῦν δ', οὐ γὰρ ἵης' οὐρίους πνοὰς θεός,   900
       μένειν ἀνάγκη πλοῦν ὁρῶντας ἡςύχους.
       γένοιτο δ' εὖ πως· πᾶcι γὰρ κοινὸν τόδε,
       ἰδίαι θ' ἑκάcτωι καὶ πόλει, τὸν μὲν κακὸν
       κακόν τι πάςχειν, τὸν δὲ χρηcτὸν εὐτυχεῖν.

codd.: Ω = HMBOAFGKLPPaRSaVa; ξ = XXaXb; ζ = ZZcZm;
       Tᶻ(-896)Tᵗ(897-)

883 ἀρρένων ⟨L⟩R (~ L²)   884 τὸ] τι Blaydes   885 cθένος
Jenni: γένος codd. et lex. Vind. 123. 15   888 ὡς OA et Hᶜ²Mᶜ: ὡς
ΩξζTᶻ   γενέcθω HMBOA et R⁸: -cθαι ΩξζTᶻ et B²   μὲν] μοι B
(~ B¹ᶜ); ἐμοὶ R; om. (et τὸν post μέθες add.) Va   890 πλαθεῖcα
HMBOFKP: πλαcθ- AGLPaRVaξζTᶻ et B³K¹ᶜ: πλαγχθ- Sa et M²
894 ἐκείνου HMO et B³ et Σʰᵇ (~ Σᵐ)   897 διccὴ μέριμνα fere RξTᵗ:
-ὰ μέ- Pa: -ὰ μερίμνα VaZc et G⁸: -ᾶ μερίμνα ZZm: -ὼ μερίμνα HᵘᵛK
et (-ᾳ) Mᶜ: -αὶ μέριμναι B³ (etiam διccὼ B³) et ¹Σ⁽¹⁾ʰᵐᵇ: -ῆι μερίμνηι BOARSa
et FᶜK⁸ et ¹Σ⁽²⁾ᵐᵇ: -ῆι μερίμνα L: -∗ μέριμνα M: -∗ μερίμνα F: -∗ μερίμν∗ G
τάφωι F²ᵞᵖ   898 οὕτως XXa (~ gV)   εἰ ΩξZcZmTᵗ et Hᶜ: ἦν fere
⟨H⟩AGKZ   899 δοῦναί cοι Sa et ZdZoZu   900 οὐρίους
HBOAGK(Zm)Tᵗ et Sa⁸Va¹ᶜX⁸: -ας ΩξZZc   901 ὁρῶντες LR (~ R⁸)
ἡcύχους Hartung: ἥcυχον codd.   902 κοινὸν] καλὸν Thom. Mag. (ap.
Treu, JclPh Suppl. 27 [1902] 24) et Zᵍ¹Zmᵍ¹Tᵗᵍ¹ (~ gV), sicut coni. Nagel

Χο. cὺ μέν, ὦ πατρὶc Ἰλιάc,   [cτρ. α
     τῶν ἀπορθήτων πόλιc οὐκέτι λέξῃι·   906
     τοῖον Ἑλλάνων νέφοc ἀμφί cε κρύπτει
     δορὶ δὴ δορὶ πέρcαν.
     ἀπὸ δὲ cτεφάναν κέκαρ-   910
     cαι πύργων, κατὰ δ' αἰθάλου
     κηλῖδ' οἰκτροτάταν κέχρωcαι.
     τάλαιν', οὐκέτι c' ἐμβατεύcω.

     μεcονύκτιοc ὠλλύμαν,   [ἀντ. α
     ἦμοc ἐκ δείπνων ὕπνοc ἡδὺc ἐπ' ὄccοιc   915
     cκίδναται, μολπᾶν δ' ἄπο καὶ χοροποιὸν
     θυcίαν καταπαύcαc
     πόcιc ἐν θαλάμοιc ἔκει-
     το, ξυcτὸν δ' ἐπὶ παccάλωι,   920
     ναύταν οὐκέθ' ὁρῶν ὅμιλον
     Τροίαν Ἰλιάδ' ἐμβεβῶτα.

codd.: Ω = H(-920)MBOAFGKLPPaRSaVa; ξ = XXaXb;
       ζ = ZZcZm; Tᵗ

908 τοῖον H, sicut coni. King: τοῖον δ' uel τοιόνδ' ΩξζTᵗ   καλύπτει ξ
909 δὴ om. ALPPa (~ L¹ᶜ); post alterum δορὶ Sa   910 δὲ] γε L; om.
FVa; (~ Eust. in Il. p. 189. 13)   cτεφάνην Va; -ων HᵘᵛFP (~ F¹ᶜ);
(~ Eust. et Σ Tricl. Hes. th. 578)   911 αἰθάλου Canter: αἰθάλωι Tᵗ et
Σᵗ: -ου καπνοῦ fere Ωξζ (-ην Saˢ; -α Va; -η Zc) et Σᵐᵇ
912 οἰκτροτάταν ΩZcZm: -οτάτην Sa: -οτάτα⋆ B: -οτάτα(ι) FPaVaξZTᵗ:
-ότατα P et B²   914 ὀλλύμαν OA (~ A²); ὠλλό- Va; ὀλό- L (ὀλοί- Lᶜ);
ὠλύ- Thom. Mag. 236. 5   915 ἐκ OFGKPPaRξZcTᵗ et MᶜBᶜZᶜ: δ' ἐκ
HMBALSaVaZZm et Zcᶜ   ὕπνοc om. HL (~ H²Lᶜ)   917 κίδναται
PaξZmTᵗ (~ Pa¹ᶜ)   μολπᾶν ΩξζTᵗ: -ῶν LPa et GᵍˡKᵍˡVaᵍˡᵍˡ: -ὰν
HMOK et B³ et ¹Σᵐᵇ: -ὴν Saᵞᵖ: gen. ¹Σᵐ⁽²⁾, acc. ¹Σᵐ⁽¹⁾ᵇ   χορο-
MBOAKξ et RˢVa²ᵞᵖ et ¹Σᵐᵇ: χαρο- ΩζTᵗ et MᶜB³Xaᵞᵖ et ¹Σᵐᵇ: χ⋆ρο-
H   -ποιὸν OKPa et MᶜB³AˢRˢ et ¹Σᵇ: -ποιῶν Ωξ et HᶜKᶜ et ¹Σᵐ:
-ποιᾶν ζTᵗ: -ποι⋆ν H: acc. ¹Σᵐ⁽¹⁾ᵇ, gen. ¹Σᵐ⁽²⁾   918 θυcίαν Ω et B² et
¹Σᵐ: -ιᾶν BGKζTᵗ et A²Lᶜ: -ιὰν Kᶜ: -ιῶν FPVaξ et GʳR¹ᶜ: acc. ¹Σᵐ⁽¹⁾ᵇ, gen.
¹Σᵐ⁽²⁾   919 δ' ἐν OR   921 ναυτᾶν Σᵐ (-τῶν Σᵇ), sicut coni.
Valckenaer   922 Τροίαν om. RSa   ἐμβεβῶτα FK et GᶜTᵗᶜ et Σᵗ:
-βαῶτα ΩξζTᵗ et Fˢ

ΕΥΡΙΠΙΔΟΥ

ἐγὼ δὲ πλόκαμον ἀναδέτοις   [στρ. β
μίτραισιν ἐρρυθμιζόμαν
χρυσέων ἐνόπτρων λεύσσους' ἀτέρμονας εἰς αὐγάς,   925
ἐπιδέμνιος ὡς πέσοιμ' ἐς εὐνάν.
ἀνὰ δὲ κέλαδος ἔμολε πόλιν·
κέλευσμα δ' ἦν κατ' ἄστυ Τροίας τόδ'· Ὦ
παῖδες Ἑλλάνων, πότε δὴ πότε τὰν   930
Ἰλιάδα σκοπιὰν
πέρσαντες ἥξετ' οἴκους;

λέχη δὲ φίλια μονόπεπλος   [ἀντ. β
λιποῦσα, Δωρὶς ὡς κόρα,
σεμνὰν προσίζους' οὐκ ἤνυς' Ἄρτεμιν ἁ τλάμων·   935
ἄγομαι δὲ θανόντ' ἰδοῦσ' ἀκοίταν
τὸν ἐμὸν ἅλιον ἐπὶ πέλαγος·
πόλιν τ' ἀποσκοποῦσ', ἐπεὶ νόστιμον
ναῦς ἐκίνησεν πόδα καί μ' ἀπὸ γᾶς   940
ὥρισεν Ἰλιάδος,
τάλαιν' ἀπεῖπον ἄλγει,

τὰν τοῖν Διοσκούροιν Ἑλέναν κάσιν Ἰδαῖόν τε   [ἐπῳδ.
   βούταν
αἰνόπαριν κατάραι   945
διδοῦσ', ἐπεί με γαίας

codd.: Ω = MBOAFGKLPPaRSaVa; ξ = XXaXb; ζ = ZZcZm;
    T^t(-936)T^z(937-)

923 δὲ] δέ τοι ξ; [K]   924 ἐρρυθμιζόμαν] ἐρρ- ΩξT^t: ἐρ- MOFKSaζ:
ἐνερ- R   -όμην OGKLPSaZc   928 κέλευμα Dindorf   930 τὴν ξ
931 ἰλιάδος K^1c et PrRfRw; -δας O (∼ O²); (∼ Eust. in Il. p. 206. 13)
932 ἥξετ' O(Sa)   οἴκους T^t, sicut coni. King: ἐς οἴκους Ωξζ
935 προσιζάνους' ⟨Z⟩Zm (∼ Z^c)   ἁ om. Zm et Z^c   τλήμων FVaξ
(∼ Va^1c)   937 ἀκοίτην GLVa   940 ἐκίνησεν KT^z: -σε Ωξζ
943 -κούροιν ΩξζT^z et Sa^1c: -κόροιν MBOAPaSaVa: -κούρων K^s
ἐλάναν OSaT^z (∼ T^t)   946 γαίας Diggle: γᾶς codd.

EKABH

ἐκ πατρίας ἀπώλεσεν
ἐξώικισέν τ᾽ οἴκων γάμος οὐ γάμος ἀλλ᾽
ἀλάστορός τις οἰζύς·
ἂν μήτε πέλαγος ἅλιον ἀπαγάγοι πάλιν   950
μήτε πατρῶιον ἵκοιτ᾽ ἐς οἶκον.

ΠΟΛΥΜΗΣΤΩΡ

ὦ φίλτατ᾽ ἀνδρῶν Πρίαμε, φιλτάτη δὲ σύ,
Ἑκάβη, δακρύω σ᾽ εἰσορῶν πόλιν τε σὴν
τήν τ᾽ ἀρτίως θανοῦσαν ἔκγονον σέθεν.   955
φεῦ·
οὐκ ἔστιν οὐδὲν πιστόν, οὔτ᾽ εὐδοξία
οὔτ᾽ αὖ καλῶς πράσσοντα μὴ πράξειν κακῶς.
φύρουσι δ᾽ αὐτὰ θεοὶ πάλιν τε καὶ πρόσω
ταραγμὸν ἐντιθέντες, ὡς ἀγνωσίαι
σέβωμεν αὐτούς. ἀλλὰ ταῦτα μὲν τί δεῖ   960
θρηνεῖν, προκόπτοντ᾽ οὐδὲν ἐς πρόσθεν κακῶν;
σὺ δ᾽, εἴ τι μέμφηι τῆς ἐμῆς ἀπουσίας,
σχές· τυγχάνω γὰρ ἐν μέσοις Θρήικης ὅροις
ἀπών, ὅτ᾽ ἦλθες δεῦρ᾽· ἐπεὶ δ᾽ ἀφικόμην,

codd.: Ω = MBOAFGKLPPaRSaVa; ξ = XXaXb;
ζ = ZZcZm; Tᶻ

947 πατρίας Dindorf: πατρώιας fere codd.   ἀπώλεσεν ΩξζTᶻ et Rˢ,
-σαν R: ἀπούρισεν Mᵞᴾ: ἀπώρουσεν Saˢ: de syllaba breui in fine uide Alc.
215 ~ 228   948 ἐξώικισέν Porson: -σέ codd.   950 ἦν FKLSa
(~ K¹ᶜ) et B³   ἀγάγοι GKXa (~ GʳXa¹ᶜ); ἐπαγάγοι Z   952 ἐς] εἰς
LP et Tᵗ; om. O   953 del. Nauck   954 τε σὴν] τε σὰν Zc et Zᶜ; τὰν
σὰν L⟨Z⟩Zm (~ L²); τε τὴν σὴν Sa   955 ἔγγονον RXbZc (~ Zcᶜ) et
Tᵗ   956 οὐδὲν πιστόν ΩξζTᶻ et gV et Stob. 4. 41. 36 et Orio flor. 8.
22: πιστὸν οὐδέν ML et K¹ᶜ   957 πράξαντα Stob. (~ gV et (Orio))
πράξειν ΩξζTᶻ et L² et Stob. et Orio: πράσσειν ⟨L²⟩Sa et gV
958 αὐτὰ F², sicut coni. Hermann: αὖτα CrEsLv: αὖτε Cr²Es²Lvᶜ: αὖθ᾽ οἱ
AKVaξZTᶻ et Apostol. 1804g: αὖθ᾽ οἱ ΩZcZm et B³ᵞᴾL²Pa¹ᶜ: αὖ τοι B: αὖ
PaSa: αὐτοὶ etiam B³ᵞᴾ: [L]   959 ὡς ἂν ξ   963 τυγχάνω ΩξZcZm et
GˢTᶻᶜ: τύγχανον uel ᾽τ- GPPaZ et B²Rᵞᴾ: ἐτύγχανον FVaTᶻ et B³RˢSaˢ
θρήικοις FK (~ F¹ᶜK¹ᶜ); -ῶν ZZm

383

ΕΥΡΙΠΙΔΟΥ

    ἤδη πόδ' ἔξω δωμάτων αἴροντί μοι   965
    ἐc ταὐτὸν ἤδε cυμπίτνει δμωὶc cέθεν,
    λέγουcα μύθουc ὧν κλύων ἀφικόμην.

Εκ. αἰcχύνομαί cε προcβλέπειν ἐναντίον,
    Πολυμῆcτορ, ἐν τοιοῖcδε κειμένη κακοῖc.

    ὅτωι γὰρ ὤφθην εὐτυχοῦc', αἰδώc μ' ἔχει   970
    ἐν τῶιδε πότμωι τυγχάνουc' ἵν' εἰμὶ νῦν,
    κοὐκ ἂν δυναίμην προcβλέπειν ὀρθαῖc κόραιc·
    ἀλλ' αὐτὸ μὴ δύcνοιαν ἡγήcηι cέθεν
    [Πολυμῆcτορ· ἄλλωc δ' αἴτιόν τι καὶ νόμοc,
    γυναῖκαc ἀνδρῶν μὴ βλέπειν ἐναντίον].   975

Πο. καὶ θαῦμά γ' οὐδέν. ἀλλὰ τίc χρεία c' ἐμοῦ;
    τί χρῆμ' ἐπέμψω τὸν ἐμὸν ἐκ δόμων πόδα;

Εκ. ἴδιον ἐμαυτῆc δή τι πρὸc cὲ βούλομαι
    καὶ παῖδαc εἰπεῖν coύc· ὀπάοναc δέ μοι
    χωρὶc κέλευcον τῶνδ' ἀποcτῆναι δόμων.   980

Πο. χωρεῖτ'· ἐν ἀcφαλεῖ γὰρ ἤδ' ἐρημία.
    φίλη μὲν εἶ cύ, προcφιλὲc δέ μοι τόδε
    cτράτευμ' Ἀχαιῶν. ἀλλὰ cημαίνειν cε χρή·
    τί χρὴ τὸν εὖ πράccοντα μὴ πράccουcιν εὖ
    φίλοιc ἐπαρκεῖν; ὡc ἕτοιμόc εἰμ' ἐγώ.   985

Εκ. πρῶτον μὲν εἰπὲ παῖδ' ὃν ἐξ ἐμῆc χερὸc
    Πολύδωρον ἔκ τε πατρὸc ἐν δόμοιc ἔχειc,
    εἰ ζῆι· τὰ δ' ἄλλα δεύτερόν c' ἐρήcομαι.

Πο. μάλιcτα· τοὐκείνου μὲν εὐτυχεῖc μέρος.

Εκ. ὦ φίλταθ', ὡc εὖ κἀξίωc λέγειc cέθεν.   990

Πο. τί δῆτα βούληι δεύτερον μαθεῖν ἐμοῦ;

codd.: Ω = MBOAFGKLPPaRSaVa; ξ = XXaXb;
    ζ = ZZcZm; Tᶻ

   965 αἴροντί] ἑλκοντί R (∼ Rᵞᵖ) et HnPb   969 τοῖcδε G⟨L?⟩Tᶻ
(∼ LᶜTᶻᶜ)   972 προcβλέπειν ΩZm: -βλέπειν c' OGKPaξZZcTᶻ et
FˢVa²Zm¹ᶜ: βλέπειν Sa   974-5 del. Diggle (iam 970-5 Dindorf, 973-5
Hartung)   980 δόμων] λόγων Rᵞᵖ   982 μὲν LPPaVaζTᶻ: μὲν ἡμῖν
Ωξ: μὲν ἡμῶν R   δ' ἐμοὶ OGKLZZm   τόδε om. OSa   983 χρῆν
MB (∼ Bᶜ) et K¹ᶜ   984 χρή] δεῖ GK, sicut coni. Nauck, fort. recte
990 λέγειc cέθεν L: c- λ- ΩξζTᶻ

384

Εκ.　εἰ τῆς τεκούσης τῆςδε μέμνηταί τί που.
Πο.　καὶ δεῦρό γ' ὡς cὲ κρύφιος ἐζήτει μολεῖν.
Εκ.　χρυςὸς δὲ cῶc ὃν ἦλθεν ἐκ Τροίαc ἔχων;
Πο.　cῶc, ἐν δόμοιc γε τοῖc ἐμοῖc φρουρούμενος.　　　　　　995
Εκ.　cῶcόν νυν αὐτὸν μηδ' ἔρα τῶν πληcίον.
Πο.　ἥκιcτ'· ὀναίμην τοῦ παρόντος, ὦ γύναι.
Εκ.　οἶcθ' οὖν ἃ λέξαι cοί τε καὶ παιcὶν θέλω;
Πο.　οὐκ οἶδα· τῶι cῶι τοῦτο cημανεῖc λόγωι.
Εκ.　ἔcτ', ὦ φιληθεὶc ὡc cὺ νῦν ἐμοὶ φιλῆι...　　　　　　1000
Πο.　τί χρῆμ' ὃ κἀμὲ καὶ τέκν' εἰδέναι χρεών;
Εκ.　χρυcοῦ παλαιαὶ Πριαμιδῶν κατώρυχες.
Πο.　ταῦτ' ἔcθ' ἃ βούληι παιδὶ cημῆναι cέθεν;
Εκ.　μάλιcτα, διὰ cοῦ γ'· εἶ γὰρ εὐcεβὴc ἀνήρ.
Πο.　τί δῆτα τέκνων τῶνδε δεῖ παρουcίαc;　　　　　　1005
Εκ.　ἄμεινον, ἢν cὺ κατθάνηιc, τούcδ' εἰδέναι.
Πο.　καλῶc ἔλεξαc· τῆιδε καὶ cοφώτερον.
Εκ.　οἶcθ' οὖν 'Αθάναc 'Ιλιάδοc ἵνα cτέγαι;
Πο.　ἐνταῦθ' ὁ χρυcόc ἐcτι; cημεῖον δὲ τί;
Εκ.　μέλαινα πέτρα γῆc ὑπερτέλλουc' ἄνω.　　　　　　1010
Πο.　ἔτ' οὖν τι βούληι τῶν ἐκεῖ φράζειν ἐμοί;
Εκ.　cῶcαί cε χρήμαθ' οἷc cυνεξῆλθον θέλω.
Πο.　ποῦ δῆτα; πέπλων ἐντὸc ἢ κρύψαc' ἔχειc;
Εκ.　cκύλων ἐν ὄχλωι ταῖcδε cώιζεται cτέγαιc.
Πο.　ποῦ δ'; αἵδ' 'Αχαιῶν ναύλοχοι περιπτυχαί.　　　　　　1015

codd.: Ω = MBOAFGKLPPaRSaVa; ξ = XXaXb; ζ = ZZcZm;
　　　Tᶻ(−1009)Tᵗ(1010−)

992 που Herwerden: μου codd.　　993 δεῦρ' ὃ MGRXa　　κρύφιος
BKLPZZmTᶻ et PaʳRˢ: -ίως ΩξZc et B³: κρύφα Pa　　995 δόμοιc γε
ΩξTᶻ et O⁸: -οιc τε Oζ: -οιcι P　　996 νυν AVaXXbZZcTᶻ et Lᶜ: νῦν
ΩXaZm et Rᵞᵖ: νιν GR　　τῶν ΩξZc et R⁸: τοῦ OPPaRSaZZmTᶻ et
F¹ᶜGʳ et Eust. in Il. pp. 52. 23, 792. 19, 1312. 20 et anecd. Par. iii. 81:
[K]　　998 ὃ Porson ex U　　999 τοῦτο] τούτωι PPaXXb (~ XᶜXb¹ᶜ)
1000 ἔcτ', ὦ Hermann: ἔcτω codd.　　1006 ἤν] εἶ FVa　　1007 dist.
Boissonade　　1008 'Ιλιάδοc Scaliger: ἰλίαc codd.　　1010 -τελοῦc'
ZmTᵗ (~ Zm¹ᶜ); -τερούc' R　　1012 cε om. GZ

385

Εκ.   ἴδιαι γυναικῶν αἰχμαλωτίδων στέγαι.
Πο.   τἄνδον δὲ πιστὰ κάρσένων ἐρημία;
Εκ.   οὐδεὶς Ἀχαιῶν ἔνδον ἀλλ' ἡμεῖς μόναι.
      ἀλλ' ἕρπ' ἐς οἴκουσ· καὶ γὰρ Ἀργεῖοι νεῶν
      λῦσαι ποθοῦσιν οἴκαδ' ἐκ Τροίας πόδα·   1020
      ὡς πάντα πράξας ὧν σε δεῖ στείχηις πάλιν
      ξὺν παισὶν οὗπερ τὸν ἐμὸν ὤικισας γόνον.

Χο.   οὔπω δέδωκας ἀλλ' ἴσως δώσεις δίκην·
      ἀλίμενόν τις ὡς ἐς ἄντλον πεσὼν   1025
      λέχριος ἐκπεσῆι φίλας καρδίας,
      ἀμέρσας βίον. τὸ γὰρ ὑπέγγυον
      Δίκαι καὶ θεοῖσιν οὐ ξυμπίτνει,   1030
      ὀλέθριον ὀλέθριον κακόν.
      ψεύσει σ' ὁδοῦ τῆσδ' ἐλπὶς ἤ σ' ἐπήγαγεν
      θανάσιμον πρὸς Ἀίδαν, ὦ τάλας,
      ἀπολέμωι δὲ χειρὶ λείψεις βίον.

Πο.   (ἔνδοθεν)
      ὤμοι, τυφλοῦμαι φέγγος ὀμμάτων τάλας.   1035
Χο.   ἠκούσατ' ἀνδρὸς Θρηικὸς οἰμωγήν, φίλαι;
Πο.   ὤμοι μάλ' αὖθις, τέκνα, δυστήνου σφαγῆς.

codd.: Ω = MBOAFGKLPPaRSaVa; ξ = XXaXb; ζ = ZZcZm; Tᵗ

1016 ἴδιαι uel ἰδίαι BASa et Σᵐᵇ: ἰδίᾳ uel ἰδία ΩξζTᵗ   στέγαι]
στάσεις Sa (~ Saˢ) et SSi (~ SˢSiˢ)   1021 πάντα] ταῦτα ZZm
(~ ZᵞᵞᵖZmᵞᵖ)   1023 Hecubae contin. M (~ M²) et Σᵐ ut uid. et
'quidam' ap. Σᵇ   1025 ἐς GKRSaVaZZm: εἰς ΩξZcTᵗ
πεσὼν ZdZu: ἐμπεσὼν codd.   1026 ἐκπεσῆι OGKP et Lᶜ: -πέσηι ΩξζTᵗ
φίλης LTᵗ   1028 βίον Hermann: βίοτον codd.   1030 δίκη L et Fᶜ
θεοῖσι(ν) ΩZZm: θεοῖς MAGKPaRZcTᵗ   οὐ Hemsterhuys: οὐ codd. et
Σᵐᵇ   ξυμ- OSaZ: ευμ- ΩξZcZmTᵗ   1032 ἀπήγαγε(ν) R; ὑπ- Sa,
sicut coni. Goram   1033 ad Ἀίδαν uide Studies 21, 119; Ἀιδαν
Dindorf   ὦ Tᵗ: ἰὼ Ωξζ   ἰὼ τάλας Polymestori trib. ζ   1034 χερὶ
ZcTᵗ   βίοτον MLζ   1036ⁿ χο. MBOAF: ἡμιχ. ΩξζTᵗ et B²
1037 οἴμοι GK   τέκνα ΩξTᵗ et Kᶜ: -ων KLPPaSaζ et
MˢB³RᵞᵖVaˢVa²: -ον Va

ΕΚΑΒΗ

Χο.   φίλαι, πέπρακται καίν' ἔσω δόμων κακά.
Πο.   ἀλλ' οὔτι μὴ φύγητε λαιψηρῶι ποδί·
      βάλλων γὰρ οἴκων τῶνδ' ἀναρρήξω μυχούς.   1040
      ἰδού, βαρείας χειρὸς ὁρμᾶται βέλος.
Χο.   βούλεσθ' ἐπεσπέσωμεν; ὡς ἀκμὴ καλεῖ
      Ἑκάβηι παρεῖναι Τρωιάσιν τε συμμάχους.
Εκ.   ἄρασσε, φείδου μηδέν, ἐκβάλλων πύλας·
      οὐ γάρ ποτ' ὄμμα λαμπρὸν ἐνθήσεις κόραις,   1045
      οὐ παῖδας ὄψηι ζῶντας οὓς ἔκτειν' ἐγώ.
Χο.   ἦ γὰρ καθεῖλες Θρῆικα καὶ κρατεῖς ξένον,
      δέσποινα, καὶ δέδρακας οἷάπερ λέγεις;
Εκ.   ὄψηι νιν αὐτίκ' ὄντα δωμάτων πάρος
      τυφλὸν τυφλῶι στείχοντα παραφόρωι ποδί,   1050
      παίδων τε δισσῶν σώμαθ', οὓς ἔκτειν' ἐγὼ
      σὺν ταῖσδ' ἀρίσταις Τρωιάσιν· δίκην δέ μοι
      δέδωκε. χωρεῖ δ', ὡς ὁρᾶις, ὅδ' ἐκ δόμων.
      ἀλλ' ἐκποδὼν ἄπειμι κἀποστήσομαι
      θυμῶι ζέοντι Θρηικὶ δυσμαχωτάτωι.   1055

Πο.   ὤμοι ἐγώ, πᾶι βῶ, πᾶι στῶ, πᾶι κέλσω,
      τετράποδος βάσιν θηρὸς ὀρεστέρου
      τιθέμενος ἐπὶ χεῖρα καὶ ἴχνος; ποίαν
      ἢ ταύταν ἢ τάνδ' ἐξαλλάξω, τὰς   1060

codd.: Ω = MBOAFGKLPPaRSaVa; ξ = XXaXb; ζ = ZZcZm; Tᵗ

1038ⁿ χο. MBOAF: ἡμιχ. ΩξζTᵗ et B² 1039 μὴ MAGKLPξZcTᵗ et BᶜVaˢ: μὴν O: με BFPaVaZZm: μοι RSa et A²: μου Saˢ 1040 βαλὼν GK 1041 Polymestori contin. Σᵐ et 'quidam' ap. Σᵇ: choro trib. MOF: semichoro ΩξζTᵗ et M² 1042ⁿ ἡμιχ. M²: om. codd. 1042 ἐπε(ι)σπέσωμεν ΩξZcTᵗ et O¹ᶜ: ἐπ(ε)ισπεύς- OFPa(R)VaZZm: ἐπισπέσ- M²: ἐπισπάς- Saᵞᵖ 1044 -βάλων aut -βαλὼν K et Sa¹ᶜ; [Sa] 1047ⁿ χο. ΩTᵗ: ἡμιχ. GLRSaVaξζ 1047 ξένον Hermann: ξένου codd. 1052 ταῖσδ' Hermann: ταῖς codd. δ' ἐμοὶ GK 1055 θυμὸν Ruhnken ζέοντι LeᵞᵖPrᵞᵖUZbZmᵞᵖ: ῥέοντι codd. δυσμενεστάτωι O²ᵞᵖPrᵞᵖ; δυσγενεστάτωι Bᵞᵖ 1059 καὶ Porson: κατ' codd. 1060 ἢ (prius) om. L (~ L²) ταύτην Fξ τήνδ' PaR

ἀνδροφόνους μάρψαι χρήιζων Ἰλιάδας,
αἵ με διώλεσαν;
τάλαιναι κόραι τάλαιναι Φρυγῶν,
ὦ κατάρατοι,
ποῖ καί με φυγᾶι πτώccουcι μυχῶν;   1065
εἴθε μοι ὀμμάτων αἱματόεν βλέφαρον
ἀκέcαι' ἀκέcαιο, τυφλόν,
Ἅλιε, φέγγος ἀπαλλάξας.
ἆ ἆ,
cίγα· κρυπτὰν βάcιν αἰcθάνομαι
τάνδε γυναικῶν. πᾶι πόδ' ἐπάιξας   1070
cαρκῶν ὀcτέων τ' ἐμπληcθῶ,
θοίναν ἀγρίων τιθέμενος θηρῶν,
ἀρνύμενος λώβας λύμας τ' ἀντίποιν'
ἐμᾶς, ὦ τάλας;
ποῖ πᾶι φέρομαι τέκν' ἔρημα λιπὼν   1075
Βάκχαις Ἅιδα διαμοιρᾶcαι
cφακτά, κυcίν τε φοινίαν δαῖτ' ἀνή-
μερόν τ' ὄρειον ἐκβολάν;

codd.:   Ω = MBOAFGKLPPaRSa(Va –1068; V 1069–);   ξ = XXaXb;
ζ = ZZcZm; Tᵗ

1063 τάλαιναι κόραι τάλαιναι Seidler, Hermann: τ- τ- κόραι codd.
1064 ὦ ΩξΖmTᵗ: ἰὼ MRSaZc et Fᵐ: ἰὼ ὦ Z   1065 πῆ VaZc
κάμὲ Sa; κέμε O   φυγῆι PPaVa   1067 ἀκέcαιο alterum om. Tᵗ et
Es; cf. Σᵗ εὕρηται δὲ καὶ ἕν τινι τῶν πάνυ παλαιῶν οὕτως   1069 cίγα
ΩξTᵗ: cίγα cίγα OLRSaζ et Chr. Pat. 359, 2054, 2497   1070 τάνδε
OGZc, sicut coni. Seidler: τἄνδε ΩξΖTᵗ: τῶνδε LPaSaZm et Fˢ: τᾶνδε K
ποῖ PTᵗ   1072 ἀγρίαν M et Rw   τιθέμενος θηρῶν Seidler: θ-
τιθέμενος ΩξζTᵗ: θ- τιθέμενός τ(ε) OFGLSa   1073 ἀρνύμενος] αἰνύμ-
MO et Kᵏᶜ; ἀνύμ- Sa (~ Saᵞᵖ)   λώβας λύμας τ' Hadley (λώβας iam
Kirchhoff): λώβαν λύμας codd. (λύμας post ἀντίποινα L): cf. 213, 1098
1074 ὦ Seidler, Hermann: ἰὼ codd.   1075 ποῖ πᾶι] πᾶι πᾶι Zm; ποῖ
ποῖ FTᵗ   1076 Ἅιδα Diggle: -δου codd.   1077 cφακτά Hermann:
-τὰν codd.   κυcίν MBOTᵗ: -cί Ωξζ   φοινίαν G et Mo: φονίαν ΩξζTᵗ
1078 τ' ὄρειον Diggle: ὀρείαν τ' FTᵗ et Vˢ: οὐρείαν τ' fere Ωξζ: τ' οὐρείαν
Hermann, τ' ὀρείαν Wilamowitz

πᾶι στῶ, πᾶι κάμψω, [πᾶι βῶ]
ναῦς ὅπως ποντίοις πείςμασιν λινόκροκον   1080
φᾶρος στέλλων, ἐπὶ τάνδε ευθεὶς
τέκνων ἐμῶν φύλαξ ὀλέθριον κοίταν;

Χο.   ὦ τλῆμον, ὥς σοι δύσφορ' εἴργασται κακά·   1085
δράσαντι δ' αἰςχρὰ δεινὰ τἀπιτίμια
[δαίμων ἔδωκεν ὅςτις ἐςτί σοι βαρύς].

Πο.   αἰαῖ ἰὼ Θρήικης λογχοφόρον ἔνο-
πλον εὔιππον Ἄρει κάτοχον γένος.   1090
ἰὼ Ἀχαιοί, ἰὼ Ἀτρεῖδαι·
βοὰν βοάν, αὐτῶ βοάν·
ὦ ἴτε μόλετε πρὸς θεῶν.
κλύει τις ἢ οὐδεὶς ἀρκέςει; τί μέλλετε;
γυναῖκες ὤλεςάν με,   1095
γυναῖκες αἰχμαλωτίδες·
δεινὰ δεινὰ πεπόνθαμεν.
ὤμοι ἐμᾶς λώβας.
ποῖ τράπωμαι, ποῖ πορευθῶ;
ἀμπτάμενος οὐράνιον ὑψιπετὲς ἐς μέλαθρον,   1100
Ὠαρίων ἢ Σείριος ἔνθα πυρὸς φλογέας ἀφίηςιν

codd.: Ω = MBOAFGKLPPaRSaV; ξ = XXaXb; ζ = ZZcZm; Tᵗ

1079 πᾶι βῶ del. Nauck: hoc loco habent ΩξζTᵗ, post πᾶι στῶ R: ante
πᾶι στῶ trai. Porson   1080 πείςμασιν AKLTᵗ: -ςι Ωξζ   1082 τάνδε
ευθεὶς MBOKξ: τάνδ' ἐςςυθεὶς ΩζTᵗ et B³   1083 τέκνων ἐμῶν φύλαξ
suspecta   ἐμῶν] μου Hartung; del. Wilamowitz   1086 δ' ΩζTᵗ: τ'
BALPξ   1087 (= 723) del. Hermann   δέδωκεν RSa; ἔθηκεν L
1088/9 numeri dubitationem mouent   αἰ αἰ (uel αἰ αἰ) semel Ωξ: bis
MOLPSaζTᵗ   εὔοπλον Eust. in Il. p. 358. 32   1093 ὦ (uel ὤ) ἴτε
MOGKLVZcZm et F²: ὦ ἴτε ἴτε F¹ᶜ: ὦ ἴτε ὤ ἴτε ZTᵗ: ἰὼ ἴτε P: ἴτε ἴτε RSa:
ἴτε BAFPaξ   1097 alterum δεινὰ del. Bothe   1099 ποῖ...ποῖ
ΩξZZcTᵗ: πᾶι...πᾶι LZm et R³: ποῖ...ποῦ Sa   1100 ἀμπτάμενος
Hermann: αἰθέρ' ἀ- codd.: cf. Σᵇ⁽ᵛ⁾ ἔν τιςι τὸ αἰθέρα οὐ φέρεται (e u.l.
αἰθέρ(ιον) pro οὐράνιον natum esse coni. Wecklein)   ἀπτάμενος Zc;
ἀναπτ- ξ   1102 ὡαρίων ⟨MB⟩ et Rᵞᵖ et Σᵐᵇ: ὁ ἀρίων Saᵞᵖ: ὡρίων
ΩξTᵗ et B³Kᶜ: ὡρ- ALSa: ὦ ὡρ- OK et M²V³: ὦι ὡρ- ζ

ὄccων αὐγάc, ἢ τὸν ἐc "Αιδα   1105
μελάγχρωτα πορθμὸν ἄιξω τάλαc;

Χο.   cυγγνώcθ', ὅταν τιc κρείccον' ἢ φέρειν κακὰ
πάθηι, ταλαίνηc ἐξαπαλλάξαι ζόηc.

Αγ.   κραυγῆc ἀκούcαc ἦλθον· οὐ γὰρ ἥcυχοc
πέτραc ὀρείαc παῖc λέλακ' ἀνὰ cτρατὸν   1110
'Ηχὼ διδοῦcα θόρυβον· εἰ δὲ μὴ Φρυγῶν
πύργουc πεcόνταc ἥιcμεν Ἑλλήνων δορί,
φόβον παρέcχ' ἂν οὐ μέcωc ὅδε κτύποc.

Πο.   ὦ φίλτατ', ἠιcθόμην γάρ, 'Αγάμεμνον, cέθεν
φωνῆc ἀκούcαc, εἰcορᾶιc ἃ πάcχομεν;   1115

Αγ.   ἔα·
Πολυμῆcτορ ὦ δύcτηνε, τίc c' ἀπώλεcεν;
τίc ὄμμ' ἔθηκε τυφλὸν αἱμάξαc κόραc
παῖδάc τε τούcδ' ἔκτεινεν; ἢ μέγαν χόλον
cοὶ καὶ τέκνοιcιν εἶχεν ὅcτιc ἦν ἄρα.

Πο.   Ἑκάβη με cὺν γυναιξὶν αἰχμαλωτίcιν   1120
ἀπώλεc'—οὐκ ἀπώλεc' ἀλλὰ μειζόνωc.

Αγ.   τί φήιc; cὺ τοὔργον εἴργαcαι τόδ', ὡc λέγει;
cὺ τόλμαν, Ἑκάβη, τήνδ' ἔτληc ἀμήχανον;

Πο.   ὤμοι, τί λέξειc; ἢ γὰρ ἐγγύc ἐcτί που;
cήμηνον, εἰπὲ ποῦ 'cθ', ἵν' ἁρπάcαc χεροῖν   1125
διαcπάcωμαι καὶ καθαιμάξω χρόα.

codd.: Ω = H(1126–)MBOAFGKLPPaRSaV; ξ = XXaXb;
     ζ = ZZcZm; T^t(–1124)T^z(1125–)

1105 "Αιδα Dindorf: ἀίδα ΩξΖΖcT^t et B^3: -δαν MBO et R^{γρ}V^3: -δαο
LVZm: -δου R^{s}V^{3s} 1106 μελάγχρωτα (uel -χρῶτα) MOGKLPZm:
μελανοχρῶτα ΩξΖΖcT^t et L^2 1107 κρείccον MV (~ M^{2}V^2); κρείccω G
φέρει L et F^{c}V^2 1108 ζόηc Va^m, sicut coni. Porson: ζοῆc GK
et L^{2}ξ^s: ζο•• L: ζωῆc ΩξζT^t et G^s et Heph. ench. 1. 5 (codd. CP)
1109 ἥcυχοc ΩξΖΖmT^t: ἡcύχωc FGVZc et B^{s}A^{s}Sa^{s}ξ^s 1112 ἥιcμεν Et.
Ma. 439. 1 et ^{i}Σ^{mbv}: ἴcμεν codd.   1113 παρέcχ' ἂν Heath, Markland:
-έcχεν ΩξΖΖmT^t: -έcχεν ἂν MOVZc et G^{r}Sa^s: uide Studies 100
1115 φωνὴν Blaydes cl. Ba. 178, Rh. 608–9   1119 cοὶ ΩζT^t: cοί τε
PPaRSaξ   1120 αἰχμαλώτοιcι(ν) VZc et Z^{γρ} 1122 cὺ] cοὶ Sa
(~ Sa^s) et M^3 εἴργαcται MPaSa (~ Pa^{c}Sa^s)   1124 λέγειc R et
O^{1c}

EKABH

Αγ.   οὗτος, τί πάσχεις; Πο. πρὸς θεῶν σε λίσσομαι,
      μέθες μ' ἐφεῖναι τῆιδε μαργῶσαν χέρα.
Αγ.   ἴσχ'· ἐκβαλὼν δὲ καρδίας τὸ βάρβαρον
      λέγ', ὡς ἀκούσας σοῦ τε τῆσδέ τ' ἐν μέρει   1130
      κρίνω δικαίως ἄνθ' ὅτου πάσχεις τάδε.
Πο.   λέγοιμ' ἄν. ἦν τις Πριαμιδῶν νεώτατος,
      Πολύδωρος, Ἑκάβης παῖς, ὃν ἐκ Τροίας ἐμοὶ
      πατὴρ δίδωσι Πρίαμος ἐν δόμοις τρέφειν,
      ὕποπτος ὢν δὴ Τρωϊκῆς ἁλώσεως.   1135
      τοῦτον κατέκτειν'· ἄνθ' ὅτου δ' ἔκτεινά νιν
      ἄκουσον, ὡς εὖ καὶ σοφῆι προμηθίαι.
      ἔδεισα μή σοι πολέμιος λειφθεὶς ὁ παῖς
      Τροίαν ἀθροίσηι καὶ ξυνοικίσηι πάλιν,
      γνόντες δ' Ἀχαιοὶ ζῶντα Πριαμιδῶν τινα   1140
      Φρυγῶν ἐς αἶαν αὖθις ἄρειαν στόλον,
      κἄπειτα Θρήικης πεδία τρίβοιεν τάδε
      λεηλατοῦντες, γείτοσιν δ' εἴη κακὸν
      Τρώων, ἐν ὧιπερ νῦν, ἄναξ, ἐκάμνομεν.
      Ἑκάβη δὲ παιδὸς γνοῦσα θανάσιμον μόρον   1145
      λόγωι με τοιῶιδ' ἤγαγ', ὡς κεκρυμμένας
      θήκας φράσουσα Πριαμιδῶν ἐν Ἰλίωι
      χρυσοῦ· μόνον δὲ σὺν τέκνοισί μ' εἰσάγει
      δόμους, ἵν' ἄλλος μή τις εἰδείη τάδε.
      ἵζω δὲ κλίνης ἐν μέσωι κάμψας γόνυ·   1150

codd.: Ω = HMBOAFGKLPPaRSaV; ξ = XXaXb; ζ = ZZcZm; Tᶻ

1130 τε om. OF   1137 προμηθείαι ORSaV (~ Rʸᵖ)
1139 ἀθροίσηι Ωξζͭᶻ et P²R⁸: -οίσει R: -ήσῃ PSa: -ήσοι F   ξυνοικίσηι]
ξυν- Ωξζͭᶻ: ξυν- HSa   -κίσηι GLPPaSaVξZcZm et HᶜM²B³A¹ᶜK¹ᶜTᵗ:
-κήσηι ⟨H⟩MBOFKZTᶻ: -κίσει A et Sa⁸: -κίσοι R   1141 αὖτις
(M)BAF   ἄρειαν ZmTᶻ et L¹ᶜP¹ᶜ: αἴρειαν OKV: ἄροιαν ⟨LP⟩
ZZc: αἴροιαν (H)MBFRSa: αἴροιεν AGPaξ et B³KᶜTᵗ: aoristum Σʰᵐᵛ
στόλον Ωξζͭᶻ et HʸᵖRʸᵖ: δόρυ HOGKR et MʸᵖSaʸᵖZcʸᵖ   1145 παιδὸς
om. MV (~ M¹ᶜV¹ᶜ); post γνοῦσα Pa   1146 δόλωι BʸᵖR²Saʸᵖ
ἤγαγ' fere ΩξZZmTᶻ et Zc¹ᶜ: ἤγεν HOKSa: ἤγ' Zc   1147 φράσσουσα
HMLSa (~ MᶜL¹ᶜ)   ἐν] ὑπ' R et Sa⁸

391

ΕΥΡΙΠΙΔΟΥ

πολλαὶ δέ, χειρὸς αἱ μὲν ἐξ ἀριστερᾶς,
αἱ δ' ἔνθεν, ὡς δὴ παρὰ φίλωι Τρώων κόραι
θάκους ἔχουσαι κερκίδ' Ἠδωνῆς χερὸς
ἤινουν, ὑπ' αὐγὰς τούςδε λεύςςουσαι πέπλους·
ἄλλαι δὲ κάμακε Θρηικίω θεώμεναι   1155
γυμνόν μ' ἔθηκαν διπτύχου στολίςματος.
ὅςαι δὲ τοκάδες ἦςαν, ἐκπαγλούμεναι
τέκν' ἐν χεροῖν ἔπαλλον, ὡς πρόςω πατρὸς
γένοιντο, διαδοχαῖς ἀμείβουςαι χερῶν.
κᾆτ' ἐκ γαληνῶν πῶς δοκεῖς προςφθεγμάτων   1160
εὐθὺς λαβοῦςαι φάςγαν' ἐκ πέπλων ποθὲν
κεντοῦςι παῖδας, αἱ δὲ πολυπόδων δίκην
ξυναρπάςαςαι τὰς ἐμὰς εἶχον χέρας
καὶ κῶλα· παιςὶ δ' ἀρκέςαι χρήιζων ἐμοῖς,
εἰ μὲν πρόςωπον ἐξανιςταίην ἐμὸν   1165
κόμης κατεῖχον, εἰ δὲ κινοίην χέρας
πλήθει γυναικῶν οὐδὲν ἤνυτον τάλας.
τὸ λοίςθιον δέ, πῆμα πήματος πλέον,
ἐξειργάςαντο δείν'· ἐμῶν γὰρ ὀμμάτων
πόρπας λαβοῦςαι τὰς ταλαιπώρους κόρας   1170
κεντοῦςιν αἱμάςςουςιν· εἶτ' ἀνὰ ςτέγας

---

codd.: Ω = HMBOAFGKLPPaRSaV; ξ = XXaXb; ζ = ZZcZm; Tᶻ

1151 χειρὸς Milton: χεῖρες codd. et Σʰᵐᵇᵛ   1152 φίλωι Ωξζ et
MᶜB²B³K¹ᶜTᵗ: -ων HMBKSa⟨Tᶻ⟩ et B³ˢ: -ον O et Σᵛ   1153 θάκους
Hermann: θάκουν codd. et Σᵛ   1154 ἤινουν Hermann: ἤινουν θ' codd.
et Σᵐᵛ   1155 κάμακε Θρηικίω Hartung: κάμακα θρηικίαν fere codd. et
ⁱΣʰᵐᵛ: uide Fraenkel ad A. Ag. 643   1156 ςτοχίςματος ᵞᵖΣᵐᵛ
1157 ἐκπλαγούμεναι Tᶻ (~ Tᵗ) et Hesych. Ε 1625   1158 πόρρω R et
Fᵍˡ   1159 γένοιτο V (~ V²) et Tᵗ   διαδοχαῖς' Elmsley: -αῖς
MBOAFKLZZc et Tᵗ: -αῖςιν HGPPaRSaVξZmTᶻ et LᶜZcˢ: uide GRBS 14
(1973) 263–4   χερῶν ⟨H⟩OPPaξZTᶻ et F²Kˢ: -οῖν GKRSa et HᶜBᵞᵖ:
χερός Zmᶜ: διὰ χερός MBALVZcZm et Zʳᵞᵖ: [F]   1162 πολυπόδων
Verrall: πολεμίων codd., quod uix satis defendit Ba. 752   1163 ςυν-
HKR   τάς γ' HOAGKSa   1164 θέλων Sa et Gᵍˡ
1165 ἐξαναςταίην HLRZ   1167 ἤνυτον Hᵘᵛ (ἤν*τον), sicut coni. L.
Dindorf (ἤνυτον iam Porson): ἤνυον ΩξζTᶻ

φυγάδες ἔβησαν. ἐκ δὲ πηδήσας ἐγὼ
θὴρ ὣς διώκω τὰς μιαιφόνους κύνας,
ἄπαντ' ἐρευνῶν τοῖχον, ὡς κυνηγέτης
βάλλων ἀράσσων. τοιάδε σπεύδων χάριν   1175
πέπονθα τὴν σήν, πολέμιόν γε σὸν κτανών,
Ἀγάμεμνον. ὡς δὲ μὴ μακροὺς τείνω λόγους,
εἴ τις γυναῖκας τῶν πρὶν εἴρηκεν κακῶς
ἢ νῦν λέγων ἔστιν τις ἢ μέλλει λέγειν,
ἄπαντα ταῦτα συντεμὼν ἐγὼ φράσω·   1180
γένος γὰρ οὔτε πόντος οὔτε γῆ τρέφει
τοιόνδ'· ὁ δ' αἰεὶ ξυντυχὼν ἐπίσταται.

Χο.   μηδὲν θρασύνου μηδὲ τοῖς σαυτοῦ κακοῖς
τὸ θῆλυ συνθεὶς ὧδε πᾶν μέμψῃι γένος.
[πολλαὶ γὰρ ἡμῶν· αἱ μέν εἰσ' ἐπίφθονοι,   1185
αἱ δ' εἰς ἀριθμὸν τῶν κακῶν πεφύκαμεν.]

Εκ.   Ἀγάμεμνον, ἀνθρώποισιν οὐκ ἐχρῆν ποτε
τῶν πραγμάτων τὴν γλῶσσαν ἰσχύειν πλέον·
ἀλλ' εἴτε χρήστ' ἔδρασε χρήστ' ἔδει λέγειν,
εἴτ' αὖ πονηρὰ τοὺς λόγους εἶναι σαθρούς,   1190

codd.: Ω = H(-1173)MBOAFGKLPPaRSaV; ξ = XXaXb;
ζ = ZZcZm; Tᶻ

1173 διώκων Sa et S   κόρας Sa (~ Saᵞᵖ) et SZbᵞᵖ (~ Sᵞᵖ)   u.
del. Barrett (scripto ἐρευνῶ 1174)   1174 del. Prinz   1175 ταράσσων
ξ (~ ξᵞᵖ)   1176 γε Diggle: τε ΩξζTᶻ: τὸν L, sicut coni. Nauck: uide
ICS 6.1 (1981) 88   1178 ὅστις Stob. 4. 22. 144   1179 τις om. Sa;
ante ἔστιν A   μέλλοι BF   λέγει τις ἢ πάλιν μ- λ- Stob.
1180 συντιθεὶς O et Stob.   1182 τοσόνδ' fere MB (~ M³B³ et Stob.)
αἰεὶ ΩξζTᶻ: ἀεὶ MBFPRV et Stob.: αὐταῖς Mᵞᵖ   1183ⁿ χο. ΩξZcZmTᶻ
et Zᶻ: ἐκ. L: incertum utrum ἐκ. an nullam notam Z   1183 μηδὲ
OAPξ et L² et Stob. 4. 22. 83: μήτε ΩξTᶻ   αὑτοῦ MLRVZc
(~ V¹ᶜZcᶜ) et Stob. cod. M (~ codd. SA)   1184 συντιθεὶς ORZ
(~ Stob.)   μέμψῃι fere Ωξ et Lᶜ: -φηι GζTᶻ et B³V²: -φου P: -ψαι
Stob.: [L]   1185-6 del. Dindorf   ἡμεῖς Diggle   γάρ· ἡμῶν ⟨δ'⟩
Jackson (ita iam dist. Porson)   αἱ μέν om. M (~ Stob.)
1188 γλῶτταν GLPZ (~ gV)   1189 ἐχρῆν Sa et gV   λέγειν] παθεῖν
O²ᵞᵖ (~ gV)   1190 σαθρούς] θρασεῖς O (~ Oᵐ); σαφεῖς RᵞᵖSaᵞᵖ;
(~ gV)

καὶ μὴ δύνασθαι τἄδικ' εὖ λέγειν ποτέ.
coφοὶ μὲν οὖν εἰc' οἱ τάδ' ἠκριβωκότεc,
ἀλλ' οὐ δύνανται διὰ τέλουc εἶναι coφοί,
κακῶc δ' ἀπώλοντ'· οὔτιc ἐξήλυξέ πω.
καί μοι τὸ μὲν còν ὧδε φροιμίοιc ἔχει·   1195
πρὸc τόνδε δ' εἶμι καὶ λόγοιc ἀμείψομαι·
ὃc φῂc 'Αχαιῶν πόνον ἀπαλλάccων διπλοῦν
'Αγαμέμνονόc θ' ἕκατι παῖδ' ἐμὸν κτανεῖν.
ἀλλ', ὦ κάκιcτε, πρῶτον οὔποτ' ἂν φίλον
τὸ βάρβαρον γένοιτ' ἂν "Ελληcιν γένοc   1200
οὐδ' ἂν δύναιτο. τίνα δὲ καὶ cπεύδων χάριν
πρόθυμοc ἦcθα; πότερα κηδεύcων τινὰ
ἢ cυγγενὴc ὢν ἢ τίν' αἰτίαν ἔχων;
ἢ cῆc ἔμελλον γῆc τεμεῖν βλαcτήματα
πλεύcαντεc αὖθιc; τίνα δοκεῖc πείcειν τάδε;   1205
ὁ χρυcόc, εἰ βούλοιο τἀληθῆ λέγειν,
ἔκτεινε τὸν ἐμὸν παῖδα καὶ κέρδη τὰ cά.
ἐπεὶ δίδαξον τοῦτο· πῶc, ὅτ' εὐτύχει
Τροία, πέριξ δὲ πύργοc εἶχ' ἔτι πτόλιν,
ἔζη τε Πρίαμοc "Εκτορόc τ' ἤνθει δόρυ,   1210
τί οὐ τότ', εἴπερ τῶιδ' ἐβουλήθηc χάριν
θέcθαι, τρέφων τὸν παῖδα κἂν δόμοιc ἔχων
ἔκτειναc ἢ ζῶντ' ἦλθεc 'Αργείοιc ἄγων;
ἀλλ' ἡνίχ' ἡμεῖc οὐκέτ' ἦμεν ἐν φάει,

codd.: Ω = MBOAFGKLPPaRSaV; ξ = XXaXb; ζ = ZZcZm; Tᶻ

1191 τὰ δίκαι' O et gV   λέγειν ποτέ] περιcτέλειν gV (cf. Med. 582)
1194 ἀπώλοντ' οὔτιc OGP et Tᵗ et gV et VaᶜVb: -το κοὔτιc ΩξζTᶻ
1195 ὧδε Sa et Tᶻᶜ et MlS: ὧδ' ἐν ΩξζTᶻ et Σᵐᵇ et Mlᶜ   1196 τόνδε δ']
τόνδ' SaZcZm   1197 ὃc Ω et MᶜFᶻʸᵖZᵗʸᵖ et Σᵇᵛ: ὡc M
et Bᵃ: πῶc FLPPaRSaξζTᶻ et BᵃGᶜVᵃ   φῄc· fere GK (~ Gᶜ) et Vᵃ
φόνον Mʸᵖ   1201 οὐδ' Dindorf: οὔτ' codd.   1202 πότερον SaZ
1206 τἀληθὲc XXbTᶻ; -θεῖν A   1209 εἶχ' ἔτι] εἴχετο M; εἶχε τὴν L et
Mᵃ   πτόλιν OAGKξ et PaᵗTᵗ: πόλιν ΩζTᶻ   1211 τί Wecklein: τί δ'
codd.   1212 τὸν om. LSa (~ Lᶜ) et (cum παῖδα) G   1214 ἦμεν
ΩξζTᶻ et K¹ᶜ: ἐcμὲν MV: εἶμεν KLP

καπνὸς δ' ἐςήμην' ἄςτυ πολεμίοις ὕπο,   1215
ξένον κατέκτας cὴν μολόντ' ἐφ' ἑςτίαν.
πρὸς τοῖςδε νῦν ἄκουςον ὡς φαίνηι κακός·
χρῆν c', εἴπερ ἦςθα τοῖς Ἀχαιοῖςιν φίλος,
τὸν χρυςὸν ὃν φὴις οὐ cὸν ἀλλὰ τοῦδ' ἔχειν
δοῦναι φέροντα πενομένοις τε καὶ χρόνον   1220
πολὺν πατρώιας γῆς ἀπεξενωμένοις·
cὺ δ' οὐδὲ νῦν πω cῆς ἀπαλλάξαι χερὸς
τολμᾶις, ἔχων δὲ καρτερεῖς ἔτ' ἐν δόμοις.
καὶ μὴν τρέφων μὲν ὥς cε παῖδ' ἐχρῆν τρέφειν
cώcας τε τὸν ἐμόν, εἶχες ἂν καλὸν κλέος·   1225
ἐν τοῖς κακοῖς γὰρ ἀγαθοὶ cαφέcτατοι
φίλοι· τὰ χρηςτὰ δ' αὖθ' ἕκαςτ' ἔχει φίλους.
εἰ δ' ἐςπάνιζες χρημάτων, ὁ δ' εὐτύχει,
θηςαυρὸς ἄν coι παῖς ὑπῆρχ' οὑμὸς μέγας·
νῦν δ' οὔτ' ἐκεῖνον ἄνδρ' ἔχεις cαυτῶι φίλον   1230
χρυςοῦ τ' ὄνηςις οἴχεται παῖδές τε coι
αὐτός τε πράςςεις ὧδε. coὶ δ' ἐγὼ λέγω,
Ἀγάμεμνον· εἰ τῶιδ' ἀρκέςεις, κακὸς φανῆι·
οὔτ' εὐςεβῆ γὰρ οὔτε πιςτὸν οἷς ἐχρῆν,
οὐχ ὅςιον, οὐ δίκαιον εὖ δράςεις ξένον·   1235
αὐτὸν δὲ χαίρειν τοῖς κακοῖς cε φήςομεν
τοιοῦτον ὄντα· δεςπότας δ' οὐ λοιδορῶ.

codd.: Ω = MBOAFGKLPPaRSaV; ξ = XXaXb; ζ = ZZcZm; Tᶻ

1215 καπνὸς Kᵞᵖ, sicut coni. Canter: καπνῶι codd.   ἐςήμαιν' O;
-μαν' SaZᵘᵛ (~ Zᶜ); ἐπήμην' Kᵞᵖ   πολεμίοις Schenkl: -ίων codd. et
Σᵐᵇ   de structura (ἐςήμηνε sc. ὄν) uide KG ii. 66   1217 φαίνηι
Gloël: φανῆι APaξ et Tᶻᶜ: φανῆις ΩζTᶻ   1218 ἀχαιοῖς FXaZ
1222 πως MRSa (~ MᶜR²)   1224 μὲν ὥς cε παῖδ'] μὲν παῖδ' ὤ c' Z;
τὸν παῖδά γ' ὥς O; γε παῖδά c' (cὺ G) ὡς GK (~ Kᵞᵖ)   1225 τε om.
GR   1226 cαφέcτατοι ΩξZZcTᶻ et Rᵞᵖ et Eust. Macr. 6. 13: -τεροι
OGKLRZm et Zˢ et gV   1232 τε om. RSa   1233 φανεῖ PV
(~ V²); -ῆς RSa   1234 εὐςεβῶς M (~ M³) et RˢSaˢ; -βὲς Rᵞᵖ
1235 ξένον] φίλον FSa et glossa in GKPaXXbZTᵗ   1236 κακοῖς cε φ-]
-οίςί cε φ- OV; -οῖς φ- GZc (~ Zcˡᶜ); -οῖς ἐφ- K   -ήςομαι FRSaZm
(~ Rˢ) et Zcˢ

Χο.   φεῦ φεῦ· βροτοῖcιν ὡc τὰ χρηcτὰ πράγματα
       χρηcτῶν ἀφορμὰc ἐνδίδωc' ἀεὶ λόγων.

Αγ.   ἀχθεινὰ μέν μοι τἀλλότρια κρίνειν κακά,   1240
       ὅμωc δ' ἀνάγκη· καὶ γὰρ αἰcχύνην φέρει
       πρᾶγμ' ἐc χέραc λαβόντ' ἀπώcαcθαι τόδε.
       ἐμοὶ δ', ἵν' εἰδῇc, οὔτ' ἐμὴν δοκεῖc χάριν
       οὔτ' οὖν Ἀχαιῶν ἄνδρ' ἀποκτεῖναι ξένον,
       ἀλλ' ὡc ἔχῃc τὸν χρυcὸν ἐν δόμοιcι cοῖc.   1245
       λέγειc δὲ cαυτῶι πρόcφορ' ἐν κακοῖcιν ὤν.
       τάχ' οὖν παρ' ὑμῖν ῥάιδιον ξενοκτονεῖν·
       ἡμῖν δέ γ' αἰcχρὸν τοῖcιν Ἕλληcιν τόδε.
       πῶc οὖν cε κρίναc μὴ ἀδικεῖν φύγω ψόγον;
       οὐκ ἂν δυναίμην. ἀλλ' ἐπεὶ τὰ μὴ καλὰ   1250
       πράccειν ἐτόλμαc, τλῆθι καὶ τὰ μὴ φίλα.

Πο.   οἴμοι, γυναικόc, ὡc ἔοιχ', ἡccώμενοc
       δούληc ὑφέξω τοῖc κακίοcιν δίκην.

Εκ.   οὔκουν δικαίωc, εἴπερ εἰργάcω κακά;

Πο.   οἴμοι τέκνων τῶνδ' ὀμμάτων τ' ἐμῶν τάλαc.   1255

Εκ.   ἀλγεῖc; τί δ'; ἢ 'μὲ παιδὸc οὐκ ἀλγεῖν δοκεῖc;

Πο.   χαίρειc ὑβρίζουc' εἰc ἔμ', ὦ πανοῦργε cύ.

Εκ.   οὐ γάρ με χαίρειν χρή cε τιμωρουμένην;

Πο.   ἀλλ' οὐ τάχ', ἡνίκ' ἄν cε ποντία νοτίc...

Εκ.   μῶν ναυcτολήcῃ γῆc ὅρουc Ἑλληνίδοc;   1260

codd.: Π^2(1252–); Π^{10}(1256–); Ω = MBOAFGKLPPaRSaV;
    ξ = XXaXb; ζ = ZZcZm; T^z

1239 χρηcτῶν δ' F, χ- τ' G (~ gV et Stob. 3. 13. 4)   1242 χέραc
ΩXaZZcT^z: χείραc MKPPaVXXbZm   1244 οὖν om. LZc^{uv} (~ Zc^c)
1245 ἔχῃc ΩXXaZZmT^z et M^{3}G^{1c}P^{2}Pa^{1c}V^{3}Xb^{1c}Zc^c: -ειc MPPaVXbZc:
-οιc L^2 1254^n ἐκ. P: ἀγ. ΩξζT^z: [Π^2]   1254 εἴργαcαι Σ^t H. Il. 13.
153; [Π^2]   κακά] τάδε OL (~ O$^{\gamma\rho}$) et Σ H.; [Π^2]   1255 τῶνδ']
τῶν τ' OKPaVξ (~ K^{1c}); [Π^2]   τ' om. OKLRV (~ K^{1c}L^c); [Π^2]
1256 δ'; ἢ 'μὲ Bothe: δέ με ΩZcZmT^z et B^2: δ' ἐμὲ F: δή με R: δαί
με BGKPaSaξZ et V^{2}T^t: [$\Pi^2\Pi^{10}$]   1257 χαίρειc (Π^2)ΩζT^z et Σ^v: -οιc
ASaξ:]c Π^{10}: -ειν Sa^s 1258 χρή ΩξζT^z et A^{1c}: χρῆν MBOAV et
R^{s}Zc^s: [$\Pi^2\Pi^{10}$]   1260 ναυcτολήcει RSaV et Pa^r; [Π^2]

Πο. κρύψηι μὲν οὖν πεσοῦσαν ἐκ καρχησίων.
Εκ. πρὸς τοῦ βιαίων τυγχάνουσαν ἁλμάτων;
Πο. αὐτὴ πρὸς ἱστὸν ναὸς ἀμβήσηι ποδί.
Εκ. ὑποπτέροις νώτοισιν ἢ ποίωι τρόπωι;
Πο. κύων γενήσηι πύρσ' ἔχουσα δέργματα.   1265
Εκ. πῶς δ' οἶσθα μορφῆς τῆς ἐμῆς μετάστασιν;
Πο. ὁ Θρηιξὶ μάντις εἶπε Διόνυσος τάδε.
Εκ. σοὶ δ' οὐκ ἔχρησεν οὐδὲν ὧν ἔχεις κακῶν;
Πο. οὐ γάρ ποτ' ἂν σύ μ' εἷλες ὧδε σὺν δόλωι.
Εκ. θανοῦσα δ' ἢ ζῶς' ἐνθάδ' ἐκπλήσω †βιον†;   1270
Πο. θανοῦσα· τύμβωι δ' ὄνομα σῶι κεκλήσεται...
Εκ. μορφῆς ἐπωιδὸν μή τι τῆς ἐμῆς ἐρεῖς;
Πο. κυνὸς ταλαίνης σῆμα, ναυτίλοις τέκμαρ.
Εκ. οὐδὲν μέλει μοι, σοῦ γέ μοι δόντος δίκην.
Πο. καὶ σήν γ' ἀνάγκη παῖδα Κασσάνδραν θανεῖν.   1275
Εκ. ἀπέπτυσ'· αὐτῶι ταῦτα σοὶ δίδωμ' ἔχειν.
Πο. κτενεῖ νιν ἡ τοῦδ' ἄλοχος, οἰκουρὸς πικρά.
Εκ. μήπω μανείη Τυνδαρὶς τοσόνδε παῖς.
Πο. καὐτόν γε τοῦτον, πέλεκυν ἐξάρας' ἄνω.
Αγ. οὗτος σύ, μαίνηι καὶ κακῶν ἐρᾶις τυχεῖν;   1280
Πο. κτεῖν', ὡς ἐν Ἄργει φόνια λουτρά σ' ἀμμένει.

codd.: $Π^2$(-1269, 1271-80); $Π^{10}$(-1269); $Ω$ = MBOAFGKLPPaRSaV;
  $ξ$ = XXaXb; $ζ$ = ZZcZm; T^z

1261 κρύψει GPSa et Pa^r; [$Π^{10}$]   1263 ναὸς $Π^{10}ΩξZ$ et T^t: νηὸς
GKLPZcZmT^z et R^{gl}Sa^{gl}V^{gl}: νεὼς M^2: [$Π^2$]   ἀμβήσηι ($Π^{10}$)
BGKLPaRξζT^z et P^{1c}: ἐμβ- MOAPSaV et B^3 et $Σ^v$: ἐκβ- F: [$Π^2$]
1265 πῦρ M (~ Tzetz. in Lyc. 315); [$Π^2$]   1266 δ' om. LPaξ;
[$Π^2Π^{10}$]   1267 διόνυσος εἶπε $Π^{10}$Sa; [$Π^2$]   1270 πότμον Musgrave
(cf. S. Ant. 83), μόρον Brunck, φάτιν Weil   1271 σῶι $Π^2$BAGLZZcT^z
et K^{1c}R^{s}V^2: σὸν $ΩξZm$ et G^{s}Z^{z}T^t 1272 μ[η] $Π^2$: ἢ $ΩξζT^z$ et $Σ^v$: uide
Studies 120   1274 μέλλει FRT^z (~ T^{zc})   γ' ἐμοὶ Sa et SZb;
ambiguum $Π^2$ 1275 κασσ- $ΩZ$: κας- $Π^2$AGLRSVZcZmT^z
1276 αὐτῶν PSa   ταῦτα om. $Π^2$ 1279 γε L et Yn et fort. $Π^2$: σε
$Ωζ$: δὲ GKPaVξT^z et $Σ^{bv}$: τε RSa: om. $Σ^m$ 1280^n ἀγ. $ΩXaXbζT^z$
et B^{1c}A^{1c}: ἐκ. BAX: [$Π^2$]   1281 ἀμμένει T^z et L^c: ἀναμ- $Ωξζ$ (-μενεῖ
M) et T^t et $Σ^{mt}$ Or. 367

ΕΥΡΙΠΙΔΟΥ

Αγ. οὐχ ἕλξετ' αὐτόν, δμῶες, ἐκποδὼν βίαι;
Πο. ἀλγεῖς ἀκούων; Αγ. οὐκ ἐφέξετε στόμα;
Πο. ἐγκλήιετ'· εἴρηται γάρ. Αγ. οὐχ ὅσον τάχος
    νήςων ἐρήμων αὐτὸν ἐκβαλεῖτέ ποι,   1285
    ἐπείπερ οὕτω καὶ λίαν θρασυστομεῖ;
    Ἑκάβη, σὺ δ', ὦ τάλαινα, διπτύχους νεκροὺς
    στείχουσα θάπτε· δεσποτῶν δ' ὑμᾶς χρεὼν
    σκηναῖς πελάζειν, Τρωιάδες· καὶ γὰρ πνοὰς
    πρὸς οἶκον ἤδη τάσδε πομπίμους ὁρῶ.   1290
    εὖ δ' ἐς πάτραν πλεύσαιμεν, εὖ δὲ τὰν δόμοις
    ἔχοντ' ἴδοιμεν τῶνδ' ἀφειμένοι πόνων.

Χο. ἴτε πρὸς λιμένας σκηνάς τε, φίλαι,
    τῶν δεσποσύνων πειρασόμεναι
    μόχθων· στερρὰ γὰρ ἀνάγκη.   1295

codd.: Ω = MBOAFGKLPPaRSaV; ξ = XXaXb; ζ = ZZcZm; Tᶻ

1283 ἀφέξετε F; ἀφέλξ- Sa; ἐφράγξ- Rᵧᵣ   1284 ἐγκλήιετ' Dindorf:
-κλείετ' ΩξζTᶻ, -ται G: πιέζετ' MᵧᵖBᵧᵖR²ᵧᵖ, -ται Sa   1285 ποι
OGKRVZcTᶻ: που ΩξZZm et RˢV²Tᵗ   1295 στερεὰ Zc et Zb
Subscriptio τέλος (εὐριπίδου) ἑκάβης ΩZcZm (εὐρ- om. MVZcZm): εὐρ-
δράματος ἑκάβης τέλος Z: εὐρ- ἑκάβη Tᵗ (in ras.): om. GPξ